Der Konkurs der
Kapitalgesellschaft in Spanien

Abhandlungen zum Recht der Internationalen Wirtschaft

Herausgeber:
Prof. Dr. Otto Sandrock, Münster

unter Mitwirkung von
Prof. Dr. Bernhard Großfeld, Münster

Band 76

Der Konkurs der Kapitalgesellschaft in Spanien

von

Dr. Sebastian Cohnen

Frankfurt am Main

Verlag Recht und Wirtschaft GmbH
Frankfurt am Main

Zugl. Würzburg, Univ., Diss., 2006

Bibliografische Information Der Deutschen Nationalbibliothek

Die Deutsche Nationalbibliothek verzeichnet diese Publikation in der Deutschen
Nationalbibliografie; detaillierte bibliografische Daten sind im Internet über
http://dnb.ddb.de abrufbar.

ISBN 978-3-8005-1462-5

Druckvorstufe: H&S Team für Fotosatz GmbH, 68775 Ketsch

Druck und Verarbeitung: Druckpartner Rübelmann GmbH, 69502 Hemsbach

♾ Gedruckt auf säurefreiem, alterungsbeständigem Papier, hergestellt aus chlorfrei ge-
bleichtem Zellstoff (TCF-Norm)

Printed in Germany

Meinen Eltern
und meinen Geschwistern

Geleitwort

Nach wiederholtem Scheitern hat das spanische Recht die Verabschiedung einer umfassenden Reform des Insolvenzrechts erreicht. Das Konkursgesetz vom 9. Juli 2003 stellt in der Tat den Höhepunkt einer großen gemeinsamen Anstrengung dar, diesen Bereich der Rechtsordnung mit einer Gesamtregelung zu versehen, die den Anforderungen der wirtschaftlichen und sozialen Wirklichkeit am besten gerecht wird. Es handelt sich um ein Gesetz, das sich nicht nur vom kodifizierten spanischen Recht abhebt, sondern auch sehr wesentliche Unterschiede zur Rechtslage in den Ländern des romanischen Rechtskreises aufweist, indem es sich in einigen Aspekten dem geltenden deutschen Recht annähert. Ein Beispiel ist der einheitliche Charakter des „Gläubigerkonkurses", der das einzige für die Fälle der eingetretenen oder bevorstehenden Zahlungsunfähigkeit eingerichtete Verfahren ist, unabhängig davon, ob der Gemeinschuldner ein Kaufmann oder ein Nichtkaufmann ist.

Selbstverständlich ist es noch verfrüht zu prognostizieren, ob das Gesetz als passender Weg zur Behebung der Insolvenzen dient. Gleich welche Bewertung es verdienen mag, ist es doch ein äußerst interessanter Text wegen einiger der darin enthaltenen Normen, wie zum Beispiel jene über die gesetzliche Nachrangigkeit der Forderungen der „dem Schuldner besonders nahe stehenden Personen", sei der Schuldner eine natürliche Person oder eine juristische Person, oder über die Besonderheiten der Handelsgesellschaften. Daher überraschen weder die Aufmerksamkeit, welche das spanische Konkursgesetz in anderen europäischen Staaten hervorruft, noch der Einfluss, den es seit dem ersten Augenblick auf die gesetzgeberischen Reformprozesse in manchen lateinamerikanischen Rechtsordnungen entfaltet.

Sebastian Cohnen hat Zeit und Intelligenz der Aufgabe gewidmet, die Prinzipien, die das Gesetz leiten, und die Auslegungsprobleme, die es aufwirft, zu verstehen. Erst als Erasmus-Student der Juristischen Fakultät der Universidad Autónoma de Madrid (Studienjahr 1998/1999); später als DAAD-Stipendiat (2004) trat er in den Fachbereich Privatrecht dieser Universität ein, um an der Erstellung dieser Dissertation zu arbeiten; und zuletzt (November 2005 und Februar 2007), um die ersten Veröffentlichungen und die ersten praktischen Erfahrungen mit der Anwendung des Gesetzes kennen zu lernen. Integriert in die Arbeitsgruppe meiner engsten Mitarbeiter und in Kontakt mit anderen europäischen und außereuropäischen Forschern stehend, legt Cohnen die ernsthafte und genaue Arbeit eines deutschen Juristen mit theoretischer und praktischer Ausrichtung vor, deren Anliegen es ist, sich mit einigen der grundlegenden Probleme im Gläubigerkonkurs einer spanischen Kapitalgesellschaft unter Berücksichtigung einiger besonderer Fragen des ausländischen Gläubigers vertieft auseinander zu setzen.

Madrid, den 20. Mai 2007

ANGEL ROJO
Catedrático de Derecho Mercantil

Vorwort des Herausgebers

Nach dem zweiten Weltkrieg hat Spanien mehrere Anläufe unternommen, sein Konkursrecht, das den modernen Entwicklungen nicht mehr genügte, zu modernisieren. Diese Anläufe mündeten schließlich in das heutige spanische Konkursgesetz, das am 1. September 2004 in Kraft trat.

Dieses neue Gesetz kann für deutsche Unternehmen in einer Reihe von Fallsituationen von entscheidender Bedeutung sein. Dies gilt z. B. für deutsch-spanische Konzerne. Man denke an den Fall, dass eine Muttergesellschaft ihren Sitz in Spanien und ihre Tochter diesen in Deutschland hat; oder an den umgekehrten Fall. In gleicher Weise relevant sein kann das spanische Konkursrecht, wenn Vermögen einer spanischen Gesellschaft in Deutschland belegen ist, wenn eine spanische Gesellschaft deutsche Gläubiger hat, wenn deutsche Gläubiger einzelne Gesellschafter einer spanischen Gesellschaft auf Grund einer Durchgriffshaftung in Anspruch nehmen oder wenn das Mitglied des Organs einer in Konkurs gefallenen spanischen Gesellschaft wegen Konkursverschleppung deutschen Gläubigern gegenüber haften soll. Deutsche Gläubiger einer spanischen Gesellschaft können sich unter der Europäischen Insolvenzverordnung an einem Hauptinsolvenzverfahren beteiligen, das in Spanien eröffnet worden ist; es kann aber auch zu einem Partikularinsolvenzverfahren in Deutschland kommen, das mit dem spanischen Hauptverfahren zu koordinieren ist.

Der Verfasser behandelt alle diese Fragen eingehend und wertet dabei das gesamte relevante spanische Material (Gesetzesmaterialien, gerichtliche Entscheidungen, Schrifttum usw.) aus. Die Arbeit ist unter der Betreuung des Zweitberichterstatters zu dieser Dissertation, des Madrider Prof. Dr. Dr. h. c. mult. Angel Rojo, der an den Gesetzgebungsarbeiten maßgebend beteiligt war, entstanden. Sie zeichnet sich ferner dadurch aus, dass der Verfasser in einem Anhang die maßgeblichen spanischen Gesetzestexte (Konkursgesetz, AktG, GmbHG) in einer von ihm angefertigten deutschen Übersetzung beigefügt hat.

Die Arbeit stellt nicht nur die verschiedenen Stadien eines Konkursverfahrens einschließlich dessen Vorphase (Voraussetzungen der Konkurseröffnung, Konkursfähigkeit etc.) dar. Sie befasst sich auch mit den kollisionsrechtlichen Problemen, über die im grenzüberschreitenden Verkehr gegebenenfalls zu entscheiden ist, z. B. mit der Qualifikation der Konkursantragspflicht oder derjenigen der Durchgriffshaftung wegen Unterkapitalisierung.

Es handelt sich also nicht nur um eine Gesamtdarstellung des materiellen spanischen Rechts im Konkurs der Kapitalgesellschaft, sondern zugleich um eine Untersuchung derjenigen Probleme, die sich im internationalen Rechtsverkehr in diesem Zusammenhang international-privatrechtlich und nach dem europäischen Insolvenzrecht ergeben können. Mehr braucht zur Vorstellung dieser gediegenen Arbeit nicht gesagt zu werden.

Münster, im April 2007

Otto Sandrock

Danksagung des Verfassers

Frau Prof. Dr. Eva-Maria Kieninger hat das Dissertationsvorhaben angenommen und die Arbeit begutachtet. Hierfür sowie für die Anregung, die Themenstellung zu erweitern, schulde ich Frau Professorin Kieninger besonderen Dank.

Herrn Prof. Dr. Ángel Rojo, Catedrático de Derecho Mercantil, verdanke ich neben vielem Anderen die Forschungsaufenthalte an der Universidad Autónoma de Madrid und das erste für die Würzburger Juristenfakultät erstattete spanische Dissertationsgutachten. Daher entbiete ich Herrn Professor Rojo meinen tief empfundenen Dank.

An der Universidad Autónoma de Madrid bin ich mit einem Personenkreis in Kontakt gekommen, dessen Vertrauen und (Gast-)Freundschaft wahre Privilegien sind. Das etwa in Cantoblanco, Bologna, Getxo, Berlin und besonders in Ronda gemeinsam Erlebte begründet meine Hoffnung, diese Verbindung auch in Zukunft zu teilen. Für vielfältige Hilfestellungen bin ich zu Dank verpflichtet, den ich stellvertretend an Herrn Prof. Dr. Ignacio Tirado, Professor Titular de Derecho Mercantil, richte.

Die vorliegende Arbeit ist mit dankenswerter Unterstützung eines DAAD-Doktorandenstipendiums entstanden. Sie lag der Juristischen Fakultät der Bayerischen Julius-Maximilians-Universität Würzburg im Sommersemester 2006 als Dissertation vor. Relevante Rechtsprechung, die bis 1. Januar 2007 veröffentlicht wurde, habe ich nachgetragen.

Frankfurt am Main, im April 2007   *Sebastian Cohnen*

Inhaltsverzeichnis

Abkürzungsverzeichnis

a. A.	anderer Ansicht
AAMN	Anales de la Academia Matritense y del Notariado
a. a. O.	am angegebenen Ort
AAP	Auto de Audiencia Provincial
AA. VV.	Varios Autores
ABl.	Amtsblatt
Abs.	Absatz
abw.	abweichend
ad.	adicional
ADC	Anuario de Derecho Civil
ADCo	Anuario de Derecho Concursal
a. E.	am Ende
AEDiPr	Anuario Español de Derecho Internacional Privado
a. F.	alte Fassung
AG	Aktiengesellschaft
AJMer	Auto de Juzgado Mercantil
AJPI	Auto de Juzgado de Primera Instancia
AktG	Aktiengesetz
allg.	allgemein
Alt.	Alternative
Am. Bankr. L. J.	American Bankruptcy Law Journal
Anh.	Anhang
ARAJL	Anales de la Real Academia de Jurisprudencia y Legislación
Art.	Artikel (Singular und Plural)
ATS	Auto del Tribunal Supremo
Az.	Aktenzeichen
BCRE	Boletín del Colegio de Registradores de España
Bd.	Band
Begr.	Begründung
BGBl.	Bundesgesetzblatt
BGH	Bundesgerichtshof
BGHZ	Entscheidungen des Bundesgerichtshofs in Zivilsachen
BICAM	Boletín del Ilustre Colegio de Abogados de Madrid
BOCG	Boletín Oficial de las Cortes Generales
BOE	Boletín Oficial del Estado
bzgl.	bezüglich
bzw.	beziehungsweise
CC	Código Civil
CCom	Código de Comercio
CDC	Cuadernos de Derecho y Comercio
CDJ	Cuadernos de Derecho Judicial
CDP	Comisión de Derecho Privado

CE	Constitución Española
CES	Consejo Económico y Social
CEst	Consejo del Estado
CGN	Consejo General del Notariado
CGPJ	Consejo General del Poder Judicial
CIRE	Código da insolvência e da recuperação de empresas
CNMV	Comisión del Mercado de Valores
Co.	Company
CP	Código Penal
CSIC	Consejo Superior de Investigación Científica
DF (= D. F.)	Disposición Final
DFall	Il Diritto Fallimentare e delle Società Commerciali
d. h.	das heißt
dies.	dieselben
Disp.	Disposición
DL	Decreto-Ley / Decreto-Lei
DN	Derecho de los Negocios
der.	derogatoria
ders.	derselbe
Disp.	Disposición
Diss.	Dissertation
Doct.	tésis doctoral
ebd.	ebenda
EG	Europäische Gemeinschaften
EGV	Vertrag über die Europäische Gemeinschaft
Est.	Estudios homenaje
ET	Estatuto de los Trabajadores
EuGH	Europäischer Gerichtshof
EuGVO	Verordnung (EG) Nr. 44/2001 des Rates über die gerichtliche Zuständigkeit und die Anerkennung und Vollstreckung von Entscheidungen in Zivil- und Handelssachen
EuGVÜ	Brüsseler EWG-Übereinkommen über die gerichtliche Zuständigkeit und die Vollstreckung gerichtlicher Entscheidungen in Zivil- undHandelssachen
EuInsVO	Verordnung (EG) Nr. 1346/2000 über Insolvenzverfahren
e. V.	eingetragener Verein
EWG	Europäische Wirtschaftsgemeinschaft
f./ff.	folgende (Singular und Plural)
F.	Final
FGG	Gesetz über die Angelegenheiten der Freiwilligen Gerichtsbarkeit
Fn.	Fußnote
Forts.	Fortsetzung
FS	Festschrift
gem.	gemäß
ggf.	gegebenenfalls

GmbH	Gesellschaft mit beschränkter Haftung
GmbHG	Gesetz über die Gesellschaften mit beschränkter Haftung
GmbHR	GmbH-Rundschau
Habil.	Habilitationsschrift
Hdb.	Handbuch
HGB	Handelsgesetzbuch
h. L.	herrschende Lehre
h. M.	herrschende Meinung
Hrsg.	Herausgeber
Hs.	Halbsatz
i. d. F.	in der Fassung
i. d. R.	in der Regel
i. E.	im Ergebnis
InDret	Revista para el análisis del Derecho
InsO	Insolvenzordnung
InsR	Insolvenzrecht
IPRax	Praxis des Internationalen Privat- und Verfahrensrechts
i. S. d.	im Sinne des
i. S. v.	im Sinne von
i. V. m.	in Verbindung mit
JUR	Jurisprudencia Civil (Aranzadi)
JZ	Juristenzeitung
Kap.	Kapitel
KG	Kommanditgesellschaft
KTS	Zeitschrift für Insolvenzrecht. Konkurs-, Treuhand- und Sanierung
l.	Loi
LAC	Ley de Auditoría de Cuentas
LC	Ley Concursal
LCoop	Ley de Cooperativas
LEC	Ley de Enjuiciamiento Civil
LG	Landgericht
LH	Ley Hipotecaria
lit.	Buchstabe
LMV	Ley del Mercado de Valores
LOC	Ley Orgánica Concursal
LOPJ	Ley Orgánica del Poder Judicial
LSA	Ley de Sociedades Anónimas
LSP	Ley de Suspensión de Pagos
LSRL	Ley de Sociedades de Responsabilidad Limitada
Ltd.	Limited
Mio.	Million(en)
MPI	Max-Planck-Institut
Mrd.	Milliarde(n)
m. w. N.	mit weiteren Nachweisen
n.	número / numero
n. F.	neue Fassung

Nr.	Nummer
Nw.	Nachweise
NZI	Neue Zeitschrift für das Recht der Insolvenz und Sanierung
NZZ	Neue Zürcher Zeitung
OECD	Organisation for Economic Co-operation and Development
OLG	Oberlandesgericht
PALC 1995	Propuesta de Anteproyecto de Ley Concursal de 1995
PLC	Proyecto de Ley Concursal
PSOE	Partido Socialista Obrero Español
RabelsZ	Rabels Zeitschrift für ausländisches und internationales Privatrecht
RCDI	Revista Crítica de Derecho Inmobiliario
RCP	Revista de Derecho Concursal y Paraconcursal
RD	Real Decreto
RDBB	Revista de Derecho Bancario y Bursátil
RDC	Revista de Derecho Civil
RDGRN	Resolución de la Dirección General de los Registros y del Notariado
RDL	Real Decreto-Ley
RDM	Revista de Derecho Mercantil
RDP	Revista de Derecho Privado
RDPatr	Revista de Derecho Patrimonial
RdS	Revista de Derecho de Sociedades
REDE	Revista Española de Derecho Europeo
REEI	Revista Electrónica de Estudios Internacionales
Ref.	Referenznummer
REFOR	Registro de Economistas Forenses
RegE	Regierungsentwurf
Rev. crit. Dr. internat. privé	Revue critique du Droit international privé
RFDUCM	Revista de la Facultad de Derecho de la Universidad Complutense de Madrid
RGD	Revista General de Derecho
RiLi	Richtlinie
Riv. dir. int. priv. proc.	Rivista di diritto internazionale privato e processuale
RIW	Recht der Internationalen Wirtschaft
RJ	Repertorio de Jurisprudencia Aranzadi
RJC	Revista Jurídica de Cataluña
RJUAM	Revista Jurídica de la Universidad Autónoma de Madrid
RL	Relaciones Laborales
Rn.	Randnummer
RRM	Reglamento del Registro Mercantil
Rs.	Rechtssache
Rspr.	Rechtsprechung
RT	Revista Técnica
s.	Section

S.	Satz / Seite
SA	Sociedad Anónima
SAP	Sentencia de la Audiencia Provincial
ScpA	Sociedad Comanditaria por acciones
SJMer	Sentencia de Juzgado Mercantil
SL	Sociedad de Responsabilidad Limitada
Slg.	Sammlung
sog.	sogenannte
st.	ständig(e)
str.	streitig
STS	Sentencia del Tribunal Supremo
TR	Texto Refundido
trans.	transitoria
u. a.	und andere
UAM	Universidad Autónoma de Madrid
UmwG	Umwandlungsgesetz
UN	United Nations
UNCTAD	United Nations Conference on Trade and Development
Unterabs.	Unterabsatz
Urt.	Urteil
usw.	und so weiter
u. U.	unter Umständen
v.	vom
v. A. w.	von Amts wegen
Var.	Variante
vgl.	Vergleiche
z. B.	zum Beispiel
ZEuP	Zeitschrift für Europäisches Privatrecht
ZGR	Zeitschrift für Unternehmens- und Gesellschaftsrecht
ZIP	Zeitschrift für Wirtschaftsrecht
ZZP	Zeitschrift für Zivilprozess
ZZPInt	Zeitschrift für Zivilprozess International

1. Kapitel
Die Einführung

§ 1 Das Ziel und der Verlauf der Untersuchung

Am 1. September 2004 ist das spanische Konkursgesetz in Kraft getreten. Wenn ein Mitgliedstaat der Europäischen Union sein Wirtschaftsrecht in dieser zentralen Materie reformiert, ist es naturgemäß von besonderem Interesse, das Reformergebnis näher zu betrachten. Zweifel an der Wissenschaftlichkeit der zeitgenössisch rechtsvergleichenden Methode stützen sich aber darauf, dass ausländische Rechtsentwicklung nicht die erforderliche Begründung für rechtspolitische Vorstellungen im Inland ersetzen kann.[1] Die Kritik richtet sich dagegen, ausländisches Recht unreflektiert auf gesetzgeberischem Wege zu importieren. Das einzelne Rechtssubjekt bedarf hingegen nicht immer des Gesetzgebers, um ein von ihm bevorzugtes Recht zur Anwendung zu bringen. Das gilt vor dem Hintergrund der EuGH-Rechtsprechung zur Niederlassungsfreiheit in besonderem Maße für das Gesellschaftsrecht (societas shopping).[2]

Die Verordnung (EG) Nr. 1346/2000 des Rates vom 29. Mai 2000 über Insolvenzverfahren[3] objektiviert zwar die Kriterien, nach denen das international zuständige Insolvenzgericht zu bestimmen ist. Tatsächlich lässt sich aber nicht vollständig unterbinden, dass Zuständigkeitsvorschriften strategisch genutzt werden (forum shopping). Gemäß der Verordnung kommt das anwendbare Insolvenzrecht aus der Rechtsordnung des Staates, dessen Gerichte international zuständig sind. Forum shopping beeinflusst somit kollisionsrechtliche Weichenstellungen (insolvency statute shopping). Die EuInsVO gilt als wichtiger Schritt auf dem Weg zu einem harmonisierten europäischen Insolvenzrecht.[4] Sie brachte kollisionsrechtliche Vereinheitlichung, ließ sachrechtliche Unterschiede auf mitgliedstaatlicher Ebene aber fortbestehen.

Der Blick über die Grenzen des nationalen Rechts deckt strukturelle Gemeinsamkeiten der Rechtsordnungen auf.[5] Darauf gründen rechtsharmonisierende Entwicklungen.[6] Soweit das spanische Reformgesetz ausländische Regeln übernimmt, wirkt es aus sich selbst heraus rechtsharmonisierend. Aber auch die Unterschiede zeigen durch ihre Vor- und Nachteile, wie durchsetzungsfähig nationale Regelungen auf gemeinschafts-

---

1 *Stürner*, in: Kübler (Hrsg.), *Neuordnung des Insolvenzrechts*, S. 41, 42. Vgl. demgegenüber aber *Schlosser*, in: Leipold (Hrsg.), *Insolvenzrecht im Umbruch*, S. 9, 11.

2 Vgl. EuGH, Urt. v. 9. März 1999 – Rs. C-212/97 – *Centros*; Urt. v. 5. November 2002 – Rs. C-208/00 – *Überseering*; Urt. v. 30. September 2003 – Rs. C-167/01 – *Inspire Art*; zum Ganzen *Kieninger*, ZEuP 2004, S. 686–704.

3 ABl. EG Nr. L 160 v. 30. Juni 2000, S. 1–18.

4 *Omar*, European insolvency law, S. 190, 194.

5 *Larenz*, Methodenlehre, S. 224; *Olivencia*, RFDUCM 1985, S. 29, 45. Vgl. auch *Häsemeyer*, Insolvenzrecht, Nr. 4.02, S. 66–68.

6 *Kötz*, in: Müller-Graff (Hrsg.), *Gemeinsames Privatrecht in der europäischen Gemeinschaft*, S. 100 ff.

rechtlicher Ebene sind.[7] Welchen Weg die Rechtsharmonisierung in der Europäischen Union tatsächlich nehmen wird und mit welcher Geschwindigkeit, hängt von unberechenbaren, insbesondere politischen Faktoren ab, die eine Vorhersage erschweren.[8]

Die Ergebnisse der Rechtsvergleichung sowie die gemeinsamen Grundsätze der mitgliedstaatlichen Rechte sind unverzichtbare Arbeitsmittel der Praxis. Der Rechtsanwender muss gemeinschaftsrechtliche Regelungen so auslegen, dass ein angemessenes einheitliches Ergebnis erzielt wird.[9] Die einzelstaatlichen Rechtsordnungen sind der gedankliche Rohstoff für das Kollisionsrecht.[10] Sie sind es gleichfalls für Vereinbarungen in grenzüberschreitenden Insolvenzverfahren, mit denen die Verfahrensbeteiligten regeln, welches Sachrecht oder nichtstaatliche Regelwerk als verbindlich angesehen werden soll („Protokolle").[11] Die vorliegende Arbeit untersucht deshalb im Vergleich zur bisherigen Rechtslage, wie Gläubiger und Schuldner vor, während und im Anschluss an den Konkurs in Spanien stehen. Für den Einzelfall kann daraus abgelesen werden, ob und inwieweit das Konkursverfahren nach spanischem Recht wirtschaftlich und sozial attraktiv ist.[12]

Die Kapitalgesellschaft steht im Mittelpunkt dieser Arbeit.[13] Die einschlägigen spanischen Rechtsformen sind „Sociedad Anónima" (SA)[14], „Sociedad Comanditaria por acciones" (SCpA)[15] und „Sociedad de Responsabilidad Limitada" (SL).[16] Die Europäische Aktiengesellschaft wird gemäß Art. 63 ihres Statuts[17] konkursrechtlich nach den Regeln behandelt, die für Aktiengesellschaft bzw. SA gelten.

---

7   Zur Innovationsfunktion des legislatorischen Wettbewerbs *Kieninger*, Wettbewerb der Privatrechtsordnungen im Europäischen Binnenmarkt, S. 24 ff. Zur Wirkung des Konkursrechts auf Finanzsystem und Wirtschaftswachstum *Van Hemmen*, ADCo 1/2004, S. 275 ff.

8   *Omar*, European insolvency law, S. 169; *Schwarz*, Europäisches Gesellschaftsrecht, S. 815, Rn. 1463, in Bezug auf den beschwerlichen Weg zur Societas Europeae, S. 640 ff., Rn. 1085 ff.

9   *Calvo/Carrascosa*, Derecho Concursal Internacional, S. 48; *Virgós/Garcimartín*, REDE 1/2002, S. 67, 96.

10 *Kropholler*, Internationales Privatrecht, § 11 I 1, S. 82.

11 *Ehricke*, in: FS Max-Planck-Institut, S. 337, 360 f.; *Paulus*, ZIP 1998, S. 977, 981 f.

12 Zur ökonomischen und sozialen Tragweite *De Sola Cañizares*, Iniciación al Derecho Comparado, S. 109 ff.; *Esplugues*, DN 2002 (146), S. 19, 20; *Weber*, KTS 1970, S. 73.

13 Zur marginalen Rolle von Personengesellschaften als Unternehmensträger *Sánchez Calero*, Principios de Derecho Mercantil, S. 112. Zu den steuerrechtlichen Hintergründen vgl. Art. 7 Abs. 1, lit. a) Gesellschaftssteuergesetz von 2004; BOE Nr. 61 v. 11. März 2004, S. 10951 ff.

14 Ähnlich Aktiengesellschaft, vgl. RDL 1564/1989 (LSA).

15 Ähnlich Kommanditgesellschaft auf Aktien, vgl. Art. 151–157 CCom und entsprechend heranzuziehende Vorschriften der LSA.

16 Ähnlich Gesellschaft mit beschränkter Haftung, vgl. Ley 2/1995 (LSRL).

17 Verordnung (EG) Nr. 2157/2001, über das Statut einer Europäischen Gesellschaft, ABl. EG Nr. L 294 v. 8. Oktober 2001, S. 1–21. Hierzu *Schwarz*, ZIP 2001, S. 1847 ff.

Tabelle 1: Gewählte Gesellschaftsformen nach Anzahl der Neugründungen[18]

Jahr	2001	2002	2003	2004
SA	3.767	3.152	2.631	2.259
SL	106.784	111.563	121.108	128.726
Andere	799	611	1.112	488
Gesamt	111.427	115.326	124.851	131.473

Der Grundlagenteil der Arbeit gibt einen Überblick über die Konkursrechtsgeschichte in Spanien, enthält eine konkurssoziologische Standortbestimmung sowie Ausführungen zur Gesetzesgenese und zu den Zielen der Reform von 2003. Übersetzungshinweise finden sich im Grundlagenteil und an den sachlich entsprechenden Stellen der Arbeit. Der Regelungsgehalt des Konkursgesetzes wird entlang der Chronologie des Konkursverfahrens erörtert. Die Thematik bedingt allerdings, sich vorrangig mit dem Verhältnis zwischen Konkurs- und Gesellschaftsrecht auseinanderzusetzen. Diese allgemeine Formel umfasst konkrete Teilaspekte wie die Konkursverfahrensfähigkeit der Gesellschaft, konkursrechtliche Einwirkungen auf ihren Bestand, ihre Verfassung, ihre vermögensrechtliche Stellung und unternehmerische Aktivität sowie das Verhältnis zwischen gesellschafts- und konkursrechtlichen Instrumenten für die Reorganisation oder Abwicklung. Um den Zweck des Konkursverfahrens zu ermitteln, werden gesetzliche Orientierungspunkte herausgestellt, die im Konkurs der Kapitalgesellschaft zu beachten sind. Die Arbeit geht im sechsten Teil auf die konkursrechtliche Haftung der Verwaltungsorganpersonen ein. Besonderheiten der Haftung von Liquidatoren und Buchprüfern bleiben ausgeklammert.[19] Unternehmen verbinden sich ebenso häufig grenzüberschreitend miteinander, wie ihre Verbindung konkursrechtliche Fragen aufwirft. Der siebte Teil der Arbeit formuliert hierzu Antworten. Arbeits- und kapitalmarktrechtliche Regelungsbereiche sowie die spezialgesetzlichen Vorschriften für bestimmte Kapitalgesellschaften [vgl. 2. Disp. ad., Abs. 1 LC] werden nicht vertieft.[20] Konkurssozial-, Konkurssteuer-, Konkursbilanz-,[21] Konkursstraf-, Konkursverwaltungs- und Konkurskostenrecht sind nicht Gegenstand der Arbeit.

---

18 *Instituto Nacional de Estadística*, zuletzt abgerufen am 1. Oktober 2006 über http://www. ine.es/inebase/cgi/um?L=0.
19 Hierzu *Espinós*, in: Sagrera/Sala/Ferrer (Hrsg.), *Comentarios I*, Art. 48, S. 515–518; *Rojo*, in: Uría/Menéndez (Hrsg.), *Curso de Derecho Mercantil I*, S. 163; *Vicent Chuliá*, DN 2002 (144), S. 1, 13–18; *ders.*, in: Homenaje Olivencia II, S. 2389, 2444 ff.
20 Zu Kreditinstituten und Versicherungsgesellschaften *Esplugues*, ZZPInt 2001, S. 65, 67, m. w. N.; *Largo*, RDBB 2004, S. 7–54; *Sanjuán*, RCP 2/2005, S. 147–170.
21 Hierzu *López Combarros*, in: Homenaje Olivencia I, S. 1083, 1092 ff.; *A. Tapia*, in: Homenaje Olivencia IV, S. 4405, 4445 ff. Ausführlich *Fernández del Pozo*, ADCo 8/2006, S. 49 ff.

§ 2 Der aktuelle europäische Kontext

I. Der Umbruch in den kontinentalen Nachbarrechtsordnungen

Die spanische Neukodifikation schließt an eine konkursrechtliche Umbruchphase in den kontinentalen EU-Mitgliedstaaten an. Diese Modernisierung begann in der zweiten Hälfte des zwanzigsten Jahrhunderts und fand in zwei Schritten statt. Die erste Gruppe von Staaten reformierte ihr Konkursrecht in den achtziger und neunziger Jahren (Frankreich[22], Deutschland[23] und Portugal[24]). Die Neukodifikationen der zweiten Generation fallen in die jüngste Vergangenheit und die Gegenwart (Spanien, wieder Portugal[25] und Frankreich[26], ferner Italien[27]). Die Reformschritte in Italien verdienen insofern besondere Aufmerksamkeit, als sie vor dem Hintergrund eines erst kürzlich reformierten Gesellschaftsrechts stattfinden.[28]

---

22 Gesetz v. 1. März 1984, n. 84–148; v. 25. Januar 1985, n. 85–98; modifiziert durch Gesetz v. 10. Juni 1994, n. 94-475. Heute articles l. 611-1 bis 612-4 und l. 620-1 bis 628-3 Code de Commerce; vgl. *Couret* u. a., La réforme du droit des entreprises en difficulté, passim; *Le Cannu* u. a., Entreprises en difficulté, passim; *Koral/Sordino*, 70 Am. Bankr. L. J. (1996), S. 437 ff.; *Pulgar*, La reforma del Derecho Concursal comparado y español, S. 90 ff.; *Saint-Alary*, RCP Monografía 1/2004, S. 191 ff.; *Schrödermeier/Pérochon*, in: McBryde/Flessner/Kortmann (Hrsg.), *Principles of European Insolvency Law*, S. 231 ff.
23 Insolvenzordnung v. 5. Oktober 1995, BGBl. I, S. 2866, i. d. F. des Gesetzes zur Änderung der Insolvenzordnung u. a. Gesetze v. 26. Oktober 2001. Nw. bei *Schmerbach,* in: Wimmer (Hrsg.), *FK-InsO,* Vor §§ 1 ff., S. 3; *Schmidt*, RdS 1996, S. 489 ff.
24 DL n. 132/93, v. 23. April 1993. *Gozalo*, RDM 1993, S. 615 ff.; *Pulgar*, RdS 1994, S. 444 ff.
25 CIRE, DL n. 53/2004, v. 18. März 2004. Ergänzend DL n. 54/2004, v. 18. März 2004. *De Carvalho*, RCP Monografía 1/2004, S. 147 ff.; *Epifânio*, RCP 2/2005, S. 385 ff.
26 Loi n. 2005-845 de sauvegarde des entreprises, v. 26. Juli 2005. *De lege ferenda Dammann/Undritz*, NZI 2005, S. 198 ff., m. w. N. Jüngst *G. Velasco*, ADCo 9/2006, S. 261 ff.
27 Regio Decreto v. 16. März 1942, n. 267 („Legge fallimentare"). Gesetz über die Sonderverwaltung von Großunternehmen in der Krise v. 30. Januar 1979, n. 26 („Legge Prodi" v. 3. April 1979, n. 95); ersetzt durch Gesetz v. 30. Juli 1998, n. 274. Ausführungsdekret v. 8. Juli 1999, n. 270; vgl. *Nigro*, L´amministrazione straordinaria delle grandi imprese insolventi, S. 17 ff. Dekret v. 23. Dezember 2003, n. 347; vgl. *De Cesari*, Riv. dir. int. priv. proc. 2003, S. 55 ff. Gesetz v. 18. Februar 2004, n. 39 („Legge Parmalat"), vgl. *Alessi*, DFall 2004, S. 18–34; *Manente*, DFall 2004, S. 35–52. Zu weiteren punktuellen Gesetzesänderungen *G. Velasco*, ADCo 2005, S. 317 f.; *de lege ferenda Bonfatti*, RCP monografía 1/2004, S. 101 ff.; *Cordopatri*, DFall 2004, S. 172-260; *Gambino*, DFall 2004, S. 6, 10 ff.; *Falcone*, in: Bonfatti/Falcone (Hrsg.), Le procedure concorsuali, S. 75 f.; *Valignani*, ebd., S. 145 ff. Gesetz v. 14. Mai 2005, n. 80, vgl. *Arato*, DFall 2006, S. 157 ff. Dekret v. 9. Januar 2006, n. 5 (Reform der Regelungen für Konkursverfahren gemäß Art. 1 Abs. 5 des Gesetzes v. 14. Mai 2005, n. 80), vgl. *Pellegrino*, DFall 2006, S. 335 ff.; *Nigro*, DFall 2006, S. 781 ff.
28 Zum bisherigen Recht *Nigro*, in: Colombo/Portale (Hrsg.), *Trattato*, S. 209 ff. Heute u. a. *Frascaroli*, DFall 2004, S. 53–71; *Maffei*, in: McBryde/Flessner/Kortmann (Hrsg.), *Principles of European Insolvency Law*, S. 373, 435 f.

II. Der deutsch-spanische Rechtsverkehr unter dem Europäischen Internationalen Insolvenzrecht

1. Die Europäische Insolvenzverordnung im Überblick

Für deutsch-spanische Sachverhalte besitzt die EuInsVO entscheidende Bedeutung.[29] Wesentlich ist die einheitliche Auslegungskompetenz des EuGH.[30] Der Zweck der Verordnung ist, den Binnenmarkt der Europäischen Gemeinschaft vor negativen Auswirkungen zu schützen, die von Insolvenzen grenzüberschreitend tätiger Unternehmen ausgehen.[31] Als unerwünschte Erscheinungen gelten namentlich grenzüberschreitende Methoden der Gläubigerschädigung. Einerseits suchen einzelne Gläubiger ihren Vorteil zu Lasten der anderen. Oft ist schon gestellt, wer einfacher und früher an Vermögensgegenstände des Schuldners herankommt als ausländische Gläubiger. Andererseits schädigt der Schuldner selbst die Gläubiger, indem er z. B. Vermögenswerte heimlich ins Ausland verschiebt.[32] Werden alle Gesellschaftsanteile an einen ausländischen Erwerber veräußert, kann dieser die Haftungsmasse um die letzten werthaltigen Assets erleichtern.[33] In besonders schwerwiegenden Fällen stehen im Ausland angebliche „Geschäftsführer" bereit, die darauf spezialisiert sind, noch vorhandenes Gesellschaftsvermögen zu versilbern. Durch die grenzüberschreitende Verlagerung des Verwaltungssitzes der Gesellschaft betreibt man darüber hinaus forum shopping bei der Eröffnung von Insolvenzverfahren.[34]

Nicht nur exotische Offshore-Rechtsordnungen laden zu derlei Missbräuchen ein, sondern schon eine derartige Rechtslage, wie sie vor der Reform in Spanien galt.[35] Symptomatisch ist ein Fall, wie er einem Beschluss des 54. Madrider Amtsgerichts vom 20. Mai 2004 zur Abberufung von Konkursverwaltern zu Grunde lag. Die Konkursschuldnerin ging im Jahr 1995 in Konkurs. Sie hatte im Jahr 1993 Forderungen in Höhe von 347.412.000 Peseten (rund 2,2 Mio. Euro) erlassen, also innerhalb des Zeitraums, in dem vorkonkursliche Rechtshandlungen nach altem Recht als nichtig galten. Die Begünstigten waren Gesellschaften, die zu demselben Konzern wie die Konkursschuldnerin gehörten und sich in Liquidation befanden. Lediglich einer der Konkursverwalter stellte sich auf den Standpunkt, dass der Konkurs wegen irreführender Buchführung als schuldhaft zu qualifizieren sei. Einige Gläubiger hatten jedoch schon im Jahr 1999 auf den Erlass hingewiesen, so dass es sich spätestens seit diesem Zeitpunkt nicht um ein Versehen handeln konnte. Der Umstand, dass die Verwalter die unzulässige Masseschmälerung bis ins Jahr 2004 verschleierten, deutet darauf hin, dass ihre Interessen mit denen der Konkursschuldnerin bzw. des Konzerns verquickt waren und weder Gesetz noch Gericht angemessen gegensteuerten.

---

29 Autonomes internationales Konkursrecht in Art. 199–230 LC, §§ 353–358 InsO.
30 *Virgós/Garcimartín*, REDE 1/2002, S. 67, 88 ff.
31 *Pape/Uhlenbruck*, InsR, S. 791, Rn. 1081.
32 *Ehricke*, in: FS Max-Planck-Institut, S. 337, 338 f.; *Lehr*, KTS 2000, S. 577, 578.
33 *Uhlenbruck*, in: Uhlenbruck (Hrsg.), *InsO*, § 3, Rn. 12.
34 Erwägungsgrund (4) EuInsVO; näher *De Santis*, DFall 2004, S. 91, 95; *Haubold*, IPRax 2003, S. 34, 37; *Uhlenbruck*, in: Uhlenbruck (Hrsg.), *InsO*, § 3, Rn. 12.
35 Vgl. schon die Begründung zum Vorentwurf 1959, CDC 1997, S. 123, 126. Auch LG Köln, ZIP 1997, S. 2161, 2162.

Unabhängig vom Verhalten einzelner Beteiligter schädigt die fehlende oder nicht harmonisierte Regelung grenzüberschreitender Insolvenzen die Gläubiger auf latente Art und Weise. Die inhaltlichen Unterschiede zwischen den nationalen Sachrechten verursachen juristischen Klärungsbedarf, Verzögerungen und Kosten.[36] Vor diesem Hintergrund wächst regelmäßig das Interesse der Gläubiger, sich abzusichern, so dass die Kosten für grenzüberschreitende Finanzierungen steigen.[37] Der Rat der Europäischen Union folgerte, dass Insolvenzverfahren, die in verschiedenen Mitgliedstaaten eröffnet werden, abzustimmen sind.[38] Die EuInsVO ist am 31. Mai 2002 in Kraft getreten.[39] Konkurs-, Vergleichs- und ähnliche Verfahren sind vom Begriff der Zivil- und Handelssachen i. S. v. Art. 1 Abs. 1 und Abs. 2, lit. b) EuGVO ausgenommen.[40] Die EuInsVO stößt sachlich in diese Lücke.[41] Grenzüberschreitend ist ein Insolvenzverfahren, wenn der Schuldner entweder Vermögen oder Gläubiger in mehreren Staaten hat.[42]

International zuständig sind die Gerichte des Mitgliedstaates, in dem der Schuldner den Mittelpunkt seiner hauptsächlichen Interessen hat [Art. 3 Abs. 1 EuInsVO]. Diese universelle Grundregel schließt allerdings nicht völlig aus, dass Insolvenzverfahren in anderen Mitgliedstaaten eröffnet werden.[43] Die Gerichte eines anderen Mitgliedstaates als desjenigen, in dem der Mittelpunkt der hauptsächlichen Schuldnerinteressen liegt, sind international zuständig, wenn der Schuldner in dem anderen Mitgliedstaat eine Niederlassung hat [Art. 3 Abs. 2 EuInsVO]. Unter „Niederlassung" versteht Art. 2, lit. h) EuInsVO jeden Ort, der dem Schuldner zu einer wirtschaftlichen Betätigung dient, die nicht nur vorübergehend ist und die den Einsatz von Personal und Vermögenswerten erfordert.[44] Die rechtswirksame Verfahrenseröffnung, die in

---

36 *Esplugues*, in: Homenaje Broseta I, S. 1057, 1060, 1066 ff. und 1077.
37 *Garcimartín*, CDJ 2001 IV, S. 229, 235.
38 Vgl. Erwägungsgründe (12), (16)–(20) EuInsVO. Zu Schutzinteressen z. B. der dinglich gesicherten Gläubiger, der Arbeitnehmer und des Geschäftsverkehrs in Zahlungssystemen und Finanzmärkten Erwägungsgründe (11), (25)–(28) EuInsVO. Zum Subsidiaritätsprinzip *Virgós/Garcimartín*, IPRax 1/2002, S. 67, 86.
39 Zum zeitlichen Anwendungsbereich Erwägungsgrund (2) und Art. 43 EuInsVO.
40 ABl. EG Nr. L 12 v. 16. Januar 2001, S. 1–23.
41 Vgl. Art. 2, lit. a); näher *M. Stürner*, IPRax 2005, S. 416, 417 f. Zur Änderungsbedürftigkeit von Anhang A EuInsVO *Virgós/Garcimartín*, Comentario al reglamento europeo de insolvencia, S. 36. Zum Procedere *Duursma-Kepplinger*, in: Duursma-Kepplinger u. a. (Hrsg.), *Europäische Insolvenzverordnung*, Art. 45, Rn. 2-10.
42 *Becker*, in: FS Juristische Fakultät Augsburg, S. 25, 34; *Smid*, in: FS Geimer, S. 1215, 1224; *Spahlinger*, Sekundäre Insolvenzverfahren, S. 41; a. A. *Haubold*, IPRax 2003, S. 34, 35, m. w. N.; relativierend *Frege/Keller/Riedel*, InsR, S. 905, Rn. 2654. Zur räumlichen Anwendbarkeit Erwägungsgründe (9), (32), (33) EuInsVO; *Virgós/Garcimartín*, Comentario al reglamento europeo de insolvencia, S. 29. Zu Fällen mit Drittstaatenbezug *Huber*, ZZP 114 (2001), S. 133, 136 ff. Zu Ausnahmen vom persönlichen Anwendungsbereich Art. 1 Abs. 2 EuInsVO] RiLi 2001/17/EG des Europäischen Parlaments und Rates v. 19. März 2001 über die Sanierung und Liquidation von Versicherungsunternehmen, ABl. EG Nr. L 110 v. 20. April 2001, S. 28–39; RiLi 2001/24/EG des Europäischen Parlaments und des Rates v. 4. April 2001 über die Sanierung und Liquidation von Kreditinstituten, ABl. EG Nr. L 125 v. 5. Mai 2001, S. 15–23. Zu insolvenzrechtlichen Regelungen im sekundären Gemeinschaftsrecht *Virgós/Garcimartín*, REDE 1/2002, S. 67, 68.
43 Erwägungsgrund (11) EuInsVO.
44 Hierzu *Leible/Staudinger*, KTS 4/2000, S. 533, 546, Fn. 96, m. w. N.

einem Mitgliedstaat unter Beachtung der gemeinschaftsrechtlichen Zuständigkeits-regeln erfolgt, wird in den anderen Mitgliedstaaten automatisch anerkannt [Art. 16 Abs. 1 EuInsVO].[45] Dies gilt auch für die Bestellung eines Verwalters im Hauptinsol-venzverfahren.

Für das Insolvenzverfahren und seine Wirkungen ist das Forumrecht des eröffnenden Gerichts maßgebend [Art. 4 Abs. 1 EuInsVO].[46] Dieser Grundsatz gilt für Haupt- wie für Sekundärverfahren. Die Reichweite der *lex fori concursus* als Verfahrens- und Sachrecht ergibt sich aus Art. 4 Abs. 2 EuInsVO sowie im Umkehrschluss aus den Art. 5 ff. EuInsVO.[47] Der Insolvenzverwalter ist die zentrale Figur, wenn eine Kapital-gesellschaft fortzuführen oder abzuwickeln ist.[48] In der Verordnung umfasst der Ver-walterbegriff sowohl den Insolvenzverwalter, den Sachwalter, den Treuhänder und den vorläufigen Insolvenzverwalter[49] als auch die einheitliche Konkursverwaltung im spanischen Recht. Die Verordnung regelt die grenzüberschreitende vorläufige Sicherung der Aktivmasse, grenzüberschreitende Verwalterhandlungen und die Koor-dinierung von Parallelverfahren.[50]

Den weiteren Ausführungen ist vorauszuschicken, dass die jeweilige Nationalitäts-bezeichnung nicht gleichbedeutend mit dem Gesellschaftsstatut ist. In Abweichung von der üblichen Nomenklatur[51] weist die Nationalitätsbezeichnung vorliegend al-lein darauf hin, in welchem Staat die nach Art. 3 Abs. 1 EuInsVO zuständigkeitsbe-gründenden Merkmale der Gesellschaft belegen sind. Eine „deutsche" Gesellschaft hat ihren Satzungssitz (und den vermuteten Mittelpunkt ihrer hauptsächlichen Inte-ressen) oder nachweislich den Interessenmittelpunkt in Deutschland. Eine „spani-sche" Gesellschaft ist eine solche, deren Satzungssitz (und vermuteter Mittelpunkt der hauptsächlichen Interessen) oder deren nachgewiesener Interessenmittelpunkt in Spanien liegt.

---

45 AJMer Málaga v. 2. September 2005, JUR. 2005/213470.
46 Einschließlich der *vis attractiva concursus*, De Cesari, Riv. dir. int. priv. proc. 2003, S. 55, 68 f.; vgl. näher *Calvo/Carrascosa*, Derecho Concursal Internacional, S. 98–100.
47 Zum Begriff „Insolvenzrecht" in der EuInsVO *Paulus*, ZIP 2002, S. 729, 734 f.
48 So *Graf-Schlicker/Remmert*, NZI 2003, S. 78; *Potthast*, Probleme eines Europäischen Kon-kurs-Übereinkommens, S. 106; *Prütting*, in: Breitenbücher/Ehricke (Hrsg.), *Insolvenzrecht 2003*, S. 59, 84; umfassend *Uhlenbruck*, KTS 1/1998, S. 1 ff.
49 *Lehr*, KTS 4/2000, S. 577, 582.
50 Zu grenzüberschreitenden Sicherungsmaßnahmen *Garcimartín*, CDJ 2001 IV, S. 229, 320 und 332; *Paulus*, ZIP 2000, S. 2189, 2194. Zum „Veto gegen Art. 4" *Virgós/Garcimartín*, Comentario al reglamento europeo de insolvencia, S. 135 ff. Zur Akzeptanz grenzüberschrei-tender Massesicherung, -verwaltung und -verwertung *Balz*, ZIP 1996, S. 948, 952; *Paulus*, ZIP 2002, S. 729, 733; *Smid*, in: FS Geimer, S. 1215, 1238. Zum Antrag auf Eröffnung des Sekundärverfahrens *Liersch*, NZI 2003, S. 302, 311. Zur grenzüberschreitenden Kooperation *Ehricke*, in: FS Max-Planck-Institut, S. 337, 344 f., 353 ff.; *Lehr*, KTS 4/2000, S. 577, 583; *Leible/Staudinger*, KTS 4/2000, S. 533, 569 f., m. w. N.; *Pannen/Kühnle/Riedermann*, NZI 2003, S. 72, 76 f.; *Paulus*, ZIP 2002, S. 729, 736; *Prütting*, in: Breitenbücher/Ehricke (Hrsg.), *Insolvenzrecht 2003*, S. 59, 85 ff.; *Verdú*, Procedimientos concursales comunitarios, S. 74 f. Zu Nutzen und Beendigung *Kemper*, ZIP 2001, S. 1906, 1918; *Liersch*, NZI 2003, S. 302, 322; *Lüke*, ZZP 111 (1998), S. 275, 307. Zur Haftung *Pannen/Kühnle/Riedermann*, NZI 2003, S. 72, 78; *Paulus*, ZIP 2002, S. 729, 734; *Smid*, in: FS Geimer, S. 1215, 1228.
51 Grundlegend *Ferrara*, La teoría de las personas jurídicas, S. 704 ff.

2. Die Bedeutung einer Niederlassung in Spanien

Die erste Fallgruppe betrifft Situationen, in denen eine „deutsche" Kapitalgesellschaft überschuldet oder zahlungsunfähig ist bzw. zu werden droht. Ein deutsches Gericht eröffnet das Insolvenzverfahren [Art. 3 Abs. 1 EuInsVO] und wendet deutsches Insolvenzsachrecht an [Art. 4 Abs. 1 EuInsVO]. Durch die internationale unternehmerische Betätigung der deutschen Kapitalgesellschaft können unterschiedliche Auslandsbezüge gegeben sein. Je nach den Umständen des Einzelfalls ist ihnen bei den Sonderanknüpfungen und Ausnahmeregeln der Art. 5–15 EuInsVO für einzelne Rechtsverhältnisse und Verfahrenswirkungen Rechnung zu tragen.[52] Die Sonderanknüpfungen sollen, kurz gesagt, dem Verkehrsschutz dienen, indem die Beständigkeit bestimmter Rechtsverhältnisse gewahrt wird und die von der Verfahrenseröffnung begründete Rechtslage eindeutig bleibt.[53]

Unterhält die insolvente deutsche Kapitalgesellschaft eine Niederlassung in Spanien, ergeben sich zwei unterschiedliche Möglichkeiten. Die eine Möglichkeit ist, dass nur ein (Haupt-)Insolvenzverfahren vor einem deutschen Gericht nach deutschem Insolvenzrecht eröffnet wird. Allerdings ist spanisches Sachrecht allein auf Grund dessen nicht völlig irrelevant. Das Gericht kann für die in Spanien belegenen Vermögensgegenstände vorläufige Sicherungsmaßnahmen nach spanischem Recht anordnen [Art. 38 EuInsVO]. Der Insolvenzverwalter verwaltet die Niederlassung grenzüberschreitend. Spanisches Sachrecht kommt für die deutsche Kapitalgesellschaft als Insolvenzschuldnerin weiterhin zum Tragen, sobald sie ihre Rechte als Beteiligte im (Haupt-)Insolvenzverfahren nach der Insolvenzordnung effektiv nutzen will. Das gilt vor allem für das Planinitiativrecht [§ 218 InsO], den Antrag auf Aussetzung der Verwertung [§ 233 InsO] und das Recht, Widerspruch gegen einen Insolvenzplan einzulegen [§ 247 InsO]. Nur der informierte Insolvenzschuldner kann diese Rechte ausschöpfen und gemäß § 212 InsO im Berichtstermin fundiert zum Bericht des Verwalters Stellung nehmen.

Die andere Möglichkeit besteht darin, dass ein Insolvenzverfahren in Spanien eröffnet wird. Grundsätzlich findet allein spanisches Konkurssachrecht Anwendung [Art. 3 Abs. 2 mit Art. 4 Abs. 1 EuInsVO]. Ist ein Verfahren nach Art. 3 Abs. 1 EuInsVO bereits eröffnet, gilt das nach Art. 3 Abs. 2 EuInsVO eröffnete Verfahren als Sekundärinsolvenzverfahren. Es bezweckt die Liquidation des an der Niederlassung gebundenen Schuldnervermögens [vgl. Art. 16 Abs. 2 EuInsVO]. Auf Antrag des Verwalters im Hauptverfahren kann die Verwertung ausgesetzt werden [Art. 33 EuInsVO]. Wird demgegenüber am Ort der Niederlassung beantragt, das Insolvenzverfahren zu eröffnen, bevor ein Hauptverfahren eröffnet ist, sind besondere Erfordernisse zu beachten. Art. 3 Abs. 4 EuInsVO regelt zwei Ausnahmetatbestände zur universellen Grundregel und dient so dem Prinzip des effektiven Rechtsschutzes.[54] Partikular- und Sekundärverfahren verschaffen unterschiedlichen Regelungen der Mitgliedstaaten im Privat-,

---

52 Zu reinen Kollisionsregeln und Sonderanknüpfungen mit materiellem Regelungsgehalt *Daniele*, Riv. dir. int. priv. proc. 2002, S. 33, 38 ff.

53 *Bureau*, Rev. crit. dr. internat. privé 91 (2002), S. 613, 656 ff.; *Garcimartín*, CDJ 2001 IV, S. 229, 271 ff.; *Liersch*, NZI 2003, S. 302, 303 ff.

54 Näher *Virgós/Garcimartín*, REDE 1/2002, S. 67, 83.

Arbeits-, Sozial- und Steuerrecht Anwendungsraum.[55] Art. 17 Abs. 2 Satz 2 EuInsVO begrenzt wiederum die Relativierung der universellen Grundregel: Partikular- und Sekundärverfahren erfassen nur schuldnerisches Vermögen, das im Eröffnungsstaat belegen ist [vgl. auch Art. 27 Satz 3 EuInsVO].

Niederlassungen im europäischen Binnenmarktraum können also zu Sekundärverfahren nach ausländischem Recht führen. Es kommt dann strategisch auf die Rechtslage in dem Staat an, in den die Direktinvestition ging.[56] Nach der „Eurostat"-Definition[57] handelt es sich bei Direktinvestitionen um grenzüberschreitende Kapitalanlagen, durch die der Investor mit dem in einem anderen Land ansässigen Unternehmen eine dauerhafte Rendite anstrebt. Anders als bei der Konzernbildung muss hierfür nicht ein anderer Unternehmensträger errichtet oder vollständig übernommen werden. Bei einer Direktinvestition erwirbt der ausländische Investor eine Beteiligung von mindestens zehn Prozent. Diese Fälle sind praktisch sehr häufig. Spanien gehörte zwischen 1993 und 2002 zu den zehn wichtigsten Empfängern von Direktinvestitionen aus den OECD-Ländern. Deutsche Investoren rangierten im gleichen Zeitraum OECD-weit auf Platz fünf der grenzüberschreitenden Geldgeber.[58]

3. Die Bedeutung des grenzüberschreitenden Konzerns

Die zweite Fallgruppe geht von einer nach dem oben definierten Nationalitätsbegriff „spanischen" Kapitalgesellschaft als Konkursschuldnerin aus. Unter Anwendung der EuInsVO wird das Verfahren vor einem spanischen Gericht eröffnet und nach spanischem Konkurssachrecht durchgeführt. Der Grundfall weist grenzüberschreitende Bezüge auf, die sich allenfalls bei den Sonderanknüpfungen und Ausnahmeregeln nach Art. 5 ff. EuInsVO auswirken. Das Verfahren entfaltet allerdings innerhalb des räumlichen Anwendungsbereichs der Verordnung diejenigen Wirkungen, welche das spanische Konkurssachrecht ihm beilegt [Art. 16 ff. EuInsVO]. Darin liegt das „Herzstück" der Verordnung.[59] Für grenzüberschreitende Publizität ist gesorgt [vgl. Art. 21–23 EuInsVO]. Alle Gerichtsentscheidungen, die im Zusammenhang mit einem Insolvenzverfahren ergehen, werden im vereinfachten Verfahren nach der EuGVO vollstreckt. Die Vollstreckung darf nur unterbleiben, wenn entweder der mitgliedstaatliche Grundrechtsschutz Vorrang genießt [Art. 25 Abs. 3 EuInsVO] oder der *ordre public* i. S. v. Art. 26 EuInsVO verletzt ist.

Auch in dem Fall, dass die spanische Kapitalgesellschaft in einen grenzüberschreitenden Konzern eingebunden ist, der von einer deutschen Kapitalgesellschaft beherrscht wird, sind die spanischen Gerichte für das Konkursverfahren über das

---

55 *Weinbörner*, InsR, S. 212, Rn. A454; kritisch *Ehricke*, in: FS Max-Planck-Institut, S. 367, 341.

56 Allgemein *Bisbal*, RJC 1984, S. 559 f.

57 *Europäische Kommission*: European Union foreign direct investment yearbook 2001, Ausgabe 2002, S. 730. Zur engeren spanischen Definition *Girgado*, La empresa de grupo y el derecho de sociedades, S. 129.

58 Zum Ganzen *OECD* (Directorate for financial, fiscal and enterprise affairs): Trends and recent developments in foreign direct investment, Juni 2003, Tabelle 2.

59 *Smid*, in: FS Geimer, S. 1215, 1228 f., m. w. N.

Vermögen der spanischen Untergesellschaft international zuständig. Das spanische Sachrecht ist Konkursstatut. Das Konkursgesetz sieht eine Verfahrensakkumulation im Konzernkonkurs vor [Art. 25 Abs. 1 und 4 LC]. Art. 25 LC ist zwar anwendbar, greift aber vom Tatbestand her nicht ein. Die Verfahren über die Vermögen von beherrschten Gesellschaften werden zu dem Verfahren über das Vermögen der herrschenden Gesellschaft „gezogen" und nicht umgekehrt. Die deutsche Konzernmutter, die nicht in Konkurs gefallen ist, wird durch die Verfahrenseröffnung über das Vermögen der spanischen Untergesellschaft nicht unmittelbar rechtlich involviert. Unter wirtschaftlichen Gesichtspunkten ist es jedoch keineswegs bedeutungslos, ob es zu einem Konkursverfahren über das Vermögen der spanischen Konzerntochter kommt und wie sich dieses Verfahren entwickelt.[60]

Beispielhaft seien zwei Gesichtspunkte herausgegriffen. Das spanische Konkursstatut entscheidet darüber, ob und wie das Unternehmen der Konzerntochter saniert wird. Zugleich richtet sich der konzernrechtliche „Insider"-Begriff nach spanischem Konkurssachrecht. Wenn die ausländische Obergesellschaft der spanischen Tochtergesellschaft Weisungen erteilt, kann sie überdies eine faktische Organstellung in der Konkursschuldnerin einnehmen und haftet dann wie deren Geschäftsleiter.[61] Der denkbar schwerwiegendste Fall tritt ein, wenn die Untergesellschaft „wegliquidiert" und die Obergesellschaft haftungsmäßig in Anspruch genommen werden kann. Kenntnisse über das ausländische Recht sind daher unerlässlich. Dabei geht es nicht um marginale Ausnahmeerscheinungen. Im Jahr 2002 wurden 7465 Kapitalgesellschaften mit Sitz in Spanien gezählt, die in ausländisch beherrschte Konzerne eingebunden waren.[62] Rund 1100 dieser 7465 Gesellschaften gehörten zu grenzüberschreitenden Konzernen oder Holdings, die von deutschen Kapitalgesellschaften kontrolliert wurden.[63] Durchschnittlich fünf Prozent der Gesellschaften, die 2006 in Konkurs gegangen sind, waren konzernangehörig, ein Prozent in internationalen Unternehmensstrukturen.[64]

In einer letzten Konstellation beherrscht eine spanische Gesellschaft den Konzern. Ist die deutsche Untergesellschaft zahlungsunfähig oder überschuldet, eröffnet ein deutsches Gericht das Insolvenzverfahren. Vorschriften des spanischen Konkurssachrechts zur Verfahrensakkumulation gelangen nicht ins Blickfeld. Anders verhält es sich im Verfahren über das Vermögen der spanischen Obergesellschaft. Es handelt sich um ein Verfahren in Spanien nach dortigem Sachrecht. Die Verfahren mehrerer gemeinsam

---

60 Zum Rechtsstatut des hierarchisch strukturierten Konzerns vgl. für die deutsche h. M. *Von Hoffmann*, Internationales Privatrecht, § 7, Rn. 36, m. w. N. Aus der spanischen Literatur *Calvo/Carrascosa*, Derecho Internacional Privado II, S. 284.

61 *Espinós*, in: Sagrera/Sala/Ferrer, *Comentarios I*, Art. 48, S. 496 f.; *Rodríguez Ruiz*, RDM 2001, S. 1969.

62 *UNCTAD*, World Investment Report 2002: „Transnational Corporations and Export Competitiveness", „Country fact sheet: Spain", UN-Veröffentlichung Nr. E.02.II.D.4. Allgemein *Sánchez Calero Guilarte*, ADCo 5/2005, S. 7, 18 f., m. w. N.

63 *Auswärtiges Amt*, Online-Länderinformation, Stand: April 2003, http://www.auswaertiges-amt.de/diplo/de/Laenderinformationen/Spanien/Bilateral.html#t2; zuletzt abgerufen am 31. Dezember 2006. Vgl. zu den einzelnen Unternehmen *UNCTAD*, World Investment Report 2002, „FDI in brief: Spain", UN-Veröffentlichung Nr. E.02.II.D.4.

64 Vgl. die Angaben für die ersten beiden Quartale 2006 des *Instituto Nacional de Estadística*, zuletzt abgerufen am 1. Oktober 2006 über http://www.ine.es/inebase/cgi/um?L=0.

eröffneter Konkurse können am Sitz der Konzernmutter verhandelt werden [Art. 3 Abs. 5, 10 Abs. 4 S. 1, 2. Var. LC]. Die Konkursverwaltung im Verfahren über das Vermögen der Obergesellschaft hat das Recht zu beantragen, dass laufende Verfahren über die Vermögen beherrschter Gesellschaften zu dem Verfahren der Konzernmutter „gezogen" werden [Art. 25, 10 Abs. 4 S. 2 LC]. Dies wirft die Frage auf, ob ein laufendes Verfahren über das Vermögen der im Ausland ansässigen Konzerntochter mit dem in Spanien eröffneten Verfahren verbunden wird. Die Folge wäre, dass der gesamte Verfahrensverbund dem spanischen Sachrecht als Konkursstatut untersteht. Diese Frage muss für eine Reihe von Fällen beantwortet werden: Die spanische Wirtschaft beheimatete im Jahr 2002 857 Kapitalgesellschaften, die grenzüberschreitende Konzerne beherrschten.[65] Hierzu wird im siebten Teil dieses Buches Stellung genommen.

4. Die Stellung von Konkursgläubigern in grenzüberschreitenden Verfahren

Unternehmenstragende Kapitalgesellschaften investieren nicht nur in ausländische Niederlassungen oder beteiligen sich an ausländischen Gesellschaften. Sie betreiben auch grenzüberschreitende Geschäfte, die auf den Austausch von Waren, Dienstleistungen, Rechten und sonstigen wirtschaftlich wertvollen Gütern gerichtet sind. Grenzüberschreitende Austauschgeschäfte zwischen Deutschland und Spanien zeigen eine deutliche Steigerungstendenz.[66] Bei Außenständen aus solchen Geschäftsbeziehungen werden Deutsche zu potenziellen Konkursgläubigern in einem Verfahren nach spanischem Recht. Die Konkurserklärung wirkt ihnen gegenüber ohne weiteres.

Eine andere Frage ist, wie die tatsächliche Verfahrensbeteiligung aussieht. Die Verordnung regelt autonom, wie Gläubiger einbezogen werden, deren Sitz in einem anderen Mitgliedstaat als dem Forumstaat liegt [Art. 39 bis 42 EuInsVO]. Die ausländischen Gläubiger sollen nicht mit ihren Forderungen ausfallen, weil sie grenzüberschreitende Geschäfte getätigt haben.[67] Gläubiger, die im Zeitpunkt der Verfahrenseröffnung bekannt sind, werden eigens von der Verfahrenseröffnung in Kenntnis gesetzt [Art. 40 und 42 EuInsVO]. Sie können ihre Forderungen grenzüberschreitend anmelden. Dadurch, dass die Forderungen in jedem eröffneten Verfahren geltend gemacht werden dürfen [Art. 32 Abs. 1 EuInsVO], geraten die Interessen der Gläubigergesamtheit in Gefahr. Wenn Forderungen mehrfach angemeldet werden, ist der Ausgleich effektiv: Befriedigung, die aus einem Verfahren erlangt wird, ist auf die Quote in jedem anderen Verfahren anzurechnen [Art. 20 Abs. 2 EuInsVO].[68] Soweit ein Gläubiger aus dem insolvenzbehafteten und in einem anderen Mitgliedstaat bele-

---

65 *UNCTAD*, World Investment Report 2002: „Transnational Corporations and Export Competitiveness", „Country fact sheet: Spain", UN-Veröffentlichung Nr. E.02.II.D.4.
66 *Economist* (Intelligence Unit): Country Profile Spain 2003, S. 60, Tabelle Nr. 24. Zu den wechselseitigen Ein- und Ausfuhren Deutschlands und Spaniens im Jahr 2002 *Economist* (Intelligence Unit): Country Profile Spain 2003, S. 40; *Statistisches Bundesamt*, Statistisches Jahrbuch für die Bundesrepublik Deutschland 2003, Kap. 12.14, S. 300.
67 Skeptisch *Becker*, in: FS Juristische Fakultät Augsburg, S. 25, 35 und 39.
68 *Spahlinger*, Sekundäre Insolvenzverfahren, S. 253; zu den praktischen Schwierigkeiten *Woodland*, in: Leonard/Besant (Hrsg.), *Cross-Border Insolvency*, S. 12 f.

genen Schuldnervermögen befriedigt wird, hat er das Erlangte herauszugeben [Art. 20 Abs. 1 EuInsVO]. Um Rechte und Pflichten wahrzunehmen, die über die Forderungsanmeldung hinausgehen, müssen die Gläubiger die *lex fori concursus* kennen.[69] Nicht selten unterhält die spanische Schuldnerin eine ausländische Niederlassung. Spaniens Wirtschaft brachte von 1993 bis 2002 grenzüberschreitende Direktinvestitionen in Höhe von 196,9 Mrd. US-Dollar auf.[70] Eine Niederlassung in Deutschland wirkt sich für deutsche Gläubiger vorteilhaft aus. Sie können „heimwärts" in die gläubigernähere Rechtsordnung streben und die Eröffnung des Sekundärinsolvenzverfahrens vor einem deutschen Gericht beantragen [Art. 29, lit. b) EuInsVO]. Hat in Spanien noch kein Hauptverfahren begonnen, müssen die Voraussetzungen für ein Partikularverfahren erfüllt sein [vgl. Art. 3 Abs. 4 EuInsVO].[71] Das Partikularverfahren in Deutschland ist entweder statthaft, wenn der Wohnsitz, der gewöhnliche Aufenthalt oder der Gesellschaftssitz des Gläubigers in Deutschland liegen oder wenn der Gläubiger seine Forderung aus dem Betrieb der deutschen Niederlassung erlangt hat. Fehlt es hieran, ist erforderlich, dass in Spanien aus rechtlichen Gründen kein Verfahren eröffnet werden kann. In dieser Lage ist es nur scheinbar widersinnig, den Antrag auf Eröffnung des Hauptverfahrens in Spanien zu empfehlen. Lehnt das spanische Gericht den Antrag ab, erbringt der Beschluss den sicheren Nachweis, dass es unmöglich ist, ein Hauptverfahren i. S. d. Art. 3 Abs. 4, lit. a) EuInsVO aufzunehmen.[72] Das spanische Konkurssachrecht beantwortet somit die Frage, ob für ein Partikularverfahren in Deutschland das erforderliche Rechtsschutzbedürfnis gegeben ist.

Denkbar wenig Auslandsbezug hat der Fall, in dem eine deutsche Gesellschaft Gläubigerin eines deutschen Schuldners ist, der zahlungsunfähig oder überschuldet ist. Die Gläubigerin erhält die Möglichkeit, sich im Insolvenzverfahren zu beteiligen, das ein deutsches Gericht nach deutschem Sachrecht verhandelt. Dies gilt gemäß dem universellen Ansatz im Europäischen Internationalen Insolvenzrecht auch, sofern sich konkursbehaftetes Vermögen in Spanien befindet. Selbst wenn das ausländische Vermögen durch die Bedeutung der damit verbundenen Geschäftstätigkeit das Ausmaß einer Niederlassung erreicht, sprechen in aller Regel logistische und finanzielle Gründe dagegen, ein Verfahren im Ausland anzustrengen. Die Gläubiger können nach deutschem Recht die Abwicklung des Verfahrens allerdings erheblich beeinflussen.[73] Die Kenntnis des spanischen Konkurssachrechts gewährleistet, dass die Einflussnahme den Interessen der Gläubiger zuträglich ist. Ob und in welchem Maße die Aussichten auf Gläubigerbefriedigung verbessert werden, hängt davon ab, wie viel haftende Vermögensmasse zusammengebracht wird. Bei Auslandsvermögen, welches das Ausmaß einer Niederlassung erreicht, ist daher auch nach den Chancen und Risiken im Sekundärinsolvenzverfahren zu fragen (z. B. Möglichkeiten der isolierten

---

69 *Niggemann/Blenske*, NZI 2003, S. 471, 479.
70 *OECD* (Directorate for financial, fiscal and enterprise affairs): Trends and recent developments in foreign direct investment, Juni 2003, Tabelle 2.
71 Zu sprachlichen und rechtlichen Zweifelsfragen *Becker*, ZEuP 2002, S. 287, 302 f.
72 *Weinbörner*, InsR, S. 214, Rn. A458; kritisch S. 214–217, Rn. A459–A467, m. w. N. Vgl. z. B. AAP Las Palmas v. 4. Mai 2006, AC. 2006/1284: eine SL nach spanischem Recht mit deutscher Gesellschaftsbezeichnung, deren Konten, Kunden und Mitarbeiter in Deutschland sowie deren Vermögensgegenstände und Tätigkeitsorte außerhalb Spaniens belegen waren.
73 Im Einzelnen *Pape/Uhlenbruck*, InsR, S. 194 ff., Rn. 230 ff.

Sanierung der Niederlassung, Anfechtungsmöglichkeiten oder aber Eingriffe in den außerkonkurslich erworbenen Forderungsrang).[74]

§ 3 Die Abgrenzung zwischen Gesellschafts- und Insolvenzstatut im spanischen Kollisionsrecht

Bis zu diesem Punkt der Arbeit ging es bei der Definition der „deutschen" oder „spanischen" Kapitalgesellschaft nur um die Anknüpfungspunkte des Internationalen Insolvenzrechts nach der EuInsVO. Die Nationalität der Gesellschaft im hergebrachten Sinn richtet sich dagegen nach der *lex societatis*. Im vorausgehenden Abschnitt gilt auch eine nach spanischem Recht inkorporierte Gesellschaft als „deutsch", wenn ihr Interessenmittelpunkt in Deutschland liegt. Das ist ein Fall der so genannten Scheinauslandsgesellschaft. Als Scheinauslandsgesellschaft gilt jede Gesellschaft, die keine oder nur geringe tatsächliche Bezüge zu dem Staat aufweist, nach dessen Recht sie gegründet ist.[75] Die EuInsVO verhindert, dass die Scheinauslandsgesellschaft insolvenzsachrechtliche Regelungen umgeht. Ungeachtet des spanischen Gesellschaftsstatuts ist ein deutsches Gericht für die Eröffnung des Insolvenzverfahrens zuständig [Art. 3 Abs. 1 EuInsVO].[76] Das deutsche Gericht wendet grundsätzlich deutsches Insolvenzsachrecht an [Art. 4 Abs. 1 EuInsVO].

Liegen der Satzungssitz und der Mittelpunkt der hauptsächlichen Interessen in unterschiedlichen Mitgliedstaaten, sind auch Gesellschaftsstatut und Insolvenzstatut verschieden.[77] Dann ist zu klären, welche Anknüpfungsgegenstände gesellschaftsrechtlich bzw. insolvenzrechtlich zu qualifizieren sind.[78] Davon hängt ab, wie weit die Wahl der Rechtsform inhaltlich wirkt.[79] Je weiter der Bereich der gesellschaftsrechtlichen Regelungsinhalte geht, umso bedeutender sind die Auswirkungen, wenn bei einem ausländischen Gesellschaftsrecht Zuflucht genommen wird. Abgesehen von organisatorischen Motiven interessiert es Gründer und Geschäftsleiter vor allem, inländische Standards für den Schutz des Rechtsverkehrs, der Gesellschaftsgläubiger, Arbeitnehmer und außenstehender Gesellschafter zu umgehen. Umso misslicher sind Fälle des so genannten Normenmangels. In der Rechtsordnung des Gründungsstaats gehören z. B. bestimmte Schutzvorschriften zum Insolvenzrecht. Vom Recht des Staates, in dem der Mittelpunkt der hauptsächlichen Interessen liegt, werden die Schutzmechanismen dagegen dem Gesellschaftsrecht zugeordnet. Die Schutzinstrumente können dann weder aus dem anwendbaren Gesellschaftsstatut noch aus dem Insolvenzsachrecht bezogen werden.[80]

---

74 *Garcimartín*, CDJ 2001 IV, S. 229, 250; *Liersch*, NZI 2003, S. 302, 310.
75 Vgl. die Nachweise bei *Kieninger*, ZGR 1999, S. 724, 734 f., Fn. 52 und 53.
76 Hierzu *Kirchhof*, in: Eickmann u. a., *HK-InsO*, § 11 Rn. 9, m. w. N.; abw. *Kind*, in: Braun (Hrsg.), *InsO*, § 11, Rn. 12.
77 *Weller*, IPRax 2003, S. 207; *Riedemann*, GmbHR 2004, S. 345, 346.
78 *De lege ferenda Kieninger*, ZEuP 2004, S. 685, 697, m. w. N.
79 *Virgós/Garcimartín*, Comentario al reglamento europeo de insolvencia, S. 84.
80 *Eidenmüller/Rehm*, ZGR 2004, S. 159, 175.

Das spanische Kollisionsrecht geht vom Grundsatz des umfassenden, einheitlichen Gesellschaftsstatuts aus.[81] Das Gesellschaftsstatut regelt die Rechtsfähigkeit, Gründung, Vertretung, Organisation, Übertragung, Auflösung und Löschung der Gesellschaft [vgl. Art. 9 Abs. 11 CC]. Deshalb werden Regularien über den Anfang, die Innen- und Außenbeziehungen sowie das Ende der Gesellschaft als gesellschaftsrechtlich qualifiziert. Dazu gehört auch der Gesichtspunkt, ob die Gesellschaft aufzulösen ist, wenn sie zahlungsunfähig ist.[82]

Vom Insolvenzstatut werden diejenigen Aspekte geregelt, welche die EuInsVO ausdrücklich aufführt [vgl. Art. 4 Abs. 2 lit. a-m) EuInsVO]. Das sind der Eröffnungsgrund, die Verfahrensfähigkeit des Schuldners, die Wirkungen der Verfahrenseröffnung und des Verfahrensabschlusses, sämtliche Fragen der Verfahrensdurchführung und die Stellung der Verfahrensbeteiligten.[83] Zu den Wirkungen des Insolvenzverfahrens zählt gleichfalls, inwieweit in die Organisation der Gesellschaft eingegriffen oder das Verfahren auf dritte Personen erstreckt wird. Für die Haftungsregeln gibt es keine einheitliche Qualifikationslösung.[84]

Die allgemeine Schadensersatzhaftung der Organpersonen [Art. 133–135 LSA, 69 LSRL] wird von der *lex societatis* geregelt.[85] Wenn die Gesellschaft zahlungsunfähig ist, sind für die Geltendmachung von Schäden im Gesellschaftsvermögen zwar die Gesellschaftsgläubiger subsidiär aktivlegitimiert [Art. 134 Abs. 5 LSA]. Daraus folgt jedoch kein Grund für eine insolvenzrechtliche Qualifikation. Auch die Gesellschaftsgläubiger können nur Leistung an die Gesellschaft verlangen. Liegt der Schaden primär im persönlichen Vermögen des Gläubigers, ist dieser Schaden freilich ihm selbst zu ersetzen. Die Pflichten, deren Verletzung haftungsbegründend ist, werden vom Gesellschaftsstatut spezifiziert.

Das Gegenteil trifft für die Konkursantragspflicht zu. Sie soll verhindern, dass vorhandene wie künftige Gläubiger die Nachteile einer verspäteten Verfahrenseröffnung tragen. Richtig ist daher, nicht nur die Antragspflicht, sondern auch die Haftungsregeln, die an ihre Verletzung anknüpfen, als konkursrechtlich zu qualifizieren.[86] Dies gilt gerade für die Haftung der Organpersonen, die der Konkursrichter von Amts wegen im Rahmen der Konkursqualifikation anordnen kann [vgl. Art. 172 Abs. 3 LC]. Diese Qualifikation liegt bereits auf Grund der systematischen Stellung im Konkursgesetz nahe. Entscheidend aber ist, dass der Haftungstatbestand die Insolvenz der Gesellschaft voraussetzt und unmittelbar darauf zielt, die Konkursgläubiger – und nur diese – zu befriedigen.

---

81 *Garcimartín*, in: Delgado/Fernández-Tresguerres (Hrsg.), *Instituciones VI-1*, S. 47, m. w. N.

82 *Calvo/Carrascosa*, Derecho Concursal Internacional, S. 114, m. w. N.; *Virgós/Garcimartín*, Comentario al reglamento europeo de insolvencia, S. 84.

83 *Calvo/Carrascosa*, Derecho Concursal Internacional, S. 63, m. w. N.; *Garcimartín*, CDJ 2001 IV, S. 229, 269.

84 Zum Kriterium des insolvenzrechtlichen Zweckes einer Rechtsfigur *Bermejo/Rodríguez*, InDret 4/2006, S. 1, 21–25; *Garcimartín*, in: Delgado/Fernández-Tresguerres (Hrsg.), *Instituciones VI-1*, S. 102 ff.; *Virgós/Garcimartín*, Comentario al reglamento europeo de insolvencia, S. 84.

85 *Garcimartín*, in: Delgado/Fernández-Tresguerres (Hrsg.), *Instituciones VI-1*, S. 71.

86 Vgl. jetzt ebenso ausführlich *Bermejo/Rodríguez*, InDret 4/2006, S. 1, 25 ff. Im deutschen Recht LG Kiel, EuZW 2006, S. 478 ff.; *Kuntz*, NZI 2005, S. 424, 426 f., m. w. N.; *Röhricht*, ZIP 2005, S. 505, 507 f.

Die Organpersonen haften mit ihrem persönlichen Vermögen gesamtschuldnerisch für neue Verbindlichkeiten der Gesellschaft, wenn sie nicht oder nicht effektiv die Auflösung der Gesellschaft fristgerecht betreiben, obwohl objektiv ein Grund dafür vorliegt [Art. 262 Abs. 5 LSA, 105 Abs. 5 LSRL]. Es muss ein normierter Auflösungsgrund gegeben sein. Voraussetzung ist nicht, dass die Gesellschaft zahlungsunfähig ist. Im dritten Kapitel des dritten Teils dieser Arbeit wird dargelegt, dass diese Sanktion normalerweise ebenso wenig eingreift, wenn die Konkursantragspflicht verletzt wird. Hält man die Auflösungspflicht für einen Mechanismus, der ein drohendes Konkursverfahren abwenden soll, liegt dennoch die konkursrechtliche Einordnung nahe. Faktisch bewirkt die kapitalschützende Sanktion außerdem, dass die Gesellschaftsgläubiger befriedigt werden, selbst wenn die Gesellschaft ihre Verbindlichkeiten nicht mehr oder nur unter Schwierigkeiten erfüllen kann. Die ursprüngliche Funktion der kapitalschützenden Haftungsregeln war allerdings, „kalte Abwicklungen" zu verhindern. Die Qualifikation als gesellschaftsrechtlich passt zum systematischen Standort der Vorschriften. Des Weiteren sind Zweifel an der vorkonkurslichen Präventivwirkung der Sanktion angebracht, wie das vierte Kapitel im fünften Teil der Arbeit zeigt. Insgesamt ist es daher vorzugswürdig, diese Regelungen gesellschaftsrechtlich zu qualifizieren.

Bei der kollisionsrechtlichen Qualifikation der Regeln, nach denen die Anteilseigner von Kapitalgesellschaften haften, verbietet sich eine pauschale Aussage. Das spanische Sachrecht lässt punktuell die Durchgriffshaftung zu, so dass Verbindlichkeiten der Gesellschaft unmittelbar aus dem Vermögen der Gesellschafter befriedigt werden. Ausgehend vom Grundsatz des umfassenden einheitlichen Gesellschaftsstatuts, handelt es sich um einen Aspekt der *lex societatis*.[87] Allerdings bleibt umstritten, in welchen Fällen die Durchgriffshaftung anwendbar ist. Je nach Einzelfall kann also eine abweichende Qualifikation vorzunehmen sein. Für die Unterkapitalisierung kommt es auf die *lex fori concursus* an, wenn auf das Vermögen der Gesellschafter durchgegriffen werden soll.[88]

Wie Eigenkapitalersatz zu behandeln ist, regelt das spanische Gesellschaftsrecht nicht. Soweit sich jedoch im Konkursgesetz einzelne Rechtsfolgen für den Fall finden, dass Gesellschafter zugleich Inhaber von Forderungen gegen die insolvente Gesellschaft sind (z. B. Nachrangigkeit der Forderung), spricht nichts dagegen, solche Eigenkapitalersatzregeln konkursrechtlich zu qualifizieren.[89] Dafür kann der systematische Kontext zwar nur ein Indiz sein, jedoch beschränkt sich der Anwendungsbereich dieser Regeln prinzipiell auf das Konkursverfahren. Der Normzweck ist, das bessere Recht der Gläubigergesamtheit gegenüber Gesellschaftern durchzusetzen, die ihre nun zahlungsunfähige Gesellschaft mit mehr Eigenkapital hätten ausstatten müssen. Maßgebend ist somit die *lex fori concursus*.

---

87 *Garcimartín*, in: Delgado/Fernández-Tresguerres (Hrsg.), *Instituciones VI-1*, S. 73.
88 So im deutschen Recht *Weller*, IPRax 2003, S. 207, 209 f., m. w. N.
89 So im deutschen Recht *Fischer*, ZIP 2004, S. 1477, 1480; *Röhricht*, ZIP 2005, S. 505, 512 f.; *Wienberg/Sommer*, NZI 2005, S. 353, 356 f.

2. Kapitel

Die Grundlagen

§ 1 Die Geschichte der Desintegration im spanischen Konkursrecht

Auf der iberischen Halbinsel koexistierten bis in die Neuzeit hinein Rechtsregeln, die vom Römischen Recht herrührten,[90] mit weiterentwickelten Formen des Statutenrechts, das aus Norditalien rezipiert wurde.[91] Die erste zusammenhängende konkursrechtliche Kodifikation findet sich im Código de las Siete Partidas, Fünfter Teil, 15. Titel.[92] Die „Siete Partidas" entstanden zwischen 1256 und 1273 unter Alfonso X., dem Weisen (ca. 1221–1284). Um das Jahr 1646 erschien mit *Labyrinthus creditorum concurrentium ad litem per debitorem communem causatam* das Hauptwerk des Francisco Salgado de Somoza (ca. 1590–1672).[93] Der Verfasser beschrieb darin nicht das seinerzeit geltende Recht, sondern entwarf unter Berücksichtigung der zeitgenössischen Praxis ein Gesamtvollstreckungsverfahren, das für Kauf- und Privatleute gleichermaßen Anwendung erstrebte.[94] Sinn und Zweck des Verfahrens war es, die Vermögenshaftung des Schuldners zu verwirklichen. Persönliche Folgen des Konkurses wie etwa die Inhaftierung des Zahlungsunfähigen wurden weitgehend beseitigt. Die Gläubigerbefriedigung war von verfahrensrechtlichen Elementen überformt, da der Richter aktiv und umfassend die Vermögensverteilung beeinflusste. Der Richter, Träger der staatlichen Autorität und Wächter über das öffentliche Interesse, spielte die zentrale Rolle im Konkurs.[95]

Die Grundprinzipien des *Labyrinthus* prägten die französische Ordonnance de Commerce von 1673, die Ordenanzas de Bilbao von 1737[96] als erste umfassende systematische Regelung in Spanien und den französischen Code de Commerce von 1807.[97] Das französische Recht wiederum stand Pate für die nachfolgende Kodifika-

---

90 *Estasén*, Tratado, S. 29–51, m. w. N.; *Sohm*, Institutionen, S. 350, Fn. 5.
91 *Garrigues*, RDP 1940, S. 130, 134 f.; *Uría/Menéndez/Beltrán*, in: Uría/Menéndez (Hrsg.), *Curso de Derecho Mercantil II*, Kap. 92, S. 869. Zu den oberitalienischen Statuten *Santarelli*, Per la storia del fallimento, S. 21-46.
92 Wie hier *Añoveros*, in: Homenaje Menéndez III, S. 3463, 3469.
93 *Kohler*, Leitfaden des Konkursrechts, S. 6, 23 ff. und 275; vgl. auch *Schmidt*, in: García Villaverde u. a. (Hrsg.), *Estudios*, S. 15, 18 ff. Überblick bei *Vázquez Sotelo*, Diario La Ley, Nr. 5856, Jahr XXIV, 24. September 2003, D-209, m. w. N.
94 *Añoveros*, in: Homenaje Menéndez III, S. 3463, 3472 ff., m. w. N.; *Garrigues*, RDP 1940, S. 130, 134 f.
95 *Uría/Menéndez/Beltrán*, in: Uría/Menéndez (Hrsg.), *Curso de Derecho Mercantil II*, Kap. 92, S. 869.
96 *Garrigues*, RDP 1940, S. 130, 136; *Viguera*, in: Jiménez (Hrsg.), *Derecho Mercantil II*, S. 723; Nw. bei *Rojo*, in: Instituto de Investigaciones Jurídicas (Hrsg.), *Centenario del Código de Comercio*, S. 475.
97 *Bonsignori*, Il Fallimento, S. 21; *Ferrara/Borgioli*, Il Fallimento, S. 60 f.

tionsbewegung in Europa einschließlich des von Sainz de Andino erarbeiteten spanischen Código de Comercio von 1829.[98] Das Handelsgesetzbuch von 1829 regelte fünf verschiedene Verlaufsformen eines einheitlichen Verfahrens: „Suspensión de pagos", „Quiebra fortuita", „Quiebra culpable", „Quiebra fraudulenta", „Alzamiento".[99] Das Gesetz enthielt sowohl materielle als auch prozessuale Vorschriften. Dieser Ansatz wurde aufgegeben, als sich der Código de Comercio von 1885 auf materielle Vorschriften beschränkte und die Ley de Enjuiciamiento Civil von 1881 die prozessualen Fragen regelte. Die „Suspensión de pagos" war nunmehr ein konkursabwendendes Vergleichsverfahren.[100] Schon aus Prestigegründen, aber auch auf Grund wirtschaftlicher Vorteile bevorzugten die Schuldner dieses Vergleichsverfahren gegenüber dem liquidatorischen Konkursverfahren („Quiebra").[101] Erst das Änderungsgesetz vom 10. Juni 1897 dämmte diese Entwicklung ein. Es führte den objektiven Tatbestand für die Erklärung der „Suspensión de pagos" auf die bloße Illiquidität zurück und beschränkte den zulässigen Vergleichsinhalt.[102] Der Weg in ein flexibles Vergleichsverfahren war hiernach für Schuldner versperrt, die nicht nur Liquiditätsengpässe überwinden wollten, sondern tatsächlich zahlungsunfähig waren.

In Reaktion auf die volkswirtschaftlich bedeutsame Krise der Bank von Barcelona entstand die Ley de Suspensión de Pagos vom 26. Juli 1922.[103] Das Gesetz sollte das Vergleichsverfahren von einem Privileg für den nach Treu und Glauben handelnden Schuldner wieder in eine echte Alternative zum Konkurs verwandeln. Die „Suspensión de pagos" stand daraufhin allen krisengeschüttelten Einzelkaufleuten und Handelsgesellschaften sowohl bei Überschuldung als auch bei Illiquidität offen [Art. 8 Abs. 6, 10 Abs. 1 LSP]. Das Verfahren konnte zu einem Vergleich jedweder Art führen. Anstatt wie ursprünglich vorgesehen zeitlich begrenzt zu gelten, überdauerte das Einzelfallgesetz jedoch die Jahrzehnte bis zum Inkrafttreten des Konkursgesetzes. Um wirtschaftliche Krisensituationen handelsrechtlicher Subjekte geordnet zu bewältigen, standen seit 1922 im Ergebnis zwei Verfahren mit unterschiedlicher Zielsetzung zur Verfügung, deren Abgrenzung im Einzelnen heftig umstritten war.[104]

---

98 *Añoveros*, in: Homenaje Menéndez III, S. 3463, 3467; *Rojo*, RDM 1979, S. 37, 59 ff.; *ders.*; in: Instituto de Investigaciones Jurídicas (Hrsg.), *Centenario del Código de Comercio*, S. 475, 480 ff., m. w. N.
99 *Estasén*, Tratado, S. 87; *Girón*, RFDUCM 1985, S. 7, 10.
100 *Estasén*, Tratado, S. 118.
101 *Beltrán*, Aranzadi Civil 1999, 2. Teil, S. 1897, 1898 f.
102 *Cerdá/Sancho*, Curso de Derecho Concursal, S. 38; *Torres de Cruells*, La suspensión de pagos, S. 84 f.
103 Näher *Cerdá/Sancho*, Curso de Derecho Concursal, S. 39 f.; *Pérez de la Cruz*, in: Homenaje Menéndez III, S. 3607 ff.; *Rojo*, RDBB 1988, S. 113, 143; *Torres de Cruells*, La suspensión de pagos, S. 88 ff.
104 Vgl. einerseits STS v. 3. Juli 1933, RJ. 1933/1767; STS v. 5. Juli 1985, RJ. 1986/3641; SAP Madrid v. 25. Februar 2005, JUR. 2005/109052. Andererseits die Literatur *Blanquer*, AAMN XXX (1991), S. 411, 464 ff.; *Beltrán*, Aranzadi Civil 1999, 2. Teil, S. 1897, 1899 ff.; *Uría/Menéndez/Beltrán*, in: Uría/Menéndez (Hrsg.), *Curso de Derecho Mercantil II*, Kap. 92, S. 874 f. Vgl. auch die zahlreichen, meist auf bestimmte Wirtschaftssektoren zugeschnittenen Spezialgesetze aus 150 Jahren gesetzgeberischer Aktivität in Disp. der. única, Abs. 2 und 3 LC.

§ 2 Die neueren Entwicklungen bis zum 21. Jahrhundert

I. Die erfolglosen Reformansätze zwischen 1959 und 1995

Nach dem Zweiten Weltkrieg wurden drei maßgebliche Anläufe zu einer Reform des Konkursrechts unternommen. Der früheste Reformvorschlag datiert aus dem Jahr 1959.[105] Garrigues, der Altmeister der spanischen Wirtschaftsrechtler, leitete eine Untergruppe der „Sección de Justicia del Instituto de Estudios Políticos", zu der die Professoren Olivencia, Cabanillas, Díez-Picazo und Vacas gehörten. Eines der Hauptanliegen der Reformarbeit bestand darin, Regeln, welche bislang allein für kaufmännische Gemeinschuldner maßgeblich waren, in ein einheitliches Konkursverfahren für Kaufleute und Nichtkaufleute zu verwandeln.[106] Der Vorentwurf enthält in Abschnitt 1, Titel VI eine formal abschließende Regelung des Konkurses von Gesellschaften. Entgegen dem ersten Anschein handelt es sich indes nur um punktuelle Regelungen. Wirtschaftsgeschichtliche Umstände verhinderten vor dem Hintergund des Unternehmenskonkurses der Barcelona Traction, Light and Power Company Ltd., dass der Vorentwurf diskutiert und zu geltendem Recht wurde.[107]

Knapp fünfundzwanzig Jahre später legten die Mitglieder der ständigen Gesetzgebungskommission Olivencia, Carrera, Jiménez, Rojo und Vacas den Vorentwurf vom 23. November 1983 vor.[108] Dem interventionistischen Zeitgeist entsprechend, nahm sich der Reformvorschlag bevorzugt gesetzlicher Mechanismen der Unternehmenssanierung an. Betriebe und Arbeitsplätze sollten erhalten werden. Erst in zweiter Linie ging es darum, die Gläubiger zu befriedigen.[109] Zwischen der Person des Konkursschuldners und seinem Unternehmen als Vermögensgröße wurde eine klare Trennung vollzogen. Mehrere Sondervorschriften nahmen sich der Gesellschaften an [vgl. Art. 12, 131, 149–153, 300–322]. Der Vorentwurf erfuhr vor allem aus zwei Gründen Kritik. Einerseits war die Generalklausel der unternehmerischen Krise [Art. 1 Abs. 1, „crisis económica"] als objektiver Eröffnungstatbestand, obwohl mit Regelbeispielen versehen, kaum auf eine verständliche, geschweige denn einverständliche Bedeutung festzulegen.[110] Andererseits sollte der Richter auf Dauer und nötigenfalls gegen den Willen des Gemeinschuldners die Fremdintervention im Unternehmen anordnen können [Art. 247 ff., „gestión controlada"].[111] Dem Konkursschuldner stand offen,

---

105 Anteproyecto de Ley de Concurso de Acreedores 1959, abgedruckt in: CDC Monográfico 1997, S. 125-210.
106 Vgl. Begründung des Vorentwurfs 1959, CDC 1997, S. 125, 141 ff.
107 Hierzu Gutachten von *Polo* und *Balbé* (Barcelona, 1951); *Guasp Delgado* (Madrid, 1952); *Uría* (Barcelona, 1953); *Garrigues* (Madrid, 1956); weitere Nw. bei *Roig Amat*, Orígenes de la Barcelona Traction, S. 405 ff.; zum unternehmensgeschichtlichen Hintergrund S. 295 ff.; *Cerdá/Sancho*, Curso de Derecho Concursal, S. 41; *Jiménez*, in: Homenaje Duque Domínquez II, S. 1643, 1647; *Vicent Chuliá*, RJC 1978, S. 919, 928.
108 Anteproyecto de Ley Concursal 1983, abgedruckt in: CDC Monográfico 1997, S. 211–311.
109 *Arroyo*, in: Homenaje Girón, S. 119, 124 ff.; *Vicent Chuliá*, RJC 1978, S. 919, 932.
110 *García Villaverde*, in: Homenaje Broseta II, S. 1535, 1551 f.; *Rojo*, RFDUCM 1985, S. 89, 94 ff., m. w. N.
111 *Alcover*, RdS 1996, S. 475, 480; *Girón*, RFDUCM 1985, S. 7, 21 ff.; *Vacas Medina*, RFDUCM 1985, S. 47, 82.

sich des im Unternehmen gebundenen Vermögens während des Verfahrens zu entäußern, um seine Haftung zu beschränken [Art. 261, 326 Abs. 1]. Da die zuständigen Minister häufig wechselten und die Reform rechtspolitisch brisant war, vermochte die sozialistische Regierung dem Vorentwurf von 1983 nicht zur Durchsetzung zu verhelfen.[112]

Im Jahr 1995 erstellte Professor Rojo auf der Basis veränderter Maßgaben für ein Gesetzesvorhaben einen neuen Vorschlag für den Entwurf eines Konkursgesetzes.[113] Dieser Vorschlag kehrte zum klassischen Primat der Gläubigerbefriedigung zurück. Im Gegensatz zu früheren Entwürfen war neben der Gläubigerversammlung die Gläubigerkommission als eine komplementäre Beteiligungsform der Gläubiger vorgesehen [Art. 144–151]. Die Konkursfähigkeit der juristischen Person ergab sich aus Art. 1 Abs. 1, die innergesellschaftliche Antragsberechtigung aus Art. 4 Abs. 2. Sobald die Eigenmittel nicht mehr zur Schuldtilgung ausreichten, traf die Gesellschaftsorgane die Pflicht zur Antragsstellung [Art. 6 Abs. 2]. Die Konkursverfahren über die Vermögen mehrerer Gesellschaften, die zu demselben Konzern gehörten, konnten anfänglich oder nachträglich zur Verhandlung vor einem einzigen Gericht verbunden werden, ebenso die Konkurse von Alleingesellschafter und Ein-Mann-Gesellschaft [vgl. Art. 9]. Die konkursspezifischen Pflichten der Gesellschaft trafen ihre Organpersonen [Art. 58 Abs. 2]. Sicherungsmaßnahmen bis hin zur vorläufigen Vermögensbeschlagnahme richteten sich gleichfalls gegen Organpersonen [Art. 24 Abs. 2, 25]. Bei Fremdverwaltung wurden die Organpersonen in ihren gesetzlichen und gesellschaftsvertraglichen Funktionen vollständig durch die Konkursverwalter ersetzt [Art. 54]. Im Rahmen der Eigenverwaltung sollten inner- und außergesellschaftliche Handlungen der Organpersonen von der Zustimmung der Verwalter abhängen. Die Konkursverwalter waren für Klagen gegen Gesellschafter sowie Organpersonen aktivlegitimiert [Art. 55 ff.]. Der Vergleichsvorschlag einer Gesellschaft [Art. 152 Abs. 2] sowie die Konkursqualifikation unterlagen besonderen Anforderungen [Art. 213 Abs. 1]. Der Beginn des Liquidationsverfahrens führte automatisch die Auflösung der Gesellschaft und den Amtsverlust der Organpersonen herbei [Art. 183 Abs. 2]. Erstmals lagen Regelungen vor, die das Verhältnis von Gesellschaftsrecht und Konkursrecht kohärent beleuchteten.[114] Bekanntlich führten die gesamtstaatlichen Wahlen von 1996 den Machtwechsel zu Gunsten der konservativen Volkspartei herbei. Diese verfolgte das Vorhaben nicht weiter.

II.   Die problematische Konkurssoziologie[115]

„Suspensión de pagos" und „Quiebra" führten während der 1980er Jahre nach Häufigkeit und Umfang noch ein Schattendasein. Anfang der 1990er Jahre stieg die Zahl der eröffneten Verfahren hingegen sprunghaft an und vervierfachte sich zwischen

---

112 *Jiménez*, in: Homenaje Duque Domínquez II, S. 1643, 1649.
113 Propuesta de Anteproyecto de Ley Concursal 1995, abgedruckt in: CDC Monográfico 1997, S. 315–426; auch in: Rojo/Beltrán (Hrsg.), *Comentario II*, S. 3481-3544.
114 Ebenso *Garrido*, RDBB 1996, S. 889, 918; *Pulgar*, RdS 1996, S. 461, 465.
115 Begriff von *Rojo*, in: Jorio (Hrsg.), *Nuove regole per le crisi d'impresa*, S. 173.

1990 und 1993.[116] Im Vergleichsverfahren wurden Passiva behandelt, die sich im Mittel der Jahre 1992 und 1993 auf rund 1100 Billionen Peseten summierten. Die Verbindlichkeiten, die im Konkurs abgewickelt wurden, blieben indes verhältnismäßig gering.[117] Vor allem Großunternehmen traten somit in das Vergleichsverfahren ein, während die Schuldnervermögen im Konkursverfahren mehr kleine und mittlere Unternehmensstrukturen aufwiesen.

Die Zunahme der Verfahrenseröffnungen kehrte sich für die zweite Hälfte der Dekade in eine augenfällige Abnahme um.[118] Von 1996 bis 2004 regierte in Spanien eine konservative Zentralregierung, die wirtschaftspolitisch einen neoliberalen Kurs steuerte.[119] Die Regierung leitete bedeutende Privatisierungsschritte ein. Der spanische Aktienmarkt machte den weltweiten Höhenflug von 1999 mit.[120] In diesem günstigen Umfeld brachen letztlich ohnehin weniger Unternehmen zusammen.

Im Jahr 1995 hörte überdies die „Suspensión de pagos" auf, das Verhältnis zwischen beiden Verfahrensarten zu dominieren. Schon im Jahr 1998 wurde die „Quiebra" fast doppelt so häufig eröffnet wie das Vergleichsverfahren.[121] Dafür gab es zwei wesentliche Gründe.[122] Einerseits wurde der Konkursvergleich nach Art. 929 CCom a. F. wiederbelebt, so dass der wesentliche Vorteil des Vergleichsverfahrens auch über den Konkurs erreicht werden konnte.[123] Andererseits trat der Código Penal von 1995 in Kraft.[124] Das neue Strafgesetzbuch typifizierte die Konkursstraftaten und beendete die „Narrenfreiheit" der Schuldner im Vergleichsverfahren.

Im Jahr 2000 verschwand mehr als eine Viertelmillion spanischer Unternehmen in freier Abwicklung vom Markt, ohne dass verfahrensmäßig darüber gewacht wurde, welches Schicksal legitime Gläubigerforderungen ereilte oder ob die Masse am günstigsten verwertet wurde.[125] Das spanische Konkursrecht hatte augenscheinlich keine nennenswerte Bedeutung mehr. Die direkte Proportionalität von Verfahrenshäufigkeit und Bedeutung der Rechtsmaterie beruht allerdings auf einer falschen Prämisse.[126] Es zeitigt durchaus wirtschaftliche und rechtspraktische Folgen, wenn Konkursverfahren nur sehr selten stattfinden. Je weniger *geordnete* Unternehmensabwicklung stattfindet, umso gravierender sind die *negativen* Auswirkungen auf die Krisenbehandlung

---

116 *Cerdá/Sancho*, Curso de Derecho Concursal, S. 49, Grafik 1.
117 *Cerdá/Sancho*, Curso de Derecho Concursal, S. 50, Grafik 3.
118 *Cerdá/Sancho*, Curso de Derecho Concursal, S. 49, Grafik 1.
119 *Economist* (Intelligence Unit): Country Profile Spain 2003, S. 25–27.
120 Vgl. *Economist* (Intelligence Unit): Country Profile Spain 2003, S. 58, Tabelle Nr. 19. Zum Rückgang der Zusammenbrüche über 18,2 Prozent *Haas*, in: Gottwald (Hrsg.), *Insolvenzrechtshandbuch*, § 91, Rn. 4, m. w. N.
121 *Cerdá/Sancho*, Curso de Derecho Concursal, S. 49, Grafik 2.
122 *Rojo*, in: Jorio (Hrsg.), *Nuove regole per le crisi d´impresa*, S. 173, 184.
123 *Mairata*, RdS 1999, S. 260, 264 ff.; *Rojo*, in: Homenaje Broseta III, S. 3247, 3260 ff.; vgl. auch *World Bank Group*, Doing Business 2004, S. 75.
124 Ley Orgánica 10/1995, BOE Nr. 281 v. 24. November 1995. Zu gesellschaftsrechtlichen Delikten *Bacigalupo*, AAMN XXXVII (1998), S. 9 ff., 18 ff. Zu konkursrechtlichen Auswirkungen *Ferrer*, CDJ, S. 542 ff.
125 *CGPJ*, Gutachten vom 6. Oktober 2001, S. 5.
126 *Schmidt*, Wege zum Insolvenzrecht der Unternehmen, S. 1 f. Wieder anders *Bisbal*, RDM 1994, S. 843, 848.

im einzelnen Unternehmen, auf die volkswirtschaftliche Gesamtsituation und auf die Verlässlichkeit der Privatrechtsordnung.[127] Die Wichtigkeit der Reformentwicklung verhält sich daher umgekehrt proportional zur bisherigen Häufigkeit von konkursrechtlichen Verfahren.

Tabelle 2: Konkursrechtliche Verfahren in Spanien[128]

Jahr/Quartal	2001	2002	2003	2005	2006/I	2006/II	2006/III
Natürl. Pers.	24	16	15	80	15	28	8
Jurist. Pers.	804	1021	865	849	255	208	160
Gesamt	828	1037	880	929	270	236	168

Tabelle 3: Konkursrechtliche Verfahren in Spanien über Vermögen juristischer Personen nach Gesellschaftsformen

Jahr/Quartal	2001	2002	2003	2005	2006/I	2006/II	2006/III
SA	309	324	268	247	66	52	42
SL	464	670	569	592	184	152	117
Andere	31	27	28	10	5	4	1
Gesamt	804	1021	865	234	255	208	160

Infolge der globalen und inneren strukturellen Konjunkturprobleme[129] stieg nach 2001 die Zahl der konkursrechtlichen Verfahren über die Vermögen (regelmäßig unternehmenstragender) juristischer Personen zunächst erneut an. Die allgemeine Verfahrenshäufigkeit tendierte aber zuletzt wieder zu ihrem historischen Tiefstpunkt aus dem Jahr 2000.[130] Insoweit ist vor allem auf Art. 262 Abs. 5 LSA, 105 Abs. 5 LSRL hinzuweisen. Diese Normen knüpften an die Nichterfüllung der gesetzlichen Verpflichtung zur Gesellschaftsauflösung eine zivilrechtliche Sanktion. Organpersonen, die pflichtwidrig untätig blieben, hafteten bislang persönlich und gesamtschuldnerisch für sämtliche Gesellschaftsverbindlichkeiten. Diese Anspruchsgrundlage war für Gesell-

---

127 *Olivencia*, RFDUCM 1985, S. 29, 32; *Paulus*, in: FS Geimer, S. 795, 799 f.; *Rojo*, AAMN XXIV (1981), S. 251, 278 f.
128 *Instituto Nacional de Estadística*, zuletzt abgerufen am 1. Oktober 2006 über http://www. inc.cs/incbase/cgi/um?L=0. Im Jahr 2004 wurde die Datenerhebung in Anbetracht der Reform eingestellt. Vorläufige Statistiken liegen für die Einzelquartale der Jahre 2005 und 2006 (bis Juli) vor, die für die obigen Angaben ausgewertet wurden. Eine neue Aufarbeitung ist für die Folgejahre angekündigt.
129 *Economist* (Intelligence Unit): Country Profile Spain 2003, S. 28 f.
130 Vgl. *World Bank Group,* Doing Business 2004, S. 74, 170.

schaftsgläubiger ein attraktives Mittel, um an ihr Geld zu kommen, da sie sofort volle Erfüllung verlangen konnten.[131]

Die aktuellen Prognosen sehen ein stabiles Wirtschaftswachstum von jährlich etwa drei Prozent vor.[132] Dieser günstige volkswirtschaftlichen Rahmen liefert eine passende Gelegenheit für die Neukodifizierung des Konkursrechts. Nicht zuletzt auf das belastbare Wachstum ist die geringe Gesamtzahl von eröffneten Konkursverfahren nach neuem Recht zurückzuführen. Zugleich lässt sich konstatieren, dass das neue Gesetz bis jetzt keine Trendwende hin zu größerer Konkursfreudigkeit gebracht hat. Derzeit gehen überwiegend kleinere Unternehmungen in Konkurs. Über neunzig Prozent weisen einen Geschäftsumfang von weniger als zwei Millionen Euro auf.[133] Natürliche Personen spielen als Konkursschuldner keine nennenswerte Rolle.

III. Die legislativen Rahmenbedingungen

Spanien hat eine bedeutende wirtschaftliche Entwicklung hinter sich gebracht, seit das Land im Jahr 1986 der Europäischen Gemeinschaft beitrat. Mit dem ökonomischen Aufschwung ging die Erneuerung der spanischen Rechtsordnung Hand in Hand.[134] Im Gesellschaftsrecht nehmen die Reformen des Rechts der Aktiengesellschaft von 1989[135] und der Gesellschaften mit beschränkter Haftung von 1995 eine zentrale Stellung ein.[136] Seit 1996 gilt das Handelsregisterrecht in modernisierter Fassung.[137] Nachdem das Haftungsrecht der Organpersonen in Kapitalgesellschaften erheblich verschärft wurde,[138] diskutieren Fachkreise intensiv über Corporate Governance.[139] Ein Jahr nach der Reform des Kapitalmarktrechts im Jahr 1998[140] wurde ein Gesetz über die Vergütung von Organpersonen verabschiedet.[141] Der spanische Gesetzgeber

131 *Fernández de la Gándara*, in: Fernández de la Gándara/Sánchez (Hrsg.), *Comentarios*, S. 701, 711; *Machado*, in: Fernández Ballesteros (Hrsg.), *Proceso Concursal Práctico*, D. F. 20, Nr. 12, S. 1028; *Muñoz Planas/Muñoz Paredes*, RDM 2003, S. 1341, 1351 f.; *Rojo*, in: Homenaje Sánchez Calero II, S. 1437, 1454; *ders.*, in: Jorio (Hrsg.), *Nuove regole per le crisi d´impresa*, S. 173, 175.
132 NZZ, v. 15. Januar 2004, S. 13; 24. Januar 2005, S. 9; 24. Mai 2005, S. 15.
133 Vgl. die Angaben für die ersten beiden Quartale 2006 des *Instituto Nacional de Estadística*, zuletzt abgerufen am 1. Oktober 2006 über http://www.ine.es/inebase/cgi/um?L=0.
134 Zur Novellierung des Abzahlungsgesetzes *Kieninger*, RIW 1994, S. 287 ff.
135 RDL 1564/1989, BOE Nr. 310 v. 27. Dezember 1989, S. 40012 ff.
136 Ley 2/1995, BOE Nr. 71 v. 24. März 1995, S. 9181 ff.
137 RD 1784/1996, BOE Nr. 184 v. 31. Juli 1996, S. 23574 ff.
138 Einführend *Cerdá*, Administradores, insolvencia y disolución por pérdidas, S. 30 ff.
139 Zu Wechselwirkungen mit dem Konkursrecht *Santella*, in: Homenaje Olivencia I, S. 863 ff.; *Olivencia*, in: Homenaje Sánchez Calero II, S. 1771 ff.; *Paz-Ares*, RDM 2004, S. 7 ff.
140 Ley 37/1998, BOE Nr. 275 v. 17. November 1998, S. 37406 ff.; Ley 50/1998, BOE Nr. 313 v. 31. Dezember 1998, S. 44412 ff. Zu den konkursrechtlichen Besonderheiten *Salinas*, RDPatr 1999, S. 581–602. Zu Unternehmensfinanzierung und Insolvenzrecht *Paulus*, ZIP 2000, S. 2189, 2191.
141 Ley 55/1999, BOE Nr. 312 v. 30. Dezember 1999, S. 46095 ff.

fasste im Jahr 2000 das Zivilprozessgesetz grundlegend neu.[142] Vorschriften, die für Konkurs und Vergleichsverfahren relevant waren, blieben einstweilen in Kraft [1. disp. final Abs. 1a LEC]. Die Regierung erhielt jedoch den Auftrag, zügig einen Entwurf für ein Reformgesetz einzubringen [vgl. 19. disp. final LEC].[143]

Ursprünglich hatte die Regierung der Gesetzgebungskommission aufgetragen, den Vorschlag von 1995 zu überarbeiten.[144] Nachdem einige Kommissionsmitglieder opponierten, wandelte sich die Aufgabe dahingehend, einen neuen Gesetzestext zu schaffen. Unklar blieb, an welchen Grundlagen sich diese Arbeit orientieren sollte, mit der unter dem Vorsitz von Olivencia einige Experten befasst waren, die schon in früheren Jahren mitwirkten (Iglesias, Jiménez, Palao, Rojo).[145] Hinzu kamen Zivil- (Blanquer, Chico, Povedo, Sarmiento) und Prozessrechtler (Carreras, Cons, Fernández-López), ferner die Mitglieder Alonso, Balsa, González-Moya, Piñel und Virgós. Aus dem Vorentwurf von 2000[146] ging der Entwurf von 2001 hervor.[147] Beide wurden verschiedenen Gutachten unterzogen. Ein Regierungsentwurf wurde am 23. Juli 2002 veröffentlicht[148] und dem Abgeordnetenhaus vorgelegt.[149] Nach der Anhörung von Sachverständigen aus Wissenschaft und Praxis[150] und 645 Änderungsanträgen[151] von Kongressabgeordneten sämtlicher parlamentarischer Gruppen erstattete der befasste Parlamentsausschuss seinen Bericht.[152] Das Abgeordnetenhaus verabschiedete die am 1. April 2003 vorgelegte Fassung[153] und leitete das Vorhaben an den Senat weiter.[154] Aus der Mitte des Senates wurden weitere 348 Änderungsanträge formuliert.[155] In der Plenarsitzung vom 11. Juni 2003 erhielt der Gesetzentwurf die erforderliche

142 Ley 1/2000, de Enjuiciamiento Civil, BOE Nr. 7 v. 8. Januar 2000, S. 575 ff. R. Bercovitz, Aranzadi Civil Nr. 6/2002, Tribuna, spricht von einem „Erdbeben"; Ortells, ZZPInt 2000, S. 95 ff.
143 Zum Staatspakt zur Justizreform v. 28. Mai 2001 vgl. CES, Gutachten vom 7. November 2001, S. 2; kritisch R. Bercovitz, Aranzadi Civil Nr. 6/2002, Tribuna.
144 Beltrán, Aranzadi Civil 1999, Teil 2, S. 1897.
145 Zum Ganzen Rojo, in: Rojo (Hrsg.), La reforma, S. 87, 90 f., Fn. 10.
146 Anteproyecto de Ley Concursal v. 17. November 2000, abgedruckt in: Rojo/Beltrán (Hrsg.), Comentario II, S. 3545-3626.
147 Anteproyecto de Ley Concursal v. 7. September 2001 und 9. Januar 2002, abgedruckt in: Rojo/Beltrán (Hrsg.), Comentario II, S. 3627-3713. Zum Vorgang kritisch García Villaverde, Actualidad Jurídica Aranzadi 2001 (491), Parte Comentario, S. 1 f.
148 Proyecto de Ley Concursal de 2002, BOCG-A Nr. 101-1 v. 23. Juli 2002, S. 1–70; z. B. auch abgedruckt in: Rojo/Beltrán (Hrsg.), Comentario II, S. 3828-3909.
149 Diario de Sesiones del Congreso de Diputados (Pleno), Nr. 196 v. 17. Oktober 2002, S. 9793-9808.
150 Diario de Sesiones del Congreso de Diputados (Comisiones – Justicia e Interior) Nr. 603 v. 28. Oktober 2002, S. 19688–19714; Diario de Sesiones del Congreso de Diputados (Comisiones – Justicia e Interior) Nr. 604 v. 29. Oktober 2002, S. 19715–19769; Diario de Sesiones del Congreso de Diputados (Comisiones – Justicia e Interior) Nr. 613 v. 30. Oktober 2002, S. 20149–20192.
151 BOCG-A Nr. 101-15 v. 2. Dezember 2002, S. 97–345.
152 BOCG-A Nr. 101-17 v. 24. März 2003, S. 369–444.
153 BOCG-A Nr. 101-19 v. 1. April 2003, S. 447–522.
154 BOCG-A Nr. 120a v. 14. April 2003, S. 1–89.
155 BOCG-A Nr. 120c v. 9. Mai 2003, S. 93–237; BOCG-A Nr. 120d v. 27. Mai 2003, S. 251–360.

Mehrheit.[156] Das Senatspräsidium verfügte am 13. Juni 2003 die Wiedervorlage zum Abgeordnetenhaus, welches das Gesetz am 19. Juni 2003 verabschiedete.[157]

Der Regelungsgehalt des Konkursgesetzes hat in Teilen verfassungsrechtliche Tragweite und erforderte außerdem prozessrechtliche Neuerungen. Einerseits müssen konkursbedingte Eingriffe in die Grundrechte des Konkursschuldners zulässig sein. Andererseits wurde die sachliche Gerichtszuständigkeit neu geordnet. Der Gesetzgeber nahm die gebotenen Änderungen mit einem parallel verabschiedeten Grundlagengengesetz („Ley Orgánica") vor.[158]

Praktisch gleichzeitig wurden die Verhaltenspflichten der Organpersonen in der SA und die Transparenzvorschriften für börsennotierte Kapitalgesellschaften verschärft.[159] Heute arbeitet die Gesetzgebungskommission an einem Gesetzbuch der Handelsgesellschaften (Código de Sociedades Mercantiles).[160] Es steht indes nicht zu erwarten, dass der Gesetzgeber dieses Vorhaben in den nächsten Jahren umsetzt.[161]

§ 3 Die reformerischen Zielsetzungen von 2003

Wissenschaft und Praxis nahmen das bisherige Konkursrecht als hoffnungslos veraltet, zersplittert und wirtschaftlich untauglich wahr.[162] Um die Probleme zu beheben, die diesem Befund zu Grunde lagen, sah man auf nationale Beiträge und daneben in besonderem Maße auf ausländische Entwicklungen.[163] Das spanische internationale Konkursrecht nimmt auf die EuInsVO Bezug und bekennt sich zum Prinzip der modifizierten Universalität.[164] Instrumente der internationalen Harmonisierung des Konkursrechts wie das UNCITRAL-Modellgesetz inspirierten die Reform auch in materieller Hinsicht.[165]

---

156 Diario de Sesiones del Senado Nr. 140 v. 11. Juni 2003, S. 8655, S. 8697–8724.
157 BOCG-A Nr. 120f v. 17. Juni 2003, S. 455-547. Diario de Sesiones del Congreso de Diputados (Pleno y Diputación Permanente) Nr. 252 v. 19. Juni 2003, S. 13475, 13505–13515; BOCG-A Nr. 101-24 v. 27. Juni 2003, S. 765–842; verkündet in BOE Nr. 164 v. 10. Juli 2003, S. 26905-26965.
158 Ley Orgánica 8/2003, de 9 de julio, para la Reforma Concursal, por la que se modifica la Orgánica 6/1985, de 1 de julio, del Poder Judicial, BOE Nr. 164 v. 10. Juli 2003, S. 26901–26905.
159 Ley 26/2003, BOE Nr. 171 v. 18. Juli 2003, S. 28046 ff.
160 Zum Entwurf der Professoren A. Bercovitz, Rojo und Sánchez Calero mit Stand von 2003 De la Cámara, in: Delgado/Fernández-Tresguerres (Hrsg.), Instituciones VI 2°-I, S. 19–169.
161 Vgl. Embid, RDM 2003, S. 933, 937; Sánchez Calero, RDBB 2000, S. 7, 45.
162 Näher Olivencia, RCP Monografía 1/2004, S. 11 ff.; Vicent Chuliá, RJC 1978, S. 919, 935–945. Auch BOE Nr. 164 v. 10. Juli 2003, S. 26905 und 26906.
163 BOE Nr. 164 v. 10. Juli 2003, S. 26905, 26906. Schon Vacas Medina, RFDUCM 1985, S. 47, 52 f., Fn. 15, unter Hinweis auf die Arbeiten von Rojo.
164 Schon Esplugues, ZZPInt 6 (2001), S. 65, 71 ff.
165 BOE Nr. 164 v. 10. Juli 2003, S. 26905, 26912; Esplugues, DN 2002 (146), S. 19 ff.; Olivencia, in: Homenaje Duque Domínquez II, S. 1655, 1660 f. Überblick über das UNCITRAL-Modellgesetz bei Paulus, in: FS Geimer, S. 795, 800 ff.

Das Konkursgesetz respektiert die Grundprinzipien anderer Rechtsgebiete wie z. B. des Sozial- und Arbeitsrechts, soweit die Zielsetzung des Konkursverfahrens es zulässt.[166] Der fünfte Absatz der abschließenden Aufhebungsvorschrift lautet allerdings sinngemäß: Außer Kraft treten auch gesetzliche Vorschriften, die den Regelungen des Konkursgesetzes entgegenstehen oder mit ihnen unvereinbar sind. Es scheint, als sei dies ein Hebel, um unliebsame Normen außerhalb des Konkursgesetzes auszuschalten. Im Licht der Gesetzesbegründung[167] muss es sich aber um eine Art von salvatorischer Klausel handeln, die abseitige, bisher zum Konkursrecht gezählte Vorschriften außer Kraft setzt, welche die Aufhebungsvorschrift selbst nicht ausdrücklich bezeichnet. Sie hat daher lediglich klarstellende Funktion.

Das Konkursrecht war technisch, materiell und prozessual zu integrieren.[168] Hierzu reichten bloße Teilnovellierungen nicht aus.[169] Sämtliche konkursrechtlichen Regelungen wurden in einem neuen Normkörper zusammengefasst („unidad legislativa"). Das Konkursgesetz überwindet die Trennung von handels- und zivilrechtlichen Regeln („unidad de disciplina").[170] Gerade um Organpersonen verfahrensmäßig einzubinden, sind besondere Regelungen erforderlich.[171] Ein Gesellschafts- oder Unternehmenskonkursrecht entstand jedoch nicht. Das Gesetz weist vielmehr eine handels- und gesellschaftsrechtlich geprägte „Gesamt-Optik" auf.[172] Für natürliche Personen gibt es nur wenige verstreute Sondervorschriften.[173] Ein Konkursrecht für Verbraucher existiert nicht.[174]

---

166 BOE Nr. 164 v. 10. Juli 2003, S. 26905, 26912; skeptisch *CES*, Gutachten vom 7. November 2001, S. 4.
167 BOE Nr. 164 v. 10. Juli 2003, S. 26905, 26906, 26913.
168 Begründung zum Vorentwurf 1959, CDC 1997, S. 123, 126; zum Vorentwurf 1983, S. 213, 215; zum Entwurfsvorschlag 1995, S. 315, 318. Vgl. des weiteren *Menéndez*, ARAJL 2003, S. 164 ff.; *Rojo*, in: Atti del Convegno di studi, S. 83–85.
169 *Morillas*, DN 2003 (149), S. 1, 4.
170 *Garrigues*, RDP 1940, S. 130, 137.
171 BOE Nr. 164 v. 10. Juli 2003, S. 26905, 26907. Vgl. auch *García-Cruces*, Aranzadi Civil, Nr. 18/2003, Parte Estudio, Kap. I.
172 *CEst*, Gutachten vom 21. März 2002, abgedruckt in: Rojo (Hrsg.), *La reforma*, S. 419, 434; *Duque*, RCP monografía 1/2004, S. 83, 84 f. Weniger enthusiastisch *Vicent Chuliá*, in: Homenaje Olivencia II, S. 2389, 2393. Zur französischen Lehre des Kaufmanns als Paradigma im Insolvenzrecht *Paulus*, KTS 2/2000, S. 239, 244.
173 Art. 1 Abs. 1 (Konkursfähigkeit), 24 Abs. 1 (Registerpublizität), 47 (Unterhalt), 93 Abs. 1 (besondere persönliche Verbindung), 145 Abs. 2 (Liquidation), 179 Abs. 1 (Wiedereröffnung), 190 Abs. 1 (Anwendungsbereich des abgekürzten Verfahrens), sowie für Verheiratete: Art. 6 Abs. 2 Nr. 2, 77 f., 82 Abs. 1 S. 2, 84 Abs. 1 S. 2, 86 Abs. 3, 94 Abs. 2 Unterabs. 2 LC.
174 Vgl. aber Proposición de Ley, Relativa a la prevención y el tratamiento del sobreendeudamiento de los consumidores, BOCG-B Nr. 336-1 v. 9. Mai 2003, S. 1–9; ferner *Muñoz González*, ADCo 9/2006, S. 101, 114 ff. m. w. N.

Die überkommene Vielzahl von Verfahrensarten wurde durch ein einheitliches Konkursverfahren ersetzt („unidad de procedimiento").[175] Um Flexibilität und Schnelligkeit zu erhöhen sowie Kosten zu senken, steht eine abgekürzte Variante des einheitlichen Verfahrens zur Verfügung [vgl. Art. 21 Abs. 1 Nr. 8, 190 f. LC].[176] Das abgekürzte Verfahren ist auf juristische Personen anwendbar, die handelsrechtlich zur vereinfachten Rechnungslegung berechtigt sind [Art. 190 Abs. 1 LC, 181 LSA, 84, 141 LSRL]. Objektiv beschränkt sich der Anwendungsbereich auf Fälle, in denen die Passiva nach anfänglicher Schätzung ein Gesamtvolumen von einer Million Euro nicht übersteigen.[177]

Erklärtes Ziel der Reform war es, die Beteiligung am Konkursverfahren zu vereinfachen und Streitigkeiten außerhalb des Konkurses zu vermeiden.[178] Konkursrichter und Konkursverwaltung erhielten zentrale Rollen zugewiesen. Einerseits veränderte sich die spanische Gerichtsverfassung, da die Handelsgerichte eingeführt wurden.[179] Diese sind umfassend zuständig, so dass sich die Rechtsprechungsaufgaben beim Konkursrichter konzentrieren (*vis attractiva concursus*).[180] Andererseits gilt die neue Konkursverwaltung als ein tatkräftiges professionelles Team, in dem auch die Gläubiger mitwirken. Hauptbetätigungsfeld der Gläubiger ist die Gläubigerversammlung, die über den Vergleich entscheidet. Die bisher gängige Gläubigerkommission ist nicht mehr vorgesehen.[181] Während zivilprozessuale Rechtsmittel weitgehend ausgeschlossen sind, entlehnt die Reform zum Ausgleich einen Verfahrenstyp aus dem allgemeinen

---

175 BOE Nr. 164 v. 10. Juli 2003, S. 26905, 26906 und 26912; zustimmend *CEst*, Gutachten vom 21. März 2002, abgedruckt in: Rojo (Hrsg.), *La reforma*, S. 419, 433 f. Vgl. auch *Vázquez Sotelo*, Diario La Ley, Nr. 5856, Jahr XXIV, 24. September 2003, D-209, Kapitel IV.

176 BOE Nr. 164 v. 10. Juli 2003, S. 26905, 26907. Etwas mehr als die Hälfte aller bislang eröffneten Konkursverfahren wurden als abgekürzte Verfahren abgewickelt, vgl. *Van Hemmen*, REFOR Documento Nr. 8, Dezember 2006, S. 54, Tab. II.7.

177 Näher *Magro*, Diario La Ley, Nr. 5764, Jahr XXIV, 21. April 2003, D-93; *Muñoz González*, ADCo 9/2006, S. 101, 122 ff. m. w. N.

178 BOE Nr. 164 v. 10. Juli 2003, S. 26905, 26909, 26912.

179 *Coronas*, in: Homenaje Menéndez I, S. 3, 7 ff.; *I. Díez-Picazo*, in: Rojo (Hrsg.), *La reforma*, S. 131, 143 ff.; *Martí*, Diario La Ley, Jahr XXIV, 18. März 2003, D-64, Kapitel IV.2. (noch zum Gesetzentwurf 2002); *Riesco*, DN 2002 (141), S. 1 ff.; *Velasco Nuñez*, Diario La Ley, Jahr XXIV, 8. September 2003, D-195, Kapitel VII. Zum Spezialisierungsvorgang *Álvarez San José*, ADCo 1/2004, S. 348 ff.

180 Zum Begriff *Stürner*, in: Kübler (Hrsg.), *Neuordnung des Insolvenzrechts*, S. 41, 54. *De lege ferenda CEst*, Gutachten vom 21. März 2002, abgedruckt in: Rojo (Hrsg.), *La reforma*, S. 419, 437; *Calderón*, in: Rojo/Beltrán (Hrsg.), *Comentario I*, Art. 8, S. 287–310; *Herrero*, in: R. Bercovitz (Hrsg.), *Comentarios I*, Art. 8, S. 114–129. Michavila, in: Ministerio de Justicia, *El Gobierno informa*, S. 4; *Viguera*, in: Jiménez (Hrsg.), *Derecho Mercantil II*, S. 731. Justizpessimistischer *Baird*, in: Bhandari/Weiss (Hrsg.), *Corporate bankruptcy*, S. 95, 99; *Balz*, in: Kübler (Hrsg.), *Neuordnung des Insolvenzrechts*, S. 1, 8; *Rojo*, RFDUCM 1985, S. 89, 99 ff. Zum justizzentrischen Denken im spanischen Konkursrecht *Kohler*, Leitfaden des Konkursrechts, S. 23 ff. Vgl. demgegenüber im deutschen Recht §§ 2 Abs. 1, 89 Abs. 3 S. 1, 148 Abs. 2 S. 2 InsO.

181 Vgl. dagegen im deutschen Recht den Gläubigerausschuss [§§ 67, 69 InsO].

Prozessrecht.[182] Dieser so genannte konkursrechtliche Zwischenstreit dient dazu, Einzelinteressen zu verfolgen.

Die schuldnerische Vermögensmasse ist umso werthaltiger, je eher ihrer symptomatischen Schmälerung während der Krisensituation begegnet wird.[183] Die Reform erweitert entsprechend die Konkursgründe, führt sanktionsbewehrte Antragspflichten und Vorrechte für antragstellende Gläubiger ein. Die Gesetzesbegründung bekennt sich zur kollektiven Gleichbehandlung der Gläubiger im Konkursverfahren (*par conditio creditorum*).[184] Dinglich gesicherte Gläubiger nehmen mit besonderem Vorrang am Konkursverfahren teil.[185] Die bisher unüberschaubare Vielfalt von Forderungsprivilegien wurde durch eine neue Rangordnung der Konkursforderungen ersetzt. Forderungsvorrang korrespondiert dabei zumeist mit einem höheren Preis, den der Gläubiger im Markt für seinen Anspruch zahlt.[186] Insgesamt sollen die Befriedigungschancen der (einfachen) Konkursgläubiger verbessert, nicht dagegen sämtliche Gläubiger gleichmäßig befriedigt werden.[187] Bis die Entscheidung zwischen Zerschlagung und Sanierung des konkursbehafteten Vermögens fällt, soll die wirtschaftliche Aktivität des Konkursschuldners nur ausnahmsweise unterbrochen werden.[188] Der Gesetzgeber legt Wert auf die privatautonome Gestaltung des Verfahrens.[189] Der Vergleich ist das Wunschziel. Selbst wenn liquidiert wird, sollen wirtschaftliche Werte nicht unnötig vernichtet, funktionstüchtige Einheiten aufgesplittert oder Betriebe und Arbeitsplätze zerstört werden.[190]

Gemäß der traditionellen Überzeugung, dass unternehmerischer Misserfolg persönlichem Versagen oder sittenwidrigem Fehlverhalten gleichzusetzen ist (*decoctor ergo fraudator*),[191] gibt es noch heute privatrechtliche Maßnahmen gegen den Konkursschuldner als natürliche Person bzw. die Organträger der juristischen Person. Die Reform strebte jedoch an, der Verfahrenseröffnung nur Wirkungen beizulegen, die in ihrer Intensität den konkreten Erfordernissen entsprechen. Die privatrechtliche Qualifikation des Konkurses als „schuldhaft" wurde verfahrensmäßig vereinfacht und in

---

182 *Trigo/Cambronero*, Diario La Ley, Nr. 5996, Jahr XXV, 14. April 2004, D-85, Kapitel II.3.

183 Vgl. zum Ganzen BOE Nr. 164 v. 10. Juli 2003, S. 26905, 26907; *Finch*, Corporate Insolvency Law, S. 144.

184 BOE Nr. 164 v. 10. Juli 2003, S. 26905, 26909. Kritisch *Bermejo*, Créditos y quiebra, S. 29, 494 f., m. w. N.; *Bisbal*, RDM 1994, S. 843, 850 und 855 f.; gegen die bislang h. M. *Viguera*, in: Jiménez (Hrsg.), *Derecho Mercantil II*, S. 721.

185 BOE Nr. 164 v. 10. Juli 2003, S. 26905, 26908.

186 Vgl. hierzu *Bermejo*, Créditos y quiebra, S. 51 ff. Zum Problem konkursbedingter Rangaufwertung *Jackson*, The Logic and Limits, S. 21 ff.

187 *Arroyo*, in: Homenaje Girón, S. 119, 131 f.; *Garrido*, in: Rojo (Hrsg.), *La reforma*, S. 225, 227 f.; *Mairata*, La Ley 2002, S. 1861, 1863.

188 BOE Nr. 164 v. 10. Juli 2003, S. 26905, 26907.

189 BOE Nr. 164 v. 10. Juli 2003, S. 26905, 26910.

190 BOE Nr. 164 v. 10. Juli 2003, S. 26905, 26911.

191 *Bonelli*, Del Fallimento I, S. 709; *Ferrara/Borgioli*, Il Fallimento, S. 59; *Garrigues*, RDP 1940, S. 130, 135; *Martínez Flórez*, Las interdicciones legales del quebrado, S. 37–101. Differenzierend *Añoveros*, in: Homenaje Menéndez III, S. 3463, 3466, und passim. Weitere Nw. bei *Blanco Buitrago*, in: Homenaje Olivencia V, S. 4895, 4896, Fn. 3.

ihren Folgen entschärft.[192] Der Eintritt der Insolvenz als solcher wird nicht sanktio-niert.[193]

§ 4 Die Terminologie des Gesetzes

Die Verfasser des Gesetzes schließen an eine seit dem 17. Jahrhundert tradierte Ter-minologie an. Im Jahr 1616 erschien in Madrid die Schrift *Tractatus de Concursu et Privilegio Creditorum in Bonis Debitorum* des salmantinischen Professors Amador Rodriguez.[194] „Concurso" bezeichnet heute wieder das Gesamtverfahren über das Schuldnervermögen.[195] Wird der Konkurs auf den Eigenantrag hin eröffnet, liegt mit wenigen Ausnahmen ein freiwilliger Konkurs vor („concurso voluntario"). Ansonsten ist das Verfahren zwingend („concurso necesario").

Das Gesetz wählt für den Konkursgrund den Begriff der Insolvenz, so dass linguisti-sche Bezüge zum Lateinischen auf der Hand liegen.[196] Es kehrt sich vom Tatbestand der „crisis empresarial" im Vorentwurf 1983 ab. Zwischen der wirtschaftlichen Krise („crisis económica") und der unternehmerischen Krise („crisis empresarial") ist zu unterscheiden.[197] Die wirtschaftliche Krise bezeichnet negative Entwicklungen von volkswirtschaftlicher Dimension, während sich die unternehmerische Krise auf ein bestimmtes Unternehmen bezieht und nicht notwendigerweise äußere Ursachen hat. Das Unternehmen ist betriebswirtschaftlich krisenbehaftet, wenn sein Zustand „seine Lebensfähigkeit in Frage stellt, d. h. seine Existenz bedroht."[198]

Die Verfahrensbeteiligten sind Konkursrichter, Konkursgläubiger, Konkursschuld-ner und Konkursverwalter. Oftmals spricht das Gesetz nur vom Richter, Gläubiger oder Schuldner. In Bezug auf Richter und Gläubiger ist deshalb darauf zu achten, ob Konkursrichter und Konkursgläubiger gemeint sind.[199] Die Konkursgläubiger bil-

---

192 BOE Nr. 164 v. 10. Juli 2003, S. 26905, 26911.
193 *Farias*, RDM 2004, S. 67, 83; *García-Cruces*, in: Rojo/Beltrán (Hrsg.), *Comentario II*, Art. 163, Nr. I, S. 2516; Art. 164, Nr. I.1., S. 2522. Zur unternehmerischen Krise als Begleiterscheinung jeder Wettbewerbswirtschaft RegE InsO 1992, in *Kübler/Prütting*, InsO, Allgemeine Begründung des Regierungsentwurfs, S. 91. Grundsätzlich *A. Bercovitz*, Apuntes de Derecho Mercantil, S. 99 f., 287 ff.; *Finch*, Corporate Insolvency Law, S. 120 f.; *Palomar/López/Descalzo*, in: Palomar (Hrsg.), *Comentarios*, S. 67.
194 Näher z. B. *Añoveros*, in: Homenaje Menéndez III, S. 3463, 3469, m. w. N.
195 BOE Nr. 164 v. 10. Juli 2003, S. 26905, 26907. Zustimmend *Vázquez Sotelo*, Diario La Ley, Nr. 5856, Jahr XXIV, 24. September 2003, D-209, Kapitel III. Kritisch *CEst*, Gutachten vom 21. März 2002, abgedruckt in: Rojo (Hrsg.), *La reforma*, S. 419, 432 f.; *Rojo*, ebd., S. 87, 104 f. Zum Bedeutungswandel im Deutschen *Frege/Keller/Riedel*, InsR, S. 8 f. Rn. 13.
196 Hierzu *Kroppenberg*, Die Insolvenz im klassischen römischen Recht, S. 57 ff.
197 Hierzu *Font Marquina/Roqueta Rodríguez*, RGD 642 (1998), S. 2541, 2544.
198 *Maus*, in: Schmidt/Uhlenbruck (Hrsg.), *Die GmbH in Krise, Sanierung und Insolvenz*, S. 12, Rn. 26. Zum engeren juristischen Krisenbegriff in der Insolvenzordnung *Hirte*, in: Uhlenbruck (Hrsg.), *InsO*, § 131, Rn. 30.
199 Vgl. z. B. „acreedores" in Art. 180 LC.

den die Konkurspassivmasse („masa pasiva del concurso").[200] Nach deutschem Verständnis sind nicht die Gläubiger Teil der Passivmasse, sondern ihre Forderungen. Im Ergebnis gibt es keinen Unterschied, denn wenn eine Forderung vom Konkurs erfasst ist, nimmt der Gläubiger am Verfahren teil. Der Konkursschuldner wird alternativ Gemeinschuldner („deudor común") oder Person genannt, „die in Konkurs gefallen ist" („concursado"). Dem deutschen Beispiel folgend, hebt das Gesetz die hergebrachte Unterscheidung von „Interventores" und „Sindicatura concursal" zu Gunsten einer einheitlichen Konkursverwaltung („administración concursal") auf.[201] Bei der Gesetzeslektüre ist indes zwischen dem „Administrador" als gesellschaftsrechtlicher Organperson einerseits und als Organ des Konkursverfahrens andererseits zu differenzieren.

Das Gesetz bleibt in der Bezeichnung der privatautonomen Vereinbarung über die Gläubigerbefriedigung als Vergleich („convenio") bei der bisherigen Wortwahl [vgl. etwa Art. 6 Abs. 1, 14 Abs. 1 LSP]. Der Gesetzgeber hat sich damit gegen den Begriff „Insolvenzplan" entschieden.

§ 5 Das Konkursverfahren im Überblick

Der Konkurs ist ein Antragsverfahren, das vor den Handelsgerichten stattfindet, die dann Konkursgerichte genannt werden. Das Verfahren gliedert sich in die allgemeine Verfahrens-, die Vergleichs- sowie die Liquidationsphase auf. Drei grundlegende Gestaltungen sind möglich:

Tabelle 4: Regelfall des alternativen Verfahrensverlaufs

Verfahrensbeginn	1. Abschnitt	Bericht Konkursverwaltung	2. Abschnitt
			Vergleichsphase
Konkurserklärung	Allgemeine Verfahrensphase	Vergleichsvorschlag Liquidationsantrag	↕
			Liquidationsphase

Tabelle 5: Pathologische Vergleichsphase mit Liquidation

Verfahrensbeginn	1. Abschnitt	2. Abschnitt	Pathologie	3. Abschnitt
Konkurserklärung	Allg. Verfahrensphase	Vergleichsphase	Vergleich scheitert	Liquidationsphase

---

200 Vgl. die bisherige Definition bei *Ramírez*, La quiebra II, S. 991.
201 Kritisch *Rojo*, in: Rojo (Hrsg.), *La reforma*, S. 87, 105 f.

Tabelle 6: Vorzeitiger Vergleich in der allgemeinen Verfahrensphase

Verfahrensbeginn	Einziger Abschnitt
Konkurserklärung	Allgemeine Verfahrensphase
Vorzeitiger Vergleichsvorschlag	Vergleichsphase

Konkursrichter und Konkursverwaltung sind die gesetzlich vorgeschriebenen Verfahrensorgane. Das Gericht ernennt im Regelfall drei Verwalter, davon einen aus dem Kreis der einfachen Konkursgläubiger. Der Konkursschuldner unterliegt den persönlichen und vermögensrechtlichen Wirkungen der Konkurserklärung. Der Konkursrichter ordnet entweder die Zusammenarbeit mit der Konkursverwaltung an (Intervention oder echte Eigenverwaltung) oder lässt den Konkursschuldner insgesamt von der Konkursverwaltung ersetzen (Fremdverwaltung). Alle gegenwärtigen und künftigen Vermögensgegenstände des Konkursschuldners fallen in die Konkursaktivmasse. Verbindlichkeiten, die vor der Konkurserklärung begründet sind, gliedern sich in besonders und einfach vorrangige, einfache und nachrangige Konkursforderungen auf. Masseverbindlichkeiten sind vorab zu erfüllen. Im eröffneten Konkurs sind Maßnahmen der Einzelzwangsvollstreckung aus Konkursforderungen grundsätzlich verboten. Bereits eingeleitete Vollstreckungsmaßnahmen werden unterbrochen. Klagen, die nach der Konkurserklärung erhoben werden, unterliegen der *vis attractiva concursus*. Bereits gegen den Konkursschuldner erhobene Klagen werden im Regelfall weiterverhandelt, gegebenenfalls vor dem Konkursrichter. Die Konkurserklärung als solche lässt gegenseitige Vertragsverhältnisse in ihrer Wirksamkeit unberührt. Die Konkursverwaltung kann gläubigerschädigende Vermögensabgänge aus der (späteren) Aktivmasse rückgängig machen und klagt dafür auf Wiedereinbringung. Sie kann sich zur Masseauffüllung u. U. auch an die Organpersonen halten. Wenn der Konkursrichter den Bericht der Konkursverwaltung genehmigt, gelten der Umfang der Aktivmasse, die anerkannten Konkursforderungen sowie weitere Umstände als festgestellt, die für die Entscheidung über den Verfahrensverlauf erheblich sind.

Nach dem Leitbild des Gesetzes geht das Verfahren sodann in die Vergleichsphase über. Der Konkursschuldner kann aber schon während der allgemeinen Verfahrensphase einen vorzeitigen Vergleichsvorschlag einbringen. Erreicht ein Vorschlag das erforderliche Quorum unter den Gläubigern, kommt der Vergleich zustande, sobald der Konkursrichter ihn genehmigt. Erlangt der Vergleich keine Bindungswirkung oder scheitert seine Erfüllung, wird die Liquidationsphase eröffnet. Die Liquidationsphase und die Vergleichsphase schliessen sich gegenseitig aus. Die Konkursverwaltung veräußert nämlich die Aktivmasse, um die Konkursforderungen zu begleichen.

Wenn die Liquidationsphase eröffnet wird oder ein für die Konkursgläubiger in besonderem Maße belastender Vergleich zustande kommt, trifft der Konkursrichter ein Urteil darüber, ob die Insolvenz des Konkursschuldners schuldhaft herbeigeführt oder verschlimmert wurde („Konkursqualifikation"). Das Verfahren endet, sobald einer der gesetzlich aufgeführten Abschlussgründe vorliegt. Steht eine spätere Konkurserklärung in einem hinreichenden, insbesondere zeitlichen Bezug zum abgeschlossenen Verfahren, wird dieses wieder eröffnet.

3. Kapitel

Das Vorfeld der Konkurserklärung

§ 1 Die Konkursverfahrensfähigkeit

Juristische Personen sind vor Gericht allgemein parteifähig [Art. 6 Abs. 1 Nr. 3 LEC] und durch ihre gesetzlichen Vertreter handlungsfähig [Art. 7 Abs. 4 LEC]. Unter Konkursverfahrensfähigkeit im Besonderen ist zu verstehen, dass der persönliche Anwendungsbereich des Konkursgesetzes eröffnet ist. Der Anwendungsbereich von „Suspensión de pagos" und „Quiebra" beschränkte sich auf Kaufleute.[202] Entscheidend war, dass die Kaufmannseigenschaft zu dem Zeitpunkt vorlag, in dem der objektive Eröffnungstatbestand eintrat.[203] Kapitalgesellschaften, deren Rechtspersönlichkeit und Kaufmannseigenschaft damals wie heute aus Art. 3 LSA, 3 LSRL, 1 Abs. 2 CCom folgen, waren somit konkursverfahrensfähig.[204]

Da das Konkursverfahren ein Einheitsverfahren ist, kann der Konkurs in Bezug auf jeden Schuldner, egal ob natürliche oder juristische Person, erklärt werden [Art. 1 Abs. 1 LC].[205] Eine Ausnahme besteht für Gebietskörperschaften, Behörden und öffentlich-rechtliche Körperschaften [Art. 1 Abs. 3 LC].[206] Die unternehmerische Betätigung der öffentlichen Hand ist jedoch nicht darauf beschränkt, das Gemeinwesen zu verwalten.[207] Juristische Personen des Privatrechts sind unabhängig davon konkursverfahrensfähig, in welchem Grad die öffentliche Hand an ihnen beteiligt ist.[208]

Das spanische Recht folgt einem weit gefassten Gesellschaftsbegriff.[209] Extensiv ist auch der Begriff der juristischen Person, der unter bestimmten Voraussetzungen die Gesellschaft bürgerlichen Rechts umfasst.[210] Ein bloßer Wechsel der Rechtsform berührt die Kontinuität der Rechtspersönlichkeit nicht [Art. 228 Abs. 1 LSA, 91

---

202 Vgl. Art. 874, 923 ff. CCom und Art. 1 S. 1 LSP mit umstrittenen Abgrenzungen, *Vicent Chuliá*, RJC 1978, S. 919, 946–962, m. w. N. Zu den Personenhandelsgesellschaften *Sánchez Calero*, Instituciones de Derecho Mercantil II, S. 420, 448.
203 STS v. 12. Juli 1940, RJ. 1940/705; STS v. 10. März 1990, RJ. 1990/1686.
204 *Hernández*, in: Hernández (Hrsg.), *Suspensión de pagos, quiebra I*, S. 129; *Paz-Ares/Virgós/Bermejo*, in: McBryde/Flessner/Kortmann (Hrsg.), *Principles of European Insolvency Law*, S. 575, 580.
205 Zur Erbschaft (Art. 1 Abs. 2, 3 Abs. 4 LC) *Pérez de Vargas*, RCP 1/2004, S. 53–72.
206 Vgl. auch Art. 2 Abs. 2 Vorentwurf 1983, Art. 3 Abs. 1 Entwurfsvorschlag 1995. Näher zur Typologie *Vicent Chuliá*, in: Homenaje Olivencia II, S. 2389, 2416 ff.
207 Näher *Rojo*, RDM 1983, S. 309, 326.
208 *Jiménez*, in: Jiménez (Hrsg.), *Lecciones de Derecho Mercantil*, S. 581; *Morillas*, DN 2003 (149), S. 1, 7. Zu Subventionsbeschränkungen im Vorfeld der Konkurserklärung *Rojo*, in: Rojo/Beltrán (Hrsg.), *Comentario I*, Art. 1, Nr. IV.3., S. 162 f. Zur bisherigen Praxis bei Beteiligung der öffentlichen Hand *García Villaverde*, in: García Villaverde u. a. (Hrsg.), *Derecho Concursal*, S. 27, 42.
209 *Sánchez Calero*, Instituciones de Derecho Mercantil I, S. 217 f.
210 *Díez-Picazo/Gullón*, Sistema de Derecho Civil II, S. 518-520.

Abs. 1 LSRL].[211] Auf den Rechtsträger mit neuem Statut findet daher das für die Zielrechtsform maßgebliche Regime Anwendung. Voraussetzung ist, dass der Rechtsformwechsel vor der Konkursantragstellung abgeschlossen ist [Art. 227 LSA, 90 LSRL, 216 ff. RRM: Eintragung im Handelsregister].[212] Wird eine Personengesellschaft in eine Kapitalgesellschaft umgewandelt, kann die zuvor begründete persönliche Haftung der Gesellschafter nach der Umwandlung weiterhin geltend gemacht werden [Art. 232 LSA, 92 Abs. 3 LSRL]. Erfolgt der Rechtsformwechsel in umgekehrter Richtung, haften die Gesellschafter auch für die Ansprüche persönlich, welche sich ursprünglich allein gegen die Kapitalgesellschaft richteten [Art. 230 LSA, 91 Abs. 2 LSRL]. Ein Anspruch auf Sicherheitsleistung besteht hingegen nicht.[213] Der praktisch häufigste Fall im Vorfeld des Konkurses dürfte freilich die Umwandlung von einer SA in eine SL sein. Die SL als Zielrechtsform ist vergleichsweise handlich. Dies wird zum Beispiel anhand des Umstandes augenfällig, dass eine Kapitalerhöhung durch Sacheinlagen ohne das sonst erforderliche Wertgutachten eines Sachverständigen möglich ist [vgl. Art. 73 Abs. 2, 20 und 21 LSRL im Gegensatz zu Art. 155, 38 und 39 LSA].

Nach einer (Teil-)Fusion oder einer (Teil-)Spaltung ist ebenfalls zu prüfen, ob die Zielrechtsform zu den konkursverfahrensfähigen Subjekten gehört. Erforderlich ist, dass die Umwandlung abgeschlossen ist [Art. 245 Abs. 1 LSA, 94 Abs. 1 LSRL: Eintragung ins Handelsregister] und der ursprüngliche Rechtsträger nach der Umwandlung nicht bestehen bleibt.[214] Bleibt der abspaltende Rechtsträger dagegen fortbestehen, ist er als solcher konkursverfahrensfähig. Insoweit macht es keinen Unterschied, ob die Umwandlungsmaßnahme in eine Aufnahme oder eine Neugründung mündet.[215] Der abspaltende und sämtliche empfangenden Rechtsträger haften nebeneinander für Verbindlichkeiten, die vor der Spaltung entstanden sind [Art. 259 LSA].[216]

Wird der Umwandlungsbeschluss der Anteilseigner erfolgreich angefochten, erklärt das Gericht die Umwandlung für nichtig [Art. 246 Abs. 1 LSA, 94 Abs. 1 LSRL]. Das Urteil wirkt im Verhältnis zu Dritten, sobald die Nichtigerklärung des Beschlusses im Handelsregister eingetragen ist [Art. 246 Abs. 2 LSA, 94 Abs. 1 LSRL]. Es kommt darauf an, ob die jeweiligen Vermögen in diesem Zeitpunkt bereits tatsächlich miteinander vermischt wurden oder nicht. Im ersten Fall ist der Konkurs als Sonderverfahren über die betreffenden Teile des neugebildeten Gesamtvermögens zu erklären.[217] Im

---

211 Einführend zur teilweise kodifizierten Rechtslage in Spanien *León Sanz*, in: Arroyo/Embid (Hrsg.), *Comentarios LSA III*, Art. 223, S. 2147-2158. Zur Abgrenzung von Umwandlung und Auflösung *Beltrán*, La disolución de la sociedad anónima, S. 26 ff.

212 *Madrid*, in: Jiménez (Hrsg.), *Derecho Mercantil I*, S. 620 ff.; *Uría/Menéndez/García de Enterría*, in: Uría/Menéndez (Hrsg.), *Curso de Derecho Mercantil I*, S. 1244.

213 Kritisch *León Sanz*, in: Arroyo/Embid (Hrsg.), *Comentarios LSRL*, Arts. 88-91, S. 893, Arts. 92-93, S. 917; zum entsprechenden Recht §§ 204, 22 UmwG.

214 *Hirte*, in: Uhlenbruck (Hrsg.), *InsO*, § 11, Rn. 39. Zum Widerspruchsrecht der Gläubiger (Art. 254, 243 LSA, Art. 94 LSRL) *Embid*, in: Arroyo/Embid (Hrsg.), *Comentarios LSRL*, Art. 94, S. 938 ff.

215 *Häsemeyer*, Insolvenzrecht, Nr. 30.32, S. 776 f.

216 Zu den Auswirkungen auf Vermögen und Schulden *Esteban Ramos*, RdS 2002, S. 289 ff.; *Lázaro*, in: Arroyo/Embid (Hrsg.), *Comentarios LSA III*, Art. 259, S. 2456 ff.

217 Einführend zum Sonderkonkurs *Jaeger*, Lehrbuch, § 6, S. 23 f.

zweiten Fall wird der Konkurs des ursprünglichen Rechtsträgers erklärt, vorausgesetzt, dieser ist nach den allgemeinen Vorschriften konkursverfahrensfähig.

Die Kapitalgesellschaft durchläuft im Gründungsvorgang die Stadien der Vor-Gründungsgesellschaft („sociedad en proyecto/preconstitucional") und der Vor-Kapitalgesellschaft („sociedad en formación").[218] Die Vor-Gründungsgesellschaft ist bis zu dem Zeitpunkt gegeben, in dem der Gesellschaftsvertrag mit den Statuten der SA oder SL geschlossen wird. Die Vor-Kapitalgesellschaft stützt sich bereits auf dieses formbedürftige Verpflichtungsgeschäft mit Organisationswirkung.[219] Die Eintragung in das Handelsregister, mit der die Kapitalgesellschaft nach dem Gesetz ihre Rechtspersönlichkeit erwirbt, steht noch aus [vgl. Art. 7 Abs. 1 S. 2 LSA, 11 Abs. 1 S. 2 LSRL].[220] Für die Vor-Kapitalgesellschaft wird daher mit voller Rechtswirkung gehandelt, soweit es für die Eintragung erforderlich oder im Gesellschaftsvertrag ausdrücklich vorgesehen ist [Art. 15 Abs. 2 LSA, Art. 11 Abs. 3 LSRL].[221] In diesem Stadium beginnt regelmäßig die geschäftliche Aktivität.[222] Die Vor-Kapitalgesellschaft wird dafür mit eigenen Mitteln ausgestattet.[223] Sie ist hinreichend personifiziert[224] und kann gesellschaftsrechtlich abgewickelt werden.[225] Der Konkursrichter verfügt in der Konkurserklärung, dass die (neue) Kapitalgesellschaft ins Handelsregister eingetragen wird [vgl. Art. 24 Abs. 2 LC, Prinzip der Voreintragung]. Die Vor-Kapitalgesellschaft ist daher konkursverfahrensfähig. Die Vor-Gründungsgesellschaft ist es hingegen nicht. Sie kann schon nicht eingetragen werden [vgl. Art. 95 Abs. 1 i. V. m. 94 Abs. 1 Nr. 1 RRM]. Mangels eines Gesellschaftsvertrages begründet selbst ein eventuell geschlossener Vorvertrag keine kapitalgesellschaftsrechtliche Organisation.[226] Meist werden weder die Geschäfte aufgenommen noch ein selbständiges Vermögen gebildet, solange nicht feststeht, ob die Vor-Kapitalgesellschaft als Destinatärin zustande kommt.[227] In diesen Fäl-

---

218 STS v. 28. März 2001, RJ. 2001/3989; *De la Cámara*, Estudios de Derecho Mercantil II, S. 225 f.; *Sáez Lacave*, La sociedad mercantil en formación, S. 24 ff., 127 ff., m. w. N.; *Vicent Chuliá*, Compendio Crítico I-1, S. 335. *De lege ferenda Martí*, Diario La Ley, Nr. 5772, Jahr XXIV, 2. Mai 2003, D-104, Kapitel III.3.

219 *Sánchez Calero*, Principios de Derecho Mercantil, S. 139; *Valpuesta*, in: Homenaje Menéndez III, S. 3643, 3644 f., m. w. N.

220 Zum Streit um die Anknüpfung an die Registerpublizität, die tatsächliche Publizität im Rechtsverkehr oder das organisatorische Grundgeschäft, für die wohl h. M. (Organisationsvertragstheorie) *Paz-Ares*, in: Uría/Menéndez (Hrsg.), *Curso de Derecho Mercantil I*, S. 446–450; zur Abgrenzung von Gesellschaft und Gemeinschaft (Art. 392 CC), die nach einer vierten Ansicht entscheidend sein soll, vgl. S. 452–456.

221 *Uría*, Derecho Mercantil, S. 478 f.

222 Vgl. die Fallumstände in STS v. 11. April 1992, RJ. 1992/3096.

223 *Sánchez Álvarez*, RdS 2001, S. 295, 299 ff.

224 *De Arriba*, RdS 2001, S. 333, 346 ff.; *De Eizaguirre*, RdS 2000, S. 85, 94; *Uría/Menéndez/García de Enterría*, in: Uría/Menéndez (Hrsg.), Curso de Derecho Mercantil I, S. 794; *Iglesias Prada*, ebd., S. 1053; *Vicent Chuliá*, CDJ 1997, Derecho de Sociedades II, S. 751, 772 f. Weiterhin a. A. RDGRN v. 22. April 2000, RJ. 2000/5835; einlenkend RDGRN v. 14. Februar 2001, RJ. 2002/2154.

225 So *Beltrán*, La disolución de la sociedad anónima, S. 49.

226 STS v. 28. März 2001, RJ. 2001/3989; *Uría*, Derecho Mercantil, S. 172.

227 *Vicent Chuliá*, in: Homenaje Olivencia II, S. 2389, 2406 f.

len fehlen auch nach spanischem Recht die Voraussetzungen für eine rechtsfähige Gesellschaft des bürgerlichen Rechts.

Eine nicht eingetragene Handelsgesellschaft, die aber als solche nach außen auftritt, gilt als unregelmäßig („sociedad irregular").[228] Den Gründern fehlt der Wille zur Eintragung [Art. 16 Abs. 1 LSA, 11 Abs. 3 LSRL]. Das wird vermutet, wenn seit der Errichtung ein Jahr vergeht, ohne dass die Gesellschaft eingetragen wird. Die Vorschriften über die offene Handelsgesellschaft finden Anwendung [Art. 16 Abs. 2 LSA, 11 Abs. 3 LSRL, 125 ff. CCom].[229] Die unregelmäßige Kapitalgesellschaft ist also weder SA noch SL. Die bisherige Rechtsprechung sprach der unregelmäßigen Gesellschaft deshalb jede Rechtspersönlichkeit ab,[230] obwohl sie auf der Grundlage des Gesellschaftsvertrages erkennbar individualisiert ist.[231] Die Eintragung wirkt auf einer ausdifferenzierten Stufe für die Erlangung der Rechtspersönlichkeit „einer SA" bzw. „einer SL" konstitutiv. Die „Zurechnungsgröße Rechtspersönlichkeit" entsteht im spanischen Recht hingegen auch ohne Registertatbestand.[232] Die unregelmäßige Kapitalgesellschaft ist folglich konkursverfahrensfähig.[233] Andernfalls könnten Anteilseigner und Geschäftsführer das Konkursverfahren umgehen, indem sie die Unregelmäßigkeit der Gesellschaft herbeiführen und die gewerbliche Betätigung einstellen. Dies liefe der drittschützenden Zielsetzung von Art. 16 Abs. 2 LSA, 11 Abs. 2 LSRL diametral zuwider. Ist die unregelmäßige Gesellschaft gemäß Art. 24 Abs. 2 LC als Kapitalgesellschaft eingetragen, wird sie im Konkurs als SA bzw. SL behandelt.[234] Ansprüche gegen die Anteilseigner, die bis zum Zeitpunkt der Eintragung persönlich für die Gesellschaftsschulden haften, fallen in die Aktivmasse [Art. 48 Abs. 5 LC].

---

228 Hierzu Art. 4 Vorentwurf 1983, anders Art. 1 Entwurfsvorschlag 1995. Weiterhin *Hernández*, in: Hernández (Hrsg.), *Suspensión de pagos, quiebra I*, S. 133; *Vicent Chuliá*, in: Homenaje Olivencia II, S. 2389, 2410 ff.

229 Vgl. aber auch STS v. 20. Mai 2002, RJ. 2002/4453; v. 11. Oktober 2002, RJ. 2002/9851; *Pino*, in: Vítolo/Embid (Hrsg.), *La sociedades comerciales*, S. 527, 540 f.

230 STS v. 6. Februar 1964, RJ. 1964/614; v. 31. Mai 1969, RJ. 1969/3032; v. 2. März 1992, RJ. 1992/2004; v. 9. März 1992, RJ. 1992/2009; differenzierter STS v. 11. Oktober 2002, RJ. 2002/9851; auch die ältere Lehre *Uría*, RDM 1946, S. 7, 17 ff.; *Vicent Chuliá*, RJC 1978, S. 919, 957 f.

231 Vgl. Art. 35 CC. *Farias*, La irregularidad de la sociedad de capital, S. 76 ff.; *García de Enterría*, in: Menéndez (Hrsg.), *Lecciones de Derecho Mercantil*, Kap. 12, S. 263; *Jiménez/Viguera/Díaz Moreno*, in: Uría/Menéndez/Olivencia (Hrsg.), *Comentario sociedades mercantiles XIV/1*, Art. 11, S. 332 f.; *Sánchez Calero*, RdS 1993, S. 45, 49; *Sánchez Calero Guilarte*, in: Homenaje Olivencia I, S. 1195, 1210 f.

232 *De Eizaguirre*, Derecho de Sociedades, S. 118; *García Villaverde*, in: García Villaverde u. a. (Hrsg.), *Derecho Concursal*, S. 27, 36; *Paz-Ares*, in: Menéndez (Hrsg.), *Lecciones de Derecho Mercantil*, Kap. 10, S. 230.

233 *Fernández de la Gándara*, in: Fernández de la Gándara/Sánchez (Hrsg.), *Comentarios*, S. 19; *Morillas*, DN 2003 (149), S. 1, 22; *dies.*, El concurso de las sociedades, S. 139, 160 ff.; *Rojo*; in: Rojo; Beltrán (Hrsg.), *Comentario I*, Art. 1, Nr. II.1.3.3., S. 151; *Vicent Chuliá*, in: Homenaje Olivencia II, S. 2389, 2412; Kongressbeschluss der Handelsrichter v. 9./10. Dezember 2004 in Valencia, ADCo 7/2006, S. 229, 231; a. A. *Béjar*, in: Fernández Ballesteros (Hrsg.), *Proceso Concursal Práctico*, Art. 93, Nr. III.1., S. 473.; aber *Fernández Ballesteros*, ebd., Art. 1, Nr. 7/9, S. 25 f.; dezidiert *López Santana*, in: Homenaje Olivencia I, S. 1098, 1125 ff., m. w. N.

234 Zur alten Rechtslage a. A. *Valpuesta*, in: Homenaje Menéndez III, S. 3643, 3653.

Als „sociedad defectuosa" bzw. „sociedad de hecho" gilt jede Kapitalgesellschaft, die praktisch vollzogen, aber aus rechtlichen Gründen nichtig ist. Hier fehlt nicht die Eintragung, sondern die Gesellschaft wurde fehlerhaft errichtet.[235] Stellt ein gerichtliches Urteil die Nichtigkeit fest, wird die Kapitalgesellschaft nach den allgemeinen Regeln liquidiert [zum Ganzen Art. 35 LSA, 17 LSRL].[236] Ansprüche und Verbindlichkeiten gegenüber Dritten bleiben unberührt. Reicht das Gesellschaftsvermögen nicht aus, um die Verbindlichkeiten zu decken, trifft die Anteilseigner eine Nachschusspflicht. Die Gesellschaft bleibt konkursverfahrensfähig, bis sie vollständig abgewickelt und gelöscht ist.[237] Es wäre abwegig, vom Konkursverfahren abzusehen, obwohl u. U. noch Mittel liquide gemacht werden können [vgl. z. B. Art. 34 lit. b), 40 LSA, 48 Abs. 4 LC]. Um die Anteilseigner aber nicht an der fehlerhaften Gesellschaft festzuhalten, ist im Konkurs zwar für eine Neugründung Raum, nicht aber für einen Fortführungsvergleich.

Die Liquidationsgesellschaft[238] behält ihre Rechtspersönlichkeit bis zur vollständigen Abwicklung [Art. 264 LSA, Art. 109 Abs. 2 S. 1 LSRL].[239] Sie ist uneingeschränkt konkursverfahrensfähig.[240] Anders wäre nicht einzusehen, warum die Antragspflicht auch Liquidatoren trifft [Art. 5 Abs. 1 i. V. m. Art. 3 Abs. 1 LC]. In der Liquidationsphase wird die konkursschuldnerische Gesellschaft aufgelöst [Art. 145 Abs. 3 LC], ohne dass die Verfahrensfähigkeit davon berührt wird. Die Zerschlagung im Konkurs verfolgt mit der verfahrensmäßigen Gläubigerbefriedigung nur eine andere Zielsetzung als die gesellschaftsrechtliche Liquidation, bei der es darum geht, die juristische Person in den Händen der Anteilseigner abzuwickeln.[241] Der Konkurs wird selbst dann erklärt, wenn die Gesellschaft aus dem Handelsregister gelöscht ist, aber noch Aktiva oder Passiva vorhanden sind.[242] Es ist für diesen Fall ausdrücklich vorgesehen, dass der Konkurs wiedereröffnet werden kann [vgl. Art. 179 Abs. 2 LC].

Vor spanischen Gerichten galten ausländische Gesellschaften früher als partei- und konkursverfahrensfähig, soweit ihr sachrechtliches Statut es vorsah.[243] Die EuInsVO definiert den „Gemeinschuldner" nicht autonom, sondern verweist auf das anwendbare nationale Sachrecht [Art. 4 Abs. 2, lit. a) EuInsVO]. Daher bestimmt die *lex*

---

235 *De Eizaguirre*, Derecho de Sociedades, S. 122 f., in Abgrenzung zur bloß vorgetäuschten Gesellschaft.

236 Zur *Ex-nunc*-Wirkung *De Eizaguirre*, Derecho de Sociedades, S. 124; *Vicent Chuliá*, CDJ 1997, Derecho de Sociedades II, S. 751, 770 f.

237 *Morillas*, El concurso de las sociedades, S. 194; *Rojo*, in Rojo/Beltrán (Hrsg.), *Comentario I*, Art. 1, Nr. II.1.3.1., S. 147.

238 Vgl. hierzu Art. 267, 272 LSA; 112, 114 LSRL.

239 STS v. 23. Februar 1988, RJ. 1988/1273; v. 12. Juli 1989, RJ. 1989/4423; v. 12. Februar 2002, RJ. 2002/3112. Vgl. auch *Botana*, in: Homenaje Sánchez Calero V, S. 5123, 5126 ff.

240 Schon *Beltrán*, La disolución de la sociedad anónima, S. 32; *ders.*, AAMN XXXVI (1997), S. 423, 436, 439.

241 *Beltrán*, La disolución de la sociedad anónima, S. 30 f.

242 Zur alten Rechtslage *Cerdá/Sancho*, Curso de Derecho Concursal, S. 71; *Uría*, RDM 1946, S. 7, 22; *Vicent Chuliá*, RJC 1978, S. 919, 958 f.; skeptisch *Hernández*, in: Hernández (Hrsg.), *Suspensión de pagos, quiebra I*, S. 137. Vgl. insbesondere Art. 248 RRM; STS v. 6. Juli 1961, RJ. 1961/3025; RDGRN v. 13. Mai 1992, RJ. 1992/5250; zur Lehre vom Doppeltatbestand weitere Nw. bei *Hirte*, in: Uhlenbruck (Hrsg.), InsO, § 11, Rn. 46. Ebenfalls *Morillas*, El concurso de las sociedades, S. 190 f.

243 *Sánchez Calero*, Instituciones de Derecho Mercantil I, S. 243.

fori concursus darüber, unter welchen Voraussetzungen der Zugang zum Konkurs-verfahren gewährt wird.[244] Das Konkursgesetz differenziert nicht nach der Nationalität des Schuldners. Die Rechtspersönlichkeit der Gesellschaft ist eigens zu ermitteln. Das spanische Kollisionsrecht qualifiziert diesen Gegenstand als gesellschaftsrechtlich.[245] Das spanische internationale Gesellschaftsrecht folgt im Anwendungsbereich der gemeinschaftsrechtlichen Niederlassungsfreiheit aus Art. 43, 46, 48 EGV der Grün-dungstheorie.[246] Somit bestimmt das jeweilige Gesellschaftsstatut weiterhin über die Konkursverfahrensfähigkeit.

§ 2 Der objektive Eröffnungstatbestand

I. Der Grundtatbestand: die Insolvenz

Die bisherige Regelung der Eröffnungsgründe vermengte objektive und subjektive Voraussetzungen, Liquiditäts- und Bilanzschwierigkeiten, Krisensituationen und Gläubigerschädigungen.[247] Das Konkursverfahren wurde über das Vermögen des Kaufmanns eröffnet, wenn er die laufende Zahlung seiner Verbindlichkeiten einstellte [Art. 874 CCom a. F.].[248] Der Zahlungseinstellung war es gleichgestellt, wenn eine Zwangsvollstreckung fruchtlos blieb [Art. 876 Abs. 1 CCom a. F.] oder der Schuldner sich oder sein Vermögen den Gläubigern entzog [Art. 877 CCom a. F.]. Warum es zur Zahlungseinstellung kam, spielte keine Rolle.[249] Im Hinblick auf Vergleichsverfahren gab es keine spezialgesetzlich geregelten Eröffnungstatbestände, so dass ebenfalls auf das Handelsgesetzbuch zurückgegriffen wurde. Das Verfahren konnte einerseits über das Vermögen eines Kaufmanns eröffnet werden, der voraussah, dass er zur Erfüllung der gegen ihn gerichteten Ansprüche im Zeitpunkt ihrer Fälligkeit nicht in der Lage sein würde [Art. 870 CCom a. F.]. Der Schuldner musste noch zahlungsfähig (objek-tives Element) und die Nichterfüllung durfte noch nicht eingetreten sein (zeitliches Element). Andererseits konnte der Schuldner innerhalb von achtundvierzig Stunden (zeitliches Element) die „Suspensión de pagos" beantragen, wenn er bereits eine fäl-lige Forderung nicht erfüllt hatte (objektives Element).[250]

244 *Virgós/Garcimartín*, Comentario al reglamento europeo de insolvencia, S. 33.
245 Vgl. Art. 9 Abs. 11 S. 1 CC a. E. STS v. 19. Februar 1993, RJ. 1993/655; *Calvo/Carras-cosa*, Derecho Internacional Privado II, S. 281 f.; *Garcimartín*, in: Delgado/Fernández-Tresguerres (Hrsg.), *Instituciones VI-1*, S. 59; *Sánchez Calero*, RdS 1993, S. 45, 47.
246 Näher *Cohnen*, IPRax 2005, S. 467, 471, m. w. N.
247 *Alcover*, in: Homenaje Duque Domínguez II, S. 1569 ff.; *Cordón*, Suspensión de Pagos y Quiebra, S. 49; *Montés Reig*, RDPatr 2004, S. 153, 154, m. w. N.; näher *Vicent Chuliá*, RJC 1978, S. 919, 964–987.
248 Vgl. näher *Garrigues*, Instituciones de Derecho Mercantil, S. 440 f.
249 *Beltrán*, in: Menéndez (Hrsg.), *Lecciones de Derecho Mercantil*, Kap. 40, S. 855; a. A. *Paz-Ares/Virgós/Bermejo*, in: McBryde/Flessner/Kortmann (Hrsg.), *Principles of European Insolvency Law*, S. 575, 583.
250 Näher zur wechselhaften Auslegung in der Praxis *Rojo*, in: Homenaje Verdera y Tuells III, S. 2293, 2316 f.; auch *Beltrán*, in: Menéndez (Hrsg.), *Lecciones de Derecho Mercantil*, Kap. 41, S. 884; *Fernández del Pozo*, in: Rojo (Hrsg.), *La reforma*, S. 9, 23.

Nach neuem Recht besteht der objektive Grundtatbestand für die Eröffnung des Konkursverfahrens in der Insolvenz [Art. 2 Abs. 1 LC].[251] Die Insolvenz ist dahingehend legaldefiniert, dass der Schuldner nicht in der Lage ist, seine einforderbaren Verbindlichkeiten zu erfüllen [Art. 2 Abs. 2 LC]. Der Schuldner muss außerstande sein, die Verbindlichkeiten regelgemäß zu erfüllen.[252] Erforderlich ist danach eine ordnungswidrige Nicht-, Teil-, Spät- oder Schlechtleistung.[253] Nicht jede Leistungsstörung ist aber mit der Insolvenz des Schuldners identisch.[254] Die Insolvenz beschreibt vielmehr einen Zustand. Von einem Zustand ist erst zu sprechen, wenn die Situation, welche der Nicht-, Teil-, Spät- oder Schlechtleistung zugrunde liegt, von einer gewissen Dauer ist.[255] Wesentlich ist die Unfähigkeit zur normalen Erfüllung. Dass die schuldnerische Gesellschaft subjektiv nicht zur Erfüllung bereit oder durch Streitigkeiten unter den Anteilseignern bzw. äußere Umstände hieran gehindert ist, bleibt unbeachtlich.[256] Zur regelgemäßen Erfüllung ist die Gesellschaft aber außer Stande, wenn sie die dafür erforderlichen Mittel auf den üblichen Wegen nicht erhalten kann.[257] Dies wird etwa bejaht, wenn lediglich die Möglichkeit einer Erfüllung durch Dritte besteht.[258] Hingegen genügt es nicht schon, dass eine Gesellschaft, deren Anteilseigner den Auflösungsbeschluss wirksam gefasst haben, ihre Verbindlichkeiten mit Mitteln herbeizuführen sucht, die aus der Zerschlagung des Gesellschaftsvermögens stammen.[259] Die Vermögensliquidation ist gerade der gesetzlich vorgesehene Gegenstand der außerkonkurslichen Gesellschaftsabwicklung.

---

251 Zum „präventiv-freiwilligen Sonderkonkursgrund für Aktiengesellschaften", der teilweise aus den Schlussvorschriften des Konkursgesetzes gelesen wurde, vgl. *Mambrilla*, in: Sánchez Calero Guilarte/Guilarte (Hrsg.), *Comentarios III*, Art. 172, S. 2862 f.; *Montés Reig*, RDPatr 2004, S. 153, 160, 162 und 165; *Pulgar*, in: García Villaverde u. a. (Hrsg.), *Derecho Concursal*, S. 55, 80-84. Zum Erfordernis einer Mehrzahl von Gläubigern AJMer Vizcaya (Bilbao) v. 3. Dezember 2004, AC. 2005/58; v. 11. Mai 2005, AC. 2005/940; AAP Baleares v. 11. April 2006, AC. 2006/902.

252 Vgl. bisher im italienischen Recht Art. 5 Legge fallimentare 1942: „L'imprenditore che si trova in stato d'insolvenza è dichiarato fallito. Lo stato d'insolvenza si manifesta con inadempimenti od altri fatti esteriori, i quali dimostrino che il debitore non è più in grado di soddisfare regolarmente le proprie obbligazioni." (Über das Vermögen des Unternehmers, der zahlungsunfähig ist, wird der Konkurs erklärt [Art. 2221 Codice Civile]. Der Zustand der Zahlungsunfähigkeit zeigt sich in Leistungsstörungen [Art. 1218 ff. Codice Civile] oder anderen äußeren Umständen, die beweisen, dass der Schuldner nicht mehr in der Lage ist, seine Verbindlichkeiten ordnungsgemäß zu erfüllen.) Näher *Ferrara/Borgioli*, Il Fallimento, S. 139 f., m. w. N. Anders das geltende deutsche Recht [§ 17 Abs. 2 S. 1 InsO]. Zur Einforderbarkeit *Hernández-Gil*, Derecho de obligaciones, S. 321.

253 *Montés Reig*, RDPatr 2004, S. 153, 163.

254 *Fernández de la Gándara*, in: Fernández de la Gándara/Sánchez (Hrsg.), *Comentarios*, S. 73, 83.

255 AAP Madrid v. 28. April 2006, AC. 2006/957; AAP Barcelona v. 19. Januar 2005, RCP 5/2006, S. 243; *Rojo*, in: Rojo/Beltrán (Hrsg.), *Comentario I*, Art. 2, Nr. II.1., S. 169; Nr. II.2.3., S. 172 f. De lege ferenda *Cerdá/Sancho*, Quiebras y suspensiones de pagos, S. 61.

256 AJMer La Coruña v. 4. Mai 2005, ADCo 7/2006, S. 325, 327; AJMer La Coruña v. 15 Juli 2005, ADCo 7/2006, S. 334 f.

257 AJPI Santander v. 14. Juni 2005, ADCo 7/2006, S. 329, 331.

258 AAP Madrid v. 28. April 2006, AC. 2006/957.

259 AJMer Cantabria (Santander) v. 8. Mai, AC. 2006/1218.

Art. 2 Abs. 2 LC ist offenbar nicht auf Zahlungsschulden beschränkt.[260] Werden aber Verbindlichkeiten jeglichen wirtschaftlich bewertbaren Inhaltes berücksichtigt, kann die Prüfung des Insolvenztatbestands nicht mehr allgemeingültig beschrieben werden. „Verbindlichkeit" ist daher mit „Geldschuld" gleichzusetzen, um dem traditionellen Verständnis der Insolvenz als Zahlungsunfähigkeit zu entsprechen.[261]

Für die Zahlungsunfähigkeit kommt es weder auf die Rechtsnatur noch auf die Inhaberschaft der Verbindlichkeiten an.[262] Die Kapitalgesellschaft ist zahlungsunfähig, wenn sie die Forderung eines Anteilseigners nicht erfüllen kann, der als Inhaber eines Forderungsrechts wie jeder andere Dritte der Gesellschaft gegenübersteht.[263] Anteilseigner werden oft bevorzugt befriedigt, wenn sie ihre innergesellschaftliche Stellung informell ausnutzen. Erfüllt die Gesellschaft sogar diese Forderungen nicht mehr, muss erst recht von der Zahlungsunfähigkeit ausgegangen werden. Denkbar ist aber auch, dass die Forderung des Anteilseigners bei der Befriedigung hintangestellt wird, um Liquidität zu schaffen und Verbindlichkeiten gegenüber Außenstehenden zu erfüllen. Auf diese Weise versuchen die Geschäftsführer, den Anschein einer gesunden wirtschaftlichen Situation zu wahren. In beiden Fällen werden Verbindlichkeiten nicht „regelmäßig" erfüllt. Allerdings kann der Anteilseigner die Verbindlichkeit wirksam stunden. Die Verbindlichkeit ist dann nicht fällig, und Zahlungsunfähigkeit liegt bis zum Ablauf der Stundungsfrist nicht vor. Freilich ist die Grenzziehung zur vorgetäuschten Solvenz hier gleichfalls fließend.[264]

Forderungen aus eigenkapitalersetzenden Leistungen der Anteilseigner sind in die Prüfung einzubeziehen.[265] Andernfalls verschiebt sich die Konkurserklärung zeitlich in Richtung auf die Zahlungseinstellung, weil bei der Beurteilung der Solvenz ein Teil der Passiva ausgeblendet wird. Zugleich verschlimmert sich regelmäßig die Krisensituation. Das Konkursgesetz will aber gerade die Chancen der Gläubigerbefriedigung erhöhen. Es regelt, wie eigenkapitalersetzende Leistungen und eventuelle Rückleistungsansprüche im Konkurs zu behandeln sind [vgl. Art. 89 Abs. 1, 92 Nr. 5, 93 Abs. 2 Nr. 1 LC]. Eigenkapital wird ebenfalls in die anfängliche Einschätzung der Passiva eingestellt, wenn über die Zulässigkeit des abgekürzten Verfahrens zu entscheiden ist.[266] Daher ist es systematisch angebracht, solche Forderungen bereits in der Insolvenzprüfung zu berücksichtigen. Es bleibt nicht den Organpersonen überlassen, bei der unternehmerischen Selbstkontrolle die Forderungen der Anteilseigner in eigenkapitalersetzende und „normale" Forderungen einzuteilen. Zuletzt begründet

---

260 Kritisch *CGPJ*, Gutachten vom 6. Oktober 2001, S. 18.
261 *R. Bercovitz*, in: R. Bercovitz (Hrsg.), *Comentarios I*, Art. 2, Nr. 1, S. 38 f.; *Rojo*, in: Rojo/Beltrán (Hrsg.), *Comentario I*, Art. 2, Nr. II.1.2.1., S. 170 f. Ähnlich *Fernández Ballesteros*, in: Fernández Ballesteros (Hrsg.), *Proceso Concursal Práctico*, Art. 6, Nr. 2, S. 47. Zur Abgrenzung *Bonet Correa*, Las deudas de dinero, S. 255 ff.
262 *Rojo*, in: Rojo/Beltrán (Hrsg.), *Comentario I*, Art. 2, Nr. II.1.2.1., S. 171.
263 Ohne Begründung a. A. für den Eigenantrag AJMer Valencia v. 23. Dezember 2004, AC. 2004/2125, wobei dort insgesamt praktisch keine anderen Gläubiger ersichtlich waren.
264 Bejahend AAP Baleares v. 11. April 2006, AC. 2006/902.
265 Gegenteilig zu Eigenkapitalersatz und Überschuldung im deutschen Recht *Lutter*, ZIP 1999, S. 641, 645, m. w. N. Vermittelnd im spanischen Recht *Ferré*, in: Homenaje Olivencia II, S. 1931, 1961 f.
266 AJMer Madrid v. 29. Oktober 2004, ADCo 3/2004, S. 401 f.

die Nachrangigkeit des Eigenkapitalersatzes im späteren Konkurs nicht, dass die Gesellschaft im Stande ist, die Forderungen der außenstehenden Gläubiger noch zu begleichen. Entscheidend ist die Fähigkeit, ordnungsgemäß zu erfüllen. Werden die einfachen Konkursgläubiger aber erst im Rahmen ihrer Konkursquote befriedigt, entspricht dies weder rechtlich noch wirtschaftlich einer ordnungsgemäßen Erfüllung.

II. Die Tatbestandsausdehnung beim Eigenantrag

Die Insolvenz muss nicht bereits eingetreten sein. Der Konkursschuldner kann die Konkurserklärung bei bevorstehender Insolvenz beantragen [Art. 2 Abs. 3 LC, „insolvencia inminente"]. Dafür muss er voraussehen, dass er seine Verbindlichkeiten nicht ordnungsgemäß und pünktlich erfüllen kann.[267] Darin ist eine Nuancierung enthalten, die vom Tatbestand der eingetretenen Zahlungsunfähigkeit abweicht. Der Konkursschuldner muss künftig seine Verbindlichkeiten nicht ordnungsgemäß und *pünktlich* erfüllen können.[268]

Der wesentlichere Unterschied liegt darin, dass die Feststellung der bevorstehenden Zahlungsunfähigkeit eine Prognose erfordert. Die Insolvenz steht bevor, wenn die Prognose ergibt, dass die Zahlungsunfähigkeit mit höherer Wahrscheinlichkeit eintritt, als dass sie ausbleibt. Die Möglichkeit der Zahlungsunfähigkeit reicht zwar nicht aus, aber ihre sichere Voraussicht ist nicht erforderlich.[269] Maßgeblich sind sowohl die Umstände im konkursschuldnerischen Unternehmen als auch die in der betreffenden Branche üblichen Prognoseverfahren.[270]

Der Prognosezeitraum fällt relativ kurzfristig aus, wenn auf der Grundlage der bereits begründeten Verbindlichkeiten geprüft wird. Sind überdies alle künftigen Verbindlichkeiten zu berücksichtigen, mit deren Entstehung vernünftigerweise zu rechnen ist, kann der Prognosezeitraum mehrere Jahre umfassen. Als Beurteilungsgrundlage kommen nur Verbindlichkeiten in Betracht, die entweder bereits begründet sind, aber erst künftig fällig werden, oder mit deren Entstehen und Fälligkeit nach den im Prognosezeitpunkt gegebenen Geschäftsverhältnissen immerhin fest zu rechnen ist.[271] Die Anknüpfungszahlen sind mithin einzelfallbezogen. Die Auswertung muss demgegenüber für alle Konkursschuldner einheitlich sein. Der Gleichheitsgrundsatz gebietet, übergreifend zu ermitteln, in welchem zeitlichen Abstand die künftige

---

267 Entsprechend im deutschen Recht § 18 Abs. 2 InsO. Auch Art. 9 S. 1 Vorentwurf 1983; wieder anders Art. 2 Entwurfsvorschlag 1995.

268 AJMer Vizcaya (Bilbao) v. 17. Februar 2006, ADCo 9/2006, S. 290, 291. Zum damals entsprechenden Insolvenztatbestand im portugiesischen Recht *Gozalo*, RDM 1993, S. 615, 617.

269 *Rojo*, in: Rojo/Beltrán (Hrsg.), *Comentario I*, Art. 2, Nr. III.1., S. 176 f.

270 AJMer Vizcaya (Bilbao) v. 17. Februar 2006, ADCo 9/2006, S. 290, 293; AJMer Cantabria (Santander) v. 29. März 2006, AC. 2006/1473; *Pulgar*, in: García Villaverde u. a. (Hrsg.), *Derecho Concursal*, S. 55, 76 f., m. w. N.

271 Enger *R. Bercovitz*, in: R. Bercovitz (Hrsg.), *Comentarios I*, Art. 2, Nr. 3, S. 41. Vgl. zu den relevanten Kennzahlen AJMer Vizcaya (Bilbao) v. 17. Februar 2006, ADCo 9/2006, S. 290 ff.

Zahlungsunfähigkeit als bevorstehend zu gelten hat.[272] Der Konkurs wird nicht eröffnet, wenn im Eigenantrag überhaupt kein Prognosezeitraum angegeben ist.[273] Wenn Konkursanträge, die sich auf unterschiedliche Eröffnungsgründe stützen, frei konkurrieren, könnte der Konkursschuldner dies strategisch nutzen, um einen Fremdantrag zu unterminieren.[274] Er müsste gegenüber dem Fremdantrag vorbringen, dass er nicht aktuell zahlungsunfähig sei, sondern die Zahlungsunfähigkeit „lediglich" bevorstehe [vgl. Art. 18 Abs. 2 LC]. Selbst wenn er dann den Eigenantrag wegen bevorstehender Insolvenz stellt, wird der Konkurs jedoch als so genannter zwingender Konkurs eröffnet [Art. 22 Abs. 2 LC].[275] Das Eröffnungsverfahren wird gleichwohl verzögert. Nachdem der Konkursschuldner zugibt oder nachweist, dass die Zahlungsunfähigkeit bevorsteht, darf der ursprüngliche Fremdantrag schon nicht paralysiert werden. Ein Ausweg ist, das Verbot der missbräuchlichen Rechtsausübung anzuwenden [vgl. Art. 11 Abs. 2, 1. Var. LOPJ]. Hierzu bedarf es in jedem Einzelfall einer ausführlichen Begründung.

III. Die Tatbestandskonkretisierung beim Gläubigerantrag

Dritte haben oft keinen Einblick in die Einzelheiten der schuldnerischen Geschäftsbeziehungen, Liquiditäts- und Vermögenssituation. Aus diesem Grunde können sie die Konkurserklärung beantragen, ohne nachweisen zu müssen, dass der Schuldner gegenwärtig zahlungsunfähig ist. Ausreichend, aber auch zwingend gefordert ist, einen von fünf konkreten Tatbeständen zu beweisen, bei deren Vorliegen die Zahlungsunfähigkeit vermutet wird [vgl. Art. 2 Abs. 4 LC].[276] Die Zahlungsunfähigkeit ist hier oftmals besonders deutlich greifbar („insolvencia manifestada").[277]

Gläubiger, die Inhaber einer titulierten Forderung [Art. 517 LEC] sind, können anführen, dass eine Zwangsvollstreckung oder Pfändung in das schuldnerische Vermögen fehlschlug. Die Vollstreckungsanordnung ist ebenso nachzuweisen wie die Tatsache, dass die Zwangsvollstreckung keine oder nur unvollständige Befriedigung brachte. Nicht geregelt ist, welche Bemühungen der Gläubiger anstellen muss, um bei einer unternehmenstragenden Kapitalgesellschaft zu vollstrecken. Größere Unternehmen weisen mehrere betriebliche Einrichtungen oder Niederlassungen auf. Vollständige und endgültige Fruchtlosigkeit ist anzunehmen, wenn Vollstreckungsmaßnahmen an allen in Betracht kommenden Orten ohne Erfolg durchgeführt wurden. Eine derartig strenge Auslegung macht den Fremdantrag aber praktisch unmöglich. Nicht je-

---

272 *Rojo*, in: Rojo/Beltrán (Hrsg.), *Comentario I*, Art. 2, Nr. III.1., S. 177.
273 AJPI (Mercantil) Tarragona v. 22. November 2004, ADCo 3/2004, S. 386 f.
274 AJMer Vizcaya (Bilbao) v. 17. Februar 2006, La Ley 2006, S. 497; *Pulgar*, in: García Villaverde u. a. (Hrsg.), *Derecho Concursal*, S. 55, 104.
275 Zur wörtlichen Auslegung der Regelung AJMer Asturias (Oviedo) v. 26. September 2005, ADCo 8/2006, S. 323, 325.
276 BOE Nr. 164 v. 10. Juli 2003, S. 26905, 26907.
277 *R. Bercovitz*, in: R. Bercovitz (Hrsg.), *Comentarios I*, Art. 2, Nr. 4., S. 43; Überblick: Nr. 5, S. 46 ff. Zur tatbestandlichen Eigenständigkeit *Pulgar*, in: García Villaverde u. a. (Hrsg.), *Derecho Concursal*, S. 55, 59; *Rojo*, in: Rojo/Beltrán (Hrsg.), *Comentario I*, Art. 2, Nr. I.1., S. 167; a. A. *Rodríguez de Quiñones*, in: Jiménez (Hrsg.), *Derecho Mercantil II*, S. 823.

der Gläubiger kann sämtliche betrieblichen Einrichtungen oder Niederlassungen der Schuldnerin ermitteln. Die Schuldnerin könnte erfolgreich gegen den Fremdantrag opponieren, wenn der Gläubiger eine Niederlassung ausgelassen hat, obwohl auch an dieser kein pfändbares Vermögen vorhanden ist. Ein Fremdantrag hätte erst Erfolg, wenn die Konkursschuldnerin komplett vermögenslos ist. Dieses Ergebnis überzeugt nicht, sondern spricht dafür, die fruchtlose Vollstreckung am Gesellschaftssitz ausreichen zu lassen.[278] Anhand der tatsächlichen Umstände, die für den Gläubiger erkennbar sind, macht es keinen Unterschied, ob dieser am Satzungssitz (Registerpublizität) oder am Sitz der tatsächlichen Verwaltung (Verkehrshorizont) vollstreckt. Eine Wahl ist jedoch nur bis zur Grenze des Rechtsmissbrauchs möglich. Das Zivilprozessrecht eröffnet dem Gläubiger die Möglichkeit, den Schuldner zu verpflichten, sich über seine Vermögensverhältnisse zu erklären [vgl. Art. 589 LEC]. Damit verfügt der Antragsteller über ein zumutbares Instrument, um zu vermeiden, dass er fruchtlos vollstreckt.[279] Sofern diese Aufklärung ohne (zureichendes) Ergebnis bleibt, ist der Fremdantrag begründet, unabhängig davon, an welcher Schuldnerfiliale vollstreckt wird.[280]

Vier weitere Tatbestände stehen allen Gläubigern zu Gebote, auch soweit sie nicht Inhaber von titulierten Forderungen sind. Eröffnungsgrund ist erstens, dass der Schuldner allgemein die Zahlung seiner laufenden Verbindlichkeiten einstellt [Art. 2 Abs. 4 Nr. 1 LC]. Dies setzt voraus, dass der Schuldner auch an einzelne Gläubiger keine substanziellen Zahlungen mehr leistet. Ein Außenstehender kennt aber weder das Zahlungsprogramm des Schuldners noch den Geldeingang anderer Gläubiger. Die Beweisführung erfordert daher aufwändige Ermittlungen, zumal es gemäß ersten Gerichtsentscheidungen auf die tatsächliche Zahlungsunfähigkeit, nicht nur auf ein äußerliches Bestreiten von Forderungen auf dem Prozesswege ankommt.[281]

Teilweise ist verzichtbar, dass die Zahlungseinstellung gemessen am Gesamtvolumen der Verbindlichkeiten „allgemein" ist. Es reicht nämlich zweitens aus, dass bestimmte Schulden in verallgemeinerter Weise nicht erfüllt werden (sektorielle Zahlungseinstellung). Drei Bereiche treten aus den Passiva hervor und sind anhand der Forderungsinhaber zu unterscheiden: Fiskus, Sozialwesen, Arbeitnehmer [vgl. Art. 2 Abs. 4 Nr. 4 LC].[282] Ob der Schuldner andere Verbindlichkeiten bedient, ist insoweit unbeachtlich. Jedoch muss auch die sektorielle Zahlungseinstellung in Bezug auf den betreffenden Sektor von Forderungen „allgemein" sein.[283]

Ein dritter Tatbestand setzt voraus, dass im Zeitpunkt der Antragstellung Zwangsvollstreckungsmaßnahmen laufen und das Vermögen des Schuldners in allgemeiner Weise betreffen [Art. 2 Abs. 4 Nr. 2 LC]. Viertens wird vermutet, dass der Schuldner zahlungsunfähig ist, wenn er zu gläubigerschädigenden Maßnahmen greift und sein

---

278 So im Ergebnis *Conde*, in: Palomar (Hrsg.), *Comentarios*, Art. 2, 3.1.B., S. 210.
279 Vgl. Art. 410 Abs. 1 CP. Skeptisch *Rojo*, in: Rojo (Hrsg.), *La reforma*, S. 87, 109.
280 *Rojo*, in: Rojo/Beltrán (Hrsg.), *Comentario I*, Art. 2, Nr. IV.3.1., S. 186.
281 AJMer Madrid v. 29. November 2005, AC. 2005/1970.
282 Näher *Montés Reig*, RDPatr 2004, S. 153, 158; *Pulgar*, in: García Villaverde u. a. (Hrsg.), *Derecho Concursal*, S. 55, 69; *Rojo*, in: Rojo/Beltrán (Hrsg.), *Comentario I*, Art. 2, Nr. IV.3.4., S. 188 ff.
283 AJMer Madrid v. 29. November 2005, AC. 2005/1970.

Vermögen den Gläubigern zu entziehen versucht [Art. 2 Abs. 4 Nr. 3 LC]. Das ist der Fall, wenn der Schuldner Vermögensgegenstände verheimlicht, übereilt oder ruinös veräußert.[284] Die tatbestandsmäßige Veräußerung unterscheidet sich vom schlechten Geschäft, wie es der Geschäftsgang jedes Unternehmens mit sich bringt, durch ein besonders nachteiliges Resultat. In der „übereilten Veräußerung" klingt an, dass die Veräußerung zu einem auffälligen Zeitpunkt erfolgt. Ein weiteres Indiz ist, dass die Veräußerung des Gegenstandes nicht dessen Eigenart entspricht. Ist die Veräußerung branchenuntypisch oder beim konkreten Schuldner außerhalb der Regel, liegt eine Verheimlichung oder Verschleuderung nahe.

Manifestationen der unternehmerischen Krise, Liquiditätsprobleme, Vermögensinsuffizienz und Gläubigerschädigung stehen gleichwertig nebeneinander.[285] Die Tatbestände sind erkennbarer Ausdruck der Zahlungseinstellung und greifen erst ein, wenn sich der Konkursschuldner in einem fortgeschrittenen Krisenstadium befindet. Für Außenstehende bleibt es dennoch problematisch, die Zahlungsunfähigkeit nachzuweisen.[286] Das liegt vor allem daran, dass die erforderlichen Informationen gerade für private und kleinere Gläubiger kaum erreichbar sind. Die Einzeltatbestände sind überdies abschließend. Die Verfahrenseröffnung unterbleibt, wenn sich die unternehmerische Krise des Schuldners zwar manifestiert, dies aber auf andere als die gesetzlich bezeichnete Art und Weise.[287] Die Problematik ist jedoch nicht neu, sondern hat sich lediglich verschärft. Bisher wurden rund zwanzig Prozent aller konkursrechtlichen Verfahren auf einen Fremdantrag hin eröffnet.[288] Unter der Geltung des neuen Rechts sind es bislang nur durchschnittlich knapp dreizehn Prozent.[289]

IV. Die Überschuldung als Element der Tatbestandsstruktur

Außer der bevorstehenden und der gegenwärtigen Zahlungsunfähigkeit gibt es keinen weiteren Konkurseröffnungsgrund. Der wirtschaftlich-unternehmerische Zustand der Zahlungsunfähigkeit ist freilich von seinen Ursachen in Bilanz-, Liquiditäts-, unternehmensstrukturellen oder sonstigen Problemen zu trennen.[290] Der Zah-

---

284 *Rojo*, in: Rojo/Beltrán (Hrsg.), *Comentario I*, Art. 2, Nr. IV.3.6., S. 191 ff.

285 *Sastre*, Diario de Sesiones del Congreso de Diputados (Comisiones – Justicia e Interior) Nr. 604 v. 29. Oktober 2002, S. 19715, 19746.

286 Vgl. nur AJMer Madrid v. 16. Dezember 2004, AC. 2004/2083.

287 AJMer Madrid v. 16. Dezember 2004, ADCo 3/2004, S. 385, 388 f.; v. 29. November 2005, ADCo 8/2006, S. 328, 333 f. *R. Bercovitz*, in: R. Bercovitz (Hrsg.), *Comentarios I*, Art. 2, S. 39, 43; *Pulgar*, in: García Villaverde u. a. (Hrsg.), *Derecho Concursal*, S. 55, 67, 70; *Rojo*, in: Rojo/Beltrán (Hrsg.), *Comentario I*, Art. 2, S. 180, 183; *Trigo/Cambronero*, Diario La Ley, Nr. 5996, Jahr XXV, 14. April 2004, D-85, Kapitel II.1.B. Abw. *Morillas*, DN 2003 (149), S. 1, 9; *dies.*, El concurso de las sociedades, S. 223 f.

288 Im Jahr 2004: 49 von 561 „Quiebras", *Instituto Nacional de Estadística*, zuletzt abgerufen am 1. Oktober 2006 über http://www.ine.es/inebase/cgi/um?L=0.

289 Vgl. *Van Hemmen*, REFOR Documento Nr. 8, Dezember 2006, S. 47, 53, Tab. II.4.

290 Zutreffend AJPI Santander v. 23. Dezember 2005, ADCo 8/2006, S. 336 f.; AAP Barcelona v. 27. Januar 2006, ADCo 8/2006, S. 338 ff.

lungsunfähigkeit kann Illiquidität[291] ebenso zu Grunde liegen wie Überschuldung[292] oder Vermögenslosigkeit.[293] Die Zahlungsunfähigkeit kann mithin z. B. durch einen Finanzplan, eine Stichtagsbilanz oder einen Vermögensstatus bewiesen werden. Der Konkursschuldner hat im Rahmen des Eigenantrags dennoch seine Verschuldung zu belegen [Art. 2 Abs. 3 LC].[294] Auf diese Weise sollen die Gläubiger und ihre Forderungen identifiziert werden [vgl. Art. 6 Abs. 2 Nr. 4 LC]. Das weitere Verfahren baut auf diesen Informationen auf [vgl. Art. 49, 75 Abs. 2 Nr. 2, 86 LC].

Übersicht 1: Die Prüfung des Insolvenztatbestandes

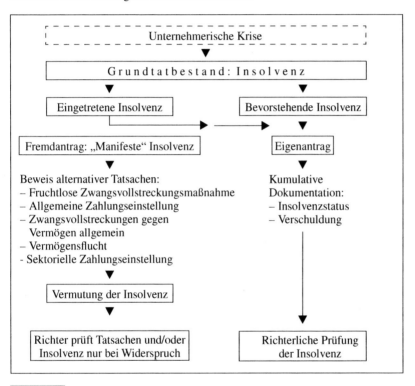

291 AJMer Madrid v. 2. März 2005, ADCo 5/2005, S. 337 f.; instruktiv *Jackson*, The Logic and Limits, S. 198 f.
292 AJMer Vizcaya (Bilbao) v. 27. Januar 2005, ADCo 5/2005, S. 334, 337; *Alcover*, RCP 4/2006, S. 81, 84. Für das deutsche Schrifttum *Frege/Keller/Riedel*, InsR, S. 144, Rn. 337, m. w. N.; *Kind*, in: Braun (Hrsg.), *InsO*, § 19, Rn. 2; *Kirchhof*, in: Eickmann u. a., *HK-InsO*, § 19, Rn. 2; *Pape/Uhlenbruck*, InsR, S. 245 f., Rn. 307, m. w. N.
293 *Pulgar*, in: García Villaverde u. a. (Hrsg.), *Derecho Concursal*, S. 55, 95; *Rojo*, in: Rojo/Beltrán (Hrsg.), *Comentario I*, Art. 2, Nr. II.1.2.1., S. 170.
294 AJMer Alicante v. 8. November 2004, JUR. 2005/43658.

Nach dem Gesetzeswortlaut ist die Prüfung der bevorstehenden Zahlungsunfähigkeit nicht auf künftig fällige Verbindlichkeiten begrenzt. Finden sämtliche Verbindlichkeiten Berücksichtigung, werden Aktiva und Passiva saldiert.[295] Einem überschuldeten, aber noch solventen Schuldner kann der Zugang zum Konkursverfahren nicht verwehrt werden, gerade wenn es sich um eine Kapitalgesellschaft handelt.[296] Die Überschuldung ist dann, anstatt eigenständig geregelt zu sein, eine Erscheinungsform der bevorstehenden Insolvenz.[297]

§ 3 Der Konkurseigenantrag

I. Das Antragserfordernis und die Antragsberechtigung

Das Konkursverfahren kommt nur in Gang, wenn neben subjektivem und objektivem Eröffnungstatbestand ein prozessualer Tatbestand erfüllt ist. Wie schon nach dem bisherigen Recht[298] wird das Verfahren nach neuer Rechtslage nicht von Amts wegen eröffnet. Der Konkurs ist ein Antragsverfahren.[299] Die Staatsanwaltschaft als Vertreterin des öffentlichen Interesses ist nicht antragsberechtigt [Art. 4 LC].[300] Sonstige Behörden haben nur spezialgesetzlich eng umschriebene Antragskompetenzen [vgl. Art. 76bis LMV; 35 Abs. 3, 37 Abs. 5 und 10 LOSSP].

II. Die Zuständigkeit für die Eigenantragstellung in der Kapitalgesellschaft

1. Die Entscheidung und Ausführung durch das Verwaltungsorgan

Die Kapitalgesellschaft ist nach Art. 3 Abs. 1 S. 1 LC antragsberechtigt und wird im Geschäftsverkehr sowie vor Gericht vom Verwaltungsorgan vertreten [Art. 128 LSA, 62 Abs. 1 LSRL].[301] Daher ist es selbstverständlich, die Vornahme der Antragstellung

---

295 Zur Überschuldungsprüfung im deutschen Recht *Jauernig*, InsR, § 54 II 5, S. 257; *Mertens*, in: Kölner Kommentar zum AktG, § 92, Rn. 30; *Uhlenbruck*, in: Uhlenbruck (Hrsg.), InsO, § 19, Rn. 1, m. w. N.; zum „Balance Sheet Test" im englischen Recht, s. 123 [2] Ins. Act 1986, *Tirado*, RdS 2001, S. 199, 210 f.

296 *Fernández Ballesteros*, in: Fernández Ballesteros (Hrsg.), *Proceso Concursal Práctico*, Art. 5, Nr. 9, S. 41; *ders.*, RCP 1/2004, S. 73, 79, m. w. N. zur Rspr.

297 Ähnlich AJPI Cantabria (Santander) v. 7. Dezember 2004, JUR. 2005/37332.

298 Art. 875 CCom a. F., Art. 1323 LEC a. F., Art. 2 LSP.

299 Zur Terminologie beim Gläubigerantrag, *Vicent Chuliá*, RJC 1978, S. 919, 987 „demanda"; *Uría*, RDM 1946, S. 7, 26 „acción".

300 *De lege ferenda Cerdá; Sancho*, Quiebras y suspensiones de pagos, S. 69 f.; gegen *Rojo*, RDM 1975, S. 509, 523.

301 Zur Rezeption der Organtheorie im spanischen Kapitalgesellschaftsrecht *Polo*, in: Uría/Menéndez/Olivencia (Hrsg.), *Comentario sociedades mercantiles*, Band VI, Art. 128, S. 145; *Sánchez Calero*, in: Sánchez Calero (Hrsg.), *Comentario IV*, Art. 128, Nr. II, S. 117 f.; Art. 129, Nr. II, S. 140 f.; *Uría/Menéndez/García de Enterría*, in: Uría/Menéndez (Hrsg.), *Curso de Derecho Mercantil I*, S. 868 und 897.

in die Hände dieses Organs zu legen. Das Verwaltungs- bzw. Liquidationsorgan entscheidet außerdem über die Antragstellung [Art. 3 Abs. 1 S. 2 LC]. Soweit das Organ im Namen der Kapitalgesellschaft handelt, ergibt sich die Vertretungsmacht der Verwalter und Liquidatoren aus ihrer Organstellung.[302] Der Handelsregisterauszug belegt die organschaftliche Vertretungsmacht [Art. 142 und 7 ff. RRM]. Rechtsgeschäftlich Bevollmächtigte haben kein originäres Antragsrecht. Die Art und Weise, in der das Verwaltungs- oder Liquidationsorgan zu einer Entscheidung gelangt und sie umsetzt, ist nicht geregelt. Daher muss auf die allgemeinen Vorschriften des Gesellschaftsrechts zurückgegriffen werden. Maßgeblich sind somit die jeweiligen statutarischen Regelungen über Verwaltung und Vertretung der Gesellschaft [Art. 123–143 LSA, 57–70 LSRL].[303]

Sofern ein mehrköpfiger Verwaltungsrat besteht [Art. 136 ff. LSA, 62 Abs. 1, lit. d) LSRL], verwaltet dieser die Gesellschaft auf der Grundlage von Mehrheitsentscheidungen. Die Beschlüsse des Verwaltungsrats sind binnen dreißig Tagen nach ihrem Zustandekommen anfechtbar [Art. 143 Abs. 1 LSA, 70 Abs. 1 LSRL]. Anfechtungsberechtigt sind sowohl die einzelnen Organpersonen als auch Anteilseigner, die mit mindestens fünf Prozent am Kapital beteiligt sind (ein Prozent des Grundkapitals bei börsennotierten Aktiengesellschaften). Fechten die Anteilseigner an, kann die Wirksamkeit des Beschlusses vorläufig ausgesetzt werden [Art. 727 Nr. 10 LEC]. Wird der Beschluss im Konkurseröffnungsverfahren vorläufig ausgesetzt, weist der Konkursrichter den gestellten Eigenantrag als unzulässig zurück.[304] Im bereits eröffneten Konkursverfahren wird das Verfahren nicht eingestellt, sofern die Beschlusswirkung ausgesetzt oder die Anfechtung endgültig erfolgreich ist.[305] Die Gründe für das Verfahrensende sind in Art. 176 LC abschließend bezeichnet. Eine Analogie kommt für Probleme, die rein innergesellschaftlich motiviert sind, nicht in Betracht.

Einzelne Organträger sind nicht antragsberechtigt. Die Regelung der Antragsberechtigung beschränkt sich darauf, die Rechtslage nach den gesellschaftsrechtlichen Vorschriften hinzunehmen.[306] Zwar wird in der Phase der Konkursqualifikation vermutet, dass solche Personen den Konkurs schuldhaft verursacht haben, die gegen die Konkursantragspflicht verstießen [Art. 165 Nr. 1 LC]. Jede Organperson kann jedoch innerhalb des mehrköpfigen Verwaltungsorgans auf die Eigenantragstellung hinwirken. Sie entkommt überdies der Haftung, wenn sie nachweist, dass die Pflichtverletzung ihr objektiv nicht zurechenbar ist.

Ungeregelt ist auch, ob es dem Verwaltungsrat möglich ist, die Entscheidung über den Antrag auf eines oder mehrere seiner Mitglieder zu delegieren. Konkrete Funktionszuweisungen sind grundsätzlich zulässig [Art. 141 Abs. 1 S. 1 LSA]. Eines der ausdrücklichen Verbote der Funktionsübertragung, die lediglich Bilanzpflichten so-

---

302 STS v. 14. März 2002, RJ. 2002/5698; zur Abgrenzung rechtsgeschäftlicher Vertretungsmacht STS v. 29. Oktober 2001, RJ. 2001/8679.
303 Z. B. zur Gesamtvertretung AJMer Cádiz v. 14. September 2005, ADCo 9/2006, S. 287, 288; *Vázquez Iruzubieta*, Comentarios a la Ley Concursal, Art. 3, § 19, S. 156.
304 *Rojo*, in: Rojo/Beltrán (Hrsg.), *Comentario I*, Art. 3, Nr. II.2., S. 205.
305 *Rojo*, in: Rojo/Beltrán (Hrsg.), *Comentario I*, Art. 3, Nr. II.2., S. 205.
306 *Rojo*, in: Rojo/Beltrán (Hrsg.), *Comentario I*, Art. 3, Nr. II.2., S. 201 f.; im Ergebnis auch *Morillas*, El concurso de las sociedades, S. 241.

wie Aufgaben betreffen, welche die Hauptversammlung dem Organ zuweist, steht nicht entgegen [vgl. Art. 141 Abs. 1 S. 2 LSA]. Dennoch erscheint es als fraglich, ob die Konkursantragstellung auf einzelne Mitglieder abgewälzt werden kann.[307] Gegen die Delegierbarkeit lassen sich zwei Gründe anführen. Erstens gibt es im System der Kapitalgesellschaft so genannte immanente Schranken der Funktionsübertragung.[308] So muss sich das gesamte Organ mit seiner inneren Organisation, dem Bericht an die Hauptversammlung und der Initiative zu Grundlagengeschäften befassen. In Konkurs zu gehen, ist eine unternehmerische Entscheidung. Ihre Tragweite rückt sie aber in die Nähe der wesentlichen Entscheidungen der Unternehmenslenkung, die nicht delegierbar sind. Zweitens wurde hier schon die selbständige Antragsberechtigung einzelner Organpersonen abgelehnt, weil konkursspezifische Haftungsrisiken mit Mechanismen vermieden werden können, die organintern zur Verfügung stehen. Die Entscheidung wäre konsequenterweise im Zuständigkeitsbereich des Gesamtorgans zu belassen. Allerdings entzieht die Delegation den übrigen Organpersonen nicht ihre grundsätzliche Zuständigkeit. Sie schafft für den Adressaten ein Mehr an Kompetenzen zur individuellen Ausübung, ohne den Umfang der kollektiv wahrzunehmenden Befugnisse zu beschneiden. Folglich ist die haftungsrechtliche Kohärenz gewahrt.

Die bloße Ausführung der Antragstellung kann ohne jeden Zweifel delegiert werden. Praktische Erwägungen gebieten nämlich diese Vereinfachung, ohne dass schützenswerte Interessen entgegen stehen. Der Konkursrichter prüft dann nicht nur den Inhalt der Satzung, sondern auch jenen des funktionsübertragenden Organbeschlusses. Letztlich hat das Argument der Praxisnähe auch in Bezug auf die Delegierung der Entscheidung über den Eigenantrag durchschlagendes Gewicht. Sinn und Zweck dieser Einrichtung ist gerade, besonders versierten oder engagierten Mitgliedern des Organs ein möglichst selbständiges Handeln zu ermöglichen. Wenn man dem Konkursrichter außerdem schon zumutet, die Rechtslage für die bloße Ausführung zu überprüfen, dann ist dies erst recht hinsichtlich der getroffenen Entscheidung gerechtfertigt.

2. Die Antragstellung durch Personen in faktischer Organstellung

Wer sein Handeln als Organperson nicht auf eine wirksame organschaftliche Stellung stützen kann, gilt als so genannte faktische Organperson. Darunter versteht die spanische Rechtsprechung Personen, die in Abweichung vom Registerinhalt tatsächlich die Gesellschaftsgeschäfte verwalten und nach außen hin als Vertreter der Gesellschaft auftreten.[309] Entscheidend ist, dass in erkennbarer Weise Funktionen ausgeführt werden, die der Gesellschaftsverwaltung zugewiesen sind.[310] Dies festzustellen,

---

307 Ablehnend *Sánchez Calero Guilarte*, in: Sánchez Calero Guilarte/Guilarte (Hrsg.), *Comentarios I*, Art. 3, S. 154; bejahend *Rojo*, in: Rojo/Beltrán (Hrsg.), *Comentario I*, Art. 3, Nr. II.2., S. 202; offengelassen bei *Morillas*, El concurso de las sociedades, S. 244 f.

308 *Aranguren*, in: Delgado/Fernández-Tresguerres (Hrsg.), *Instituciones VI 2°-I*, S. 617.

309 STS v. 26. Mai 2003, RJ. 2003/3926. Näher *De la Cámara*, Estudios de Derecho Mercantil I, S. 594 ff.; *Perdices*, RdS 2002, S. 277 ff.

310 STS v. 24. September 2001, RJ. 2001/7489; v. 22. März 2004, RJ. 2004/1661; *Fernández de la Gándara*, in: Fernández de la Gándara/Sánchez (Hrsg.), *Comentarios*, S. 701, 710; *García-Cruces*, in: Homenaje Olivencia V, S. 4913, 4936; *Latorre*, in: Vítolo/Embid (Hrsg.), *Las sociedades comerciales*, S. 971, 974 ff.

ist insbesondere dann recht unproblematisch, wenn überhaupt kein rechtmäßig bestellter Organträger vorhanden ist.[311] Die Stellung des Eigenantrags ist dem Verwaltungsorgan gesetzlich übertragen [Art. 3 Abs. 1 S. 2 LC]. Nach der Rechtsprechung kann die faktische Organperson rechtlich wirksam nur die Haupt- bzw. Gesellschafterversammlung einberufen, damit diese neue Organpersonen bestellt.[312] Dem Konkursantrag fehlt hiernach die Zulässigkeitsvoraussetzung, von wirksam berufenen Organträgern gestellt zu sein.[313] Es ist zudem problematisch, das Konkursgericht im Eröffnungsverfahren mit aufwändigen Tatsachenprüfungen zu belasten. Die gerichtlichen Feststellungen über die faktische Organstellung müssen erst im Urteil über die Konkursqualifikation begründet werden [Art. 172 Abs. 2 Nr. 1 S. 2 LC]. Die Regelung schließt aber nicht aus, dass die faktische Organperson ein Antragsrecht hat. Sie besagt nur, dass vor diesem Zeitpunkt lediglich summarisch geprüft wird.[314] Der Konkursrichter kann „ab der Konkurserklärung", d. h. frühestens in der Konkurserklärung anordnen, dass Vermögensgegenstände zur Sicherung beschlagnahmt werden [Art. 48 Abs. 3 S. 1 LC]. Diese Sicherungsmaßnahme richtet sich gegen faktische wie gegen wirksam bestellte Organpersonen. Die Personen in faktischer Organstellung werden also ohnehin frühzeitig identifiziert. Sie sind daher unter bestimmten Voraussetzungen antragsberechtigt.

Zu unterscheiden sind Fälle, in denen keinerlei Organpersonen ordnungsgemäß bestellt sind, und solche, in denen die bestellten Organpersonen nur vorgeschoben sind, während jemand anderes tatsächlich die Geschäfte führt.[315] Letzterenfalls sind ordnungsgemäß bestellte Organpersonen vorhanden, die den Konkursantrag stellen können.[316] Wer faktisch die Gesellschaft lenkt, muss sich ihrer bedienen.

Fehlt es hingegen an wirksam bestellten Organpersonen, könnte die Gesellschaft nur auf Fremdantrag hin oder im Wege der außerkonkurslichen Abwicklung liquidiert werden. Außerdem besteht für Personen in faktischer Organstellung die Vermutung, dass sie die Zahlungsunfähigkeit schuldhaft herbeigeführt oder verschlimmert haben, wenn die Konkursantragspflicht verletzt wird [vgl. Art. 165 Nr. 1 LC]. Damit aber ein konkursrechtswidriges Verhalten vorliegt, muss ein rechtmäßiges Verhalten überhaupt möglich sein. Ansonsten würde die Sanktion unmittelbar an die Wahrnehmung der faktischen Organstellung anknüpfen. Das Antragsrecht hängt jedoch nur soweit zwingend mit der Antragspflicht zusammen, wie die Pflicht reicht.[317] Danach könnten faktische Organpersonen allein bei eingetretener Insolvenz den Konkurs beantragen. Die Konkurserklärung ist jedoch unabhängig davon vorzuverlegen, ob die Gesellschaftsorganisation den Regeln über die wirksame Bestellung von Organ-

---

311 STS v. 24. September 2001, RJ. 2001/7489.
312 RDGRN v. 15. Februar 1999, RJ. 1999/734, m. w. N. Vgl. auch *Alcover*, RdS 2001, S. 285, 292 ff.; *Polo*, in: Uría/Menéndez/Olivencia (Hrsg.), *Comentario sociedades mercantiles*, Band VI, Art. 126, S. 128.
313 So AJMer Cádiz v. 14. September 2005, ADCo 9/2006, S. 287, 289; *Morillas*, El concurso de las sociedades, S. 247.
314 Restriktiv *García-Cruces*, in: Homenaje Olivencia V, S. 4913, 4932.
315 *Díaz Echegaray*, La responsabilidad civil de los administradores, S. 393.
316 Vgl. näher *Latorre*, in: Vítolo/Embid (Hrsg.), *Las sociedades comerciales*, S. 971, 983 ff.; *Paz-Ares*, RdS 2003, S. 67, 77 f.
317 *Perdices*, RdS 2002, S. 277, 284 f., unter Hinweis auf die restriktive Registerjudikatur.

personen entspricht. Daher ist die faktische Organperson auch bei bevorstehender Insolvenz antragsberechtigt. Missbrauch ist nicht zu befürchten, weil der Eröffnungsgrund bewiesen werden muss. Die Anteilseigner können außerdem im Konkurs neue Organträger bestellen.

3. Die Mitwirkung der Anteilseigner

Bisher ging man mehrheitlich davon aus, dass die Anteilseigner über den Konkursantrag bestimmen. Im spanischen Recht ist die Gesellschafter- bzw. Hauptversammlung dem Verwaltungsorgan traditionell deutlich übergeordnet und verwirklicht die Verbandssouveränität.[318] Wenn das Verwaltungsorgan die Eröffnung der „suspensión de pagos" beantragte, musste der Nachweis erbracht werden, dass die Aktionäre dieses Vorgehen genehmigt hatten oder immerhin einberufen worden waren, um darüber zu entscheiden [Art. 2 Abs. 5 S. 1 LSP]. Die Verfahrenseröffnung wurde aufgeschoben, bis der Nachweis über die Zustimmung vorlag [vgl. Art. 2 Abs. 5 S. 2 LSP]. Die Vorschrift fand auf die übrigen Formen der Handelsgesellschaften einschließlich der SL entsprechende Anwendung.[319] Für die „Quiebra" fehlte eine vergleichbare Regelung. Nachdem mit der Eröffnung des Konkurses drastischere Folgen für Bestand und Organisation der Gesellschaft verbunden sein konnten als mit dem Vergleichsverfahren, wurde indessen auch insoweit die Zustimmung der Anteilseigner vorausgesetzt.[320] Nur wer nach altem Recht eine Antragspflicht bejahte, diskutierte, ob das Verwaltungsorgan diese Pflicht selbständig erfüllen konnte, ohne dass es auf einen Versammlungsbeschluss ankam.[321] Das Konkursgesetz erklärt dagegen allein das Verwaltungsorgan für zuständig [Art. 3 Abs. 1 S. 2 LC]. In Widerspruch dazu fassen zwei Schlussvorschriften die Regeln über die gesellschaftsrechtliche Auflösung in Art. 262 Abs. 2 LSA und Art. 105 Abs. 1 LSRL neu. Ursprünglich sollte darin nur klargestellt werden, dass anstelle der Auflösung auch der Konkursantrag vor Haftung bewahrt.[322]

Vier relevante Fallgestaltungen sind zu unterscheiden. In der ersten erleidet die Gesellschaft Verluste, die ihr Reinvermögen auf weniger als die Hälfte der Kapitalziffer verringern. Zugleich ist die Gesellschaft zahlungsunfähig. Dies beschreibt den

---

318 *Andrino*, in: Delgado/Fernández-Tresguerres (Hrsg.), *Instituciones VI 2°-1*, S. 348; *De la Cámara*, Estudios de Derecho Mercantil I, S. 404; *Uría*, Derecho Mercantil, Nr. 499, S. 505. Zur Weisungsbefugnis in der SA *Andrino*, ebd., S. 356; *Uría/Menéndez/García de Enterría*, in: Uría/Menéndez (Hrsg.), *Curso de Derecho Mercantil I*, S. 869. Zur Abgrenzung der Verfolgung des Gesellschaftszwecks *Alcover*, RdS 1995, S. 131, 134; *Vicent Chuliá*, Compendio Crítico I-1, S. 622 und 628. RDGRN v. 31. Oktober 1989, RJ. 1989/7052. Zur SL vgl. RDGRN v. 28. Februar 1991, RJ. 1991/1696.
319 *Cerdá/Sancho*, Curso de Derecho Concursal, S. 257.
320 *Cerdá/Sancho*, Curso de Derecho Concursal, S. 76; *García Vidal*, in: Homenaje Olivencia I, S. 1017, 1021, m. w. N.; *Hernández*, in: Hernández (Hrsg.), *Suspensión de pagos, quiebra I*, S. 201 f.; *Uría/Menéndez/Beltrán*, in: Uría/Menéndez (Hrsg.), *Curso de Derecho Mercantil II*, S. 894; a. A. *Gimeno-Bayón*, CDJ 1997, Derecho de Sociedades II, S. 25, 134.
321 Vgl. *Hernández*, in: Hernández (Hrsg.), *Suspensión de pagos, quiebra I*, S. 201, 203.
322 *Rojo*, in: Rojo (Hrsg.), *La reforma*, S. 87, 107; auch *González Vázquez*, in: Sánchez Calero Guilarte/Guilarte (Hrsg.), *Comentarios IV*, Disp. Final Vigésima, Nr. 3.1.

schlimmsten Fall der unternehmerischen Krise. Die qualifizierten Verluste schlagen auf die Kapitaldecke und die gegenwärtige Solvenz der Gesellschaft durch. Das Verwaltungsorgan ist verpflichtet, die Anteilseigner an der Entscheidung über das weitere Vorgehen zu beteiligen [Art. 262 Abs. 2 S. 1 LSA, 105 Abs. 1 S. 2 LSRL]. Die Gesellschafter in der SL können ausdrücklich auch zu Gunsten des Konkurses beschließen. Das Verwaltungsorgan ist bei eingetretener Zahlungsunfähigkeit verpflichtet, den Konkursantrag zu stellen [Art. 5 LC]. Dieser Pflicht müssen die Organpersonen beider Gesellschaftsformen eigenständig nachkommen können. Bei eingetretener Zahlungsunfähigkeit einer SL hat der Gesellschafterbeschluss daher keinen Vorrang.[323] Das Verwaltungsorgan entscheidet unabhängig davon, ob qualifizierte Verluste vorliegen oder nicht.

Im zweiten Fall erreichen die Verluste nicht den im Verhältnis zum Gesellschaftskapital qualifizierten Umfang. Die Gesellschaft ist aber gleichwohl zahlungsunfähig. Schon in der ersten Variante als gravierendstem Fall ist die Gesellschafterversammlung der SL zuständig. Daher müsste das Verwaltungsorgan den Konkurs in der weniger brisanten Situation erst recht gedeckt durch einen Gesellschafterbeschluss beantragen. Mangels qualifizierter Verluste ist jedoch der Anwendungsbereich der gesellschaftsrechtlichen Auflösungsvorschriften nicht eröffnet. Während die Gesellschafter in Variante 1 den positiven Beschluss fassen dürfen, ist in Variante 2 die Kompetenz des Verwaltungsorgans immer ausschließlich. Die Gesellschafterversammlung vermag in beiden Varianten nicht, die Antragstellung des Verwaltungsorgans durch eine gegenteilige Weisung zu verhindern. Angesichts der Zahlungsunfähigkeit können die Anteilseigner die Einberufung der Gesellschafterversammlung betreiben [Art. 262 Abs. 2 S. 3 LSA, 105 Abs. 1 S. 3 LSRL]. Wird die Versammlung auf diese Initiative hin abgehalten, entscheidet sie auch über den Konkursantrag [Art. 262 Abs. 5 LSA a. E.].[324] Eine abstrakte Pflicht des Verwaltungsorgans, die Zustimmung der Anteilseigner einzuholen, lässt sich dagegen nicht herleiten.

In der dritten Hypothese liegen keine qualifizierten Verluste vor, und die Zahlungsunfähigkeit der Gesellschaft steht lediglich bevor. Nur die konkursgesetzliche Zuständigkeitsbestimmung ist maßgeblich. Das Verwaltungsorgan entscheidet, den Eigenantrag zu stellen. Die Entscheidung hat gegenüber einer gegenteiligen Weisung der Anteilseigner Bestand. Das Verwaltungsorgan ist bei bevorstehender Zahlungsunfähigkeit nicht verpflichtet, die Zustimmung der Haupt- bzw. Gesellschafterversammlung einzuholen. Vertreten die Anteilseigner dagegen die Meinung, dass die Gesellschaft zahlungsunfähig ist, können sie die Einberufung der Gesellschafterversammlung betreiben [Art. 262 Abs. 2 S. 3 LSA, 105 Abs. 1 S. 3 LSRL]. Wird die Versammlung daraufhin abgehalten, entscheidet sie auch über den Konkursantrag.

323 *Machado*, in: Fernández Ballesteros (Hrsg.), *Proceso Concursal Práctico*, D. F. 20, Nr. 6, S. 1023; *Perdices*, InDret (295) 3/2005 (Juli), S. 1, 9; wohl auch *Alonso*, in: García Villaverde u. a. (Hrsg.), *Derecho Concursal*, S. 507, 565. A. A. *Rodríguez Ruiz/Huerta*, La responsabilidad de los administradores por las deudas de las sociedades de capital, S. 603.

324 So *González Carrasco*, in: R. Bercovitz (Hrsg.), *Comentarios I*, Art. 3, Nr. 2, S. 54. Skeptisch zur Rechtfertigung dieser Unterscheidung *Juste*, in: R. Bercovitz (Hrsg.), *Comentarios II*, D. F. 20, Nr. 4, S. 2375.

In der vierten Variante treten qualifizierte Verluste ein, während die Zahlungsunfähigkeit (nur) bevorsteht. Auch hier lässt sich *a maiore ad minus* argumentieren, dass in der SL die Gesellschafterversammlung zuständig ist [Art. 105 Abs. 1 S. 1 und 2 LSRL].[325] Die Haupt- bzw. Gesellschafterversammlung ist bei qualifizierten Verlusten und gleichzeitig bevorstehender Zahlungsunfähigkeit jedenfalls einzuberufen, um die Auflösung zu beschließen [Art. 262 Abs. 2 S. 1 LSA; 105 Abs. 1 LSRL]. Das Verwaltungsorgan selbst ist, wie stets, originär zuständig [Art. 3 Abs. 1 S. 2 LC].

Das Ergebnis der Systematisierung ist unbefriedigend komplex. Die Grundregel ist, dass für den Konkursantrag weder ein Beschluss der Anteilseigner noch allein ihre Einberufung zu einer Versammlung erforderlich ist.[326] Würde es darauf ankommen, bestünde eine erhebliche Gesetzeslücke in den Regeln über den zwingenden Inhalt des Eigenantrags. Angesichts des Detailreichtums des betreffenden Art. 6 LC ist davon jedoch nicht auszugehen. Die Entscheidung für oder gegen den Konkursantrag der Kapitalgesellschaft fällt wie ihre Umsetzung in den Zuständigkeitsbereich des Verwaltungsorgans.

Die Gesellschafterversammlung der SL kann vollwertig über den Antrag befinden, wenn qualifizierte Verluste auftreten und die Gesellschaft künftig zahlungsunfähig sein wird.[327] Die Hauptversammlung der SA ist aus der unternehmerischen Entscheidung herauszuhalten, es sei denn, Art. 262 LSA bestimmt ausdrücklich etwas anderes.[328] Anders als in der SL fehlt gerade eine zwingende Bestimmung.[329] Die Aktionärsmehrheit befindet über den Konkursantrag, sofern die Hauptversammlung zu diesem Zweck einberufen wurde. Wenn das Verwaltungsorgan selbst die Beschlussfassung der Anteilseigner herbeiführt, steht ihr nichts entgegen.[330]

---

325 *Conde*, in: Palomar (Hrsg.), *Comentarios,* Art. 3, 2.I.A., S. 276 f.; *González Vázquez*, in: Sánchez Calero Guilarte (Hrsg.), *Comentarios IV*, Disp. Final Vigésima, Nr. 3.3; im Ergebnis auch *Machado*, in: Fernández Ballesteros (Hrsg.), *Proceso Concursal Práctico*, D. F. 20, Nr. 6, S. 1023; *Perdices*, InDret (295) 3/2005 (Juli), S. 1, 9.

326 So der Kongress der Handelsrichter v. 9./10. Dezember 2004 in Valencia, ADCo 7/2006, S. 229, 232; wohl auch *Pablo-Romero*, RdS 2006, S. 311, 315; für die SA auch *Perdices*, InDret (295) 3/2005 (Juli), S. 1, 4, 6 f.; *Vicent Chuliá*, in: Homenaje Olivencia II, S. 2389, 2438.

327 Ebenso der Kongress der Handelsrichter v. 9./10. Dezember 2004 in Valencia, ADCo 7/2006, S. 229, 232; *Perdices*, InDret (295) 3/2005 (Juli), S. 1, 9 f.

328 Zu wirtschaftlichen und praktischen Argumenten gegen die Beteiligung der Hauptversammlung *Juste*, in: R. Bercovitz (Hrsg.), *Comentarios II*, D. F. 20, Nr. 4, S. 2376 f.; *Mercadal*, in: Sagrera/Sala/Ferrer (Hrsg.), *Comentarios I*, Art. 3, S. 46; *Rojo*, in: Rojo/Beltrán (Hrsg.), *Comentario I*, Art. 3, Nr. II.2., S. 201; *Sánchez Calero Guilarte*, in: Sánchez Calero Guilarte/Guilarte (Hrsg.), *Comentarios I*, Art. 3, S. 148 f. Abw. *Conde*, in: Palomar (Hrsg.), *Comentarios,* Art. 3, Nr. 2.I.A., S. 276 f. Grundsätzlich zur Funktionsverteilung RDGRN v. 31. Oktober 1989, RJ. 1989/7052; *Uría*, Derecho Mercantil, Nr. 303, S. 313. Dezidiert für Zuständigkeit der Haupt- bzw. Gesellschafterversammlung *García Vidal*, in: Homenaje Olivencia I, S. 1017, 1022 ff.

329 AAP Madrid v. 28. April 2006, AC. 2006/957.

330 Ebenso *Mercadal*, in: Sagrera/Sala/Ferrer (Hrsg.), *Comentarios I*, Art. 3, S. 45; *Perdices*, InDret (295) 3/2005 (Juli), S. 1, 7. Zur Einberufung als Unternehmensmitteilung *Duque*, RCP monografía 1/2004, S. 83, 93 f.; *Pulgar*, in: García Villaverde u. a. (Hrsg.), *Derecho Concursal*, S. 55, 89 f. Zur selbständigen Risikokontrolle der Anteilseigner *Posner*, Economic Analisis of Law, S. 433.

Statutarische Regelungen, welche die Kompetenzen in Widerspruch zur gesetzlichen Verteilung regeln, sind unwirksam. Gleiches gilt für vertragliche Abreden.[331] Die Anteilseigner können dem Verwaltungsorgan Weisungen erteilen [Art. 44 Abs. 2 LSRL, in der SA analog]. Die positive Weisung (*pro* Antragstellung) ist ohne weiteres möglich. Das negative Weisungsrecht (*contra* Antragstellung) beschränkt sich auf die Fälle, in denen die Haupt- bzw. Gesellschafterversammlung als zuständig gilt und nicht zugleich das Verwaltungsorgan antragspflichtig ist.

III. Die Konkursantragspflicht

1. Das Verhältnis von Zahlungsunfähigkeit und Marktteilnahme

Bislang war streitig, ob der Kaufmann nicht nur berechtigt, sondern auch verpflichtet war, das Konkursverfahren zu beantragen, wenn er feststellte, dass er zahlungsunfähig war.[332] Die Rechtsprechung vertrat mehrheitlich den Standpunkt, dass eine solche Pflicht nicht bestand.[333] Hinsichtlich der „Suspensión de pagos" wurde eine Antragspflicht allgemein abgelehnt.[334] Für die Kapitalgesellschaft in Abwicklung galten besondere Regeln. Die Liquidatoren mussten innerhalb von zehn Tagen, nachdem offensichtlich wurde, dass die Gesellschaft zahlungsunfähig war, ein Vergleichs- oder Konkursverfahren beantragen [Art. 281 LSA a. F., 124 LSRL a. F.].[335] In der jüngeren Vergangenheit wurde eine allgemeine Antragspflicht erwogen.[336] Sie sollte an die Zahlungseinstellung oder den allgemeinen Vermögensbeschlag [Art. 10 S. 2, 9 Nr. 1 und 2 Vorentwurf 1983] oder daran anknüpfen, dass die Eigenmittel des Schuldners nicht dazu ausreichen, die Verbindlichkeiten ordnungsgemäß zu erfüllen [Art. 6 Abs. 1 Vorschlag 1995]. Heute muss die Eröffnung des Konkursverfahrens innerhalb von zwei Monaten beantragen, wer von der eigenen Zahlungsunfähigkeit Kenntnis hat oder haben muss [Art. 5 Abs. 1 LC].

Vereinzelt wird vertreten, dass es sich nicht um eine Pflicht im Rechtssinne, sondern lediglich um die prozessuale Drohung mit bestimmten Nachteilen handele.[337] Auch eine prozessuale Obliegenheit bzw. eine Last könne an ein bestimmtes Verhalten die persönliche Haftung des Belasteten knüpfen. Mit dieser Aussage lässt sich jedoch

---

331 So zutreffend *Mercadal*, in: Sagrera/Sala/Ferrer (Hrsg.), *Comentarios I*, Art. 3, S. 45.
332 *Uría/Menéndez/Beltrán*, in: Uría/Menéndez (Hrsg.), *Curso de Derecho Mercantil II*, S. 893 f.; *Paz-Ares/Virgós/Bermejo*, in: McBryde/Flessner/Kortmann (Hrsg.), *Principles of European Insolvency Law*, S. 575, 584 f.; *Sánchez Calero*, Instituciones de Derecho Mercantil II, S. 421. Näher *Blanco Buitrago*, in: Homenaje Olivencia V, S. 4895, 4899 f.; *Cerdá*, Administradores, insolvencia y disolución por pérdidas, S. 29–40.
333 STS v. 16. Mai 1956, RJ. 1956/2421; v. 4. Mai 1962, RJ. 1962/2189; v. 24. April 1984, RJ. 1984/1968.
334 Vgl. *Rojo*, in: Homenaje Sánchez Calero II, S. 1437, 1474.
335 Hierzu *Cerdá*, Administradores, insolvencia y disolución por pérdidas, S. 62 ff.
336 Anders die deutschen Regelungen [§ 64 Abs. 1 GmbHG, § 92 Abs. 2 AktG].
337 *Fernández Ballesteros*, in: Fernández Ballesteros (Hrsg.), *Proceso Concursal Práctico*, Art. 5, Nr. 1, S. 37, Fn. 1; *ders.*, RCP 1/2004, S. 73, 75 f.; *Gallego*, in: Gallego (Hrsg.), *Ley Concursal*, Art. 5, Kap. II.

nicht die Tatsache entkräften, dass der Gesetzgeber eine Rechtspflicht kodifizieren wollte.[338] Abgesehen davon ist die Regelung mit „Pflicht" überschrieben. Die Antragspflicht kann nicht eingeklagt und vollstreckt werden.[339] Bei einer Last müsste überdies in Kauf genommen werden, dass der Antragspflichtige in privatautonomer Vereinbarung mit sämtlichen Gläubigern darüber bestimmt, wie die Last verteilt wird. Anders als etwa bei der Beweislast geht es jedoch nicht nur um Interessen, die für die Parteien disponibel sind. Das Gesetz verlangt im öffentlichen Interesse, dass der Konkursantrag rechtzeitig gestellt wird. Die Antragspflicht schützt die vorhandene Aktivmasse, die unter den Gläubigern verteilt werden soll (Gleichbehandlung vorhandener Gläubiger).[340] Sie hält insolvente Schuldner, insbesondere Gesellschaften, von der unkontrollierten Teilnahme am Rechts- und Geschäftsverkehr ab (Schutz künftiger Gläubiger).[341] Darüber hinaus ermöglicht sie, im späteren Konkursverfahren das Verhalten von natürlichen Personen zu überprüfen, die an der unternehmerischen Krise beteiligt sind. Dies zu Grunde gelegt, entsteht die Antragspflicht in dem Augenblick, in dem die Konkursschuldnerin gegenwärtig zahlungsunfähig wird. Objektive Voraussetzung ist, dass die Zahlungsunfähigkeit bereits eingetreten ist, nicht erst bevorsteht.

2. Der Tatbestand der Pflichtverletzung

Der Zeitraum, innerhalb dessen der Antrag pflichtgemäß gestellt werden muss, knüpft dagegen an subjektive Umstände an. Die Frist beginnt mit Ablauf des Tages, an dem die Konkursschuldnerin von der Zahlungsunfähigkeit wusste oder von ihr hätte wissen müssen. In der Kapitalgesellschaft ist für die Kenntnis oder das Kennenmüssen auf das Verwaltungs- bzw. Liquidationsorgan abzustellen [Art. 123, 128, 136, 267, 272 LSA, 57, 62, 112, 114 LSRL]. Antragspflichtig sind gleichfalls Personen, die faktisch wie ein Organträger handeln, obwohl sie rechtlich keine Organstellung innehaben. Art. 5 LC erwähnt sie nicht und verweist auf Art. 3 Abs. 1 S. 2 LC. Hier wie dort ist die Gläubigerbefriedigung ohne Rücksicht darauf anzustreben, ob der binnenorganisatorische Zustand der Gesellschaft den Anforderungen des Gesellschaftsrechts entspricht.[342] Die Gläubiger sind oftmals in höherem Maße schutzbedürftig, als wenn die Gesellschaft ordnungsgemäß organisiert wäre. Wenn es keine wirksam bestellten Organpersonen gibt, kann das Wissenskriterium im Tatbestand von Art. 5 Abs. 1 LC allein auf die faktische Organperson bezogen sein. Außerdem treten die Rechtsfolgen in der Konkursqualifikation ein, wenn eine Person die Antragspflicht verletzt, die in faktischer Organstellung handelt [vgl. Art. 164 Abs. 1, 165 Nr. 1 LC].[343]

---

338 Vgl. BOE Nr. 164 v. 10. Juli 2003, S. 26905, 26907.
339 *Morillas*, in: Rojo/Beltrán (Hrsg.), *Comentario I*, Art. 5, Nr. I, S. 231.
340 *Duque*, RCP monografía 1/2004, S. 83, 85 f.; *Sánchez Calero Guilarte*, in: Sánchez Calero Guilarte/Guilarte (Hrsg.), *Comentarios I*, Art. 5, S. 196 f.
341 *García-Cruces*, in: Rojo (Hrsg.), *La reforma*, S. 247, 276; *Morillas*, in: Rojo/Beltrán (Hrsg.), *Comentario I*, Art. 5, Nr. I, S. 231 (auch zum vorhergehenden Satz).
342 So für die Ausübung der Leitungsmacht im Konzern *Sánchez Calero Guilarte*, ADCo 5/2005, S. 7, 29 f.
343 *González Carrasco*, in: R. Bercovitz (Hrsg.), *Comentarios I*, Art. 5, Nr. 3, S. 85; *Pablo-Romero*, RdS 2006, S. 311, 317.

Die Antragspflicht entfällt, wenn der Konkurs erklärt oder die Zahlungsunfähigkeit tatsächlich behoben wird. Ist der Konkursgrund beseitigt, hat der Antragspflichtige notwendig keine Kenntnis von seinem Vorliegen. Solange der Antragspflichtige noch nicht erfahren hat, dass die Zahlungsunfähigkeit überwunden ist, beruht seine „Kenntnis" auf einem Irrtum. Zu den objektiven Voraussetzungen gehört nicht, dass das Gesellschaftsvermögen die zu erwartenden Verfahrenskosten deckt.[344] Das Gesetz sieht dieses Kriterium nicht vor. Andernfalls wäre es an den antragspflichtigen Personen, eine Beurteilung zu treffen, die Sache des Konkursrichters ist. Selbst wenn dieser das Verfahren mangels Masse nicht eröffnet, erfüllt die Publizitätswirkung des gestellten Antrags den Schutzzweck im Hinblick auf mögliche künftige Gläubiger.

Für die positive Kenntnis von der Zahlungsunfähigkeit genügt die Kenntnis der tatsächlichen Umstände, die ihr Vorliegen begründen. Wann der Antragspflichtige weiß, dass die Gesellschaft zahlungsunfähig ist, lässt sich kaum beweisen. Die Kenntnis wird deshalb vermutet, sobald einer der konkreten Tatbestände vorliegt, deren Nachweis für den zwingenden Konkurs erforderlich ist [Art. 5 Abs. 2, 2 Abs. 4 LC, manifeste Insolvenz]. Kein Unternehmer, der z. B. in drei aufeinander folgenden Monaten keine Löhne zahlen kann, glaubt, er sei solvent. Das Ende dieser Drei-Monats-Frist ist zugleich *dies a quo* für die Fristberechnung der Antragspflicht.[345] Insoweit hat der Antragspflichtige bis zu fünf Monate Zeit, um zu handeln. Liegt einer der betreffenden Tatbestände vor, ist zugleich die Zahlungsunfähigkeit offensichtlich. Nicht immer, wenn die Gesellschaft evident zahlungsunfähig ist, muss aber ein gesetzlich beschriebener Tatbestand vorliegen. In erweiternder Auslegung wäre die Vermutung immer schon aktiviert, wenn die Zahlungsunfähigkeit zu Tage liegt.[346] Da die Regelung in Art. 2 Abs. 4 LC eine abgeschlossene Aufzählung enthält[347] und die Verweisung aus Art. 5 Abs. 2 LC eindeutig ist, kann dem aber nicht gefolgt werden.[348]

Die Vermutung lässt den Gegenbeweis zu. Dadurch wird dem systematisch dummen (oder besonders gerissenen) Antragspflichtigen ein Schlupfloch eröffnet. Wer nach handelsrechtlichen Vorschriften buchführungspflichtig ist, kann sich zur Rechtfertigung seiner Unkenntnis freilich nur auf höhere Gewalt oder Zufall berufen.[349] Erleichterung brächte eine vollständige Umkehr der Beweislast. In der Praxis wird das

---

344 A. A. *Fernández Ballesteros*, RCP 1/2004, S. 73, 76. Hiesiger Ansicht steht SJMer Barcelona v. 30. Januar 2006, RCP 5/2006, S. 244, nicht entgegen, wo es um die Antragsabweisung als unzulässig geht, sofern der Antragsteller einräumt, über keinerlei Aktiva zu verfügen.

345 *Fernández Ballesteros*, in: Fernández Ballesteros (Hrsg.), *Proceso Concursal Práctico*, Art. 5, Nr. 4, S. 39; *Morillas*, in: Rojo/Beltrán (Hrsg.), *Comentario I*, Art. 5, Nr. IV, S. 240.

346 So *Sánchez Calero Guilarte*, in: Sánchez Calero Guilarte/Guilarte (Hrsg.), *Comentarios I*, Art. 5, S. 208. Auch im englischen Recht, s. 214 [4] und [5], hierzu *Pennington*, Corporate Insolvency Law, S. 234 f.; *Tirado*, RdS 2001, S. 199, 229 f.

347 *R. Bercovitz*, in: R. Bercovitz (Hrsg.), *Comentarios I*, Art. 2, S. 39, 43; *Pulgar*, in: García Villaverde u. a. (Hrsg.), *Derecho Concursal*, S. 55, 67; *Rojo*, in: Rojo/Beltrán (Hrsg.), *Comentario I*, Art. 2, S. 180 und 183.

348 *Morillas*, in: Rojo/Beltrán (Hrsg.), *Comentario I*, Art. 5, Nr. IV, S. 239. Im Ergebnis auch *CEst*, Gutachten vom 21. März 2002, abgedruckt in: Rojo (Hrsg.), *La reforma*, S. 419, 436, mit dem Vorschlag einer ganz anderen Regelung.

349 *Farias*, RDM 2004, S. 67, 131; ähnlich *Quecedo*, in: Fernández Ballesteros (Hrsg.), *Proceso Concursal Práctico*, Art. 165, S. 754.

Problem u. U. dadurch abgemildert, dass die Konkursverwaltung unternehmensinterne Informationen erlangt, die sie in den Stand versetzen, hinreichende Rückschlüsse auf die Kenntnis der antragspflichtigen Personen zu ziehen.

Wenn die Vermutung nicht greift, muss nachgewiesen werden, dass die Organperson tatsächlich wusste oder wissen musste, wie es um die Gesellschaft stand. Als Antwort auf die Frage, angesichts welcher Umstände der Antragspflichtige Kenntnis von der Zahlungsunfähigkeit haben musste, ist nicht vorauszusetzen, dass die Zahlungsunfähigkeit offensichtlich ist. Es wäre sonst überflüssig, in markanten Fällen die positive Kenntnis gemäß Art. 5 Abs. 2, 2 Abs. 4 LC zu vermuten. Überdies begründen nach Art. 5 Abs. 1 LC dieselben subjektiven Tatbestandsmerkmale sowohl den Beginn der Antragsfrist als auch das Verschulden des Antragspflichtigen. Der Unterschied besteht darin, dass das Vorsatzverschulden nicht vermutet wird. Ebenso wenig wird aber der Verschuldensmaßstab abgemildert. Einfache Fahrlässigkeit reicht aus. Daher sind weder für das Verschulden noch für den Fristenlauf Anforderungen zu stellen, die über die bloße Erkennbarkeit der Zahlungsunfähigkeit hinausgehen.

Ein Verschulden kann im Einzelfall bereits mit dem Eintritt der Zahlungsunfähigkeit bejaht werden, weil die Organpersonen verpflichtet sind, die unternehmerische Situation der Gesellschaft ständig mit der Sorgfalt von ordentlichen Geschäftsleuten zu überwachen [vgl. Art. 127 Abs. 2 LSA]. Das gilt namentlich für den Fall, dass sich hinreichende Anzeichen aus den Geschäftsbüchern ergeben oder die Organpersonen die Buchführungspflichten verletzen und aus diesem Grund die Daten nicht kennen.[350] Im Ergebnis greifen die Bedenken gegen die enge Vermutung der positiven Kenntnis nicht durch, weil die Anforderungen an das Kennenmüssen gering sind. Dass dem Antragspflichtigen nach Art. 5 Abs. 2, 2 Abs. 4 LC positive Kenntnis unterstellt wird, wirkt sich folglich nur in schärferen Rechtsfolgen aus.

Der Antrag muss innerhalb der zwei nachfolgenden Monate gestellt werden.[351] Die Antragsfrist verlängert sich nicht, wenn entschuldigende Umstände oder eine Wiesung der Anteilseigner vorliegen. Sie könnte als eine Bedenkzeit dienen, um außergerichtliche Sanierungsversuche zu prüfen, und als letzte Gelegenheit, um den Konkursgrund zu beseitigen.[352] Die Reform strebt an, die Konkurseröffnung zeitlich vorzuverlegen, wenn die Gesellschaft weder rechtzeitig saniert noch aufgelöst wird. Kann eine Sanierungsmöglichkeit nicht innerhalb von zwei Monaten umgesetzt werden, ist sie untauglich, um den Konkursgrund zu beseitigen. Folgerichtig müsste sich die Wartefrist auf den Zeitraum beschränken, in dem Sanierungsmöglichkeiten bestehen. Fehlen von vornherein Aussichten auf Besserung, reduziert sich die Frist jedoch nicht auf den Zeitpunkt der Kenntniserlangung oder des Kennenmüssens, wie es die logische Konsequenz wäre. Die Organpersonen erhalten vielmehr Gelegenheit, die Sach- und Rechtslage hinreichend zu prüfen. Die Frist nimmt ohnehin eine gewisse Mindestdauer in Anspruch. Der Zeitraum muss dem Verwaltungsorgan ermöglichen,

---

350 Vgl. den Rechtsgedanken aus Art. 6 Abs. 2 Entwurfsvorschlag 1995.

351 *De lege ferenda Cerdá/Sancho*, Quiebras y suspensiones de pagos, S. 67; *CES*, Gutachten vom 7. November 2001, S. 7.

352 So zum deutschen Recht BGHZ 75, S. 96, 108; *Braun/Uhlenbruck*, Unternehmensinsolvenz, S. 79; umfassend *Uhlenbruck*, in: Uhlenbruck (Hrsg.), *InsO*, § 13, Rn. 35, m. w. N.

die Unterlagen zusammenzustellen, die unverzichtbarer Bestandteil des Eigenantrags sind [vgl. Art. 6 LC].

Dem Antragspflichtigen ist außerdem nicht ausdrücklich untersagt, die Frist ohne vernünftigen Grund voll verstreichen zu lassen.[353] Schon im Rahmen der kapitalgesellschaftsrechtlichen Handlungspflichten fehlt ein solches Verbot [vgl. Art. 262 Abs. 2, 4 und 5 LSA, 105 Abs. 1, 4 und 5 LSRL]. Diese Pflichten entstehen, wenn ein Auflösungsgrund vorliegt. Die rechtzeitige Erfüllung ist nur ausgeschlossen, wenn die jeweilige Frist aus welchen Gründen auch immer abgelaufen ist.[354] Art. 5 Abs. 1 LC lässt die Antragspflicht im Zeitpunkt der Tatbestandsverwirklichung entstehen. Das Gesetz konkretisiert nicht, wann innerhalb der zwei Monate der Konkursantrag gestellt werden muss. Danach spielt es keine Rolle, ob Sanierungschancen bestehen oder nicht. Jede Antragstellung innerhalb der Antragsfrist ist pflichtgerecht.[355] Die Gefahr ist somit gering, dass die Organpersonen aus Angst vor ungünstigen Rechtsfolgen die Konkurserklärung übereilt beantragen.[356]

Allerdings stehen dieser Gefahr die Risiken für die Gläubiger und den Rechtsverkehr gegenüber. Die Frist setzt in einem Zeitpunkt ein, in dem die Gesellschaft zahlungsunfähig ist und die Handlungspflichtigen gewarnt sind oder sein sollten. Die Frist darf daher nicht starr und ausnahmslos ausgeschöpft werden, wenn der Zweck der Antragspflicht nicht verfehlt werden soll. Die Risiken dieser strengen Auslegung für die antragspflichtigen Personen sind überschaubar, weil ihnen nachgewiesen werden muss, dass schon vor Ablauf der zwei Monate objektiv keinerlei Sanierungsmöglichkeiten mehr bestanden. Gelingt einem Außenstehenden oder der Konkursverwaltung dieser Beweis, war die unternehmerische Situation hinreichend eindeutig, um Eile zu gebieten.

Wird der Antrag zu spät gestellt, steht dies der vollständigen Unterlassung gleich. Ein Konkursantrag, der nach Fristablauf gestellt wird, ist zwar wirksam. Wenn das Verfahren zur Befriedigung der Gläubigergesamtheit zu spät eingeleitet wird, ist die Erreichung des Verfahrenszwecks aber bereits erschwert. Die Pflicht wird ebenso wenig durch einen unzulässigen Eigenantrag erfüllt.[357] Dieser Antrag ist von vornherein nicht zweckdienlich, sondern abzuweisen, wenn der Antragsteller die Mängel nicht fristgerecht heilt. Verhält sich der Antragspflichtige nach der Antragstellung obstruktiv, indem er z. B. unzureichende Begründungen nachliefert oder unvollständige Unter-

---

353 Vgl. im deutschen Recht (zur GmbH) BGHZ 126, S. 181, 196 ff.; 143, S. 184, 185; bestätigt durch Urt. v. 24. Mai 2005 (BGH IX ZR 123/04) gegen (zur AG) BGHZ 75, S. 96, 111; OLG Frankfurt Urt. v. 18. August 2004 (23 U 170/03), AG 2005, S. 91-94; OLG Koblenz Urt. v. 5 November 2004 (5 U 875/04), AG 2005, S. 446–448. *Haas*, in: Gottwald (Hrsg.), *Insolvenzrechtshandbuch*, § 92, Rn. 45; *Hüffer*, AktG, § 92, Rn. 9.

354 *Rojo*, in: Homenaje Sánchez Calero II, S. 1437, 1469, 1476.

355 *Sánchez Calero Guilarte*, in: Sánchez Calero Guilarte/Guilarte (Hrsg.), *Comentarios I*, Art. 5, S. 211; auch wörtliche Auslegung bei *González Carrasco*, in: R. Bercovitz (Hrsg.), *Comentarios I*, Art. 5, Nr. 4, S. 83 f.; *Morillas*, in: Rojo/Beltrán (Hrsg.), *Comentario I*, Art. 5, Nr. III, S. 240.

356 A. A. *Fernández Ballesteros*, RCP 1/2004, S. 73, 76.

357 *García-Cruces*, in: Rojo (Hrsg.), *La reforma*, S. 247, 276 f.; *Morillas*, in: Rojo/Beltrán (Hrsg.), *Comentario I*, Art. 5, Nr. III, S. 239. Im Ergebnis ähnlich *González Carrasco*, in: R. Bercovitz (Hrsg.), *Comentarios I*, Art. 5, Nr. 4, S. 87.

lagen vorlegt, verstößt er nicht gegen Auskunfts- und Mitwirkungspflichten.[358] Diese konkursspezifischen Schuldnerpflichten greifen im Eröffnungsverfahren, zeitlich also vor der Konkurserklärung, noch nicht ein. Vielmehr wird eine korrekte Entscheidung des Konkursrichters unterminiert, so dass ein Verstoß gegen Art. 5 LC vorliegt. Beruht die Ablehnung des Antrags dagegen auf Gründen, die nicht im Verantwortungsbereich des Antragspflichtigen liegen, wird die Pflicht aus Art. 5 LC erfüllt. Es handelt sich um eine Handlungs-, nicht um eine Erfolgspflicht.

Die Antragspflicht besteht fort, auch wenn ein Gläubiger oder sonst antragsberechtigter Dritter die Konkurserklärung beantragt hat. Der Fremdantrag hat Priorität. Wird der Fremdantrag abgelehnt oder zurückgenommen, ist der Eigenantrag zu prüfen. Darin bringt der Antragsteller die wesentlichen Informationen über die unternehmerische Situation der Gesellschaft zu den Akten [vgl. Art. 6 LC]. Das Verfahren wird dennoch als zwingender Konkurs eröffnet, wenn zwischen Fremd- und Eigenantrag nicht mehr als drei Monate verstrichen sind [Art. 22 Abs. 2 LC].

3. Die Rechtsfolgen bei pflichtwidrig unterlassener Antragstellung

Sofern durch die verspätete oder unterlassene Antragstellung ein Schaden im Vermögen der konkursschuldnerischen Kapitalgesellschaft entsteht, kann sie diesen über Art. 133, 134 LSA, 69 LSRL bei den Organpersonen liquidieren. Nach einer Ansicht zählt es zur Beobachtung der erforderlichen Sorgfalt einer Organperson [Art. 127 Abs. 1, 127bis LSA, 69 Abs. 1 LSRL], die Antragspflicht zu erfüllen.[359] Jedenfalls stellt der Verstoß gegen Art. 5 Abs. 1 LC einen Gesetzesverstoß i. S. d. Art. 133 Abs. 1 LSA dar.[360] Soweit Anteilseigner oder Dritte unmittelbar geschädigt werden, haftet der Organträger gemäß Art. 135 LSA, 69 LSRL, 1902 CC. Darüber hinaus kann schuldrechtlich die Pflicht vereinbart werden, dass der Eigenantrag zu stellen ist, deren Nichterfüllung vertragliche Schadensersatzansprüche begründen kann.[361]

Heute haften die Verwaltungsorganpersonen nach den kapitalschützenden Regelungen des Kapitalgesellschaftsrechts [Art. 262 Abs. 5 S. 1 LSA, 105 Abs. 5 S. 1 LSRL] gesamtschuldnerisch für Gesellschaftsverbindlichkeiten, die nach dem Zeitpunkt entstehen, in dem ein gesetzlicher Auflösungsgrund vorliegt, wenn sie der Verpflichtung nicht nachkommen, entweder binnen zwei Monaten die Anteilseigner einzuberufen, damit diese die Auflösung beschließen, oder innerhalb von zwei Monaten die gerichtliche Auflösung bzw. den Konkurs zu beantragen. Die Frist für die zweite Handlungspflicht wird ab dem Tag der geplanten Haupt- oder Gesellschafterversammlung gerechnet, wenn diese nicht zusammengetreten ist, oder ab dem Tag der Versammlung,

---

358 So aber *Farias*, RDM 2004, S. 67, 133.
359 Bisher *Llebot*, RGD 657 (1999), S. 7559, 7560 f. Auch *Morillas*, El concurso de las sociedades, S. 270 f.
360 *Espinós*, in: Sagrera/Sala/Ferrer (Hrsg.), *Comentarios I*, Art. 48, S. 503.
361 *Fernández Ballesteros*, in: Fernández Ballesteros (Hrsg.), *Proceso Concursal Práctico*, Art. 5, Nr. 11, S. 43.

wenn diese weder die Auflösung noch den Konkurs beschlossen hat. Dies wird teilweise als Sanktion für Verstöße gegen die Konkursantragspflicht gedeutet.[362]

Art. 5 Abs. 1 LC und die zitierten kapitalschützenden Regelungen sind jedoch inhaltlich nicht miteinander vereinbar, wie der jeweilige Wortlaut zeigt. Weder der Eintritt der „Zahlungsunfähigkeit" als Zeitpunkt, in dem die Konkursantragspflicht entsteht, noch der Zeitpunkt, in dem die Antragsfrist von zwei Monaten beginnt, hängen davon ab, dass „qualifizierte Verluste" i. S. v. Art. 260 Abs. 1 Nr. 4 LSA, 104 Abs. 1 lit. 3) LSRL eintreten. Umgekehrt ist tatbestandlich allein der Eintritt eines Auflösungsgrundes, nicht aber die Insolvenz von Bedeutung.[363] Das Verwaltungsorgan haftet folglich nicht auf der Grundlage von Art. 262 Abs. 5 S. 1 LSA, 105 Abs. 5 S. 1 LSRL, solange es die zweimonatige Frist zur Auflösung einhält und selbst wenn es nicht fristgerecht gemäß Art. 5 LC den Konkurs beantragt.[364]

Das Wortlautargument kann indes auch in der Gegenrichtung verwendet werden.[365] Der Passus „oder, wenn statthaft, den Konkurs zu beantragen" wurde aus Anlass der Konkursrechtsreform eingefügt. Auch ist seit neuestem die Rechtsfolge (Haftung nur für Neuverbindlichkeiten) dem Pflichtverstoß (Verschleppung der Kapitalanpassung, der Auflösung oder des Konkurses) angemessen. Die mangelnde Koordinierung von Tatbestand und Frist mit jenen der Konkursantragspflicht relativiert diesen Aspekt jedoch erheblich.[366] Qualifizierte Verluste können mit der Zahlungsunfähigkeit einhergehen oder sie verursachen. Der Grund dafür ist, dass der Insolvenztatbestand weit gefasst ist. Dass eine Überschneidung möglich ist, liefert daher kein stichhaltiges Argument für eine bestimmte Beziehung zwischen kapitalschützender Sanktion und Antragspflicht.

Wenn es zum Konkursverfahren kommt, gelten folgende Besonderheiten. Der Konkursschuldner darf keinen vorzeitigen Vergleichsvorschlag einbringen [Art. 105 Abs. 1 Nr. 6 LC]. Ein vorzeitiger Vergleichsvorschlag, der dennoch eingebracht wird, ist ohne weiteres unzulässig [Art. 106 Abs. 3 LC]. Die schnelle vergleichsweise Lösung ist ein Privileg für Schuldner, die nach Treu und Glauben ihren Rechtspflichten nachkommen. Wird die Konkursqualifikation durchgeführt, begründet ein Verstoß

---

362 *Obiter* SAP Alicante v. 8. Juni 2005, JUR. 2005/195099; *García Vidal*, in: Homenaje Olivencia I, S. 1017, 1028 ff.; *Morillas*, El concurso de las sociedades, S. 267 f.; *Vicent Chuliá*, in: Homenaje Olivencia II, S. 2389, 2436 ff. Vgl. zu „wrongful trading" im englischen Recht sowie „action en comblement du passif" im französischen Recht *Habersack/Verse*, ZHR 168 (2004), S. 174-215.

363 *Rodríguez Ruiz/Huerta*, RdS 2006, S. 647, 651 f.

364 *Pulgar*, in: García Villaverde u. a. (Hrsg.), *Derecho Concursal*, S. 55, 95. Auch *Juste*, in: R. Bercovitz (Hrsg.), *Comentarios I*, D. F. 20, S. 2378 f. Ähnlich *Blanco Buitrago*, in: Homenaje Olivencia V, S. 4895, 4910; *Mora*, in: Fernández de la Gándara/Sánchez (Hrsg.), *Comentarios*, S. 99, 105 f.; *Vázquez Albert*, in: Sagrera/Sala/Ferrer (Hrsg.), *Comentarios III*, Disp. Final Vigésima, S. 2276. A. A. *Sánchez Calero Guilarte*, in: Sánchez Calero Guilarte/Guilarte (Hrsg.), *Comentarios I*, Art. 5, S. 216.

365 *Beltrán*, in: Rojo/Beltrán (Hrsg.), *Comentario II*, DF 21, Nr. IV.3., S. 3265.

366 Kritisch hierzu *Juste*, in: R. Bercovitz (Hrsg.), *Comentarios I*, D. F. 20, S. 2369; *Machado*, in: Fernández Ballesteros (Hrsg.), *Proceso Concursal Práctico*, 20. DF, Nr. 6, S. 1022; *Rojo*, in: Rojo/Beltrán (Hrsg.), *Comentario I*, Art. 3, Nr. II.2., S. 203; *Vázquez Albert*, in: Sagrera/Sala/Ferrer (Hrsg.), *Comentarios III*, Disp. Final Vigésima, S. 2274 ff.

gegen die Antragspflicht die Vermutung, dass die Insolvenz schuldhaft herbeigeführt oder verschlimmert wurde [Art. 165 Nr. 1 LC]. Das Besondere hieran ist, dass pflichtwidrig handelnde Verwaltungsorganpersonen bzw. Liquidatoren im Qualifikationsurteil zur Zahlung der ungedeckten Konkursforderungen verurteilt werden können [Art. 172 Abs. 3 LC]. Insoweit braucht zwischen Neu- und Altverbindlichkeiten nicht unterschieden zu werden. Die Haftung besitzt umso größeren Umfang, je massiver der Pflichtverstoß ist. Das ist insbesondere der Fall, wenn dem Antragspflichtigen nach Art. 5 Abs. 2, 2 Abs. 4 LC positive Kenntnis von der Zahlungsunfähigkeit unterstellt werden kann. Ferner besteht eine konkursrechtliche Schadensersatzhaftung [Art. 172 Abs. 2 Nr. 3 LC].

IV. Die Rücknahme des Eigenantrags

Der Konkursantrag kann zurückgenommen werden. Das folgt aus der Dispositionsmaxime, die der Rechtsstellung der Beteiligten bis zur Konkurserklärung zu Grunde liegt.[367] Wird ein Eigenantrag gestellt, können schon keine vorläufigen Sicherungsmaßnahmen angeordnet werden [vgl. Art. 17 LC]. Das Rücknahmerecht besteht nur so lange, bis das Gericht über die Konkurseröffnung beschließt. Danach verdrängt der Verfahrensbetrieb von Amts wegen die Dispositionsmaxime [vgl. Art. 186 Abs. 1 LC]. Die Rücknahme des Eigenantrags führt nicht zum Verfahrensabschluss [Art. 176 LC *e contrario*]. Folgerichtig wirkt es sich ebenso wenig auf den Verfahrensfortgang aus, wenn die Anteilseigner das Verwaltungsorgan anweisen, den Eigenantrag zurückzunehmen.

Zur Rücknahme ist berechtigt, wer den Antrag stellt. Das sind die Organpersonen, welche die Konkurserklärung im Namen der Gesellschaft beantragt haben, bzw. ihre Amtsnachfolger. Ein eigenständiges, von den allgemeinen Vertretungsregeln abweichendes Recht, den Konkursantrag zurückzunehmen, gibt es nicht. Es besteht kein entsprechendes Bedürfnis. Die Antragsberechtigung ist eng umschrieben und auf das Verwaltungsorgan der Kapitalgesellschaft beschränkt, in dem bei kollegialer Ausgestaltung mehrseitige Kontrolle stattfindet. Missbräuchliche Eigenanträge sind daher nicht zu besorgen. Bevor der freiwillige Konkurs eröffnet wird, finden weder Gläubiger noch Anteilseigner gerichtliches Gehör [vgl. Art. 14 LC]. Sie können gegen die Konkurserklärung Berufung einlegen [Art. 20 Abs. 2 LC]. Jede der genannten Personen ist rechtsmittelbefugt, wenn sie ein berechtigtes Interesse geltend machen kann [Art. 20 Abs. 3 LC]. Das berechtigte Interesse der Anteilseigner und der einzelnen Organpersonen, die bei der Abstimmung über die Stellung des Eigenantrags unterlegen war, folgt aus der Beteiligung an bzw. der organschaftlichen Stellung in der Gesellschaft.

---

367 Weitergehend *Domínguez*, RCDI Nr. 682, 2004, S. 817, 828 f.

§ 4 Der Konkursfremdantrag

I. Die Antragsberechtigung der Gläubiger

Eine Kapitalgesellschaft kann nach Art. 3 Abs. 1 S. 1 LC antragsberechtigte Gläubigerin sein.[368] Das Gesetz differenziert zwischen „Altgläubigern", die antragsberechtigt sind, und anderen Forderungsinhabern [vgl. Art. 3 Abs. 2 LC]. Nicht antragsberechtigt sind Gläubiger, soweit sie die bereits fällige Forderung innerhalb der letzten sechs Monate vor der Antragstellung erworben haben. Diese Ausnahme gilt für den Forderungserwerb durch Rechtsgeschäft unter Lebenden. Sie verhindert nicht nur, dass mit Forderungen spekuliert wird.[369] Außerdem dient sie dazu, Missbrauch zu vermeiden. Personen, die der Gesellschaft oder ihren Organpersonen nahe stehen, könnten durch vorkonkursliche Geschäfte die Antragsberechtigung erlangen und versuchen, in den Genuss des Forderungsprivilegs für den Antragsteller zu kommen [vgl. Art. 91 Nr. 6 LC]. Ein Gesellschafter könnte Drittforderungen erwerben, um die Organpersonen unter Druck zu setzen. Allerdings macht die Regelung auch einen Erwerb von Forderungen sinnlos, der die Konkurseinleitung nach sich zieht, um dort als starker Gläubiger die Sanierung mitzubestimmen, und somit letztlich der geplanten Investition in ein krisenbehaftetes Unternehmen dient.

Unternehmensveräußerungen im Wege der Anteilsübertragung („share deal") liegen außerhalb des Anwendungsbereichs der Norm. Auch wenn die Parteien hier wirtschaftlich das Eigentum am Unternehmen veräußern bzw. erwerben und mit diesem Forderungen gegenüber Drittschuldnern übergehen, liegt nicht ein „Erwerb" der zu dem Unternehmensvermögen gehörenden Forderungen vor. Der Schutzzweck der Ausnahme greift ferner nicht, wenn der Anspruchserwerb durch Rechtsnachfolge von Todes wegen erfolgt. Fusion und Spaltung verschaffen der (fort-)bestehenden Gesellschaft die Ansprüche der fusionierten oder gespaltenen Gesellschaft(en) gleichfalls im Wege der Universalsukzession [Art. 233 Abs. 1 LSA, 94 Abs. 1 LSRL].[370]

Weniger eindeutig ist die Rechtslage, wenn Sach- oder Forderungsmehrheiten auf Grund eines einzigen obligatorischen Grundgeschäfts den Inhaber wechseln.[371] Die Veräußerung der in einem Unternehmen gebundenen Vermögensgegenstände („asset deal") etwa beruht auf einem schuldrechtlichen Kaufvertrag („título") als Rechtsgeschäft unter Lebenden.[372] Die Übertragung von Sacheigentum und Rechtsinhaberschaft erfordert für jedes Unternehmenselement einen Übertragungsakt [Art. 609

---

368 Zur Pflicht der Staatsanwaltschaft, in bestimmten Verfahren aktenkundige Gläubiger über die Zahlungsunfähigkeit zu informieren, vgl. Art. 4 S. 2 LC.

369 *González Carrasco*, in: R. Bercovitz (Hrsg.), *Comentarios I*, Art. 3, Nr. 3, S. 56 f.

370 Zur (Teil-)Spaltung *Esteban Ramos*, RdS 2002, S. 289, 291 f., m. w. N.

371 Zum spanischen System von *iusta causa* und *modus* vgl. *Díez-Picazo/Gullón*, Sistema de Derecho Civil III, S. 65 f. Zum Einzelerwerb und Universalsukzession *Albaladejo*, Derecho Civil I/2, S. 25.

372 Umfassend zum Unternehmenskaufvertrag *Moralejo*, El arrendamiento de empresa, S. 17 ff.; *Rojo*, in: Uría/Menéndez (Hrsg.), *Curso de Derecho Mercantil I*, S. 123.

CC, „modo"].[373] Der Wortlaut von Art. 3 Abs. 2 LC („Erwerb") lässt den Schluss zu, dass der Unternehmenskäufer nicht antragsberechtigt ist, da zahlreiche einzelne Übertragungsakte erforderlich sind. Die Folge wäre eine künstliche Differenzierung der Rechtslage des Unternehmenskaufs je nachdem, ob dieser im Wege der Anteilsübertragung oder durch Vermögensübertragung stattfindet.

Der Unternehmenserwerber darf aber in keinem Fall schlechter stehen als ein Unternehmensträger, der aus einer Umwandlung hervorgeht. Die Kontinuität des Unternehmens bleibt in beiden Fällen unberührt. Ohne in die Diskussion einzutreten, ob das Unternehmen einen von seinen Elementen unterscheidbaren Gegenstand bildet, ist festzuhalten, dass das Unternehmen im spanischen Recht zumindest als funktionelle Einheit seiner Elemente betrachtet wird.[374] Der Kaufvertrag zielt somit auf die Übertragung dieses einheitlichen Objekts [vgl. auch Art. 148 Abs. 1, 149 Abs. 1 Nr. 1 LC]. Er ist Gesamttitel für den Erwerb sämtlicher Unternehmenselemente.[375] Diese Überlegung ist verallgemeinerungsfähig. *Mutatis mutandis* ist z. B. der echte Factoring-Vertrag, der zur Übertragung von Forderungsmehrheiten verpflichtet,[376] im Interesse funktionierender Finanzierungsmärkte als Gesamttitel zum einheitlichen Erwerb durch mehrere Akte zu betrachten.

Allein aus gesellschaftsrechtlichen Verbindungen heraus erwächst keine Antragsberechtigung [Art. 3 Abs. 3 LC *e contrario*]. Wer dagegen unabhängig von der Gesellschafterstellung wie ein Dritter Forderungen gegen die Gesellschaft erwirbt, kann deren Konkurs beantragen.[377] Jeder Gläubiger hat regelmäßig ein Rechtsschutzbedürfnis, wenn ein Konkursgrund vorliegt und er im späteren Verfahren Beteiligter ist.[378] Insofern besteht eine Vermutung.[379] Die Rechtsausübung des Einzelnen stößt dort an ihre Grenze, wo sie auf den Missbrauch des Rechts abzielt. Diese Grenze gilt im materiellen Recht [Art. 7 Abs. 2 CC] und im Prozessrecht [Art. 11 LOPJ].[380] Der Anteilseigner darf sich überdies nicht ungerechtfertigt Vorteile auf Kosten der Gesellschaft verschaffen [vgl. Art. 7, 1258 CC]. Die gesellschafterliche Treuepflicht schließt demnach nicht prinzipiell aus, dass der Gesellschafter z. B. die wirtschaftlichen Teilhaberechte mit konkursrechtlichen Instrumenten durchsetzt.[381] Ein Antrag dient offenkundig bloß interner Gesellschaftspolitik, wenn die Forderung des Gesellschafters ausreichend besichert ist.

---

373 Zum Übergang bereits durch den Vertragsabschluss *De la Cámara*, Estudios de Derecho Mercantil I, S. 21. Zu den Bestandteilen des Unternehmens *Rojo*, in: Uría/Menéndez (Hrsg.), *Curso de Derecho Mercantil I*, S. 107.
374 *Broseta*, RDM 1968, S. 59, 63; *De la Cámara*, Estudios de Derecho Mercantil I, S. 13, 19, m. w. N.; *Font*, in: Jiménez (Hrsg.), *Derecho Mercantil I*, S. 83; *Rojo*, in: Uría/Menéndez (Hrsg.), *Curso de Derecho Mercantil I*, S. 101.
375 Zur „eklektischen Theorie" *Moralejo*, El arrendamiento de empresa, S. 47 f., m. w. N.; auch *Font*, in: Jiménez (Hrsg.), *Derecho Mercantil I*, S. 81.
376 Zuletzt *León/Recalde*, ADCo 4/2005, S. 65 ff.
377 Schon früher *Uría*, RDM 1946, S. 7, 28.
378 Im deutschen Recht *Frege/Keller/Riedel*, InsR, S. 175, Rn. 396 f.; *Kirchhof*, in: Eickmann u. a., *HK-InsO*, § 14, Rn. 18 f.; *Uhlenbruck*, in: Uhlenbruck (Hrsg.), *InsO*, § 14, Rn. 5.
379 *Rojo*, in: Rojo/Beltrán (Hrsg.), *Comentario I*, Art. 3, Nr. III.1., S. 206.
380 *Albaladejo*, Derecho Civil I/2, S. 33 f., 41.
381 *Paz-Ares*, in: Uría/Menéndez (Hrsg.), *Curso de Derecho Mercantil I*, S. 444.

II. Die Antragsberechtigung persönlich haftender Anteilseigner

Gesellschafter, Mitglieder oder Beteiligte sind berechtigt, den Konkurs der juristischen Person zu beantragen, wenn sie nach der geltenden Rechtslage für deren Verbindlichkeiten persönlich haften [Art. 3 Abs. 3 LC]. Nicht erforderlich ist, dass es sich um eine gesamtschuldnerische Haftung handelt.[382] Der Antrag muss die inhaltlichen Anforderungen an den Gläubigerantrag erfüllen [Art. 7, 2 Abs. 4 LC]. In Kapitalgesellschaften haften die Anteilseigner naturgemäß nicht mit ihrem persönlichen Vermögen.[383] Eine persönliche Haftung trifft allerdings den Alleingesellschafter, wenn er Publizitätspflichten verletzt [Art. 311 LSA, 129 LSRL].[384] Er haftet für Gesellschaftsverbindlichkeiten, die ab dem Zeitpunkt entstehen, in dem sämtliche Geschäftsanteile bzw. Aktien in seiner Hand sind. Voraussetzung ist, dass die Tatsache der Alleingesellschafterstellung nicht binnen sechs Monaten ins Handelsregister eingetragen wird.[385] Der Alleingesellschafter haftet nicht für Verbindlichkeiten, die nach Eintragung entstehen. Die verspätete Eintragung befreit ihn jedoch nicht von der Haftung für zuvor begründete Verbindlichkeiten.

Daneben gibt es Ausnahmefälle, in denen Anteilseigner mittels des Haftungsdurchgriffs für Verbindlichkeiten der Gesellschaft in Anspruch genommen werden („levantamiento del velo").[386] Mit diesem Instrument soll die rechtsmissbräuchliche Ein- oder Zwischenschaltung einer Gesellschaft sanktioniert werden, die nur mit einem beschränkten Vermögen haftet.[387] Als Rechtsgrundlage werden einerseits Treu und Glauben [Art. 7 Abs. 1 CC] herangezogen.[388] Andererseits gelten an sich zulässige Handlungen als gesetzeswidrig, wenn sie ein Ergebnis bezwecken, das die Rechtsordnung verbietet oder mit dieser unvereinbar ist [Art. 6 Abs. 4 CC]. Die Rechtsnorm, deren Rechtsfolge umgangen werden sollte, wird angewendet. Das Gesetz schützt weder den Missbrauch noch die sozialwidrige Ausübung individueller Rechte

---

382 *Ferrándiz*, in: Fernández Ballesteros (Hrsg.), *Proceso Concursal Práctico*, Art. 3, Nr. 2, S. 33.

383 AJMer Vizcaya (Bilbao) v. 27. Januar 2005, ADCo 5/2005, S. 334 f.; AJMer Madrid v. 2. März 2005, ADCo 5/2005, S. 333 f. *Díez-Picazo/Gullón*, Sistema de Derecho Civil II, S. 603 f.; *Guglielmucci*, Lezioni di Diritto Fallimentare, S. 328 f.

384 Zur Zwölften Richtlinie 89/667/EWG des Rates v. 21. Dezember 1989 auf dem Gebiet des Gesellschaftsrechts betreffend Gesellschaften mit beschränkter Haftung mit einem einzigen Gesellschafter, ABl. Nr. L 395 v. 30. Dezember 1989, S. 40-42, vgl. *Schwarz*, Europäisches Gesellschaftsrecht, S. 321 ff., Rn. 507 ff.; für Spanien z. B. *González Fernández*, in: Homenaje Olivencia IV, S. 3691 ff.

385 *Boquera*, in: Homenaje Olivencia II, S. 1805, 1812 ff.

386 Zur Rechtsprechungsentwicklung STS v. 16 Juli 1987, RJ. 1987/5795; v. 24. September 1987, RJ. 1987/6194; v. 5. Oktober 1988, RJ. 1988/7381; v. 20. Juni 1991, RJ. 1991/4526; v. 12. November 1991, RJ. 1991/8234; v. 12. Februar 1993, RJ. 1993/763; v. 19. Mai 2003, RJ. 2003/5213.

387 SAP Navarra v. 7. November 2000, JUR. 2001/29050; SAP Zaragoza v. 11. April 2000, AC. 2000/1288, jeweils m. w. N.

388 Schon STS v. 28. Mai 1984, RJ. 1984/2800, seither st. Rspr.; *Boldó*, in: Homenaje Sánchez Calero I, S. 25, 27 f.; *dies.*, in: Vítolo/Embid (Hrsg.), *Las sociedades comerciales*, S. 275 ff.

[Art. 7 Abs. 2 CC].[389] Diese Regelungen haben drittschützenden Charakter. Die Rechtsprechung zur Durchgriffshaftung erreicht überdies zwar den Grad von Richterrecht.[390] Die Haftung gründet sich aber nicht auf die Gesetzeslage im Sinne geschriebener, abstrakt-genereller Rechtsnormen.[391] Sie setzt ferner eine richterliche Entscheidung über den Einzelfall voraus. Dafür ist das Eröffnungsverfahren nicht ausgelegt. Infolgedessen überwiegen die Gründe, die gegen eine Fremdantragsberechtigung auf Basis der Durchgriffshaftung sprechen.

Wenn die Haftung der Anteilseigner auf einem Rechtsgeschäft wie einer Bürgschaft, Garantie oder Patronatserklärung beruht, ist nicht abzustreiten, dass die Haftung gemäß geltender Gesetze eintritt. Gleichwohl handelt es sich nicht um eine Haftung *ex lege*.[392] Die rechtsgeschäftliche Haftung rechtfertigt auch teleologisch nicht, dass der Anteilseigner antragsberechtigt ist.[393] Wer sich auf die Haftung für Gesellschaftsverbindlichkeiten bewusst einlässt, ist nicht im gleichen Maße schutzwürdig wie derjenige, dessen persönliches Vermögen in der unternehmerischen Krise der Gesellschaft ohne Rücksicht auf seinen Willen haftet. Der Zusammenhang zwischen der strukturellen Eigenart der juristischen Person und der persönlichen Haftung des Anteilseigners fehlt.[394] Wer aus Rechtsgeschäft haftet, ist allerdings wie jeder andere Gläubiger antragsberechtigt, sobald aus dem Rechtsverhältnis zur Gesellschaft eine Regressforderung gegen diese entsteht. Eine Organperson, die nach Art. 262 Abs. 5 LSA, 105 Abs. 5 LSRL gesamtschuldnerisch für Neuverbindlichkeiten der Gesellschaft haftet, ist grundsätzlich nur antragsberechtigt, wenn sie zugleich Anteilseigner ist.[395] Hat sie vor der Antragstellung auf die Gesamtschuld geleistet, steht ihr ein Regressanspruch zu, der sie als Gesellschaftsgläubiger zum Antrag berechtigt.[396]

---

389 Zu Personenidentität bzw. Vermögensvermischung SAP Toledo v. 19. Mai 2000, AC. 2000/3414; SAP Vizkaya v. 5. Oktober 2000, JUR. 2001/42363; SAP Leon v. 1. September 2000, JUR. 2000/298612.
390 Vgl. *Boldó*, in: Homenaje Sánchez Calero I, S. 25, 48 ff.; *dies.*, in: Vítolo/Embid (Hrsg.), *Las sociedades comerciales*, S. 275, 277 f., jeweils mit zahlreichen Nachweisen zur Rspr.
391 Vgl. auch *Sánchez Calero Guilarte*, ADCo 5/2005, S. 7, 36 f.
392 *Sánchez Calero Guilarte*, in: Sánchez Calero Guilarte/Guilarte (Hrsg.), *Comentarios I*, Art. 3, S. 161.
393 So aber *Morillas*, El concurso de las sociedades, S. 280.
394 *González Carrasco*, in: R. Bercovitz (Hrsg.), *Comentarios I*, Art. 3, Nr. 6, S. 60.
395 *Rojo*, in: Rojo/Beltrán (Hrsg.), *Comentario I*, Art. 3, Nr. IV., S. 216; zweifelnd (wenngleich aus anderen Gründen) AJMer Cádiz v. 14. September 2005, ADCo 9/2006, S. 287, 288.
396 AJMer Vizcaya (Bilbao) v. 27. Januar 2005, ADCo 5/2005, S. 334, 336 f.

§ 5 Die Konkurserklärung und die Nichteröffnung

I. Die Entscheidung über den Konkursantrag im Überblick

Die Konkurserklärung enthält eine Reihe von Anordnungen, die das folgende Verfahren ausgestalten [vgl. Art. 21 Abs. 1 LC].[397] Der Eröffnungsbeschluss entfaltet sofortige Wirkung, ist also schon bindend, bevor er bekannt gemacht wird.[398] Das Rechtsmittel gegen die Konkurserklärung hat grundsätzlich keine aufschiebende Wirkung [Art. 20 Abs. 2 S. 1 LC]. Entstandene Verfahrenskosten werden nach Maßgabe des Eröffnungsbeschlusses zu Masseverbindlichkeiten [Art. 20 Abs. 1 S. 2 LC]. Wird der Konkursantrag aus formalen Gründen abgewiesen, führt der Beschluss diese Gründe kurz auf. Handelt es sich um eine Ablehnung aus materiellen Gründen, ist die Entscheidung umfassend zu begründen [Art. 218 Abs. 2 LEC].[399] Der Richter entscheidet ferner über die Kosten des Eröffnungsverfahrens.[400]

Für den Umstand, dass in der Praxis zahlreiche Entscheidungen die subjektiven und objektiven Eröffnungsvoraussetzungen näher behandeln, gibt es zwei Gründe. Zum einen genügt beim Eigenantrag nicht schon die bloße Erklärung des Antragstellers, künftig oder gegenwärtig zahlungsunfähig zu sein. Zum anderen handelt es sich im Fall des Fremdantrags um ein gewissermaßen kontradiktorisches Vorverfahren.[401]

---

397 Im Einzelnen *Rojo/Tirado*, in: Rojo/Beltrán (Hrsg.), *Comentario I*, Art. 21, Nr. II., S. 473 ff.; zur Rechtsnatur Art. 21, Nr. I.2., S. 472.
398 Kritisch *CES*, Gutachten vom 7. November 2001, S. 7. Zur Bekanntmachung Art. 21 Abs. 5, 23, 24 LC; Art. 7 Abs. 1 LSA i. V. m. Art. 94 ff., 114 ff. RRM, Art. 11 Abs. 1 LSRL i. V. m. Art. 94 ff., 175 ff. RRM. Zu den Kosten der Eilveröffentlichung vgl. Punkte Nr. 3.1 und 3.2., Orden de 30 de septiembre de 1999, BOE Nr. 237 v. 4. Oktober 1999, S. 35507. *González-Meneses*, BCRE (94) 2003, S. 1871, 1877. Zur Wirkung der „anotación preventiva" im Register *Bonet Navarro*, in: R. Bercovitz (Hrsg.), *Comentarios I*, Art. 24, Nr. 6, S. 235; *Domínguez Calatayud*, RCDI Nr. 682, 2004, S. 817, 842 ff.; *González-Meneses*, BCRE (94) 2003, S. 1871, 1877; *Rodríguez de Quiñones*, in: Jiménez (Hrsg.), *Derecho Mercantil II*, S. 836. Zur Publizität der Verfahrensentscheidungen RD 685/2005, de 10 de junio, BOE Nr. 139 v. 11. Juni 2005, S. 20033-20037; zur Internetveröffentlichung Orden JUS/3473/2005, de 8 de noviembre, BOE Nr. 268, v. 9. November 2005, S. 36672–36674.
399 Zu Rechtskraft und Präklusion *Fairén*, RDM 2004, S. 225, 240 ff.
400 Näher *Bonet Navarro*, in: R. Bercovitz (Hrsg.), *Comentarios I*, Art. 20, Nr. 2, S. 203 f.; *Calderón*, in: Rojo/Beltrán (Hrsg.), *Comentario I*, Art. 20, Nr. I.2.2., S. 457 f., jeweils auch zur Frage des Schadensersatzes.
401 Zu vorläufigen Sicherungsmaßnahmen vgl. Art. 17 LC, 721 ff. LEC. Zum Anordnungsgrund *Nigro*, in: Rojo (Hrsg.), *La reforma*, S. 339, 355. Zur Instrumentalität *Cortés u. a.*, Derecho Procesal Civil Parte General, S. 578. Zum verminderten Wirkungsgrad späterer Sicherungsmaßnahmen *Rifá*, in: Fernández Ballesteros (Hrsg.), *Proceso Concursal Práctico*, Art. 17, Nr. 9, S. 112; zur Aufrechterhaltung und Aufhebung ebd., Art. 20, Nr. 6 f., S. 130 ff.; *Rojo/Tirado*, in: Rojo/Beltrán (Hrsg.), *Comentario I*, Art. 21, Nr. II.2.1., S. 485. Zur „anotación preventiva" im Eigentumsregister *Domínguez Calatayud*, RCDI Nr. 682, 2004, S. 817, 831 f.; *González-Meneses*, BCRE (94) 2003, S. 1871, 1874; *Monserrat*, Derecho Inmobiliario Registral, S. 301, 309, m. w. N. Zum Decreto por el que se aprueba el Reglamento Hipotecario, BOE Nr. 106 v. 16. April 1947; Ley Hipotecaria, BOE Nr. 58 v. 27. Februar 1946, S. 1518 ff., vgl. *Díez-Picazo/Gullón*, Sistema de Derecho Civil III, S. 291 und 297.

Übersicht 2: Das Eröffnungsverfahren

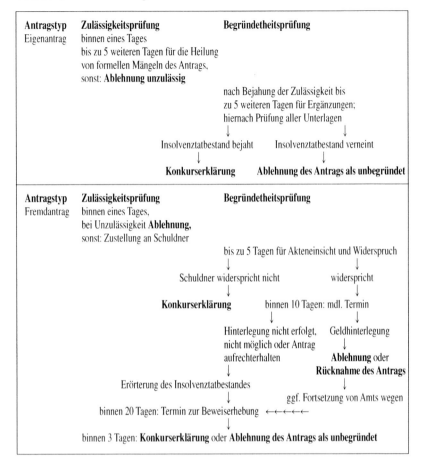

Antragstyp	Zulässigkeitsprüfung	Begründetheitsprüfung
Eigenantrag	binnen eines Tages bis zu 5 weiteren Tagen für die Heilung von formellen Mängeln des Antrags, sonst: **Ablehnung unzulässig**	

nach Bejahung der Zulässigkeit bis zu 5 weiteren Tagen für Ergänzungen; hiernach Prüfung aller Unterlagen
↓   ↓
Insolvenztatbestand bejaht   Insolvenztatbestand verneint
↓   ↓
Konkurserklärung   **Ablehnung des Antrags als unbegründet**

Antragstyp	Zulässigkeitsprüfung	Begründetheitsprüfung
Fremdantrag	binnen eines Tages, bei Unzulässigkeit **Ablehnung,** sonst: Zustellung an Schuldner	

bis zu 5 Tagen für Akteneinsicht und Widerspruch
↓   ↓
Schuldner widerspricht nicht   widerspricht
↓   ↓
Konkurserklärung   binnen 10 Tagen: mdl. Termin
↓   ↓
Hinterlegung nicht erfolgt,   Geldhinterlegung
nicht möglich oder Antrag   ↓
aufrechterhalten   **Ablehnung** oder
↓   **Rücknahme des Antrags**
Erörterung des Insolvenztatbestandes   ↓
↓   ggf. Fortsetzung von Amts wegen
binnen 20 Tagen: Termin zur Beweiserhebung ←←←←←←
↓
binnen 3 Tagen: **Konkurserklärung** oder **Ablehnung des Antrags als unbegründet**

II. Die Nichteröffnung mangels Masse

Bisher wurde für die Verfahrenseröffnung nicht zwingend vorausgesetzt, dass die Aktivmasse die Verfahrenskosten deckt.[402] Existierte nur eine derart geringfügige Masse, dass die Verfahrenskosten höher waren, wurde allerdings meist schon kein Eigenantrag gestellt. Heute sind dagegen rigide Rechtsfolgen daran geknüpft, dass die Antragstellung unterbleibt, wenn die Zahlungsunfähigkeit gegenwärtig ist. Wie

---

402 *Paz-Ares/Virgós/Bermejo*, in: McBryde/Flessner/Kortmann (Hrsg.), *Principles of European Insolvency Law*, S. 575, 585 f.; *de lege ferenda Vicent Chuliá*, RJC 1979, S. 669, 672 f.

im dritten Kapitel des vorliegenden Teils der Arbeit gezeigt wurde, hängt die Antragspflicht nicht davon ab, dass genügend Masse vorhanden ist. Der Eigenantrag wird daher auch bei Massearmut gestellt werden. Die Verfahrenskosten sind als Masseverbindlichkeiten stets vorab zu erfüllen [Art. 84 Abs. 2 Nr. 2 LC].[403] Im Fall der Massearmut kann die Aktivmasse, soweit überhaupt vorhanden, die Kosten folglich nicht (vollständig) aufbringen.[404]

Teilweise wird die anfängliche Massearmut mit dem Fall für vergleichbar gehalten, dass zu einem späteren Zeitpunkt im Konkurs keine verwertbaren Massegegenstände existieren. Nach einer insbesondere von Teilen der Rechtsprechung vertretenen Auffassung sei das Verfahren schon nicht zu eröffnen.[405] Dafür spreche, dass der Befriedigungszweck des Konkurs mangels Aktivvermögens schwerlich erreichbar ist.[406] Nach anderer Ansicht liege ein Grund vor, das Verfahren umgehend nach Art. 176 Abs. 1 Nr. 4 LC zu beenden.[407] Diese zweite Konstruktion verursacht Kosten, weil der Konkurs erklärt wird. Sie leistet aber keinen Beitrag dazu, die Gläubiger zu befriedigen, da das Verfahren sofort wieder abzuschließen ist. Trotzdem ist der Hinweis auf Art. 176 LC wertvoll. Wenn im eröffneten Konkurs keine verwertbaren Massegegenstände mehr existieren, wird das Verfahren nämlich nicht abgeschlossen, solange die Masse auf anderen Wegen, z. B. Konkursqualifikation oder Wiedereinbringungsklage, angereichert werden kann.

Die Frage ist, ob die Gläubiger analog Art. 72 Abs. 1, 53 Abs. 4 LC für die Kosten der Masseanreicherung aufkommen. Die Gläubiger müssen danach Prozesskosten für solche Klagen auslegen, auf deren Erhebung sie hingewirkt haben. Immer wenn kein Gläubiger die Initiative ergreift, ist eine persönliche Zurechnung nicht möglich. Da die Überwindung der Massearmut im Interesse der Gläubiger liegt, kommt als *ultima ratio* in Betracht, die Gesamtheit der Konkursgläubiger mit den Kosten zu belasten. Außerdem muss das öffentliche Interesse daran gewahrt werden, in der Konkursqualifikation schuldhaft pflichtwidriges Verhalten zu sanktionieren. Wenn die Konkursverwaltung vergeblich nach verwertbaren Massegegenständen sucht, deutet dies auf Fallumstände hin, die erst recht sanktionswürdig sind. Der Konkurs ist deshalb fortzusetzen. Das Qualifikationsurteil wälzt die Verfahrenskosten auf Dritte über,

403 *Beltrán*, in: Rojo/Beltrán (Hrsg.), *Comentario I*, Art. 84, Nr. II.5.2.2., S. 1511.
404 Art. 35 Ley de Acompañamiento, Ley 53/2002, de Medidas Fiscales, Administrativas y de Orden Social de 30 de diciembre, BOE Nr. 313 v. 31. Dezember 2002, S. 46086 ff. Kritisch *Comisión de Derecho Privado*, Gutachten vom 22. September 2001, S. 6; *Pulgar*, in: García Villaverde u. a. (Hrsg.), *Derecho Concursal*, S. 55, 134. Näher *Loredo*, InDret (270) 1/2005 (Februar), S. 1 ff.; *Verdugo/Alemany*, Actualidad Jurídica Aranzadi Nr. 577, vom 15. Mai 2003, Parte Comentario, Kap. III.4. Vgl. demgegenüber im deutschen Recht §§ 26, 54 InsO.
405 So bzgl. einer natürlichen Person AJMer Valencia v. 17. Juni 2005, ADCo 7/2006, S. 332 f. Für Abweisung des Eigenantrags schon als unzulässig, sofern der Antragsteller vorab einräumt, über keinerlei Aktiva zu verfügen, SJMer Barcelona v. 30. Januar 2006, RCP 5/2006, S. 244.
406 AJMer Barcelona v. 30. Januar 2006, ADCo 8/2006, S. 342 f.
407 *González Olleros*, in: Fernández Ballesteros (Hrsg.), *Proceso Concursal Práctico*, Art. 176, Rn. 23 f., S. 796 f. Wieder anders *Fernández Ballesteros*, RCP 1/2004, S. 73, 89, mit Analogie zu Art. 176 Abs. 1 Nr. 4 LC.

soweit diese nach Art. 172 Abs. 2 Nr. 3 LC Vermögensgegenstände oder Schadensersatz in die Masse leisten müssen.

Diese Rechtslage bei nachträglicher Massearmut spricht dafür, den Konkurs zu eröffnen, selbst wenn die Aktivmasse schon anfänglich nicht die Verfahrenskosten deckt. Zumindest muss der Konkursantrag zum Verfahren zugelassen werden.[408] Wiedereinbringungsklagen sind für die Gläubiger vorteilhaft, die nicht noch in letzter Minute auf das Schuldnervermögen zugegriffen haben. Schadensersatzforderungen gegen Organpersonen, die das Gesellschaftsvermögen geschädigt haben, werden zu Gunsten aller Konkursgläubiger durchgesetzt. An der Konkursqualifikation besteht das genannte öffentliche Interesse. Das massearme Verfahren führt außerdem zur Löschung der Kapitalgesellschaft [vgl. Art. 178 Abs. 3 LC].

In der SA gibt es einen speziellen Mechanismus, um Kostenfolgen abzufedern. Bei der Zeichnung von Aktien muss die Einlage nur zu einem Viertel des Nennwertes einer jeden Aktie zwingend erbracht werden [Art. 12 LSA]. Wenn also offene Einlageforderungen gegen die Aktionäre bestehen, ist die Konkursverwaltung berechtigt, die Leistungen je nach Erforderlichkeit einzufordern [Art. 48 Abs. 4 LC].[409] Die Kosten des Konkursverfahrens sowie der masseanreichernden Instrumente begründen diese Erforderlichkeit schon in dem Zeitpunkt, in dem der Konkurs erklärt wird. Die Konkursverwaltung ist an statutarische Beschränkungen (aufschiebende Bedingungen oder Fristen usw.) nicht gebunden.

Das Problem, dass die Justizkosten vorzuleisten sind, wird nicht neutralisiert, indem der Konkursrichter Güter der Organpersonen in Beschlag nehmen lässt. Die Organpersonen müssen eine Zwangssicherheit für den Fall leisten, dass sie im Rahmen der Konkursqualifikation haften [Art. 48 Abs. 3 LC]. Die Haftungsanordnung betrifft aber nur Forderungen, mit denen Konkursgläubiger voraussichtlich ausfallen, nicht Massegläubiger wie der Staat hinsichtlich der Justizkosten.

Auch die Prozesskostenhilfe bietet keine Abhilfe. Unternehmerisch tätige Kapitalgesellschaften sind von ihrem subjektiven Anwendungsbereich ausgeschlossen [Art. 2, lit. c) Ley 1/1996].[410] Daraus folgt jedoch nicht immer, dass der Konkursantrag mangels Masse abzuweisen ist. Nach einer Sonderregelung müssen Handelsgesellschaften, deren Geschäftszahlen im letzten zurückliegenden Steuerveranlagungszeitraum 5 Mio. Euro nicht überstiegen [Art. 35 Abs. 3 Unterabs. 2 Gesetz 53/2002], die Justizkosten nicht vorab entrichten. Kleinere Gesellschaften können somit in das Konkursverfahren eintreten. Die Größeren müssen außerhalb des Konkursverfahrens liquidiert werden.[411]

---

408 AAP Sevilla v. 29. März 2005, JUR. 2005/138632, wegen des Anspruchs auf rechtliches Gehör.
409 *Beltrán*, in: Rojo/Beltrán (Hrsg.), *Comentario I*, Art. 48, Nr. III.1.2.1., S. 982.
410 Ley 1/1996, de 10 de enero, de la Asistencia Jurídica Gratuita, BOE Nr. 1 v. 12. Januar 1996, Nr. 11, S. 793 ff.; vgl. AJPI Santander v. 15. Oktober 2005, ADCo 8/2006, S. 326 f. *De lege ferenda* kritisch *Comisión de Derecho Privado*, Gutachten vom 22. September 2001, S. 6; *CEst*, Gutachten vom 21. März 2002, abgedruckt in: Rojo (Hrsg.), *La reforma*, S. 419, 440; *CES*, Gutachten vom 7. November 2001, S. 6.
411 Kritisch *Pulgar*, in: García Villaverde u. a. (Hrsg.), *Derecho Concursal*, S. 55, 133.

Ein weiterer Weg, um diese Konsequenz zu vermeiden, besteht darin, dass der Antragsteller nachweist, einen geringen Teil der Justizsteuern eingezahlt zu haben, das Gericht den Antrag zulässt, gegebenenfalls den Konkurs erklärt und gleichzeitig der zuständigen Finanzbehörde Mitteilung macht, dass die Entrichtung des Gesamtsteuerbetrags vorschriftswidrig unterblieben ist.[412] Das Kostenrisiko verbleibt dann primär beim Staat. Über die Mechanismen der Masseanreicherung wird es verringert.

---

412 *Rojo*, Vorlesung „Derecho Concursal", Universidad Autónoma de Madrid, v. 28. Mai 2004.

4. Kapitel

Die Wirkungen und die Beteiligten des eröffneten Konkurses

§ 1 Der Verfahrenszweck im Gesellschaftskonkurs

Eine programmatische Norm existiert im spanischen Recht nicht.[413] In den Materialien gibt es seit Art. 1 Gesetzesvorhaben 1959 keinen diesbezüglichen Entwurf mehr. Heute bezeichnen mehrere Regelungen das Programm des Konkursverfahrens unbestimmt als „Interessen" [vgl. Art. 43 Abs. 1, 54 Abs. 2, 148 Abs. 2, 149 Abs. 1 Nr. 1, 215 LC].[414] Aus den systematischen Zusammenhängen wird deutlich, dass mit Prozessökonomie, Massesicherung, Rechtssicherheit, Schutz der außenstehenden Gesellschaftsgläubiger usw. unterschiedliche Facetten einer einheitlichen Zielsetzung gemeint sind. Die Gesetzesbegründung betont, die wesentliche Zielsetzung des Konkurses bestehe darin, die Gläubiger zu befriedigen.[415] Dieser Verfahrenszweck beeinflusst unmittelbar den abstrakten Zweck der souveränen Gesellschaft. Letzterer ist das Bestreben, das Gesellschaftsvermögen und damit den Wert zu steigern, der in den Kapitalbeteiligungen der Anteilseigner verkörpert ist.[416] Im Konkurs richtet sich das Wirtschaften weiterhin auf Wertsteigerung, aber nicht mehr im Interesse der Anteilseigner, sondern im Interesse der Konkursgläubiger.[417] Das Verfahren endet, wenn sein Zweck erreicht (Erfüllung des Vergleichs, vollständige Befriedigung sämtlicher Gläubiger) oder zu erreichen unmöglich ist (Nichtexistenz von Aktivmasse).[418]

Der Verfahrensabschluss als solcher wirkt nicht schuldbefreiend [Art. 178 Abs. 2 S. 1 LC].[419] Das Recht der freien Nachforderung bleibt unangetastet. Allein die Gläubiger persönlich können den Schuldner aus Verbindlichkeiten entlassen, und dies nur in begrenztem Umfang [vgl. Art. 100 Abs. 1 S. 2 LC]. Die Entschuldung ist folglich nur Verfahrenszweck, soweit die Schulden durch Befriedigung erlöschen.

Vor der Reform waren Gesellschaften aller Art aufzulösen, wenn sie in Konkurs gingen [Art. 221 Nr. 3 CCom a. F.]. Für Kapitalgesellschaften führte die Konkurseröffnung zur

---

413 Vgl. im deutschen Recht § 1 InsO.
414 Hierzu *González Bilbao*, RDBB 2004, S. 167, 180 ff.
415 BOE Nr. 164 v. 10. Juli 2003, S. 26905, 26906 f. Zur historischen Entwicklung *Rojo*, RDM 1975, S. 509, 515 f. Heute *Tirado*, Los administradores concursales, S. 205 f.
416 *Paz-Ares*, in: Uría/Menéndez (Hrsg.), *Curso de Derecho Mercantil I*, S. 471.
417 Ebenso AJPI Córdoba v. 25. Februar 2005, ADCo 5/2005, S. 360 f.
418 BOE Nr. 164 v. 10. Juli 2003, S. 26905, 26912.
419 Zur Restschuldbefreiung als Idee aus dem angelsächsischen, vorrangig protestantisch geprägten Kulturkreis *Mann*, 77 Am Bankr L J (Winter, 2003), S. 1–7; *McCoid II*, 70 Am Bankr L J (1996), S. 163–193. Befürwortend während des Reformprozesses *Nigro*, in: Rojo (Hrsg.), *La reforma*, S. 339, 354 f. Später *Vicent Chuliá*, in: Homenaje Olivencia II, S. 2389, 2394 f. Zum Unterschied zwischen Gesellschaften und natürlichen Personen *Jackson*, The Logic and Limits, S. 5; *Vallender*, in: Uhlenbruck (Hrsg.), *InsO*, § 286, Rn. 2.

Auflösung, wenn die Anteilseigner dies beschlossen [Art. 260 Abs. 2 LSA, 104 Abs. 2 LSRL a. F.].[420] Der Auflösungsbeschluss war zulässig, konnte jedoch nicht erzwungen werden. In der „Suspensión de pagos" galten andere Grundsätze.[421] Hier wirkte sich die Verfahrenseröffnung nicht auf den Bestand der Gesellschaft aus. Diese konnte sich fakultativ auflösen.[422] Heute ist die Konkurserklärung kein Auflösungsgrund mehr [2. disp. final, Abs. 3 LC, Art. 221 Nr. 3 CCom n. F., Kontinuitätsgrundsatz].[423] Die Gesellschaft besteht im eröffneten Konkursverfahren fort.[424] Die Anteilseigner können während des Verfahrens die Auflösung der Gesellschaft beschließen.

Darauf baut ein zweiter Grundsatz auf, der die innergesellschaftliche Verfassung betrifft. Während des Verfahrens bleiben die Gesellschaftsorgane erhalten [Art. 48 Abs. 1 S. 1 LC]. Das bedeutet einerseits, dass das Verwaltungsorgan nicht in ein Liquidationsorgan umgewandelt wird. Auf der anderen Seite tritt kein Verfahrensorgan an die Stelle der Gesellschaftsorgane. Die Gesellschaftsorgane bleiben in ihrer personellen Zusammensetzung und Funktionsweise unverändert.[425] Zusammensetzung und Funktion, die im Zeitpunkt der Konkurserklärung gegeben sind, werden jedoch nicht zwangsweise aufrecht erhalten.[426] Auch nach der Konkurserklärung geht das Innenleben der Gesellschaft seinen Gang. Anteilseigner können eintreten und, was im Konkurs näher liegt, ausscheiden. Die Organstruktur darf verändert, Organpersonen bestellt und entlassen, die Aufgaben der Organe umgestaltet oder delegiert werden.

---

420 *Beltrán*, La disolución de la sociedad anónima, S. 144 f., m. w. N.; *De la Cámara*, Estudios de Derecho Mercantil II, S. 529, 541 und 570 f.; *Gimeno-Bayón*, CDJ 1997, Derecho de Sociedades II, S. 25, 115 f.; *Herbosa*, RCDI Nr. 678, 2003, S. 2007, 2029; *Martínez Flórez*, Las interdicciones legales del quebrado, S. 249 f., m. w. N.; *Paz-Ares/Virgós/Bermejo*, in: McBryde/Flessner/Kortmann (Hrsg.), *Principles of European Insolvency Law*, S. 575, 589; *Tirado*, RDM 2000, S. 509, 512; *Uría/Menéndez/García de Enterría*, in: Uría/Menéndez (Hrsg.), *Curso de Derecho Mercantil I*, S. 1013; *Uría*, RDM 1946, S. 7, 30 ff. (S. 33

421 *Beltrán*, La disolucion de la sociedad anónima, S. 146, unter Hinweis auf STS v. 17. Oktober 1978.

422 *Paz-Ares/Virgós/Bermejo*, in: McBryde; Flessner/Kortmann (Hrsg.), *Principles of European Insolvency Law*, S. 575, 592.

423 So *Beltrán/Martínez Flórez*, in: Rojo/Beltrán (Hrsg.), *Comentario II*, Art. 145, Nr. IV.1., S. 2343; unklar *Sánchez Aristi*, in: R. Bercovitz (Hrsg.), *Comentarios II*, Art. 145, Nr. 3., S. 1567; *Toribios*, in: Sánchez Calero Guilarte/Guilarte (Hrsg.), *Comentario III*, Art. 145.3, S. 2573 f., m. w. N.

424 Zum Strukturunterschied zwischen dem Konkurs der natürlichen Person und jenem der juristischen Person im deutschen Recht grundlegend *Weber*, KTS 1970, S. 73, 79. Zur Gesellschaftsreaktivierung im Konkurs *Beltrán/Martínez Flórez*, in: Rojo/Beltrán (Hrsg.), *Comentario II, Art. 145*, Nr. IV.3., S. 2348; *dies.*, ebd., Art. 178, Nr. III.2., S. 2660. Vgl. auch *Scholz*, JZ 1952, S. 199, 204; *Sequeira*, in: Homenaje Sánchez Calero V, S. 5209, 5212 ff., zur SL *De Eizaguirre*, La disolución de la sociedad de responsabilidad limitada, S. 113 ff.; zur SA *De la Cámara*, Estudios de Derecho Mercantil II, S. 561, m. w. N.; *ders.*, AAMN XXXVI (1997), S. 457, 522; auch *Beltrán*, La disolución de la sociedad anónima, S. 57; *ders.*, RGD 596 (1994), S. 5627, 5632, Fn. 18; *ders.*, in: Rojo/Beltrán (Hrsg.), *Comentario II*, DF 20, Nr. III.3.3., S. 3251.

425 *Vicent Chuliá*, in: Homenaje Olivencia II, S. 2389, 2426 ff. Vgl. im deutschen Recht *Uhlenbruck*, FS Kirchhof, S. 479, 495, zur Allgemeinen Begründung RegE InsO.

426 *Beltrán*, in: Rojo/Beltrán (Hrsg.), *Comentario I*, Art. 48, Nr. II.1., S. 967.

Die Konkursverwalter sind zwar berechtigt, an den Sitzungen sämtlicher mehrköpfiger Gesellschaftsorgane teilzunehmen und dort zu sprechen [Art. 48 Abs. 1 S. 2 LC]. Die Gesellschaftsorganisation wird dadurch aber nicht verändert. Erst die Eröffnung der Liquidationsphase bewirkt zwingend, dass die Gesellschaft aufgelöst wird [Art. 145 Abs. 3 LC a. E.].[427] Die Vermögensmaximierung hört auf, abstrakter Gesellschaftszweck zu sein. Die Konkursverwaltung geht dazu über, Gesellschaftsaktiva und -passiva zu liquidieren. Im gleichen Maße wechseln das Unternehmen oder seine Teile den Eigentümer. So wie das Unternehmen zerschlagen wird, entfällt der konkrete Gesellschaftszweck. Gesellschaftsliquidation und Vermögensliquidation werden zum Zweck der Gläubigerbefriedigung gleichgeschaltet.[428] Wenn das Konkursverfahren abgeschlossen wird, weil keine verwertbaren Vermögensgegenstände mehr vorhanden sind, ist die Gesellschaft von Amts wegen aus dem Handelsregister zu löschen [Art. 178 Abs. 3 LC].[429]

Gleich der früheren Gesetzeslage lässt das Konkursgesetz offen, wie Aktivmasse verteilt wird, die übrig bleibt, nachdem alle Gläubiger befriedigt sind.[430] Die Regelung über die Befriedigung nachrangiger Konkursgläubiger gilt nur für Anteilseigner, die mit mindestens fünf bzw. zehn Prozent an der Gesellschaft beteiligt sind [Art. 158, 93 Abs. 2 S. 1 LC]. Sie statuiert nicht die Pflicht, den Liquidationsanteil auszukehren. Der Auseinandersetzungsanspruch der Anteilseigner entsteht vielmehr erst, nachdem sämtliche, auch die nachrangigen Konkursgläubiger befriedigt sind [Art. 277 Abs. 2 LSA, 120 LSRL].[431]

Die „Reinigungsfunktion" des Konkursverfahrens ist folglich dem Zweck der Gläubigerbefriedigung nachgeordnet. Der Konkurs bereinigt den Markt nicht primär, sondern auch von Gesellschaften, deren Vermögen aufgezehrt ist. Der Rechtsverkehr wird vorrangig geschützt, indem Personen ausgeschaltet werden, die sich fehlerhaft verhalten (Organpersonen, Anteilseigner, sonstige Dritte als Komplizen usw.).[432] Anschaulich wird diese Ausrichtung auf die Hintermänner an der in Art. 172

---

427 Zum Unterschied von Unternehmensliquidation und Unternehmensträgerliquidation *Beltrán*, La disolución de la sociedad anónima, S. 24 f., 32; *ders.*, RGD 596 (1994), S. 5627, 5632. Zur Auflösung der Gesellschaft im deutschen Recht kritisch *Uhlenbruck*, FS Kirchhof, S. 479, 491. Zur Ordnungsfunktion *Müller*, Der Verband in der Insolvenz, S. 22 f., m. w. N. Zum Insolvenzverfahrenszweck der Gesellschaftsliquidation *Schmidt*, Wege zum Insolvenzrecht der Unternehmen, S. 26, 73 und passim; *ders.*, ZGR 1998, S. 633, 634 f.; *ders.*, ZIP 2000, S.1913, 1917; *ders.*, KTS 3/2001, S. 373-394; *ders.*, in: Breitenbücher/Ehricke (Hrsg.), Insolvenzrecht 2003, S. 19, 24 f. Zum Ganzen *Uhlenbruck*, in: Uhlenbruck (Hrsg.), InsO, § 1, Rn. 11.
428 *Beltrán*, in: Rojo/Beltrán (Hrsg.), Comentario I, Art. 48, Nr. I.2., S. 966.
429 Zu § 141a FGG im deutschen Recht *Balz*, in: Kübler (Hrsg.), Neuordnung des Insolvenzrechts, S. 1, 15; *Müller*, Der Verband in der Insolvenz, S. 14, m. w. N.
430 Zur bisherigen Rechtslage *Beltrán*, AAMN XXXVI (1997), S. 423, 438; *Uría/Menéndez/Iglesias Prada*, in: Uría/Menéndez (Hrsg.), Curso de Derecho Mercantil I, S. 1211. Zu § 199 S. 2 InsO im deutschen Recht *Schmidt*, ZGR 1998, S. 633, 636 f.; KTS 3/2001, S. 373, 375; *Uhlenbruck*, in: Uhlenbruck (Hrsg.), InsO, § 199, Rn. 1.
431 Vgl. zum Gesellschaftsrecht *Beltrán*, La disolución de la sociedad anónima, S. 75 f.
432 Grundsätzlich *Rojo*, RDM 1975, S. 509, 523 f. Ebenso *García-Cruces*, Aranzadi Civil, Nr. 18/2003, Parte Estudio, Kap. II.

Abs. 2 Nr. 2 LC geregelten Inhabilitation. Das Argument der gerechten Kostenverteilung streitet dafür.[433] Auflösung, Abwicklung und Löschung der Gesellschaft verursachen Kosten, die nicht mit der Unternehmensabwicklung zusammenhängen. Wenn die Konkursverwalter die Vollbeendigung der Gesellschaft herbeiführen müssen, fallen diese Kosten der Konkursaktivmasse zur Last. Die aufgewendeten Mittel stehen nicht mehr zur Verfügung, um die Gläubiger zu befriedigen. Die Konkursgläubiger, bereits Inhaber von Ansprüchen gegen die Konkursschuldnerin, haben jedoch kein eigenes Interesse an der Gesellschaftsbeendigung, welche vielmehr die potenziellen künftigen Gläubiger schützt.[434]

Das Schicksal der Gesellschaft hängt wesentlich davon ab, ob ihr Unternehmen zerschlagen oder saniert wird. Das Gesetz meidet mit bemerkenswerter Konsequenz interventionistische Vorgaben.[435] Das Schweigen ist geradezu ausdrücklich. Die Gesetzesbegründung hält fest, dass die Unternehmenssanierung nicht das Ziel des Konkurses sei.[436] Das ist folgerichtig, da als Hauptziel im Vordergrund steht, die Gläubiger zu befriedigen. Allerdings soll die Mehrzahl der Verfahren mit einem Vergleich enden.[437] Vergleich und Sanierung verhalten sich wechselwirksam. Um den Vergleich zu ermöglichen, fördern mehrere Regelungen die Unternehmensfortführung während des Verfahrens.[438] Ohne Vergleich gibt es keine Sanierung, die das Unternehmen über den Verfahrensabschluss hinaus im Gesellschaftsvermögen erhält. Da das Verfahren den Vergleich anstrebt, wirkt es – zumindest theoretisch – zugleich unternehmensrettend.[439]

Die Sanierung des Unternehmens wird aber nicht bevorzugt. Sie steht im Dienst der Gläubigerbefriedigung. Saniert wird, wenn die wirtschaftlichen und rechtlichen Voraussetzungen es erlauben. Ob das Unternehmen in der Hand der Konkursschuldnerin saniert wird, bestimmen die Verfahrensbeteiligten, indem sie an einem Vergleich mitwirken oder nicht.[440] Die übertragende Sanierung ist möglich, wenn ein Käufer bereit ist, einen bestimmten Preis für das Unternehmen zu zahlen und Folgeinvestitionen zu tätigen. Nach den bislang vorliegenden Statistiken treten gut zwei Drittel aller eröffneten Konkursverfahren in die Liquidationsphase ein.[441] Mehr als die Hälfte dieser Liquidationen werden als solche durchgeführt und abgeschlossen. Die Unternehmenssanierung orientiert sich also an sachlichen Kriterien, nicht an einer rechtspolitischen

433 Hierzu aus Sicht des deutschen Rechts *Müller*, Der Verband in der Insolvenz, S. 22.
434 Bisher *Hernández*, in: Hernández (Hrsg.), *Suspensión de pagos, quiebra II*, S. 936, im Anschluss an *Girón*.
435 Vgl. zur typischen Terminologie etwa *Rojo*, AAMN XXIV (1981), S. 251, 258.
436 BOE Nr. 164 v. 10. Juli 2003, S. 26905, 26910.
437 *Michavila*, El Gobierno informa (Ministerio de Justicia), S. 2. Zum bisherigen Recht *Tirado*, La sindicatura de la quiebra, S. 421 f. Zur praktischen Bedeutung von Art. 928 CCom a. F. *Rojo*, in: Jorio (Hrsg.), *Nuove regole per le crisi d'impresa*, S. 173, 180.
438 Vgl. z. B. Art. 32 Abs. 1, 43 Abs. 3 und 4, 45, 46, 55 Abs. 1 Unterabs. 2, 56, 61 ff., 68, 69, 84 Abs. 2 Nr. 5, 98 ff., 148 Abs. 1, 149 LC.
439 *Maldonado*, RDProc 2003, S. 409, 423. Zur Theorie der gemischten Konkursfinalität *Rubio*, RdS 2004, S. 115, 116, m. w. N. A. A. *De la Cuesta*, ADCo 4/2005, S. 7, 46 ff.
440 Zu wirtschaftlichen Beweggründen *Jackson*, The Logic and Limits, S. 181 ff.
441 Zum Ganzen *Van Hemmen*, REFOR Documento Nr. 8, Dezember 2006, S. 47, 53, Tab. II.6.

Festlegung des Gesetzgebers. Dieser wollte mit seinen Regelungen immerhin die Fortführung der Unternehmensaktvität über die bloße Konkurserklärung hinaus fördern. Hierauf ist in diesem 4. Kapitel § 4 näher einzugehen.

§ 2 Die Subjektstellung der Kapitalgesellschaft im Konkurs

I. Die Rechte als Konkursschuldnerin

Die persönlichen Folgen der Konkurserklärung wirken sich auf die Rechtsstellung der Konkursschuldnerin und ihrer organschaftlichen Vertreter aus (subjektive Sphäre). Der Rechtsverkehr soll vor den Handlungen der zahlungsunfähigen Gesellschaft geschützt und der förderliche Ablauf des Konkurses gewährleistet werden. Die persönlichen Folgen bewirken *de facto* eine Sanktion für Konkursschuldnerin bzw. Organperson.[442] Im Hinblick auf Eingriffe in Grundrechte und Grundfreiheiten verweist Art. 41 LC auf das einschlägige Grundlagengesetz.[443] Die Eingriffe richten sich bei juristischen Personen gegen die Organpersonen [Art. 1 Abs. 1 LOC]. Dazu zählt, wer innerhalb der letzten zwei Jahre vor der Konkurserklärung aus der Organstellung ausgeschieden ist. Grundrechtseingriffe sind ebenfalls gegenüber Personen zulässig, die im vorgenannten zeitlichen Rahmen in lediglich faktischer Organstellung handelten.[444] Personen, die faktisch als Organperson handeln, gefährden die Erreichung des Konkursverfahrenszwecks nicht allein deshalb weniger, weil sie nicht oder nicht mehr wirksam bestellt sind. Es besteht ein praktisches Bedürfnis, ihnen gegenüber Mitwirkungs- und Auskunftspflichten durchzusetzen.

Die Konkursschuldnerin gilt in jedem Stadium des Verfahrens als Beteiligte [Art. 184 Abs. 1 LC]. Die Beteiligtenstellung berechtigt sie dazu, am Verfahrensfortgang teil- und Verfahrenshandlungen vorzunehmen.[445] Die Gesellschaft wird zur Durchsetzung eigener Ansprüche wie jeder andere Beteiligte auf den konkursrechtlichen Zwischenstreit verwiesen [Art. 193 Abs. 2 LC]. Die Konkursschuldnerin ist zwar in der Prozessführung in vermögensrechtlichen Sachen beschränkt [vgl. Art. 50, 54 LC]. Im konkursrechtlichen Zwischenstreit ist sie aber nicht auf die Mitwirkung der Konkursverwaltung angewiesen und wird nicht durch diese ersetzt. Wirft die Rechtsverfolgung vermögenswerte Früchte ab, gehören diese als Neuerwerb zur Aktivmasse.

Unabhängig von ihrer vermögensrechtlichen Stellung ist die Gesellschaft berechtigt und verpflichtet, an der Gläubigerversammlung teilzunehmen [Art. 117 Abs. 2 LC].

---

442 *Martínez Flórez*, Las interdicciones legales del quebrado, S. 27, passim. Es handelt sich um ein Relikt der früheren Konkursinfamie, *Tirado*, RDM 2000, S. 509, 511. Auch *Herbosa*, RCDI Nr. 678, 2003, S. 2007, 2011.

443 LOC, BOE Nr. 164 v. 10. Juli 2003, S. 26901–26905.

444 Auch *Viaño*, in: Fernández Ballesteros (Hrsg.), *Proceso Concursal Práctico*, Art. 41, Rn. 5, S. 254. Zur Ungenauigkeit des Gesetzestextes *CGPJ*, Gutachten vom 6. Oktober 2001, S. 10. Offengelassen bei *Candelario*, RDP 2004, S. 522, 533; *Morillas*, DN 2003 (149), S. 1, 23.

445 Zum Vertretungszwang durch „Procurador" vgl. Art. 23 ff. LEC i. V. m. Art. 184 Abs. 2 LC, und durch „Abogado" vgl. Art. 31 ff. LEC i. V. m. Art. 184 Abs. 2 LC.

Kann oder will das Verwaltungsorgan nicht teilnehmen, entsendet es Vergleichsbevollmächtigte der Gesellschaft. Darüber hinaus ist der Anwalt der Gesellschaft berechtigt, an der Gläubigerversammlung teilzunehmen und zu sprechen. Das Gesetz sieht kein eigenes Rederecht der Konkursschuldnerin vor. Der Versammlungsleiter kann ihren Vertretern jedoch das Wort erteilen [Art. 121 Abs. 3 LC].

Ein abstraktes Recht, die Unterlagen der Konkursverwaltung einzusehen, gibt es nicht. Um die Gläubigerliste anfechten zu können, hat die Konkursschuldnerin jedoch Anspruch auf eine Kopie der Liste [Art. 96 Abs. 1 LC]. Sie kann auch eine Ausfertigung des Protokolls der Gläubigerversammlung verlangen [Art. 126 Abs. 4 LC]. Diese konkreten Formen der Akteneinsicht setzen voraus, dass die jeweiligen Kosten aus der Masse oder mit konkursfremden Mitteln bestritten werden.

In bestimmten Situationen hat die Konkursschuldnerin einen eigens geregelten Anspruch auf rechtliches Gehör. Bevor der Konkursrichter Teile oder die Gesamtheit des schuldnerischen Betriebes schließen oder die Unternehmenstätigkeit einstellen lässt, hört er die Konkursschuldnerin an [Art. 44 Abs. 4 LC]. Sie hat Gelegenheit zur Stellungnahme, wenn ein vorzeitiger Vergleichsvorschlag nachträglich abgewiesen wird [Art. 105 Abs. 2 LC]. Sie äußert sich zu Widersprüchen, die sich gegen die richterliche Genehmigung eines Vergleichs richten [Art. 129 Abs. 4 LC]. Bevor Sachen und Rechte veräußert werden, die der dinglichen Sicherung von Konkursforderungen dienen, hört der Konkursrichter die Betroffenen [Art. 155 Abs. 3 LC]. Hierzu zählt die konkursschuldnerische Gesellschaft als Sicherungsgeberin. Sie findet Gehör, bevor festgelegt wird, auf welche Art und Weise die Aktivmasse verwertet wird [Art. 155 Abs. 4 LC]. Die Konkursschuldnerin ist jeweils zu hören, sofern der Konkurs als schuldhaft qualifiziert wird [Art. 170 Abs. 2 LC] und bevor das Konkursverfahren wegen Erschöpfung der Aktivmasse abgeschlossen wird [Art. 176 Abs. 4 LC].

Die Konkursschuldnerin kann in beschränktem Maße beeinflussen, wie sich das Konkursverfahren entwickelt. Nur in den Formen der Eigenverwaltung darf sie die Aufhebung von gegenseitigen Verträgen beantragen und an den Verhandlungen darüber teilnehmen [Art. 61 Abs. 2 LC]. Sie kann beim Konkursgericht kollektive arbeitsrechtliche Maßnahmen beantragen [Art. 64 Abs. 2 und 5 LC]. Die Konkursschuldnerin hat das Recht, die Gläubigerliste anzufechten [Art. 96 Abs. 1 LC]. In bestimmten Fällen kann sie einem Vergleich widersprechen [vgl. Art. 128 Abs. 3 LC]. Wenn das Konkursverfahren endet, stehen ihr mehrere Widerspruchsrechte zu. Der Widerspruch richtet sich gegen die Konkursqualifikation [Art. 171 LC], gegen den Abschluss des Konkurses [Art. 176 Abs. 5 LC] und gegen die Rechnungslegung der Konkursverwaltung [Art. 181 Abs. 2 LC]. Neben diesen defensiven Rechten existieren wenig gestalterische Rechte. Grundsätzlich darf die Konkursschuldnerin vorzeitig oder regelmäßig Vergleichsvorschläge vorlegen [vgl. Art. 104 Abs. 1, 113, 99 Abs. 1 LC]. Wird ein Vergleich durchgeführt, ist die Konkursschuldnerin berechtigt, die gerichtliche Erklärung der Vergleichserfüllung zu beantragen [Art. 139 Abs. 1 LC]. Sie kann jederzeit die Liquidation beantragen [Art. 142 Abs. 1 LC] und Vorschläge machen, wie der Liquidationsplan zu gestalten sei [Art. 148 Abs. 2 LC].

Jede unmittelbare Einflussnahme auf die Konkursverwaltung ist ausgeschlossen. Einzelne Handlungen der Konkursverwaltung können angeregt, aber weder beantragt noch angefochten werden [Art. 192 Abs. 3 LC]. Es gibt ein Antragsrecht nur

für die Wiederherstellung von Kreditverträgen [Art. 68 Abs. 1 LC] und die Wiederherstellung von Ratenkaufverträgen [Art. 69 Abs. 1 LC]. Sonstige Regelungen gestatten der Konkursschuldnerin lediglich mittelbaren Einfluss. Beispielsweise kann sie
die Konkursverwaltung ablehnen [Art. 33 Abs. 1 LC]. Über die Ablehnung wird im
konkursrechtlichen Zwischenstreit verhandelt. Auf Antrag der Konkursschuldnerin
verändert der Konkursrichter außerdem die Verwaltervergütung [Art. 34 Abs. 4 LC]
oder entlässt den bzw. die Konkursverwalter [Art. 37 Abs. 1 LC]. Der Konkursrichter
muss die unterschiedlichen Positionen der Beteiligten in pflichtgemäßem Ermessen
einem Ausgleich zuführen. Ein klagbarer Anspruch der Konkursschuldnerin besteht
jeweils nicht.

II. Die Pflichten als Konkursschuldnerin

Im eröffneten Konkursverfahren ist die Gesellschaft umfassend zu Anwesenheit, Mitwirkung und Auskunft verpflichtet [Art. 42 Abs. 1 LC].[446] Diese konkursspezifischen
Pflichten treffen Verwaltungsorganpersonen bzw. Liquidatoren gleichermaßen. In
den Kreis der Verpflichteten sind neben den organschaftlichen Vertretern die rechtsgeschäftlich Bevollmächtigten einbezogen [Art. 42 Abs. 2 LC]. Das sind die Angestellten der Konkursschuldnerin, die weder als Organ bestellt sind noch faktisch wie
ein Organ handeln. Das Gesetz bezieht sich auf die im Management beschäftigten
Personen, nicht auf die Beschäftigten, denen keine rechtsgeschäftliche Vollmacht
eingeräumt ist. Diese übrigen Arbeitnehmer stehen der unternehmerischen Krise der
Gesellschaft oft selbst passiv gegenüber und werden zu ihren Opfern.[447] Die Anteilseigner verfügen dagegen über eine relative Machtstellung. Im Hinblick auf die Haupt-
bzw. Gesellschafterversammlung ist es folglich weniger zwingend, von geringerer
Macht auf geringere Verfahrenspflichten zu schließen. Gleichwohl folgt aus dem
klaren Gesetzeswortlaut, dass die Anteilseigner nicht Adressaten der konkursspezifischen Pflichten sind.

Der Adressatenkreis ist anhand eines zeitlichen Kriteriums erweitert. Erfasst wird,
wer innerhalb der letzten zwei Jahre vor der Konkurserklärung eine Position im Ver-
waltungs- oder Liquidationsorgan ausübte oder rechtsgeschäftlich mit Vertreterge-
schäften betraut war. Auf diese Weise soll dem Risiko begegnet werden, dass gerade
solche Personen ihr Amt niederlegen und abtauchen, die daran beteiligt waren, die
Gesellschaft in die Krisensituation zu führen, und aufgrund ihrer Kenntnisse eine
wichtige Rolle im Verfahren spielen können.[448] Mit der gleichen Argumentation sind
Personen in faktischer Organstellung als verpflichtet anzusehen.[449] Nur auf diese
Weise gelangt man an erforderliche Informationen, wenn keine ordnungsgemäß be-
stellten Organpersonen vorhanden sind. Dasselbe gilt, wenn die wirksam bestellten
Organpersonen in Wirklichkeit gar nicht oder immerhin nicht alleinverantwortlich die
Verwaltung und Vertretung der Gesellschaft wahrnehmen. In der gesetzlichen Ver-

---

446 Im deutschen Recht §§ 97, 98, 101 InsO.
447 Vgl. vielmehr Art. 32 Abs. 4 LC: weitere Mitarbeit zur Unternehmensfortführung.
448 *Martínez Flórez*, in: Rojo/Beltrán (Hrsg.), *Comentario I*, Art. 42, Nr. III.1., S. 879.
449 So auch *Martínez Flórez*, in: Rojo/Beltrán (Hrsg.), *Comentario I*, Art. 42, Nr. III.1., S. 879;
      a. A. *Zurilla*, in: R. Bercovitz (Hrsg.), *Comentarios I*, Art. 42, Nr. 2.1., S. 371.

mutung, dass schuldhaft handelt, wer konkursspezifische Pflichten verletzt [Art. 165 Nr. 2 LC], ist lediglich die Rede von den rechtmäßigen Organpersonen. Jedoch ist diese Regelung selbst aus systematischen Gründen korrekturbedürftig. Die Generalklausel in Art. 164 Abs. 1 LC bedingt die weite Auslegung, weil darin faktische Organpersonen ausdrücklich erwähnt sind.

Die Präsenzpflicht bedeutet, dass die Pflichtigen vor dem Handelsgericht und der Konkursverwaltung erscheinen müssen, so oft sie hierzu aufgefordert werden. Darüber hinaus besteht die Pflicht, in jeder für die Zwecke des Konkursverfahrens erforderlichen oder sinnvollen Weise mitzuwirken und Auskunft zu geben [Art. 42 Abs. 1 LC]. Adressaten der Pflichterfüllung sind sowohl der Konkursrichter als auch die Konkursverwaltung [vgl. Art. 165 Nr. 2 LC].[450] Die Finalität von Auskunfts- und Mitwirkungspflicht orientiert sich am Konkursverfahrenszweck, so dass beide Pflichten umfassend, jedoch nicht grenzenlos sind.[451]

Erforderlich und sinnvoll sind in jedem Fall Angaben über die Umstände, die Gegenstand der Berichte der Konkursverwaltung sind.[452] Es kommt auf jede Auskunft an, mit der die Konkursverwaltung ihre Aufgaben besser erfüllen kann. Das gilt auch für praktische Informationen zum Zwecke der Unternehmensfortführung [Rechtsgedanke aus Art. 43 Abs. 1, 44 LC]. Art. 138 LC prägt die Auskunftspflicht speziell aus. Der Konkursschuldner ist dazu verpflichtet, das Konkursgericht periodisch über den Verlauf der Vergleichserfüllung zu informieren. Stellt es sich als unmöglich heraus, den Vergleich zu erfüllen, muss er das Gericht davon gesondert unterrichten [Art. 142 LC].

Zur Preisgabe persönlicher und privater Umstände, denen der innere Zusammenhang zum Konkursverfahren fehlt, ist niemand verpflichtet.[453] Der *nemo-tenetur*-Grundsatz wirkt allerdings nicht als Grenze, welche die Auskunftspflicht einschränkt. Die betreffenden Angaben müssen gemacht werden. Hinweise auf eine Strafbarkeit, die im Konkursverfahren auftauchen, dürfen jedoch in einem späteren Strafprozess nicht als Beweismittel verwertet werden.[454]

Die Kapitalgesellschaft muss durch ihre Organpersonen in jeder für die Zwecke des Konkursverfahrens erforderlichen und sinnvollen Weise [Art. 42 Abs. 1 LC] am Verfahren mitwirken. Gegenstand und Reichweite der Mitwirkungspflicht hängen von den praktischen Bedürfnissen ab, die sich für die Konkursverwaltung namentlich im Rahmen der Unternehmensfortführung auftun.[455] Die konkursschuldnerische Mitwir-

---

450 Im Ergebnis ebenso *Martínez Escribano*, in: Sánchez Calero Guilarte/Guilarte (Hrsg.), *Comentarios I*, Art. 42, S. 751.

451 *Tirado*, Los administradores concursales, S. 355 f. Im deutschen Recht *Uhlenbruck*, in: Schmidt/Uhlenbruck (Hrsg.), *Die GmbH in Krise, Sanierung und Insolvenz*, S. 603, Rn. 1205; *ders.*, in: Uhlenbruck (Hrsg.), *InsO*, § 97, Rn. 6, m. w. N.

452 Vgl. Art. 34 Abs. 3, 75, 82, 86 Abs. 2 S. 1, 94 Abs. 1, 107, 115 Abs. 1, 120, 149 Abs. 1 Nr. 1, 152, 169 Abs. 1 S. 1, 176 Abs. 2, 180, 181 LC.

453 Vgl. Art. 18 Abs. 1 CE.

454 Vgl. Art. 24 Abs. 2 CE. Näher *Martínez Flórez*, in: Rojo/Beltrán (Hrsg.), *Comentario I*, Art. 42, Nr. II.3.2., S. 875. Zur Qualifikationsphase *dies.*, ADCo 1/2004, S. 191, 201.

455 *Martínez Flórez*, in: Rojo/Beltrán (Hrsg.), *Comentario I*, Art. 42, Nr. II.2, S. 871; *Tirado*, Los administradores concursales, S. 354.

kung kann dabei aus tatsächlichen wie aus rechtlichen Gründen erforderlich sein. Tatsächliche Gründe bestehen beispielsweise darin, dass der Konkursverwaltung bestimmte technologische Kenntnisse zur Unternehmensfortführung fehlen. Wenn an einem Vergleich gearbeitet wird, kann der Konkursrichter ein zweckdienliches, insbesondere vertrauensförderndes Verhalten verlangen. Rechtliche Gründe bedingen die Mitwirkung der Konkursschuldnerin dort, wo die Kompetenzen der Konkursverwaltung nicht ausreichen. Daran ist zu denken, wenn die Wirkungen der Konkurserklärung in einem ausländischen Staat nicht anerkannt werden.[456] Je fragwürdiger die Rolle der Organpersonen in der unternehmerischen Krise war, umso weniger Interesse hat die Konkursverwaltung daran, dass die betreffenden Personen weiterhin mitwirken. Andererseits soll ein Engagement, das die Aufgaben überschreitet, die mit der beruflichen Stellung der Pflichtadressaten ohnehin verbunden sind, im Einzelfall angemessen vergütet werden.[457] Zu persönlichen Leistungen, die allein darauf abzielen, den Wert der Masse zu steigern, sind die Organpersonen nicht verpflichtet.[458]

Eine Pflicht, verfahrenszweckwidrige Handlungen zu unterlassen, ist nicht statuiert. Sie folgt indessen daraus, dass die Mitwirkungspflicht umfassend ist. In jeder erforderlichen und sinnvollen Weise wirkt nicht mit, wer das Verfahren aktiv hintertreibt. Das gilt selbst bei formaler Erfüllung der Handlungspflichten, wenn die Pflichterfüllung nur fingiert oder durch gegenläufige Handlungen neutralisiert wird.

Die Geschäftsbücher sind geheim, es sei denn, das Gesetz regelt etwas anderes [Art. 32 Abs. 1 CCom]. Das Konkursgesetz trifft eine andere Anordnung. Die Kapitalgesellschaft bzw. ihre Organpersonen haben die gesetzlich vorgeschriebenen Handelsbücher zur Verfügung zu stellen [Art. 45 Abs. 1 LC]. Diese Pflicht beschränkt sich nicht auf die Buchführung im engeren Sinne, sondern gilt für sämtliche weiteren Bücher, Dokumente und Aufzeichnungen, die vermögensbezogene Informationen über die berufliche oder unternehmerische Tätigkeit des Konkursschuldners enthalten.[459] Nicht erfasst werden persönliche Aufzeichnungen sowie Unterlagen über solche Vermögensgegenstände, die nicht zur Konkursaktivmasse zählen.[460] Sofern die Konkursverwaltung die vermögensrechtlichen Befugnisse ausübt und das Unternehmen führt, obliegt ihr die Bilanzpflicht [Art. 46 Abs. 2, 2. Var. LC]. Sie hat schon aus diesem Grunde sämtliche erforderlichen Unterlagen in ihrem Einflussbereich. Setzt der Konkursschuldner dagegen selbst die unternehmerische Tätigkeit fort, bleiben die Unterlagen in seinem Herrschaftsbereich. Aber auch diese Unterlagen müssen der Konkursverwaltung zur Verfügung stehen, also wenigstens einsehbar sein.[461] Vermögensdaten, die für die Verfahrensdurchführung erforderlich sind, müssen in die Hände der Konkursverwaltung gelangen, ohne dass die Unternehmensfortführung gestört

456 *Braun/Uhlenbruck*, Unternehmensinsolvenz, S. 202; *Kroth*, in: Braun (Hrsg.), *InsO*, § 97, Rn. 11, m. w. N.
457 So *Martínez Flórez*, in: Rojo/Beltrán (Hrsg.), *Comentario I*, Art. 42, Nr. V., S. 885.
458 *Martínez Flórez*, ADCo 1/2004, S. 191, 198.
459 Extensiv *Zurilla*, in: R. Bercovitz (Hrsg.), *Comentarios I*, Art. 45, Nr. 1, S. 393, zu Art. 30 Abs. 1 CCom, ebd., Nr. 2.1, S. 396.
460 *Díaz Moreno*, in: Rojo/Beltrán (Hrsg.), *Comentario I*, Art. 45, Nr. I.2.2., S. 934.
461 *González Pascual*, RT 2002, S. 32, 39.

wird.[462] Die Nähe zur reinen Informationspflicht liegt auf der Hand. Das „Zur-Verfü-
gung-Stellen" erfordert überdies ein tatsächliches Handeln. Art. 45 Abs.
1 LC regelt somit einen Zwitter aus Auskunfts- und Mitwirkungspflicht.

Die Umstände des Einzelfalls diktieren, welche Handlungen konkret erforderlich
sind. Das Spektrum reicht von der restlosen und dauerhaften Übergabe von Daten-
trägern (z. B. CD-ROMs und Festplatten) über den Versand per E-Mail bis hin zur
Gestattung des jederzeitigen Zutritts zu den Geschäftsräumen, in denen z. B. die Akten lagern oder die Rechenzentrale installiert ist. Die Pflicht entsteht im Zeitpunkt der
Konkurserklärung. Empfängerin der Information ist die Konkursverwaltung. Wann
diese bestellt wird oder tatsächlich zu arbeiten beginnt, ist nicht maßgebend. Dieser
Zeitpunkt hängt zuweilen von rein zufälligen Umständen ab. Die Pflicht ändert lediglich ihren Inhalt. Zunächst reicht es aus, den jederzeitigen Zugriff zu ermöglichen. Sobald die Konkursverwalter effektiv ihre Aufgaben wahrnehmen, muss „zur Verfügung
gestellt" werden. Die Konkursverwaltung kann beantragen, dass der Konkursrichter
Maßnahmen anordnet, um die Pflichten durchzusetzen [Art. 45 Abs. 2 LC]. Der Konkursrichter beschließt diejenigen Maßnahmen, die im Gesetz vorgesehen sind und
ihm erforderlich erscheinen.[463]

An Drohmechanismen, die zu pflichtgemäßem Verhalten anhalten, fehlt es nicht. Da ist
zunächst die gerichtliche Handhabe, um konkursspezifische Pflichten durchzusetzen
[vgl. nur Art. 41, 42 Abs. 1 S. 1, 43 Abs. 1 S. 2, 45 Abs. 2 LC]. Pflichtverletzungen
wirken sich weiterhin im Rahmen der Konkursqualifikation aus. Vorsatz oder grobe
Fahrlässigkeit werden vermutet, wenn Mitwirkungs- oder Auskunftspflicht verletzt
werden oder die Teilnahme an der Gläubigerversammlung unterbleibt [Art. 165
Nr. 2 LC]. Noch rigidere Rechtsfolgen greifen ein, wenn nicht ordnungsgemäß geführte Bücher oder gefälschte Unterlagen vorgelegt werden [vgl. Art. 164 Abs. 2 LC].

§ 3 Die vermögensrechtliche Stellung der Kapitalgesellschaft im Konkurs

I. Die Rechtsnatur der vermögensrechtlichen Wirkungen

Anders als die persönlichen Folgen der Konkurserklärung beziehen sich die vermögensrechtlichen Wirkungen auf die Ausübung rechtlicher Befugnisse über Sachen und
Rechte (gegenständliche Sphäre). Die vermögensrechtlichen Wirkungen bezwecken,
das konkursbehaftete Vermögen zu schützen und so die Gläubigerbefriedigung zu
gewährleisten. Das spanische Recht unterscheidet zwischen „inhabilitación" und „incapacitación". Im ersten Fall schließt ein Verbot die Person von bestimmten Handlungsbereichen aus, für die vermutet wird, dass die dafür erforderliche Befähigung

---

462 *Díaz Moreno*, in: Rojo/Beltrán (Hrsg.), *Comentario I*, Art. 45, Nr. I.1.2, S. 928 f.; *Herbosa*,
RCDI Nr. 678, 2003, S. 2007, 2027. Art. 44 Abs. 1 Gesetzentwurf 2002: Heraus- bzw.
Übergabe.

463 Zu dieser Abgrenzung kursorisch *Galán*, in: Sánchez Calero Guilarte/Guilarte (Hrsg.),
Comentarios I, Art. 45, S. 863.

fehlt.[464] Im zweiten Fall wird die Fähigkeit eingeschränkt, wirksam Rechtsgeschäfte vorzunehmen.[465]

Nach bisherigem Recht verlor der Konkursschuldner mit der Konkurserklärung *ipso iure* die Befugnis, ihm gehörende Gegenstände zu verwalten, nicht aber die Geschäfts- und Handlungsfähigkeit [Art. 878 Abs. 1, 1035 CCom a. F.].[466] Er wurde des Besitzes an den konkursbehafteten Gegenständen enthoben [Art. 1044 Nr. 3, 1045 ff. CCom a. F.] und vom Handelsverkehr ausgeschlossen [Art. 13 CCom a. F.].[467] Im Vergleichs- verfahren übte der Schuldner dagegen seine vermögensrechtlichen Befugnisse mit Zustimmung der Verfahrensorgane aus [Art. 6 LSP, Interventionslösung]. Die Mit- wirkung der so genannten Interventoren war erforderlich, um Zahlungen anzuneh- men, Verpflichtungsgeschäfte abzuschließen und übliche Operationen des Geschäfts- betriebs vorzunehmen [Art. 6 S. 2, Nr. 1-3 LSP]. Der Richter konnte weitere Siche- rungsmaßnahmen anordnen [Art. 6 S. 1 LSP], selbst wenn sie so stark eingriffen, dass der Schuldner seine vermögensrechtlichen Befugnisse überhaupt nicht mehr selbst wahrnehmen konnte.[468]

Im neuen Recht finden sich in modifizierter Form sowohl die Aussetzung der ver- mögensrechtlichen Befugnisse als auch die Interventionslösung wieder. Daher scheint weiterhin die subjektive Fähigkeit des Konkursschuldners beschränkt zu werden, be- stimmte Rechtsgeschäfte wirksam vorzunehmen.[469] Die vermögensrechtlichen Wir- kungen der Konkurserklärung zeigen jedoch ausgeprägt objektive Eigenschaften.[470] Der Konkursschuldner verliert nur hinsichtlich bestimmter Gegenstände die Befugnis, überhaupt oder doch ohne eine Mitwirkung Dritter zu verwalten und zu verfügen.[471] Der Konkursschuldner bedarf deshalb wenig des Schutzes einer unterstellten „incapa- citación".[472] Die gesetzliche Regelung verfolgt vielmehr den Zweck, die Aktivmasse zu erhalten. Läge eine „incapacitación" vor, wären die Rechtshandlungen, welche den Verbindlichkeiten zu Grunde liegen, bereits unwirksam. Geht man vom gesetzlichen Handlungsverbot aus, ändert sich lediglich die rechtliche Einstufung der Verbindlich- keiten. Letzteres entspricht der gesetzlichen Regelung: Verbindlichkeiten, die in der Unternehmensaktivität begründet werden, nachdem die Unternehmensbeendigung angeordnet wurde, sind keine Masseverbindlichkeiten mehr [Art. 84 Abs. 2 Nr. 5,

464 Instruktiv *Ramírez*, La quiebra II, S. 821-836.
465 *Díez-Picazo/Gullón*, Sistema de Derecho Civil I, S. 214.
466 *Gallego*, in: Hernández (Hrsg.), *Suspensión de pagos, quiebra* I, S. 293 f.; *García-Cruces*, in: Homenaje Menéndez III, S. 3553. Näher *García Villaverde*, in: Homenaje Duque Domín- guez I, S. 1629, 1638 ff.; *ders.*, AAMN XXXVII (1998), S. 163, 167 ff.
467 Zum Besitzverlust *Ramírez*, La quiebra II, S. 1329–1344. Zur Kaufmannseigenschaft *García Villaverde*, in: Homenaje Duque Domínguez I, S. 1629, 1640 f.; *Martínez Flórez*, Las interdicciones legales del quebrado, S. 124–156, m. w. N.
468 *Beltrán*, Las deudas de la masa, S. 103.
469 So *R. Bercovitz*, in: R. Bercovitz (Hrsg.), *Comentarios I*, Art. 40, Nr. 1, S. 359.
470 *Martínez Flórez*, in: Rojo/Beltrán (Hrsg.), *Comentario I*, Art. 40, Nr. II.4., S. 782 f.
471 *Domínguez Calatayud*, RCDI Nr. 682, 2004, S. 817, 833 f.; zeitlich differenzierend *González-Meneses*, BCRE (94) 2003, S. 1871, 1882.
472 *R. Bercovitz*, in: R. Bercovitz (Hrsg.), *Comentarios I*, Art. 40, Nr. 1, S. 359.

S. 1, letzter Hs., 1. Var. LC]. Die besseren Gründe sprechen deshalb für ein Verbot.[473] Dieses Verbot betrifft verschiedene materielle Befugnisse einem Regel-Ausnahme-System folgend in unterschiedlicher Intensität. Die Regel ist für Verwaltung und Verfügung[474] zu formulieren.

Wer das Vermögen verwaltet, bestimmt dessen Schicksal. Hierunter fallen sämtliche Maßnahmen der Sicherung und Erhaltung.[475] Verwalten bedeutet, z. B. investierte Mittel übersichtlicher zu verteilen, Depoteinlagen umzuschichten, Forderungen einzuziehen oder Mitgliedschaftsrechte in einem Verband wahrzunehmen.[476] Als Verwaltungshandlung gilt darüber hinaus, wenn Gegenstände der Aktivmasse genutzt und Früchte gezogen werden.[477] Die Befugnis, sich rechtsgeschäftlich zu verpflichten, ist weder in der Verfügungs- noch in der Verwaltungsbefugnis enthalten. Das ergibt sich aus dem Verhältnis von Verpflichtung und Verfügung. Der Konkursschuldnerin wird verboten, den verfügenden Akt („modus") vorzunehmen. Sie kann weiterhin Verpflichtungsverträge abschließen, z. B. einen Anstellungsvertrag mit einer Organperson. Der Vertrag kann sogar zum Gegenstand haben, die dingliche Rechtslage an konkursbehafteten Sachen und Rechten zu verändern, solange er diese Veränderung nicht selbst herbeiführt.[478] Die Konkursschuldnerin kann faktisch sogar den rechtsübertragenden Akt verbotswidrig ausführen. Wird diese nicht rechtsbeständige Handlung später beseitigt, haftet die Konkursschuldnerin dem Vertragspartner genauso wegen Nichterfüllung, als habe sie sich an das Verbot gehalten und von vornherein nicht geleistet. Die Nichterfüllung ist eine mögliche Folge beim Anstellungsvertrag mit der Organperson, die keine Bezahlung aus der Masse erhält, wenn die Konkursverwaltung die Anstellung nicht mitträgt.

Die Befugnis, Erwerbsverfügungen vorzunehmen, bleibt unbeschränkt. Die vermögensrechtliche Limitierung bezieht sich nur auf „ihr" (bereits gegenwärtig gehörendes) Vermögen. Ein Vermögensgegenstand, den die Konkursschuldnerin erwirbt, fällt dagegen erst durch diesen Vorgang in die Aktivmasse [Art. 76 Abs. 1, 2. Hs., 2. Var. LC].

Über Gegenstände, die im Besitz „der Kapitalgesellschaft" stehen, übt das Verwaltungsorgan den Organbesitz aus. Lediglich die Geschäftsbücher müssen der Konkursverwaltung zur Verfügung gestellt werden [Art. 45 Abs. 1 LC]. Die Besitzfiktion nach altem Recht [Art. 1044 Nr. 3, 1045 ff. CCom a. F.] wurde ersatzlos gestrichen.[479]

---

473 *Martínez Flórez*, in: Rojo/Beltrán (Hrsg.), *Comentario I*, Art. 40, Nr. II.4., S. 783 f.; A. *Tapia*, in: Homenaje Olivencia IV, S. 4405, 4412 f. Zur Terminologie *Albaladejo*, Derecho Civil I, S. 292; *Díez-Picazo*, Fundamentos III, S. 836–845.

474 Zur Verfügung im spanischen Recht *Díez-Picazo*, Fundamentos III, S. 837 f.; *Martínez Flórez*, in: Rojo/Beltrán (Hrsg.), *Comentario I*, Art. 43, Nr. III.3.1., S. 899 f.; A. *Tapia*, in: Homenaje Olivencia IV, S. 4405, 4435 ff.

475 Zum bisherigen Recht *Ramírez*, La quiebra II, S. 1471–1490; *Soto*, Aspectos concursales del patrimonio del insolvente, S. 21-35; weiterhin *Zurilla*, in: R. Bercovitz (Hrsg.), *Comentarios I*, Art. 43, Nr. 2, S. 377.

476 *Martínez Flórez*, in: Rojo/Beltrán (Hrsg.), *Comentario I*, Art. 43, Nr. II.1.2.1., S. 892 f.

477 *Zurilla*, in: R. Bercovitz (Hrsg.), *Comentarios I*, Art. 43, Nr. 2, S. 377.

478 *Martínez Flórez*, in: Rojo/Beltrán (Hrsg.), *Comentario I*, Art. 40, Nr. IV.1.2., S. 798.

479 Zum bisherigen Recht *Soto*, Aspectos concursales del patrimonio del insolvente, S. 10 f., übertragbar auf Art. 6 Abs. 2 i. V. m. 21 Abs. 1 Nr. 3 LC.

Das Konkursgesetz ist zu den Besitzverhältnissen neutral eingestellt. Ein Besitzwechsel findet nur statt, wenn er erforderlich ist, damit die Konkursverwaltung das Unternehmen fortführen kann. Dazu wird vorgeschlagen, zwischen Eigen- und Fremdverwaltung zu differenzieren.[480] Wer die vermögensrechtlichen Befugnisse wahrnimmt, übt den Besitz über die zu verwaltenden Vermögensgegenstände aus. Dieser Ansatz darf aber nicht zu der pauschalen Annahme verleiten, dass der Befugte die Sachherrschaft zwingend innehat. Dafür gibt es keine Rechtsgrundlage.

Veräußerung und Belastung gehören zur Schnittmenge von Verfügung und Verwaltung, sind aber selbständig geregelt. Als qualifizierte Voraussetzung für eine Veräußerung oder eine Belastung muss der Konkursrichter zuvor seine Erlaubnis erteilen [Art. 43 Abs. 2 LC]. Der Konkursrichter bestimmt auch, auf welchem Weg die Veräußerung oder Belastung erfolgt.[481] Erst wenn ein Vergleich genehmigt oder die Liquidationsphase eröffnet wird, fällt dieses Erfordernis weg. Es entfällt jedoch nicht ersatzlos, sondern weicht den Wirksamkeitserfordernissen, die im Vergleich für die Konkursschuldnerin [Art. 133 Abs. 2, 137 LC], im Liquidationsplan (oder subsidiär gesetzlich) für die Konkursverwaltung festgelegt sind [Art. 145 Abs. 1, 147 LC]. „Verwaltung" bedeutet somit Sicherung und Erhaltung, soweit sie sich in Handlungen erschöpft, welche nicht Verfügungen sind. „Verfügung" bezeichnet solche Einwirkungen auf die dingliche Rechtslage, welche – und darin liegt die konkursrechtliche Besonderheit – nicht darin bestehen, Gegenstände zu veräußern oder zu belasten.

Im Rahmen der Vermögensverwaltung kann es aber erforderlich sein, Sachen und Rechte laufend zu veräußern oder zu belasten.[482] Beispielsweise muss verderbliche Ware abgestoßen werden, bevor sie nicht mehr abzusetzen ist.[483] Eine Rückausnahme gilt daher für die Veräußerung oder Belastung von Gegenständen, die „inhärenter" Bestandteil der Unternehmensfortführung sind [Art. 43 Abs. 3 LC]. Diese Handlungen dürfen praktisch erleichtert, also ohne richterliche Zustimmung vorgenommen werden, sofern sie der Unternehmenstätigkeit nicht nur allgemein zuzuordnen, sondern für diese Tätigkeit entweder wesentlich oder typisch sind.[484] Diese Voraussetzung ist nicht erfüllt, wenn ein landwirtschaftliches Unternehmen seinen Viehbestand veräußert.[485] Solche Veräußerungen und Belastungen stehen den sonstigen Verfügungen und Verwaltungshandlungen gleich.

II. Das Zustimmungserfordernis und Formen reiner Eigenverwaltung

Die Konkursschuldnerin behält im freiwilligen Konkurs die Befugnis, ihr Vermögen zu verwalten und über die Vermögensgegenstände zu verfügen [Art. 40 Abs. 1 LC].

---

480 *Herbosa*, RCDI Nr. 678, 2003, S. 2007, 2020.
481 AJMer Madrid v. 5. April 2005, AC. 2005/974; v. 27. April 2005, AC. 2005/1129; v. 23. Mai 2005, AC. 2005/907; v. 14. Juni 2005, AC. 2005/966.
482 Vgl. Art. 82 Abs. 3 Entwurfsvorschlag 1995; extensiver *Herbosa*, RCDI Nr. 678, 2003, S. 2007, 2024.
483 Vgl. explizit Art. 42 Abs. 3, Nr. 1 Gesetzentwurf 2002.
484 *Martínez Flórez*, in: Rojo/Beltrán (Hrsg.), *Comentario I*, Art. 43, Nr. III.4., S. 902.
485 Implizit AJMer Vizcaya (Bilbao) v. 10. Januar 2005, ADCo 5/2005, S. 341, 342 f.

Die Konkursschuldnerin tritt weiter als Berechtigte nach außen in Erscheinung. Sie unterliegt der Kontrolle durch die Konkursverwaltung (sog. Interventionslösung). Verwaltungshandlungen und Verfügungen sind grundsätzlich nur zulässig, wenn die Konkursverwalter zustimmen.[486] Dabei kann es sich um das vorherige Einverständnis oder die nachträgliche Genehmigung handeln. Die Zustimmung erfolgt ausdrücklich oder konkludent. Die Konkursverwaltung muss zu jedem einzelnen Akt Stellung nehmen.[487] Das ergibt sich im Gegenschluss daraus, dass eine generelle Ermächtigung gesondert geregelt ist [vgl. Art. 44 Abs. 1 Unterabs. 1 LC]. Die Konkursverwaltung allein kann keine Handlungen der Vermögensverwaltung und Verfügungen vornehmen. Aus Gründen der Praktibilität vor allem in größeren Unternehmen muss sich die Konkursverwaltung normalerweise auf die Kontrolle der ein- und ausgehenden Zahlungen beschränken. Das einfachste Mittel hierfür ist die Überführung aller Finanzmittel der Konkursschuldnerin auf ein Konto, über das nur mit Gegenzeichnung der Konkursverwalter verfügt werden kann. Die vermögensrechtliche Position der Gesellschaft wird folglich vergleichsweise wenig belastet und steht im Spannungsverhältnis zu den Interessen der Gläubiger.[488] Während im fremdbeantragten Konkurs die vermögensrechtlichen Befugnisse entzogen werden, belohnt das Gesetz die Konkursschuldnerin für den Eigenantrag. Diese Rechnung sollte nicht stets aufgehen, um zu verhindern, dass der Eigenantrag dazu missbraucht wird, ohne große Umtriebe in die unterschiedlichen Formen der Eigenverwaltung zu gelangen. Tatsächlich greift die Interventionslösung aber in einer Mehrzahl, nämlich bislang rund fünfundsechzig Prozent, aller Konkursverfahren Raum.[489] Darüber hinaus scheint sie sich zu bewähren, denn in den wenigsten Fällen gehen die Gerichte nachträglich zur Fremdverwaltung über.

Das Gesetz weist detaillierte Regelungen zu bestimmten Formen reiner Eigenverwaltung auf. Die Konkursschuldnerin ist befugt, im Rahmen einer Notzuständigkeit ganz allein weiter zu handeln. Verfügungen und Verwaltungshandlungen sind zulässig, wenn sie für die Unternehmensfortführung unverzichtbar sind und unter normalen Marktbedingungen stattfinden [Art. 44 Abs. 2 Unterabs. 2 LC].[490] Dazu gehört es, mit den Arbeitnehmervertretern über kollektive arbeitsrechtliche Maßnahmen zu verhandeln, die ausnahmsweise frühzeitig beantragt werden.[491] Die Notzuständigkeit besteht zwischen der Konkurserklärung und dem Zeitpunkt, in dem die Konkursverwaltung ihr Amt annimmt. Die Annahme ist die formale Erklärung, der Bestellung nachkommen zu wollen [Art. 29 LC]. Die Konkursverwaltung ist aber erst in einem späteren Zeitpunkt tatsächlich in der Lage, ihre Aufgaben wahrzunehmen (Amtsübernahme). Bis dahin muss die gesetzlich beabsichtigte Fortführung des konkursschuldnerischen Unternehmens gesichert werden. Andernfalls entsteht eine Ausfallzeit, in welcher die

486 Anders die reine Eigenverwaltung i. S. v. §§ 270 ff. InsO im deutschen Recht.
487 Im Ergebnis auch *Herbosa*, RCDI Nr. 678, 2003, S. 2007, 2018.
488 *Uhlenbruck*, FS Kirchhof, S. 479, 489. Zum Verhältnis von Revalutierungsinteresse und Verfahrenszweck *Hernández*, in: Hernández (Hrsg.), *Suspensión de pagos, quiebra II*, S. 934; *Uhlenbruck*, FS Kirchhof, S. 479, 491.
489 Vgl. *Van Hemmen*, REFOR Documento Nr. 8, S. 47, 53, Tab. II.5.
490 Zu normalen Marktbedingungen *Curiel*, RCDI Nr. 679, 2003, S. 2699, 2714 f. Näher *Martínez Flórez*, in: Rojo/Beltrán (Hrsg.), *Comentario I*, Art. 44, Nr. II.2.3.3., S. 914 f.
491 *De la Puebla*, in: R. Bercovitz (Hrsg.), *Comentarios I*, Art. 64, Nr. 2, S. 739.

Konkursschuldnerin nicht mehr handlungsbefugt, die Konkursverwaltung aber noch nicht handlungsfähig ist. Wann die tatsächliche Amtsübernahme stattfindet, hängt jedoch weitgehend vom Zufall ab. Der Zeitpunkt der Amtsannahme als formaler, überdies aktenkundiger Schritt lässt sich dagegen ohne weiteres ermitteln. Das Ergebnis der wörtlichen und systematischen Auslegung (Amtsannahme) ist daher demjenigen der teleologischen Auslegung (Amtsübernahme) überlegen.

Es ist nicht klar, ob es, wenn mehrere Konkursverwalter bestellt sind, auf die Annahme sämtlicher Verwalter, auf die Annahme der Konkursverwaltung im funktionsfähigen Umfang oder auf die Annahme irgendeines Konkursverwalters ankommt. Die erste Variante führt dazu, dass die Notzuständigkeit so lange eingreift, bis auch der letzte bestellte Konkursverwalter das Amt annimmt. Gegen sie lässt sich ins Feld führen, dass sie unabhängig von den jeweiligen Erfordernissen der Konkursschuldnerin Handlungsbefugnisse einräumt, obwohl schon ein oder zwei Konkursverwalter amtieren. Art. 29 LC stellt für die Wirkungen der Amtsannahme ohnehin nur auf den individuellen Konkursverwalter ab. In einer zweiten Variante hängt es von den Eigenschaften des fortgeführten Unternehmens ab, ob zur praktischen Einsatzfähigkeit der Verwaltung erforderlich ist, dass einer, zwei oder sämtliche bestellten Konkursverwalter das Amt annehmen. Das ist wiederum von Einzelfallumständen abhängig. Aus Gründen der Klarheit und Praktikabilität ist deshalb die dritte Variante vorzugswürdig. Sie schließt die Notzuständigkeit aus, sobald auch nur ein bestellter Konkursverwalter das Amt annimmt. Die Unternehmensführung kann zwar faktisch den Einsatz mehrerer Konkursverwalter erfordern. Die Konkursschuldnerin bzw. ihr Verwaltungsorgan sind aber verpflichtet, mitzuarbeiten und das Unternehmen nicht unbeaufsichtigt zu lassen. Der Konkursverwalter, der als erster das Amt annimmt, begrenzt eine drohende Arbeitsüberlastung außerdem dadurch, dass er die Masseverwaltung vorrangig gegenüber den übrigen Funktionen angeht.

Der Anwendungsbereich der Regelung beschränkt sich nach dem Gesetzeswortlaut auf den Beginn des Konkursverfahrens. Sie soll ausgleichen, dass die Konkursverwaltung nicht besetzt ist. Im Verlauf des Konkursverfahrens können jedoch einer, mehrere oder alle Konkursverwalter aus dem Amt scheiden. Dann ist die Verwaltung ebenfalls vakant, ohne dass es eine vergleichbare Regelung gibt. Die Unternehmensaktivität kann aber nicht unterbrochen werden, bis die neue Konkursverwaltung funktioniert. Aus dem erhöhten Stellenwert, den das Gesetz der Unternehmensfortführung zumisst, lässt sich zugleich folgern, dass die Gesetzeslücke planwidrig ist. Sie ist durch eine Analogie zu Art. 44 Abs. 2 Unterabs. 2 LC zu schließen.[492]

Die Konkursverwaltung kann im Rahmen einer Generalermächtigung bestimmte Handlungen und Operationen festlegen, die auf Grund ihrer Art oder ihres Umfangs stets als genehmigt gelten [Art. 44 Abs. 2 Unterabs. 1 LC]. Die Konkursschuldnerin bzw. ihr Verwaltungsorgan dürfen insoweit vermögensrechtliche Befugnisse ausüben, als existiere kein gesetzliches Verbot.[493] Die Generalermächtigung erleichtert es, das Unternehmen im Konkurs fortzuführen.[494] Darüber hinaus wird die Konkursverwaltung

---

492 Im Ergebnis ebenso *Martínez Flórez*, in: Rojo/Beltrán (Hrsg.), *Comentario I*, Art. 44, Nr. II.2.3.1., S. 913.
493 Kritisch *CGPJ*, Gutachten vom 6. Oktober 2001, S. 33.
494 *Zurilla*, in: R. Bercovitz (Hrsg.), *Comentarios I*, Art. 44, Nr. 2, S. 383.

vom Tagesgeschäft entlastet. Die Geschäfte müssen sich innerhalb der nach Art und Größenordnung festgelegten Grenzen bewegen, welche die Konkursverwaltung nach den Umständen des Einzelfalls konkretisiert. Die Generalermächtigung beschränkt sich auf Geschäfte, welche die Unternehmenstätigkeit üblicherweise mit sich bringt. Damit sind nach dem Wortlaut gängige, weil in den typischen Handlungsbereich fallende Geschäftshandlungen gemeint [vgl. Art. 44 Abs. 2 Unterabs. 1 LC].[495] Diese restriktive Auslegung passt zur bloßen Vermögenswerterhaltung. Für eine andere Auslegung spricht, dass sich Art. 44 Abs. 2 Unterabs. 1 LC ausdrücklich an den Bedürfnissen der Unternehmensfortführung orientiert. Handlungen können für die Fortführung unabdingbar sein, selbst wenn sie außerhalb des alltäglichen Geschäftsfelds liegen. Praktisch jede Geschäftshandlung erfordert es z. B., zugleich neue Verbindlichkeiten einzugehen.[496] Die Ermächtigungsfähigkeit insbesondere von Finanzierungsmaßnahmen kann also nicht generell abgelehnt werden, zumal das ursprünglich in Art. 44 Abs. 2 Gesetzentwurf 2001 vorgesehene Verbot gestrichen wurde.

Auf die konkrete Erforderlichkeit kommt es nicht an. Darin liegt der wesentliche Unterschied zur Notzuständigkeit. Wenn die Konkursverwaltung nicht besetzt ist, sind nur die Handlungen gestattet, die für den Geschäftsfortgang unverzichtbar, also zwingend erforderlich sind. Der Umfang der Notzuständigkeit ist folglich enger als die Reichweite der Generalermächtigung. Die Notzuständigkeit kann im Einzelfall aber auch deutlich weiter ausfallen als die allgemein eingeräumte Befugnis. Außer dem relativen Maßstab der Marktkonformität besteht keine qualitative oder quantitative Obergrenze. Eine sehr große Transaktion, welche für die Unternehmensfortführung zwingend erforderlich ist, gilt als zulässig, wenn sie marktkonform vor sich geht. Auf Grund ihrer Dimension entspricht die Transaktion dagegen u. U. nicht mehr dem Umfang unternehmenstypischer Handlungen, den die Generalermächtigung deckt.

III. Die Fremdverwaltung durch die Konkursverwaltung

Im zwingenden Konkurs verliert die Konkursschuldnerin die Befugnis, ihr Vermögen zu verwalten und darüber zu verfügen. Die Konkursverwaltung bestimmt nach außen hin die Geschicke des konkursbehafteten Vermögens [Art. 40 Abs. 2 LC, Fremdverwaltung]. „Ersetzung" ist der gesetzliche Begriff. Die Rechtsnatur als echte Substitution oder als gesetzliche Vertretung ist umstritten.[497] Jedenfalls werden die vermögensrechtlichen Befugnisse der Konkursschuldnerin nicht einfach auf die Konkursverwaltung verschoben. Vielmehr weist das Gesetz der Konkursverwaltung als eigenständige Aufgabe zu, vermögensrechtliche Befugnisse hinsichtlich der Ak-

---

495 Zu Hilfsgeschäften *Herbosa*, RCDI Nr. 678, 2003, S. 2007, 2026; *Zurilla*, in: R. Bercovitz (Hrsg.), *Comentarios I*, Art. 44, Nr. 2, S. 386.
496 Vgl. *CGPJ*, Gutachten vom 6. Oktober 2001, S. 33.
497 Zur bisherigen Rechtslage *Beltrán*, Las deudas de la masa, S. 101. Für Substitution: *de lege ferenda CGPJ*, Gutachten vom 6. Oktober 2001, S. 32; *R. Bercovitz*, in: R. Bercovitz (Hrsg.), *Comentarios I*, Art. 40, Nr. 1, S. 360. Für gesetzliche Vertretung: *Martínez Flórez*, in: Rojo/Beltrán (Hrsg.), *Comentario I*, Art. 40, Nr. II.4., S. 785. Unklar: *Domínguez Calatayud*, RCDI Nr. 682, 2004, S. 817, 834.

tivmasse auszuüben.[498] Die Konkursverwaltung ist in ihren Handlungen insbesondere nicht einem vermögensrechtlich unabhängigen Rechtssubjekt gleichgestellt, sondern vielmehr konkurszweckgebunden.[499]

In der Fremdverwaltung obliegt es allein der Konkursverwaltung, die Maßnahmen zu ergreifen, die zur Fortführung der Unternehmenstätigkeit erforderlich sind [Art. 44 Abs. 3 LC]. Die Konkursverwaltung erhält dafür vom Konkursrichter jede rechtlich mögliche Unterstützung. Eine Generalermächtigung ist nicht vorgesehen. Der Konkursrichter suspendiert die Befugnisse der Konkursschuldnerin gerade in der Absicht, ihr den Einfluss auf das konkursbehaftete Vermögen zu entziehen. Das ist zur Massesicherung vor allem dann geboten, wenn die Organpersonen nicht vertrauenswürdig sind.[500]

Vor diesem Hintergrund ist es zwar nicht konsequent, die Notzuständigkeit [Art. 44 Abs. 2 Unterabs. 2 LC analog] anzuwenden, überzeugt aber trotzdem.[501] Ohne sie hängt die Wirksamkeit von Rechtshandlungen, welche die Konkursschuldnerin im Anschluss an die Konkurserklärung vornimmt, davon ab, ob die Konkursverwaltung sie nach der Amtsannahme bestätigt [Art. 40 Abs. 7 LC]. Die Unternehmensfortführung steht aber auf dem Spiel. Zum einen lässt sich die praktische Schwierigkeit einer Unternehmensfortführung durch unternehmensfremde Konkursverwalter abfedern, die sicher mit dafür verantwortlich ist, dass die Interventionslösung in der Praxis weitaus überwiegt. Zum anderen ist die krisenbehaftete Gesellschaft als Vertragspartnerin ohnehin wenig attraktiv. Der Rechtsverkehr müsste überdies auf jede Rechtssicherheit verzichten, da die spätere Konkursverwaltung das Geschäft für endgültig wirksam erklären kann, aber nicht muss. Die Handlung droht aber nicht, am Konkurs vorbei und damit zu Lasten seiner Zielsetzung zu gehen. Denn wenn die Konkursschuldnerin die Notzuständigkeit missbräuchlich nutzt, entfällt mit deren engen Voraussetzungen automatisch die Zustimmungsfreiheit.

IV. Die Gestaltungsmöglichkeiten für die vermögensrechtliche Stellung

Der Konkursrichter kann von der Grundregel (freiwilliger Konkurs = Formen der Eigenverwaltung, zwingender Konkurs = Fremdverwaltung) abweichen. Im freiwilligen Konkurs kann er Fremdverwaltung anordnen. Dies kann erforderlich sein, wenn die Organträger der Konkursschuldnerin nicht hinreichende Kenntnisse für die Lenkung der Gesellschaft besitzen.[502] Im zwingenden Konkurs ist umgekehrt die bloße Eigen-

---

498 Bisher *Tirado*, RDM 2000, S. 509, 516. Für die zivilistische h. M. *Díez-Picazo*, Fundamentos III, S. 839.

499 *Beltrán*, Las deudas de la masa, S. 102; *Martínez Flórez*, in: Rojo/Beltrán (Hrsg.), *Comentario I*, Art. 40, Nr. II.4., S. 786. Im deutschen Recht nach §§ 80 Abs. 1, 60 Abs. 1 S. 1 InsO.

500 *Zurilla*, in R. Bercovitz (Hrsg.), *Comentarios I*, Art. 44, Nr. 2, S. 387.

501 Ebenso im Ergebnis *Curiel*, RCDI Nr. 679, 2003, S. 2699, 2714; *Martínez Flórez*, in: Rojo/Beltrán (Hrsg.), *Comentario I*, Art. 44, Nr. II.3.2., S. 918.

502 So z. B. AJMer Cantabria (Santander) v. 29. März 2006, AC. 2006/1473.

verwaltung statthaft. Die vermögensrechtlichen Wirkungen lassen sich nicht nur im Zeitpunkt der Konkurserklärung, sondern auch zu jedem späteren Zeitpunkt nach der Verfahrenseröffnung modifizieren. Von dieser nachträglichen Änderungsmöglichkeit machen die Gerichte bislang nur äußerst zögerlich Gebrauch.[503]

Voraussetzung ist neben einem Antrag der Konkursverwaltung, dass die Konkursschuldnerin gehört wird [Art. 40 Abs. 4 LC]. Im Gegenzug verändern sich die Befugnisse der Konkursverwaltung. Diese Veränderung wird ebenso bekannt gemacht wie die Konkurserklärung. Eine Regelung, die detailliert vorschreibt, wann und wie die vermögensrechtliche Stellung zulässigerweise verändert werden kann, wurde nicht Gesetz.[504] Jede Umgestaltung ist allerdings zu begründen. In den Gründen muss der Konkursrichter die Vorteile benennen, die er mit der Abwandlung im konkreten Einzelfall anstrebt, und angeben, welche Risiken vermieden werden [Art. 40 Abs. 3 LC]. Es steht im Ermessen des Gerichts, die vermögensrechtliche Stellung situationsgerecht anzupassen.[505] Die Entscheidung richtet sich daran aus, ob es besser ist, ungeeignete Personen von der Kontrolle der Vermögensverwaltung fernzuhalten oder Entscheidungsträger weiterhin einzusetzen, die unternehmerisch akzeptabel oder u. U. sogar gut operieren.[506] Die bisherigen unternehmerischen Leistungen der Konkursschuldnerin bzw. ihrer Organpersonen sind das entscheidende Kriterium.[507] Zwischen Eigen- und Fremdverwaltung wird freilich nur eine grobe Weiche gestellt. Gerade im Bereich der Eigenverwaltung erfolgt die gewünschte Feinabstimmung über die Generalermächtigung.

V. Die Rechtsfolgen bei verbotswidrigen Handlungen

Verbotswidrige Verfügungen oder Verwaltungshandlungen der Konkursschuldnerin entfalten von Anfang an Rechtswirkung. Diese Rechtswirkung ist aber unvollkommen. Das zeigt sich etwa daran, dass verbotswidrige Handlungen nicht eintragungsfähig sind [Art. 40 Abs. 7 Unterabs. 2 LC].[508] Die Voreintragung der Konkurserklärung gewährleistet, dass es nicht zu verbotswidrigen Eintragungen kommt. Die Rechtshandlung ist nicht unmittelbar unwirksam, und die Eintragung wird nicht *a limine* abgelehnt, sondern lediglich aufgeschoben.

Die Handlungen können „annulliert", also für nichtig erklärt werden. Darüber wird im Wege des konkursrechtlichen Zwischenstreits verhandelt. Ist die Klage („acción de anulabilidad") erfolgreich, entfallen die Rechtswirkungen *ex tunc*.[509] Nach zivilrechtlichen Grundsätzen ist aktivlegitimiert, wer ohne Verfügungsbefugnis verfügt

---

503 Vgl. *Van Hemmen*, REFOR Documento Nr. 8, Dezember 2006, S. 47, 53, Tab. II.5.

504 Dafür noch *CES*, Gutachten vom 7. November 2001, S. 8.

505 *CEst,* Gutachten vom 21. März 2002, abgedruckt in: Rojo (Hrsg.), *La reforma*, S. 419, 447; skeptisch aus historischer Sicht *Paulus*, KTS 2/2000, S. 239, 240, m. w. N.

506 So für die Geschäftsleiter einer Handelsgesellschaft, im Fußballgeschäft aktiv ist, AJMer Las Palmas v. 5. November 2004, ADCo 3/2004, S. 389 f.

507 *Van Hemmen*, RJC 2004, S. 1011, 1021; mit umfassendem Entscheidungsmodell, S. 1023.

508 *Domínguez Calatayud*, RCDI Nr. 682, 2004, S. 817, 836.

509 Zur Abgrenzung von der „acción de nulidad" (Art. 1300 ff. CC) *Díez-Picazo*, Fundamentos I, S. 486 f.

hat, da das Verbot zu seinem Schutz besteht.[510] Das Verbot schützt im Konkurs jedoch die Aktivmasse, die haftungsmäßig den Gläubigern zugewiesen ist. Aktivlegitimiert ist deshalb die Konkursverwaltung. Hat die Konkursverwaltung bereits einer Handlung der Konkursschuldnerin zugestimmt, sie später genehmigt oder bestätigt, scheidet die klageweise Beseitigung der Rechtswirkungen aus (Gedanke des *venire contra factum proprium*). Die Handlung ist endgültig eintragungsfähig.[511]

Gläubiger und Dritte sind nicht aktivlegitimiert. Neben den Gläubigern können Vertragspartner, die von einer verbotswidrigen Handlung der Konkursschuldnerin betroffen sind, die Konkursverwaltung jedoch dazu auffordern, sich zur Klageerhebung, Genehmigung oder Bestätigung der Handlung zu erklären.[512] Die Klage kann dann nurmehr binnen eines Monats erhoben werden. Die Monatsfrist beginnt mit Ablauf des Tages, an dem die Konkursverwaltung zur Erklärung aufgefordert wird. Verstreicht die Frist ungenutzt, liegt darin der konkludente Verzicht darauf, die verbotswidrige Rechtshandlung zu beseitigen (Ausschlussfrist). Ob die Konkursverwaltung die Frist verstreichen lassen darf, richtet sich danach, wie dem Konkursverfahrenszweck am besten gedient ist. Ein Konkursvergleich, der vollständig erfüllt wird, oder die Liquidation, die als Verfahrensphase beendet wird, schließen die Klage nämlich ebenfalls aus.[513] Im ersten Fall ist die Gläubigerbefriedigung realisiert, soweit es nach den Umständen möglich war. Im zweiten Fall gibt es keine Konkursaktivmasse mehr, zu deren Schutz verbotswidrige Verfügungen oder Verwaltungshandlungen beseitigt werden müssten. Die Handlung ist endgültig einzutragen, wenn die Monatsfrist verstreicht und die Konkursverwaltung nicht klagt bzw. der Konkursrichter die Klage rechtskräftig abweist.[514]

Einige Autoren wenden Art. 40 Abs. 7 LC analog an, wenn die Konkursverwaltung einen Massegegenstand ohne die erforderliche Zustimmung des Konkursrichters veräußert oder belastet.[515] Verbotswidrige Handlungen der Konkursverwaltung stehen in den Rechtsfolgen damit verbotswidrigen Handlungen der Konkursschuldnerin gleich. Die Annahme, dass Art. 40 Abs. 7 LC verallgemeinerungsfähig ist, trifft aber nicht zu. Dort ist ein Fall geregelt, der sich vom Verstoß gegen Art. 43 LC unterscheidet. Offen bleibt daher, wer die entsprechende Klage erhebt, wer die Veräußerung oder Belastung genehmigen darf, welche Verfahrensbeteiligten zur Erklärung über die Genehmigung auffordern können und in welcher Frist.

Abweichende Rechtsfolgen sind vielmehr gerechtfertigt. Veräußerung und Belastung berühren auf unmittelbare Weise die Zusammensetzung und den Umfang der Aktivmasse. Die Gefahr ist dementsprechend groß, dass erschwert oder verhindert wird,

---

510 Vgl. *Albaladejo*, Derecho Civil I/2, S. 471; *Díez-Picazo/Gullón*, Sistema de Derecho Civil I, S. 560.
511 *González-Meneses*, BCRE (94) 2003, S. 1871, 1882.
512 Zur Reaktion der Konkursverwaltung *Curiel*, RCDI Nr. 679, 2003, S. 2699, 2713; *Domínguez Calatayud*, RCDI Nr. 682, 2004, S. 817, 836 f.
513 A. A. de lege ferenda *Herbosa*, RCDI Nr. 678, 2003, S. 2007, 2022.
514 *Herbosa*, RCDI Nr. 678, 2003, S. 2007, 2022. Zum Nachweis vor dem „Registrador", *Curiel*, RCDI Nr. 679, 2003, S. 2699, 2712 f.
515 Hierzu *Viaño*, in: Fernández Ballesteros (Hrsg.), *Proceso Concursal Práctico*, Art. 43, Nr. 4, S. 260; *Zurilla*, in: R. Bercovitz (Hrsg.), *Comentarios I*, Art. 43, Nr. 3, S. 380.

die Gläubiger zu befriedigen. Das radikalste Gegenmittel liegt darin, Veräußerung und Belastung ohne richterliche Erlaubnis für nichtig zu halten. Allerdings hat der Rechtsverkehr ein berechtigtes Interesse an einer sicheren dinglichen Rechtslage. Aus dem Gesetz lässt sich zwar nicht entnehmen, dass der Konkursrichter nachträglich genehmigen kann. Die „Heilung" der fehlenden Zustimmung ist aber erforderlich, damit die Beteiligten die besondere Verfügung nicht wiederholen müssen. Die Veräußerung oder Belastung ist deshalb nicht nichtig, sondern schwebend unwirksam. Betroffene Dritte können die Rechtslage klären, indem sie den Konkursrichter dazu auffordern, sich über die Genehmigung zu erklären. Der Konkursrichter entscheidet nach Maßgabe des Konkursverfahrenszwecks.[516] Sobald die vermögensrechtlichen Wirkungen der Konkurserklärung entfallen, kann die Konkursschuldnerin selbst genehmigen.

VI. Die Kompetenzen von Konkursverwaltung und Gesellschaftsorganen

1. Keine Vertretung der Gesellschaft durch die Konkursverwaltung

Die spanische Lehre definierte die Konkursverwaltung zuletzt als gesetzliches Organ in einem gerichtlichen Verfahren, das der gemeinschaftlichen Gläubigerbefriedigung dient und sowohl indirekt durch das Gesetz als auch konkret durch ein Rechtsprechungsorgan zur Ausübung von mehr oder weniger ausgreifenden Befugnissen über fremdes Vermögen berechtigt wird.[517] Diese Lehre, welche den reinen Ersetzungs- und Vertretertheorien eine Absage erteilte, bleibt unter dem Konkursgesetz aus den folgenden Gründen autoritativ.

Die Aktivmasse weist weder eigene Rechtspersönlichkeit auf, noch ist sie ein hinreichend verselbständigtes Vermögen und fähig, individuell vertreten zu werden.[518] Die Konkursverwalter rücken zwar in eine vertreterähnliche Position, da sie Verwaltungs- und Verfügungsbefugnisse über das schuldnerische Vermögen wahrnehmen.[519] Sie übernehmen aber nicht die vermögensrechtlichen Befugnisse der Konkursschuldnerin.[520] Sie vertreten nicht die Konkursschuldnerin, da sonst die wirklichen Machtverhältnisse in ihr Gegenteil verkehrt würden. Anders als im Normalfall

---

516 *Martínez Flórez*, in: Rojo/Beltrán (Hrsg.), *Comentario I*, Art. 43, Nr. III.1., S. 898.

517 Bisher *Tirado*, La sindicatura de la quiebra, S. 117–151, m. w. N.; *ders.*, in: Rojo (Hrsg.), *La reforma*, S. 150, 152 f., zur Professionalisierung S. 182 ff.; ähnlich *Hernández*, in: Hernández (Hrsg.), *Suspensión de pagos, quiebra II*, S. 908 f. Für eine ausdrückliche Regelung im Gesetz CGPJ, Gutachten vom 6. Oktober 2001, S. 27. Vgl. heute die funktionelle Deutung der Rechtsnatur der Konkursverwaltung von *Tirado*, Los administradores concursales, S. 74–114.

518 Vgl. bereits *Altés*, in: Hernández (Hrsg.), *Suspensión de pagos, quiebra II*, S. 944, m. w. N.; *Beltrán*, Las deudas de la masa, S. 83 ff., 96; *Ramírez*, La quiebra II, S. 940 ff. Heute *Tirado*, in: Rojo/Beltrán (Hrsg.), *Comentario I*, Art. 76, Nr. I.2., S. 1360 f.

519 Bisher *Uría/Menéndez/Beltrán*, in: Uría/Menéndez (Hrsg.), *Curso de Derecho Mercantil II*, S. 913.

520 *Tirado*, Los administradores concursales, S. 92. Zur haftungsrechtlichen Zuweisung *Beltrán*, Las deudas de la masa, S. 101.

beim Vertretenen, liegt die Entscheidungshoheit nicht bei der Konkursschuldnerin. Das Verhältnis zwischen Konkursverwaltung und Konkursschuldnerin ist von den Verfahrenswirkungen geprägt, wie die konkursspezifischen Schuldnerpflichten zeigen.[521] Die Konkursverwaltung vermag die Vertreter der Gesellschaft vorzuladen, zu befragen und zur Mitarbeit im Konkursverfahren heranzuziehen [Art. 42 Abs. 1 LC]. Sie kann ferner Rechtshandlungen im Wege der Wiedereinbringungsklage anfechten. Die Masseauffüllung kommt aber „nicht um der Gläubiger willen auch dem Schuldner zugute."[522] Das Ziel der Wiedereinbringungsklage ist allein, die Aktivmasse zu Gunsten der Gläubigergesamtheit umzuschichten:[523] Der Anspruch des Anfechtungsgegners gegen die Gesellschaft lebt wieder auf [Art. 71 Abs. 3 LC].

2. Die gesellschaftsrechtliche Kompetenzabgrenzung

Für die Liquidationsphase ist ausdrücklich bestimmt, dass die Konkursverwaltung die Stellung des Gesellschaftsorgans übernimmt. Die gesellschaftsrechtlich bestellten Organpersonen werden abberufen [Art. 145 Abs. 3 LC].[524] In allen anderen Verfahrensphasen ist die formale Zwangsorganschaft *e contrario* ausgeschlossen. Allerdings wirkt sich die Konkurseröffnung sehr wohl auf das innergesellschaftliche Kompetenzgefüge aus.

Im Gegensatz zur früheren Rechtslage sind die Konkursverwalter berechtigt, an den Sitzungen aller mehrköpfigen Gesellschaftsorgane teilzunehmen und dort zu sprechen [Art. 48 Abs. 1 S. 2 LC]. Das Teilnahmerecht betrifft jede Form von Gesellschafter- bzw. Hauptversammlung sowie die Versammlungen des Verwaltungsrats. Wie dieses Recht ausgeübt wird, bleibt offen. Damit es überhaupt wahrgenommen werden kann, muss das Verfahrensorgan von den Versammlungen Kenntnis erhalten. Der Notar, der die Versammlung protokolliert, ist durchaus in der Lage, das Verfahrensorgan zu informieren. Die rechtliche Verantwortung ist allerdings dem Verwaltungsorgan der Gesellschaft zuzuweisen. Wenn dieses die Mitteilung unterlässt, hat es die Rechtsfolgen zu gewärtigen, die an einen Verstoß gegen die konkursspezifische Mitwirkungspflicht geknüpft sind. Eine formlose Anzeige ist zweckdienlich und kostengünstig.[525] Mehr, als die Konkursverwalter nach den allgemeinen Vorschriften zu laden, kann nicht verlangt werden.

Sämtliche Ansätze versagen jedoch bei außerordentlichen Versammlungen, wenn sie sich ohne vorherige Ladung konstituieren. Es ist ein Recht der Konkursverwaltung, anwesend zu sein. Ihre Anwesenheit ist hingegen keine Voraussetzung dafür, dass die spontane Versammlung im Konkurs zulässig ist. Das Gesetz fordert ebenso wenig aus-

---

521 *Tirado*, RDM 2000, S. 509, 524 f.

522 *Schmidt*, KTS 1984, S. 345, 354.

523 *Häsemeyer*, Insolvenzrecht, Nr. 15.04., S. 330 ff.; *Schmidt*, KTS 1984, S. 345, 381. Gleichwohl erfolgt keine Stellvertretung für die Gläubiger, *Tirado*, Los administradores concursales, S. 94–100.

524 Zusammenfassend zur Theorie vom Insolvenzverwalter als Zwangsliquidator im deutschen Recht *Schmidt*, in: Schmidt/Uhlenbruck (Hrsg.), *Die GmbH in Krise, Sanierung und Insolvenz*, S. 590 f., Rn. 1188 f., m. w. N.

525 *Rodríguez Ruiz*, ADCo 5/2005, S. 459, 462.

drücklich die Ladung der Verwalter. Beschlüsse, die in Widerspruch zu Art. 48 Abs. 1 S. 2 LC gefasst werden, sind allerdings nicht rechtsbeständig. Die Konkursverwaltung kann sie anfechten.[526]

Gegen nichtige Beschlüsse der Gesellschafter- bzw. Hauptversammlung kann jeder Dritte vorgehen, der ein berechtigtes Interesse geltend macht [Art. 117 Abs. 1, letzte Var. LSA, 56 LSRL]. Nichtig sind Beschlüsse, die gegen zwingendes Recht verstoßen [Art. 115 Abs. 2 S. LSA]. Die Konkursverwalter besitzen das berechtigte Interesse stets, wenn ein Beschluss dem Konkursverfahrenszweck zuwider läuft.

Beschlüsse, die gegen die Satzung oder das Gesellschaftsinteresse verstoßen, sind lediglich anfechtbar [Art. 115 Abs. 2 S. 2 i. V. m. Abs. 1 LSA, 56 LSRL]. Sie können grundsätzlich nur von Anteilseignern und Organpersonen angefochten werden [Art. 117 Abs. 2 LSA, 56 LSRL]. Diese Regelungen sind auf die Konkursverwaltung außerhalb der Liquidationsphase nicht anwendbar, weil diese keine Organstellung im Gesellschaftsinneren einnimmt. Art. 48 Abs. 1 S. 2 LC zwingt die Anteilseigner – wie gesagt – nicht, nur im Beisein der Konkursverwaltung Beschlüsse zu fassen. Die Gesellschaft, vertreten durch das Verwaltungsorgan, ist aber gesetzlich verpflichtet, das Verhalten ihrer Organe transparent zu gestalten.[527] Auch ohne ausdrückliche Anordnung folgt dies aus der konkursspezifischen Mitwirkungspflicht [Art. 42 Abs. 1 LC].[528] Zuwiderhandlungen verstoßen gegen das Gesetz. Gegen Beschlüsse, die aus diesem Grund anfechtbar sind, darf auch die Konkursverwaltung vorgehen. Da dies ungeachtet der vermögensrechtlichen Wirkungen der Konkurserklärung zum Vorteil der Gläubigerbefriedigung gereichen kann, muss das Anfechtungsrecht nicht auf die Fremdverwaltung beschränkt bleiben.[529] Es kommt auf den jeweiligen Beschlussinhalt an, ob die Konkursverwaltung u. U. sogar zur Anfechtung verpflichtet ist. Davon ist etwa auszugehen, wenn die Gesellschafter beschliessen, die Geschäftsleiter zu entlasten, und ausdrücklich auf Haftungsansprüche verzichten.[530] Das Beispiel zeigt, dass keine generelle Anfechtungsbefugnis besteht. Diese wäre schon mit dem Grundsatz der Gesellschaftskontinuität nicht zu vereinbaren. Die Anfechtung ist vielmehr insoweit zulässig, als es der Konkursverfahrenszweck gebietet.

Wenn die Gesellschaft nicht mehr funktionsfähig ist, ist sie aufzulösen [vgl. Art. 260 Abs. 1 Nr. 3 LSA, 104 Abs. 1, lit. c) LSRL]. Im Konkurs würde damit das Verfahrenssubjekt hinfällig. Gemäß dem Grundsatz der Gesellschaftskontinuität funktioniert der Innenbereich der Gesellschaft jedoch weiter und bleibt deren Organen vorbehalten. Die Gesellschaftsorgane setzen die Rolle der Konkursschuldnerin in die Tat um.[531] An den innergesellschaftlichen Aufgaben beteiligen sich neben dem Verwaltungsorgan die Anteilseigner. Das Verwaltungsorgan allein erfüllt die konkursspezifischen Pflichten und nimmt Beteiligtenrechte der Gesellschaft in Anspruch.

---

526 Dagegen *Rodríguez Ruiz*, ADCo 5/2005, S. 459, 462 f. Ganz anders die Zustimmungslösung in Art. 53 Abs. 3 S. 2 Entwurfsvorschlag 1995.

527 *Espinós*, in: Sagrera/Sala/Ferrer (Hrsg.), *Comentarios I*, Art. 48, S. 486 f. Ablehnend *Rodríguez Ruiz*, ADCo 5/2005, S. 459, 463.

528 Das sieht aber auch *Rodríguez Ruiz*, ADCo 5/2005, S. 459, 463.

529 So aber *Beltrán*, in: Rojo/Beltrán (Hrsg.), *Comentario I*, Art. 48, Nr. II.2., S. 970 f.

530 Hierzu *Weber*, KTS 1970, S. 73, 87.

531 So zum bisherigen Recht *Beltrán*, RGD 596 (1994), S. 5627, 5636.

Die Wirkungskreise der Gesellschaftsorgane *ad intra* ändern sich im Konkurs nicht. Die Anteilseigner behalten ihre Grundlagen- und Weisungskompetenzen gegenüber der Geschäftsleitung. Die Reichweite von Weisungen ist jedoch durch den Wirkungskreis der Konkursverwaltung begrenzt.[532] Die Verwalter sind nicht anstelle des Verwaltungsorgans in die Organisation eingebunden und mithin nicht gegenüber der Gesellschafter- bzw. Hauptversammlung weisungsgebunden. Selbst in der Liquidationsphase, in der die Konkursverwalter die Geschäftsleiter bzw. Liquidatoren ersetzen, gilt als Leitlinie für ihr Handeln allein der Konkursverfahrenszweck. Dieser modifiziert den Gesellschaftszweck. Die Konkursverwalter sind nicht gegenüber den Anteilseignern rechenschaftspflichtig, sondern gegenüber dem Konkursrichter, der die Interessen der Gläubigergesamtheit wahrt.

Ähnliches gilt für das Verhältnis von Konkursverwaltung und Buchprüfern („Auditores"). Die Buchprüfer nehmen als außenstehende Fachleute eine organähnliche Stellung ein und kontrollieren unabhängig die Gesellschaftsverwaltung.[533] Auch im Konkurs wird der Jahresabschluss der Gesellschaft geprüft.[534] Bei Fremdverwaltung erfüllen die Konkursverwalter die innergesellschaftlichen Pflichten des Verwaltungsorgans gegenüber den Buchprüfern. Dabei handelt es sich insbesondere um die Pflicht, die Buchprüfer allgemein zu informieren und auf Nachfrage jede konkrete Auskunft zu erteilen [Art. 3 LAC].[535] Die Konkursverwaltung handelt jedoch nicht im Rahmen der Binnenorganisation der Gesellschaft. Die Kontrolle durch die Buchprüfer dient, anders als außerhalb des Konkurses, nicht den Interessen der Anteilseigner bzw. dem Verkehrsschutz. Die Buchprüfung erleichtert die Unternehmensfortführung im Konkurs. Der Prüfbericht versetzt den Konkursrichter informationell in die Lage, seine Leitungsfunktion im Verfahren auszuüben und die Konkursverwaltung zu überwachen.

3. Die vermögensrechtlich orientierte Kompetenzabgrenzung

Schon das bisherige Recht regelte nicht, wie die Zuständigkeiten zwischen Gesellschaftsorganen und Verfahrensorgan aufgeteilt sind, solange sie koexistieren.[536] Die Kompetenzabgrenzung lässt sich ohnehin kaum abstrakt festlegen. Darum bestimmt heute das Gericht in der Konkurserklärung über die Zuständigkeiten der Konkursverwaltung im konkreten Verfahren [Art. 21 Abs. 1, Nr. 2 LC].[537]

Der freie gesellschaftsrechtliche Kompetenzbereich endet dort, wo die vermögensrechtlichen Wirkungen der Konkurserklärung einsetzen. Die organisationsrechtliche Kontinuität steht ausdrücklich unter dem Vorbehalt, dass sich Zustimmungserforder-

---

532 Instruktiv im deutschen Recht *Uhlenbruck*, KTS 1997, S. 371, 380 f., m. w. N.

533 *Sánchez Calero*, Instituciones de Derecho Mercantil I, S. 393; *Uría/Menéndez/García de Enterría*, in: Uría/Menéndez (Hrsg.), *Curso de Derecho Mercantil I*, S. 931 ff.

534 Näher *Beltrán*, in: Rojo/Beltrán (Hrsg.), *Comentario I*, Art. 46, Nr. III.2., S. 947; *A. Tapia*, in: Sánchez Calero Guilarte/Guilarte (Hrsg.), *Comentarios I*, Art. 46, S. 919 f.

535 Ley 19/1988 de Auditoría de Cuentas, de 12 julio, BOE Nr. 169 v. 15. Juli 1988, S. 21874 ff.

536 Vgl. *Uría/Menéndez/Beltrán*, in: Uría/Menéndez (Hrsg.), *Curso de Derecho Mercantil II*, S. 927.

537 *Espinós*, in: Sagrera/Sala/Ferrer (Hrsg.), *Comentarios I*, Art. 48, S. 480.

nis bzw. Fremdverwaltung auf das Funktionieren der Gesellschaftsorgane auswirken [Art. 48 Abs. 1 S. 1, 2. Hs. LC]. Der autonome Wirkungskreis der Gesellschaftsorgane beschränkt sich somit auf die Gesellschaftsverwaltung, soweit sie sich kostenneutral verhält oder mit Gesellschaftsvermögen erfolgt, das nicht Konkursaktivmasse ist.[538] Nach Art. 40 ff. LC spielt es keine Rolle, ob die Mittel aus der Masse zum Vorteil der Gläubiger verwendet werden. Die Konkursverwaltung ist daher immer zuständig, wenn überhaupt Kosten entstehen, nicht nur, wenn die Kosten verfahrenszweckwidrig sind.[539] Das Ergebnis entspricht der klassischen Verdrängungstheorie. Danach müssen die Verfahrensorgane einer Rechtshandlung zustimmen oder sind für ihre Vornahme zuständig, wenn entweder ein Masseaktivum wegfällt oder eine sonst nicht bestehende Verbindlichkeit aus der Masse erfüllt werden muss.[540]

Im Verhältnis zwischen Konkursverwaltung und Gesellschaftsverwaltung sind Art. 40 ff. LC zwingend zu beachten. Die Gesellschafter- bzw. Hauptversammlung ist dagegen nicht Adressatin der vermögensrechtlichen Wirkungen der Konkurserklärung. Die gesellschaftsrechtlichen Vorschriften über das Verfahren in der Gesellschafter- bzw. Hauptversammlung bleiben grundsätzlich anwendbar.[541] Das Zustandekommen und die Umsetzung von Entscheidungen unterliegen jedoch dem Zustimmungserfordernis oder der ausschließlichen Zuständigkeit der Konkursverwaltung, wenn die Kosten der Aktivmasse zur Last fallen und diese Mittel nicht mehr zur Verfügung stehen, um die Gläubiger zu befriedigen.[542] Die Anteilseigner können z. B. einen satzungsändernden Beschluss fassen. Sie haben keinen Anspruch darauf, dass die Konkursverwaltung der öffentlichen Beurkundung, Eintragung und Bekanntmachung [Art. 144 Abs. 2 LSA, 71 Abs. 2 LSRL] zustimmt oder sie selbst vornimmt. Wenn die Anteilseigner die Kosten selbst aufbringen, kommt es auf den Standpunkt der Konkursverwaltung indessen nicht an.

Es bleibt der Konkursverwaltung unbenommen, anfallende Kosten aus der Masse zu übernehmen, wenn die innergesellschaftliche Aktivität der Gläubigerbefriedigung dient. Die Konkursverwaltung und, soweit entscheidungsbefugt, der Konkursrichter müssen die richtige Abwägung treffen. Wenn Gesellschaftsorgane handeln und daraus Kosten entstehen, ist zwischen den Vorteilen, die der Gläubigerbefriedigung aus der Vornahme der Handlung erwachsen, und dem Nachteil abzuwägen, dass Mittel der Aktivmasse in bestimmter Höhe aufgewendet werden. Die Abwägung kann ergeben, dass die Kosten im Interesse der Gläubigergesamtheit zwingend von der Masse zu tragen sind. Ein Beispiel sind die Kosten für strukturändernde Gesellschafterbeschlüsse, von denen ein Fortführungsvergleich abhängt, der die erforderliche Mehrheit unter den stimmberechtigten Konkursgläubigern erreicht hat.

---

538 Bisher *Uría/Menéndez/Beltrán*, in: Uría/Menéndez (Hrsg.), *Curso de Derecho Mercantil II*, S. 927; weiterhin *Beltrán*, in: Rojo/Beltrán (Hrsg.), *Comentario I*, Art. 48, Nr. II.1., S. 969; *García Rubio*, in: R. Bercovitz (Hrsg.), *Comentarios I*, Art. 48, Nr. 3, S. 431.
539 Ähnlich *Rodríguez Ruiz*, ADCo 5/2005, S. 459, 462.
540 Vgl. *Weber*, KTS 1970, S. 73, 86.
541 *Beltrán*, in: Rojo/Beltrán (Hrsg.), *Comentario I*, Art. 48, Nr. II.1., S. 968.
542 *Espinós*, in: Sagrera/Sala/Ferrer (Hrsg.), *Comentarios I*, Art. 48, S. 482 f.; *Vicent Chuliá*, in: Homenaje Olivencia II, S. 2389, 2428 f. Auch *Tirado*, RDM 2000, S. 509, 521 und 525.

§ 4 Die unternehmerische Tätigkeit der Kapitalgesellschaft im Konkurs

I. Der Grundsatz: Die Fortführung der unternehmerischen Tätigkeit

Die unternehmerische Tätigkeit, welche die Gesellschaft im Zeitpunkt der Konkurserklärung ausübt, geht im Verfahren weiter [Art. 44 Abs. 1 LC]. Zahlreiche Regelungen fördern die Unternehmensfortführung [vgl. z. B. Art. 32 Abs. 1 (Hilfspersonal in komplizierten Verfahren), 43 Abs. 2[543] und 3 (Erleichterung unternehmensbedingter Veräußerungen und Belastungen), 44[544] (Unternehmenskontinuität und Mandat für die Konkursverwaltung), 45 und 46 (Buchführung und Bilanzierung), 55 Abs. 1[545] und 56[546] (Vollstreckungssperre), 61 ff., 68 und 69 (Vertragsdurchführung), 84 Abs. 2 Nr. 5 (Masseschulden aus unternehmerischer Tätigkeit), 98 ff. (Fortführungsvergleich), 148 Abs. 1 und 149 LC (übertragende Sanierung)]. Unternehmenswichtige Gegenstände werden in der Masse gehalten, unternehmerische Entscheidungen dezentral im Unternehmen getroffen und dem Wirtschaftsverkehr Aussichten signalisiert, durch Geschäfte mit der Konkursschuldnerin profitieren zu können. Die Gesellschaft bleibt Formkaufmann i. S. d. Art. 1 Nr. 2 CCom und Unternehmensträger.[547] Lediglich natürliche Personen, die in der Konkursqualifikation inhabilitiert werden, werden vom kaufmännischen Verkehr ausgeschlossen [Art. 13 Nr. 2 i. V. m. 1 Nr. 1 CCom n. F.]. Die vermögensrechtlichen Wirkungen der Konkurserklärung und die gesellschaftsrechtliche Kontinuität, die haftungsrechtliche Zuweisung der Masse an die Gläubiger und die Unternehmensfortführung sind miteinander abzustimmen.[548]

Wenn die Konkursverwaltung die ihr zugewiesenen Befugnisse ausübt, äußert sich das in ihrer Einflussnahme auf Zusammensetzung, Organisation, Aktivität, Betriebe und Betriebsteile des Unternehmens. Wie der Konkursvergleich die vermögensrechtlichen Wirkungen der Konkurserklärung modifizieren kann, bestimmt sein Inhalt ebenfalls über die Fortführung oder Beendigung der unternehmerischen Tätigkeit. Tritt das Konkursverfahren in die Phase der Liquidation ein, läuft diese Entwicklung nicht automatisch auf die Unternehmensbeendigung hinaus. Allerdings endet die unternehmerische Tätigkeit der Konkursschuldnerin. Entweder wird das Unternehmen stückweise veräußert und zerschlagen. Eine Fortsetzung dieses Unternehmens ist

---

543 Hierzu AJMer Barcelona v. 28. Dezember 2004, ADCo 3/2004, S. 392-395; AJMer Vizcaya (Bilbao) v. 10. Januar 2005, AC. 2005/114.

544 Hierzu allgemein AJMer Asturias (Oviedo) v. 19. Juli 2005, JUR. 2005/210225.

545 Hierzu AJPI Guadalajara v. 10. Dezember 2004, ADCo 5/2005, S. 354 f.; AJPI Córdoba v. 14. Dezember 2004, ADCo 5/2005, S. 356; AJMer Vizcaya (Bilbao) v. 22. März 2005, AC. 2005/247; AJMer Málaga v. 22. Juli 2005, JUR. 2005/213543.

546 Hierzu AJMer Madrid v. 14. Januar 2005, AC. 2005/2.

547 Bisher *Hernández*, in: Hernández (Hrsg.), *Suspensión de pagos, quiebra II*, S. 940, 942 f., m. w. N. auch zur Gegenmeinung. Für die italienische Lehre *Bonsignori*, Il Fallimento, S. 576, m. w. N. Für die deutsche Lehre *Schmidt*, in: Schmidt/Uhlenbruck (Hrsg.), *Die GmbH in Krise, Sanierung und Insolvenz*, S. 586, Rn. 1180.

548 Vgl. auch *CEst*, Gutachten vom 21. März 2002, abgedruckt in: Rojo (Hrsg.), *La reforma*, S. 419, 448 f.

dann unmöglich. Oder das Unternehmen wird zur Sanierung veräußert. Diese Form der Verwertung bezweckt, das Unternehmen in fremden Händen fortzuführen. Wenn die Unternehmensaktivität vor der Konkurserklärung ganz oder teilweise eingestellt war, wird dies hingenommen.[549] Im Konkurs darf jedoch nur der Konkursrichter die Unternehmensfortführung teilweise oder vollständig unterbrechen bzw. beenden [Art. 44 Abs. 4 S. 1, letzter Hs. LC]. Außerdem machen die Gerichte von dieser Möglichkeit bewusst nur zurückhaltend Gebrauch, so beispielsweise bei defizitären Unternehmensergebnissen ohne Aussicht auf Besserung[550] oder nach der Entlassung sämtlicher Mitarbeiter.[551] Schon allein daher kann ein Sanierungseffekt auf Zeit rühren,[552] wenngleich Sinn und Zweck der Regelung die Gläubigerbefriedigung ist.[553] Die Beendigung der unternehmerischen Tätigkeit wirkt sich auf die vermögensrechtlichen Befugnisse der Konkursschuldnerin aus. Die Generalermächtigung wird gegenstandslos. Sofern auf das Unternehmen dergestalt eingewirkt wird, dass eine kollektive Unterbrechung, Veränderung oder Aufhebung von Arbeitsverträgen erforderlich ist, entscheidet der Konkursrichter gleichfalls darüber [Art. 8 Abs. 2, 64 LC]. Verbindlichkeiten, die aus der unternehmerischen Tätigkeit entstehen, nachdem deren Beendigung angeordnet ist, gelten nicht mehr als Masseschulden [Art. 84 Abs. 2 Nr. 5, S. 1, letzter Hs., 1. Var. LC].[554]

Damit die Unternehmenstätigkeit reduziert oder eingestellt wird, muss die Konkursverwaltung entsprechende Anträge stellen.[555] Bevor der Konkursrichter einen Beschluss fasst, werden die Konkursschuldnerin ebenso wie die Arbeitnehmervertreter gehört. Wenngleich es nach dem Gesetzeswortlaut nicht erforderlich ist, dass die Konkursverwaltung ihren Antrag begründet, ist eine Begründung dennoch unerlässlich, weil die voraussichtlichen Opponenten gehört werden. Einmal mit der Angelegenheit befasst, hat der Konkursrichter einen weitreichenden Entscheidungsspielraum. Ein Rechtsanspruch auf Unternehmensbeendigung besteht nicht. Maßgebend ist, wie dem Konkursverfahrenszweck am besten gedient wird.[556] Das gilt sowohl bei Eigen- als auch bei Fremdverwaltung. Die Beendigung kann vollständig oder teilweise sein, etwa in Bezug auf einen Zweig der Unternehmenstätigkeit, der sich z. B. durch inhaltliche Eigenschaften oder defizitäre wirtschaftliche Ergebnisse individualisieren lässt.[557] Geht es demgegenüber um eine Tätigkeitsstelle an abgrenzbaren Örtlichkeiten, wird der betreffende Betrieb oder Betriebsteil geschlossen. Die unternehmerische Aktivität aber geht weiter.

---

549 AJMer Cantabria (Santander) v. 20. Februar 2005, JUR. 2005/141043.
550 AJMer Vizcaya (Bilbao) v. 25. Januar 2006, ADCo 8/2006, S. 354 f.
551 AJMer Valencia v. 23. Juni 2005, RCP 4/2006, S. 326 f.
552 *Jackson*, The Logic and Limits, S. 190. Auch *A. Tapia*, in: Homenaje Olivencia IV, S. 4405, 4421.
553 So explizit AJMer Vizcaya (Bilbao) v. 25. Januar 2006, ADCo 8/2006, S. 354 f.
554 *Martínez Flórez*, in: Rojo/Beltrán (Hrsg.), *Comentario I*, Art. 44, Nr. III.4., S. 925.
555 Zutreffend zur spezifischen Verantwortung der Konkursverwaltung *Galán*, in: Sánchez Calero Guilarte/Guilarte (Hrsg.), *Comentarios I*, Art. 44, S. 853.
556 AJMer Vizcaya (Bilbao) v. 25. Januar 2006, ADCo 8/2006, S. 354.
557 *Viaño*, in: Fernández Ballesteros (Hrsg.), *Proceso Concursal Práctico*, Art. 44, Nr. 5, S. 263.

II. Die Schließung von Betrieben und Betriebsteilen

Betriebe oder Betriebsteile zu schließen, stellt gegenüber der Unternehmensbeendigung ein Minus dar, mit dem das Unternehmen effizienter organisiert oder redimensioniert werden kann.[558] Insoweit muss gleichfalls die Konkursverwaltung die Initiative ergreifen und die Anordnung beantragen. Der Konkursrichter beschließt darüber, ob bestimmte Geschäftsräume, Niederlassungen oder Betriebsstätten der Konkursschuldnerin geschlossen werden [Art. 44 Abs. 4, 1. Var. LC]. Von mehreren betrieblichen Einrichtungen können alle oder nur ein Teil geschlossen werden. Mit einer vollständigen Schließung endet nicht zwingend die unternehmerische Tätigkeit. Die Kerntätigkeit des konkursschuldnerischen Unternehmens kann aufrecht erhalten werden, wenn sie, wie z. B. Internetdienstleistungen, weder besondere Räumlichkeiten erfordert, noch von einem bestimmten Ort aus erbracht werden muss. Dasselbe gilt, wenn dritte Anbieter etwaige Teilbedürfnisse abdecken können. Eine betriebliche Einrichtung kann ganz oder teilweise geschlossen werden. Die Schließungsanordnung setzt voraus, dass die Konkursschuldnerin sowie die Arbeitnehmervertreter angehört werden, jedenfalls soweit Letztere die Arbeitnehmer in der betroffenen betrieblichen Einrichtung repräsentieren.[559] Wie bei der Beendigung der unternehmerischen Tätigkeit sollte die Konkursverwaltung deshalb ihren Antrag hinreichend begründen.

Der Betrieb oder Betriebsteil wird unabhängig davon geschlossen, ob die Einrichtung Massegegenstand ist. Das Lokal mag bloß angemietet oder geleast sein [vgl. hierzu auch Art. 69 f. LC]. Entscheidend ist allein, dass die Einrichtung zur Ausführung der unternehmerischen oder beruflichen Tätigkeit, nicht als privater Raum dient.[560] Art. 44 Abs. 4 LC findet nach seiner systematischen Stellung sowohl in allen Formen der Eigenverwaltung als auch bei Fremdverwaltung Anwendung.[561] Betriebe oder Betriebsteile können daher im freiwilligen wie im zwingenden Konkurs und zu jedem Zeitpunkt während des Verfahrens geschlossen werden.

III. Die Kontinuität laufender Verträge und ihre Beendigung im Konkurs

Die bisherige Gesetzeslage entbehrte einer eigenständigen Regelung über die Vertragsverhältnisse der Konkursschuldnerin.[562] Das Konkursgesetz sieht eine Grundregel vor, die auf alle gegenseitigen Verträge anwendbar ist.[563] Mehrseitige Organisationsgeschäfte wie Gesellschaftsverträge fallen nicht darunter. Verträge, die im Verhältnis zur öffentlichen Hand bestehen, sind von den konkursgesetzlichen Regeln

---

558 *Martínez Flórez*, in: Rojo/Beltrán (Hrsg.), *Comentario I*, Art. 44, Nr. III., S. 919.
559 Zu den arbeitsrechtlichen Folgen vgl. Art. 8 Abs. 2, 64 LC.
560 *Martínez Flórez*, in: Rojo/Beltrán (Hrsg.), *Comentario I*, Art. 44, Nr. III.1., S. 919 f.
561 *Zurilla*, in: R. Bercovitz (Hrsg.), *Comentarios I*, Art. 44, Nr. 3.2.1., S. 389.
562 Vgl. Art. 1124 CC und Art. 908, 909 CCom a. F. Zum Reformprozess *Herrero de Egaña/ De Toledo*, in: Fernández Ballesteros (Hrsg.), *Proceso Concursal Práctico*, Art. 61, Nr. 4, S. 322 f., m. w. N.
563 BOE Nr. 164 v. 10. Juli 2003, S. 26905, 26908.

ganz ausgenommen [Art. 67 LC],[564] es sei denn, die öffentliche Hand ist Leistungs-
berechtigter und -pflichtiger wie jeder Private.

Im Regelfall bedeuten laufende Vertragsverhältnisse einen Mehrwert für die Aktivmasse, namentlich, wenn darin ein Unternehmen enthalten ist.[565] Gegenseitige Verträge bestehen im Konkurs mit ihrem jeweiligen Inhalt vollwirksam fort.[566] Das Gesetz
knüpft an die Konkurserklärung nicht die Folge, dass ein Vertrag endet. Vertragliche
Regelungen dürfen dies ebenso wenig. Sie sind unwirksam, wenn sie zur Vertragsauflösung führen, sobald der Konkurs über das Vermögen einer der Parteien erklärt wird
[Art. 61 Abs. 3 LC]. Der Vertragspartner *in bonis* darf auch nicht allein wegen der
Konkurserklärung das Recht haben, sich vom Vertrag zu lösen.[567]

Gegenseitige Verträge werden in das Konkursverfahren einbezogen, wenn im Zeitpunkt der Konkurserklärung eine der Parteien vollständig geleistet hat, während die
Gegenleistung noch vollständig oder teilweise aussteht [Art. 61 Abs. 1 LC]. Leistungen, die bereits in das Gesellschaftsvermögen erbracht wurden, bleiben in der Aktiv-
masse.[568] Je nachdem, ob die Konkursschuldnerin geleistet hat oder nicht, gilt ihr
Anspruch als Teil der Aktivmasse, ihre Verbindlichkeit als Teil der Passivmasse.[569]
Gegenseitige Vertragsverhältnisse, in denen noch gar keine Erfüllung stattgefunden
hat, bleiben in ihrer Wirksamkeit gleichfalls unberührt [Art. 61 Abs. 2 Unterabs. 1
LC].[570] Der beidseitig unerfüllte Vertrag wird indes zum Vertrag für und gegen die
Masse [Art. 84 Abs. 2 Nr. 6 LC].[571]

Die Parteien können das Vertragsverhältnis unter bestimmten Voraussetzungen lösen,
auch ohne die verabredeten Leistungen ausgetauscht zu haben. Das ist der Fall, wenn
die Vertragsauflösung den Zwecken des Konkursverfahrens am besten dient [vgl.
Art. 61 Abs. 2 Unterabs. 2 LC]. In der Fremdverwaltung stellt die Konkursverwaltung den entsprechenden Antrag, in den Formen der Eigenverwaltung die Konkursschuldnerin. Der Konkursrichter lädt die Konkursschuldnerin, die Konkursverwaltung
und den anderen -Vertragsteil vor. Der Zweck dieses Termins ist es, eine gütliche Einigung zu erzielen. Wenn Einigkeit besteht, dass der Vertrag nicht durchgeführt werden
soll, ergeht ein entsprechender Beschluss. Die Parteien schließen einen gerichtlich
protokollierten Vergleich. Gibt es Meinungsunterschiede, werden sie im Wege des

---

564 Näher RD 2/2000, de 16 de junio, que aprueba el Texto Refundido de la Ley de Contratos
     de las Administraciones Públicas, BOE Nr. 148 v. 21. Juni 2000, S. 21775 ff.
565 *Bermejo*, Créditos y quiebra, S. 363, m. w. N.; *García Vicente*, in: R. Bercovitz (Hrsg.),
     Comentarios I, Art. 61, Nr. 1.2, S. 674; *Martínez Flórez*, Las cláusulas resolutorias por
     incumplimiento y la quiebra, S. 23, m. w. N. Zum vorkonkurslichen Entstehungszeitpunkt
     des Vertrages SAP Zaragoza v. 6. April 2005, AC. 2005/666.
566 Ausführlich *Martínez Flórez*, in: Rojo/Beltrán (Hrsg.), *Comentario I*, Art. 61, Nr. I.2.,
     S. 1121 ff.; *Martínez Rosado*, in: Homenaje Olivencia III, S. 2949 ff. Zur Analogie für
     einseitige Verbindlichkeiten *Macía*, ADCo 4/2005, S. 169, 173.
567 Vgl. die Gesetzesbegründung BOE Nr. 164 v. 10. Juli 2003, S. 26905, 26908.
568 Ausführlich *Herrero de Egaña/De Toledo*, in: Fernández Ballesteros (Hrsg.), *Proceso
     Concursal Práctico*, Art. 61, Nr. 9 f., S. 324 f.
569 Vgl. zur vorab zu leistenden Vertragserfüllung *in natura* SAP Zaragoza v. 6. April 2005,
     AC. 2005/666.
570 Zur offenen Kreditlinie AJPI Córdoba v. 25. Februar 2005, ADCo 5/2005, S. 360 f.
571 *Beltrán*, in: Rojo/Beltrán (Hrsg.), *Comentario I*, Art. 84, Nr. II.5.2.6., S. 1519.

konkursrechtlichen Zwischenstreits verhandelt.[572] Auf dieser Grundlage entscheidet der Konkursrichter über das Schicksal des Vertrages, zumal die Parteien ungeachtet der Einigung über die Vertragsauflösung unterschiedlicher Ansicht über deren Wirkung sein können.[573] Etwaiger Schadensersatz ist aus der Aktivmasse zu leisten. Die von der Ersatzpflicht ausgehenden Belastungen sind bei der Überlegung zu berücksichtigen, ob es der Gläubigerbefriedigung dient, den Vertrag aufzulösen.[574] Bis die Entscheidung fällt, braucht der Vertragsteil *in bonis* entsprechend Art. 1477, 1502 CC nicht zu leisten.

Im Konkurs können gegenseitige Verträge aufgelöst werden, wenn eine der Parteien ihre Verbindlichkeit zeitlich nach der Konkurserklärung nicht erfüllt.[575] Für den Begriff der Nichterfüllung ist die allgemeine Regelung der Leistungsstörung in Art. 1124 CC heranzuziehen, wonach die eigene Vertragstreue des Auflösungswilligen erforderlich ist.[576] Die Auflösung muss im Klagewege geltend gemacht werden. Darüber wird im konkursrechtlichen Zwischenstreit verhandelt [Art. 62 Abs. 2 LC]. Wenn der Konkursrichter den Vertrag für aufgelöst erklärt, entfallen die noch nicht fälligen Verbindlichkeiten *ex nunc*. Bereits fällige Verbindlichkeiten gehören als Ansprüche in die Aktivmasse oder in das Vermögen des anderen Vertragsteils. Bei den Ansprüchen des anderen Vertragsteils ist danach zu differenzieren, ob die konkursschuldnerische Verbindlichkeit vor der Konkurserklärung fällig wurde (Konkursforderung) oder danach (Masseforderung). In jedem Fall umfasst der Anspruch auch angemessenen Ersatz für entstandene Schäden und Nachteile [Art. 62 Abs. 4 LC].[577]

Selbst wenn ein Auflösungsgrund gegeben ist, vermag das Gericht anzuordnen, dass die Parteien den Vertrag für und gegen die Aktivmasse erfüllen [Art. 62 Abs. 3 LC].[578] Dies ist typischerweise bei Versorgungsverträgen, etwa für unternehmenswichtige Energielieferungen, der Fall.[579] Die Bedeutung bestimmter Vertragsverhältnisse, die das Gesetz ausdrücklich erwähnt, ist so groß, dass sie reaktiviert werden, selbst wenn schon gekündigt oder der Rücktritt erklärt wurde [Art. 68-70 LC].[580] Die Konkurs-

---

572 *García Vicente*, in: R. Bercovitz (Hrsg.), *Comentarios I*, Art. 61, Nr. 2.3, S. 702 ff.
573 Vgl. SJMer Madrid v. 21. Oktober 2005, ADCo 7/2006, S. 361 ff.; v. 28. Oktober 2005, ADCo 7/2006, S. 364, 365 f.
574 *Martínez Flórez*, in: Rojo/Beltrán (Hrsg.), *Comentario I*, Art. 61, Nr. VI.3.1., S. 1148.
575 Zum bisherigen Recht *Martínez Flórez*, Las cláusulas resolutorias por incumplimiento y la quiebra, S. 129 ff. Zu den praktischen Auswirkungen *Bermejo*, Créditos y quiebra, S. 389 f. Zum Lieferantenprivileg in Bezugsverträgen *Herbosa*, Diario La Ley, Nr. 5992, Jahr XXV, 7. April 2004, D-82, Kap. IV.1.B.; zutreffend restriktiv SJMer Madrid v. 15. April 2005, JUR. 2005/126837, auch in: AC. 2005/839.
576 SAP Murcia v. 3. März 2006, AC. 2006/490.
577 *García Vicente*, in: R. Bercovitz (Hrsg.), *Comentarios I*, Art. 61, Nr. 3, S. 712.
578 Zum Verhältnis von Vertragsfortgeltung, Leistungspflicht trotz Nichterfüllung und Schadensersatz, *Herrero de Egaña/De Toledo*, in: Fernández Ballesteros (Hrsg.), *Proceso Concursal Práctico*, Art. 61, Nr. 4, m. w. N.
579 SJMer Córdoba v. 8. Juli 2005, AC. 2005/1705; SJMer Barcelona v. 12. Juli 2005, JUR. 2005/185515.
580 Ausführlich *Marco*, in: Homenaje Olivencia III, S. 2871 ff. Zum Leasing *Pacheco*, RDM 2005, S. 83 ff.; rechtsvergleichend *Cohnen*, RJUAM 3/2000, S. 109, 113-128; *Marín López*, in: R. Bercovitz (Hrsg.), *Comentarios I*, Art. 69, Nr. III.1, S. 809. Zum Renting SJMer Barcelona v. 27. Februar 2006, AC. 2006/140. Zum Mietvertrag Art. 1 LAU,

verwaltung setzt solche Vertragsverhältnisse um der Unternehmensfortführung willen oder aus sozialen Gründen wieder in Vollzug. Erforderlich ist im Ausgangspunkt nur, dass die Konkursverwaltung gegenüber dem Vertragsteil *in bonis* erklärt, dass der Vertrag fortgesetzt wird. Ausstehende Leistungen müssen erbracht und künftige Verbindlichkeiten aus dem Vertrag zu Lasten der Aktivmasse übernommen werden. Dabei handelt es sich sowohl um ein Zulässigkeitserfordernis für die Vertragsfortsetzung[581] als auch um einen Schutzmechanismus zu Gunsten des anderen Vertragsteils.[582] War der Vertrag wegen der Nichtleistung der (späteren) Konkursschuldnerin aufgelöst worden, ist diese Auflösung *ex tunc* wirkungslos. Der andere Vertragsteil kann nur in bestimmten Fällen widersprechen [vgl. Art. 68 Abs. 2, 69 Abs. 2 LC]. Wird der Vertrag nach erneuter Leistungsstörung wiederum aufgelöst, scheidet eine weitere Wiederbelebung aus.

Rücktritts- und Kündigungsrechte, die außerkonkurslich normiert sind, können im Konkurs ausgeübt werden [Art. 63 Abs. 1 LC].[583] Gesetzliche Regelungen, wonach die Parteien den Vertrag wegen des Konkurses einer der Parteien einvernehmlich aufheben dürfen, gelten auch im Konkurs [Art. 63 Abs. 2 LC]. Hier wiederholt sich im Ergebnis die Aussage von Art. 61 und 62 LC: Die Konkurserklärung berührt für sich genommen nicht die Wirksamkeit bestehender Vertragsverhältnisse, unterwirft die Vertragsauflösung aber konkursspezifischen Regeln. Über die Umsetzung entscheidet ein Verfahrensorgan, wenn nicht ausdrücklich eine beidseitige privatautonome Lösung vorgesehen ist.[584]

IV. Die besonderen Regeln für Anstellungsverträge des leitenden Personals

Das leitende Personal gehört begrifflich zu den Arbeitnehmern, unterliegt jedoch einem eigenständigen Regelwerk. Diese Regelungen zeichnen sich durch große Flexibilität aus. Der Grund hierfür liegt darin, dass ein besonderes persönliches Vertrauen das Verhältnis zwischen Unternehmer und leitendem Personal prägt. Außerkonkurslich gibt es eine Sonderregelung für die Beendigung der Dienstverhältnisse von leitenden Angestellten. Auch im Konkurs werden die Anstellungsverträge des leitenden Perso-

---

TR Decreto ministerial 4104/1964 v. 24. Dezember 1964, BOE Nr. 312 v. 29. Dezember 1964, S. 17387 ff.; einführend *Díez-Picazo/Gullón*, Sistema de Derecho Civil II, S. 378. Zum Kreditvertrag restriktiv *Trujillo*, in: R. Bercovitz (Hrsg.), *Comentarios I*, Art. 68, Nr. 1, S. 796, 798.

581 *Madrazo*, in: Rojo/Beltrán (Hrsg.), *Comentario I*, Art. 68, Nr. III.1., S. 1263; a. A. *Trujillo*, in: R. Bercovitz (Hrsg.), *Comentarios I*, Art. 68, Nr. 4, S. 803.
582 Vgl. SJMer Barcelona v. 21. Juli 2005, ADCo 7/2006, S. 355, 357.
583 Vgl. *Bermejo*, Créditos y quiebra, S. 367 f.
584 Z. B. Art. 1732 CC, geändert durch Gesetz v. 18. November 2003 (Art. 11 Nr. 3, 2. Var. Ley 41/2003, de protección patrimonial de las personas con discapacidad y de modificación del Código Civil, de la Ley de Enjuiciamiento Civil y de la Normativa Tributaria con esta finalidad, BOE Nr. 277 v. 19. November 2003, S. 40852 ff.). Zum Auftrag *Macía*, ADCo 4/2005, S. 169, 215, und passim.

nals[585] anders als Arbeitsverträge gehandhabt.[586] Die Konkursverwaltung ist berechtigt, die Verträge des Leitungspersonals vorübergehend aufzuheben oder endgültig zu beenden [Art. 65 Abs. 1 LC].[587] Auf den Zeitpunkt im Verfahren kommt es nicht an[588] und die Durchsetzung auf dem Gerichtswege erfolgt außerhalb des Konkursverfahrens.[589] Der Manager, einmal mit der Suspendierung seines Anstellungsvertrags konfrontiert, ist seinerseits berechtigt, den Vertrag zu beenden.[590] Voraussetzung ist, dass er sein Ausscheiden einen Monat zuvor anzeigt.

Scheidet der Manager wirksam aus, stellt sich das Problem der Abfindung, die er zwar dem Grunde nach beanspruchen kann. Der Konkursrichter kürzt jedoch die Abfindung, sofern der Manager konkursbedingt ausscheidet [Art. 65 Abs. 2 LC]. Dabei spielt keine Rolle, wer den Vertrag beendet. Die Kürzung ist in dem Maße zulässig, wie es arbeitsrechtlich für die Abfindung bei kollektiven Entlassungen vorgesehen ist.[591] Anderslautende Vereinbarungen im Anstellungsvertrag sind unwirksam [Art. 65 Abs. 3 LC]. Nicht nur der Höhe nach, sondern auch hinsichtlich der Durchsetzbarkeit unterliegt der Abfindungsanspruch Einschränkungen. Grundsätzlich handelt es sich um eine Forderung gegen die Aktivmasse, die vorab zu erfüllen ist [vgl. Art. 84 Abs. 2 Nr. 5 S. 1 LC]. Auf Antrag der Konkursverwaltung ordnet der Konkursrichter fakultativ an, dass der Abfindungsanspruch als gestundet gilt. Die Abfindung wird dann fällig, sobald das Urteil über die Konkursqualifikation in Rechtskraft erwächst [Art. 65 Abs. 4 LC]. Auf diese Weise wird die Aktivmasse vor Auskehrungen bewahrt, solange unklar ist, ob das leitende Personal nicht auf Schadensersatz haftet.

585 Art. 2 Abs. 1, lit. a) ET und geregelt in RD 1382/85 de 1 de agosto, que regula la relación laboral de carácter especial del personal de alta dirección, BOE Nr. 192 v. 12. August 1985, S. 25502. *Mercader/Alameda*, in: Rojo/Beltrán (Hrsg.), *Comentario I*, Art. 65, Nr. I., S. 1230; *Ríos/De la Puebla*, RCP 1/2004, S. 109, 120; *Trujillo*, in: R. Bercovitz (Hrsg.), *Comentario I*, Art. 65, Nr. 1, S. 763; *Viguera*, in: Homenaje Olivencia III, S. 3355, 3360 ff. Näher *A. Tapia*, Homenaje Broseta III, S. 3723, 3728 ff.
586 Hierzu AJMer Barcelona v. 22. Dezember 2005, S. 398–401; AJMer Madrid v. 27. Januar 2005, AC. 2005/149; v. 11. März 2005, ADCo 5/2005, S. 364–367; AJMer Vizcaya (Bilbao) v. 3. März 2005, AC. 2005/217; v. 3. März 2005, AC. 2005/332; v. 4. März 2005, AC. 2005/245; AJMer Málaga v. 29. März 2005, JUR. 2005/102155; AJMer Valencia v. 28. Juli 2005, AC. 2005/1302. *De lege ferenda Del Rey/Luque*, RL 2002, S. 15–56; weiterhin *De la Puebla*, in: R. Bercovitz (Hrsg.), *Comentarios I*, Art. 64, S. 717 ff.; *Fernández Ruiz*, RCDI Nr. 682, 2004, S. 871, 877 ff.; *Mercader/Alameda*, in: Rojo/Beltrán (Hrsg.), *Comentario I*, Art. 64, S. 1189 ff.; *Ríos/De la Puebla*, RCP 1/2004, S. 109 ff.
587 Zur Abgrenzung zwischen unternehmerischer Vertragslösung (Art. 11 RD 1382/85) und arbeitsrechtlicher Kündigung (Art. 12 RD 1382/85) *Ríos/De la Puebla*, RCP 1/2004, S. 109, 125 f.
588 *Viguera*, in: Homenaje Olivencia III, S. 3355, 3370 ff., zu übrigen Voraussetzungen.
589 So der Kongress der Handelsrichter v. 9./10. Dezember 2004 in Valencia, ADCo 7/2006, S. 229, 241.
590 Zu den außerkonkurslichen Kündigungsgründen *A. Tapia*, in: Homenaje Broseta III, S. 3723, 3739 ff.
591 *Viguera*, in: Homenaje Olivencia III, S. 3355, 3384 ff., m. w. N. Kritisch *Van Hemmen*, RJC 2004, S. 1011, 1033 f., zu den Folgen für den „Markt der Führungskräfte"; allgemein *García de Enterría*, RDM 1995, S. 473, 496, Fn. 33, m. w. N. aus der ökonomischen Literatur.

V. Die Behandlung der Bezüge von Organpersonen

Im Unterschied zu den leitenden Angestellten treten Geschäftsleiter und Liquidatoren durch Bestellung und Annahme in eine gesellschaftsrechtliche Organstellung ein [Art. 123 Abs. 1, 125 LSA; 58 Abs. 4, 62 Abs. 1 LSRL].[592] Aus dem Grundsatz der Gesellschaftskontinuität folgt, dass sich die Konkurserklärung nicht auf Bestand und Zusammensetzung der Gesellschaftsorgane auswirkt. Das Konkursgesetz enthält sich dagegen einer ausdrücklichen Stellungnahme, welches Schicksal die Anstellungsverträge der Organpersonen erfahren.[593] Ein möglicher Grund dafür ist, dass es sich um einen heftig umstrittenen Bereich des innergesellschaftlichen Organisationsrechts handelt.[594]

Wenn die Bezüge der Organträger unverändert weiterlaufen, wird die Aktivmasse belastet und der Erfolg des Konkursverfahrens unterminiert.[595] Der Nachteil wäre vernachlässigenswert, wenn der Vergütungsanspruch nachrangig i. S. v. Art. 92 und 93 Abs. 2 LC wäre. Nachrangig sind die Ansprüche aber nur, soweit sie vor der Konkurserklärung entstanden sind.[596] Erwirbt die Organperson Vergütungsansprüche nach Beginn des Konkursverfahrens, handelt es sich um Masseverbindlichkeiten [Art. 84 Abs. 2 Nr. 5 bzw. 6 LC].[597] Das Nachsehen haben die Konkursgläubiger [vgl. Art. 154 LC]. Aus diesem Grunde erwägen manche Autoren, die Vorschriften über die Konkursanfechtung [Art. 71 ff. LC] nutzbar zu machen.[598] Allein der Konkursrichter kann die Organperson inhabilitieren[599] und ihr sämtliche Rechte als Konkurs- bzw. Massegläubigerin entziehen. Dies geht jedoch nur, wenn er den Konkurs als „schuldhaft" qualifiziert [vgl. Art. 172 Abs. 2 Nr. 3 LC].

Unter dem Blickwinkel der Leistungsäquivalenz stellt sich die Frage, ob im Konkurs überhaupt noch eine Vergütung statthaft ist. Die vermögensrechtlichen Wirkungen der Konkurserklärung führen dazu, dass das Verwaltungsorgan die vergütungspflichtigen Leistungen im Kernbereich der Gesellschaftsverwaltung gar nicht mehr oder nicht mehr allein erbringen kann.[600] Soweit eine Organperson sonstige Funktionen erfüllt, handelt sie rein im Interesse der Konkursschuldnerin. Das wird in der Liquidationsphase besonders deutlich. Die Organträger werden abberufen und wirken

---

592 H. M. *Polo*, in: Uría/Menéndez/Olivencia (Hrsg.), *Comentario sociedades mercantiles*, VI, Art. 123, S. 49 f., m. w. N.; *Sánchez Calero*, in: Sánchez Calero (Hrsg.), *Comentarios IV*, Art. 123, S. 29 f., m. w. N. auch zur italienischen Lehre; Art. 125, S. 68; *ders.*, in: Homenaje Broseta III, S. 3395, 3401 ff.; *A. Tapia*, in: Homenaje Broseta III, S. 3723, 3750; *Vicent Chuliá*, Compendio Crítico I-1, S. 622 f.
593 Zur Abgrenzung von Verträgen über nicht organschaftliche Tätigkeiten [vgl. Art. 61 ff. LC], *De la Cámara*, Estudios de Derecho Mercantil I, S. 603.
594 Rechtshistorisch und -vergleichend *Blanquer*, in: Homenaje Broseta I, S. 397, 404 ff. Aus arbeitsrechtlicher Sicht jüngst *Limón*, Administradores, S. 43 ff.
595 Vgl. daher Art. 54 Abs. 2 Entwurfsvorschlag 1995.
596 Umfassend *Beltrán*, in: Rojo/Beltrán (Hrsg.), *Comentario I*, Art. 84, Nr. II, S. 1499-1524; vgl. auch *Ávila/Curto*, in: Homenaje Olivencia IV, S. 3537, 3562.
597 Differenzierend *Sánchez Gimeno*, ADCo 8/2006, S. 97, 106 f.
598 Ausführlich *Sánchez Gimeno*, ADCo 8/2006, S. 97, 129 ff.
599 Zur daraus automatisch folgenden Pflicht, die Organperson abzuberufen vgl. *Sánchez Calero*, in: Sánchez Calero (Hrsg.), *Comentarios IV*, Art. 132, S. 220.
600 Ebenso *Sánchez Gimeno*, ADCo 8/2006, S. 97, 101 f.

nur noch als residuale Vertreter der Gesellschaft, die keinerlei vermögensrechtlichen Einfluss mehr haben. Daher läuft es dem Gläubigerinteresse zuwider, eine Vergütung aus der Konkursmasse zu zahlen.[601] Die Organperson ist aber zugleich Adressatin der konkursspezifischen Pflichten, deren Erfüllung sehr wohl dem Zweck der Gläubiger-befriedigung dient, so dass eine pauschale Antwort nicht möglich ist.[602] Im spanischen Recht erlischt der Anstellungsvertrag daher selbst mit Eröffnung der Liquidationspha-se nicht automatisch, sondern wird durch die Konkursverwaltung beendet, welche den Unternehmensträger liquidiert.

1. Die Modifikation der Vergütungsabrede

Außerhalb der Liquidationsphase gelten folgende Grundsätze. Wenn die Vergü-tungsregelung dynamisch ausgestaltet ist, löst sich das Problem von selbst. Die Un-ternehmenstätigkeit der Gesellschaft erzeugt in Zeiten unternehmerischer Krise selten ein bilanzpositives Ergebnis, und im eröffneten Konkurs dient sie zur Befriedigung der Konkursgläubiger. Der Wert von Beteiligungen am Gesellschaftskapital sinkt. In der Folge verringern sich die Vergütungsansprüche der Organträger.

Die konkursrechtliche Unangemessenheit tritt demgegenüber bei hohen Fixansprüchen offen zu Tage, die in der spanischen Praxis ohnehin am häufigsten sind.[603] Steht die Vergütungsregelung in der Satzung [Art. 130 LSA, 66 Abs. 1 LSRL], liegt es nahe, den Satzungsbeschluss anzufechten, der dieser Klausel zu Grunde liegt [Art. 115 ff. LSA, 56 LSRL].[604] Dadurch wird die Vergütungsregelung aber ersatzlos beseitigt, nicht verän-dert. Es ist unumgänglich, die Anteilseigner dazu zu bewegen, die Satzung zu ändern.

Für nichtstatutarische Vergütungsabreden ergeben sich zunächst Unterschiede zwi-schen den Gesellschaftsformen. In der SL genügt ein Änderungsbeschluss, den die Gesellschafterversammlung mit einfacher Mehrheit fasst [Art. 67 LSRL]. Derlei Be-schlüsse entziehen sich dem Einflussbereich der Verfahrensorgane im Konkurs. Ins-besondere können die Anteilseigner nicht über die Mitwirkungspflicht der konkurs-schuldnerischen Kapitalgesellschaft dazu gezwungen werden. Die Geschäftsleiter sind mitwirkungspflichtig, nicht die Anteilseigner. Im Aktienrecht fehlt eine Regelung, die Art. 67 LSRL entspricht. Art. 1154 CC kann nicht herangezogen werden, um eine nichtstatutarische Regelung der Organvergütung zu ändern. Die Hauptleistungspflicht steht in Rede, während Art. 1154 CC allein für Vertragsstrafen gilt.

Die Konkursverwaltung vermag in beiden Gesellschaftsformen die Vergütungszah-lungen ohne Rücksicht darauf, ob sie in der Satzung geregelt sind oder nicht, faktisch zu verringern oder ganz einzustellen.[605] Das ist Ausfluss der ihr zur Ausübung oder

---

601 Im deutschen Recht *Weber*, KTS 1970, S. 73, 81 f.; *Wolf*, in: Braun (Hrsg.), *InsO*, § 113, Rn. 2, 7.
602 Im deutschen Recht *Müller*, Der Verband in der Insolvenz, S. 82, im Anschluss an *Baums*.
603 *Vicent Chuliá*, Compendio Crítico I-1, S. 648.
604 Vgl. hierzu *López de Medrano*, RGD 577–578 (1992), S. 10129, 10154.
605 Ebenso *Sánchez Gimeno*, ADCo 8/2006, S. 97, 108, der die Bemessung der Vergütung i. R. d. Fremdverwaltung darüber hinaus aber als Kompetenz der Konkursverwaltung, nicht mehr der Gesellschafter ansieht.

Kontrolle zugewiesenen vermögensrechtlichen Befugnisse [Art. 40 Abs. 1 und 2 LC]. Die Organperson ist in diesem Fall veranlasst, auf Erfüllung zu klagen. Die Klage ist als konkursrechtlicher Zwischenstreit zu verhandeln [Art. 8 Nr. 1, 50 Abs. 1 S. 1, 192 Abs. 1 LC]. Die Konkursverwaltung kann sich mit einer Widerklage unmittelbar gegen die Vergütungsregelung als solche wenden.[606] Auf diese Weise erhält der Konkursrichter die Möglichkeit, über Bestand und Höhe der Vergütung zu entscheiden. Maßstab dieser Entscheidung ist allein der Konkursverfahrenszweck.

Abgesehen von der vorstehend beschriebenen Strategie steht es den Parteien offen, die Vergütungsansprüche neu auszuhandeln und einvernehmlich den Umständen anzupassen. Wenn die Organperson dazu nicht bereit ist, führt u. U. nur der Schritt weiter, das Vertragsverhältnis zu beenden.

2. Die Beendigung des Anstellungsvertrages

Die mit der gesellschaftsrechtlichen Organstellung verbundenen Funktionen werden unentgeltlich ausgeübt, sofern die Satzung nichts anderes vorsieht [Art. 130 LSA, 66 Abs. 1 LSRL].[607] Der Grundsatz der Unentgeltlichkeit gilt nicht für schuldrechtliche Vertragsverhältnisse.[608] Gleichwohl ist der Hintergrund des Kapitalgesellschaftsrechts für schuldrechtliche Verbindungen prägend, die neben die Organbeziehung treten.[609] Unter dem Begriff der Anstellung verbergen sich in der spanischen Rechtswirklichkeit Verträge unterschiedlichster Rechtsnatur: Geschäftsbesorgungsverträge, Dienstverträge[610] sowie Arbeitsverträge.[611] Am häufigsten werden Anstellungsverträge für leitendes Personal nach Art. 1 Abs. 2 RD 1382/85 verwendet.[612]

Für die SL ist ausdrücklich vorgesehen, dass Organstellung und Vertrag miteinander kombiniert werden können. Voraussetzung ist ein Gesellschafterbeschluss [vgl. Art. 67 LSRL]. Insoweit liegt auf der ersten Blick eine Kompetenz vor, die den Anteilseignern gesetzlich zugewiesen ist und in welche die Verfahrensorgane nicht eingreifen können.

---

606 Zur Rechtslage bei der Sozialklage gegen Verwaltungsorganpersonen *Calbacho*, El ejercicio de las acciones de responsabilidad, S. 128.

607 *De la Cámara*, Estudios de Derecho Mercamtil I, S. 602; *López de Medrano*, RGD 577-578 (1992), S. 10129, 10143 f.; *Polo*, in: Uría/Menéndez/Olivencia (Hrsg.), *Comentario sociedades mercantiles*, VI, Art. 130, S. 192, 200 f.; *Vicent Chuliá*, Compendio Crítico I-1, S. 647. Näher *Alcover*, RdS 1995, S. 131, 143 f.

608 Zur Qualifikation als gesellschaftsrechtlich nach Art. 1 Abs 3, lit. c) ET *e contrario*, *Desdentado Bonete/Desdentado Daroca*, Administradores Sociales, Altos Directivos y Socios Trabajadores, S. 49 f.

609 *Sánchez Calero*, in: Sánchez Calero (Hrsg.), *Comentarios IV*, Art. 125, S. 70; *Vicent Chuliá*, Compendio Crítico I-1, S. 623.

610 Hierzu STS v. 9. Mai 2001, JUR. 2001/4280.

611 Hierzu STS v. 26. Februar 2003, JUR. 2003/1327151.

612 *Desdentado Bonete/Desdentado Daroca*, Administradores Sociales, Altos Directivos y Socios Trabajadores, S. 54; *García de Enterría*, RDM 1995, S. 473, 479; *Tusquets*, La remuneración de los administradores, S. 249.

In der SA ist das Einstiegsproblem, inwieweit Organstellung und der Anstellungsvertrag überhaupt zulässigerweise kombinierbar sind. Wann immer die Kombination unzulässig ist, kann sich die Konkursverwaltung darauf berufen. Konkursrechtlich unangemessene Vergütungsansprüche werden auf diese Weise aus konkursfremden Gründen überwunden.

Es lassen sich drei profilierte Positionen unterscheiden. Nach einer Ansicht sind die Organstellung und der Anstellungsvertrag für leitendes Personal grundsätzlich miteinander vereinbar.[613] Von diesem Grundsatz werden jedoch mehrere Ausnahmen gemacht.[614] Die vertragliche Anstellung ist nichtig, wenn sie rechtsmissbräuchlich vereinbart ist [vgl. Art. 7 Abs. 2 CC] oder gegen das Erfordernis einer statutarischen Regelung der Amtsdauer bzw. den Inhalt dieser Regelung verstößt [Art. 126 LSA]. Der Vertragsschluss darf ebenso wenig ein unzulässiges Insichgeschäft darstellen [vgl. Art. 1459 Nr. 2 CC].[615]

Nach der Funktionstheorie kommt es entscheidend darauf an, welche Art von Tätigkeit vergütet werden soll. Organstellung und Anstellungsvertrag sind unter der Voraussetzung kombinierbar, dass sich die abgegoltene Funktion nicht darin erschöpft, dass Zuständigkeiten des Verwaltungsorgans wahrgenommen werden.[616] Organpersonen, die nur an den Abstimmungen des Verwaltungsrates teilnehmen und die gesetzlich vorgeschriebenen Pflichten erfüllen, gelten als schlafend („durmientes"), während diejenigen, die selbständig administrierend zur operativen Geschäftsaktivität beitragen, als leitende Angestellte vergütet werden sollen.[617] Einige Stimmen akzeptieren den Ausgangspunkt der Funktionstheorie, grenzen jedoch anders ab. Die Vergütungsabrede ist hiernach zulässig, wenn der Organträger nicht individuell die Kompetenzen des Gesamtorgans ausübt, sei es direkt oder per Delegation.[618] Nur dann besteht eine Abhängigkeit gegenüber dem Gesellschaftsorgan, die für die Anstellung als Über-Unterordnungsverhältnis charakteristisch sein soll.

Die Vertreter der Verbindungstheorie lehnen solche Differenzierungen ab.[619] Sie halten die Koexistenz von Organstellung und Anstellungsverträgen für leitendes Personal generell für unzulässig. Die Organstellung soll durch den Managervertrag nicht überformt werden.[620] Beim klassischen Arbeitsvertrag, der den Vergütungsberechtigten

---

613 A. Tapia, in: Homenaje Sánchez Calero II, S. 1541, 1576.
614 Vicent Chuliá, Compendio Crítico I-1, S. 678.
615 Alcover, RdS 1995, S. 131, 138; teilweise a. A. López de Medrano, RGD 577-578 (1992), S. 10129, 10152. Zu den Rechtsfolgen verbotenen Selbstkontrahierens Díez-Picazo, Fundamentos I, S. 195 f.
616 De la Cámara, Estudios de Derecho Mercantil I, S. 603; vgl. aber Polo, in: Uría/Menéndez/Olivencia (Hrsg.), Comentario sociedades mercantiles, VI, Art. 130, S. 195.
617 Vgl. Trujillo, in: R. Bercovitz (Hrsg.), Comentarios I, Art. 65, Nr. 1.2.a), S. 768.
618 Hierzu Calbacho, El ejercicio de las acciones de responsabilidad, S. 131, 133 f.; Sánchez Calero, in: Homenaje Broseta III, S. 3395, 3406 f.; auch De la Cámara, Estudios de Derecho Mercantil I, S. 603.
619 Grundlegend STS v. 29. September 1988, RJ. 1988/7143; v. 21. Januar 1991, RJ. 1991/65. vgl. auch A. Tapia, in: Homenaje Sánchez Calero II, S. 1541, 1596 f.; Sánchez Calero, in: Homenaje Broseta III, S. 3395, 3407 f.
620 Alcover, RdS 1995, S. 131, 136 ff.; Desdentado Bonete/Desdentado Daroca, Administradores Sociales, Altos Directivos y Socios Trabajadores, S. 63–73, 78.

dem Arbeitgeber unterordnet, ist eine Überformung nicht zu besorgen.[621] Die Verbindungstheorie ist seit den 1990er Jahren forensisch etabliert.[622] Sie bezweckt, die Abreden zwischen Organperson und Gesellschaft in das transparente System der Satzungsregelungen zu zwingen.[623]

Das Vertragsverhältnis muss jedoch in der SA auch jenseits eindeutiger Missbrauchsfälle und der vorgenannten Fallgruppen, in denen sich Organstellung und Anstellungsvertrag gegenseitig ausschließen, seiner verfahrenszweckwidrigen Wirkungen entkleidet werden. Dasselbe Bedürfnis besteht in der SL für Anstellungsverhältnisse, die auf einem Gesellschafterbeschluss beruhen. Es kommt auf die Rechtsnatur des Vertrags an.

Ist die Kombination von Organstellung und echtem Arbeitsvertrag zulässig, unterliegt dieser Arbeitsvertrag u. U. der kollektiven Änderung, Suspendierung und Beendigung von Arbeitsverhältnissen [Art. 64 LC]. Arbeitsvertragliche Verbindlichkeiten der Gesellschaft sind des Weiteren keine Masseschulden mehr, sobald die Unternehmensaktivität beendet, ein Vergleich gerichtlich genehmigt oder der Konkurs abgeschlossen wird [Art. 84 Abs. 2 Nr. 5 S. 1 LC a. E.].

Art. 65 LC kann auf Anstellungsverträge für leitendes Personal im Sinne von Art. 1 Abs. 2 RD 1382/85 nicht unmittelbar angewendet werden. Die Vereinbarung besteht nicht im Verhältnis zu einem bloßen Angestellten, sondern zu einer Organperson.[624] Neben dem Wortlaut spricht ein systematisches und zugleich historisches Argument dagegen, diese Regelungslücke für planwidrig zu halten.[625] Der Gesetzgeber hat Art. 65 LC eben nicht ausdrücklich auf Organpersonen erstreckt. Angesichts der bekannten Rechtsprechung zur Verbindungstheorie wäre dies aber für eine erweiternde Lesart der Regelung erforderlich gewesen.

Die Konkursverwaltung kann den Anstellungsvertrag für leitendes Personal auf der Grundlage ihrer Befugnisse in der Fremdverwaltung und selbständigen Fortführung des konkursschuldnerischen Unternehmens im Gläubigerinteresse beenden [Rechtsgedanke aus Art. 40 Abs. 2, 44 Abs. 3, 84 Abs. 2 Nr. 5 S. 1 LC]. Sinn dieser Zuständigkeiten ist es, das Unternehmen von wirtschaftlichen Belastungen frei zu halten, die nicht mit dem Zweck der Gläubigerbefriedigung zu rechtfertigen sind. Das trifft auf die Bezüge der Organträger, wie dargelegt, oftmals zu. Der Grundsatz der gesellschaftsrechtlichen Organisationskontinuität wird dadurch zwar berührt. Die Auswirkung ist jedoch nur mittelbar: Die Organperson hat kein Interesse daran, die Organstellung unentgeltlich zu versehen, und wird sie aus diesem Grunde aufgeben. Die Kontinuität steht aber ohnehin unter dem Vorbehalt der vermögensrechtlichen Wir-

621 Vgl. STS v. 18. Juni 1991, RJ. 1991/5152; *Desdentado Bonete/Desdentado Daroca*, Administradores Sociales, Altos Directivos y Socios Trabajadores, S. 100-104; differenzierend *Sánchez Calero*, in: Sánchez Calero (Hrsg.), Art. 125, S. 72 f.; *A. Tapia*, in: Homenaje Sánchez Calero II, S. 1541, 1554 ff. und S. 1558 ff.
622 Vgl. *Martínez Moreno*, Aranzadi Social 18/2004, Parte Presentación, m. w. N.
623 *Desdentado Bonete*, Diario La Ley Nr. 5891, Jahr XXIV, 12. November 2003, Ref. D-252; *Tusquets*, La remuneración de los administradores, S. 345.
624 *A. Tapia*, in: Homenaje Sánchez Calero II, S. 1541, 1599, *de lege ferenda* für Änderung des RD 1382/85.
625 *Trujillo*, in: R. Bercovitz (Hrsg.), Comentarios I, Art. 65, Nr. 1, S. 771.

kungen der Konkurserklärung. Für die wirksame Kündigung gegenüber dem Organträger ist somit nur vorauszusetzen, dass sie zum Zweck der Gläubigerbefriedigung erforderlich ist. Ob das der Fall ist, klärt der Konkursrichter, wenn die Organperson gerichtliche Hilfe in Anspruch nimmt. Die Lösung ist damit auch prozessökonomisch vertretbar.

In den Formen der Eigenverwaltung verfügen die Konkursverwalter dagegen nur über die Prärogative, ihre Zustimmung zu erteilen oder zu verweigern. Hier müssten die Organträger als Vertreter der Gesellschaft entgegen ihren persönlichen Interessen tätig werden und im Gläubigerinteresse sich selbst kündigen.[626] Die Anteilseigner können ungeachtet der Fremdverwaltung oder Intervention die Organträger anweisen, den Anstellungsvertrag nach Art. 11 Abs. 2 RD 1382/85 bzw. Art. 54 ff. ET zu beenden. Der Beschluss ist für das Verwaltungsorgan bindend.[627] Er unterliegt aber gesellschaftsrechtlichen Regeln und kann nicht über die konkursrechtliche Mitwirkungspflicht erzwungen werden.

Wenn die Organperson sich eine schon außerkonkurslich zu hohe Vergütung verschafft, kann sie wegen Schädigung der Gesellschaft in Anspruch genommen werden [Art. 133, 134 LSA, 69 Abs. 1 LSRL, Sozialklage]. Der Organträger scheidet mit Klageerhebung automatisch aus dem Amt [Art. 134 Abs. 2 S. 2 LSA].[628] Der schuldrechtliche Anstellungsvertrag endet jedoch erst, wenn die Gesellschaft sich dahingehend erklärt. Im Konkurs verfügt die Konkursverwaltung über eine zusätzliche Aktivlegitimation für die Sozialklage [Art. 48 Abs. 2 S. 1 LC]. Übt die Konkursverwaltung die Aktivlegitimation aus, treten dieselben Rechtswirkungen ein, als hätte die Gesellschaft selbst geklagt.[629] Es bedarf also gleichfalls der Mitwirkung der Anteilseigner, um den Anstellungsvertrag zu beenden.

3. Die Vermeidung von Abfindungszahlungen

Im Konkurs kollidieren Abfindungsklauseln, die Masseschulden begründen, mit dem Zweck der Gläubigerbefriedigung.[630] Rechtsgrundlage des Abfindungsanspruchs können Schuldverträge bzw. Satzungsklauseln sein [vgl. Art. 56 ET, 11 Abs. 1 RD 1382/85]. Vertragliche Abfindungsansprüche sind nur wirksam, wenn es der Anstellungsvertrag als solcher ist. Insoweit ist auf das vorstehende Unterkapitel über die Beendigung des Anstellungsvertrages zu verweisen.

Außerkonkurslich ist umstritten, ob Abfindungsklauseln mit dem Grundsatz der freien Abberufung vereinbar sind. Nach der Meinung einiger Autoren sind Abfindungsregelungen generell und unabhängig von ihrer kautelarischen Ausführung abzuleh-

---

626 Vgl. *Sánchez Calero*, in: Sánchez Calero (Hrsg.), *Comentarios IV*, Art. 125, S. 70.
627 Zur Anfechtung des Satzungsbeschlusses *López de Medrano*, RGD 577-578 (1992), S. 10129, 10154.
628 *Fernández de la Gándara* u. a., in: Garrigues Abogados (Hrsg.), *Responsabilidad*, S. 1, 11.
629 *Beltrán*, in: Rojo/Beltrán (Hrsg.), *Comentario I*, Art. 48, Nr. II.3.2., S. 974.
630 *Trujillo*, in: R. Bercovitz (Hrsg.), *Comentarios I*, Art. 65, Nr. 1.2.b), S. 770.

nen.[631] Andere vertreten die Ansicht, dass die Abfindung ausdrücklich in der Satzung geregelt sein muss.[632] Unter Hinweis auf die Privatautonomie werden Abfindungsklauseln demgegenüber teilweise auch ohne Verankerung in der Satzung für zulässig gehalten.[633]

Fest steht, dass die Fälligkeit des Abfindungsanspruchs normalerweise einen Abberufungsbeschluss der Gesellschafter- bzw. Aktionärsversammlung voraussetzt. Die Frage, ob es im Konkurs der Zustimmung der Konkursverwaltung bedarf zu der Abberufung insgesamt oder immerhin zu der Rechtsfolge, dass der Abfindungsanspruch ensteht, lässt sich anhand des Gesetzes beantworten.[634] Dieser Beschluss liegt grundsätzlich im nicht anzutastenden Innenbereich der Gesellschaft [Art. 48 Abs. 1 LC], und die Begründung des Abfindungsanspruchs folgt aus ihr der betreffenden Klausel, ohne zur Disposition zu stehen, solange hierüber nicht ausdrücklich abgestimmt wird. Folglich hat die Konkursverwaltung insoweit keine Kontrollmöglichkeit.

Art. 65 Abs. 3 LC bietet eine passende Regelung, kann aber nach dem Wortlaut nur für leitende Angestellte, nicht für Organträger herangezogen werden. Für eine analoge Anwendung dieser Norm spricht die vergleichbare Interessenlage.[635] Eine hinreichende Rechtfertigung für die Annahme auch einer planwidrigen Regelungslücke lässt sich indes nicht ausmachen.[636] Werden gegenseitige Verträge allgemein mit dem konkursrechtlichen Instrumentarium aufgelöst, entscheidet der Konkursrichter über die Entschädigungszahlungen, die an die Partei in bonis zu leisten sind [Art. 61 Abs. 2 S. 1 LC]. Die in Rede stehende Abfindung scheint mitgeregelt zu sein. Schon die Kündigung richtet sich danach, ob sie den Konkursverfahrenszweck fördert. Ihre Folge ist der Abfindungsanspruch, der an demselben Kriterium zu bemessen ist. Die Entschädigung wird in dem Rahmen vermindert, in dem sie die Gläubigerbefriedigung erschwert oder ausschließt. Dies ist eine Einzelfallentscheidung.

Bedenkenswert ist eine Analogie zu Art. 92 Nr. 4 LC.[637] Danach gelten Bußgelder und Geldstrafen als nachrangige Konkursforderungen. Von der Gläubigergesamtheit sollen Nachteile abgewendet werden, die auf einem strafwürdigen Verhalten des Konkursschuldners beruhen. Auch wirkt keine Strafe abschreckend, wenn der Normadressat weiß, dass er die finanzielle Belastung aus seinem Tun auf die Gläubiger abwälzen kann.[638] Dieser Zweck erfasst neben dem staatlichen Strafen auch privatautonom ge-

---

631 *Polo*, in: Uría/Menéndez/Olivencia (Hrsg.), *Comentario sociedades mercantiles*, VI, Art. 131, S. 224; *Vicent Chuliá*, Compendio Crítico I-1, S. 645.

632 *García de Enterría*, RDM 1995, S. 473, 513; *López de Medrano*, RGD 577-578 (1992), S. 10129, 10152.

633 Zum angeblichen Korrektiv in Art. 1154 CC analog *Embid*, Diario La Ley, 1993, S. 397 ff., Tomo 3, Comentario a la STS, Sala 1ª, de 30 de diciembre de 1992.

634 A. A. *Sánchez Gimeno*, ADCo 8/2006, S. 97, 112.

635 *Sánchez Gimeno*, ADCo 8/2006, S. 97, 113. Das dortige Zitat von *Martínez Flórez*, in: Rojo/Beltrán (Hrsg.), *Comentario 1*, Art. 62, Nr. I.5.2., S. 1173, betrifft nicht die vorliegende Frage, ist durchaus allgemein gefasst, lässt aber gerade aus diesem Grunde keinen Rückschluss auf die Sicht der Autorin im Hinblick auf die Rechtsverhältnisse der Organpersonen zu.

636 Vgl. oben 4. Kapitel § 4 V 2.

637 *García Vicente*, in: R. Bercovitz (Hrsg.), *Comentarios 1*, Art. 62, Nr. 3, S. 712.

638 *Bermejo*, Créditos y quiebra, S. 452 f.

regelte Vertragsstrafen, soweit diese nicht nur Schäden abdecken sollen.[639] Der Abfindungsanspruch entsteht aber, weil die Anteilseigner oder die Konkursverwalter das Anstellungsverhältnis beenden. Dem Nachteil aus der Abfindung steht ein Vorteil der Masse gegenüber. Die Analogie ermöglicht daher nur, die Abfindung insoweit nachrangig auszukehren, als sie nicht vorteilsäquivalent ist.

Die Konkursverwaltung kann die Abfindung reduzieren oder einbehalten [vgl. wiederum Art. 40 Abs. 1 und 2 LC].[640] Klagt die Organperson auf Erfüllung, entscheidet der Konkursrichter [Art. 8 Nr. 1, 50 Abs. 1 S. 1, 192 Abs. 1 LC, konkursrechtlicher Zwischenstreit]. Maßstab seiner Entscheidung ist allein der Konkursverfahrenszweck. Zuletzt kann der Konkursrichter im begrenzten Rahmen der Konkursqualifikation den Forderungsverlust anordnen. Diese Entscheidung führt dazu, dass die Organperson die Abfindung weder als Konkurs- noch als Masseforderung geltend machen kann [vgl. Art. 172 Abs. 2 Nr. 3 LC].

§ 5 Die Entwicklung der Konkursaktivmasse

I. Der Masseumfang im Zeitpunkt der Konkurserklärung

Die Schuldnerin haftet für die Erfüllung ihrer Verbindlichkeiten mit ihrem gesamten gegenwärtigen Vermögen und den künftig dazu gehörenden Gegenständen [Art. 1911 CC]. Ihr Vermögen stellte schon bisher nach der Verfahreneröffnung eine selbständige Masse von Gegenständen dar, die einen Vermögenswert verkörpern, deren Eigentümer oder Inhaber die Gesellschaft ist und die für die Forderungen der Konkursgläubiger haften.[641] Das persönliche Vermögen der Gesellschafter sowie der Organpersonen wird vom Konkurs der Kapitalgesellschaft nicht betroffen. Die Haftungsbeschränkung, die außerhalb des Konkurses gilt, bleibt unangetastet. In Abweichung von der bisherigen Rechtslage ist die Konkursaktivmasse heute legaldefiniert.

Das Konkursverfahren erfasst sowohl das Vermögen, das der Konkursschuldnerin im Zeitpunkt der Konkurserklärung gehört, als auch sämtlichen Neuerwerb bis zum Verfahrensabschluss [Art. 76 Abs. 1 LC, Universalitätsgrundsatz].[642] Zum Vermögen zählen alle beweglichen und unbeweglichen Sachen, dinglichen, possessorischen und obligatorischen Rechte, Immaterialgüter und das Unternehmen als solches mit seinem

---

639 *Garrido*, in: Rojo/Beltrán (Hrsg.), *Comentario I*, Art. 92, Nr. II.4., S. 1665.
640 Ebenso *Sánchez Gimeno*, ADCo 8/2006, S. 97, 112 f., der die Bemessung der Abfindung i. R. d. Fremdverwaltung darüber hinaus aber als Kompetenz der Konkursverwaltung, nicht mehr der Gesellschafter ansieht.
641 *Garrigues*, Instituciones de Derecho Mercantil, S. 448.
642 Entspricht § 35 InsO. Näher *Tirado*, in: Rojo/Beltrán (Hrsg.), *Comentario I*, Art. 76, Nr. II.4.1., S. 1364 f. Zur Funktion des Inventars, das die Konkursverwaltung anfertigen muss, SJMer Barcelona v. 11. April 2005, ADCo 5/2005, S. 367–370. Zu Inhalt und Anfechtung des Inventars SJMer Asturias (Oviedo) v. 1. März 2005, ADCo 5/2005, S. 371–372.

Goodwill.[643] Dasselbe gilt für die Gesellschaftsbezeichnung.[644] Die Firma der Kapitalgesellschaft richtet sich nach der betreffenden Regelung in der Satzung [Art. 9 lit. a), 34 Abs. 1 lit. b) LSA, 13 lit. b), 16 Abs. 1 lit. e) LSRL]. Gesellschaftsbezeichnungen, die subjektive Elemente enthalten, werden nur mit Zustimmung des jeweiligen Inhabers des Namensrechts eingetragen. Das Einverständnis wird vermutet, wenn die betreffende Person an der Gesellschaft beteiligt ist [Art. 401 Abs. 1 RRM]. In Kapitalgesellschaften kann der Namensinhaber selbst nach seinem Ausscheiden nicht verlangen, dass die Gesellschaft ihre Bezeichnung ändert, es sei denn, dass er sich dies ausdrücklich vorbehalten hat [Art. 401 Abs. 2 RRM]. Im Regelfall muss daher nicht umfirmiert werden, wenn das Unternehmen der Gesellschaft im Konkurs veräußert wird.

Vom Universalitätsgrundsatz gibt es einige Ausnahmen, die damit zusammenhängen, dass einerseits bestimmte Gegenstände nicht der Gläubigergesamtheit zugute kommen und andererseits schon die Vermögenshaftung nach Art. 1911 CC nicht völlig grenzenlos ist. Unter die erste Rubrik fallen die Aussonderungsrechte [vgl. Art. 80 LC].[645] Daneben gehören Sachen und Rechte nicht zum konkursbehafteten Vermögen, die von Gesetzes wegen unpfändbar sind [Art. 76 Abs. 2 LC, Art. 605–612 LEC], also insbesondere Gegenstände nicht vermögensrechtlicher Art wie familienrechtliche Ansprüche oder Ansprüche, die als höchstpersönliche Rechte dem Rechtsverkehr entzogen sind [Art. 605 Nr. 3 LEC]. Gegenstände, die als vermögensrechtlich einzustufen sind, aber keinen positiven Vermögenswert darstellen, sind dagegen Teil der Konkursaktivmasse. Bei der Kapitalgesellschaft deckt sich folglich das im Zeitpunkt der Verfahrenseröffnung konkursbefangene Vermögen mit der Gesamtheit ihres (vormals freien) Vermögens.[646]

II. Die gesellschaftsrechtliche Masseauffüllung über Einlagen und Nebenleistungen

Die Masse, die im Zeitpunkt der Konkurserklärung vorhanden ist, wird auf unterschiedliche Weise angereichert. Das zentrale Instrument war bislang die konkursrechtliche Masseauffüllung. Rechtshandlungen, die in Anbetracht der wirtschaftlichen Schieflage der Gesellschaft erfolgten, unterlagen einem Mischsystem von Mechanismen zum Schutz der Aktivmasse (Rückwirkung und Anfechtung).[647] Der Eröffnungsbeschluss legte den Zeitpunkt fest, in dem der Schuldner seine Zahlungen

---

643 Umfassend *Tirado*, in: Rojo/Beltrán (Hrsg.), *Comentario I*, Art. 76, Nr. II.5., S. 1368–1384.
644 Im deutschen Recht *Weber*, KTS 1970, S. 73, 85; auch *Bäuerle*, in: Braun (Hrsg.), *InsO*, § 35, Rn. 54; *Uhlenbruck*, in: Uhlenbruck (Hrsg.), *InsO*, § 35, Rn. 100; skeptisch *Eickmann*, in: Eickmann u. a., *HK-InsO*, § 35, Rn. 27.
645 Hierzu SJMer Asturias (Oviedo) v. 6. Juli 2006, AC. 2006/1827.
646 Grundlegend im deutschen Recht *Schmidt*, Wege zum Insolvenzrecht der Unternehmen, S. 73, 99 ff.; *ders.*, KTS 1994, 309 ff.
647 Einführend *Díez-Picazo*, in: Homenaje Olivencia I, S. 155, 159 ff.; *Tasies*, Diario La Ley, Nr. 5578, Jahr XXIII, 2. Juli 2002, D-176, Bd. 5, S. 1466 ff. Zu Ausnahmen *Paz-Ares/Virgós/Bermejo*, in: McBryde/Flessner/Kortmann (Hrsg.), *Principles of European Insolvency Law*, S. 575, 611 f. Umfassend *Rojo*, RDM 1979, S. 37, 53 ff.

eingestellt hatte.[648] Alle nach der Zahlungseinstellung vorgenommenen Verfügungen waren nichtig [Art. 878 S. 2 CCom a. F.].[649] In der Praxis wurde die Rückwirkung oft auf den Zeitpunkt ausgedehnt, in dem die zahlungsunfähige Gesellschaft gegründet wurde.[650] Daneben stand die Anfechtung, um gläubigerschädigende Rechtsakte zu revidieren. Die zivilrechtliche *actio Pauliana* [Art. 1111 und 1291 Nr. 3 CC][651] war für gläubigerschädigende Verfügungen des Konkursschuldners konkretisiert [Art. 881 und 882 CCom a. F.].[652] Der Kläger musste grundsätzlich eine Schädigung und die Schädigungsabsicht des Konkursschuldners beweisen.[653] Die Konkurssyndizi waren für die Geltendmachung der Anfechtungsklagen aktivlegitimiert.[654]

Heute wirkt die Konkurserklärung nicht mehr zurück. Gläubigerschädigende Handlungen werden mit einer besonderen *actio Pauliana* angefochten [vgl. Art. 71 Abs. 1 LC]. „Acción de reintegración" bedeutet Wiedereinbringungsklage. Die Klageart, mit welcher die Anfechtung geltend gemacht wird, ist die Aufhebungsklage („acción rescisoria"). Funktionell bezeichnen Aufhebung, Anfechtung und Wiedereinbringung unterschiedliche Facetten der konkursrechtlichen Masseauffüllung.[655] Die Handlung der Konkursschuldnerin muss ein zeitliches Kriterium (innerhalb von zwei Jahren vor der Konkurserklärung) und ein objektives Kriterium (Schädigung der Aktivmasse)[656]

---

648 Zur Unterscheidung von wirtschaftlicher Schieflage und Rückwirkung *Beltrán*, in: Homenaje Menéndez III, S. 3479, 3495; *Rojo*, RDM 1979, S. 37, 53.

649 So STS v. 13. Juli 1984, RJ. 1984/3980; v. 24. Oktober 1989, RJ. 1989/6956; v. 20. Juni 1996, RJ. 1996/5077; v. 26. März 1997, RJ. 1997/2539; v. 28. Februar 2003, RJ. 2003/2723; SAP Baleares v. 8. März 2005, AC. 2005/530; *Rojo*, RDM 1979, S. 37, 69 ff. Zu Ausnahmen STS v. 28. Mai 1960, RJ. 1960/2062; v. 18. März 1998, RJ. 1998/1350). Weitere Rspr. bei *Campuzano*, RDPatr 1999, S. 335 ff.; *dies.*, La Ley Actualidad Civil 2002, LXIV; *Farran*, RJC 2000, S. 131, 144 ff., m. w. N. Für Anfechtbarkeit STS v. 20. September 1993, RJ. 1993/6647; *Jiménez*, Lecciones de Derecho Mercantil, S. 569, 619; *Sánchez Calero*, Instituciones de Derecho Mercantil II, S. 436.

650 *Mairata*, La Ley 2002, S. 1861, 1865.

651 Hierzu *Jerez*, Los actos jurídicos objetivamente fraudulentos, S. 119 ff., zur zivilrechtlichen Wirkung S. 133 ff.; *Sohm*, Institutionen, S. 471; auch *CEst*, Gutachten vom 21. März 2002, abgedruckt in: Rojo (Hrsg.), *La reforma*, S. 419, 450.

652 *Garrigues*, Instituciones de Derecho Mercantil, S. 451 f.; *Ramírez*, La quiebra II, S. 1093 ff.; *Rojo*, RDM 1979, S. 37, 98 ff.

653 Vgl. die gesetzlichen Vermutungen in Art. 879, 880 CCom a. F.

654 *Rojo*, RDM 1979, S. 37, 93.

655 *García Villaverde*, Actualidad Jurídica Aranzadi 2001 (491), Parte Comentario, S. 1, 4 f.; *Gil*, in: R. Bercovitz (Hrsg.), *Comentarios I*, Art. 71, Nr. 5, S. 841 ff.; *Martín Reyes*, RCDI Nr. 682, 2004, S. 914 ff.; im deutschen Recht *Jauernig*, InsR, § 51 I, S. 237 f. Zur „anulabilidad" *Albaladejo*, Derecho Civil I/2, S. 470, m. w. N.; *Díez-Picazo*, Fundamentos I, S. 471 ff. Instruktiv zum neuen Recht SJPI Córdoba v. 25. Juli 2005, ADCo 7/2006, S. 371 ff.; SJMer Murcia v. 12. Juli 2005, ADCo 8/2006, S. 391 ff.; SJMer Barcelona v. 18. Januar 2006, ADCo 8/2006, S. 403 ff.; SAP Barcelona v. 2. Mai 2006, ADCo 9/2006, S. 380 ff.

656 Grundlegend *Cristóbal*, La vía pauliana, S. 45; für das Zivilrecht Art. 1111, 1291 Nr. 3 CC. Zur Auslegung als Gläubigerschädigung SJMer Barcelona v. 25. Februar 2005, AC. 2005/534; *Alcover*, „Reintegración", in: García Villaverde u. a. (Hrsg.), *Derecho Concursal*, S. 325, 334; *Gil*, in: R. Bercovitz (Hrsg.), *Comentarios I*, Art. 71, Nr. 6.3, S. 852; *León*, in: Rojo/Beltrán (Hrsg.), *Comentario I*, Art. 71, Nr. II.3., S. 1307.

erfüllen. Arglist oder Schädigungsabsicht sind nicht erforderlich.[657] Der Schaden wird in bestimmten Fällen gesetzlich vermutet [vgl. Art. 71 Abs. 2 bis 4 LC].

Neben das zentrale, konkursrechtliche Instrument tritt nunmehr die gesellschaftsrechtliche Masseauffüllung. Wiederum wird eine allgemeine Regelung auf die Bedürfnisse des Konkurses angepasst. Geschäftsanteile der SL sind zwar voll zu amortisieren [Art. 4 LSRL]. Bei Aktien ist hingegen nur zwingend vorgeschrieben, dass im Zeitpunkt der Zeichnung ein Viertel des jeweiligen Nennwertes geleistet wird [Art. 12 LSA]. Nicht erbrachte Einlagen („dividendos pasivos") sind der Teil des Stammkapitals, für den Aktien gezeichnet, im Zeitpunkt der Eintragung von Gesellschaftserrichtung bzw. Kapitalerhöhung die Einlagepflichten jedoch nicht voll erfüllt werden.[658] Der Umfang der nicht erbrachten Einlagen ergibt sich aus der Satzung [Art. 9 lit. f) LSA] und der Eintragung im Handelsregister [Art. 121 Abs. 2, 134 f. RRM]. Die Satzung regelt, in welcher Form und Frist die Einlagen zu leisten sind [Art. 42 S. 1 LSA]. Nötigenfalls entscheidet das Verwaltungsorgan. Die Rechtsfolgen von Leistungsstörungen sind detailliert geregelt [Art. 43-45 LSA]. Wird eine Aktie übertragen, auf die noch nicht vollständig geleistet ist, erweitert sich der Kreis derjenigen, die für die Einlageverbindlichkeit haften. Freilich kann auch im Konkurs nur einmal die volle Einlage eingefordert werden.

Wie schon unter der bisherigen Rechtslage[659] setzt das Konkursverfahren die allgemeinen Vorschriften über nicht erbrachte Einlagen nicht außer Kraft.[660] Der Anspruch der Gesellschaft auf die Einlagendifferenz fällt vielmehr als Forderung in die Aktivmasse. Wenn die Leistungspflicht des Aktionärs bereits vor der Konkurserklärung fällig wurde, sind die zusätzlichen Leistungen nach Art. 45 LSA, wie Zinsen und Ersatz des Verzugsschadens, in die Aktivmasse zu leisten.

Im Konkurs macht indessen die Konkursverwaltung den Anspruch gegenüber den Aktionären geltend [Art. 48 Abs. 4 LC].[661] Diese Zuständigkeit ist ausschließlich. Regelungen der Satzung, Entscheidungen der Gesellschaftsorgane bzw. der Gesellschaftsgläubiger, die außerkonkurslich unter bestimmten Voraussetzungen subsidiär

---

657 *De lege ferenda Cerdá/Sancho*, Quiebras y suspensiones de pagos, S. 90 f. Anders die zivilrechtliche Anfechtung [Art. 1111, 1291 Nr. 3 CC]. Kritisch zur zeitlichen Abgrenzung *Alcover*, „Reintegración", in: García Villaverde u. a. (Hrsg.), *Derecho Concursal*, S. 325, 335; *Mairata*, La Ley 2002, S. 1861, 1865. Zum Gutglaubensschutz des Erwerbers BOE, Nr. 164 v. 10. Juli 2003, S. 26905, 26908.
658 *Vicent Chuliá*, Compendio Crítico, I-1, S. 441.
659 *Beltrán*, RGD 596 (1994), S. 5627, 5629 und passim; *López Ortega*, Los dividendos pasivos, S. 535, 544.
660 *Beltrán*, in: Rojo/Beltrán (Hrsg.), *Comentario I*, Art. 48, Nr. III.1.1., S. 981.
661 Vgl. im italienischen Recht bisher Art. 150 Legge Fallimentare 1942: „Nei fallimenti delle società con soci a responsabilità limitata il giudice delegato può, su proposta del curatore, ingiungere con decreto ai soci a responsabilità limitata e ai precedenti titolari delle quote o delle azioni di eseguire i versamenti ancora dovuti, quantunque non sia scaduto il termine stabilito per il pagamento." (Im Konkurs einer Gesellschaft, deren Gesellschafter beschränkt haften, kann der Richter die beschränkt haftenden Gesellschafter und die früheren Inhaber der Anteile oder Aktien auf Vorschlag des Konkursverwalters durch Beschluss dazu auffordern, noch geschuldete Zahlungen zu leisten, auch wenn die für die Leistung bestimmte Frist nicht abgelaufen ist.)

aktivlegitimiert sind,[662] finden keine Berücksichtigung. Die Einlagepflichten werden nicht sofort mit der Konkurserklärung fällig.[663] Fälligkeit tritt ein, sobald die Konkursverwaltung Erfüllung verlangt. Die Konkursverwaltung muss lediglich zu der Auffassung gelangen, dass die Leistung angebracht ist („conveniente"). Das ist unter Berücksichtigung des außerkonkurslichen Kriteriums, dass die Mittel für die Liquidation der Passiva tatsächlich erforderlich sind [Art. 272 lit. e) LSA], jedenfalls bei anfänglicher wie nachträglicher Massearmut der Fall. Im Konkurs können zusätzliche Mittel angebracht sein, um die Unternehmensfortführung zu gewährleisten, betriebliche Einheiten zu erhalten oder um Verfahrenskosten zu decken. Angebracht ist alles, wodurch der Konkursverfahrenszweck gefördert wird. Die Überzeugung der Konkursverwaltung vom Angebrachtsein muss sich auf hinreichend objektive Anhaltspunkte stützen. Die Aktionäre können dem Erfüllungsbegehren entgegenhalten, dass die Gläubigerbefriedigung erreichbar ist, auch ohne dass sie in Anspruch genommen werden. Außerdem sind die gesellschaftsrechtlichen Vorgaben einzuhalten wie das Gebot, alle einlagepflichtigen Aktionäre in gleichem Maße in Anspruch zu nehmen.[664]

Die Konkursverwaltung kann frei entscheiden, ob sie die Erfüllung einer Sacheinlage in bar oder durch Sachleistung verlangt. Als Barleistung kann der Aktionär nicht mit einer eigenen Forderung gegen die Aktivmasse aufrechnen. Das folgt bereits aus dem Umstand, dass verdeckte Sacheinlagen unzulässig sind. Darüber hinaus ist die Aufrechnung gegen Verbindlichkeiten der Konkursschuldnerin generell untersagt [vgl. Art. 58 Abs. 1 LC].[665] Anstatt auf seine Einlageverbindlichkeit zu haften und dadurch einen Beitrag zur Gläubigerbefriedigung zu leisten, erlangt der aufrechnende Aktionär volle Erfüllung, während die übrigen Gläubiger auf ihre quotalen Aussichten beschränkt bleiben. Sacheinlagen sind zum Schutz der Gläubigergesamtheit genauso zu prüfen und zu bewerten wie außerhalb des Konkursverfahrens.[666] Die anderen Anteilseigner sind ebenfalls schutzbedürftig, da ihr Revalutierungsinteresse betroffen wird. Wenn der einzubringende Gegenstand überbewertet und die Einlageverbindlichkeit unvollständig erfüllt wurden, muss die Konkursverwaltung diejenigen Personen auf Leistung in die Aktivmasse in Anspruch nehmen, die nach den allgemeinen Vorschriften haften [vgl. hierzu Art. 39 LSA, 1461 ff. CC, 331 ff. CCom].

Die Konkursverwaltung kann Einlageverbindlichkeiten nur eintreiben. Die Leistungspflichten zu begründen, ist Sache der Anteilseigner. Nachschüsse, die vor der Konkurserklärung beschlossen sind, gelten wie anfänglich offene Einlageverbindlichkeiten als Forderungen der Aktivmasse.[667] Die Anteilseigner können auch im

---

662 Zur Stellung der Gesellschaftsgläubiger *Beltrán*, Los dividendos pasivos, S. 42 ff.; *Muñoz Martín*, in: Homenaje Sánchez Calero I, S. 681, 698 f.

663 So bisher *Beltrán*, Los dividendos pasivos, S. 55 f.

664 *Beltrán*, in: Rojo/Beltrán (Hrsg.), Comentario I, Art. 48, Nr. III.1.2.2., S. 983.

665 *Beltrán*, in: Rojo/Beltrán (Hrsg.), Comentario I, Art. 48, Nr. III.1.2.1., S. 982. Zu den Hintergründen im bisherigen Recht *Beltrán*, RGD 596 (1994), S. 5627, 5645 f., m. w. N.; *Bermejo*, Créditos y quiebra, S. 330 ff.; *Vicent Chuliá*, RJC 1979, S. 669, 682 ff.

666 Zum außerkonkurslichen Zweck *Llebot*, RDM 1999, S. 37. 51 ff., m. w. N.; zu den gemeinschaftsrechtlichen Vorgaben *Habersack*, EuGesR, Rn. 161-163, S. 86 f.

667 Einführend *Espín Gutierrez*, in: Homenaje Sánchez Calero III, S. 2279, 2288 ff.; zur Kapitalerhöhung in der SA *Uría/Menéndez/García de Enterría*, in: Uría/Menéndez (Hrsg.), Curso de Derecho Mercantil I, S. 950 ff.

Konkurs einfache Nachschüsse oder eine förmliche Kapitalerhöhung beschließen.[668] Hinsichtlich der Durchsetzbarkeit von Verbindlichkeiten, die auf einer nachträglich beschlossenen Kapitalerhöhung beruhen, ist zwischen der Zeit während der Vergleichserfüllung und dem übrigen Verfahren zu unterscheiden. Beschließen die Anteilseigner zu einem beliebigen Zeitpunkt, in dem kein wirksamer Vergleich vorliegt, das Kapital aufzustocken, ist Art. 48 Abs. 4 LC anwendbar. Vor diesem Hintergrund wird eine großzügige Kapitalerhöhung die Ausnahme sein, sofern nicht ein besonders günstiger Vergleich winkt. Ein wirksamer Vergleich bindet dagegen die Konkursverwaltung, soweit sein Inhalt für die Einforderbarkeit der Einlageverbindlichkeiten maßgeblich ist.[669]

Die Konkursverwaltung macht des Weiteren Nebenleistungen geltend, zu denen die Anteilseigner nach der Satzung verpflichtet sind [vgl. Art. 9 lit. l), 65 LSA, 22-25 LSRL]. Im Unterschied zu den Einlagen handelt es sich hierbei um Leistungen, die zwar an die jeweilige Kapitalbeteiligung gebunden sind, aber nicht auf das Gesellschaftskapital geleistet werden [Art. 36 Abs. 1 S. 3 LSA].[670] Der mögliche Leistungsinhalt ist nicht auf Geld oder vermögenswerte Sachen und Rechte beschränkt.[671] Soweit die Nebenleistungen fällig und noch nicht erbracht sind, macht die Konkursverwaltung den Anspruch geltend und erbringt die Gegenleistung aus der Masse. Wegen der Nähe zu schuldvertraglichen Ansprüchen muss gleichfalls ein Unterschied für Nebenleistungen gemacht werden, die noch nicht fällig sind. Endet die unternehmerische Betätigung gemäß Art. 44 Abs. 4 LC, verliert die noch nicht fällige Nebenleistungspflicht ihren Sinn. Das gilt erst recht bei Eröffnung der Liquidationsphase. Die Nebenleistung fällt allerdings nicht automatisch weg. Wird eine Einigung über ihr Schicksal nicht erzielt, ist die Entscheidung des Konkursrichters zu erwirken [Art. 61 Abs. 2 Unterabs. 2 LC analog].[672]

Nebenleistungen können gegen Entgelt geschuldet sein.[673] In diesem Fall ist die Gesellschaft leistungsberechtigt und -verpflichtet. Die Anteilseigner erhalten eine Gegenleistung, die auf dem internen Verhältnis zur Gesellschaft beruht und erst nach der Konkurserklärung fällig wird, nachdem die außenstehenden, auch die nachrangigen Konkursgläubiger befriedigt sind.[674] Zahlungen, die vor der Konkurserklärung geleistet wurden, sind mit der Wiedereinbringungsklage rückabzuwickeln. Die Organpersonen haften, wenn sie pflichtwidrig geleistet haben.[675]

---

668 Vgl. ebenso zum deutschen Recht *Schmidt*, RCP 5/2006, S. 339, 345.
669 Bisher zur „Suspensión de pagos" *López Ortega*, Los dividendos pasivos, S. 544 f.
670 Zur Entwicklung im spanischen Gesellschaftsrecht *Rojo*, RDM 1977, S. 271, 299 ff.
671 *Peñas Moyano*, RdS 1996, S. 255, 257 f., m. w. N.
672 *Beltrán*, in: Rojo/Beltrán (Hrsg.), *Comentario I*, Art. 48, Nr. III.2., S. 984.
673 *Llagaria*, AAMN XXXI (1992), S. 7, 31-33.
674 *López García*, in: Homenaje Olivencia IV, S. 3771, 3790.
675 Näher *López García*, in: Homenaje Olivencia IV, S. 3771, 3791 ff.

III. Die unternehmerische Masseauffüllung

Unter der Prämisse, dass der Konkurs ein reiner Verteilungsprozess ist, wird die Aktivmasse bis zur Verteilung wertmäßig erhalten. Die Formel des Altmeisters Garrigues lautete sinngemäß: Das Vermögen der bankrotten Gesellschaft ist ein Liquidationsvermögen, das dazu dient, die Gläubiger zu befriedigen, kein Erwerbsvermögen, das Profit abwerfen soll.[676] Betrachtet man das Konkursverfahren dagegen als Prozess der Vermögensmaximierung, wie es nicht zuletzt aus dem Blickwinkel der ökonomischen Analyse des Rechts geschieht, ist jede Möglichkeit der Wertsteigerung zu nutzen.[677] Das Gesetz bezeichnet die typifizierten Möglichkeiten der Masseanreicherung nirgends als ausschließlich. Es regelt aber den Grundsatz der Unternehmensfortführung. Die unternehmerische Werterhöhung ist daher eine weitere Form der Anreicherung. Die Konkursverwaltung hat die Rechtsmacht für die erforderlichen Handlungen: Veräußerungen und Belastungen, die immanenter Teil der Unternehmensaktivität sind, bedürfen nicht der Zustimmung des Konkursrichters [Art. 43 Abs. 3 LC]. Die übrigen gesetzlichen Vorgaben sprechen nicht eindeutig für oder wider die unternehmerische Vermögensmaximierung, sondern ergeben ein klares „Ja, aber!" Die Vermögensmaximierung ist zulässig. Ihr sind allerdings Grenzen gesetzt, deren genauer Verlauf nicht einheitlich beschrieben und dementsprechend näher zu untersuchen ist.

Aus Sicht der einfachen Konkursgläubiger ist belanglos, wie die Aktivmasse im Einzelnen zusammengesetzt ist. Für sie ist entscheidend, dass sich der Wert der Masse nicht vermindert.[678] Die Ausübung vermögensrechtlicher Befugnisse dient dazu, die Konkursaktivmasse zu erhalten [Art. 43 Abs. 1 S. 1 LC]. „Erhaltung" heißt, die Aktivmasse gegen Wertverlust zu sichern. Das schließt Maximierung aus, sofern sie sich nicht schon bei Gelegenheit der bloßen Sicherung ergibt.[679] Die Erhaltung soll nach der zitierten Regelung jedoch auf die Art und Weise durchgeführt werden, die den Konkursinteressen am besten dient. Die einfachen Gläubiger erhalten am meisten, wenn die Aktivmasse einen größtmöglichen Wert besitzt.[680] Die statische Werterhaltung stellt nicht notwendigerweise die beste Art und Weise dar. Bei einem Unternehmen handelt es sich um eine dynamische Vermögenseinheit. Allein die dingliche Zusammensetzung der Masse zu wahren, die Einzelgegenstände zu sichern und den Organisationszusammenhang aufrecht zu erhalten, kann daher faktisch einen Wertverlust verursachen.[681] Das gilt zumindest dann, wenn die interne Mittelverwendung eine schlechtere Rendite bringt als die Investition der gleichen Summe auf dem Markt.

---

676 Zitiert nach *De la Cámara*, Estudios de Derecho Mercantil II, S. 571. A. A. zur bisherigen Rechtslage *Soto*, Aspectos concursales del patrimonio del insolvente, S. 18.

677 *Bisbal*, RDM 1994, S. 843, 846; *Llebot*, RGD 657 (1999), S. 7559, 7560 f.; auch *Alonso Ledesma*, in: Homenaje Duque Domínguez II, S. 1583, 1585 f.; *Morillas*, El concurso de las sociedades, S. 318.

678 *Ramírez*, La quiebra II, S. 1481, 1487, 1489, 1493, m. w. N.

679 *Martínez Flórez*, in: Rojo/Beltrán (Hrsg.), Comentario I, Art. 43, Nr. II.1., S. 891.

680 Zur „common pool"-Problematik vgl. *Jackson*, The Logic and Limits, S. 209 ff.; jüngst *Uhlenbruck*, FS Kirchhof, S. 479, 480.

681 Bisher *Soto*, Aspectos concursales del patrimonio del insolvente, S. 18 f.; *Tirado*, RDM 2000, S. 509, 516, Fn. 11. Weiterhin *González Bilbao*, RDBB 2004, S. 167, 170; *A. Tapia*, in: Homenaje Olivencia IV, S. 4405, 4422. Abw. *Martínez Flórez*, in: Rojo/Beltrán (Hrsg.), Comentario I, Art. 43, Nr. II.1, S. 891.

Wenn sich das unternehmerische Risiko verwirklicht, das mit dem Bemühen einhergeht, Gewinnchancen zu nutzen, drohen aber auch Verluste. Vermögensmaximierung ist darum nur bei beschränktem Verlustrisiko attraktiv.[682] Nicht jeder Verlust ist konkursverfahrenszweckwidrig. Aus der Aktivmasse werden z. B. Steuern, Mietzinsen und Prozesskosten gezahlt.[683] Die benötigten Mittel kommen den Gläubigern nicht unmittelbar zugute. Sie wirken jedoch zu Gunsten der Gläubiger, weil z. B. das schuldnerische Unternehmen fortgeführt werden kann. Darin unterscheiden sich diese Masseverluste von Einbussen, die durch rein statische Sicherung verursacht werden und von denen die Gläubiger nichts haben. Ein Wertverlust ist mithin unzulässig, wenn er eintritt, weil die wertsteigernde Aktivität unzureichend oder zu risikoreich ist.[684]

Die zahlungsunfähige Gesellschaft kann zwar keine Entschuldung erwarten, hat aber grundsätzlich gleichfalls ein Interesse daran, dass die Beteiligungen der Anteilseigner wieder einen möglichst hohen wirtschaftlichen Wert erreichen. Stellt die Gesellschaft hingegen bestimmte Weichen anders, wirkt sich dies auf die Vermögensmaximierung aus. Das Verwaltungsorgan der Gesellschaft ist berechtigt, in unterschiedlichen Stadien des Konkursverfahrens zu beantragen, dass die Liquidationsphase eröffnet wird [Art. 142 Abs. 1 LC]. Die Anteilseigner können einen Vergleich scheitern lassen, der von ihrer Mitwirkung bei der Reorganisation abhängt. Die Vermögensmaximierung verliert dann in absehbarer Weise ihren Sinn.

Die Masseverwaltung bezieht ihr dynamisches Element aus der Unternehmensfortführung. Die Wertsteigerung erschöpft sich darin, das im Zeitpunkt der Konkurserklärung vorhandene Unternehmen fortzuführen. Es darf keine neue oder andere unternehmerische Betätigung unternommen werden als die in der Satzung beschriebene (konkreter Gesellschaftszweck). Wenn die Gesellschaft zahlungsunfähig ist oder sein wird, kann es unmöglich sein, den statutarischen Gesellschaftszweck zu verfolgen. Die Gesellschaft ist aufzulösen [Art. 260 Abs. 1 Nr. 3 LSA, 104 Abs. 1, lit. c) LSRL]. Die Unmöglichkeit tritt aber keineswegs zwangsläufig ein. Auch die Konkurserklärung ebnet diese Unterschiede nicht ein. Andernfalls würde die Gesellschaftskontinuität ausgehebelt.

IV. Die Freigabe von Massegegenständen

Es ist vom Haftungszweck her gesehen irrational, einen Gegenstand ohne Wert zu liquidieren, da kein positives Ergebnis an die Gläubiger ausgekehrt werden kann.[685] Der Insolvenzverwalter verzichtet darum auf die Zugehörigkeit des Gegenstands zur Soll-Masse.[686] Diese Freigabe hat ihren Hauptanwendungsfall bei Gegenständen, die

---

682 Ähnlich *Llebot*, RGD 657 (1999), S. 7559, 7561; *Tirado*, RDM 2000, S. 509, 516 f.; auch *García Vicente*, in: R. Bercovitz (Hrsg.), *Comentarios I*, Art. 61, Nr. 1.1., S. 672 f.
683 *Zurilla*, in: R. Bercovitz (Hrsg.), *Comentarios I*, Art. 43, Nr. 2, S. 378.
684 Im Ansatz auch *A. Tapia*, in: Homenaje Olivencia IV, S. 4405, 4424 f.
685 So *Mejías*, CDC 1997, S. 45, 51; *Soto*, Aspectos concursales del patrimonio del insolvente, S. 4.
686 Im deutschen Recht § 32 Abs. 3 S. 1 InsO; *Jaeger*, KO, 1. Band, § 6, Anm. 44; *Uhlenbruck*, in: Uhlenbruck (Hrsg.), *InsO*, § 35, Rn. 23, m. w. N.; *ders.*, KTS 2004, S. 275 ff.

keinen oder gar einen negativen Vermögenswert besitzen, z. B. weil sie prozessbehaftet sind oder zur Erfüllung kostspieliger öffentlich-rechtlicher Pflichten zwingen. Im Konkursgesetz ist ein vergleichbares Institut nicht geregelt, mit dem Gegenstände aus der Aktivmasse „entlassen" werden. Die Konkursverwaltung hat jedoch die Pflicht und die Befugnis, die Aktivmasse so zu verwalten, dass ihr Wert bestmöglich erhalten wird [Art. 43 Abs. 1 S. 1 LC]. Das bedeutet, dass z. B. das konkursschuldnerische Unternehmen vermietet werden darf. Das Unternehmen oder einzelne Gegenstände können, gegebenenfalls mit der erforderlichen Zustimmung des Konkursrichters, dauerhaft veräußert werden.[687] Schließlich darf die Konkursverwaltung darauf verzichten, Ansprüche der Aktivmasse geltend zu machen, und kann sich vergleichen [Art. 51 Abs. 2 LC]. Die Freigabe kommt daher, in welcher Form auch immer, wie die Verfügung grundsätzlich in Betracht.[688] Eine Verfügung beendet den Konkursbeschlag, wenn der Konkursrichter zustimmt [Art. 43 Abs. 2 LC] oder der Gegenstand im Rahmen der normalen Unternehmensfortführung aus der Masse ausscheidet [Art. 43 Abs. 3 LC].

Erfolgt die Freigabe ohne Veräußerung an einen Dritten, wird beim Konkursschuldner eine Vermögensmasse gebildet, die von der Aktivmasse unabhängig ist. Ob die Freigabe zulässig ist, berührt folglich eine grundsätzliche Problematik. Im Konkurs der Kapitalgesellschaft muss ein konkursfreies Vermögen überhaupt möglich sein. Die Bildung eines selbständigen Gesellschaftsvermögens neben der Aktivmasse ist problematisch, wenn dadurch die vollständige Gesellschaftsabwicklung im Konkurs verhindert wird. Es bliebe stattdessen eine Gesellschaft übrig, deren freies Vermögen nur wertlose oder defizitäre Gegenstände umfasst, ohne dass der Rechtsverkehr davor geschützt ist, dass diese Gesellschaft weiter agiert.[689] Am Ende der Liquidation wird zwar das Konkursverfahren abgeschlossen [Art. 176 Abs. 1 Nr. 4 LC], jedoch kann der Konkursrichter die Registerlöschung der Gesellschaft noch nicht verfügen [vgl. Art. 178 Abs. 3 LC].

Die Freigabe scheint somit im spanischen Recht grundsätzlich zulässig, in der Liquidationsphase hingegen unzulässig zu sein. Gleichwohl können die allgemeine Verfahrensphase sowie die Vergleichsphase immerhin potenziell in die Liquidationsphase übergehen. Wird die Liquidationsphase tatsächlich eröffnet, verhindert das außerkonkursliche Vermögen, dass die Gesellschaft innerhalb des Konkurses abgewickelt wird. Die Freigabe soll deshalb nur zulässig sein, wenn sichergestellt ist, dass die wertlosen oder defizitären Gegenstände nicht erst noch auf Kosten der Anteilseigner oder des Staates beseitigt werden müssen.[690] Die Beseitigung solcher Gegenstände ermöglicht die Freigabe und dient darum auch der Gläubigerbefriedigung. Die anfallenden

---

687 *Martínez Flórez*, in: Rojo/Beltrán (Hrsg.), *Comentario I*, Art. 43, Nr. II.1.2.1., S. 894; Nr. III.1., S. 897.
688 *Tirado*, in: Rojo/Beltrán (Hrsg.), *Comentario I*, Art. 76, Nr. III.3.1., S. 1400.
689 Unter Hinweis auf die zwangsliquidatorische Wirkung des deutschen Insolvenzverfahrens *Schmidt/Schulz*, ZIP 1982, S. 1015, 1017; *Frege/Keller/Riedel*, InsR, S. 316, Rn. 831; a. A. *Kroth*, in: Braun (Hrsg.), *InsO*, § 80, Rn. 27; *Pape/Uhlenbruck*, InsR, S. 376, Rn. 494; *Smid-Smid*, InsO, § 35, Rn. 20, m. w. N.; auch *Eickmann*, in: Eickmann u. a., *HK-InsO*, § 35, Rn. 47.
690 Näher *Tirado*, in: Rojo/Beltrán (Hrsg.), *Comentario I*, Art. 76, Nr. III.4., S. 1403.

Kosten gelten als Masseverbindlichkeiten. Diese Auffassung kann sich auf Art. 84 Abs. 2 Nr. 10 LC berufen. Danach sind gesetzliche Pflichten, die im Konkurs entstehen, und außervertragliche Haftungsansprüche als Masseverbindlichkeiten vorab zu erfüllen. Die Gläubigergesamtheit soll die Kosten tragen, weil die Anteilseigner infolge ihrer beschränkten Haftung nicht für Verbindlichkeiten der Kapitalgesellschaft in Anspruch genommen werden dürfen, solange das Gesetz dies nicht ausdrücklich vorsieht. Belastungen, die den Wert des Gegenstandes auf Null oder auf einen negativen Wert vermindern, fallen ohnehin der Gläubigergesamtheit zur Last. Verbleibt der Gegenstand in der Aktivmasse, müssen erforderliche Mittel aus den werthaltigen Massebestandteilen erlöst und eingesetzt werden. Auf Grund dessen ist aber zweifelhaft, ob die Freigabe wirklich in jedem Fall einen Vorteil für die Gläubigerbefriedigung bringt. Das ist nur dann uneingeschränkt zu bejahen, wenn absehbar ist, dass die Liquidation vermieden und die Gesellschaft fortbestehen wird.

§ 6 Die Behandlung von „Insider"-Gläubigern im Konkurs

I. Die gesellschaftsrechtlich nahe stehenden Personen

Das Gesetz kennzeichnet drei Personenkreise als gesellschaftsrechtlich nahe stehende Personen. Es handelt sich um die Anteilseigner und die Geschäftsleiter der konkursschuldnerischen Kapitalgesellschaft sowie um Gesellschaften, die mit der Konkursschuldnerin unternehmerisch verbunden sind („Konzernverwandte"). Dieser Normkomplex ist im Grundgedanken vom deutschen Recht inspiriert, geht in den Rechtsfolgen indes weit darüber hinaus.[691]

Unter den Anteilseignern gelten diejenigen als gesellschaftsrechtlich nahe stehend, die für die Verbindlichkeiten der Gesellschaft persönlich haften [Art. 93 Abs. 2 Nr. 1 LC]. Persönlich haftende Gesellschafter vereinigen Herrschaft und Haftung in einem Maße auf sich, welches typischerweise die Annahme rechtfertigt, dass sie von der unternehmerischen Krise wussten bzw. wissen konnten oder diese verursachten bzw. verhindern konnten.[692] Dieser Zusammenhang von Herrschaft und Haftung ist in Kapitalgesellschaften grundsätzlich durchbrochen. Die wesentlichen Ausnahmen betreffen die Anteilseigner in einer unregelmäßigen Gesellschaft sowie in bestimmten Ein-Mann-Konstellationen, in denen die Anteilseigner mit ihrem persönlichen Vermögen haften.

Ungleich größere Bedeutung hat der Umstand, dass Aktionäre bzw. Gesellschafter als besonders nahe stehend gelten, die am Stamm- bzw. Grundkapital mit mindestens zehn Prozent beteiligt sind. Sofern die Wertpapiere börsennotiert sind, muss der Anteil mindestens fünf Prozent betragen. Man kann somit nicht automatisch von einer beherrschenden Beteiligung sprechen, nicht einmal von einer maßgeblichen oder un-

---

691 Vgl. § 138 Abs. 2 InsO, beschränkt auf die Insolvenzanfechtung. Ungeachtet dessen *Guasch*, RDM 2004, S. 1417, passim; dagegen *Sánchez Calero*, in: Homenaje Olivencia IV, S. 3893, 3896 f. Vgl. zu den Rechtsfolgen im spanischen Recht 4. Kapitel § 6.II.
692 *Sastre*, in: Sagrera/Sala/Ferrer (Hrsg.), *Comentarios II*, Art. 93, Nr. II.2., S. 1146.

ternehmerisch bedeutenden.[693] Auf die Art der Beteiligung kommt es nicht an, so dass beispielsweise schon fünf Prozent in Aktien ohne Stimmrecht ausreichen.[694] Ausgeschieden werden somit nur Anteilseigner, die unerhebliche Beteiligungen innehaben.

Die jeweiligen Organpersonen stehen der Kapitalgesellschaft im Konkurs gesellschaftsrechtlich nahe [Art. 93 Abs. 2 Nr. 2 LC]. Es spielt keine Rolle, ob die Organperson ordnungsgemäß bestellt ist. Dem Tatbestand unterfällt ebenfalls, wer in faktischer Organstellung handelt. Daher gehen Banken, die der Konkursschuldnerin Sanierungskredite gewähren und im Gegenzug bestimmte strategische oder operative Entscheidungen umgesetzt sehen wollen, ein erhebliches Risiko ein, als gesellschaftsrechtlich nahe stehend qualifiziert zu werden.[695] Neben den organschaftlichen Geschäftsleitern und Liquidatoren sind rechtsgeschäftlich Bevollmächtigte einbezogen, soweit ihnen umfassende Vertretungsrechte eingeräumt sind. Es reicht aus, dass die Organstellung oder umfassende Bevollmächtigung zu irgendeinem Zeitpunkt innerhalb der letzten zwei Jahre vor der Konkurserklärung gegeben ist. Die betreffende Person kann also zu Beginn der Zwei-Jahres-Frist erst als Ersatzkandidat für die Organstellung vorgesehen sein.[696] Umgekehrt entfällt die Nähebeziehung nicht, wenn die Organperson oder der bevollmächtigte Angestellte im Zeitpunkt der Konkurserklärung schon nicht mehr im Dienste der Gesellschaft steht.

Eine Nähebeziehung wird des Weiteren dadurch vermittelt, dass eine andere Gesellschaft mit der Konkursschuldnerin unternehmerisch verbunden ist [Art. 93 Abs. 2 Nr. 3 LC, „grupo"]. Der weite Wortlaut umfasst alle Gesellschaften, die derselben unternehmerischen Verbindung angehören. Es bedarf daher keiner näheren Feststellung, ob es sich um eine Konzernmutter, -tochter oder -schwester handelt.[697] Als gesellschaftsrechtlich nahe stehende Personen gelten darüber hinaus die Anteilseigner von Gesellschaften, die im zuerst bezeichneten Sinn mit der Konkursschuldnerin unternehmerisch verbunden sind. Systematisch korrekt ist, bei diesen Gesellschaftern von „Konzernverwandten" zumindest die Mindestbeteiligungen in Höhe von fünf bzw. zehn Prozent gemäß Nr. 1 vorauszusetzen.[698] Ansonsten würde in größerer Entfernung zu unternehmerischen Informationen und Entscheidungen, welche die Konkursschuldnerin betreffen, ein größerer Personenkreis erfasst als in deren innergesellschaftlichem Bereich.

---

693 Zur Verschärfung im Gesetzgebungsprozess *Garrido*, in: Rojo (Hrsg.), *La reforma*, S. 225, 242; Nw. zu anderen, meist Publizitätsregeln, welche angesichts der genannten Beteiligungen eingreifen, bei *Ávila/Curto*, in: Homenaje Olivencia IV, S. 3537, 3553 f.
694 *Garrido*, in: Rojo/Beltrán (Hrsg.), *Comentario I*, Art. 93, Nr. III.1., S. 1677.
695 *De lege ferenda* für präzisere Abgrenzung *Cassanellas*, Diario de Sesiones del Congreso de Diputados (Comisiones – Justicia e Interior) Nr. 613 v. 30. Oktober 2002, S. 20149, 20168; *Garrido*, RDBB 1996, S. 898, 936 f., Fn. 99, m. w. N.; *ders.*, in: Rojo (Hrsg.), *La reforma*, S. 225, 242.
696 *Guasch*, in: Homenaje Olivencia IV, S. 3707, 3723.
697 *Garrido*, in: Rojo/Beltrán (Hrsg.), *Comentario I*, Art. 93, Nr. III.3., S. 1679; *Guasch*, in: Homenaje Olivencia IV, S. 3707, 3726.
698 *Ávila/Curto*, in: Homenaje Olivencia IV, S. 3537, 3561; *Garrido*, in: Rojo/Beltrán (Hrsg.), *Comentario I*, Art. 93, Nr. III.3., S. 1679; *Hidalgo*, in: Sánchez Calero Guilarte/Guilarte (Hrsg.), *Comentarios II*, Art. 93, S. 2068; *Sastre*, in: Homenaje Olivencia IV, S. 3913, 3930; *ders.*, in: Sagrera/Sala/Ferrer (Hrsg.), *Comentarios II*, Art. 93, Nr. II.4., S. 1151.

Eine Analogie für die Organpersonen der „Konzernverwandten" liegt vom Normzweck her nahe.[699] Nicht selten sind die Geschäftsleiter der Konzernmutter, -töchter und -schwestern jene Protagonisten, die mit ihrem Auftreten und Eingreifen Probleme im Konkurs verursachen. Anders als periphere Anteilseigner haben sie privilegierte Möglichkeiten, um sich Informationen zu beschaffen oder Einfluss zu nehmen. Dafür genügt es schon, wenn sie gute persönliche Kontakte in die Führungsetage der Konkursschuldnerin nutzen. Einer Analogie steht allerdings der abschließende Charakter der belastenden Regelung entgegen.[700]

Es wird vermutet, dass der Konkursschuldnerin gesellschaftsrechtlich nahe steht, wer die (spätere Konkurs-)Forderung von einer Person erwirbt, die zu einem der genannten drei Personenkreise gehört.[701] Das Näheverhältnis, das zwischen dem Veräußerer und der Gesellschaft vorliegt, prägt die Stellung des Erwerbers zu dessen Lasten. Voraussetzung ist, dass die Forderung innerhalb der letzten zwei Jahre vor der Konkurserklärung übertragen wurde [Art. 93 Abs. 3 LC]. Gesellschaftsrechtlich nahe stehende Personen sollen die nachteiligen Rechtsfolgen nicht umgehen können, indem sie die Forderung an Dritte zedieren.[702] Die Umgehung ist ausgeschlossen, sobald die Nähebeziehung beim Zedenten eintritt.

Für Organpersonen und rechtsgeschäftlich Bevollmächtigte steht fest, dass diese Eigenschaft innerhalb der letzten zwei Jahre vor der Konkurserklärung vorgelegen haben muss. Für andere Näheverhältnisse, die etwa durch eine Kapitalbeteiligung oder die Zugehörigkeit zu einer unternehmerischen Verbindung vermittelt werden, ist keine zeitliche Grenze bestimmt. Eine einheitliche Lösung bedeutet, insoweit ebenfalls auf den Zeitraum von zwei Jahren vor und bis zur Konkurserklärung abzustellen.[703] Es geht an, den Zessionar einer (späteren Konkurs-)Forderung, nicht aber den Zedenten, als gesellschaftsrechtlich nahe stehend zu behandeln, wenn der Forderungserwerb innerhalb der Zwei-Jahres-Frist stattfand. Die Nähebeziehung würde auf den Zessionar umgeleitet, während sich der Zedent der tatsächlich gegebenen Nähebeziehung entledigen und später z. B. als Konkursgläubiger mit einfachem Vorrang am Verfahren teilnehmen könnte.[704] Der Gesetzgeber nimmt auch sonst von Organpersonen und rechtsgeschäftlich Bevollmächtigten an, dass sie den Konkursverfahrenszweck gefährden, egal ob sie kurz vor der Konkurserklärung ausscheiden oder nicht. Das Wissen der „Insider" geht nicht verloren, weil z. B. die Übernahme durch eine fremde Konzernmutter stattfindet. Der Konkursschuldnerin steht daher gesellschaftsrechtlich nahe, wer irgendeinen der Tatbestände im Zeitpunkt der Kon-

---

699 Ohne Vertiefung *Guasch*, RDM 2004, S. 1417, 1432.
700 *Blasco*, Prelación, S. 158; *Carrasco*, Los derechos de garantia, S. 58; *Garrido*, in: Rojo/Beltrán (Hrsg.), *Comentario I*, Art. 93, Nr. I.1.1., S. 1671.
701 Zum Inhalt des Gegenbeweises *Carrasco*, Los derechos de garantia, S. 60 f.
702 *Cordero*, in: R. Bercovitz (Hrsg.), *Comentarios I*, Art. 93, Nr. 4., S. 1108; *Guasch*, RDM 2004, S. 1417, 1429.
703 Hierzu teils abw. *Cordero*, in: R. Bercovitz (Hrsg.), *Comentarios I*, Art. 93, Nr. 3.1., S. 1107, m. w. N.; *Guasch*, RDM 2004, S. 1417, 1431.
704 Dagegen *Garrido*, in: Rojo/Beltrán (Hrsg.), *Comentario I*, Art. 93, Nr. I.1.3., S. 1674; auch *Sánchez Calero Guilarte*, ADCo 5/2005, S. 7, 49; *Sastre*, in: Sagrera/Sala/Ferrer (Hrsg.), *Comentarios II*, Art. 93, Nr. III. S. 1152.

kurserklärung oder innerhalb der letzten zwei Jahre davor verwirklicht.[705] Kommt die gesellschaftrechtliche Nähebeziehung erst im eröffneten Konkurs zustande, z. B. durch eine Fusion oder den käuflichen Erwerb von Kapitalbeteiligungen, greift die Regelung hingegen weder nach ihrem Wortlaut noch vom Zweck her ein.[706] Es fehlt der Bezug zu den Ereignissen, die zur Konkurserklärung geführt haben.[707] Vielmehr würde praktisch verhindert, dass Dritte die Gesellschaft sanieren.

Die Auffassung, der hier gefolgt wird, lässt des Weiteren eine zusätzliche Fragestellung in den Hintergrund treten. Teilweise wird diskutiert, ob es für die Ermittlung der Eigenschaft als gesellschaftsrechtlich nahe stehende Person auf den Zeitpunkt der Forderungsentstehung oder auf den Zeitpunkt der Konkurserklärung ankommt.[708] Wenn aber der genannte Zwei-Jahres-Zeitraum vor der Konkurserklärung und das Vorliegen des Näheverhältnisses maßgeblich sind, spielt die zeitliche Einordnung der Begründung des Gläubigerrechts keine Rolle. Die Konkurserklärung besitzt die im vorstehenden Absatz genannte Bedeutung, darüber hinaus aber keine weitere Relevanz.

II. Die Nachrangigkeit und besondere Rechtsfolgen der Nähebeziehung

Die Konkursforderungen bilden die Konkurspassivmasse i. S. v. Art. 49, 84 Abs. 1 LC.[709] Die Passivmasse unterteilt sich in Forderungen, die besonderen oder einfachen Vorrang genießen, sowie in einfache und nachrangige Forderungen. Die Konkursforderungen von Gläubigern, die mit dem Konkursschuldner in einer besonderen persönlichen Verbindung im Sinne von Art. 93 Abs. 2 LC stehen, gelten als nachrangig [Art. 92 Nr. 5 LC].[710] Nicht nur die Gesellschafter als so genannte „residual claimants", sondern alle gesellschaftsrechtlich nahe stehenden Personen („insiders") sind stets nachrangige Konkursgläubiger.[711] Nicht jede Nachrangigkeit hat aber immer die im Weiteren erörterten Rechtsfolgen.

Die gesellschaftsrechtlich nahe stehenden Personen sind vom Amt des Konkursverwalters ausgeschlossen [Art. 28 Abs. 3 LC]. Die Wiedereinbringungsklage ist ihnen gegenüber erleichtert. Es gilt als fragwürdig, wenn die Gesellschaft innerhalb der zwei letzten Jahre, bevor sie in Konkurs geht, zu Gunsten einer ihr nahe stehenden Person entgeltlich über einen Vermögensgegenstand verfügt. Die Preisgestaltung entspricht oft nicht normalen Marktbedingungen. Die Gläubigerschädigung wird daher wider-

705 Abw. *Ávila/Curto*, in: Homenaje Olivencia IV, S. 3537, 3556; *Sastre*, in: Homenaje Olivencia IV, S. 3913, 3931.
706 *Gozalo*, in: Rojo/Beltrán (Hrsg.), *Comentario II*, Art. 122, Nr. I.2., S. 2099.
707 Hierzu *Garrido*, in: Rojo/Beltrán (Hrsg.), *Comentario I*, Art. 93, Nr. I.2., S. 1674.
708 Vgl. *Miquel*, ADCo 7/2006, S. 557, 560 ff. m. w. N.
709 Zum bisherigen Recht *Ramírez*, La quiebra II, S. 988 ff.; aus Sicht des Praktikers *Ceres*, La Ley 2001, S. 2091 ff.; zur Reform *Mezquita*, RCDI Nr. 681, 2004, S. 187 ff. Näher *Beltrán*, in: Rojo/Beltrán (Hrsg.), *Comentario I*, Art. 49, S. 989-955; Art. 84, S. 1496–1524.
710 Einführend *Montés*, ADCo 1/2004, S. 49 ff.
711 Zu den Phänomenen und die sie beschreibenden Begriffe *Easterbrook/Fischel*, The Economic Structure, S. 253 ff.; *Jackson*, The Logic and Limits, S. 32 f., 97 f.

legbar vermutet [vgl. Art. 71 Abs. 3 Nr. 1 LC].[712] Dem Erwerber wird unterstellt, dass er sich rechtzeitig über die unternehmerische Lage der Gesellschaft informieren konnte. Gerade Finanzoperationen unter Konzerngesellschaften fallen in den Anwendungsbereich der Vermutung.[713] Der Beklagte kann sich gegen die Wiedereinbringung mit dem Beweis verteidigen, dass die Verfügung nicht die gleichmäßige Befriedigung der Gläubigergesamtheit beeinträchtigte. Unbeachtlich ist dagegen das Argument, die konkursschuldnerische Gesellschaft sei im Zeitpunkt der Rechtshandlung noch zahlungsfähig gewesen oder die Rechtshandlung unter objektiven Marktbedingungen erfolgt. Die Frist von zwei Jahren gilt insoweit starr.

Wenn der Konkursschuldner im Vorfeld der Konkurserklärung und unter Umständen, die nicht den normalen Marktbedingungen entsprachen, über Sachen oder Rechte verfügte, ist ein vorzeitiger Vergleichsvorschlag unzulässig [Art. 105 Abs. 1 Nr. 5, lit. b) LC]. Nachrangige Gläubiger sind in der Gläubigerversammlung nicht stimmberechtigt [Art. 122 Abs. 1 Nr. 1, 124 LC]. Dementsprechend können sie einem vorzeitigen Vergleichsvorschlag nicht schriftlich beitreten.[714] Gesellschaftsrechtlich nahe stehende Personen unterliegen der zusätzlichen Beschränkung, niemanden in der Gläubigerversammlung vertreten zu dürfen [Art. 118 Abs. 2 S. 3 LC]. Die nachrangigen Gläubiger müssen den Vergleich so hinnehmen, wie ihn die Mehrheit der übrigen Konkursgläubiger gutheißt.[715]

In der Vergleichsdurchführung stehen nachrangige grundsätzlich den einfachen Konkursgläubigern gleich. Die Nachrangigkeit drückt sich darin aus, dass die Stundungsdauer erst ab dem Zeitpunkt berechnet wird, in dem die einfachen Konkursgläubiger vollständig befriedigt sind [vgl. Art. 134 Abs. 1 S. 2 LC]. Liquidationserlöse werden erst ausgeschüttet, wenn alle einfachen Konkursgläubiger befriedigt sind [Art. 158 Abs. 1 LC]. Das Gesetz löst den Konflikt zwischen unterschiedlichen Rangstufen, die in der Person desselben Gläubigers zusammentreffen, zu dessen Lasten. Die gesellschaftsrechtlich nahe stehende Person verliert die dinglichen Sicherheiten, die für ihre Konkursforderungen bestellt sind, wenn sie die Gläubigerliste gar nicht oder erfolglos anficht [Art. 97 Abs. 2 LC].[716] Hierüber beschließt der Konkursrichter.

Kommt ein Vergleich zustande, gibt es nur einen Weg für nachrangige Gläubiger, um zu vermeiden, dass ihre Forderungen in weitem Umfang erlassen oder gestundet werden. Sofern es der Vergleichsvorschlag vorsieht, können die nachrangigen Gläubiger ihre Forderungen in eine Beteiligung an der konkursschuldnerischen Gesellschaft umwandeln [vgl. Art. 134 Abs. 1 S. 3, 102 LC]. Eine Kapitalbeteiligung, die mit einigem

---

712 SJMer Córdoba v. 25. Juli 2005, AC. 2005/1551. Vgl. schon *CES*, Gutachten vom 7. November 2001, S. 7. Kritisch *Alcover*, in: „Reintegración", García Villaverde u. a. (Hrsg.), *Derecho Concursal*, S. 325, 337, 355.

713 *León*, in: Rojo/Beltrán (Hrsg.), *Comentario I*, Art. 71, Nr. II.2.2.1., S. 1312.

714 Zur entsprechenden Anwendung in Art. 103, 108 LC *Gozalo*, in: Rojo/Beltrán (Hrsg.), *Comentario II*, Art. 122, Nr. I.1. f., S. 2098 f.; *Sastre*, in: Homenaje Olivencia IV, S. 3913, 3916.

715 Zum Widerspruchsrecht *Sastre*, in: Homenaje Olivencia IV, S. 3913, 3916.

716 *Garrido*, in: Rojo/Beltrán (Hrsg.), *Comentario I*, Art. 97, Nr. I.2., S. 1725; abw. *Guasch*, RDM 2004, S. 1417, 1444: auch Personalsicherheiten.

Risiko an Wert verliert, ist immer noch besser als eine Forderung, die schon gegenwärtig wertlos, weil uneinbringlich ist.[717]

III. Die Forderungen aus eigenkapitalersetzenden Leistungen

In der spanischen Praxis finden interne Finanzierungsmaßnahmen vorrangig in geschlossenen Kapitalgesellschaften, die kleine und mittlere Unternehmen tragen, sowie zwischen unternehmerisch verbundenen Kapitalgesellschaften statt.[718] Die Zahl unterkapitalisierter Gesellschaften ist groß.[719] Der Vorentwurf zum Gesetz über die Gesellschaften mit beschränkter Haftung von 1993[720] berücksichtigte erstmals das Problem des Eigenkapitalersatzes in Anlehnung an das gesellschaftsrechtliche Modell, wie es aus dem deutschen Recht bekannt ist. Das Konkursgesetz ist dem konkursrechtlichen Ansatz des Entwurfsvorschlags von 1995 gefolgt, der weder in Spanien noch rechtsvergleichend konkrete Vorbilder hat.[721] Die nominelle Unterkapitalisierung ist nicht als Verhalten typifiziert, das in der Konkursqualifikation sanktioniert wird.[722] Forderungen aus eigenkapitalersetzenden Leistungen sind aber wie die übrigen Forderungen von nahe stehenden Gläubigern nachrangig [Art. 92 Nr. 5 LC].

Der hauptsächliche Zweck der Nachrangigkeit von Forderungen im Zusammenhang mit Eigenkapitalersatz ist der Vertrauensschutz. Interne Leistungen erzeugen gegenüber den außenstehenden Gläubigern ein unzutreffendes Bild von der Vermögensausstattung bzw. von der Liquidität der Gesellschaft.[723] Banken und ähnlich versierte Gläubiger können dies oftmals erkennen.[724] Es entsteht also zusätzlich ein Problem durch Ungleichbehandlung. Die gesellschaftsrechtlich nahe stehenden Personen sollen ihr Finanzierungsrisiko nicht in unzulässiger Weise auf andere Gläubiger abwäl-

---

717 In dieser Richtung auch *Sánchez Calero*, in: Homenaje Olivencia IV, S. 3893, 3909 f.; skeptisch dagegen *Guasch*, in: Homenaje Olivencia IV, S. 3707, 3729.

718 *Alonso Ledesma*, in: García Villaverde u. a. (Hrsg.), *Derecho Concursal*, S. 357, 393; *Guasch*, in: Homenaje Olivencia IV, S. 3707, 3708; zu den Vorteilen S. 3909 ff.; *Iglesias/Vaquerizo*, in: Homenaje Olivencia IV, S. 3731, 3735, Fn. 9; *Montés*, ADCo 2004, S. 49, 73 f.

719 *Rojo*, BICAM 32 (2005), S. 10, 32: „fenómeno endémico" (wie eine ortstypische Krankheit).

720 *Garrido*, RDBB 1996, S. 898, 936, Fn. 98, m. w. N.; *Paz-Ares*, in: Rodríguez Artigas u. a. (Hrsg.), *Derecho I*, S. 66, 79; *Sánchez Calero*, AAMN XXXIV (1995), S. 141, 159 ff.

721 Vgl. *Ávila/Curto*, in: Homenaje Olivencia IV, S. 3537, 3546 f.; *Iglesias/Vaquerizo*, in: Homenaje Olivencia IV, S. 3731, 3734, m. w. N. Näher *Garrido*, RDBB 1996, S. 898, 934 f.; skeptisch *Mejías*, CDC 1997, S. 45, 82; kritisch *Bermejo*, Créditos y quiebra, 456 ff. Zum US-amerikanischen Recht *Guasch*, in: Homenaje Sánchez Calero III, S. 3253 ff.

722 Kritisch *García-Cruces*, in: Rojo (Hrsg.), *La reforma*, S. 247, 274; *Manzanares/Villoria*, Diario La Ley Nr. 5997, Jahr XXV, 15. April 2004, D-86, Kap. III. Abw. *Farias*, RDM 2004, S. 67, 101. Vgl. noch Art. 205 Abs. 2 Nr. 2 Entwurfsvorschlag 1995; zum Rechtsmissbrauch *Alcover*, RdS 1997, S. 294-196.

723 *Guasch*, in: Homenaje Olivencia IV, S. 3707, 3712 f. Allgemein *Sánchez Calero*, in: Homenaje Olivencia IV, S. 3893, 3903; ähnlich *Ávila/Curto*, in: Homenaje Olivencia IV, S. 3537, 3540.

724 *Paz-Ares*, in: Rodríguez Artigas u. a. (Hrsg.), *Derecho I*, S. 66, 81.

zen.[725] Einbußen, welche die außenstehende Gläubiger durch den Erwerb wertärmerer Forderungen erleiden, werden ausgeglichen.[726] Da die Rechtsfolgen automatisch an die Nähebeziehung anknüpfen, steht insbesondere eine vorbeugende Funktion im Vordergrund.[727]

Die Regelung wird als ungerecht, sanierungsfeindlich und unflexibel wahrgenommen.[728] Sanierungskredite, die schon jetzt praktisch nur aus dem internen Bereich zu erreichen sind, werden unattraktiv.[729] Der Zwang zur Kapitalerhöhung erhöht die Finanzierungskosten.

Einerseits betrifft die Regelung nicht nur Eigenkapitalersatz.[730] Es spielt keine Rolle, ob die Gesellschaft im Leistungszeitpunkt gegenwärtig oder bevorstehend zahlungsunfähig war, ob der Finanzierer dies wusste oder beeinflussen konnte,[731] mit Schädigungsabsicht handelte oder die übrigen Gläubiger schädigte.[732] Der Anteilseigner kann bloß gutgläubig seine Einlage auf eine künftige Kapitalerhöhung geleistet haben, ohne sich das Eigentum an dem geleisteten Gegenstand vorzubehalten.[733] Des Weiteren entspricht ein Kapitalanteil von über fünf bzw. zehn Prozent nicht immer einer Machtstellung, aus der heraus Anteilseigner an privilegierte Informationen gelangen und Entscheidungen beeinflussen.[734] Sogar außenstehende Anteilseigner in örtlich wie informationell entfernten Konzernschwestern sind nachrangige Konkursgläubiger.[735] Die rechtsgeschäftlich Bevollmächtigten der Konkursschuldnerin haben ihre Stellung nicht auf der Grundlage des Gesellschaftsvertrags inne. Dies spricht dagegen, sie als gesellschaftsrechtlich nahe stehende Personen zu klassifizieren. Personen in faktischer Organstellung, deren Macht über die ordnungsgemäß bestellter Organträger hinaus-

---

725 Bisher *Bermejo*, Créditos y quiebra, S. 446; weiterhin *Iglesias/Vaquerizo*, in: Homenaje Olivencia IV, S. 3731, 3749, m. zahlreichen Nw.
726 *Garrido*, RDBB 1996, S. 898, 935; *Sánchez Calero*, in: Homenaje Olivencia IV, S. 3893, 3901.
727 *Iglesias/Vaquerizo*, in: Homenaje Olivencia IV, S. 3731, 3752 f.
728 *Alonso Ledesma*, in: Homenaje Duque Domínguez II, S. 1583, 1596 f.; *dies.*, in: García Villaverde u. a. (Hrsg.), Derecho Concursal, S. 357, 392, 396 f.; *Ávila/Curto*, in: Homenaje Olivencia IV, S. 3537, 3548 f.; *Manzanares/Villoria*, Diario La Ley Nr. 5997, Jahr XXV, 15. April 2004, D-86, Kap. III.; *Sastre*, in: Sagrera/Sala/Ferrer (Hrsg.), Comentarios II, Art. 93, Nr. II.3, S. 1147.
729 Bisher *Paz-Ares*, in: Rodríguez Artigas u. a. (Hrsg.), Derecho I, S. 66, 80. Weiterhin *Guasch*, in: Homenaje Olivencia IV, S. 3707, 3717;.
730 Anders im deutschen Recht § 32a Abs. 1 GmbHG, § 39 Abs. 1 Nr. 5 InsO.
731 Hierzu noch Art. 92 Abs. 2 Nr. 1 Gesetzentwurf 2001. *De lege ferenda* restriktiv *Guasch*, in: Homenaje Sánchez Calero III, S. 3253, 3273. Kritisch heute *Ávila/Curto*, in: Homenaje Olivencia IV, S. 3537, 3545.
732 *Alonso Ledesma*, in: García Villaverde u. a. (Hrsg.), Derecho Concursal, S. 357, 394 f.; *Guasch*, in: Homenaje Olivencia IV, S. 3707, 3716; *Iglesias/Vaquerizo*, in: Homenaje Olivencia IV, S. 3731, 3754; *Sastre*, in: Homenaje Olivencia IV, S. 3913, 3927.
733 Bisher *Cabanas/Machado*, Aumento de capital y desembolso anticipado, S. 131 ff.
734 So *Iglesias/Vaquerizo*, in: Homenaje Olivencia IV, S. 3731, 3738 f.; *Sánchez Calero*, in: Homenaje Olivencia IV, S. 3893, 3904.
735 *Montés*, ADCo 1/2004, S. 49, 79 f.; *Pantaleón*, in: Fernández de la Gándara/Sánchez (Hrsg.), Comentarios, S. 535, 539. Weitere Beispiele bei *Manzanares/Villoria*, Diario La Ley Nr. 5997, Jahr XXV, 15. April 2004, D-86, Kap. II.1.

gehen kann, gelten ohnehin als gesellschaftsrechtlich nahe stehend.[736] Bei wörtlicher Auslegung erfasst die Nähebeziehung überdies den Forderungserwerber, selbst wenn der Erwerb von Todes wegen oder in der Zwangsvollstreckung stattfindet.[737] Auf der anderen Seite deckt die Regelung nicht alle denkbaren Fälle ab. Finanzierungswirksame Leistungen können z. B. darin bestehen, dass der Gesellschaft Gebrauchsgüter überlassen werden, um sie in ihrem Unternehmen zu verwenden. Derlei Maßnahmen begründen anders als Kredite keine Konkursforderungen und werden nicht berücksichtigt.[738] Selbst wer die Zahlungsunfähigkeit der Gesellschaft verursacht, gilt nicht zwingend als gesellschaftsrechtlich nahe stehend.[739] Schon geringere als die gesetzlich vorausgesetzten Kapitalbeteiligungen können in einer börsennotierten SA unternehmerisch relevant sein.[740] Kaufoptionen oder Stimmverträge eröffnen ebenfalls bedeutende Einflussmöglichkeiten, ohne aber den Tatbestand zu erfüllen.[741] Die starren Kriterien laden zur Umgehung ein, z. B. indem Anteilseigner, die nur minimal beteiligt sind, der Gesellschaft die Mittel zuleiten.[742]

Einige Kritikpunkte halten einer Überprüfung dagegen nicht Stand. Art. 92 Abs. 2 Nr. 1 LC gilt wortlautgemäß nur im Gesellschaftskonkurs. Im Umkehrschluss steht die Gesellschaft im Konkurs eines Aktionärs bzw. Gesellschafters, dessen Beteiligung fünf bzw. zehn Prozent übersteigt, diesem Anteilseigner nicht gesellschaftsrechtlich nahe.[743] In den Fällen der Kapitalverflechtung sind die Gesellschaften allerdings typischerweise unternehmerisch miteinander verbunden („grupo"). Daher ist die Gesellschaft im Konkurs des nicht unerheblich beteiligten Anteilseigners insoweit sehr wohl vom „Insider"-Begriff umfasst [vgl. Art. 92 Abs. 2 Nr. 3 LC].

Geschäftsleiter und Anteilseigner garantieren oder bürgen oftmals für Kreditverbindlichkeiten der Gesellschaft. Indirekte Finanzierungsformen wie die genannten Sicherheiten können Eigenkapital ersetzen, jedoch beschränkt sich die Regelung auf Darlehen, die unmittelbar von gesellschaftsrechtlich nahe stehenden Personen gewährt werden.[744] Die Kritik ist nur insoweit nachzuvollziehen, als nicht Personalsicherheiten betroffen sind. Eine bemerkenswerte Regelung nimmt sich ihrer an. Wird der „Insider" aus der Sicherheit in Anspruch genommen, nimmt er mit der Regressforderung und auch mit der Hauptforderung, in die er sich subrogiert, als nachrangiger Konkurs-

---

736 *Ávila/Curto*, in: Homenaje Olivencia IV, S. 3537, 3558; *Iglesias/Vaquerizo*, in: Homenaje Olivencia IV, S. 3731, 3739 f.; skeptisch auch *Sastre*, in: Homenaje Olivencia IV, S. 3913, 3928 f.

737 Kritisch *Sastre*, in: Homenaje Olivencia IV, S. 3913, 3930 f.

738 Bisher *Bermejo*, Créditos y quiebra, S. 456; weiterhin *Guasch*, in: Homenaje Olivencia IV, S. 3707, 3727; *Iglesias/Vaquerizo*, in: Homenaje Olivencia IV, S. 3731, 3747; die offenbar an *Mejías*, CDC 1997, S. 45, 85, anschließen.

739 *Iglesias/Vaquerizo*, in: Homenaje Olivencia IV, S. 3731, 3743-1346, auch zur Gefährdung von Interessen der außenstehenden Gläubiger im „leveraged buyout."

740 *Guasch*, in: Homenaje Olivencia IV, S. 3707, 3720.

741 *Carrasco*, Los derechos de garantía, S. 58.

742 *Guasch*, in: Homenaje Olivencia IV, S. 3707, 3721; *Iglesias/Vaquerizo*, in: Homenaje Olivencia IV, S. 3731, 3754.

743 So *Guasch*, RDM 2004, S. 1417, 1432.

744 *Guasch*, in: Homenaje Olivencia IV, S. 3707, 3727; *Iglesias/Vaquerizo*, in: Homenaje Olivencia IV, S. 3731, 3747.

gläubiger am Verfahren teil [vgl. Art. 87 Abs. 6 S. 2 LC].[745] Dasselbe gilt für den Kreditgeber, und zwar in Höhe der gesamten Hauptforderung.[746]

Die Gerichte[747] haben sich weitgehend darauf verlegt, die Regelung erst anzuwenden, wenn sich der Sicherungsgeber nach Zahlung tatsächlich in die Hauptforderung subrogiert.[748] Die stark einschränkende, weil die unabhängig von der Subrogation vorliegende Finanzierungswirkung außer Acht lassende Auslegung wird darauf gestützt, dass die Norm systematisch zwischen den Vorgaben zur Forderungsanerkennung stehe, nicht unter denen zum Forderungsrang. Das teleologische Argument ist, dass die Norm allein verhindern solle, dass eine gesellschaftsrechtlich nahe stehende Person über die Subrogation ungerechtfertigt den Rang ihrer Forderung verbessert.[749] Dem Kreditgeber dürfe hingegen kein Nachteil daraus erwachsen, wenn er sich zusätzlich absichert.

Wenn der Kreditgeber jedoch weiß, wer die Sicherheit leistet, tritt die Finalität des Geschäfts deutlich zu Tage: Die Sicherheit ermöglicht erst den Kredit für die Gesellschaft. Der Kreditgeber stellt dem Sicherungsgeber Liquidität zur Verfügung. Wenn die Sanierung der Gesellschaft misslingt, haftet der Sicherungsgeber aus der Sicherheit. Hätte die gesellschaftsrechtlich nahe stehende Person Kredit aufgenommen und die Liquidität durch ein Schuldgeschäft der Gesellschaft zugeleitet, könnte der Kreditgeber bei dem „Insider" auch nur die nachrangige Konkursforderung gegen die Gesellschaft pfänden. Der Kreditgeber nimmt somit im Gesellschaftskonkurs nur die für die Gläubigerbefriedigung vorteilhaftere Position ein, die in einem hypothetischen Abgleich zwischen seiner Stellung und derjenigen des Sicherungsgebers statthaft wäre.[750] Zum Schutz des einfachen Konkursgläubiger muss sich der Kreditgeber weitgehend außerhalb des Konkurses befriedigen.[751] Es kommt indessen nicht darauf an, ob er außerhalb des Konkurses Befriedigung erlangen kann. Die kreditgebenden Banken werden daher künftig anstelle von Bürgschaften dingliche Sicherheiten verlangen.[752]

745 Vgl. den Vorgänger in Art. 86 Abs. 6 Vorentwurf 2000. Zur Unterscheidung beider Ansprüche STS v. 13. Februar 1988, RJ. 1988/1985; SAP Cádiz v. 21. März 2003, AC. 2003/2047.
746 Anders als im deutschen Recht nach § 32a Abs. 2 GmbH.
747 SJMer Madrid v. 22. März 2005, AC. 2005/741; v. 5. Juli 2005, AC. 2005/1148, m. w. N.; SJMer Barcelona v. 27. Juni 2005, RCP 5/2006, S. 249; SJPI (Mercantil) Córdoba v. 28. Juni 2005, ADCo 9/2006, S. 391 ff.; vgl. auch Beschluss der Madrider Richterversammlung v. 5. April 2005, ADCo 5/2005, S. 271 ff.; unverändert Kongress der Handelsrichter v. 1./2. Dezember 2005 in Valencia, ADCo 8/2006, S. 249, 271.
748 So insbesondere *Carrasco*, Los derechos de garantía, S. 238-241.
749 SJMer Sevilla v. 14. Juli 2005, RCP 4/2006, S. 332; SJMer Córdoba v. 28. Juni 2005, RCP 4/2006, S. 332.
750 *Béjar*, in: Fernández Ballesteros (Hrsg.), *Proceso Concursal Práctico*, Art. 87, S. 460; *Bermejo*, in: Rojo/Beltrán (Hrsg.), *Comentario I*, Art. 87, Nr. III.3.2., S. 1572. Zur internen Rangfolge der nachrangigen Gläubiger *Alemany*, Diario La Ley Nr. 6004, XXV, 16. April 2004, D-95, Kap. V.
751 *Perdices*, ADCo 3/2004, S. 115, 119, 122.
752 *Rojo*, BICAM 32 (2005), S. 10, 27 und 36.

Für Altkredite kann es indessen einer Enteignung nahe kommen, wenn der Kreditgeber lediglich als nachrangiger Konkursgläubiger gilt.[753] Das Gesetz trifft aber durchweg derart lineare Einordnungen bei den nachrangigen Forderungen. Darin drückt sich ein nicht unerhebliches Misstrauen gegenüber gerichtlichen Einzelfallentscheidungen aus, die sonst erforderlich würden.[754] Lassen die Gerichte die Regelung im Wege der einschränkenden Auslegung weiterhin unangewendet, wäre es dennoch technisch am saubersten, die Norm abzuschaffen.[755]

Positiv ist freilich, dass die Regelungen, die (auch) den Eigenkapitalersatz betreffen, Klarheit schaffen und daher prozessökonomische Vorteile bieten.[756] Die meisten Näheverhältnisse liegen eindeutig vor oder nicht, so dass darüber nicht vielfach im konkursrechtlichen Zwischenstreit gestritten werden muss.[757] Wenn die Finanzspritze der Anteilseigner ausreicht, bleibt die Gesellschaft zahlungsfähig. Verschlimmert sich die unternehmerische Krise, so dass die Zahlungsunfähigkeit bevorsteht oder eintritt, wird der Konkurs erklärt. Nur für diesen Fall sind die wie Eigenkapital, aber nicht als Eigenkapital zugeschossenen Finanzmittel demselben unternehmerischen Risiko anheim gestellt wie echte Kapitaleinlagen.[758] Effektiver lässt sich nicht verhindern, dass die bloß schuldrechtliche Finanzierung durch Anteilseigner zu Lasten der Gesellschaftsgläubiger geht.[759] Wer eigenkapitalersetzende Leistungen gewährt, glaubt daran, dass die Sanierung möglich ist und Profitchancen bietet. Die Nachrangigkeit verhindert nur, dass sich diese unter Preis erworbenen Aussichten verwirklichen. Die Sanierung als solche wird nicht ausgeschlossen, sondern die gewählte Art der Finanzierung.

---

753 Zu Problemen für Familienbetriebe *Alonso Ledesma*, in: García Villaverde u. a. (Hrsg.), *Derecho Concursal*, S. 357, 394 f.; *Blasco*, Prelación, S. 158.

754 Justizpessimistisch *Rojo*, BICAM 32 (2005), S. 10, 34. Dagegen z. B. *Alonso Ledesma*, in: García Villaverde u. a. (Hrsg.), *Derecho Concursal*, S. 357, 396 f.; *Ávila/Curto*, in: Homenaje Olivencia IV, S. 3537, 3549; *Blasco*, Prelación, S. 158 ff. Zur angelsächsischen „equitable subordination" *Ávila/Curto*, in: Homenaje Olivencia IV, S. 3537, 3544–3546; Guasch, in: Homenaje Sánchez Calero III, S. 3253-3273.

755 *Rojo*, BICAM 32 (2005), S. 10, 39. Ausdrücklich dafür *Pantaleón*, in: Fernández de la Gándara/Sánchez (Hrsg.), *Comentarios*, S. 535, 539.

756 *Ávila/Curto*, in: Homenaje Olivencia IV, S. 3537, 3547; *Iglesias/Vaquerizo*, in: Homenaje Olivencia IV, S. 3731, 3756; *Manzanares/Villoria*, Diario La Ley Nr. 5997, Jahr XXV, 15. April 2004, D-86, Kap. II.3; *Sastre*, in: Homenaje Olivencia IV, S. 3913, 3915. Hierzu schon früher *Mejías*, CDC 1997, S. 45, 85.

757 Dies konzedieren nur im Ausgangspunkt bisher *Paz-Ares*, in: Rodríguez Artigas u. a. (Hrsg.), *Derecho I*, S. 66, 80; weiterhin *Blasco*, Prelación, S. 161; *Pantaleón*, in: Fernández de la Gándara/Sánchez (Hrsg.), *Comentarios*, S. 535, 539.

758 Hierzu *Garrido*, in: Rojo (Hrsg.), La reforma, S. 225, 242 f. Zu den Folgen für die konzerninterne Finanzierung *Sánchez Calero Guilarte*, ADCo 5/2005, S. 7, 52 f.

759 *Guasch*, in: Homenaje Olivencia IV, S. 3707, 3716; ausführlich zu Art. 87 Abs. 6 LC *Perdices*, ADCo 3/2004, S. 115, 118 ff.; *Rojo*, BICAM 32 (2005), S. 10, 37 f.

5. Kapitel

Die Wege zur Befriedigung der Gläubiger im Konkurs

§ 1 Die erhaltende Sanierung des Unternehmens

I. Der Konkursvergleich

Die kodifikatorischen Modelle konkursrechtlicher Vergleichsverfahren werden gemeinhin in zwei Grundkategorien eingeteilt.[760] Maßgebend ist, ob das Konkursrecht ein Primat über das Gesellschaftsrecht erhält. Das ist der Fall, wenn das Konkursverfahren die Zahlungsunfähigkeit der Gesellschaft nicht nur im Außenverhältnis zu den Gläubigern bewältigt, sondern auch mit Wirkung auf die Gesellschaftsstruktur. Das Gegenteil wird mit „gesellschaftsrechtlicher Neutralität" bezeichnet:[761] Selbst wenn eine Maßnahme der inneren Reorganisation dazu dient, die Gläubiger zu befriedigen, ist sie nur statthaft, sofern ihre Voraussetzungen nach dem Gesellschaftsrecht erfüllt sind. Der neue spanische Ansatz zählt zur zweiten Kategorie. Der Inhalt des Vergleichs betrifft mit Stundung, Erlass oder der Kombination beider allein das Außenverhältnis zu den Gläubigern [vgl. Art. 100 Abs. 1 LC]. Optional werden Konkursforderungen in Aktien oder Geschäftsanteile umgewandelt [Art. 101 Abs. 2 LC]. Das Konkursgesetz regelt nicht, unter welchen Voraussetzungen dies möglich ist. Die Anforderungen des Gesellschaftsrechts an den Gesellschafterwechsel, die Kapitalerhöhung usw. gelten fort.[762] Die Gläubiger können nicht über den Vergleich auf gesellschaftsinterne Abläufe einwirken. Alles andere wäre überraschend, da Bestand und Organisation der Gesellschaft im Konkurs unangetastet bleiben. Konsequenterweise haben die Anteilseigner keinen unmittelbaren Einfluss darauf, dass und mit welchem Inhalt ein Vergleich zustande kommt.[763]

Während vor der Konkurserklärung außergerichtliche Vergleiche geschlossen werden können, treten die Regelungen des Konkursgesetzes in ihrem prozessualen Anwendungsbereich als speziellere Regelung an die Stelle der allgemeinen Vertragsfreiheit (Relativität der Privatautonomie).[764] Nach der Konkurserklärung sind nur gerichtliche Vergleiche zulässig. Bei dem Konkursvergleich handelt es sich um ein Rechtsgeschäft, das auf miteinander korrespondierenden Willenserklärungen der Konkursschuldnerin und ihrer Gläubiger beruht. Wenn von den Gläubigern gespro-

---

760 Vgl. näher *Müller*, Der Verband in der Insolvenz, S. 308 ff. und 318 ff., m. w. N.
761 *Müller*, Der Verband in der Insolvenz, S. 322.
762 *González Gozalo*, in: R. Bercovitz (Hrsg.), *Comentarios I*, Art. 100, Nr. 4.1., S. 1155; *Rojo*, in: Rojo/Beltrán (Hrsg.), *Comentario II*, Art. 100, Nr. V.1., S. 1888.
763 Zum bisherigen Recht *Mairata*, RdS 1999, S. 260, 271 ff.
764 *Illescas*, in: Fernández Ballesteros (Hrsg.), *Proceso Concursal Práctico*, Art. 100, Nr. 2, S. 503; *López Curbelo*, in: Homenaje Olivencia IV, S. 4601, 4608 ff.; näher *Rojo*, Anales V (Grupo Difusión) 2004, S. 215, 217 f.

149

chen wird, entspricht dies der Gläubigergesamtheit, die ihren Willen entsprechend den gesetzlichen Mehrheitsanforderungen bildet.[765] Die richterliche Genehmigung ist das wesentliche prozessuale Element im Vergleichsschluss [vgl. Art. 133 Abs. 1 LC].[766] Es ändert jedoch nichts an der Einordnung des Vergleichs als privatautonomen Akt oder Prozessvergleich.[767] Die gerichtliche Kontrolle erschöpft sich grundsätzlich in einer Legalitätsprüfung. Das gilt auch, wenn einzelne Gläubiger der Genehmigung widersprechen [vgl. Art. 128 Abs. 1 LC].[768] Ob der Vergleich wirtschaftlich durchführbar ist, wird erst auf den Widerspruch der Konkursverwaltung oder eines Gläubigerquorums von mindestens fünf Prozent der Passivmasse hin geprüft [Art. 128 Abs. 2 LC].

Das Konkursgesetz regelt den Konkursvergleich in auffallend strenger Weise. Bevor die verfahrensrechtlichen Grundvoraussetzungen sowie die inhaltlichen Beschränkungen näher untersucht werden, sei daran erinnert, dass die nachrangigen Konkursgläubiger, also insbesondere die gesellschaftsrechtlich nahe stehenden Personen in der Gläubigerversammlung nicht über einen Vergleichsvorschlag abstimmen dürfen [Art. 122 Abs. 1 Nr. 1]. Ferner haben solche Gläubiger kein Stimmrecht, die ihre Konkursforderung durch ein Rechtsgeschäft unter Lebenden erwerben, nachdem der Konkurs eröffnet worden ist [Art. 122 Abs. 1 Nr. 2 LC]. Die Regelung dient dem gesetzgeberischen Ziel, den Erwerb von Konkursforderungen zum Zwecke der Einflussnahme auf den Vergleich unattraktiv zu machen.[769] Damit bleibt Spanien als Markt für Investoren verschlossen, die gezielt insolvente Unternehmen suchen, um diesen gegenüber einen den eigenen Interessen entsprechenden Konkursvergleich durchzusetzen. Zweck und rechtlich zulässiger Inhalt des Konkursvergleichs wäre theoretisch nicht nur, über einen „debt equity swap" die Beteiligung an dem betreffenden Unternehmen zu erwerben, sondern auch, der Konkursschuldnerin eigene Sanierungspläne aufzuerlegen. Eine Rückausnahme vom Stimmrechtsausschluss gilt nur für Inhaber von Forderungen aus solchen Erwerbsvorgängen, die auf Grund eines Universaltitels oder im Wege der Zwangsvollstreckung erfolgen. Insofern gelten die Ausführungen zur Fremdantragsberechtigung der Gläubiger entsprechend.[770]

765 Weitergehend *González Gozalo*, in: R. Bercovitz (Hrsg.), *Comentarios I*, Art. 99, Nr. 1, S. 1131 f. Ohne Zustimmungsfiktion wie im deutschen Recht [§ 245 InsO, Obstruktionsverbot].

766 Exemplarisch SJMer Madrid v. 30. Januar 2006, AC. 2006/397.

767 Gemischte Theorie, STS v. 4. Juli 1966, RJ. 1966/3936; v. 23. November 1993, RJ. 1993/9209; v. 8. Januar 1997, RJ. 1997/112; SJMer Cantabria (Santander) v. 23. Dezember 2005 (Zwischenstreit 411/2005, Konkurs 141/2005); *Cerdá/Sancho*, Curso de Derecho Concursal, S. 214 f., 314; *Gallego*, in: Hernández (Hrsg.), *Suspensión de pagos, quiebra II*, S. 1025; *López Curbelo*, in: Homenaje Olivencia IV, S. 4601, 4604 f.; *Mairata*, RdS 1999, S. 260, 261; *Rubio*, RdS 2004, S. 115, 121, Fn. 11; *Sala*, La terminación de la quiebra y el convenio concursal, S. 191; *Sarazá*, RCP 2/2005, S. 67, 75 f.

768 Weitergehend der Minderheitenschutz im deutschen Recht [vgl. § 251 InsO].

769 *Gozalo*, in: Rojo/Beltrán (Hrsg.), *Comentario II*, Art. 122, Nr. I.3., S. 2100.

770 Vgl. oben 3. Kapitel § 4 I.

II. Die Typen und Grundvoraussetzungen des Vergleichsvorschlags

Es gibt zwei Typen von Vergleichsvorschlägen: den vorzeitigen und den regelmäßigen Vergleichsvorschlag. Ersterer soll dem ordentlichen Schuldner die verfahrensmäßige Sanierung erleichtern und größere inhaltliche Flexibilität bieten. Letzterer ist in Bezug auf den Inhalt stark beschränkt, dafür aber sämtlichen Konkursschuldnern zugänglich. In der Praxis erweist sich der vorzeitige Vergleichsvorschlag bislang als absolute Ausnahme. So wurden seit der Reform bis zum Anfang des vierten Quartals 2006 in lediglich siebenundzwanzig von allen eröffneten Konkursverfahren vorzeitige Vergleichsvorschläge eingebracht.[771]

Der Vergleichsvorschlag ist vorzeitig, wenn er mit dem Eigenantrag verbunden oder auf die Erklärung des zwingenden Konkurses hin eingebracht wird. Der Vorschlag fällt damit in die allgemeine Verfahrensphase. Ein vorzeitiger Vergleichsvorschlag ist bis spätestens zum Ablauf der Frist von einem Monat ab der letzten Bekanntmachung der Konkurserklärung statthaft [Art. 104 Abs. 1 i. V. m. 85 Abs. 1, 21 Abs. 1 Nr. 5, 23 Abs. 1 LC]. Vorzeitig ist jeder Vergleichsvorschlag, der vor dem Zeitpunkt eingebracht wird, welcher für den regelmäßigen Vergleichsvorschlag festgelegt ist. Der vorzeitige Vergleichsvorschlag wird allerdings nur zum Verfahren zugelassen, wenn Gläubiger zustimmen, deren Forderungen zwanzig Prozent der Konkurspassivmasse ausmachen [Art. 106 Abs. 1 LC].[772] Daher ist der vorzeitige Vergleichsvorschlag regelmäßig ein „prepackaged plan", der mit den Gläubigern vorab ausgearbeitet wird. Nicht jeder „prepackaged plan" braucht aber ins Verfahren, noch gar vorzeitig eingebracht zu werden. Die eigenständige Übersetzung als vorzeitiger Vergleichsvorschlag passt somit am besten.

Vorschlagsberechtigt ist allein die Konkursschuldnerin, sofern sie nicht bereits die Liquidation beantragt hat. Es darf ihr überdies nicht verboten sein, einen vorzeitigen Vergleichsvorschlag zu machen [Art. 104 Abs. 1 i. V. m. 105 LC].[773] Die Gesellschaft soll sich des sanierungsfördernden Instruments nicht bedienen, wenn ihre Organpersonen bestimmten Pflichten zuwider gehandelt haben. Der vorzeitige Vergleichsvorschlag gilt als Besserstellung. Er spart schon deshalb Zeit und ist flexibel, weil die Gläubiger schriftlich ihre Zustimmung erteilen und der Konkursrichter den Vergleich genehmigt, wenn die erforderliche Mehrheit erreicht ist.[774] Die Beschränkung durch Verbotstatbestände belastet daher auch die Konkursgläubiger.[775] Die Kapitalgesellschaft ist z. B. nicht vorschlagsberechtigt, wenn eine ihrer Organpersonen wegen Wirtschaftsstraftaten rechtskräftig verurteilt ist, gegen Buchführungs-, Bilanz- oder Registerpflichten verstoßen, gläubigerschädigende Handlungen vorgenommen oder konkursspezifische Verhaltenspflichten verletzt hat. Das Verbot greift ebenfalls, wenn die Gesellschaft innerhalb der letzten drei Jahre vor der Antragstellung schon einmal in Konkurs gegangen war.[776]

---

771 Vgl. *Van Hemmen*, REFOR Documento Nr. 8, Dezember 2006, S. 57, Tab. II.10.
772 Hierzu AJMer v. 4. Februar 2005, ADCo 5/2005, S. 402, 403 f.
773 Kritisch *Fernández Ruiz*, RDM 2004, S. 199, 203 ff., m. w. N.
774 SJMer Córdoba v. 13. Juni 2005, AC. 2005/933. Zu Herkunft und Praxis der schriftlichen Abstimmungsverfahren *Rojo*, ADCo 1/2004, S. 11 ff., Fn. 1 und 11.
775 *Beltrán*, in: Rojo (Hrsg.), *La reforma*, S. 323, 335 f.
776 Im Einzelnen *Rojo*, El convenio anticipado, S. 35-75.

Vergleichsvorschläge, die nach Ablauf der Frist zur Forderungsanmeldung unterbreitet werden, gelten als regelmäßig. Der maßgebliche Zeitpunkt folgt mithin binnen eines Monats ab dem Folgetag nach der letzten gesetzlich vorgeschriebenen Bekanntmachungen der Konkurseröffnung [Art. 85 Abs. 1, 21 Abs. 1 Nr. 5, 23 Abs. 1 LC]. Nachdem die Konkursverwaltung ihren Bericht erstattet und die Anfechtungsfristen abgelaufen sind, prüft der Konkursrichter, ob bereits ein vorzeitig gemachter Vergleichsvorschlag Erfolg hat oder erst noch die Vergleichsphase zu eröffnen ist [Art. 98 LC].

Mit Ablauf der Frist zur Forderungsanmeldung ist nicht nur die Konkursschuldnerin vorschlagsberechtigt. Die Konkursgläubiger können gleichfalls regelmäßige Vorschläge formulieren und vorlegen. Damit dem Vorschlag nicht jede Aussicht auf Erfolg fehlt, ist erforderlich, dass die vorschlagenden Konkursgläubiger mindestens ein Fünftel der zur Liste genommenen Konkursforderungen auf sich vereinigen [Art. 113 Abs. 1 S. 2, 99 Abs. 1 S. 1 LC]. Die weiteren Zulässigkeitsvoraussetzungen für den regelmäßigen Vorschlag sind inhaltlicher oder formaler Art. Insoweit wirkt sich die Unterscheidung zwischen vorzeitigem und regelmäßigem Vergleich nicht aus [vgl. Art. 99 LC].

Da es keine Verbotstatbestände gibt, steht der regelmäßige Vergleichsvorschlag jeder Gesellschaft unabhängig vom Verhalten ihrer Organpersonen zu Gebote. Zur Vergleichsinitiative ist die Kapitalgesellschaft, nicht ein Anteilseigner oder die Mehrheit der Anteilseigner berechtigt. Der Sache nach handelt es sich um eine Entscheidung des Verwaltungsorgans.[777] Dafür kann man im Fall des vorzeitigen Vergleichsvorschlags auf Art. 3 Abs. 1 S. 2 LC verweisen.[778] Wer dagegen einen Beschluss der Anteilseigner fordert, beschränkt durch die Hintertür die Zuständigkeit des Verwaltungsorgans, allein den Eigenantrag zu stellen. In Art. 152 Abs. 2 S. 1 Entwurfsvorschlag 1995 war noch geregelt, dass sämtliche Organmitglieder unter Nachweis des entsprechenden Organbeschlusses handeln mussten. Das entsprach auch der früheren Rechtslage.[779] Die Regelung wurde nicht Gesetz, so dass die allgemeinen Regeln über das Handeln des Verwaltungsorgans Anwendung finden. Weisungen durch die Gesellschafter- bzw. Hauptversammlung kommen daher in Betracht, wirken jedoch nur im Innenverhältnis. Solange die Gesellschaft nicht aufgelöst ist, bedarf es keiner Grundlagenentscheidung der Anteilseigner, um die Gesellschaft zu reaktivieren.[780]

777 AJMer v. 4. Februar 2005, ADCo 5/2005, S. 403. Vgl. im italienischen Recht bisher Art. 152 Legge Fallimentare 1942: „La proposta di concordato per la società fallita è sottoscritta da coloro che ne hanno la rappresentanza sociale." (Der Vergleichsvorschlag der konkursschuldnerischen Gesellschaft wird von denjenigen Personen gezeichnet, welche die Gesellschaft vertreten.) Abw. *González Gozalo*, in: R. Bercovitz (Hrsg.), *Comentarios I*, Art. 99, Nr. 3.2., S. 1136.

778 *Rojo*, in: Rojo/Beltrán (Hrsg.), *Comentario II*, Art. 104, Nr. I.1., S. 1932.

779 *Cerdá/Sancho*, Curso de Derecho Concursal, S. 217; *Sala*, La terminación de la quiebra y el convenio concursal, S. 242.

780 Bisher *Gallego*, in: Hernández (Hrsg.), *Suspensión de pagos, quiebra II*, S. 1118 f.

III. Die begrenzte Privatautonomie beim Vergleichsinhalt

1. Die zwingenden Vorgaben und ihre Durchbrechung

Die Vorschriften zum Vergleichsinhalt folgen einer dreistufigen Systematik.[781] Es gibt Elemente, die zwingend in jedem Vergleich enthalten sein müssen, und solche, die wahlweise aufgenommen werden können, sowie ausdrücklich verbotene Elemente [vgl. Art. 100 LC].[782] Normalerweise gelten für den zwingenden Vergleichsinhalt starre Obergrenzen. So darf nicht mehr als die Hälfte der Forderung eines jeden einfachen Konkursgläubigers erlassen werden und eine Stundung nicht länger als fünf Jahre dauern [vgl. Art. 100 Abs. 1 S. 2 LC].[783] Dadurch soll ausgeschlossen werden, dass der Konkursvergleich missbraucht wird, um die Gläubiger zu übervorteilen. Die Stundung als „Schutz" für nachrangige Gläubiger zu betrachten,[784] ist logisch nachvollziehbar, nicht aber vor dem Hintergrund, dass diese Gläubiger in der Liquidation ebenso wenig als schutzbedürftig gelten.

Die Grundregel kennt beim regelmäßigen Vergleichsvorschlag nur eine Ausnahme. Der Konkursrichter kann gravierendere Inhalte gestatten, wenn ein Unternehmen saniert werden soll, dessen Tätigkeit von besonderer Bedeutung für die Wirtschaft ist [Art. 100 Abs. 1 S. 3 LC, „especial trascendencia para la economía"]. Dabei steht dem Konkursrichter ein Ermessensspielraum zu.[785] Der Plan, nach dem der Vergleich durchgeführt werden soll, muss die Ausnahme rechtfertigen. Hinzu kommt, dass sich die zuständige Behörde für Wirtschaftsverwaltung in einem Gutachten mit den Umständen auseinandersetzt, welche die Abweichung von der Regel begründen. Für die Einordnung eines Unternehmens als ein solches, das besondere Bedeutung für die Wirtschaft besitzt, lässt sich aus den Elementen des Gesetzeswortlauts ein nur unvollständiges Begriffsbild ableiten.[786] Da die Konkursschuldner einen verfassungsrechtlichen Anspruch auf Gleichbehandlung haben, müssen vorhandene Lücken mit Vergleichsmaßstäben ausgefüllt werden. Die gesamte Regelung ist auf eine komparative Abwägung ausgerichtet. Die wirtschaftliche Bedeutung muss besonders sein, d. h. aus dem Durchschnitt herausragen. Die Besonderheit muss für die Wirtschaft gelten, sich also in ökonomisch quantifizierbaren Werten manifestieren.[787] Keine Rolle spielt dagegen die technologische, sozialpolitische, militärische oder sonstige Bedeutung des Unternehmens.[788] Die Bezugsgröße ist die Wirtschaft, wobei offen bleibt, ob die nationale,

---

781 Zur Entwicklung *López Curbelo*, in: Homenaje Olivencia IV, S. 4601, 4605 ff.
782 Näher *Rojo*, in: Rojo/Beltrán (Hrsg.), *Comentario II*, Art. 100, Nr. II ff., S. 1870 ff. Zum bisherigen Recht *Vicent Chuliá*, RJC 1979, S. 669, 718 ff.
783 Im Ansatz kritisch *López Curbelo*, in: Homenaje Olivencia IV, S. 4601, 4625 f.
784 So AJMer Madrid v. 4. Februar 2005, ADCo 5/2005, S. 402, 405.
785 Vgl. AJPI (Mercantil) Granada v. 23. Januar 2006, JUR. 2006/82879.
786 *Rojo*, in: Rojo/Beltrán (Hrsg.), *Comentario II*, Art. 100, Nr. II.3.2., S. 1879 f. Zum praktischen Spielraum *González Gozalo*, in: R. Bercovitz (Hrsg.), *Comentarios I*, Art. 100, Nr. 2.1., S. 1146. Positiv hingegen *López Curbelo*, in: Homenaje Olivencia IV, S. 4601, 4628 f.
787 AJMer Madrid v. 16. November 2005, ADCo 8/2006, S. 457, 463 f.
788 A. A. *Morillas*, El concurso de las sociedades, S. 81-88, unter Hinweis auf die Sozialbindung des Eigentums nach Art. 128 Abs. 1 CE.

regionale oder lokale Wirtschaft gemeint ist.[789] Nicht zuletzt öffentlicher Druck kann dazu führen, dass die Gerichte eine möglichst kleine Basis wählen, weil es um dortige Arbeitsplätze geht. So bezieht sich die Prüfung teilweise auf die betreffende Stadt[790] oder Provinz[791], womit der einheitlichen und vorhersehbaren Rechtsanwendung kein Gefallen getan wird. Fest steht nämlich, dass selbst bei überall gleicher rechtlicher Auslegung unmöglich würde, die Regelung homogen anzuwenden, weil die tatsächlichen Umstände der Bezugsgröße vor Ort jeweils variieren.

Beim vorzeitigen Vergleichsvorschlag können die Obergrenzen mit begründeter Genehmigung des Konkursrichters dagegen schon überschritten werden, wenn der Vergleich voraussichtlich nur mit Mitteln erfüllt werden kann, die durch die Fortführung des konkursschuldnerischen Unternehmens erwirtschaftet werden [Art. 104 Abs. 2 LC]. Der Konkursschuldner verfasst diese Unterlagen. Der Konkursrichter bindet sich nicht selbst, wenn er den vorzeitigen Vergleichsvorschlag zum Verfahren zulässt. Die Einschätzungen zur Machbarkeit können sich ändern, etwa wenn die Konkursverwaltung in ihrem Gutachten zu einem negativen Eindruck gelangt. Auch die tatsächlichen Umstände sind variabel, von denen die Machbarkeit abhängt. Der Konkursrichter entscheidet über die Überschreitung dementsprechend in pflichtgemäßem Ermessen auf der Grundlage aller bekannten Umstände.[792]

2. Die Beteiligung der Konkursgläubiger an der Gesellschaft

Nicht anstelle des Erlasses oder der Stundung, sondern zusätzlich dazu kann der Vergleich den Konkursgläubigern die Möglichkeit einräumen, ihre Forderungen in Kapitalbeteiligungen umzuwandeln [Art. 100 Abs. 2 LC, „debt equity swap"].[793] Die Wahlmöglichkeit zwischen Befriedigung und Kapitalisierung muss, getreu dem Gleichbehandlungsgrundsatz, sämtlichen Konkursgläubigern oder allen Gläubigern der jeweiligen Abstimmungsklasse bzw. -klassen eingeräumt werden [Art. 102 Abs. 1 LC]. Die Umwandlung in Aktien oder Geschäftsanteile, bei der die Konkursforderungen als Sacheinlage aufgerechnet werden [Art. 156 LSA], ist nicht die einzige Form der Kapitalisierung. Den Konkursgläubigern der SA kann ebenso ein Wahlrecht zugestanden werden, das es ihnen erlaubt, Wandel- und Optionsschuldverschreibungen zu verlangen. Das Gesetz fördert sämtliche dieser Vergleichsklauseln dadurch, dass die für die Kapitalisierung erforderlichen Kapitalerhöhungen nicht, wie bei Vermögensübertragungen üblich, steuerpflichtig sind [vgl. 12. Disp. final Abs. 1 LC].

---

789 *Illescas*, in: Fernández Ballesteros (Hrsg.), *Proceso Concursal Práctico*, Art. 100, Nr. 9, S. 506.
790 Offengelassen AJPI (Mercantil) Granada v. 23. Januar 2006, JUR. 2006/82879; bejahend AJMer Valencia v. 27. Juli 2005 (Konkursverfahren 25/2005).
791 Auf den Rahmen der „Comunidades Autónomas" begrenzend AJMer Madrid v. 16. November 2005, ADCo 8/2006, S. 457, 464.
792 *Rojo*, in: Rojo/Beltrán (Hrsg.), *Comentario II*, Art. 104, Nr. II.1.2., S. 1935 f.
793 Vgl. einführend *Müller*, Der Verband in der Insolvenz, S. 397 ff.; *Rojo*, in: Atti del Convegno di studi, S. 85; *Wittig*, in: Schmidt/Uhlenbruck (Hrsg.), *Die GmbH in Krise, Sanierung und Insolvenz*, S. 247 f., Rn. 524 f.

Das Gesetz räumt weder den Konkursgläubigern noch dem Konkursrichter oder gar dem Verwaltungsorgan der Konkursschuldnerin die Befugnis ein, der Gesellschaft eine Kapitalerhöhung aufzuzwingen. Die Gesellschafter- bzw. Hauptversammlung muss die Kapitalerhöhung wirksam be- und das Bezugsrecht der vorhandenen Anteilseigner ausschließen [Art. 152 Abs. 1, 159 LSA, 74 Abs. 1, 76 LSRL[794]]. Sollen Konkursforderungen gegen bereits vorhandene Beteiligungen getauscht werden, muss sich der betreffende Anteilseigner zur Übertragung auf den Konkursgläubiger persönlich einverstanden erklären [vgl. Art. 99 Abs. 1 S. 3 LC]. Derlei Erfordernisse entfallen dagegen, wenn die Gesellschaft in größerem Umfang eigene Geschäftsanteile bzw. Aktien hält.[795] Ein Beschluss der Anteilseigner ist ebenfalls entbehrlich, wenn genehmigtes Kapital genutzt werden kann [Art. 153 LSA]. Die auszugebenden Aktien sind Bestandteile der Aktivmasse. Die Kapitalerhöhung ist somit ein masserelevantes Geschäft, so dass die Konkursverwaltung allein oder mit den Geschäftsleitern der Gesellschaft zuständig ist.

Ein Gläubiger, der als Anteilseigner oder immerhin als Anleiheninhaber korporationsrechtlich mit (Umtausch-)Rechten in der Gesellschaft ausgestattet wird, muss das Wahlrecht in sämtlichen Fälle aktiv ausüben.[796] Automatische Klauseln mit der Folge, dass jemand ohne ausdrückliche eigene Willenserklärung Gesellschafter wird, sind nicht statthaft.

Das Angebot, für Gewinnschuldverschreibungen zu optieren, kann einfacher umgesetzt werden. Art. 100 Abs. 2 LC nennt insbesondere das partiarische Darlehen („créditos participativos"). In der spanischen Praxis werden partiarische Darlehen als mittel- und langfristige Finanzierungsmittel eingesetzt, die über fünf, zehn oder zwanzig Jahre laufen.[797] Die Gewinnschuldverschreibung führt keine korporationsrechtliche Beteiligung des Konkursgläubigers herbei. Infolgedessen muss das Wahlrecht nicht ausdrücklich ausgeübt werden.[798] Der Inhalt des Forderungsrechts verändert sich dahin, dass sich die Befriedigung nun am Gewinn orientiert. Gewinn ist das Ergebnis, welches die Gesellschaft nach Befriedigung dritter Gläubiger vorweisen kann. Deren Ansprüche werden vor den umgewandelten Konkursforderungen bedient. Auch sonst können Konkursforderungen erlassen oder gestundet werden, ohne dass sämtliche der betroffenen Gläubiger einverstanden sind. Bei der vergleichsweisen Umwandlung von Konkurspassiva in Gewinnschuldverschreibungen gilt nichts anderes. Sie werden wie nachrangige Konkursforderungen behandelt.[799] Wird die Befriedigung der Konkursgläubiger auf längere Sicht zurückgestellt, zumal ein Gewinnausweis zu Beginn der Vergleichsdurchführung unwahrscheinlich ist, muss die zeitliche Höchstgrenze von fünf Jahren beachtet werden [Art. 100 Abs. 1 S. 1 LC]. Eine Gewinnschuldverschreibung, die erst später zur Befriedigung der ursprünglichen Konkursforderung führen würde, ist nur zulässig, wenn nach Art. 100 Abs. 1 S. 2, 104 Abs. 2 LC eine Ausnahme von den starren Obergrenzen gegeben ist.

---

794 Zum Ausschluss des Bezugsrechts in der Kapitalerhöhung der SL einführend *Lojendio*, in: Homenaje Sánchez Calero IV, S. 3661 ff.
795 Näher *Rojo*, RDPJ 2004, Sonderheft XVIII, S. 357, 370 ff.
796 *Illescas*, in: Fernández Ballesteros (Hrsg.), *Proceso Concursal Práctico*, Art. 102, Nr. 6, 8, S. 516 f.
797 *Rojo*, in: Rojo/Beltrán (Hrsg.), *Comentario II*, Art. 100, Nr. V.2., S. 1889.
798 A. A. *González Gozalo*, in: R. Bercovitz, *Comentarios I*, Art. 100, Nr. 4.1., S. 1155.
799 Näher *Vicent Chuliá*, in: Homenaje Olivencia II, S. 2389, 2449.

3. Die Umgestaltung im Gesellschaftsinneren

Personelle oder kapitalmäßige Umstrukturierungen im Gesellschaftsinneren können in den Vergleichsinhalt aufgenommen und mit den Konkursgläubigern vereinbart werden.[800] Schuldnerin des Vergleichs ist die Kapitalgesellschaft. Über den internen Bereich der Körperschaft bestimmen jedoch die Anteilseigner.[801] Von ihrem Verhalten hängt somit das Schicksal des Vergleichs ab. Ein Unterbleiben der gesellschaftsrechtlichen Restrukturierungsmaßnahmen ist der Kapitalgesellschaft als Nichterfüllung zuzurechnen. Der Konkursrichter eröffnet daraufhin von Amts wegen die Liquidationsphase [Art. 143 Abs. 1 Nr. 5 LC].

Als nahe liegend erscheint, den Vergleich rechtsgeschäftlich über eine Bedingung von bestimmten Handlungen der Anteilseigner abhängig zu machen. Die Bedingung knüpft an ein zukünftiges, ungewisses Ereignis an, dessen Eintritt nicht allein vom Willen des Konkursschuldners abhängig ist, oder an ein vergangenes, den Beteiligten unbekanntes Ereignis [Art. 1113 S. 1 i. V. m. 1115 S. 1 CC].[802] Nach spanischem Recht ist der Vorschlag eines Konkursvergleichs jedoch grundsätzlich bedingungsfeindlich [Art. 101 Abs. 1 LC].[803] Ein Vergleichsvorschlag, der gegen den Grundsatz der Bedingungsfeindlichkeit verstößt, gilt als nicht eingebracht und wird klarstellend *a limine* abgewiesen [Art. 106 Abs. 3; 114 Abs. 1 LC].

Weder darf der Vorschlag als Prozesshandlung noch die Wirkung des Vergleichs von einer Bedingung abhängig gemacht werden: Wenn X (nicht) eintritt, gilt statt des Vergleichs keine Abrede. Das Bedingungsverbot dient angesichts der an den Eintritt der Vergleichswirkung geknüpften prozessualen und materiellen Rechtsfolgen zwischen den Vergleichsparteien und im Rechtsverkehr [Art. 133 Abs. 2, Art. 134 ff. LC] der Rechtssicherheit.[804] Nach dem Gesetzeswortlaut sind nur Bedingungen zulässig, von denen bestimmte Vergleichsregelungen abhängig gemacht werden, ohne die Wirksamkeit des Vergleichs als solchen zu beeinträchtigen.[805] Sie wirken nach dem Prinzip: Wenn X (nicht) eintritt, dann gilt statt des Inhaltes A der Inhalt B. Der Vergleich ist wirksam, so dass hinsichtlich der prozessualen Rechtsfolgen keine Unsicherheit eintritt. Der Inhalt der Vereinbarung lässt sich anhand des Vergleichstextes und der tatsächlichen Umstände zweifelsfrei ermitteln.

Sieht der Vergleich Maßnahmen vor, die ein bestimmtes Abstimmungsverhalten der Anteilseigner erst noch erfordern, liegt darin entweder eine unzulässige Bedingung, eine unzutreffende Geschäftsgrundlage oder eine wirkungslose Drittverpflichtung. Dritte, zu deren Lasten der Vergleich eine Verpflichtung begründet, müssen ihre Zustimmung durch Unterschrift auf dem Vergleichsvorschlag erklären [Art. 99 Abs. 1

---

800 Zur früheren Rechtslage *Gallego*, in: Hernández (Hrsg.), *Suspensión de pagos, quiebra II*, S. 1080.
801 Vgl. ebenso zum deutschen Recht *Schmidt*, RCP 5/2006, S. 339, 344 f.
802 Eintritt: Art. 1117 CC, Nichteintritt: Art. 1118 CC.
803 Anders der bedingte Plan im deutschen Recht [§ 249 InsO].
804 Weiter noch *Illescas*, in: Fernández Ballesteros (Hrsg.), *Proceso Concursal Práctico*, Art. 101, Nr. 3, S. 510.
805 Näher *Rojo*, in: Rojo/Beltrán (Hrsg.), *Comentario II*, Art. 101, Nr. III., S. 1906.

S. 3 LC].[806] Dritte sind Personen, die den Vergleich nicht selbst verfassen und vorschlagen,[807] aber zur Finanzierung beitragen, indem sie z. B. Sicherheiten stellen oder Zahlungen leisten. Es versteht sich von selbst, dass die Anteilseigner unterzeichnen müssen, wenn der Vergleich ihnen gegenüber als Vertrag zu Lasten Dritter wirkt. Der Sinn und Zweck von Art. 99 Abs. 1 S. 3 LC liegt deshalb nicht im Drittschutz. Vielmehr wird das Konkursverfahren von aussichtslosen Vergleichsvorschlägen entlastet.[808]

Sind die Anteilseigner, die einen Restrukturierungsbeitrag leisten sollen, zugleich Konkursgläubiger, darf die Gläubigerversammlung schon nicht ohne Weiteres über den Vergleichsvorschlag abstimmen. Voraussetzung ist, dass die drittverpflichteten Anteilseigner vorher ausdrücklich zustimmen, selbst wenn der Vergleich anderweitig Vorteile für sie bietet [Art. 125 Abs. 2 LC].[809] Die Zustimmung wird in der Form des Art. 99 LC erteilt. In der Sache behalten die Anteilseigner aber ihre volle Entscheidungsfreiheit und machen sich widrigenfalls (nur) schadensersatzpflichtig. In Publikumsaktiengesellschaften ist es außerdem undurchführbar, alle erforderlichen Unterschriften auf ein und demselben Vergleichsvorschlag zu sammeln. Als immerhin unpraktisch erscheint es, unüberschaubar viele Urkunden zu erstellen. Das gilt umso mehr, als jede Unterschrift notariell beglaubigt sein muss. Beschlüsse oder sonstige gesellschaftsrechtliche Voraussetzungen für die Reorganisation der Kapitalgesellschaft müssen daher vor dem endgültigen Zustandekommen des Vergleichs gegeben sein.

4. Die Übertragung von Aktiv- und Passivmasse

Wenn die Anteilseigner nicht bereit sind, den erforderlichen Beitrag zur Reorganisation oder Finanzierung der Gesellschaft zu leisten,[810] bedeutet dies nicht zwangsläufig das Ende der Unternehmensfortführung. Der Vergleich kann das Unternehmen in engen Grenzen der Veräußerung zuführen. Der Umstand, dass schon die Anteilseigner nicht investieren wollen, indiziert allerdings, dass es nicht einfach sein wird, externe Interessenten zu finden. Liquidatorische Vergleiche kamen in der bisherigen Praxis häufig vor.[811] Oftmals wurde das konkursschuldnerische Unternehmen an bestimmte Gläubiger veräußert oder erfüllungshalber auf eine Gläubigerkommission übertragen, die es liquidierte.[812] Nach der Reform darf ein Vergleich dagegen weder die Gesamtveräußerung der Masse vorsehen noch Regelungen enthalten, auf Grund derer die Konkursaktivmasse an Erfüllungs statt oder erfüllungshalber veräußert wird [Art. 100 Abs. 3 LC]. Dies gilt nicht nur, wenn das Vermögen komplett übertragen wird, son-

---

806 Hierzu AJMer Madrid v. 4. Februar 2005, ADCo 5/2005, S. 402 f.
807 *Rojo*, in: Rojo/Beltrán (Hrsg.), *Comentario II*, Art. 99, Nr. III.1.2., S. 1860.
808 *González Gozalo*, in: R. Bercovitz (Hrsg.), *Comentarios I*, Art. 99, Nr. 3.3., S. 1137.
809 Vgl. hierzu AJMer Barcelona v. 22. November 2005, ADCo 8/2006, S. 469, 470. Ferner AJMer Granada v. 23. Januar 2006, JUR. 2006/82879: Verzicht auf Schadensersatzansprüche der Gläubiger gegen die Organträger der Konkursschuldnerin.
810 Zu praktischen Schwierigkeiten in Bankenkonkursen *Rojo*, RDBB 1988, S. 113, 131.
811 *Sala*, La terminación de la quiebra y el convenio concursal, S. 206.
812 *Rojo*, in: Rojo/Beltrán (Hrsg.), *Comentario II*, Art. 100, Nr. VII.1., S. 1895; *Vilarrubias*, CDC 1996, Derecho concursal II, S. 283 ff.

dern auch wenn ein Einzelgegenstand liquidiert werden soll, der einen Großteil des Vermögens darstellt.[813] Soweit das gesamte Unternehmen oder einzelne Produktionseinheiten veräußert werden, muss der Erwerber zugleich die dazugehörigen Verbindlichkeiten übernehmen [Art. 100 Abs. 2 S. 3 LC]. Damit entfällt der wesentliche Vorteil der übertragenden Sanierung außerhalb der Konkursliquidation.[814] Ob der Erwerber ein Konkursgläubiger oder ein außenstehender Dritter ist, macht insoweit keinen Unterschied.

Die Privatautonomie ist eingeschränkt, selbst wenn das Verfahren zügig beendet werden könnte und die Beteiligten den liquidatorischen Vergleich als materiell gerecht empfinden.[815] Die Unternehmensfortführung soll im Gläubigerinteresse abgesichert werden, ohne dass Aktiv- und Passivmasse auseinanderfallen. Das Ergebnis einer *Ad-hoc*-Veräußerung kann geringer ausfallen als der wirkliche Unternehmenswert, aber auch geringer als die kontinuierliche Wertschöpfung aus der fortgesetzten Unternehmenstätigkeit.[816] Außerdem ist sicherzustellen, dass der Erlös aus der *Ad-hoc*-Veräußerung gleichmäßig verteilt wird. Das ist Gegenstand der Regelungen über die Liquidationsphase. Die Masseabwicklung wird in der Konkursliquidation überdies von den Verfahrensorganen überwacht. Weder der Konkursschuldnerin noch den Konkursgläubigern droht also eine Übervorteilung, denn Vermögensgegenstände werden nicht ungesteuert veräußert.

Nicht jede vergleichsweise Veräußerung ist indes untersagt. Einzelgegenstände können veräußert werden, um den Erlös denjenigen Gläubigern zuzuweisen, die der Vergleich bestimmt [Art. 100 Abs. 4 LC]. Der Zahlungsplan sieht dies für den Fall vor, dass die Ergebnisse der laufenden Unternehmenstätigkeit nicht ausreichen, um bestimmte Zahlungsziele zu erreichen. Die Einzelgegenstände dürfen freilich nicht für die Unternehmensfortführung erforderlich sein, die sonst gefährdet würde. Zulässig sind weiterhin Umwandlungsmaßnahmen wie Fusion und Spaltung.[817] Sie erfordern allerdings die unmittelbare Mitwirkung der Anteilseigner und stärken somit deren Position.

§ 2 Die Liquidation des Unternehmensträgers

I. Der Verlauf der Liquidationsphase im Überblick

Das Konkursverfahren tritt auf richterlichen Beschluss in die Liquidationsphase ein. Der Liquidationsbeginn kann, sofern auf Antrag der Konkursschuldnerin angeordnet, bereits mit der Konkurserklärung zusammenfallen [vgl. näher Art. 142 LC]. Selbst dann besteht aber für die Konkursschuldnerin die Möglichkeit, mit einem Vergleichs-

---

813 *Rojo*, in: Rojo/Beltrán (Hrsg.), *Comentario II*, Art. 100, Nr. VII.2., S. 1896.
814 Vgl. *Wellensiek*, in: Schmidt/Uhlenbruck (Hrsg.), *Die GmbH in Krise, Sanierung und Insolvenz*, S. 624 f., Rn. 1245 f.; S. 631, Rn. 1278.
815 *Carrasco/Moratiel*, Actualidad Jurídica Aranzadi 2004, Nr. 614, Parte Comentario, Kap. I; *Mairata*, La Ley 2002, S. 1861, 1863; *Sala*, RT 2002, S. 54, 59. Befürwortend *Rubio*, RdS 2004, S. 115, S. 122 f.
816 *Müller*, Der Verband in der Insolvenz, S. 282 ff., m. w. N., auch zur Gegenmeinung.
817 Hierzu *Cortés/Pérez*, in: Homenaje Olivencia V, S. 4805, 4818 ff.

vorschlag aus der Liquidation herauszukommen.[818] Später setzt die Eröffnung der Liquidationsphase von Amts wegen in objektiver Hinsicht voraus, dass ein Vergleich keine Bindungswirkung entfaltet oder seine Erfüllung scheitert. Der Grund ist, dass in diesen Fällen sämtliche Möglichkeiten entweder schon aussichtslos oder im weiteren Verlauf gescheitert sind, den Konkurs auf andere Weise zur Befriedigung der Gläubigergesamtheit zu nutzen [vgl. näher Art. 143 LC]. Im ersten Fall schließt sich die Liquidation unmittelbar an die allgemeine Verfahrensphase an. Im letzten Fall befindet sich das Verfahren bereits in der Vergleichsphase. Diese bricht ab, anstatt mit der Erfüllung des Vergleichs zu enden. Sobald die Liquidation beginnt, gibt es keine Möglichkeit mehr, doch noch einen Vergleich herbeizuführen oder die Liquidation auf andere Weise aufzuhalten.

Die Liquidationsphase umfasst jene Operationen, die darauf gerichtet sind, die konkursbehafteten Vermögensgegenstände in Geld zu verwandeln. Diese Finanzmittel dienen zur Abwicklung der Konkurspassivmasse. Der Liquidationsplan regelt, welche Operationen in welcher Abfolge vorzunehmen sind [vgl. Art. 148 LC]. Die Konkursverwaltung erarbeitet diesen Plan und muss nach Möglichkeit vorsehen, das Gesamtunternehmen oder einzelne Betriebseinheiten als zusammengehörig zu veräußern.[819] Bei der einheitlichen Veräußerung handelt es sich indes nicht um eine Wirksamkeitsvoraussetzung für den Liquidationsplan, zumal das Gesetz dieses Ziel nur für unternehmerische Nutzeinheiten vorsieht, nicht hingegen für separate Einzelaktiva.[820] Die übertragende Sanierung unter Trennung von Aktiv- und Passivmasse findet also über die Liquidation statt.

Der Konkursschuldner und die Konkursgläubiger können Stellung zum Inhalt des Plans nehmen. Spätere Einwendungen müssen nicht mehr berücksichtigt werden.[821] Der Konkursrichter hat drei verschiedene Handlungsmöglichkeiten. Entweder genehmigt er den Liquidationsplan in seiner ursprünglichen Fassung oder er arbeitet anhand der Stellungnahmen der nichtgerichtlichen Beteiligten Änderungen ein. Die dritte Möglichkeit besteht darin, neben oder anstelle des Plans auf die gesetzlichen Liquidationsvorschriften zurückzugreifen [Art. 149 LC]. Im Vordergrund der gesetzlichen Vorschriften steht das Bestreben, die Liquidation nicht zur Zerschlagung fortführungsfähiger Unternehmen, Unternehmensteile oder Produktionseinheiten degenerieren zu lassen. Ob die vorgeschriebene Versteigerung dafür taugt, ist zu bezweifeln. Nur wenn in der Versteigerung kein Bieter das Mindestgebot abgibt, kann der Konkursrichter die unmittelbare Veräußerung an einen bestimmten Interessenten zulassen [Art. 149 Abs. 1 Nr. S. 2 LC]. Als vollstreckungsrechtliches Relikt verweist das Gesetz ergänzend auf die Vorschriften der allgemeinen Zwangsvollstreckung [vgl. Art. 149 Abs. 1 Nr. 3 S. 1 LC].

Die Konkursverwaltung muss vierteljährlich über Verlauf und Stand der Liquidation berichten. Der Bericht ist dem Konkursrichter vorzulegen und kann auf der Geschäftsstelle von allen Beteiligten eingesehen werden [Art. 152 LC]. Intransparenten

---

818 AJMer Madrid v. 16. März 2006, ADCo 9/2006, S. 465, 466.
819 Zur Unternehmensveräußerung *Rubio*, RdS 2004, S. 115, 129 ff.
820 AAP Madrid v. 29. Juni 2006, AC. 2006/1885: Hier ging es um eine Privatwohnung, einen Personenkraftwagen sowie eine unerbringliche Forderung.
821 AAP Madrid v. 29. Juni 2006, AC. 2006/1885.

oder unökonomischen Verhaltensweisen wird vorgebeugt, da die Konkursverwalter einerseits nichts selbst aus dem Liquidationsvorgang erwerben dürfen [Art. 151 Abs. 1 LC].[822] Auf der anderen Seite sind die Konkursverwalter gehalten, möglichst zügig zu handeln. Übersteigt die Dauer der Liquidationsphase ein Jahr, kann der Konkursrichter die Konkursverwalter auf Antrag eines Verfahrensbeteiligten abberufen [Art. 153 Abs. 1 LC].[823] Die Abberufenen verlieren ihre Vergütungsansprüche und müssen bezogene Entgelte in die Aktivmasse zurückzahlen [Art. 153 Abs. 3 LC].

II. Die Wirkungen der Eröffnung der Liquidationsphase

Die Wirkungen der Konkurserklärung gelten fort, soweit die Liquidationsvorschriften nicht ausdrücklich abweichen [Art. 147 LC]. Etwas anderes ist für die vermögensrechtlichen Wirkungen vorgesehen. Mit Eröffnung der Liquidationsphase findet automatisch und ausnahmslos Fremdverwaltung statt [Art. 145 Abs. 1 LC]. Der Konkursrichter muss die Konkursverwaltung gegebenenfalls, nämlich wenn die Vergleichsphase vorausging [vgl. Art. 133 Abs. 2 S. 2 LC], in seinem Beschluss wieder berufen oder neu bestellen.[824] Die Ausübung der vermögensrechtlichen Befugnisse untersteht zwar der Maxime der Unternehmensfortführung [Art. 44 Abs. 3 LC].[825] Die Prioritäten verschieben sich jedoch. Die Aktivität des Unternehmens wird in der Liquidationsphase allein in dem Maße weitergeführt, in dem wirtschaftlich zusammengehörende Einheiten als solche veräußert werden können.[826] Sinnfällig wird dies an der vorzeitigen Fälligstellung der Konkursforderungen [Art. 146 LC].

Die Gesellschaftskontinuität endet. Die Eröffnung der Liquidationsphase ist ein zwingender Auflösungsgrund [Art. 260 Abs. 2 LSA, 104 Abs. 2 LSRL]. Der Konkursrichter ordnet die Gesellschaftsauflösung an [Art. 145 Abs. 3 LC]. Geschäftsleiter bzw. Liquidatoren werden gerichtlich abberufen. Hatten die Anteilseigner schon zuvor die Auflösung beschlossen, ist der personelle Einschnitt im Verwaltungs- bzw. Liquidationsorgan der einzige Effekt der Konkursliquidation. Gemeinhin wird angenommen, dass die Konkursverwaltung die Geschäftsleiter bzw. Liquidatoren vollständig ersetzt und in ihre Organstellung eintritt.[827] Es handelt sich tatsächlich nicht nur um eine funktionelle Verdrängung, da die Konkursverwalter die vermögensrechtlichen Befugnisse bereits nach Art. 145 Abs. 1 S. 1 LC ausüben. Die Aufgabe der Konkursverwaltung besteht darin, nach den Vorschriften des Konkursgesetzes weiterzuverfahren

---

822 Zum Verbot von Insichgeschäften *Tirado/Beltrán*, ADCo 1/2004, S. 87 ff.

823 Vgl. eingehend *Tirado*, Los administradores concursales, S. 527 ff.

824 *Blasco*, in: Sagrera/Sala/Ferrer (Hrsg.), *Comentarios II*, Art. 145, S. 1522, *Guilarte*, in: Sánchez Calero Guilarte/Guilarte (Hrsg.), *Comentario III*, Art. 145.1, Nr. II.1., S. 2564; *Sánchez Aristi*, in: R. Bercovitz (Hrsg.), *Comentarios II*, Art. 145, Nr. 1., S. 1561.

825 Weitergehend *Beltrán/Martínez Flórez*, in: Rojo/Beltrán (Hrsg.), *Comentario II*, Art. 145, Nr. II.1., S. 2340.

826 Vgl. auch Ergebnis des Kongresses der Handelsrichter in Valencia v. 1./2. Dezember 2005, ADCo 8/2006, S. 249, 291 f.

827 *Blasco*, in: Sagrera/Sala/Ferrer (Hrsg.), *Comentarios II*, Art. 145, S. 1525; *Sánchez Aristi*, in: R. Bercovitz (Hrsg.), *Comentarios II*, Art. 143, Nr. 3., S. 1564; *Toribios*, in: Sánchez Calero Guilarte/Guilarte (Hrsg.), *Comentario III*, Art. 145.2, S. 2574.

("para proceder de conformidad con lo que establece esta Ley"). Gemäß dem Vorrang der konkursgesetzlichen Vorschriften liegt die Gesellschaftsabwicklung vollständig in den Händen der Konkursverwaltung.[828] Das Ziel ist die Zahlung der offenen Konkursforderungen. Wenn weitere Mittel fehlen, ist das Verfahren abzuschließen und die Gesellschaft zu löschen [Art. 176 Abs. 1 Nr. 4, 178 Abs. 3 LC].

Das Gesellschaftsorgan wird allerdings nicht sofort beseitigt, da gleichzeitig mit der Liquidation die Konkursqualifikation beginnt [Art. 163 Abs. 1 Nr. 2 LC]. In diesem Verfahrensabschnitt müssen die Organpersonen der Gesellschaft als solche auftreten können, um die Gesellschaft prozessual zu vertreten.[829] Zudem kann auf die konkursspezifischen Mitwirkungspflichten der Gesellschaft verwiesen werden [Art. 42 Abs. 1 LC]. Da die Gesellschaft nur aufgelöst, bis zur Vermögensabwicklung aber nicht beseitigt ist, muss es Personal geben, das ihre Pflichten als Konkursschuldnerin erfüllt. Infolgedessen bleibt das Gesellschaftsorgan, sämtlicher Verwaltungs- bzw. Liquidationsaufgaben enthoben, in der persönlichen Zusammensetzung bestehen, welche im Zeitpunkt der Liquidationseröffnung gegeben ist. Nötigenfalls werden neue Geschäftsleiter oder Liquidatoren bestellt [entsprechend Art. 173 LC].[830] Sind die Konkursgläubiger vollständig befriedigt oder nehmen sie insgesamt vom Verfahren Abstand, kommt das Konkursverfahren zum Abschluss. Das Verwaltungs- oder Liquidationsorgan der Gesellschaft kann anschließend unter der Voraussetzung wieder vollwirksam tätig werden, dass die Organpersonen nicht im Rahmen der Konkursqualifikation mit einem Bestellungsverbot belegt worden sind.

§ 3 Die Konkursqualifikation ("calificación de concurso")

I.   Der Zweck der Rechtsfigur

Nach spanischem Verständnis besteht ein öffentliches Interesse daran, im Gläubigerkonkurs das Verhalten der Beteiligten zu überprüfen. In hergebrachter Anschauung findet dieses öffentliche Interesse seinen Ausdruck in dem Verfahrensabschnitt der Konkursqualifikation.[831] Unter Geltung der bisherigen Regelungen [Art. 886 ff., 1137 ff. CCom a. F., 1295 ff. LEC a. F.][832] wandelte sich das Verständnis der Konkursqualifikation. Ausgangspunkt war, dass die Konkursqualifikation privat- und strafrechtlich bindend wirkte. Die Bedeutung wurde zwischenzeitlich auf eine Präju-

---

828 *Beltrán/Martínez Flórez*, in: Rojo/Beltrán (Hrsg.), *Comentario II*, Art. 145, Nr. IV.2., S. 2345. Zum Unterschied von Unternehmensträger- und Unternehmensliquidation *Beltrán*, La disolución de la sociedad anónima, S. 24 f., 32; *ders.*, RGD 596 (1994), S. 5627, 5632. Zum Unterschied zur freien Abwicklung *De Eizaguirre*, La disolución de la sociedad de responsabilidad limitada, S. 76-83.

829 AJMer Madrid v. 28. September 2005, ADCo 8/2006, S. 472 f.

830 *Beltrán/Martínez Flórez*, in: Rojo/Beltrán (Hrsg.), *Comentario II*, Art. 145, Nr. IV.2., S. 2346; *Morillas*, El concurso de las sociedades, S. 329.

831 *Uría/Menéndez/Beltrán*, in: Uría/Menéndez (Hrsg.), *Curso de Derecho Mercantil II*, S. 915. Weitere Nw. bei *Bello*, in: Homenaje Olivencia II, S. 1679, 1695 f.

832 Vgl. näher *Gallego*, in: Hernández (Hrsg.), *Suspensión de pagos, quiebra I*, S. 797 ff.

dizialität zurückgeführt,[833] um sich zuletzt auf die rein privatrechtliche Wirkung zu beschränken.[834] Das ist der Stand der Neukodifikation.[835] Der Konkursqualifikation kommt keine bindende Wirkung für die Strafgerichtsbarkeit zu [Art. 163 Abs. 2 S. 2, vgl. auch Art. 4, 189 LC].[836] Obgleich Straf- und Konkursverfahren in diesem Punkt prozessual und materiell entflochten sind, gibt die Staatsanwaltschaft weiterhin ein Zweitgutachten zur Stellungnahme der Konkursverwaltung ab [Art. 169 Abs. 2 LC]. Diese Mitwirkung ist keine entbehrliche Referenz an die Vergangenheit.[837] Die Staatsanwaltschaft vertritt diejenigen öffentlichen Interessen, die mit der Konkursqualifikation geschützt werden sollen.[838] Das ist gerade dann sinnvoll, wenn sich die Konkursgläubiger nicht oder nur unzulänglich einbringen.

Die Qualifikation ist in das Konkursverfahren mit seiner spezifischen Zielsetzung der Gläubigerbefriedigung eingebettet. Sie dient daher zunächst dem Interesse der vorhandenen Gläubiger, ihre Forderungen einzutreiben.[839] Die Aktivmasse wird aufgefüllt, indem Dritte zivilrechtlich belangt werden, denen eine Pflichtwidrigkeit vorzuwerfen ist. Die Zahlungspflichten, die aus dem Qualifikationsurteil erwachsen, lassen sich nur unzureichend mit einer Schadensersatzfunktion erklären. Sie besitzen auch bestrafenden Charakter.[840] Als Haftungsandrohung entfaltet die Konkursqualifikation generalpräventive Wirkung. Aus dem gleichen Grund dient sie zum Schutz des Rechtsverkehrs vor künftigen pflichtwidrigen Handlungen. Dass die verurteilten Personen von bestimmten Handlungsbereichen ausgeschlossen werden (Inhabilitation), dient dem öffentlichen Interesse an geordneten Verhältnissen im Wirtschaftsverkehr.[841]

II. Die Statthaftigkeit der Konkursqualifikation

Die Qualifikation des Konkurses lautet auf zufällig oder schuldhaft. Die Unterscheidung zwischen zufälligem und schuldhaftem Konkurs spielt zu Beginn des Verfahrens keine Rolle. Erst in der Qualifikation trifft der Konkursrichter nähere Feststellungen zur Schuldhaftigkeit des Konkurses. Die Qualifikation wird durch Beschluss eröffnet, sei es als originäre Eröffnung, als Wiederaufnahme oder als Parallelverhandlung [vgl.

833 *Vicent Chuliá*, RJC 1979, S. 669, 701.
834 *Alcover*, „Calificación", in: García Villaverde u. a. (Hrsg.), *Derecho Concursal*, S. 487, 488; *Cerdá/Sancho*, Quiebras y suspensiones de pagos, S. 28; noch *de lege ferenda García-Cruces*, in: Rojo (Hrsg.), *La reforma*, S. 247, 250; weiterhin *ders.*, in: Homenaje Olivencia V, S. 4913, 4914 ff.
835 Vgl. nur SJMer Pamplona v. 9. März 2006, RCP 5/2006, S. 258.
836 BOE Nr. 164 v. 10. Juli 2003, S. 26905, 26912.
837 So außer *Alcover*, „Calificación", in: García Villaverde u. a. (Hrsg.), *Derecho Concursal*, S. 487, 491.
838 *Uría/Menéndez/Beltrán*, in: Uría/Menéndez (Hrsg.), *Curso de Derecho Mercantil II*, S. 917; *de lege ferenda Cerdá/Sancho*, Quiebras y suspensiones de pagos, S. 128; wieder anders *García-Cruces*, in: Rojo/Beltrán (Hrsg.), *Comentario II*, Art. 169, S. 2557 (einleitende Fn.).
839 *García-Cruces*, in: Rojo (Hrsg.), *La reforma*, S. 247, 289.
840 *Farias*, RDM 2004, S. 67, 76 sowie 93, passim.
841 *Cerdá/Sancho*, Quiebras y suspensiones de pagos, S. 128; *García-Cruces*, in: Rojo (Hrsg.), *La reforma*, S. 247, 290, 292.

Art. 167 Abs. 2, 168 Abs. 2, 169 Abs. 3 LC]. Im bisherigen Recht war die Qualifikation in jedem konkursrechtlichen Verfahren statthaft.[842] Der prozessuale Anwendungsbereich ist heute erheblich verengt.[843] Er ist nur eröffnet, wenn die Gläubiger besonders deutliche Nachteile erleiden. Zwei Konstellationen sind zu unterscheiden.[844] Der Beschluss kann einerseits Teil des Urteils sein, mit dem ein Vergleich genehmigt wird, der einen qualifiziert nachteiligen Inhalt aufweist [Art. 167 Abs. 1 S. 1, 1. Var. LC].[845] Das ist der Fall, wenn der Vergleich zu Lasten sämtlicher Gläubiger oder der Gläubiger einer oder mehrerer Klassen vorsieht, dass die Gläubiger Forderungen von mehr als einem Drittel ihrer Gesamthöhe erlassen oder eine Stundung von mehr als drei Jahren gewähren [Art. 163 Abs. 1 Nr. 1 LC]. Ausreichend ist schon, dass nur der Erlass oder nur die Stundung die jeweilige Grenze überschreiten. Andererseits wird die Konkursqualifikation zwingend mit Eröffnung der Liquidationsphase eingeleitet [Art. 163 Abs. 1 Nr. 2 LC, 167 Abs. 1 S. 1, 2. Var. LC]. Zu welchem Zeitpunkt und aus welchem Grund die Liquidation eröffnet wird, spielt keine Rolle.

Beiden prozessualen Anwendungsbereichen ist gemeinsam, dass ihre tatsächlichen Umstände die Gläubigerforderungen in ihrem Wert mindern, wenn auch auf unterschiedliche Weise. Die Wertminderung beruht beim Erlass auf der verringerten Höhe der Forderungen, bei der Stundung auf dem nur unvollständigen Ausgleich durch Zinsansprüche [vgl. Art. 59 Abs. 2 LC]. Im Fall der Liquidation kann mehr oder weniger automatisch die Wertverminderung angenommen werden. Zu dieser Einsicht muss gelangen, wer sich die Eröffnungstatbestände der Liquidationsphase nach Art. 142, 143 LC ansieht. Zwar bestehen die Gläubigerforderungen hier wegen des Rechts der freien Nachforderung *de iure* fort, verlieren jedoch an Wert, weil sie faktisch nicht voll erbringlich sind. Ist der prozessuale Anwendungsbereich der Qualifikationsphase auf die eine oder andere Weise eröffnet, muss sie von Amts wegen durchgeführt werden.[846] Ein Ermessen steht dem Konkursrichter insoweit nicht zu.

III. Der Grundtatbestand des „schuldhaften Konkurses" („concurso culpable")

Entgegen dem oberflächlich erzeugten Eindruck wird weder der Eintritt der Insolvenz noch die Erklärung des Konkurses sanktioniert. Beurteilt werden Handlungen, die vor der Konkurserklärung erfolgt sind, sowie pflichtwidrige Verhaltensweisen im Konkurs. Sowohl die objektiven als auch die subjektiven Tatbestandsmerkmale der Generalklausel [Art. 164 Abs. 1 LC] müssen gegeben sein.

---

842 Art. 1295 ff. LEC a. F., Art. 1137 CCom a. F. und Art. 20 LSP. Dagegen *Mairata*, RdS 1999, S. 260, 280 f.

843 So schon Art. 306 Vorentwurf 1983. Anders Art. 208 Abs. 2 Entwurfsvorschlag 1995. Heute *Farias*, RDM 2004, S. 67, 70 f. und 76 f.

844 Abw., aber im Ergebnis ähnlich *Farias*, RDM 2004, S. 67, 70.

845 Näher *Quecedo*, in: Fernández Ballesteros (Hrsg.), *Proceso Concursal Práctico*, Art. 163, Nr. 11, S. 738.

846 Für eine flexible Lösung *CES*, Gutachten vom 7. November 2001, S. 12; dagegen unter Hinweis auf die Rechtssicherheit *Astray*, in: Palomar (Hrsg.), *Comentarios*, Art. 162, S. 1097 (Einführung); *García-Cruces*, in: Rojo (Hrsg.), *La reforma*, S. 247, 253.

Zunächst ist objektiv ein Verhalten zu ermitteln. Angesichts der Vielfalt des Wirtschaftslebens steht ein Unterlassen dem aktiven Tun gleich, wenn eine Rechtspflicht zum Handeln besteht. Das spanische Zivilrecht lässt dafür die Pflicht genügen, keinen anderen zu schädigen, die aus dem *Neminem-laedere*-Grundsatz folgt.[847] In Art. 164 Abs. 1 LC ist von einem Schaden jedoch keine Rede. Folglich ist die Verursachung eines Schadens weder eine Frage des objektiven Tatbestands noch des Haftungsumfangs. Gleichwohl kann im Einzelfall ein Schaden kausal herbeigeführt worden sein. In diesem Fall ist bei einem Unterlassen nicht zu fordern, dass eine weitergehende Rechtspflicht missachtet wurde. Fehlt es aber an dem Schaden, wovon Art. 164 Abs. 1 LC ausgeht, muss eine konkrete Handlungspflicht verletzt worden sein. Tatsächlich dürfte in den Fällen grober Fahrlässigkeit und des Vorsatzes die Verletzung einer Sorgfaltspflicht regelmäßig mit der Verletzung einer konkreten Handlungspflicht identisch sein.

Das Verhalten muss die Zahlungsunfähigkeit herbeiführen oder verschlimmern. Von einem Kausalzusammenhang ist bereits auszugehen, wenn das Verhalten kausal eine unternehmerische Kennzahl verschlechtert, die etwas über die Zahlungsfähigkeit aussagt. Nicht erforderlich ist, dass das Verhalten die letztkausale Ursache ist. Um das Tatbestandsmerkmal somit nicht ausufern zu lassen, sind Handlungen auszuscheiden, denen der Erfolg, dass die Zahlungsunfähigkeit herbeigeführt oder verschlimmert wurde, nicht objektiv zugerechnet werden kann.[848] Das gilt insbesondere für rechtmäßiges Verhalten von konkurrierenden Marktteilnehmern. Ihre Aktivitäten richten sich mittel- oder unmittelbar auf die Schädigung des konkursschuldnerischen Vermögens, werden aber nicht vom Normschutzzweck erfasst.[849] Auch soll es mangels Kausalität unschädlich sein, wenn die Geschäftsführer der Konkursschuldnerin deren Kunden angesichts der Unternehmenskrise zur Rücknahme von Bestellungen auffordern.[850] Hingegen ist die dauerhafte Unterkapitalisierung der Gesellschaft bereits einmal als tatbestandsmäßige Verursachung bzw. Vertiefung der Insolvenz angesehen worden.[851]

Ausgehend von den Grundsätzen außervertraglicher Haftung im spanischen Zivilrecht ist nicht erforderlich, dass durch das Verhalten ein bestimmtes Rechtsgut verletzt wird. Nachdem ebenso wenig ein Schaden zu prüfen ist, findet die Kontrolle auf der Ebene der Rechtswidrigkeit statt. Für erlaubtes Verhalten wird nicht gehaftet. Darum sind die Rechtfertigungsgründe aus dem Strafrecht analog anwendbar, wie dies auch im allgemeinen Zivilrecht vertreten wird.[852]

---

847 *Díez-Picazo/Gullón*, Sistema de Derecho Civil II, S. 599.
848 Zur objektiven Zurechenbarkeit im Zivilrecht *Díez-Picazo*, Derecho de daños, S. 341; *Lacruz*, Derecho de obligaciones II, S. 488, Nr. 651, m. w. N. Insbesondere *Bello*, in: Homenaje Olivencia II, S. 1679, 1704 f., und passim; *Ferrer*, in: Sagrera/Sala/Ferrer (Hrsg.), Comentarios III, Art. 164, Nr. II.3., S. 1686.
849 Zur Lehre vom Normschutzzweck *Díez-Picazo*, Derecho de daños, S. 346, 348, im Anschluss an *Pantaleón*. Zur Übertragung ins spanische Recht *Reglero*, Tratado de responsabilidad civil, S. 304 f., Fn. 56.
850 AAP Barcelona v. 9. März 2006, ADCo 9/2006, S. 314, 318 f.
851 SJMer Málaga v. 22. Mai 2006, AC. 2006/1264.
852 *Díez-Picazo/Gullón*, Sistema de Derecho Civil II, S. 610 f.

In subjektiver Hinsicht muss das Verhalten mit Vorsatz („dolo")[853] oder grober Fahrlässigkeit („culpa grave")[854] verwirklicht sein.[855] Einfache oder leichte Fahrlässigkeit reichen nicht aus. Sofern weitergehende gesetzliche Abmilderungen des Verschuldensmaßstabs für ein bestimmtes Verhalten vorgesehen sind, sind auch diese zu berücksichtigen. Auf der anderen Seite sind an die Sorgfalt eines Kaufmanns andere Anforderungen zu stellen als an diejenige eines Verbrauchers.[856] Der Effekt ist, dass höhere unternehmerische Risiken des Einzelnen (des Kaufmanns), die einem möglichen Profit auf der Einkommensseite gegenüberstehen, nicht sozialisiert werden, wenn sie sich verwirklichen.

IV. Der automatisch „schuldhafte Konkurs"

Die Voraussetzungen der „Schuldhaftigkeit" stellen den Rechtsanwender vor erhebliche Beweisprobleme. Teils geht es um längst vergangene Umstände, teils um psychische Begebenheiten des menschlichen Innenlebens oder wirtschaftliche Kausalverläufe, die von außen kaum einsehbar sind. Das Konkursgesetz bietet eine Arbeitserleichterung. Diese Lösung hat im spanischen Recht eine lange Tradition [vgl. Art. 888-892 CCom a. F.] und gilt im Ausgangspunkt als verfassungsrechtlich unbedenklich.[857] Sind bestimmte Tatbestände erfüllt, gilt der Konkurs in jedem Fall ohne Weiteres als schuldhaft [Art. 164 Abs. 2 LC]. Durch die Nähe von Art. 164 Abs. 2 LC zu Art. 890 und 891 CCom a. F. wird gemeinhin notiert, dass die Grundlinien der Rechtsprechung zum bisherigen Recht auf die neue Gesetzeslage übertragbar seien.[858]

1. Die kasuistische Regelung im Gesetz

Drei unterschiedliche Tatbestände fallen unter den Oberbegriff der mangelhaften Buchführung [vgl. Art. 164 Abs. 2 Nr. 1 LC]. Es wird ein Verhalten sanktioniert, das unternehmerische Desinformation verursacht, unabhängig davon, ob zu diesem Zeitpunkt der Konkurs bereits erklärt ist oder nicht.[859] Der subjektive Anwendungsbereich erfasst Konkursschuldner, welche gesetzlich zur Buchführung verpflichtet sind. Die Regelung verweist auf die einschlägigen Gesetze, für die handelsrechtliche Bilanz-

---

853 Vgl. Art. 1269, 1102, 1107 S. 2 CC.
854 Vgl. Art. 1104, 1107 S. 1 CC.
855 Kongress der Handelsrichter v. 1./2. Dezember 2005 in Valencia, ADCo 8/2006, S. 249, 301: keine objektive Haftung. SJMer Madrid v. 16. Februar 2006, AC. 2006/238: Schuldfähigkeit im Zeitpunkt des pflichtwidrigen Verhaltens erforderlich.
856 Ebenso *Farias*, RDM 2004, S. 67, 85.
857 *Ferrer*, in: Sagrera/Sala/Ferrer (Hrsg.), *Comentarios III*, Art. 164, Nr. IV., S. 1688–1692; *García-Cruces*, in: Rojo/Beltrán (Hrsg.), *Comentario II*, Art. 164, Nr. III.1., S. 2526.
858 Zum bisherigen Recht *Sánchez Calero*, Principios de Derecho Mercantil, S. 539; *Uría*, Derecho Mercantil, S. 1037 f., Nr. 996; *de lege ferenda García-Cruces*, in: Rojo (Hrsg.), *La reforma*, S. 247, 258; weiterhin *Farias*, RDM 2004, S. 67, 100.
859 Vgl. schon Art. 890 Nr. 2 bis 6 CCom a. F.; zur früheren Praxis in Bankenkonkursen *Rojo*, RDBB 1988, S. 113, 161; *de lege ferenda García-Cruces*, in: Rojo (Hrsg.), *La reforma*, S. 247, 263; zustimmend *Farias*, RDM 2004, S. 67, 106.

pflicht also auf Art. 25 CCom.[860] Die handelsrechtliche Bilanzpflicht ist nur ein Anwendungsbereich neben weiteren Buchführungspflichten, die dem öffentlichen Recht, dem Steuerrecht usw. entspringen.[861]

Die erste Variante setzt eine wesentliche Nichterfüllung der Buchführungspflicht voraus. Da das Gesetz an anderer Stelle eine bloß widerlegbare Vermutung auf die Verletzung von Buchführungspflichten gründet [Art. 165 Nr. 3 LC], knüpft Art. 164 Abs. 2 Nr. 1, 1. Var. LC an ein gravierenderes Verhalten an. Der Zweck der Buchführungspflicht ist, unternehmerische Information verfügbar zu machen.[862] Da die Wesentlichkeit der Pflichtverletzung im Konkurs bestimmt wird, müssen Informationen vorenthalten worden sein, die im Konkurs erforderlich sind, um das konkursschuldnerische Verhalten umfassend und richtig aus- und bewerten zu können.[863] Als unwesentlich gilt z. B., dass Schecks zu Gunsten der Gesellschaft, deren Einziehung durch die Verwaltungsorganpersonen in Rede steht, nicht verbucht werden.[864] Tatbestandsmäßig soll es dagegen sein, wenn bedeutende Betriebskosten entgegen den Grundsätzen der Buchführung aktiviert werden.[865] Die Überlegung,[866] dass eine wesentliche Nichterfüllung der Buchführungspflicht nur vorliege, wenn gar keine Bücher geführt werden, ist daher nicht zwingend. Die zweite Variante betrifft die doppelte Buchführung. Der Gesetzeswortlaut klärt nicht eindeutig, ob in jedem Fall doppelte Bücher ausreichen oder ob als Folge der doppelten Buchführung ein besonderes informationelles Defizit eingetreten sein muss. Wie in der ersten Variante gilt hier das ungeschriebene Tatbestandsmerkmal, dass die vorenthaltene Information konkursrelevant sein muss. Die bisherige Rechtsprechung sah als Zweck jeder doppelten Buchführung an, allgemein Täuschungen im Rechtsverkehr zu ermöglichen.[867] Daher ist regelmäßig ebenfalls die Wesentlichkeit zu bejahen.[868]

Die dritte Variante greift ein, wenn Bücher zwar geführt werden, jedoch eine Unrichtigkeit aufweisen. Die Unrichtigkeit muss für die Erfassung der Vermögens- oder Finanzsituation der Konkursschuldnerin erheblich sein. Die Erheblichkeit stellt ausdrücklich den Bezug zur Finalität ordnungsgemäßer Buchführung her [vgl. Art. 34 Abs. 2 CCom]. Entscheidend ist also, dass die Bücher ein unzutreffendes Bild von der Lage des Vermögens und des Unternehmens vermitteln, obwohl diese Informationen im Konkurs benötigt werden.[869] Keine Rolle spielt, ob die Unrichtigkeit irrtümlich

860 Näher *Rojo*, in: Uría/Menéndez (Hrsg.), *Curso de Derecho Mercantil I*, S. 139 ff.
861 Weit auch *Farias*, RDM 2004, S. 67, 103.
862 Vgl. zum bisherigen Konkursrecht bereits SAP Barcelona v. 11./12. Mai 2005, RCP 4/2006, S. 339; SAP Zaragoza v. 3. Juni 2005, RCP 4/2006, S. 339.
863 *De lege ferenda García-Cruces*, in: Rojo (Hrsg.), *La reforma*, S. 247, 262 f.; weiterhin Kongressbeschluss der Handelsrichter v. 1./2. Dezember 2005 in Valencia, ADCo 8/2006, S. 249, 296; *Ferrer*, in: Sagrera/Sala/Ferrer (Hrsg.), *Comentarios III*, Art. 164, Nr. V.1.A., S. 1692 f.
864 Vgl. mit weiteren Bsp. SJMer Madrid v. 16. Februar 2006, ADCo 8/2006, S. 478, 481 ff.
865 SJMer Barcelona v. 9. Mai 2006, AC. 2006/1469.
866 *Cámara*, in: R. Bercovitz (Hrsg.), *Comentarios II*, Art. 164, Nr. II.1., S. 1757.
867 STS v. 30. Januar 1991, RJ. 1991/459.
868 *Ferrer*, in: Sagrera/Sala/Ferrer (Hrsg.), *Comentarios III*, Art. 164, Nr. V.1.B., S. 1694; a. A. *García-Cruces*, in: Rojo (Hrsg.), *La reforma*, S. 247, 264.
869 *García-Cruces*, in: Rojo/Beltrán (Hrsg.), *Comentario II*, Art. 164, Nr. III.2.1.3., S. 2529.

(Sorgfaltspflichtverletzung) oder infolge bewusst falscher Buchführung geschieht (Täuschungsabsicht).[870] Dass ein Dritter sich tatsächlich unzutreffende Vorstellungen macht, ist nicht erforderlich.

Fehlinformationen, die während des Verfahrens vom Konkursschuldner ausgehen, führen gleichfalls dazu, dass der Konkurs als schuldhaft gilt [Art. 164 Abs. 2 Nr. 2 LC]. Die Konkursverwaltung ist auf eine umfängliche und korrekte Informationsbasis angewiesen, um die Gläubiger aus dem konkursbehafteten Vermögen bestmöglich zu befriedigen. Ohne das außerkonkursliche Haftungssystem zu verändern, dient die Sanktion dazu, die erforderliche Informationsbasis zu gewährleisten.[871] In objektiver Hinsicht ist zu unterscheiden zwischen inhaltlich fehlerhaften und gefälschten Dokumenten. Die erste Variante knüpft daran an, dass in irgendeinem der Dokumente, welche dem Konkursantrag beizufügen sind [vgl. Art. 6 Abs. 2 LC] oder im eröffneten Konkursverfahren vorgelegt werden [vgl. Art. 42 Abs. 1, 45 und 138 LC], ein schwerer Fehler begangen wird („inexactitud grave"). Die Schwere des inhaltlichen Fehlers ist daran zu messen, wie bedeutend die im Konkursverfahren erzeugte Desinformation ausfällt.[872] Sowohl die Relevanz des Fehlers für die Fehlinformation als auch die Bedeutung der Fehlinformation für den geordneten Ablauf des Konkurses sind zu würdigen. Ein schwerer Inhaltsfehler wurde etwa bejaht, als der Konkurseigenantrag einer Kapitalgesellschaft im Inventar [vgl. Art. 6 Abs. 2 Nr. 3 LC] mehrere Immobilien nebst vorläufigen Eintragungen Dritter im Eigentumsregister auswies, obwohl der vorgeblich lastenfreie Eigentumserwerb der Konkursschuldnerin in Wirklichkeit noch gar nicht eingetragen, sondern vielmehr rechtsstreitbehaftet war.[873] Die zweite Variante von Art. 164 Abs. 2 Nr. 2 LC stellt darauf ab, dass die Konkursschuldnerin falsche Dokumente vorlegt oder anderen Unterlagen beifügt. Sie erfasst alle Fallgruppen der Fälschung wie die unberechtigte Veränderung, Verfremdung oder Manipulierung von Dokumenten, wenn sie im gefälschten Zustand in das Verfahren eingeführt werden. Sämtliche dieser Handlungen, die sich auf private oder öffentliche Urkunden beziehen können, sind strafrechtlich typifiziert [Art. 390-400 CP]. Auf eine strafrechtliche Anklage oder Verurteilung kommt es freilich nicht an [vgl. Art. 189 Abs. 1 LC]. Hervorzuheben ist ebenfalls, dass eine Fälschung im Konkurs bereits grob fahrlässig begangen werden kann.[874]

Der Konkurs gilt außerdem als schuldhaft, wenn die Liquidationsphase von Amts wegen eröffnet wird, weil der Konkursvergleich nicht erfüllt wurde [Art. 164 Abs. 2 Nr. 3 LC].[875] Die Nichterfüllung des Vergleichs muss auf einem Umstand beruhen,

---

870 *García-Cruces*, in: Rojo (Hrsg.), *La reforma*, S. 247, 265.
871 *De lege ferenda Llebot*, RGD 657 (1999), S. 7559, 7566. Unter Hinweis auf die beabsichtigte Schlechterstellung der Vorlage unrichtiger Daten gegenüber der offenen Verweigerung von Informationen [vgl. Art. 165 Nr. 2 LC] der Kongress der Handelsrichter v. 1./2. Dezember 2005 in Valencia, ADCo 8/2006, S. 249, 296.
872 *García-Cruces*, in: Rojo (Hrsg.), *La reforma*, S. 247, 267 f. Ebenso SJMer Málaga v. 22. Mai 2006, AC. 2006, 1264, und prüft außerdem das Verhältnis von falsch aktivierten Gegenständen zur Gesamtzahl der Gegenstände.
873 SJMer Málaga v. 22. Mai 2006, AC. 2006, 1264.
874 *Ferrer*, in: Sagrera/Sala/Ferrer (Hrsg.), *Comentarios III*, Art. 164, Nr. V.2., S. 1695.
875 Zu Art. 143 Abs. 1 Nr. 5 LC *Quecedo*, in: Fernández Ballesteros (Hrsg.), *Proceso Concursal Práctico*, Art. 164, Nr. 12, S. 748.

den die Konkursschuldnerin zu vertreten hat. Das allgemeine Zivilrecht legt die Risikosphäre der Schuldner fest. Bei Nichterfüllung vertraglicher Pflichten wird analog Art. 1183 CC vermutet, dass der Leistungspflichtige die Leistungsstörung vertreten muss.[876] Unter Hinweis auf die Vorläuferregelung in Art. 216 Abs. 1 Entwurfsvorschlag 1995 wird vertreten, Art. 164 Abs. 2 Nr. 3 LC auf solche Fälle zu beschränken, in denen der Konkursschuldner grob fahrlässig oder vorsätzlich in Bezug auf die Ursachen der Nichterfüllung gehandelt hat.[877] Das passt zur Generalklausel [Art. 164 Abs. 1 LC]. Nach dem ehemaligen Art. 906 CCom a. F. entfiel der Vergleich jedoch im Falle jedweder Nichterfüllung, ohne dass es überhaupt auf ein Vertretenmüssen ankam, so dass Art. 164 Abs. 2 Nr. 3 LC ohnehin schon einen geringeren Anwendungsbereich hat.[878] Die Schärfe der Rechtsfolgen spricht allerdings entscheidend dagegen, es bei bloßer Nichterfüllung mit jedem Vertretenmüssen bewenden zu lassen.[879]

Neben den Nummern 1 bis 3 in Art. 164 Abs. 2 LC existiert eine weitere Gruppe von mehreren Tatbeständen. Hier greift zunächst Art. 164 Abs. 2 Nr. 4 LC in der ersten Variante ein, wenn die Konkursschuldnerin die Gesamtheit oder Teile ihrer Vermögensgegenstände zum Nachteil der Gläubiger deren Zugriff entzieht.[880] Der Gläubigernachteil bezeichnet im Gegensatz zu den übrigen Tatbeständen die objektive Voraussetzung, dass den Gläubigern ein Schaden entstanden sein muss. In Anbetracht der Zahlungsunfähigkeit, die im Zeitpunkt der Handlungsvornahme herannaht, bereitet diese Voraussetzung vergleichsweise geringe Beweisprobleme.[881] Für den Schadenseintritt ist eine persönliche Flucht im engeren Sinne nicht erforderlich. Es muss ebenso wenig eine Rechtshandlung wie z. B. eine Veräußerung vorgenommen worden sein.[882] Für die Schadensverursachung kann bereits ausreichen, dass Vermögensgegenstände faktisch an einen unbekannten Ort verschoben werden. Gleiches gilt, wenn Gläubiger unter Missachtung ihres Forderungsranges befriedigt und damit der Anspruch auf frühere bzw. bevorzugte Befriedigung entwertet wird.[883] Erleiden die Gläubiger durch einen Verstoß gegen die Vorschriften über die Erhaltung und Verwaltung der Aktivmasse [Art. 43 LC] einen Nachteil, kann eine solche Handlung den Tatbestand erfüllen. Es handelt sich zwar um ein Geschehen, das zeitlich nach der Konkurserklärung liegt.[884] Dieser Gesichtspunkt ist aber nicht der Kern des Problems. Die Mehrzahl der Verstöße gegen Art. 43 LC erfüllen den Tatbestand von Nr. 4 viel-

876 *Díez-Picazo/Gullón*, Sistema de Derecho Civil II, S. 216.
877 *De lege ferenda García-Cruces*, in: Rojo (Hrsg.), *La reforma*, S. 247, 271 f.; weiterhin *Ferrer*, in: Sagrera/Sala/Ferrer (Hrsg.), *Comentarios III*, Art. 164, Nr. V.3., S. 1696.
878 *Farias*, RDM 2004, S. 67, 114.
879 *Ferrer*, in: Sagrera/Sala/Ferrer (Hrsg.), *Comentarios III*, Art. 164, Nr. V.3., S. 1696; *García-Cruces*, in: Rojo/Beltrán (Hrsg.), *Comentario II*, Art. 164, S. 2531; a. A. aber der Kongress der Handelsrichter v. 1./2. Dezember 2005 in Valencia, ADCo 8/2006, S. 249, 297.
880 Schon Art. 890 Nr. 12 CCom a. F. Zur Vermögensflucht und ihren Erscheinungsformen bisher *Ramírez*, La quiebra II, S. 2093 ff.; zustimmend *Ferrer*, in: Sagrera/Sala/Ferrer (Hrsg.), *Comentarios III*, Art. 164, S. 1696.
881 *Farias*, RDM 2004, S. 67, 117.
882 Extensiv auch SJMer Barcelona v. 9. Mai 2006, ADCo 9/2006, S. 479, 480.
883 *Farias*, RDM 2004, S. 67, 119; im Anschluss an *García-Cruces*, in: Rojo (Hrsg.), *La reforma*, S. 247, 270.
884 *Quecedo*, in: Fernández Ballesteros (Hrsg.), *Proceso Concursal Práctico*, Art. 164, Nr. 13, S. 749.

mehr deshalb nicht, weil die fraglichen Handlungen schon keine Rechtswirkungen entfalten. Sofern nicht parallel eine tatsächliche Schadensverursachung eintritt, fehlt es daher am Gläubigernachteil.

Der Vermögensflucht sind Handlungen gleichgestellt, welche die Wirkung einer Beschlagnahme verzögern, erschweren oder verhindern [Art. 164 Abs. 2 Nr. 4, 2. Variante LC]. Voraussetzung ist, dass die Beschlagnahme dem Zweck dienen sollte, jedwede Art von begonnener oder absehbarer Vollstreckung zu ermöglichen. Die Konkursschuldnerin kann sich aber durchaus in rechtmäßiger Weise gegen Vollstreckungsmaßnahmen gewendet haben. Ihr Grundrecht auf effektiven Rechtsschutz ist in ein angemessenes Verhältnis zu den Gläubigerinteressen zu setzen. Damit nicht jede rechtmäßige Handlung wie z. B. der Widerspruch gegen die Zwangsvollstreckung die Vermutung aktiviert, sind nur Handlungen tatbestandsmäßig, die sich unmittelbar auf das konkursschuldnerische Vermögen auswirken.[885] Dazu zählt etwa, wenn über einzelne Gegenstände verfügt oder Verbindlichkeiten aufgenommen werden, ohne dass dafür eine hinreichende Berechtigung bestand.[886] Gleichwohl spricht nichts dagegen, ebenfalls prozessuale Handlungen einzubeziehen, soweit es sich um rechtskräftig festgestellte Verstöße gegen das Verbot des Rechtsmissbrauchs [Art. 11 LOPJ] handelt.[887] Folglich sind jedenfalls tatsächliche und rechtsgeschäftliche Handlungen erfasst. Daneben sind prozessuale Handlungen unter der Voraussetzung tatbestandsmäßig, dass sie den Bereich der zulässigen Rechtsausübung verlassen. Eine andere Frage ist, ob es darauf ankommt, dass die Verzögerung, Erschwerung oder Verhinderung der Zwangsvollstreckung zum Nachteil der Gläubiger erfolgt ist.[888] Dies liegt angesichts des engen syntaktischen Zusammenhangs zwischen erster und zweiter Variante systematisch nahe. Außerdem wird die tatbestandliche Überdehnung vermieden, die sonst dazu verleiten könnte, prozessuale Handlungen pauschal auszuklammern.

Als schuldhaft gilt der Konkurs des Weiteren, wenn Sachen oder Rechte innerhalb der letzten zwei Jahre vor der Konkurserklärung in schädigender Weise aus dem Gesellschaftsvermögen abgegangen sind [Art. 164 Abs. 2 Nr. 5 LC]. Die Vermögensgegenstände können entzogen, verschleiert oder beseitigt worden sein [entsprechend Art. 257 CP].[889] Bei unentgeltlichen Geschäften wird vermutet, dass der Vermögensabgang dazu dient, die Gläubiger zu schädigen [Art. 1297 CC]. Auch entgeltliche Geschäfte schädigen die Gläubiger, deren Forderung tituliert oder die bereits die Zwangsvollstreckung eingeleitet haben, wenn die umfassende Vermögenshaftung nach Art. 1911 CC vereitelt wird. So gilt die Zahlung größerer Beträge zu einem Zeitpunkt, in dem die Gesellschaft bereits in der Krise steckt und folglich die Begleichung anderer Verbindlichkeiten erschwert wird, als tatbestandsmäßig, gerade wenn Zahlungsempfänger eine Organperson der Gesellschaft ist.[890] In dem Merk-

885 *García-Cruces*, in: Rojo/Beltrán (Hrsg.), *Comentario II*, Nr. II.2.4., S. 2532.
886 Vgl. Art. 250 Abs. 3 Nr. 1 Entwurfsvorschlag 1995; *de lege ferenda García-Cruces*, in: Rojo (Hrsg.), *La reforma*, S. 247, 271.
887 *Farias*, RDM 2004, S. 67, 123.
888 *Farias*, RDM 2004, S. 67, 119.
889 *Cámara*, in: R. Bercovitz (Hrsg.), *Comentarios II*, Art. 164, Nr. II.4., S. 1759. Zur Anwendbarkeit der weiterhin zitierten zivilrechtlichen Regelungen bejahend der Kongress der Handelsrichter v. 1./2. Dezember 2005 in Valencia, ADCo 8/2006, 249, 298.
890 SJMer Barcelona v. 9. Mai 2006, AC. 2006/1469.

mal des gläubigerschädigenden Zwecks unterscheidet sich der Tatbestand von den Voraussetzungen der Wiedereinbringungsklage [Art. 71 ff. LC]. Dort wird auf das Erfordernis des *animus fraudandi* verzichtet.[891] Vorliegend ist indessen nicht eine positive Schädigungsabsicht erforderlich. *Animus fraudandi* ist gegeben, wenn die Schuldnerin wusste, dass ihr nach der fraglichen Handlung nicht ausreichend Vermögen verbleibt, um ihre Verbindlichkeiten zu erfüllen.[892] Die Frist von zwei Jahren vor der Konkurserklärung harmoniert wiederum mit Art. 71 ff. LC.

Jede Rechtshandlung der Konkursschuldnerin, mit der eine erfundene Vermögenssituation vorgetäuscht werden soll, lässt Art. 164 Abs. 2 Nr. 6 LC eingreifen.[893] Die einzige zeitliche Begrenzung liegt darin, dass die Handlung vor dem Tag der Konkurserklärung begangen sein muss. Wie lange die Handlung zurückliegt, spielt keine Rolle. Ebenso wenig ist erforderlich, dass die Konkursschuldnerin mit Täuschungsabsicht handelte. Der entsprechende Vorsatz (mindestens *dolus eventualis*) versteht sich bei den vermögensrechtlichen Täuschungshandlungen von selbst. In Abgrenzung zu Nr. 5, wo die Gläubigerschädigung gerade rechtlich oder tatsächlich bezweckt sein muss, reicht schon eine nur simulierte Vermögensverfügung aus.[894] Die Regelung erscheint als Auffangtatbestand, der rigideste Rechtsfolgen nach sich zieht.[895] Ungerechtigkeiten werden jedoch dadurch vermieden, dass sich der Anwendungsbereich auf objektiv täuschungsgeeignete Handlungen beschränkt. Die Handlungen müssen außerdem von einer gewissen Relevanz sein.[896]

2. Die mehrheitliche Einordnung als zwingende Vermutung

Sind einer oder mehrere Tatbestände des Art. 164 Abs. 2 LC verwirklicht, ist die schuldhafte Herbeiführung oder Verschlimmerung der Zahlungsunfähigkeit i. S. v. Art. 164 Abs. 1 LC zu bejahen. Nach herrschender Meinung begründen die Tatbestände eine Vermutung *iuris et de iure*.[897] Ein Gegenbeweis, wonach die Handlung

---

891 So der Kongress der Handelsrichter v. 1./2. Dezember 2005 in Valencia, ADCo 8/2006, 249, 298. Einerseits *Quecedo*, in: Fernández Ballesteros (Hrsg.), *Proceso Concursal Práctico*, Art. 164, Nr. 18, S. 751; andererseits *Farias*, RDM 2004, S. 67, 125.

892 *Cámara*, in: R. Bercovitz (Hrsg.), *Comentarios II*, Art. 164, Nr. II.5., S. 1761, m. w. N.

893 Schon Art. 890 Nr. 10 CCom a. F. Aus der Praxis *Rojo*, RDBB 1988, S. 113, 116.

894 *Farias*, RDM 2004, S. 67, 126 ff., m. w. N.

895 *Ferrer*, in: Sagrera/Sala/Ferrer (Hrsg.), *Comentarios III*, Art. 164, Nr. V.6., S. 1699; *Quecedo*, in: Fernández Ballesteros (Hrsg.), *Proceso Concursal Práctico*, Art. 164, Nr. 20, S. 752.

896 *De lege ferenda García-Cruces*, in: Rojo (Hrsg.), *La reforma*, S. 247, 273; weiterhin zustimmend *Ferrer*, in: Sagrera/Sala/Ferrer (Hrsg.), *Comentarios III*, Art. 164, Nr. V.6., S. 1699 f.

897 SJMer Madrid v. 16. Februar 2006, ADCo 8/2006, S. 478, 480; Kongress der Handelsrichter v. 1./2. Dezember 2005 in Valencia, ADCo 8/2006, S. 249, 296; *Bello*, in: Homenaje Olivencia II, S. 1679, 1701 f.; *Cámara*, in: R. Bercovitz (Hrsg.), *Comentarios II*, Art. 164, Nr. I., S. 1756; *Fernández de la Gándara*, in: Fernández de la Gándara/Sánchez (Hrsg.), *Comentarios*, S. 701, 712; *García-Cruces*, in: Rojo/Beltrán (Hrsg.), *Comentario II*, Art. 164, Nr. III.1., S. 2525 f.; *Hidalgo*, in: Sánchez Calero Guilarte/Guilarte (Hrsg.), *Comentarios III*, Art. 164.1 y 2, S. 2734; im Ergebnis auch *Quecedo*, in: Fernández Ballesteros (Hrsg.), *Proceso Concursal Práctico*, Art. 164, Nr. 4, S. 743.

entweder nicht grob fahrlässig bzw. nicht vorsätzlich oder aber nicht kausal für die Zahlungsunfähigkeit gewesen sei, ist damit ausgeschlossen.[898] Dennoch wird nicht verschuldensunabhängig gehaftet. Überdies müssen Elemente der Kausalität positiv festgestellt werden, welche einige Einzeltatbestände bereits ausweislich der Gesetzesfassung voraussetzen.

3. Die beim Kausalitätsmerkmal ansetzenden Unterscheidungen

Die Tatbestände in Art. 164 Abs. 2 LC lassen sich danach klassifizieren, ob in ihrem Rahmen die Handlungskausalität, d. h. die Herbeiführung oder Verschlimmerung der Insolvenz, eine Rolle spielt oder nicht. Eine ausdrückliche Bezugnahme fehlt und mag überflüssig sein, da das Kausalitätserfordernis bereits aus Absatz 1 folgt. Zugleich wird aber ein bestimmtes systematisches Verhältnis zwischen beiden Absätzen vorausgesetzt. In Betracht kommt, dass in Absatz 2 Regelbeispiele zu Absatz 1 enthalten sind. Dann wäre die Kausalität stets zu prüfen, wie bei einer Generalklausel und Vermutungstatbeständen. Wenn beide Absätze dagegen nicht in ihren Voraussetzungen deckungsgleich sind, benennt Absatz 2 Fiktionen der Herbeiführung oder Verschlimmerung der Insolvenz i. S. v. Absatz 1.[899] In den einzelnen Tatbeständen in Absatz 2 ist eine Handlungskausalität schon nicht einheitlich angelegt, sondern teilweise zwingend, wahrscheinlich, möglich oder nicht einmal das.

Auf der Grundlage einer Einzelbetrachtung sind die Tatbestände in Absatz 2 in zwei Kategorien aufzuteilen. Die erste Kategorie bilden die Nummern 1 bis 3. Eine Kausalität der Pflichtverletzungen ist entweder gar nicht möglich oder allenfalls theoretisch denkbar.[900] Es reicht aus, dass eine der typifizierten, weil unerwünschten Verhaltensweisen verwirklicht ist.[901] Wer diese Verhaltenspflichten verletzt, unterliegt im Ergebnis der Fiktion, kausal die Zahlungsunfähigkeit herbeigeführt oder verschlimmert zu haben. Der Gegenbeweis ist ausgeschlossen. Eine Entlastung kann nur über den Nachweis erfolgen, dass höhere Gewalt oder Zufall zur Tatbestandsverwirklichung führten.[902]

Die zweite Kategorie besteht aus den Nummern 4 bis 6. Die dort geregelten Verhaltensweisen sind für den Eintritt der Zahlungsfähigkeit oftmals oder gar immer kausal. Soweit ein Nachteil der Gläubiger [Nr. 4] oder der Zweck einer Gläubigerschädigung [Nr. 5] ausdrücklich gefordert ist, kommt es entscheidend auf die Kausalverbindung zwischen dem Verhalten und der Vermögenssituation des Konkursschuldners an. Auf die Kausalität für die Verschlechterung der Vermögenssituation kann geschlossen werden, wenn der jeweilige Tatbestand vorliegt. Die Vermutung dient dem Konkurs-

---

898 SJMer Pamplona v. 9. März 2006, RCP 5/2006, S. 258.

899 So *Astray*, in: Palomar (Hrsg.), *Comentarios*, Art. 164, S. 1103; *Pérez de la Cruz*, in: Homenaje Olivencia V, S. 4999, 5005.

900 Vgl. auch AAP Barcelona v. 27. April 2006, ADCo 9/2006, S. 319, 322, ohne aber von der h. M. abzurücken.

901 Zur Rechtfertigung *Jackson*, The Logic and Limits, S. 146 f.

902 *Farias*, RDM 2004, S. 67, 92; *García-Cruces*, in: Rojo (Hrsg.), *La reforma*, S. 247, 258 f.

richter als Leitlinie, um Tatsachen festzustellen, Beweise zu würdigen und rechtliche Wertungen zu treffen.[903] Sie richtet sich dagegen nicht an die Prozessparteien, deren Beweisführungsfreiheit unberührt bleibt.[904] Hätte der Gesetzgeber den Gegenbeweis wie in Art. 71 Abs. 2 LC ausschließen wollen, wäre auch in Art. 164 Abs. 2 LC eine explizite Anordnung zu erwarten.

Eine Tatbestandsverwirklichung, die längere Zeit zurück liegt, ist für die spätere Insolvenzsituation aber z. B. nicht erheblich, wenn sich das Gesellschaftsvermögen zwischenzeitlich infolge einer kurzfristigen Aktienhausse vervielfacht hatte. Die objektive Zurechenbarkeit kann daher widerlegt werden. Im gleichen Maße ist der Normschutzzweck zu berücksichtigen. Zusammenfassend ist bei Art. 164 Abs. 2 Nr. 1–3 LC von Kausalitätsfiktionen zu sprechen. Die zutreffend als solche gekennzeichneten Vermutungen in Art. 164 Abs. 2 Nr. 4–6 LC lassen die Entlastung durch den Nachweis zu, dass die objektive Zurechenbarkeit oder der Schutzzweckzusammenhang fehlen.

4. Die beim Verschuldenserfordernis ansetzenden Unterscheidungen

Den Verschuldensmaßstab in Art. 164 Abs. 1 LC bilden Vorsatz oder grobe Fahrlässigkeit. Wird eine der Nummern von Absatz 2 verwirklicht, ist in jedem Fall der Tatbestand von Absatz 1 erfüllt. Dies kann so zu deuten sein, dass der Verschuldensmaßstab verschärft wird. In Absatz 2 fehlt eine diesbezügliche Regelung, und nach allgemeinen Grundsätzen reicht einfache Fahrlässigkeit aus. Art. 164 Abs. 2 LC lässt sich zwar auch, aber nicht nur zu einer widerlegbaren Vermutung bzw. Beweislastumkehr für die „Schuldhaftigkeit", also Vorsatz oder grobe Fahrlässigkeit, erklären. Eine solche Vermutung ist bereits in Art. 165 LC normiert. Art. 164 Abs. 2 LC muss demgegenüber ein relatives Mehr enthalten. Das Mehr ergibt sich daraus, dass die Verschärfung des Verschuldensmaßstabs mit der Beweislastumkehr kombiniert ist.

Würde das pflichtwidrige Verhalten als solches ausreichen, ohne dass es überhaupt auf ein Verschulden ankommt,[905] läuft dies auf eine gesetzliche Gefährdungshaftung hinaus. Diese Rechtsfigur dient aber zum Verkehrsschutz gegenüber besonders erhöhten Risiken aus verkehrsüblichem Verhalten, von dem nur Einzelne wirtschaftlich profitieren.[906] Die Profiteure müssen Schäden ersetzen, die ihr erlaubtes Verhalten kausal hervorruft. In der Konkursqualifikation ist dagegen nicht erforderlich, dass der Handelnde einen Schaden verursacht, so dass eine konkursrechtliche Fiktion entstünde, um die Verletzung von bestimmten Pflichten zu sanktionieren. Unter rechtsstaatlichen Gesichtspunkten bereitet es allerdings Schwierigkeiten, jemanden ohne Verschulden rigoros haften zu lassen. Das Gesetz selbst ordnet die Tatbestände des Art. 164 Abs. 2 LC in den Kontext des Absatzes 1 ein, unter dessen zentralen Tatbestandsmerkmalen das Verschulden steht. Dort wird, anders als im allgemeinen Schadensersatzrecht, grobe

903 *Farias*, RDM 2004, S. 67, 99.
904 *Farias*, RDM 2004, S. 67, 97; *García-Cruces*, in: Rojo (Hrsg.), *La reforma*, S. 247, 257.
905 So *Pérez de la Cruz*, in: Homenaje Olivencia V, S. 4999, 5005.
906 Zum Ausnahmecharakter im spanischen Recht *Fernández de la Gándara*, in: Fernández de la Gándara/Sánchez (Hrsg.), *Comentarios*, S. 701, 702.

Fahrlässigkeit oder Vorsatz vorausgesetzt. Absatz 2 dehnt dieses Tatbestandsmerkmal lediglich auf die leichte Fahrlässigkeit aus („en todo caso"). Der abgemilderte Verschuldensmaßstab ist überdies als Abgrenzungsmerkmal zwischen außerkonkurslicher Haftung und konkursspezifischer Haftungsanordnung verzichtbar.[907] Die Unterscheidung folgt unter anderem bereits aus dem objektiven Haftungsumfang in der Konkursqualifikation, der jedweden Forderungsausfall umfasst.

Die Regelung bleibt funktionsfähig, wenn sie wie dargestellt ausgelegt wird. Das lässt sich praxisnah illustrieren. Unter der bisherigen Rechtslage fielen die Geschäftsbücher der Gesellschaft im unmittelbaren zeitlichen Umfeld der Konkurseröffnung oft einem Diebstahl oder einem Feuer zum Opfer.[908] Können ordentlich geführte Bücher nicht vorgelegt werden, ist heute Art. 164 Abs. 2 Nr. 1, 1. Var. LC erfüllt. Wenn die Organpersonen den Rechtsfolgen der Qualifikation entgehen wollen, müssen sie belegen, dass es sich um einen Verlust oder Brandschaden handelt, den sie nicht zu vertreten haben.[909] Damit keinerlei Verschulden vorliegt, müssen alle erforderlichen Sicherheitsmaßnahmen ergriffen, fortgesetzt angewendet und gegenüber einem unkalkulierbaren Ereignis machtlos gewesen sein. Auf diese Weise steigen die Anforderungen an den Einfallsreichtum der Beteiligten auf ein Maß, bei dem Manipulationen kaum noch attraktiv sind.

V. Die widerlegbare Vermutung von grober Fahrlässigkeit bzw. Vorsatz

Im Unterschied zu den vorausgehend behandelten Tatbeständen steht bei Art. 165 LC nicht im Vordergrund, über den Prüfungspunkt der Kausalität hinwegzugehen oder den Verschuldensmaßstab zu verschärfen. Es geht darum, den Nachweis der groben Fahrlässigkeit oder des Vorsatzes zu erleichtern [vgl. schon Art. 889 CCom a. F.].[910] Wer bestimmte Pflichtwidrigkeiten begeht, dessen qualifiziertes Verschulden wird vermutet. Der Betroffene kann der Beweislastumkehr durch Gegenbeweis begegnen. Die übrigen Tatbestandsmerkmale von Art. 164 Abs. 1 LC sind unverändert zu prüfen. Die Beweislast für das Verschulden wird umgekehrt, wenn die Konkursschuldnerin der Konkursantragspflicht nicht nachgekommen ist [Art. 165 Nr. 1 LC]. Die Regelung verweist auf Art. 5 LC.[911] Die Vermutung greift ebenfalls, sofern die Konkursschuldnerin eine der konkursspezifischen Pflichten verletzt hat [Art. 165 Nr. 2 LC]. Dieses Druckmittel bezweckt, die Beteiligten präventiv dazu anzuhalten, ihre Pflichten im Konkursverfahren zu erfüllen [vgl. Art. 6, 21 Abs. 1 Nr. 3, 42, 45, 184 Abs. 2

---

907 So aber *Fernández de la Gándara*, in: Fernández de la Gándara/Sánchez (Hrsg.), *Comentarios*, S. 701, 718; *Mambrilla*, in: Sánchez Calero Guilarte/Guilarte (Hrsg.), *Comentarios III*, Art. 172, S. 2847.

908 Vgl. z. B. STS v. 10. Dezember 1985, RJ. 1985/6432; v. 18. April 1990, RJ. 1990/2730; SAP Barcelona v. 8. Juli 1998, AC. 1998/1614; SAP Zaragoza v. 3. Juni 2005, JUR. 2005/142321.

909 *García-Cruces*, in: Rojo (Hrsg.), *La reforma*, S. 247, 259.

910 *García-Cruces*, in: Rojo/Beltrán (Hrsg.), *Comentario II*, Art. 165, Nr. I., S. 2536.

911 SJMer Madrid v. 16. Februar 2006, ADCo 8/2006, S. 478, 485 f., dort auch zur nur teilweisen Nichtanwendbarkeit auf Verhalten aus Zeiträumen vor Inkrafttreten des Konkursgesetzes.

LC].[912] Des Weiteren kann von grober Fahrlässigkeit oder Vorsatz ausgegangen werden, wenn gegen bestimmte Buchführungspflichten verstoßen worden ist [Art. 165 Nr. 3 LC]. Diese Vermutung ist für Konkursschuldner einschlägig, die gesetzlich zur Buchführung verpflichtet sind. Voraussetzung ist, dass in einem der letzten drei Geschäftsjahre vor der Konkurserklärung der Jahresabschluss nicht erstellt,[913] die Bücher nicht geprüft[914] oder nicht beim Handelsregister hinterlegt worden sind.[915] Nur ordnungsgemäß erstellte und geprüfte Bücher dürfen hinterlegt werden. Dies wird formal-registerlich überprüft [Art. 219 LSA, 368 RRM]. Der letzte Tatbestand umfasst deshalb zugleich die zuvor genannten Pflichtwidrigkeiten. Sie haben sämtlich wenig mit der Herbeiführung oder Verschlimmerung der Insolvenz zu tun. Die vermögensrelevanten Informationen aus dem vorkonkurslichen Bereich besitzen jedoch größte Bedeutung für das Konkursverfahren.[916]

VI. Die persönliche Anknüpfung der „Schuldhaftigkeit"

Früher betrafen die Wirkungen der Konkursqualifikation grundsätzlich nur die Gesellschaft als Konkursschuldnerin.[917] Nach neuem Recht betrifft die Konkursqualifikation zwar in erster Linie die Konkursschuldnerin, doch werden weitere Personen erfasst („personas afectadas"). Von diesen Personen sind die so genannten Komplizen zu unterscheiden. Die Konkursschuldnerin zählt zu keinem der beiden Personenkreise, wie sich aus der sprachlichen Ausgrenzung in Art. 170 Abs. 2 LC ergibt.[918]

Von der Konkursqualifikation werden Verwaltungsorganpersonen und Liquidatoren der Kapitalgesellschaft „erfasst", die grob fahrlässig oder vorsätzlich die Insolvenz herbeiführten oder verschlimmerten [Art. 164 Abs. 1 LC]. Neben den ordnungsgemäß bestellten Organpersonen bezieht die Regelung solche Personen mit ein, die in einer faktischen Organstellung handeln. Im spanischen Recht kann eine juristische Person zur Organperson bestellt werden [vgl. Art. 125 LSA, Art. 58 LSRL] oder in einer fak-

912 Bisher *Llebot*, RGD 657 (1999), S. 7559, 7566; weiterhin *Ferrer*, in: Sagrera/Sala/Ferrer (Hrsg.), *Comentarios III*, Art. 165, Nr. IV., S. 1705.
913 Vgl. Art. 35 CCom, 171 ff. LSA, 84 LSRL.
914 Vgl. Art. 203 ff., 181 LSA, 84 LSRL, 1. Disp. Ad. LAC, näher *Rojo*, in: Uría/Menéndez (Hrsg.), *Curso de Derecho Mercantil I*, S. 159 f., 199 ff.
915 Vgl. Art. 218-221 LSA, 84 LSRL, 365-378 RRM, näher *Rojo*, in: Uría/Menéndez (Hrsg.), *Curso de Derecho Mercantil I*, S. 202-205.
916 *Quecedo*, in: Fernández Ballesteros (Hrsg.), *Proceso Concursal Práctico*, Art. 165, Nr. 11, S. 758. Zu gemeinschaftsrechtlichen Grundlagen *García-Cruces*, in: Rojo (Hrsg.), *La reforma*, S. 247, 278 f., unter Hinweis auf Art. 6 RiLi 68/151/EWG, ABl. Nr. L 065 v. 14. März 1968, S. 8-12; Art. 47 Abs. 1 RiLi 78/660/EWG, ABl. Nr. L 222 v. 14. August 1978, S. 11-31; ebenso *Farias*, RDM 2004, S. 67, 134.
917 Kursorisch *Garrigues*, Instituciones de Derecho Mercantil, S. 443; instruktiv *Martínez Flórez*, Las interdicciones legales del quebrado, S. 274-285.
918 SJMer Málaga v. 22. Mai 2006, AC. 2006/1264; *García-Cruces*, in: Rojo (Hrsg.), *La reforma*, S. 247, 295; *ders.*, in: Homenaje Olivencia V, S. 4913, 4927; a. A. *Ferrer*, in: Sagrera/Sala/Ferrer (Hrsg.), *Comentarios III*, Art. 172, S. 1773; *Mambrilla*, in: Sánchez Calero Guilarte/Guilarte (Hrsg.), *Comentarios III*, Art. 172, S. 2841.

tischen Organstellung handeln.[919] Neben der jeweiligen natürlichen Person, die konkret handelt, werden das Verwaltungsorgan der juristischen Person, die Organperson ist, und die juristische Person, die selbst die Organstellung innehat, erfasst. Die natürliche Person kann überdies nach den allgemeinen Grundsätzen außervertraglicher Haftung in Anspruch genommen werden [vgl. Art. 1902 CC].

Die Konkursqualifikation erfasst nur solche ordnungsgemäß bestellten oder faktischen Organpersonen uneingeschränkt, die diese Stellung im Zeitpunkt der Konkurserklärung oder innerhalb der letzten zwei Jahre vor der Konkurserklärung innehatten. Wer vor mehr als zwei Jahren vor der Konkurserklärung ausgeschieden ist, bleibt von der konkursspezifischen Haftungsanordnung ausgenommen [*e contrario* Art. 172 Abs. 3 LC], muss aber die übrigen Rechtsfolgen, Inhabilitation und Forderungsverlust, gewärtigen.[920] Belastende Normen dürfen zwar nicht auf frühere Zeiträume rückwirken, in denen das konkursrechtliche Pflichtprofil nicht entsprechend der heutigen Rechtslage ausgestaltet war.[921] Tatsächlich scheiden aber schon viele Fälle aus, in denen sich die Rechtsfolge gegen Organpersonen richtet, die lange Zeit vor der Konkurserklärung abberufen wurden. Die Zahlungsunfähigkeit kann ihrem Verhalten in der Regel nicht objektiv zugerechnet werden.

Für die weite Auslegung spricht, dass die Verhaltenspflichten der Organpersonen effektiviert werden. Da rund elf Prozent der spanischen Unternehmen jährlich ihre Geschäftsführer austauschen,[922] sind Schlupflöcher und Wertungswidersprüche zu vermeiden. Eine Organperson, die pflichtgemäß den Konkurseigenantrag stellt, würde sonst von der Qualifikation erfasst, während der Vorgänger, der fünfundzwanzig Monate vor der Konkurserklärung entlassen wurde, verschont bliebe, obwohl dieser z. B. schwere Fehler in der Buchführung zu vertreten hat.

Die Komplizen werden nicht von der Konkursqualifikation „erfasst", sondern in diesem Verfahrensabschnitt identifiziert. Jenseits des strafrechtlichen existierte schon bisher ein wirtschaftsrechtlicher Komplizenbegriff [vgl. etwa Art. 893, 894 CCom a. F.].[923] Heute ist Komplize im Konkurs der Kapitalgesellschaft, wer vorsätzlich oder grob fahrlässig mit den Verwaltungsorganpersonen, Liquidatoren oder Generalbevollmächtigten zusammenwirkt [Art. 166 LC]. Das Zusammenwirken muss sich auf ein Verhalten beziehen, das die Qualifikation des Konkurses als schuldhaft begründet. Zusam-

---

919 *De lege ferenda* zu den vermögensrechtlichen Wirkungen der Konkurserklärung in diesen Fällen *Rodríguez Ruiz*, RDM 2001, S, 1969, 1972 ff. Im Fall der Konzernobergesellschaft als faktischer Geschäftsführerin ergeben sich Abgrenzungsschwierigkeiten je nach Zielrichtung und Vorgaben für die Maßnahme der konkursschuldnerischen Untergesellschaft, vgl. Kongress der Handelsrichter v. 1./2. Dezember 2005 in Valencia, ADCo 8/2006, S. 249, 303 ff.

920 Abw. *García-Cruces*, in: Rojo (Hrsg.), *La reforma*, S. 247, 305; *ders.*, in: Rojo/Beltrán (Hrsg.), *La responsabilidad de los administradores*, S. 271; *ders.*, in: Homenaje Olivencia V, S. 4913, 4928; offengelassen bei *Ferrer*, in: Sagrera/Sala/Ferrer (Hrsg.), *Comentarios III*, Art. 172, S. 1791.

921 Näher AJMer Barcelona v. 5. Mai 2005, JUR. 2005/126664.

922 *Van Hemmen*, RJC 2004, S. 1011, 1024, m. w. N.

923 U. a. STS v. 3. Mai 1967, RJ. 1967/2215; *Gallego*, in: Hernández (Hrsg.), *Suspensión de pagos, quiebra I*, S. 842; *Garrigues*, Instituciones de Derecho Mercantil, S. 444 f. *De lege ferenda* ausführlich *García-Cruces*, in: Rojo (Hrsg.), *La reforma*, S. 247, 285-288.

menarbeit ist nicht mit der strafrechtlichen Beteiligung zur Deckung zu bringen,[924] sondern umfasst von der Mittäterschaft bis zur bloßen Beihilfe jeden Grad des Zusammenwirkens.[925] Die notwendige Beihilfe im strafrechtlichen Sinne ist ebenfalls umfasst. Immerhin muss durch Tun oder Unterlassen zusammen gewirkt werden. Eine nur geringfügige oder innerlich unabhängige Einwirkung auf den Kausalverlauf reicht nicht aus. Wenn jemand vereitelt, dass die Vortäter entdeckt werden, ist das weder geringfügig noch in der Regel unabhängig.[926] Im Ergebnis können unterschiedlichste Personenkreise Komplizen sein wie z. B. das mittlere Management oder einfache Buchhalter der Gesellschaft.[927] Nichts anderes gilt für weitere Gesellschaften des Konzerns, zu welchem die Konkursschuldnerin gehört.[928]

VII. Die Rechtsfolgen der „Schuldhaftigkeit" (ohne die konkursspezifische Haftungsanordnung)

1. Der Ausschluss aus dem Rechtsverkehr

Den Personen, die von der Qualifikation des Konkurses als „schuldhaft" erfasst sind, wird verboten, fremde Vermögensgegenstände zu verwalten sowie andere Personen zu vertreten (sog. Inhabilitation). Das Bestellungsverbot kann sich über einen Zeitraum von zwei bis zu fünfzehn Jahren erstrecken. Der Konkursrichter trifft die Entscheidung nach den Umständen des Einzelfalls (Verhaltensweise, Verschuldensgrad, Intensität der unternehmerischen Krise usw.).[929] Dabei sind die Anforderungen des Verhältnismäßigkeitsgrundsatzes zu beachten.[930] Mildernde Tatsachen sind ebenso zu berücksichtigen wie gravierende Tatsachen, z. B. verursachte Schäden [Art. 172 Abs. 2 Nr. 2 LC]. Fehlen konkrete Anträge, liegt eine Orientierung an der zeitlichen Untergrenze von zwei Jahren nahe.[931]

Die Inhabilitation beschränkt nicht die Rechts- oder Geschäftsfähigkeit [vgl. Art. 293 CC]. Sie ist das gesetzliche Verbot, eine der im Urteil bezeichneten Aufgaben zu übernehmen oder entsprechende Handlungen auszuführen.[932] Entspre-

---

924 *García-Cruces*, in: Rojo/Beltrán (Hrsg.), *Comentario II*, Art. 166, Nr. I., S. 2542.
925 SJMer Málaga v. 22. Mai 2006, AC. 2006/1264.
926 So im Ergebnis *García-Cruces*, in: Homenaje Olivencia V, S. 4913, 4921; *Quecedo*, in: Fernández Ballesteros (Hrsg.), *Proceso Concursal Práctico*, Art. 166, Nr. 1, S. 760.
927 *Alcover*, „Calificación", in: García Villaverde u. a. (Hrsg.), *Derecho Concursal*, S. 487, 501; *Mambrilla*, in: Sánchez Calero Guilarte/Guilarte (Hrsg.), *Comentarios III*, Art. 172, S. 2841.
928 Kongress der Handelsrichter v. 1./2. Dezember 2005 in Valencia, ADCo 8/2006, S. 249, 302; SJMer Málaga v. 22. Mai 2006, AC. 2006/1264.
929 SJMer Málaga v. 22. Mai 2006, AC. 2006/1264; *García-Cruces*, in: Rojo (Hrsg.), *La reforma*, S. 247, 298. Vgl. auch *Guilarte Martín-Calero*, in: Sánchez Calero Guilarte (Hrsg.), *Comentarios III*, Art. 172.2.2°, S. 2887.
930 *Ferrer*, in: Sagrera/Sala/Ferrer (Hrsg.), *Comentarios III*, Art. 172, S. 1778.
931 SJMer Málaga v. 22. Mai 2006, AC. 2006/1264.
932 *Vázquez Iruzubieta*, Comentarios a la Ley Concursal, Art. 172, § 347, S. 1034. Zum bisherigen Recht *Martínez Flórez*, Las interdicciones legales del quebrado, S. 156–222.

chend Art. 40 Abs. 7 LC entfalten verbotswidrige Rechtshandlungen von Anfang an Rechtswirkung, können aber durch eine erfolgreiche Klage („acción de
anulabilidad") rückwirkend vernichtet werden. Wird dagegen der Strafcharakter
des Verbots betont, ist von der Unwirksamkeit der Übertretungen auszugehen.[933]
Durch die Inhabilitation verlieren Verwaltungsorganpersonen bzw. Liquidatoren automatisch ihre gesellschaftsrechtliche Organstellung [Art. 173 S. 1 LC, 124 LSA,
58 S. 3 LSRL]. Im Liquidationsfall scheiden die Organpersonen schon infolge der
gesellschaftsrechtlichen Wirkungen der Liquidationseröffnung aus dem Amt [vgl.
Art. 145 Abs. 3 LC].[934] Die Inhabilitation greift aber nicht nur, wenn die Konkursqualifikation auf Grund eines besonders belastenden Vergleichs eröffnet wird. Die
Organpersonen werden auch in der Liquidationsphase nicht vollständig durch die
Konkursverwaltung ersetzt. Die Inhabilitation schafft dagegen klare Verhältnisse und
beseitigt die betreffenden Organträger.

Die gerichtliche Entscheidung, bestimmte Personen für die Zeit von zwei bis fünfzehn
Jahren aus dem Geschäftsverkehr zu ziehen, hat zunächst bestrafenden Charakter,
weil an zeitlich zurückliegende Fehltritte angeknüpft wird. Sie erfüllt zugleich den
Zweck, den Rechtsverkehr vor Personen zu schützen, die sich als unfähig bzw. unzu-
verlässig erwiesen haben.[935] Vor diesem Hintergrund wird gefordert, die Inhabilitation
auf den Konkursschuldner entsprechend anzuwenden.[936] Das Qualifikationsurteil kann
sich zu konkursbedingten Einschränkungen der schuldnerischen Verwaltungs- und
Verfügungsbefugnisse äußern, die über den Abschluss des Konkursverfahrens hinaus
aufrechterhalten werden [Art. 178 Abs. 1 LC a. E.]. Da von den Beschränkungen
der Verwaltungs- und Verfügungsbefugnisse die Rede ist, wird der Zusammenhang
zu Art. 40 ff. LC hergestellt, nicht dagegen zu Art. 172 Abs. 2 LC. Im praktischen
Ergebnis ähneln sich die vermögensrechtlichen Folgen der Konkurserklärung und die
Inhabilitation aber stark. Im Konkurs der Kapitalgesellschaft geht die Forderung nach
deren Inhabilitation ohnehin ins Leere, weil der Rechtsverkehr vor den Organpersonen geschützt werden muss.

Kommt es zur Konkursqualifikation, weil die Liquidationsphase eröffnet wird, ersetzt
die Konkursverwaltung automatisch die Organpersonen in der Ausübung vermögensrechtlicher Befugnisse (Fremdverwaltung). Wird die Qualifikation infolge eines
Vergleichs eröffnet, der die Gläubiger besonders belastet, regelt der Vergleich die
vermögensrechtlichen Befugnisse. Die Organpersonen haben kein Interesse an Eingriffen in ihre Rechtsposition. Da sie u. U. eine Schlüsselstellung einnehmen, wenn
der Vergleich vereinbart und erfüllt werden soll, ist das Ergebnis nicht immer angemessen.[937] Die Gläubigerinteressen werden mithin dadurch geschützt, dass die Organträger
im Rahmen des Qualifikationsurteils vom Rechtsverkehr ausgeschlossen werden.

---

933 So *García-Cruces*, in: Rojo/Beltrán (Hrsg.), *Comentario II*, Art. 172, Nr. IV.3., S. 2590.
934 So *Alcover*, „Calificación", in: García Villaverde u. a. (Hrsg.), *Derecho Concursal*, S. 487,
      498.
935 *Ferrer*, in: Sagrera/Sala/Ferrer, *Comentarios III*, Art. 172, S. 1777.
936 *De lege ferenda García-Cruces*, in: Rojo (Hrsg.), *La reforma*, S. 247, 300; weiterhin *ders.*,
      in: Rojo/Beltrán (Hrsg.), *Comentario II*, Art. 172, Nr. IV.2., S. 2589.
937 *Guilarte*, in: Sánchez Calero Guilarte/Guilarte (Hrsg.), *Comentarios III*, Art. 172.2.2°,
      S. 2886.

Die Anteilseigner bestellen neue Organträger, wenn die Funktionsfähigkeit des Verwaltungs- bzw. Liquidationsorgans in Frage steht, weil die bisherigen Organpersonen abberufen sind. Die Konkursverwaltung lädt die Haupt- bzw. Gesellschafterversammlung [Art. 173 S. 2 LC]. Wenn die Konkursverwalter im Vergleichsfall bereits aus dem Amt geschieden sind [vgl. Art. 133 Abs. 2 S. 2 LC], kann daran die Inhabilitation nicht scheitern. Es ist vielmehr die Aufgabe des Gerichts, die Konkursverwalter wieder oder neu zu bestellen [Art. 38 LC].

2. Der Ausschluss aus der Konkurs- bzw. Massegläubigerschaft

Während die Inhabilitation eine Repressalie für früheres Verhalten und eine zukunftsgerichtete Maßnahme des Verkehrsschutzes darstellt, dient ein zweites Instrument dazu, im Interesse der Konkursgläubiger die vorhandene Aktivmasse zu schützen und anzureichern [vgl. Art. 172 Abs. 2 Nr. 3 mit Art. 164 Abs. 2 Nr. 4-6 LC]. Es richtet sich sowohl gegen die Personen, die von der Qualifikation „erfasst" werden, als auch gegen die Komplizen i. S. d. Art. 166 LC. Das Qualifikationsurteil kann aussprechen, dass bestimmte Personen ihrer Forderungen verlustig gehen und Vermögensgegenstände in die Konkursaktivmasse zurückzuleisten sowie entstandene Schäden zu ersetzen haben.

Forderungsverlust bedeutet, dass der Verurteilte jedes Recht als Konkursgläubiger oder Massegläubiger verliert. Es passt zu dem Vorwurf eines gläubigerschädigenden Verhaltens, rechtsgestaltend sämtliche Forderungen desjenigen zu eliminieren, der daran mitgewirkt hat, die unternehmerische Krise des Konkursschuldners zu verschärfen.[938] Allerdings geht jedes Recht verloren, das der Betroffene als Konkursgläubiger oder als Massegläubiger („como acreedores concursales o de la masa") hat. Das Qualifikationsurteil schließt die Person mithin aus der Gesamtheit der Konkursgläubiger bzw. der Massegläubiger aus.[939] Die Berechtigung entfällt, als Forderungsinhaber am Verfahren teilzunehmen.

Dadurch geht die Forderung als solche nicht unter.[940] Das Recht der freien Nachforderung bleibt unberührt. Art. 172 Abs. 2 Nr. 2 LC verfolgt seine Zwecke im Konkurs und projiziert diesen Schutz anders als Art. 172 Abs. 2 Nr. 1 LC nicht zukunftsgerichtet über den Verfahrensabschluss hinaus. Personen, die das Qualifikationsurteil von der Zuteilung im Konkurs bzw. von der Vorabbefriedigung aus der Masse ausschließt, werden nur befriedigt, wenn ein Masseüberschuss besteht. Dazu kommt es, wenn im Zeitpunkt des Verfahrensabschlusses alle gegenwärtigen Gläubiger befriedigt sind. Der Schutzzweck greift nicht mehr.[941]

---

938 Im Ergebnis auch *García-Cruces*, in: Rojo (Hrsg.), *La reforma*, S. 247, 301 f.
939 *Vázquez Iruzubieta*, Comentarios a la Ley Concursal, Art. 172, § 347, S. 1034.
940 So aber *García-Cruces*, in: Rojo/Beltrán (Hrsg.), *Comentario II*, Art. 172, Nr. V.1., S. 2591; *Quecedo*, in: Fernández Ballesteros (Hrsg.), *Comentario*, Art. 172, Nr. 11, S. 778; in der Tendenz auch *Ferrer*, in: Sagrera/Sala/Ferrer (Hrsg.), *Comentarios III*, Art. 172, Nr. III., S. 1779.
941 Zum Konkursvergleich *Pérez de la Cruz*, in: Homenaje Olivencia V, S. 4999, 5010.

3. Die Rückleistung von Gegenständen in die Konkursaktivmasse

Der Konkursrichter verurteilt des Weiteren dazu, Sachen und Rechte in die Aktivmasse zurückzugeben bzw. zu übertragen, die in unberechtigter Weise aus ihr erlangt wurden [Art. 172 Abs. 2 Nr. 2, 2. Var. LC]. Entscheidend ist, dass der Vermögensgegenstand aus dem Vermögen des (späteren) Konkursschuldners bzw. im eröffneten Konkurs aus der Masse stammt. Die Rückabwicklung lässt sich ebenso über die Wiedereinbringungsklage herbeiführen. Die Regelung wird deshalb als überflüssig empfunden, weil sie erst in der Qualifikationsphase eingreift.[942] Die Rückabwicklung im Wege der Wiedereinbringungsklage erzeugt aber Masseschulden, es sei denn, dass der Anfechtungsgegner bösgläubig war und daher mit einer bloß nachrangigen Forderung am Konkurs teilnimmt [vgl. Art. 73 Abs. 3 LC]. Wer infolge des Qualifikationsurteils in die Masse leisten muss, erlangt hingegen überhaupt keine Gegenforderung.

4. Der Schadensersatz nach allgemeinen Grundsätzen

Auf Anordnung im Qualifikationsurteil ist der Betroffene verpflichtet, Schäden zu ersetzen, die er verursacht hat [Art. 172 Abs. 2 Nr. 2, 3. Var. LC]. Das Urteil muss Kriterien für die Bestimmung der Höhe des Schadensersatzes festlegen. Mangels einer anderen Regelung greifen insoweit die Grundsätze des allgemeinen Schadensersatzrechts, wobei der einzige Unterschied in der prozessualen Durchsetzung liegt.[943] Die erforderlichen Beweise sind durch die Konkursverwaltung zu führen, da das Gesetz keine private Klagemöglichkeit vorsieht und das Konkursgericht zivilrechtliche Ersatzansprüche nicht im Wege der Amtsermittlung feststellt.

Allgemein sind Schäden aus einem Verhalten, das Gegenstand der Konkursqualifikation ist, bereits über die Generalklausel der gesetzlichen Haftung [Art. 1902 CC] abgedeckt.[944] Für den Konkurs der Kapitalgesellschaft ist mithin klargestellt, dass nicht nur die juristische Person, sondern auch die für sie handelnden natürlichen Personen, nun erfasste Personen oder Komplizen, in Anspruch genommen werden.[945] Von dieser klassischen Schadensersatzhaftung ist das Sanktionsinstrument der konkursspezifischen Haftungsanordnung zu unterscheiden. Hierauf wird im 6. Kapitel § 2 näher eingegangen.

---

942 *Alcover*, „Calificación", in: García Villaverde u. a. (Hrsg.), *Derecho Concursal*, S. 487, 500; *Mambrilla*, in: Sánchez Calero Guilarte/Guilarte (Hrsg.), *Comentarios III*, Art. 172, S. 2845.

943 SJMer Madrid v. 16. Februar 2006, ADCo 8/2006, S. 478, 488.

944 *García-Cruces*, in: Rojo (Hrsg.), *La reforma*, S. 247, 303; abw. *Quecedo*, in: Fernández Ballesteros (Hrsg.), *Comentario*, Art. 172, Nr. IV, S. 779; wieder anders *Ferrer*, in: Sagrera/Sala/Ferrer (Hrsg.), *Comentarios III*, Art. 172, Nr. IV., S. 1779.

945 *García-Cruces*, in: Rojo/Beltrán (Hrsg.), *Comentario II*, Art. 172, Nr. V.3., S. 2593.

§ 4 Der Abschluss und die Wiedereröffnung des Konkursverfahrens

Es gibt drei Grundkonstellationen, in denen das Konkursverfahren endet: den Abschluss nach erfolgreicher Gläubigerbefriedigung, nach einem misslungenen Verfahren und die atypische Verfahrensbeendigung [vgl. Art. 176 Abs. 1 LC].[946] Im gesetzlich angestrebten Optimalfall wird das Konkursverfahren abgeschlossen, weil der Vergleich durchgeführt und erfüllt ist. Dem entspricht der Fall, dass die Forderungen sämtlicher Gläubiger, die ausweislich der Forderungsliste anerkannt sind, während des Verfahrens aus einem anderen Grund erfüllt oder besichert werden. Führt das Verfahren nicht zur Gläubigerbefriedigung, kann es dennoch nicht andauernd fortgesetzt werden. Wenn in der Konkursaktivmasse und anderen Vermögen, die für die Konkursforderungen haften, keine Vermögensgegenstände vorhanden sind, ist der Konkurs abzuschließen. Gleiches gilt, wenn sämtliche Gläubiger auf ihre Forderungen verzichten.[947] Atypischerweise wird das Verfahren rückwirkend beendet, wenn die Konkurserklärung für unwirksam erklärt wird, weil sie rechtsfehlerhaft erging. Die Parteien können ausnahmsweise über das Verfahrensende disponieren, insofern als die Gläubiger kollektiv vom Verfahren Abstand nehmen und die Konkursschuldnerin nicht aus berechtigtem Interesse auf der weiteren Durchführung besteht.

Die Gesellschaft wird von Amts wegen gelöscht, wenn das Verfahren endet, weil weder im konkursbehafteten noch in sonst haftenden Vermögen Sachen oder Rechte vorhanden sind, um die Konkursforderungen zu befriedigen [Art. 178 Abs. 3 LC]. Konkursliquidation und Gesellschaftsauflösung, Unternehmensabwicklung und Unternehmensträgerabwicklung sind jeweils in der Weise miteinander verknüpft, dass Erstere automatisch die Letztere herbeiführt.[948] Selbst wenn die Gesellschaft zuvor noch nicht aufgelöst wurde, ist die Löschung durchzuführen, sobald kein haftendes Vermögen mehr vorliegt. Diese Situation kann in jedem beliebigen Zeitpunkt des Verfahrens eintreten. Daher handelt es sich um eine neue, zusätzliche Form der Unternehmensträgerbeseitigung durch Löschung ohne vorgängige Auflösung.[949] Die Konkursschuldnerin entfällt mit dem Konkursverfahren und seinen Wirkungen.

Endet das Verfahren aus einem anderen Grund, wird die Gesellschaft nicht automatisch gelöscht. Es hängt vielmehr vom Einzelfall ab, ob zunächst die Auflösung nach dem Gesellschaftsrecht durchzuführen, ein Fortsetzungsbeschluss zu fassen oder die Gesellschaft einzig und allein von den Wirkungen des Konkurses zu befreien ist.

Der Verfahrensabschluss ist *actus contrarius* zur Konkurserklärung. Die Konkursverwaltung scheidet aus dem Amt. Wenn die Gesellschaft fortbesteht, kehrt ihr In-

---

946 Eingehend, teilweise abw. *Bellido*, in: Rojo/Beltrán (Hrsg.), *Comentario II*, Art. 176, Nr. II., S. 2620. Zum bisherigen Recht *Beltrán*, CDC 1997, S. 89, 91 ff.

947 Zu Art. 176 Abs. 1 Nr. 5 LC AJMer Madrid v. 8. Mai 2006, ADCo 9/2006, S. 482, 483.

948 *Beltrán/Martínez Flórez*, in: Rojo/Beltrán (Hrsg.), *Comentario II*, Art. 178, Nr. III.1., S. 2656.

949 *Beltrán/Martínez Flórez*, in: Rojo/Beltrán (Hrsg.), *Comentario II*, Art. 178, Nr. III.1., S. 2657. Abw. *Cámara*, in: R. Bercovitz (Hrsg.), *Comentarios II*, Art. 178, S. 1846.

nenbereich insoweit in den Zustand zurück, der zum Zeitpunkt der Konkurserklärung gegeben war. Falls die früheren Organpersonen vollständig gewichen sind, müssen neue bestellt werden. Die Neubestellung richtet sich nach der Satzung oder, sofern diese keine Regelung enthält, nach den Beschlüssen der Haupt- bzw. Gesellschafterversammlung. Letztere wird noch von der Konkursverwaltung analog Art. 173 LC einberufen.[950] Soweit Satzungsänderungen, Umwandlungsmaßnahmen und andere gesellschaftsrechtliche Tatbestände vor dem Verfahrensende abgeschlossen wurden, bleiben sie vollwirksam bestehen. Es entfallen nur die persönlichen und vermögensrechtlichen Wirkungen der Konkurserklärung und späterer Verfahrensentscheidungen des Konkursrichters, nicht die Wirkungen von Handlungen sonstiger Verfahrensbeteiligter wie der Konkursverwaltung, des Verwaltungsorgans der Gesellschaft oder der Anteilseigner.

Den Konkursgläubigern steht es anschließend frei, die allgemein zulässigen Mittel anzuwenden, um Befriedigung zu suchen. Es gibt jedoch eine Ausnahme. Wird der Konkurs abgeschlossen, weil Aktivmasse oder sonst haftende Vermögensgegenstände fehlen, bleiben Konkursforderungen offen. Werden nach dem Verfahrensende Gegenstände aufgefunden, die in das konkursbehaftete Vermögen oder ein sonst haftendes Vermögen fallen, wird das Verfahren zur Befriedigung der Gläubigergesamtheit wiedereröffnet [Art. 179 LC]. Diese Ausnahme gilt bis zum Ablauf von fünf Jahren ab Verfahrensende. Die Wiedereröffnung entspricht inhaltlich der Konkurserklärung.[951] Sie beschränkt sich bei Gesellschaften aber auf die Liquidation der entdeckten Sachen und Rechte [Art. 179 Abs. 2 LC]. Gesellschaftsorgane werden nicht neu bestellt, da in der Liquidation die Konkursverwaltung ihre Rolle übernimmt.

Im Ausgangsverfahren existierte unerkannt Gesellschaftsvermögen, so dass die Löschung *de iure* nicht die Vollbeendigung der Konkursschuldnerin herbeiführte. Die Wiedereröffnung ist wie die Konkurserklärung bekannt zu machen. Entsprechend der Verweisung aus Art. 179 Abs. 2 LC wäre die Liquidationsgesellschaft somit neuerlich in das Handelsregister einzutragen [vgl. Art. 24 Abs. 2 LC].[952] Der Konkursrichter trifft nur noch am Liquidationszweck auszurichtende Anordnungen, wenn er das Verfahren wiedereröffnet.[953] Die Publizitätsfunktion des Handelsregisters kommt nicht zum Tragen, da lediglich Vermögensgegenstände veräußert und Veräußerungserlöse an die vorhandenen Gläubiger ausgekehrt werden. Die Eintragung erzeugt Kosten, die sich im Interesse des Verfahrenszwecks vermeiden lassen. Die Liquidationsgesellschaft ist daher nicht erneut einzutragen. Um die Entscheidungen im Rahmen des wiedereröffneten Konkurses bekannt machen zu können, genügt es, für die betreffende Dauer die mit der Löschung angeordnete Registersperre aufzuheben. Für die Registerformalitäten ist der Konkursrichter zuständig.[954]

---

950 *Beltrán/Martínez Flórez*, in: Rojo/Beltrán (Hrsg.), *Comentario II*, Art. 178, Nr. III.2., S. 2660.
951 *Bellido*, in: Rojo/Beltrán (Hrsg.), *Comentario II*, Art. 179, Nr. II.2., S. 2682. Abw. noch Art. 248 Entwurfsvorschlag 1995.
952 *Morillas*, El concurso de las sociedades, S. 446; *Yanes*, in: Sánchez Calero Guilarte/Guilarte (Hrsg.), *Comentarios III*, Art. 179, S. 2956. A. A. *Cámara*, in: R. Bercovitz (Hrsg.), *Comentarios II*, Art. 179, S. 1850 f.
953 *Bellido*, in: Rojo/Beltrán (Hrsg.), *Comentario II*, Art. 179, Nr. II.2., S. 2682.
954 A. A. *Cámara*, in: R. Bercovitz (Hrsg.), *Comentarios II*, Art. 179, S. 1851: Gläubiger.

6. Kapitel

Die Haftung der Verwaltungsorganpersonen

§ 1 Die Grundlagen der Haftung und ihre Abgrenzung

Die haftungsrechtliche Lage der Geschäftsführer und Vorstände wird sowohl von Regelungen des Konkursgesetzes als auch von Normen des Gesellschaftsrechts geprägt. Zu unterscheiden sind demnach die Haftungsanordnung im Rahmen der Konkursqualifikation [Art. 172 Abs. 3 LC], welche im 5. Kapitel § 3 VII im Zusammenhang mit den übrigen Rechtsfolgen der „Schuldhaftigkeit" noch nicht näher dargestellt wurde, und die üblichen Anspruchsgrundlagen des Gesellschaftsrechts. Letztere umfassen drei Regelungsbereiche, nämlich die Schadensersatzhaftung gegenüber der Gesellschaft [Art. 133, 134 LSA, 69 Abs. 1 LSRL], die Haftung für Schäden, welche den Anteilseignern oder Dritten entstehen [Art. 135 LSA, 69 Abs. 1 LSRL], sowie die Haftung wegen der Missachtung von kapitalgesellschaftsrechtlichen Handlungspflichten [Art. 262 Abs. 5 LSA, 105 Abs. 5 LSRL].

Diese Grundlagen der Organhaftung lassen sich bereits anhand der Identität des Geschädigten unterscheiden. Es handelt sich einerseits um die Gläubiger der Gesellschaft, andererseits um die Gesellschaft selbst, um deren Anteilseigner bzw. um Dritte. Im Fall der Sanktion von Verletzungen kapitalschützender Organpflichten kommt es auf das Vorliegen eines Schadens nicht einmal an. Es gibt eine Reihe weiterer Abgrenzungsmerkmale, auf die im Weiteren einzugehen ist, denn unumstritten ist allein der Grundsatz, dass die Konkurserklärung nicht von vornherein die Anwendung des außerkonkurslichen Haftungsrechts beseitigt.[955] Die Konkurrenz, die Wechsel- oder Ausschlusswirkung der konkursrechtlichen Haftungsanordnung gegenüber den gesellschaftsrechtlichen Anspruchsgrundlagen sind indes alles andere als eindeutig.

§ 2 Die Haftungsanordnung im Rahmen der Konkursqualifikation

I. Der Anwendungsbereich und der Tatbestand

Vor der Reform gab es keine besondere insolvenzbedingte Haftung der Organpersonen.[956] Ging die Gesellschaft in Konkurs, blieb es bei den allgemeinen Haftungsregeln

---

955 Kongress der Handelsrichter v. 1./2. Dezember 2005 in Valencia, ADCo 8/2006, S. 249, 305 f.

956 Zu wirtschaftlich-soziologischen Hintergründen derartiger Haftungsregeln *Posner*, Economic Analysis of Law, S. 447; *Van Hemmen*, RJC 2004, S. 1011, 1015. Zum Einfluss auf die Wahl des Gesellschaftssitzes *Torredemer*, Diario de Sesiones del Congreso de Diputados (Comisiones – Justicia e Interior) Nr. 613 v. 30. Oktober 2002, S. 20149, 20178, 20181.

des Gesellschaftsrechts.[957] Daneben tritt heute eine vom französischen Recht[958] inspirierte konkursspezifische Regelung, wonach die Organperson zur Haftung für ungedeckte Gesellschaftsverbindlichkeiten verurteilt werden kann [Art. 172 Abs. 3 LC].[959] In der Praxis stellt die rückwirkende Anwendbarkeit dieser Haftungsnorm auf ein Verhalten aus dem Zeitraum vor dem Inkrafttreten des Konkursgesetzes eine kontrovers beantwortete Frage dar.[960] Den einschlägigen Entscheidungen ist letztlich eine Orientierung an der jeweiligen Pflichtverletzung zu entnehmen. Bestand eine vergleichbare Verhaltenspflicht bereits nach dem früheren Recht, lässt sich die Haftungsanordnung nach neuem Recht am ehesten begründen.

Die Haftungsanordnung erfolgt in der Qualifikationsphase, ist jedoch nur statthaft, sofern diese auf Grund der Liquidationseröffnung beginnt.[961] Aus Sicht der Gläubiger müssten die Organpersonen bei einem Vergleich, dessen Inhalt nachteilig ist, in gleicher Weise haften.[962] Die Beschränkung auf die Liquidation setzt für die Gläubiger stattdessen den Anreiz, einen möglichen Vergleich zu Fall zu bringen, um bei den Organpersonen zu kassieren. Wenn die Gläubiger sich am Zustandekommen des Vergleichs aktiv beteiligen, vertreten sie ihre Interessen hingegen selbst und bedürfen weniger des gesetzlichen Schutzes.[963] Die Organträger sind gehalten, konstruktiv über den Vergleich zu verhandeln, da ihnen andernfalls die persönliche Haftung droht.[964] Ein Vergleich, der den Erlass von Forderungen vorsieht, wirkt außerdem als Novation.

---

957 *Paz-Ares/Virgós/Bermejo*, in: McBryde/Flessner/Kortmann (Hrsg.), *Principles of European Insolvency Law*, S. 575, 616.
958 Vgl. article l. 624-3 Abs. 1 Code de Commerce: „Lorsque le redressement judiciaire ou la liquidation judiciaire d'une personne morale fait apparaître une insuffisance d'actif, le tribunal peut, en cas de faute de gestion ayant contribué à cette insuffisance d'actif, décider que les dettes de la personne morale seront supportées, en tout ou en partie, avec ou sans solidarité, par tous les dirigeants de droit ou de fait, rémunérés ou non, ou par certains d'entre eux." (Wenn bei der gerichtlichen Sanierung oder der gerichtlichen Liquidation einer juristischen Person das Vermögen nicht ausreicht [um die Gesellschaftsschulden zu decken], kann das Gericht anordnen, dass alle oder einzelne der rechtmäßigen oder tatsächlichen Geschäftsleiter, gleich ob sie gegen Entgelt tätig sind oder nicht, gesamtschuldnerisch oder einzeln für die Verbindlichkeiten der Gesellschaft haften, wenn ein Fehler in der Geschäftsführung zur Vermögensunzulänglichkeit beigetragen hat.) Näher zur „action en complement du passif" *Habersack/Verse*, ZHR 168 (2004), S. 174, 202 ff., m. w. N.
959 Zur Versicherbarkeit des Haftungsrisikos *Pablo-Romero*, RdS 2006, S. 311, 323 ff.
960 Generell ablehnend SJMer Barcelona v. 9. Mai 2006, ADCo 9/2006, S. 479 ff.; SJMer Madrid v. 16. Februar 2006, AC. 2006/238; für eine Verletzung von Art. 5 LC ablehnend SJMer Málaga v. 22. Mai 2006, AC. 2006/1264; teilweise bejahend SJMer Madrid v. 16. Januar 2007, Konkursverfahren 49/04 (Bekanntmachung unter https://www.publicida-dconcursal.es verfügt).
961 Restriktiv zu vermögensrechtlichen Eingriffen BOE Nr. 164 v. 10. Juli 2003, S. 26905, 26911; *García-Cruces*, Aranzadi Civil, Nr. 18/2003, Parte Estudio, Kap. II.
962 Kritisch bisher *Cerdá/Sancho*, Quiebras y suspensions de pagos, S. 125 f.; *Rodríguez Ruiz/Huerta*, DN 2002 (139), S. 1, 11; weiterhin *Bello*, in: Homenaje Olivencia II, S. 1679, 1699 f.
963 *Guerrero/Gómez*, in: Homenaje Olivencia II, S. 1965, 1967 f.
964 Dahingehend *García-Cruces*, in: Rojo/Beltrán (Hrsg.), *La responsabilidad de los administradores*, S. 268.

183

Eine Haftung ginge ins Leere, da es in diesem Umfang keine Forderungen mehr, d. h. keinen Forderungsausfall, gibt.[965]

Die Haftungsanordnung setzt voraus, dass der Konkursrichter den Konkurs als „schuldhaft" qualifiziert. Für den Tatbestand der Schuldhaftigkeit ist auf Art. 164 LC zu verweisen.[966] Der persönliche Anwendungsbereich umfasst Verwaltungsorganpersonen und Liquidatoren. Darunter fallen die Inhaber der rechtlichen ebenso wie die einer faktischen Organstellung. Der Tatbestand erstreckt sich zeitlich (nur) auf diejenigen, die innerhalb der letzten zwei Jahre vor der Konkurserklärung als Organpersonen bestellt waren oder tatsächlich wie solche handelten. Die Haftungsanordnung erfasst daher im Gegensatz zur allgemeinen persönlichen Reichweite der Qualifikation nicht sämtliche früheren Organpersonen.

Der Konkursrichter kann die konkursspezifische Haftung kraft seines Amtes anordnen („podrá").[967] Schon die Qualifikationsphase wird von Amts wegen eröffnet [Art. 167 LC]. Die Gläubiger üben lediglich mittelbaren Einfluss aus, indem sie einen Vergleich annehmen, ablehnen oder seine Nichterfüllung anzeigen. Damit wird der prozessuale Anwendungsbereich der Haftungsanordnung eröffnet, nicht aber der Rechtsfolgenausspruch herbeigeführt. Dieser steht dem Wortlaut nach im freien Ermessen des Konkursrichters.[968] Liegen die Voraussetzungen vor, ist jedoch das gesamte Arsenal einschließlich der Haftungsanordnung zwingend anzuwenden.[969] Ob die Haftung faktisch erbringlich ist, braucht den Konkursrichter zunächst nicht zu interessieren.

Die haftenden Organpersonen haben an die Gläubiger zu zahlen („pagar a los acreedores"). In wörtlicher Auslegung sind die Gläubiger unmittelbar und persönlich leistungsberechtigt. Die konkursspezifische Haftungsanordnung bezweckt, den Forderungsausfall der Gläubiger zu decken, und nicht, etwaige Vermögensschäden der Masse auszugleichen. Wer wie viel erhält, ist aber nicht bestimmt und nicht bestimmbar, solange die Liquidation der Aktivmasse andauert. Vorzugswürdig ist daher, dass die Geldzahlung in die Masse fließt und somit den Verfahrensgarantien des Konkurses unterliegt.[970] Sobald eindeutig feststeht, welche Gläubiger in welcher Höhe vom Forderungsausfall betroffen sind, werden die Zahlungen weitergeleitet. Der Kon-

---

965 *Espinós*, in: Sagrera/Sala/Ferrer (Hrsg.), *Comentarios III*, Art. 172, S. 1783.
966 Vgl. im Einzelnen oben 5. Kapitel § 3.
967 Irreführend *Astray*, in: Palomar (Hrsg.), *Comentarios*, Art. 172, S. 1132; *Mambrilla*, in: Sánchez Calero Guilarte/Guilarte (Hrsg.), *Comentarios III*, Art. 172, S. 2852; *Vicent Chuliá*, in: Homenaje Olivencia II, S. 2389, 2432 f.
968 *Alcover*, „Calificación", in: García Villaverde u. a. (Hrsg.), *Derecho Concursal*, S. 487, 4502; *Espinós*, in: Sagrera/Sala/Ferrer (Hrsg.), *Comentarios III*, Art. 172, S. 1793; *Fernández de la Gándara*, in: Fernández de la Gándara/Sánchez (Hrsg.), *Comentarios*, S. 701, 714; *Guerrero/Gómez*, in: Homenaje Olivencia II, S. 1965, 1977; *Mambrilla*, in: Sánchez Calero Guilarte/Guilarte (Hrsg.), *Comentarios III*, Art. 172, S. 2849; *Vázquez Iruzubieta*, Comentarios, Art. 172, § 347, S. 1035.
969 *García-Cruces*, in: Rojo (Hrsg.), *La reforma*, S. 247, 305 f.; *ders.*, Aranzadi Civil, Nr. 18/2003, Parte Estudio, Kap. II.; auch *Colás*, in: R. Bercovitz (Hrsg.), *Comentarios II*, Art. 172, Nr. 1.3, S. 1804; *Vicent Chuliá*, in: Homenaje Olivencia II, S. 2389, 2433.
970 *Alonso*, in: García Villaverde u. a. (Hrsg.), *Derecho Concursal*, S. 507, 543; *García-Cruces*, in: Rojo/Beltrán (Hrsg.), *La responsabilidad de los administradores*, S. 263, 284; *Pablo-Romero*, RdS 2006, S. 311, 319; *Rodríguez Ruiz/Huerta*, DN 2002 (139), S. 1, 12.

kursrichter bestimmt die Höhe der Zahlung an den jeweiligen Gläubiger. Solange die Konkursverwaltung im Amt ist, nimmt sie die Auskehrungen vor. Der Konkursrichter veranlasst die Zahlungen, wenn die Konkursverwaltung nicht mehr amtiert.[971]

II. Die Rechtsnatur der Zivilsanktion

Die konkursspezifische Haftungsanordnung stellt eine gesetzliche Haftung wegen Pflichtverletzung dar. Die Rechtsnatur dieser Haftung ist sehr umstritten.[972] Hält man Kausalität und Verschulden für die Kriterien, nach denen der Haftungsumfang zu bemessen ist, liegt eine Schadensersatzhaftung vor.[973] Das ist jedoch ein Zirkelschluss. Die Argumentation steht überdies in Widerspruch zu der Tatsache, dass es in mehreren Einzeltatbeständen von Art. 164 Abs. 2 LC auf die Kausalität gar nicht und auf ein Verschulden nur in begrenztem Maße ankommt. Bereits Art. 213 Abs. 2 Entwurfsvorschlag 1995 sah die teilweise oder vollständige Haftung für das konkursschuldnerische Vermögensdefizit vor. Man sprach von einer Zivilsanktion, da die Vorschrift funktionell Straf- statt Ausgleichscharakter hatte.[974]

Diese Überlegung lässt sich auf die heutige Regelung übertragen. Hiervon scheint selbst der Gesetzgeber auszugehen.[975] Es reicht aus, dass bestimmte Verhaltenspflichten verletzt sind und Verbindlichkeiten in der konkursbedingten Liquidation unerfüllt bleiben.[976] Ob das Verhalten das Gesellschaftsvermögen geschädigt hat, spielt

---

971 Zur regelmäßigen Verjährung von Schadensersatzansprüchen gegen Geschäftsleiter von Handelsgesellschaften nach Art. 949 CCom *García Rubio*, in: R. Bercovitz (Hrsg.), *Comentarios I*, Art. 48, Nr. 5, S. 437, Fn. 72, m. w. N. Differenziert *Beltrán*, in: CGPJ/CGN (Hrsg.), *La responsabilidad*, S. 131, 157. Zur "Verjährung" der Haftungsanordnung *de lege ferenda* kritisch *Rodríguez Ruiz/Huerta*, DN 2002 (139), S. 1, 12; weiterhin *Espinós*, in: Sagrera/Sala/Ferrer (Hrsg.), *Comentarios III*, Art. 172, S. 1786 f. Zu den anderen Zivilsanktionen *García-Cruces*, in: Rojo/Beltrán (Hrsg.), *La responsabilidad de los administradores*, S. 263, 285, m. w. N.

972 Vgl. nur Kongress der Handelsrichter v. 1./2. Dezember 2005 in Valencia, ADCo 8/2006, S. 249, 295.

973 So AAP Barcelona v. 6. Februar 2006, ADCo 8/2006, S. 361 ff.; bestätigt durch AAP Barcelona v. 9. März 2006, ADCo 9/2006, S. 314, 317; ebenso AAP Barcelona v. 27. April 2006, ADCo 9/2006, S. 319, 321; SJMer Barcelona v. 9. Mai 2006, ADCo 9/2006, S. 479, 481; *Alonso*, in: García Villaverde u. a. (Hrsg.), *Derecho Concursal*, S. 507, 545 ff., 557.

974 *Llebot*, RGD 657 (1999), S. 7559, 7564.

975 Vgl. *Rodríguez Ruiz/Huerta*, RdS 2006, S. 647, 649, unter Hinweis auf die Gesetzesbegründung zu Ley 19/2005, de 14 de noviembre, sobre la sociedad anónima europea domiciliada en España, BOE Nr. 273 v. 15. November 2005, S. 37303.

976 SJMer Madrid v. 16. Februar 2006, ADCo 8/2006, S. 478, 489; AJMer Barcelona v. 18. Juli 2005, ADCo 7/2006, S. 346 f.; v. 16. November 2005, ADCo 8/2006, S. 357; *Espinós*, in: Sagrera/Sala/Ferrer (Hrsg.), *Comentarios III*, Art. 172, S. 1791; *Fernández de la Gándara*, in: Fernández de la Gándara/Sánchez (Hrsg.), *Comentarios*, S. 701, 715; *Viñuelas*, ADCo 4/2005, S. 265, 288 und passim. Zur Liquidation als Anlass für die Sanktion *García-Cruces*, in: Rojo (Hrsg.), *La reforma*, S. 247, 309; *de lege ferenda* auch *Rodríguez Ruiz/Huerta*, DN 2002 (139), S. 1, 13.

keine Rolle.[977] Es kommt nicht darauf an, ob ein verursachter Schaden mit dem Forderungsausfall kongruent ist. Ein Gläubiger, der z. B. seine Forderung verspätet anmeldet, wird auf Grund dessen nicht als einfacher Konkursgläubiger anerkannt und im Rang zurückgestuft [Art. 92 Nr. 1 LC].[978] Erhält er in der Liquidation nichts, ist dennoch die konkursspezifische Haftungsanordnung statthaft. Die Verbindung zwischen Pflichtverletzung und Forderungsausfall ist vollkommen abstrakt und lautet: Die handelnde Organperson kommt für die offenen Verbindlichkeiten auf.

III. Die Gesamtschuld als Problem des Haftungsumfanges

Der Forderungsausfall ist eindeutig feststellbar, wenn die Konkursquoten liquidationshalber ausgekehrt sind.[979] Gehaftet wird ganz oder teilweise. Insoweit geht es nicht um Schadensposten, sondern darum, die jeweiligen Haftungsquoten festzulegen. Diese Bestimmung kann unabhängig vom Ergebnis der Liquidation sowie von der Abwicklung der Verbindlichkeiten getroffen werden und steht im Ermessen des Konkursrichters.[980] Bei mehreren Organpersonen richten sich die Höhe des Haftungsumfangs und die quotalen Anteile unter mehreren Haftenden dagegen danach, in welchem Grad die Betreffenden sich pflichtwidrig verhalten haben.[981]

Begreift man die Haftung als gesamtschuldnerisch, müssen die Organträger grundsätzlich jeweils gleich umfassend leisten [vgl. Art. 1137, 1144 S. 1 CC].[982] Leistet ein Gesamtschuldner voll, richtet sich der anteilige Innenregress gegen die übrigen Gesamtschuldner [Art. 1145 S. 2 CC]. Schon die außerkonkursliche Schadensersatzhaftung ist gesamtschuldnerisch [Art. 133 Abs. 2 LSA, Sozialklage]. Dieser Umstand drückt die Vermutung aus, dass die Schadensverursachung kollektiv zurechenbar ist. Da die Organpersonen einen Informationsvorteil hinsichtlich der anspruchsbegründenden Tatsachen besitzen, wird der Schadensausgleich erleichtert. Zudem stehen die Geschäftsleiter angesichts eines derartigen vermögensrechtlichen Druckmittels der Anteilseigner unter einer gewissen Kontrolle.[983]

---

977 *Farias*, RDM 2004, S. 67, 91 und 106; *García-Cruces*, Aranzadi Civil, Nr. 18/2003, Parte Estudio, Kap. III.; *Guerrero/Gómez*, in: Homenaje Olivencia II, S. 1965, 1975 f.; ähnlich unter Bezugnahme auf etwaige Schädigungen der Gläubiger SJMer Málaga v. 22. Mai 2006, AC. 2006/1264; a. A., ohne aber im Gesamtergebnis abzuweichen, *Pablo-Romero*, RdS 2006, S. 311, 313 f.

978 Zum Zeitraum, in dem verspätet angemeldet werden kann, AJMer Madrid v. 10. März 2005, ADCo 5/2005, S. 375-377.

979 Zur Verurteilung dem Grunde nach *Espinós*, in: Sagrera/Sala/Ferrer (Hrsg.), *Comentarios III*, Art. 172, S. 1797. Zur Ausgrenzung der Masseverbindlichkeiten *Guerrero/Gómez*, in: Homenaje Olivencia II, S. 1965, 1974.

980 Kritisch *Alonso*, in: García Villaverde u. a. (Hrsg.), *Derecho Concursal*, S. 507, 562.

981 Bisher *Llebot*, RGD 657 (1999), S. 7559, 7565; weiterhin *Bello*, in: Homenaje Olivencia II, S. 1679, 1696 f.; *Sánchez Calero Guilarte*, in: Homenaje Olivencia I, S. 1195, 1205 f.

982 *Machado*, Pérdida del capital social y responsabilidad, S. 361 f., m. w. N.

983 *Lara*, in: Rojo/Beltrán (Hrsg.), *La responsabilidad de los administradores*, S. 85, 88; *Sánchez Calero*, in: Sánchez Calero (Hrsg.), *Comentarios IV*, Art. 133, Nr. II, A), S. 240 f. und Nr. VI, A), S. 261, m. w. N.

Eine Verbindlichkeit unterliegt nur dann den Grundsätzen der Gesamtschuld, wenn dies bei ihrer Entstehung ausdrücklich festgelegt wird [Art. 1137 S. 2 CC]. Das Schweigen des Konkursgesetzes unterstreicht, dass gemäß Art. 172 Abs. 3 LC im Ausgangspunkt nicht gesamtschuldnerisch gehaftet wird.[984] Mehrere Autoren gehen dennoch kommentarlos von einer Gesamtschuld aus.[985] Ein Argument dafür ist, dass die Gesamtschuld Informationsasymmetrien ausgleicht. Zwar werden im Konkursverfahren vielfältige Informationen vor den Konkursrichter gebracht. Mehrere Tatbestände, bei deren Vorliegen auf die Schuldhaftigkeit des Konkurses zu schließen ist, setzen aber gerade Desinformation voraus [vgl. Art. 164 Abs. 2 Nr. 1, 2, 6, 165 Nr. 2 und 3 LC].[986] Vorteilhaft erscheint gleichfalls, jede Organperson über die Drohung mit der Gesamtschuld individuell zu pflichtgemäßem Verhalten zu motivieren.[987]

Allerdings gerät die Einzelfallgerechtigkeit in Gefahr. Wenn für zehn Mio. Euro zwei Geschäftsleiter in Höhe von jeweils fünfundvierzig Prozent haften und ein weiterer in Höhe von zehn Prozent, trifft diesen dritten Geschäftsleiter die gesamtschuldnerische Haftung hart,[988] vor allem wenn die Verurteilung auf der Kausalitätsfiktion sowie vermutetem Verschulden beruht [vgl. Art. 164 Abs. 2 LC]. Wird der Forderungsausfall hingegen bei Kollegen liquidiert, die sich pflichtwidriger verhalten haben, aber weniger solvent sind, gehen diese selbst in Konkurs. Die entstehende Deckungslücke ist unnötig, wenn der in geringerer Höhe verurteilte Geschäftsleiter über ausreichendes Privatvermögen verfügt. Dem Konkursrichter bleibt es daher unbenommen, im Einzelfall ausdrücklich und begründet die gesamtschuldnerische Haftung anzuordnen.[989]

Als Folge der Gesamtschuld kann die voll in Anspruch genommene Organperson den Innenausgleich gegenüber der Gesellschaft betreiben.[990] Es gibt kein öffentliches Interesse daran, die Organperson auf dem Gesamtverlust sitzen zu lassen, nachdem die Gläubiger befriedigt sind und das Verfahren vor dem Abschluss steht oder abgeschlos-

984 *Colás*, in: R. Bercovitz (Hrsg.), *Comentarios II*, Art. 172, Nr. 1.3, S. 1804 f.; *Espinós*, in: Sagrera/Sala/Ferrer (Hrsg.), *Comentarios III*, Art. 172, Nr. IV.4.A.d., S. 1794; *Fernández de la Gándara*, in: Fernández de la Gándara/Sánchez (Hrsg.), *Comentarios*, S. 701, 713; *Guerrero/Gómez*, in: Homenaje Olivencia II, S. 1965, 1971; *Mambrilla*, in: Sánchez Calero Guilarte/Guilarte (Hrsg.), *Comentarios III*, Art. 172, S. 2850; *Vicent Chuliá*, in: Homenaje Olivencia II, S. 2389, 2433.

985 *Astray*, in: Palomar (Hrsg.), *Comentarios*, Art. 172, S. 1133; *Bello*, in: Homenaje Olivencia II, S. 1679, 1705 f., 1712; zum Gesetzentwurf 2001 *Rodríguez Ruiz/Huerta*, DN 2002 (139), S. 1, 12.

986 *García-Cruces*, in: Rojo (Hrsg.), *La reforma*, S. 247, 307; *Guerrero/Gómez*, in: Homenaje Olivencia II, S. 1965, 1971.

987 Abw. *García-Cruces*, Aranzadi Civil, Nr. 18/2003, Parte Estudio, Kap. II.

988 Zur Pflicht des Gerichts, die Haftung von Amts wegen verhältnismäßig zu dimensionieren vgl. Art. 1103, 1154, 1889 S. 2 CC; *Espinós*, in: Sagrera/Sala/Ferrer (Hrsg.), *Comentarios III*, Art. 172, S. 1796.

989 *García-Cruces*, in: Rojo/Beltrán (Hrsg.), *La responsabilidad de los administradores*, S. 263, 284; a. A. *Espinós*, in: Sagrera/Sala/Ferrer (Hrsg.), *Comentarios III*, Art. 172, S. 1795

990 *De lege ferenda Rodríguez Ruiz/Huerta*, DN 2002 (139), S. 1, 13; zustimmend *Guerrero/Gómez*, in: Homenaje Olivencia II, S. 1965, 1978.

sen ist.[991] Das Konkursrecht tritt wieder hinter die allgemeinen Regeln zurück.[992] Die konkursspezifische Haftungsanordnung hat in diesem Zeitpunkt ihre Funktion als zusätzliche gesetzliche Sicherheit erfüllt. Eine Drittsicherheit dient dazu, das Insolvenzrisiko vom Gläubiger auf den Dritten, hier die Organperson, zu verlagern. Da die Gesellschaft bereits im Konkurs steht, geht es nurmehr um das Risiko, bei der Liquidation leer auszugehen. Dieses Risiko trägt die Organperson in jedem Fall: Der Rückgriff gegen die Gesellschaft ist nur möglich, sofern weitere Massegegenstände auffindbar sind. Wenn Vermögensgegenstände nachträglich entdeckt werden, wurden sie zwar oft rechtsmissbräuchlich beiseite geschafft. Organpersonen, die daran beteiligt waren, werden aber über die Inhabilitation vom Rechtsverkehr ausgeschlossen. Überdies wälzt der Innenregress nicht in unzulässiger Weise Haftungsrisiken vom Organträger ab. Es wäre genauso möglich, sich auf anderem Wege freistellen zu lassen, z. B. durch den Abschluss einer Versicherung.

IV. Der frühe Zugriff durch die Sicherungsbeschlagnahme

Neben den allgemeinen Sicherungsmaßnahmen sind solche zulässig, die spezialgesetzlich geregelt sind [Art. 712 Abs. 2 LEC]. Im Gesellschaftskonkurs kann das individuelle Vermögen der Organperson sicherheitshalber beschlagnahmt werden [Art. 48 Abs. 3 S. 1 LC].[993] Dies geschieht in der Praxis bereits mit großer Häufigkeit, wobei wiederum die Anwendbarkeit auf Verhalten aus dem Zeitraum vor Inkrafttreten des Konkursgesetzes in Frage steht.[994] Die Gerichte entziehen mit der Sicherungsbeschlagnahme einerseits der kapitalschützenden Sanktion einen erheblichen Teil ihrer Bedeutung. Dieser im Gesellschaftsrecht [Art. 262 Abs. 5 LSA, 105 Abs. 5 LSRL] geregelte Anspruch richtet sich nämlich ebenfalls gegen das persönliche Vermögen der Organperson. Die Befürchtung, das Interesse der Gesellschaftsgläubiger an einem Konkursverfahren über das Vermögen der Gesellschaft verringere sich in Anbetracht dieser Anspruchsgrundlage, derentwegen es zur außerkonkurslichen Befriedigung der klagenden Gläubiger vorbei an der Gesamtheit der Konkursgläubiger komme, verliert aber in dem Maße an Berechtigung, in dem das persönliche Vermögen der Geschäftsleiter bereits präventiv beschlagnahmt ist. Andererseits wird deutlich, dass die Gerichte entschlossen sind, die konkursspezifische Haftungsanordnung durchaus als scharfes Schwert einzusetzen.

Der persönliche Anwendungsbereich der Maßnahme umfasst Verwaltungsorganpersonen und Liquidatoren. Die Ausführungen zu Art. 172 Abs. 3 LC gelten entsprechend. Die Sicherungsmaßnahme ist Mittel zum Zweck [Art. 726, Nr. 1 LEC]. Die

---

991 Zur kapitalschützenden Sanktion *Machado*, Pérdida del capital social y responsabilidad, S. 352 f.

992 *Beltrán*, AAMN XXXVI (1997), S. 423, 438.

993 Vgl. auch Art. 25–27 Entwurfsvorschlag 1995. Zum „embargo" im spanischen Recht *Espinós*, in: Sagrera/Sala/Ferrer (Hrsg.), Comentarios I, Art. 48, S. 525 f.

994 AAP Barcelona v. 27. April 2006, ADCo 9/2006, S. 319, 322 ff.; offengelassen bei AAP Tarragona v. 21. Februar 2006, AC. 2006/1168; vgl. ferner die nachfolgenden Rechtsprechungsnachweise.

konkursspezifische Haftung soll erbringlich bleiben.[995] Um diesen Eingriff in die vermögensrechtliche Sphäre der Organperson zu rechtfertigen, müssen zwei tatbestandliche Voraussetzungen erfüllt sein. Beide Voraussetzungen gelten für jede Sicherungsbeschlagnahme.

Erstens muss anhand des Verfahrensstands im Zeitpunkt der Anordnung die Möglichkeit begründet sein, dass der Konkurs als schuldhaft qualifiziert wird. Entscheidend ist, dass die Haftungsanordnung in Betracht kommt. Die Qualifikation muss sich somit als Folge der Liquidationseröffnung darstellen.[996] Dass die Konkursschuldnerin einen Vergleich anstrebt, begründet für sich genommen noch nicht das Gegenteil.[997] Eine minimale Gewissheit für die Annahme, dass ein Vergleich zustande kommt, kann aber etwa daraus folgen, dass bereits ein Vergleichsvorschlag eingereicht ist.[998] Ob ferner ein schuldhafter Konkurs vorliegt, muss nicht im Einzelnen geprüft werden. Das Gericht kann z. B. auf die gesetzlichen Vermutungen in Art. 164 Abs. 2 LC zurückgreifen.[999] Sonst wäre die Sicherungsmaßnahme in frühen Verfahrensstadien praktisch unmöglich. Folgerichtig reicht es aus, dass die bloße Möglichkeit der „Schuldhaftigkeit" besteht. Das ist etwa der Fall, wenn die Gesellschaft faktisch abgewickelt und die Geschäftsführer nicht mehr auffindbar sind.[1000] Ob einzelne Organträger womöglich pflichtgemäß gehandelt haben, spielt keine Rolle.[1001] Wer zu Unrecht von der Sicherungsbeschlagnahme betroffen ist, wird auf die Rechtsmittel verwiesen [Art. 197 Abs. 2 LC, Art. 451-454 LEC].[1002] Andere wollen die Sicherungsmaßnahme hingegen nur in Bezug auf Personen zulassen, die sich individuell möglicherweise schuldhaft verhalten haben.[1003] Die zutreffende Lösung setzt voraus, im Einzelfall zwischen dem Rechtsschutzinteresse der Organperson und dem öffentlichen Interesse an einer effektiven Sicherungsmaßnahme abzuwägen.

Zweitens muss nach dem Stand der Dinge möglich erscheinen, dass die Aktivmasse nicht ausreicht, um alle Verbindlichkeiten zu erfüllen. Die Frage ist, ob unter alle Verbindlichkeiten auch die Masseschulden fallen, worauf der Gesetzeswortlaut hindeutet.[1004] Die Mittel-Zweck-Beziehung zwischen Beschlagnahme und konkursspezifischer Haftungsanordnung gebietet es jedoch, nur die Konkurspassivmasse zu berücksichtigen, weil der endgültige Haftungsumfang sich allein hierauf beschränkt.[1005]

---

995 AJMer Barcelona v. 18. Juli 2005, JUR. 2005/285572.
996 *Beltrán*, in: Rojo/Beltrán (Hrsg.), *Comentario I*, Art. 48, Nr. II.4.1., S. 977.
997 AJMer Barcelona v. 11. April 2004, ADCo 5/2005, S. 349, 351 f.
998 AJMer Madrid v. 13. Januar 2006, ADCo 8/2006, S. 359 f.
999 So AJMer Madrid v. 9. Februar 2005, ADCo 5/2005, S. 347, 348.
1000 So AJMer Málaga v. 25. Januar 2005, AC. 2005/273; vgl. auch AJMer Madrid v. 10. Oktober 2005, ADCo 7/2006, S. 336 ff.
1001 *Beltrán*, in: Rojo/Beltrán (Hrsg.), *Comentario I*, Art. 48, Nr. II.4.1., S. 978. Für eine anfänglich formale Betrachtungsweise auch AJMer Barcelona v. 11. April 2004, ADCo 5/2005, S. 349, 351 f.
1002 *Espinós*, in: Sagrera/Sala/Ferrer (Hrsg.), *Comentarios I*, Art. 48, S. 528.
1003 *De lege ferenda* Rodríguez Ruiz/Huerta, DN 2002 (139), S. 1, 8; weiterhin *García Rubio*, in: R. Bercovitz (Hrsg.), *Comentarios I*, Art. 48, Nr. 5, S. 438.
1004 *Espinós*, in: Sagrera/Sala/Ferrer (Hrsg.), *Comentarios I*, Art. 48, S. 529.
1005 So im Ergebnis AJMer Barcelona v. 11. April 2004, ADCo 5/2005, S. 349, 351.

Wann die beiden künftigen Tatsachen möglich sind, lässt das Gesetz offen. Das Gericht muss keine bestimmte Wahrscheinlichkeit ermitteln oder sicher überzeugt sein, doch muss die Möglichkeit begründet erscheinen („resulte fundada la posibilidad").[1006] Der Konkursrichter darf sich nicht auf bloß subjektive Eindrücke stützen, sondern bedarf objektiv nachvollziehbarer Gründe. Das Fundament solcher Gründe muss in der bisherigen Verhandlung liegen. Dies kann man als Verweis auf die Verfahrensakten verstehen, aus denen der Stand der Verhandlung ersichtlich wird.[1007] Im Hinblick darauf, dass die Aktivmasse die offenen Konkursforderungen nicht decken wird, ist eine prognostische Berechnung unverzichtbar. Sie hat anhand der meist vorläufigen Größenordnung von Aktiva und Passiva zu erfolgen, die nach dem Stand des Verfahrens bekannt ist.[1008] Bedarf es für die Feststellungen einer Stichtagsbilanz, beruht diese auf Liquidationswerten, da zu unterstellen ist, dass die Liquidation eröffnet wird.

Das Zivilprozessrecht geht bei Sicherungsmaßnahmen vom Antragsprinzip aus [Art. 721 LEC]. Der Konkursrichter beschließt hingegen von Amts wegen oder auf Antrag der Konkursverwaltung, die ihren Antrag begründen muss. Die Gläubiger können die Maßnahme nur formlos anregen.[1009] Das Begründungserfordernis verhindert, dass das Rechtsschutzinteresse der Organperson unterlaufen wird, zumal der Konkursrichter den Antrag ablehnen kann.[1010] Eine Anhörung des Maßnahmegegners ist nicht erforderlich.[1011]

Die Beschlagnahme bezieht sich gegenständlich auf alle pfändbaren Sachen und Rechte der betroffenen Personen. Vermögenswerte werden in dem Umfang beschlagnahmt, den der Konkursrichter für ausreichend hält [Art. 48 Abs. 3 S. 2 LC]. Dafür bedarf es einer Bewertung der Umstände des Einzelfalls.[1012] Da die Haftungsanordnung abgestuft sein kann, muss auch die Beschlagnahme nicht für sämtliche Organträger einer Gesellschaft gleichmäßig ausfallen.[1013] Neigt man zur Gesamtschuld, schlägt diese freilich auf den Rahmen der Sicherungsmaßnahme durch.[1014] Als allgemeine Bezugsgröße für einen ausreichenden Umfang gelten die Konkursforderungen, die im Zeitpunkt der Anordnung ungedeckt sind. Die forensische Praxis berechnet die konkrete Höhe der Sicherheit indes höchst unterschiedlich. So beliefen sich erste Anordnungen

1006 AJMer Madrid v. 24. Oktober 2005, ADCo 9/2006, S. 306, 307.
1007 So im Ergebnis AJMer Vizcaya (Bilbao) v. 23. März 2005, AC. 2005/248; AJMer Madrid v. 24. Oktober 2005, ADCo 9/2006, S. 306, 308.
1008 Zu den Rechtsbehelfen [Art. 743 LEC] gegen die Entscheidung AJMer Barcelona v. 11. April 2004, ADCo 5/2005, S. 349, 353 f.
1009 AJMer Barcelona v. 11. April 2004, ADCo 5/2005, S. 349 f.
1010 *Espinós*, in: Sagrera/Sala/Ferrer (Hrsg.), *Comentarios I*, Art. 48, S. 530.
1011 Vgl. nur AAP Barcelona v. 9. März 2006, ADCo 9/2006, S. 314, 315.
1012 AAP Barcelona v. 9. März 2006, ADCo 9/2006, S. 314, 316; AAP Tarragona v. 21. Februar 2006, AC. 2006/1168.
1013 *Viaño*, in: Fernández Ballesteros (Hrsg.), *Proceso Concursal Práctico*, Art. 48, Nr. 15, S. 275.
1014 Vgl. AJMer Málaga v. 25. Januar 2005, AC. 2005/273 (Verwaltungsrat); AJMer Vizcaya (Bilbao) v. 23. März 2005, AC. 2005/248. Für Gesamtschuld unabhängig von der späteren Qualifikation AJMer Madrid v. 31. Januar 2005, ADCo 5/2005, S. 345, 347. Zum Gesetzentwurf 2001 *Rodríguez Ruiz/Huerta*, DN 2002 (139), S. 1, 9; dagegen *Espinós*, in: Sagrera/Sala/Ferrer (Hrsg.), *Comentarios I*, Art. 48, S. 532; *García-Cruces*, in: Rojo/ Beltrán (Hrsg.), *La responsabilidad de los administradores*, S. 263, 288.

beispielsweise auf die ungefähre Überschuldung (Wertdifferenz von sämtlichen Verbindlichkeiten und Aktiva)[1015], auf die Passiva zuzüglich der zu erwartenden Kosten des Konkursverfahrens[1016] oder auf die Passiva abzüglich der in Geld umsetzbaren Vermögenswerte der Konkursschuldnerin.[1017]

Die Sicherungsbeschlagnahme kann durch Bankbürgschaft abgewendet werden [Art. 48 Abs. 3 S. 2 LC a. E.]. Dies entspricht der Ersatzkaution im Zivilprozessrecht [vgl. Art. 746, 747 LEC]. Nach dem unverbindlichen Wortlaut scheint es dem Konkursrichter freizustehen, das Los des Maßnahmegegners mit der Bankbürgschaft zu erleichtern. Die Bürgschaft abzulehnen, würde aber unnötig die Rechtsposition desjenigen verkürzen, der sie aufbietet.[1018] In Anlehnung an die permissive Haltung des Zivilprozessrechts sind überdies andere effektive Formen der Sicherheitsleistung zulässig und ausreichend [vgl. Art. 746 LEC].[1019]

Die Sicherungsbeschlagnahme unterliegt zeitlichen Grenzen. Sie kann frühestens im Eröffnungsbeschluss angeordnet werden,[1020] darüber hinaus in jedem späteren Verfahrenszeitpunkt.[1021] Sie ist aufzuheben, sobald eine der Voraussetzungen wegfällt, z. B. wenn der Konkursrichter einen Vergleich genehmigt, den Konkurs als zufällig qualifiziert oder den Maßnahmegegner von der Qualifikation des Konkurses als „schuldhaft" ausnimmt. Das leitende Verfahrensorgan äußert sich insoweit von Amts wegen zum Fortbestand der Sicherungsmaßnahme. Darüber hinaus fehlt es am Sicherungszweck, sobald sich herausstellt, dass sämtliche Forderungen erfüllt werden können, die wertmäßig von der Sicherheit abgedeckt sind. Allerdings wird vom Konkursrichter nicht verlangt, dass er ständig berechnet, in welchem Verhältnis Aktiva und Passiva zueinander stehen. Der Maßnahmegegner kann selbst entsprechende Informationen vorlegen oder die Konkursverwaltung dazu auffordern, damit die Sicherungsbeschlagnahme ganz oder teilweise aufgehoben wird [vgl. Art. 184 Abs. 4 LC].

§ 3 Die Haftung wegen der Schädigung der Gesellschaft

I. Die gesellschaftsrechtliche Ausgangslage

Das spanische Recht konzipiert die Haftung des Verwaltungsorgans gegenüber der Kapitalgesellschaft als Schadensersatzhaftung mit einigen gesellschaftsrechtlichen Besonderheiten. Deren Wesentlichste besteht darin, dass an Gesetzes-, Satzungs- oder Pflichtwidrigkeiten im Zuständigkeitsbereich des Gesellschaftsorgans ange-

---

1015 Z. B. 50 Mio. Euro in AJMer Barcelona v. 18. Februar 2005, AC. 2005/243.
1016 AJMer Málaga v. 25. Januar 2005, AC. 2005/273; AJMer Vizcaya (Bilbao) v. 23. März 2005, AC. 2005/248.
1017 AJMer Cádiz v. 5. Mai 2006, AC. 2006/844.
1018 *Beltrán*, in: Rojo/Beltrán (Hrsg.), *Comentario I*, Art. 48, Nr. II.4.3., S. 980.
1019 *Beltrán*, in: Rojo/Beltrán (Hrsg.), *Comentario I*, Art. 48, Nr. II.4.3., S. 980; *García-Cruces*, in: Rojo/Beltrán (Hrsg.), *La responsabilidad de los administradores*, S. 263, 291; *García Rubio*, in: R. Bercovitz (Hrsg.), *Comentarios I*, Art. 48, Nr. 5, S. 439; abw. *Espinós*, in: Sagrera/Sala/Ferrer (Hrsg.), *Comentarios I*, Art. 48, S. 532.
1020 So in AJMer Barcelona v. 8. Februar 2005, ADCo 5/2005, S. 330 f.
1021 *Beltrán*, in Rojo/Beltrán (Hrsg.), *Comentario I*, Art. 48, Nr. II.4.2.1., S. 978.

knüpft wird.[1022] Es handelt sich um eine typische Verschuldenshaftung. Als Verschuldensmaßstab fungiert die gesetzlich nähere beschriebene Sorgfaltspflicht [Art. 127 ff. LSA], die in der SA zwingendes Recht darstellt [vgl. Art. 10 LSA], in der SL hingegen statutarisch verändert oder durch Weisungen modifiziert werden kann [Art. 12 Abs. 3, 44 Abs. 2, 44 Abs. 1, lit. h) LSRL].[1023] Die Struktur und die Zusammensetzung des Organs wirken sich u. U. darauf aus, wie die Sorgfaltspflicht konkret ausgestaltet ist (*diligentia in vigilando, eligendo, instruendo, comitendo, omitendo*).[1024] Sofern eine juristische Person Organträger der Gesellschaft ist, werden ihr sämtliche haftungsbegründenden Tatbestandsmerkmale über die natürliche Person zugerechnet, die für sie tatsächlich handelt.[1025] Auch faktische Organpersonen müssen für eine Schädigung der Gesellschaft einstehen [Art. 133 Abs. 2 LSA].

Die Geschäftsleiter haften gesamtschuldnerisch mit ihrem persönlichen Vermögen. Anspruchsinhaberin ist die Gesellschaft. In ihrem Vermögen muss der Schaden eingetreten sein.[1026] Die so genannte Sozialklage soll gewährleisten, dass die Organpersonen ihre gesellschaftsrechtlichen Pflichten erfüllen. Der Macht des Verwaltungsorgans steht bei Kapitalgesellschaften sonst keine unternehmerische Risikotragung gegenüber.[1027] Der Ersatzanspruch wird primär auf Beschluss der Haupt- bzw. Gesellschafterversammlung hin geltend gemacht.[1028] Klagt die Gesellschaft nicht selbst, können Anteilseigner, deren Anteile mindestens fünf Prozent des Grund- bzw. Stammkapitals ausmachen, gegen die Organperson vorgehen [Art. 134 Abs. 4, 100 Abs. 2 S. 1 LSA, 69 Abs. 1 LSRL]. Wenn weder die Gesellschaft noch die Minderheitsgesellschafter klagen, sind die Gesellschaftsgläubiger klageberechtigt, sofern das Gesellschaftsvermögen nicht ausreicht, um ihre Forderungen zu erfüllen [Art. 134 Abs. 5, 69 Abs. 1 LSRL]. Ohne das Anspruchsziel zu verändern, verhindert die Distribution der Klagebefugnis zwischen der Mehrheit der Anteilseigner, den Minderheitsanteilseignern und den außenstehenden Gläubigern, dass Interessenkonflikte dem Schadensausgleich entgegenstehen.[1029]

1022 *Díaz Echegaray*, La responsabilidad civil de los administradores, S. 280; zu anderen spezialgesetzlichen Regelungen *Alonso*, in: García Villaverde u. a. (Hrsg.), *Derecho Concursal*, S. 507, 528. Zur Einordnung als vertraglich oder außervertraglich *Calbacho*, El ejercicio de las acciones de responsabilidad, S. 42; *Llebot*, RdS 1996, S. 49, 51 f.

1023 *Esteban Velasco*, RdS 2002, S. 217 ff.; *Llebot*, in: Rojo/Beltrán (Hrsg.), *La responsabilidad de los administradores*, S. 25 ff.

1024 *Díaz Echegaray*, La responsabilidad civil de los administradores, S. 325 ff.; *Fernández de la Gándara* u. a., in: Garrigues Abogados (Hrsg.), *Responsabilidad*, S. 1, 30 ff.; *Quijano*, in: Esteban Velasco (Hrsg.), *El gobierno de las sociedades cotizadas*, S. 537, 573 ff.

1025 *Díaz Echegaray*, La responsabilidad civil de los administradores, S. 403, m. w. N.

1026 *Espinós*, in: Sagrera/Sala/Ferrer (Hrsg.), *Comentarios I*, Art. 48, S. 503; *Lara*, in: Rojo/Beltrán (Hrsg.), *La responsabilidad de los administradores*, S. 85, 86; *Llebot*, RGD 657 (1999), S. 7559, 7562; *Machado*, Pérdida del capital social y responsabilidad, S. 331.

1027 *Díaz Echegaray*, La responsabilidad civil de los administradores, S. 273, 275 f.; *Fernández de la Gándara* u. a., in: Garrigues Abogados (Hrsg.), *Responsabilidad*, S. 1, 16 f.

1028 *Lara*, in: Rojo/Beltrán (Hrsg.), *La responsabilidad de los administradores*, S. 85, 88 ff. Zu den subsidiär Klagebefugten *Esteban Velasco*, in: CGPJ/CGN (Hrsg.), *La responsabilidad*, S. 57, 74 und 78; *Fernández de la Gándara* u. a., in: Garrigues Abogados (Hrsg.), *Responsabilidad*, S. 1, 24 f.; *Juste*, in: Rojo/Beltrán (Hrsg.), *La responsabilidad de los administradores*, S. 117, 121 ff.; *Llebot*, RdS 1996, S. 49, 53–58.

1029 *Calbacho*, El ejercicio de las acciones de responsabilidad, S. 54–57.

II. Der Einfluss des Konkursgesetzes auf Tatbestandsebene

Schon früher war davon auszugehen, dass sich die Rechtsnatur der Klage nicht dadurch änderte, dass ein konkursrechtliches Verfahren eröffnet wurde.[1030] Heute lässt die Konkurserklärung Schadensersatzansprüche unberührt, die in anderen Gesetzen geregelt sind [Art. 48 Abs. 2 S. 1, 1. Hs. LC]. Diese Kombinationslösung entspricht keiner derjenigen, die in den Nachbarrechtsordnungen existieren.[1031] Art. 133, 134 LSA, 69 Abs. 1 LSRL sind im eröffneten Konkursverfahren anwendbar. Die Tatbestandsmerkmale bleiben dieselben.[1032] Gleichwohl bringt das Konkursgesetz materielle Veränderungen mit sich. Zum einen wurde die Pflicht der Organträger konkretisiert, den Geschäftsverlauf und die Vermögenssituation der Gesellschaft zu beobachten.[1033] Es gibt ein abgestuftes System von Verhaltensmöglichkeiten und Verhaltenspflichten, das an die Unterscheidung von bevorstehender und eingetretener Insolvenz anknüpft [Art. 127 Abs. 2 LSA, 69 Abs. 1 LSRL, 2 LC].

Zum anderen wird das Gesellschaftsvermögen u. U. geschädigt, wenn der Konkursantrag übereilt gestellt wird. Der Konkursantrag ist objektiv zu früh gestellt, wenn kein Konkursgrund vorliegt.[1034] Darüber hinaus ist die Antragstellung in bestimmten Fällen verfrüht, selbst wenn ein Eröffnungsgrund bejaht werden kann. Sie erfolgt in diesem Fall nicht objektiv zu früh, sondern pflichtwidrig, so dass die Bezeichnung als „übereilte Antragstellung" korrekter ist. Die Pflicht, den Antrag im Einzelfall (noch) nicht zu stellen, ergibt sich aus der Pflicht der Organperson zur sorgfältigen Amtsausführung [Art. 127 Abs. 1 LSA, 69 Abs. 1 LSRL].[1035] Schäden aus der sorgfaltswidrigen, weil übereilten Antragstellung drücken aus, dass die Pflicht verletzt wurde, den Gesellschaftszweck zu verfolgen [Art. 127bis LSA].[1036] Der Zweck der unternehmenstragenden Kapitalgesellschaft besteht darin, das Unternehmen gewinnorientiert zu betreiben.[1037] Jede Form der Vermögensliquidation beendet die unternehmerische Betätigung, weil Aktiva und Passiva abgewickelt werden. Dem ordentlichen Unternehmer, dessen Geschäftsaktivitäten in die Krise zu führen drohen oder geführt haben, obliegen mithin Vermeidungs- und Besserungsstrategien. Von diesem Maßstab geht das Gesetz aus [vgl. Art. 127 Abs. 1 LSA].[1038]

1030 STS v. 7. Juni 1999, RJ. 1999/4730.
1031 Vgl. *Alonso*, in: García Villaverde u. a. (Hrsg.), *Derecho Concursal*, S. 507, 514 ff.; *Vicent Chuliá*, in: Homenaje Olivencia II, S. 2389, 2430, Fn. 59.
1032 *García-Cruces*, Aranzadi Civil, Nr. 18/2003, Parte Estudio, Kap. II.
1033 *Sánchez Calero*, in: Homenaje Olivencia I, S. 1195, 1204 ff.
1034 *Sánchez Calero Guilarte*, in: Sánchez Calero Guilarte/Guilarte (Hrsg.), *Comentarios I*, Art. 3, S. 158 f.
1035 Neu gefasst durch Gesetz v. 17. Juli 2003, BOE Nr. 171 v. 18. Juli 2003, S. 28046 ff.
1036 *Llebot*, Los deberes de los administradores de la sociedad anónima, S. 60; *ders.*, RGD 657 (1999), S. 7559, 7561.
1037 *Sánchez Calero*, in: Sánchez Calero (Hrsg.), *Comentarios LSA IV*, Art. 129, S. 147. Zur unternehmerischen Betätigung *Paz-Ares*, RdS 2003, S. 67, 69.
1038 Zum professionellen Sorgfaltsmaßstab *Polo*, in: Uría/Menéndez/Olivencia (Hrsg.), *Comentario sociedades mercantiles VI*, Art. 127, S. 134 f. Zur „business judgment rule" *Paz-Ares*, RdS 2003, S. 67, 86 ff. Zur Informationspflicht *Llebot*, Los deberes de los administradores de la sociedad anónima, S. 64 f. Zur Selbstüberwachungspflicht Art. 5 LC, 262 Abs. 2, 5 LSA, 105 Abs. 1, 4, 5 LSRL.

Der Widerspruch zwischen Gesellschaftszweck und Konkursantrag ist aber mehr augenscheinlich als real, denn im Wege des Konkurses kann das Unternehmen saniert werden. Ob die Sanierung durchführbar ist, hängt nicht von der Verfahrenseröffnung, sondern von den wirtschaftlichen Determinanten des Einzelfalls ab [vgl. Art. 100 Abs. 1, 4 und 5, 107 Abs. 2, 128 Abs. 2 LC]. Mit anderen Worten: Die Zahlungsunfähigkeit beseitigt nicht das Unternehmen; es ist am Unternehmen, die Zahlungsunfähigkeit zu beheben.[1039] Es schließt sich deshalb nicht zwingend aus, den Gesellschaftszweck zu verfolgen und in Konkurs zu gehen. Das Konkursverfahren kann sich als interessante Sanierungsmaßnahme erweisen.[1040] Man denke an einen Vergleich, in dem die Gläubiger ihre Forderungen über fünf Jahre stunden und in Höhe von fünfzig Prozent erlassen [vgl. Art. 100 LC]. Existieren aber günstigere außergerichtliche Sanierungschancen, die ein ordentlicher Unternehmer vernünftigerweise dem Konkurs vorziehen würde, erfolgt die Antragstellung haftungsbegründend verfrüht. Sobald die Antragsfrist abläuft, bestehen solche Optionen von Rechts wegen nicht mehr.[1041]

III. Die Wirkungen der Konkurserklärung

Im bisherigen Recht der „Suspensión de pagos" blieb die primäre Aktivlegitimation der Gesellschaft unangetastet. Wenn die Gesellschafter- bzw. Hauptversammlung beschloss, die Organpersonen zu verklagen, kam den Interventoren lediglich die Aufgabe zu, den Richter umfassend zu informieren [Art. 5 Nr. 3 und 4 S. 1 LSP]. Die Interventoren konnten vorschlagen, dass Ansprüche im Gesellschaftsinteresse geltend gemacht werden. Die schuldnerische Gesellschaft erhielt zunächst Gelegenheit, ihre Aktivlegitimation selbständig auszuüben.[1042] Mit Zustimmung des Richters waren die Interventoren befugt, nötigenfalls die Ansprüche selbst durchzusetzen [Art. 5 Nr. 4 S. 2 LSP]. Im Konkurs der Gesellschaft führte die Inhabilitation [Art. 878 CCom a. F.] dazu, dass die Aktivlegitimation auf die Konkurssyndizi verschoben wurde. Auf einen Beschluss der Gesellschafter- bzw. Hauptversammlung kam es nicht an.

Im neuen Recht ist ebenfalls die Konkursverwaltung legitimiert, Ansprüche der Gesellschaft gegen die Organpersonen durchzusetzen [Art. 48 Abs. 2 S. 1 LC].[1043] Mehrere Konkursverwalter müssen als Gesamtorgan handeln.[1044] Die zusätzliche Aktivlegitimation überrascht insofern, als frühere Entwürfe eine ausschließliche Zuständigkeit vorsahen und der Gläubigerautonomie Vorrang einräumten.[1045] Der Sinn und Zweck

1039 Sinngemäß *Rojo*, RDM 1975, S. 509, 517, ausführlich *de lege ferenda*, S. 519.
1040 Vgl. auch *Paulus*, ZGR 2005, S. 309, 322.
1041 Bisher *Llebot*, RGD 657 (1999), S. 7559, 7561.
1042 So *Calbacho*, El ejercicio de las acciones de responsabilidad, S. 171.
1043 AJMer Asturias (Oviedo) v. 13. Dezember 2005, S. 308, 309. Ausführliche tatbestandliche Abgrenzungen bei *Vázquez Cueto*, in: Homenaje Olivencia II, S. 2359, 2365 ff.
1044 *Beltrán*, in Rojo/Beltrán (Hrsg.), *Comentario I*, Art. 48, Nr. II.3.2., S. 974.
1045 Art. 57 Abs. 1 Entwurfsvorschlag 1995, zustimmend *Garrido*, RDBB 1996, S. 889, 920; vgl. bislang im italienischen Recht Art. 146 Abs. 2 und 3 Legge Fallimentare 1942: „L'azione di responsabilità contro gli amministratori, i sindaci, i direttori generali e i liquidatori, a norma degli artt. 2393 e 2394 del codice civile, è esercitata dal curatore, previa autorizzazione del giudice delegato, sentito il comitato dei creditori. Il giudice

ist gleichwohl, die Aktivmasse anzureichern. Das Stufensystem der Aktivlegitimation aus Art. 134 LSA wird beibehalten. Diese Lösung harmoniert mit dem Grundsatz der Gesellschaftskontinuität.

Obwohl faktische Organpersonen nicht ausdrücklich erwähnt sind, kann die Konkursverwaltung sie analog Art. 133 Abs. 2 LSA in Anspruch nehmen.[1046] Im übrigen Konkursgesetz werden Personen, die faktisch wie Organträger handeln, den wirksam berufenen Organpersonen gleichgestellt [vgl. Art. 48 Abs. 3, 93 Abs. 2 Nr. 2, 164 Abs. 1, 166, 172 Abs. 2 Nr. 1 LC]. Die Abweichung in Art. 48 Abs. 2 LC stellt daher ein Redaktionsversäumnis dar. Maßgeblich ist, dass der Gesellschaft die fraglichen Ansprüche gegen ihre eigenen Organträger zustehen. Weder die Ansprüche Dritter gegen die Organpersonen noch Ansprüche der Gesellschaft gegen die Organpersonen anderer juristischer Personen sind erfasst.[1047]

Die Konkurserklärung verändert die vermögensrechtliche Stellung der Gesellschaft [Art. 40 Abs. 1 LC]. Zwischen Fremd- und Eigenverwaltung ist zu unterscheiden.[1048] In der Fremdverwaltung tritt die Konkursverwaltung an die Stelle der Gesellschaft. Die Konkursverwaltung ist legitimiert, vermögensrechtliche Ansprüche der Konkursschuldnerin durchzusetzen [Art. 54 Abs. 1 LC] und den Jahresabschluss der Gesellschaft zu genehmigen [vgl. Art. 46 Abs. 2 LC a. E., Art. 212 Abs. 1 LSA]. Die Verwalter übernehmen von der Haupt- bzw. Gesellschafterversammlung die Kontrolle darüber, wie die Gesellschaftsverwaltung unternehmerisch agiert [Art. 40, 48 Abs. 1 und 2 LC].[1049] Die Konkursverwaltung macht Ansprüche der Gesellschaft nach Art. 133, 134 LSA, 69 Abs. 1 LSRL selbständig aus eigener Aktivlegitimation geltend. Ein vorheriger Beschluss der Haupt- bzw. Gesellschafterversammlung ist nicht erforderlich. Die Anteilseigner können die Klageerhebung ebenso wenig verhindern. Die subsidiäre Klagebefugnis der Gesellschaftsgläubiger schützt deren mittelbares Interesse an der Vermögensintegrität der (jetzt konkursschuldnerischen) Gesellschaft. Maßnahmen der Masseauffüllung gehören aber in die Hände der Konkursverwaltung. Art. 48 Abs. 2 S. 1 LC „schneidet" diese subsidiäre Aktivlegitimation daher auf den ersten Blick ab. Die Klage gelangt in Gleichlauf zur konkursspezifischen Haftungsanordnung. Die Aktivlegitimation der Konkursverwaltung ist jedoch nur im Verhältnis

delegato, nell'autorizzare il curatore a proporre l'azione di responsabilità, può disporre le opportune misure cautelari." (Haftungsansprüche gegen die Verwaltungsorganpersonen [...] macht der Konkursverwalter mit richterlicher Genehmigung [...] geltend. Der Richter kann in der Genehmigung an den Konkursverwalter, die Haftungsklage zu erheben, auch die angebrachten Sicherungsmaßnahmen anordnen.)

1046 *Vicent Chuliá*, in: Homenaje Olivencia II, S. 2389, 2432; *ders.*, RCP 4/2006, S. 15, 22.

1047 Zu Art. 262 LSA, 105 LSRL, 135 LSA, 69 Abs. 1 LSRL *Beltrán*, in: Rojo/Beltrán (Hrsg.), *Comentario I*, Art. 48, Nr. II.3.1., S. 971.

1048 Bisher auch *García-Cruces*, in: Rojo (Hrsg.), *La reforma*, S. 247, 311 f.; *Llebot*, RGD 657 (1999), S. 7559, 7562; weiterhin *García-Cruces*, Aranzadi Civil, Nr. 18/2003, Parte Estudio, Kap. II. Auch *Beltrán*, in: Rojo/Beltrán (Hrsg.), *Comentario I*, Art. 48, Nr. II.3.2., S. 974; zu Art. 54 LC *Bello*, in: Homenaje Olivencia II, S. 1679, 1723. Abw. jedoch *Duro*, in: Palomar (Hrsg.), Comentarios, Art. 48, Nr. 2.2., S. 525 f.; *Mambrilla*, in: Sánchez Calero Guilarte/Guilarte (Hrsg.), *Comentarios III*, Art. 172, S. 2855.

1049 *Vázquez Cueto*, in: Homenaje Olivencia II, S. 2359, 2378.

zur Haupt- bzw. Gesellschafterversammlung ausschließlich.[1050] Der Verfahrenszweck gebietet nicht, die abgeleitete Klagezuständigkeit der Gesellschafter im Konkurs zu unterdrücken.[1051] Obsiegt die Sozialklage, fließt der zugesprochene Schadensersatz in die Konkursmasse. Wer die Klage anstrengt, ist dafür irrelevant. Dadurch dass die Minderheitsgesellschafter subsidiär aktivlegitimiert sind, können sie überdies abhelfen, wenn die Konkursverwalter pflichtwidrig untätig bleiben.[1052]

Außerhalb des Konkurses müssen die Minderheitsanteilseigner zunächst verlangen, dass die Haupt- bzw. Gesellschafterversammlung einberufen wird und über die Sozialklage entscheidet. Kommt es nicht zur Klageerhebung, sind die Minderheitsanteilseigner klagebefugt [Art. 134 Abs. 4 LSA, 69 Abs. 1 LSRL]. Da die Konkursverwaltung insoweit an die Stelle der Versammlung tritt, sind die Initiativen durch schriftliche Aufforderung nur an die Adresse der Konkursverwaltung zu richten [Art. 54 Abs. 4 LC analog].[1053] Wird die Sozialklage durch die Gesellschaftsgläubiger erhoben, passt dies erst recht in das Konkursszenario. Das außerkonkursliche Tatbestandsmerkmal der Vermögensinsuffizienz [vgl. Art. 134 Abs. 5 LSA] stimmt oft mit dem Insolvenztatbestand überein. Formal ist erforderlich, dass die Gesellschaftsgläubiger, nunmehr Konkursgläubiger, erfolglos die Konkursverwaltung aufgefordert haben, die Sozialklage zu erheben [Art. 54 Abs. 4 LC].[1054]

In den unterschiedlichen Formen der Eigenverwaltung können die Anteilseigner die Klageerhebung beschließen. Erforderlich ist weiterhin, dass die Konkursverwaltung der Ausführung zustimmt [Art. 54 Abs. 2 LC]. Nur wenn die Konkursschuldnerin die Klageerhebung ausdrücklich verweigert, kann der Konkursrichter die Konkursverwaltung subsidiär zu diesem Vorgehen ermächtigen, sofern es der Verfahrenszweck erfordert.[1055] Die Haupt- bzw. Gesellschaftersammlung bleibt teilweise handlungsfähig und behält die Zuständigkeit für die Genehmigung des Jahresabschlusses nach Art. 212 Abs. 1 LSA. Die Konkursverwaltung führt lediglich die Aufsicht [Art. 46 Abs. 2, 1. Variante LC]. Sie kann daneben dank ihrer eigenen Aktivlegitimation unabhängig Ansprüche geltend machen [Art. 48 Abs. 2 S. 1 LC].[1056] Die sekundäre und tertiäre Klagezuständigkeiten aus Art. 134 Abs. 4 und Abs. 5 LSA, 69 Abs. 1 LSRL bestehen weiter. Die Minderheitsanteilseigner müssen einen Beschluss der Haupt- bzw. Gesellschafterversammlung beantragen [vgl. Art. 134 Abs. 4 LSA] und zusätzlich die Konkursverwalter schriftlich zur Klageerhebung auffordern [vgl. Art. 54 Abs. 4 LC]. Dieses kumulative Erfordernis ist nicht überzogen. Es verlangt lediglich,

---

1050 *Beltrán*, in: Rojo/Beltrán (Hrsg.), *Comentario I*, Art. 48, Nr. II.3.2., S. 974; *Vázquez Cueto*, in: Homenaje Olivencia II, S. 2359, 2381 f.

1051 *García-Cruces*, in: Rojo/Beltrán (Hrsg.), *La responsabilidad de los administradores*, S. 263, 295 f.; *Guerrero/Gómez*, in: Homenaje Olivencia II, S. 1965, 1981; *Muñoz Planas/ Muñoz Paredes*, RDM 2003, S. 1341, 1347 f.; *Vázquez Cueto*, in: Homenaje Olivencia II, S. 2359, 2382 f.

1052 *De lege ferenda García-Cruces*, in: Rojo (Hrsg.), *La reforma*, S. 247, 312; weiterhin *Mambrilla*, in: Sánchez Calero Guilarte/Guilarte (Hrsg.), *Comentarios III*, Art. 172, S. 2856.

1053 *Bello*, in: Homenaje Olivencia II, S. 1679, 1724.

1054 *Beltrán*, in: Rojo/Beltrán (Hrsg.), *Comentario I*, Art. 48, Nr. II.3.2., S. 974.

1055 Restriktiv AJMer Asturias (Oviedo) v. 3. Juli 2006, AC. 2006/1798.

1056 *Vázquez Cueto*, in: Homenaje Olivencia II, S. 2359, 2382.

zusätzlich einen Brief an die Konkursverwaltung zu schicken.[1057] Die Gesellschafter dürfen die Klage zwar erst erheben, nachdem zwei Monate verstrichen sind, ohne dass die Konkursverwaltung aktiv wird [Art. 54 Abs. 4 S. 1 LC a. E.]. Die außerkonkursliche Frist von nur einem Monat beginnt aber erst in dem Zeitpunkt zu laufen, in dem die Haupt- bzw. Gesellschafterversammlung entscheidet [Art. 134 Abs. 4 LSA]. Zwischen der innergesellschaftlichen Aufforderung der Gesellschafter und der tatsächlichen Versammlung vergeht soviel Vorlaufzeit [vgl. nur Art. 97 Abs. 1 LSA, 46 Abs. 3 LSRL], dass eine Gesamtfrist von zwei Monaten in den seltensten Fällen unterschritten wird. Die Gesellschaftsgläubiger können die Organpersonen unter denselben Voraussetzungen in Anspruch nehmen wie im Rahmen der Fremdverwaltung.

Der Konkursrichter erkennt über die Sozialklage [Art. 48 Abs. 2 S. 2 LC]. Sämtliche Schadensersatzansprüche der Gesellschaft gegen die Organpersonen werden zuständigkeitsrechtlich in das Konkursverfahren überführt [vgl. Art. 8 Nr. 6 LC]. Diese Regelung unterscheidet danach, ob das schadensursächliche Ereignis vor oder nach der Konkurserklärung eingetreten ist. In Art. 48 Abs. 2 S. 1 und 2 LC findet sich keine vergleichbare Unterscheidung. Art. 8 Nr. 6 LC ist daher korrigierend auszulegen,[1058] zumal die Klagebefugnis der Konkursverwaltung umfassend ist. Der Zeitpunkt, in dem das schädigende Ereignis eingetreten ist, hängt weitgehend vom Zufall ab und steht überdies in keinerlei Zusammenhang mit dem Konkursverfahrenszweck.

Als prozessualer Rahmen kommt für Klagen, die erst nach der Konkurserklärung anhängig werden, der konkursrechtliche Zwischenstreit in Betracht [vgl. Art. 192 Abs. 1 LC]. Die Organhaftung ist jedoch eine Rechtsfrage, die nur funktionell mit dem Konkursverfahren verbunden ist, weil die erfolgreiche Sozialklage die Aktivmasse auffüllt. Handelt es sich demnach nicht um eine echte Inzidenzfrage, richtet sich das Verfahren nach den allgemeinen Regeln [Art. 134 LSA, 69 LSRL i. V. m. Vorschriften der LEC].[1059]

Schadensersatzansprüche im Rahmen der Sozialklage verjähren grundsätzlich nach vier Jahren [Art. 949 CCom].[1060] Die Verjährung beginnt, sobald der Anspruchsgegner aus der rechtmäßigen oder faktischen Organstellung ausscheidet. Die Konkurserklärung unterbricht jedoch die Verjährung von Ansprüchen gegen Organpersonen der Konkursschuldnerin so lange, bis der Konkurs zum Abschluss kommt [Art. 60 Abs. 2 LC].[1061] Mit Verfahrensabschluss läuft die volle Frist erneut. Damit erhält die Konkursverwaltung genügend Zeit, um die Sozialklage hinreichend zu prüfen.[1062] Ein Vorteil für Anteilseigner und Gesellschaftsgläubiger ist, dass sie noch nach Ver-

1057 A. A. *Vázquez Cueto*, in: Homenaje Olivencia II, S. 2359, 2385.
1058 *Bello*, in: Homenaje Olivencia II, S. 1679, 1720; *Vázquez Cueto*, in: Homenaje Olivencia II, S. 2359, 2377; *Viaño*, in: Fernández Ballesteros (Hrsg.), *Proceso Concursal Práctico*, Art. 48, Nr. 11, S. 274. A. A. *Muñoz Planas/Muñoz Paredes*, RDM 2003, S. 1341, 1346; *Vicent Chuliá*, RCP 4/2006, S. 15, 21 f.
1059 So *Beltrán*, in: Rojo/Beltrán (Hrsg.), *Comentario I*, Art. 48, Nr. II.3.3., S. 975.
1060 *Espinós*, in: Sagrera/Sala/Ferrer (Hrsg.), *Comentarios I*, Art. 48, S. 507.
1061 Kongress der Handelsrichter v. 1./2. Dezember in Valencia, ADCo 8/2006, S. 249, 306; *Beltrán*, in: Rojo/Beltrán (Hrsg.), *Comentario I*, Art. 48, Nr. II.3.2., S. 974; *Domínguez*, in: Sánchez Calero Guilarte/Guilarte (Hrsg.), *Comentarios I*, Art. 60, S. 1124 f.
1062 *Vila*, in: Sagrera/Sala/Ferrer (Hrsg.), *Comentarios I*, Art. 60, S. 640.

fahrensabschluss Schäden im Gesellschaftsvermögen bei den Organpersonen liquidieren können.[1063] Die Regelung führt dazu, dass sich die Organpersonen binnen
weiterer vier Jahre der privatrechtlichen Rechtsverfolgung ausgesetzt sehen. Dabei
wäre gegen die Konkursverwalter vorzugehen, die es pflichtwidrig unterlassen, die
Sozialklage bereits im Konkurs anzustrengen. Die Verwalterhaftung für Masseschä-
den verjährt gleichfalls nach vier Jahren [Art. 36 Abs. 5 LC]. Die Verjährungsfristen
wurden aber nicht harmonisiert, weil der *dies a quo* ein anderer ist. Während für die
Sozialklage der Abschluss des Konkursverfahrens maßgeblich ist [Art. 60 Abs. 2 LC],
kommt es für die Verwalterhaftung auf die Kenntnis vom Masseschaden und objektiv
abschließend auf das Amtsende des Konkursverwalters an [Art. 36 Abs. 5 LC].

IV. Das Verhältnis zur konkursspezifischen Haftungsanordnung

Im bisherigen Recht konkurrierte die Konkursqualifikation mit der organschaftlichen Haftung wegen Schädigungen der Gesellschaft.[1064] Auch heute sind die konkursspezifische Haftungsanordnung [Art. 172 Abs. 3 LC] und die Sozialklage
[Art. 133 ff. LSA, 69 Abs. 1 LSRL] miteinander kompatibel [Art. 48 Abs. 2 S. 3
LC].[1065] Das gilt selbst für Klagen, die erst während der Qualifikationsphase anhängig
werden.

Wenn die schuldhafte Herbeiführung oder Verschlimmerung der Zahlungsunfähigkeit
zugleich das Gesellschaftsvermögen schädigt, führen dieselben Tatsachen nicht nur
zur Haftungsanordnung, sondern auch zur Verurteilung im Rahmen der Sozialklage.[1066]
Der Gesetzgeber hat jedoch nicht irrig zwei legislative Möglichkeiten miteinander
kombiniert.[1067] Der jeweilige Zweck scheidet Konkursqualifikation und Schadensersatzhaftung voneinander.[1068] Erstere besitzt Sanktions-, letztere Ausgleichscharakter.
Das Ergebnis ist insofern deckungsgleich, als die Konkursaktivmasse aufgefüllt wird.
Die Leistungshöhe muss keineswegs identisch sein. Die Konkursverwaltung und der
Konkursrichter sind stets involviert und tragen für die adäquate Koordination Sor-
ge.[1069] Die Abstimmung von gesetzlicher Zusatzsicherheit und Schadensersatz ergibt

1063 *Bardenas/Boldó*, in: R. Bercovitz (Hrsg.), *Comentarios I*, Art. 60, S. 666.
1064 *Calbacho*, El ejercicio de las acciones de responsabilidad, S. 176.
1065 *Alcover*, „Calificación", in: García Villaverde u. a. (Hrsg.), *Derecho Concursal*,
     S. 487, 502; *Beltrán*, in: Rojo/Beltrán (Hrsg.), *Comentario I*, Art. 48, Nr. II.3.4., S. 976;
     Mambrilla, in: Sánchez Calero Guilarte/Guilarte (Hrsg.), *Comentarios III*, Art. 172,
     S. 2854 f.; missverständlich *Quecedo*, in: Fernández Ballesteros (Hrsg.), *Proceso
     Concursal Práctico*, Art. 172, Nr. 14, S. 781.
1066 *Espinós*, in: Sagrera/Sala/Ferrer (Hrsg.), *Comentarios III*, Art. 172, S. 1802 f.
1067 So aber *Alonso*, in: García Villaverde u. a. (Hrsg.), *Derecho Concursal*, S. 507, 555.
1068 *Bello*, in: Homenaje Olivencia II, S. 1679, S. 1728 f.; *Beltrán*, in: Rojo/Beltrán (Hrsg.),
     Comentario I, Art. 48, Nr. II.3.4., S. 976; *García-Cruces*, in: Rojo (Hrsg.), *La reforma*,
     S. 247, 312; *ders.*, Aranzadi Civil, Nr. 18/2003, Parte Estudio, Kap. III; *ders.*, in: Rojo/
     Beltrán (Hrsg.), *La responsabilidad de los administradores*, S. 263, 297.
1069 *García-Cruces*, in: Rojo (Hrsg.), *La reforma*, S. 247, 313; *ders.*, in: Rojo/Beltrán (Hrsg.),
     La responsabilidad de los administradores, S. 263, 297; grundsätzlich auch *Alonso*, in:
     García Villaverde u. a. (Hrsg.), *Derecho Concursal*, S. 507, 556 f.; *Quecedo*, in: Fernández
     Ballesteros (Hrsg.), *Proceso Concursal Práctico*, Art. 172, Nr. 13, S. 780.

sich rechtlich indes bereits auf der Ebene der Tatbestandsvoraussetzungen. Ein For-derungsausfall wird verhindert oder doch vermindert, wenn der Organträger Schäden im Gesellschaftsvermögen ausgleicht. Ein Schaden, der in pflichtwidrig begründe-ten Gesellschaftsverbindlichkeiten besteht, ist nicht mehr gegeben, sobald die offe-nen Konkursverbindlichkeiten abgedeckt werden. Die Sozialklage ist insoweit nicht entscheidungsreif, sobald und solange die vorläufige Sicherheitsbeschlagnahme ange-ordnet ist. Ob hingegen eine entgegenstehende Rechtshängigkeit anzunehmen ist,[1070] muss im Hinblick auf die unterschiedlichen Beteiligten mangels Identität des Streit-gegenstands bezweifelt werden.

§ 4 Die Haftung wegen der Schädigung von Anteilseignern oder von Dritten

I. Die gesellschaftsrechtliche Ausgangslage

Anteilseigner, Gesellschaftsgläubiger sowie dritte Personen können Schadensersatz verlangen, wenn Organpersonen sie unmittelbar in ihren eigenen Interessen verletzen [Art. 135 LSA, 69 Abs. 1 LSRL]. Diese Individualklage ist unabhängig von der Sozial-klage.[1071] Entscheidendes Merkmal der Abgrenzung ist, dass der Schaden unmittelbar im Vermögen des Individuums eintritt, nicht im Vermögen der Gesellschaft.[1072] Bei ei-nem Verhalten, das sowohl das Gesellschafts- als auch das Individualvermögen schä-digt, konkurrieren beide Anspruchsgrundlagen miteinander. Das gilt nicht, wenn der individuelle Schaden des Anteilseigners oder des Dritten lediglich den im Vermögen der Gesellschaft eingetretenen Schaden widerspiegelt. In diesen Fällen des abgeleite-ten Schadens oder Reflexschadens finden ausschließlich Art. 133, 134 LSA, 69 Abs. 1 LSRL Anwendung.[1073]

Über Art. 135 LSA, 69 Abs. 1 LSRL werden Schäden ersetzt, die eine Organper-son in Ausübung organschaftlicher Funktionen schuldhaft kausal herbeiführt.[1074] Die

---

1070 In dieser Richtung der Kongress der Handelsrichter v. 1./2. Dezember 2005 in Valencia, ADCo 8/2006, S. 249, 308.

1071 *Díaz Echegaray,* La responsabilidad civil de los administradores, S. 475 und 483 ff.; *Machado,* Pérdida del capital social y responsabilidad, S. 336.

1072 *Esteban Velasco,* in: Rojo/Beltrán (Hrsg.), *La responsabilidad de los administradores,* S. 157, 158 und 160 ff.; *Sánchez Calero,* in: Sánchez Calero (Hrsg.), *Comentarios IV,* Art. 135, S. 322 f.

1073 *Díaz Echegaray,* La responsabilidad civil de los administradores, S. 477 f.; a. A. *Calbacho,* El ejercicio de las acciones de responsabilidad, S. 362–368.

1074 Str., wie hier *Esteban Velasco,* RdS 1995, S. 47, 51, m. w. N.; *Marín,* RdS 1999, S. 305, 307, 310; *Vega,* Homenaje Sánchez Calero II, S. 1643, 1652 f. Zum Streit über die Einordnung als vertraglich oder außervertraglich *Calbacho,* El ejercicio de las acciones de responsabilidad, S. 338 ff.; *Díaz Echegaray,* La responsabilidad civil de los admini-stradores, S. 492; *Esteban Velasco,* in: Rojo/Beltrán (Hrsg.), *La responsabilidad de los administradores,* S. 157, 169-173; *Sánchez Calero,* in: Sánchez Calero (Hrsg.), *Comen-tarios IV,* Art. 135, S. 330 f.; *Vicent Chuliá,* Compendio Crítico I-1, S. 660.

Restitutionsempfänger sind persönlich und ohne jede Rangfolge aktivlegitimiert.[1075] Die herrschende Meinung[1076] betrachtet Art. 135 LSA als eigenständige Anspruchsgrundlage, während sie zuweilen als spezielle Ausformung der allgemeinen außervertraglichen Haftung gemäß Art. 1902 CC oder lediglich als deklaratorische Verweisung auf sämtliche in Betracht kommenden Anspruchsgrundlagen in der übrigen Rechtsordnung verstanden wird.[1077]

II. Die Wirkungen der Konkurserklärung

Ansprüche wegen individueller Schädigungen richten sich nicht gegen die Konkursschuldnerin. Im Ausgangspunkt spielt es daher keine Rolle, dass der Konkurs der Gesellschaft eingeleitet und durchgeführt wird. Das ergibt sich aus dem Regelungszusammenhang des Konkursgesetzes.[1078] Die *vis attractiva concursus* erfasst die Individualklage nicht [vgl. Art. 8, 48 Abs. 2 LC, 86ter LOPJ].[1079] Die Tatbestandsvoraussetzungen der Schadensersatzhaftung bleiben unverändert.

Das prozessuale Schicksal der geltend gemachten Ansprüche ist gleichfalls vom Konkursverfahren unabhängig. Wird Schadensersatz geleistet, bleiben Konkursforderungen des klagenden Gesellschaftsgläubigers unberührt. Die leistende Organperson erhält keinen Regressanspruch gegen die Gesellschaft. Dies gilt auch, wenn der Schaden aus Geschäften herrührt, die zu einem Zeitpunkt abgeschlossen wurden, in dem die Gesellschaft bereits in der unternehmerischen Krise steckte. Der Schaden des Neugläubigers entspricht zwar der offenen Konkursforderung und entfällt, wenn die Forderung im Konkurs befriedigt wird. Die ersatzpflichtige Organperson zahlt jedoch nicht auf eine fremde Schuld.[1080] Der Gläubiger kann vielmehr deshalb nicht doppelt Erfüllung verlangen, weil die Klage nicht entscheidungsreif ist, solange nicht feststeht, in welcher Höhe der Forderungsausfall eintritt.

Außerkonkurslich verjährt der Haftungsanspruch nach vier Jahren, wenn die Anteilseigner individuelle Schäden liquidieren [Art. 949 CCom], nach einem Jahr, wenn

---

1075 *Calbacho*, El ejercicio de las acciones de responsabilidad, S. 335 und 368 ff.; *Díaz Echegaray*, La responsabilidad civil de los administradores, S. 484 f.
1076 *Díaz Echegaray*, La responsabilidad civil de los administradores, S. 493 ff.; *Esteban Velasco*, RdS 1995, S. 47, 53; *ders.*, in: Rojo/Beltrán (Hrsg.), *La responsabilidad de los administradores*, S. 157, 164 f.; *Fernández de la Gándara* u. a., in: Garrigues Abogados (Hrsg.), *Responsabilidad*, S. 1, 26; *Vega*, Homenaje Sánchez Calero II, S. 1643, 1654–1657.
1077 So mit guten Gründen *Alfaro*, RdS 2002, S. 45, 48, 51 f.
1078 Bisher *Esteban Velasco*, in: CGPJ/CGN (Hrsg.), *La responsabilidad*, S. 57, 118. Weiterhin *Campuzano*, RDPatr 2003, S. 151, 153; *Muñoz Planas/Muñoz Paredes*, RDM 2003, S. 1341, 1348 f. Kritisch jedoch *Alonso*, in: García Villaverde u. a. (Hrsg.), *Derecho Concursal*, S. 507, 559 f.; *Mambrilla*, in: Sánchez Calero Guilarte/Guilarte (Hrsg.), *Comentarios III*, Art. 172, S. 2857.
1079 Im Ergebnis auch *Viaño*, in: Fernández Ballesteros (Hrsg.), *Proceso Concursal Práctico*, Art. 48, Nr. 9, S. 273.
1080 So aber *Muñoz Planas/Muñoz Paredes*, RDM 2003, S. 1341, 1356.

Dritte Anspruchsinhaber sind [Art. 1968 Nr. 2 CC].[1081] Nach Art. 60 Abs. 2 LC wird die Verjährung von der Konkurserklärung bis zum Verfahrensabschluss unterbrochen. Diese Regelung unterscheidet zwar nicht ausdrücklich zwischen Ansprüchen, die der Gesellschaft selbst zustehen, und jenen, deren Inhaber Anteilseigner oder dritte Personen sind.[1082] Letztere können aber vor, während oder nach dem Konkursverfahren die Organpersonen in Anspruch nehmen und sind nicht schutzbedürftig. Auch sonst bleiben Art. 135 LSA, 69 Abs. 1 LSRL von der Konkurserklärung unberührt. Art. 60 Abs. 2 LC ist daher korrigierend eng auszulegen und nur auf die Ansprüche der konkursschuldnerischen Gesellschaft gegen die Organpersonen anzuwenden.[1083]

III. Das Verhältnis zur konkursspezifischen Haftungsanordnung

Bei einer Verletzung der Konkursantragspflicht i. S. v. Art. 5 Abs. 1 LC wird im Rahmen der Konkursqualifikation widerlegbar vermutet, dass sich die Organperson vorsätzlich oder grob fahrlässig verhielt [Art. 165 Nr. 1 LC]. Art. 135 LSA, 69 Abs. 1 LSRL setzen darüber hinaus einen individuellen Schaden und sein kausales Beruhen auf der Pflichtverletzung voraus. Es reicht deshalb nicht aus, dass die Organperson entgegen Art. 5 LC untätig bleibt, damit im Zeitpunkt des Pflichtverstoßes vorhandene Gesellschaftsgläubiger (Altgläubiger) Individualansprüche gegen sie erwerben. In der Zeitspanne, um die sich Konkursantrag und Verfahrenseröffnung verspäten, vertieft sich die unternehmerische Krise der Gesellschaft. In erster Linie ist somit das Gesellschaftsvermögen wiederherzustellen (Sozialklage). Dadurch bleibt ein enger Bezug zum Gesellschaftskonkurs gewahrt. Eine direkte Schädigung der Altgläubiger ist nur zu bejahen, wenn die Organperson untätig bleibt und zulässt, dass einzelne Gläubiger konkrete Gegenstände ihrem persönlichen Vermögen einverleiben, oder wenn sie selbst aktiv das Gesellschaftsvermögen „ausblutet".[1084] Der Schaden besteht darin, dass die Altgläubiger proportional weniger Befriedigung erhalten, als wenn die Gesellschaft rechtzeitig ins Konkursverfahren übergetreten wäre.[1085]

Neugläubiger sind solche, deren Forderungen erst nach dem Zeitpunkt entstehen, in dem die Gesellschaft zahlungsunfähig ist und die Konkurserklärung beantragt werden muss. Ihr Schaden liegt darin, eine Forderung erworben zu haben, deren Bonität nicht mit der Erwartung übereinstimmt, die sie berechtigterweise haben durften.[1086]

1081 Str., wie hier *Esteban Velasco*, in: Rojo/Beltrán (Hrsg.), *La responsabilidad de los administradores*, S. 157, 208 f.; *Sánchez Calero*, in: Sánchez Calero (Hrsg.), *Comentarios IV*, Art. 135, S. 336 f.

1082 *Domínguez*, in: Sánchez Calero Guilarte/Guilarte (Hrsg.), *Comentarios I*, Art. 60, S. 1124 f.

1083 *Vila*, in: Sagrera/Sala/Ferrer (Hrsg.), *Comentarios I*, Art. 60, S. 641.

1084 *Marín*, RdS 1999, S. 304, 315 ff., m. w. N.; *Sánchez Calero*, in: Sánchez Calero (Hrsg.), *Comentarios IV*, Art. 135, S. 324, m. w. N.; auch *Alfaro*, RdS 2002, S. 45, 73; *Vicent Chuliá*, RCP 4/2006, S. 15, 23.

1085 *Esteban Velasco*, RdS 1995, S. 47, 64.

1086 *Sánchez Calero*, in: Sánchez Calero (Hrsg.), *Comentarios IV*, Art. 135, S. 329, m. w. N.; ebenso *Alfaro*, RdS 2002, S. 45, 68, m. w. N.; *Esteban Velasco*, RdS 1995, S. 47, 63 und 66; *Vicent Chuliá*, RCP 4/2006, S. 15, 17 und 23. Zur *culpa in contrahendo*

Die Frist für die pflichtgemäße Antragstellung beginnt mit Kenntnis bzw. zu vertretender Unkenntnis von der Zahlungsunfähigkeit [vgl. Art. 5 Abs. 1 und 2 LC]. Damit handelt die Organperson vorsätzlich oder fahrlässig, so dass Neugläubiger ihre Ansprüche auf Art. 135 LSA, 69 Abs. 1 LSRL, 5 Abs. 1 LC stützen können.[1087] Dies ist nicht davon abhängig, dass die Organperson zuvor die Leistungspflicht vollständig erfüllt, welche das Qualifikationsurteil ihr nach Art. 172 Abs. 3 LC auferlegt.[1088] Die Gegenauffassung hält es für inakzeptabel, dass einzelne Gläubiger klageweise gegen die Organperson vorgehen und dadurch die Gleichbehandlung im Konkurs ausschalten.[1089] Offen bleibt dabei aber, ob die Individualklage schon unzulässig bzw. erst unbegründet ist oder ob nur aus dem Urteil nicht vollstreckt werden darf. Es ist ohnehin nicht nachzuvollziehen, warum das Qualifikationsurteil den individuellen Rechtsschutz von Anteilseignern und Gläubigern behindern soll. Die Individualklage wird außerhalb des Konkurses verhandelt, weil sie zur Restitution dient, nicht zur konkursrechtlichen Sanktion.[1090]

In der bisherigen Praxis klagten Anteilseigner nur bei verspäteter Antragstellung.[1091] Wird der Konkursantrag dagegen übereilt gestellt, haben Anteilseigner einen Ersatzanspruch, wenn ihre Mitgliedschaftsrechte wirtschaftlich entwertet sind.[1092] Die Aktie bzw. der Gesellschaftsanteil verschafft dem Inhaber ein Bündel wirtschaftlicher und politischer Rechte [vgl. Art. 48 Abs. 1 LSA]. Der wirtschaftliche Wert der Mitgliedschaft ist aber dadurch geschützt, dass das Gesellschaftsvermögen über die Sozialklage wiederhergestellt wird.[1093] Die Individualklage kommt daher nicht in Betracht. Nachdem im dritten Kapitel des dritten Teils dieser Arbeit eine strenge Auslegung der Konkursantragspflicht vertreten wird, ist vorliegend hervorzuheben, dass i. R. d. Art. 135 LSA, 69 Abs. 1 LSRL nicht für pflichtgemäßes Verhalten gehaftet wird.

---

z. B. SAP Madrid v. 7. April 1998, AC. 1998/7082; SAP Granada v. 15. September 1998, AC. 1998/1694; SAP Burgos v. 25. Januar 1999, AC. 1999/127. Danach differenzierend, ob die Forderung entstand, als die unternehmerische Krise reversibel (keine Haftung) oder nicht mehr zu beseitigen war (Haftung) *Esteban Velasco*, in: CGPJ/CGN (Hrsg.), *La responsabilidad*, S. 57, 95.

1087 *Machado*, Pérdida del capital social y responsabilidad, S. 337, m. w. N.
1088 So aber *Alonso*, in: García Villaverde u. a. (Hrsg.), *Derecho Concursal*, S. 507, 563. Ähnlich restriktiv *Guerrero/Gómez*, in: Homenaje Olivencia II, S. 1965, 1982 f.
1089 So *Quecedo*, in: Fernández Ballesteros (Hrsg.), *Proceso Concursal Práctico*, Art. 172, Nr. 14, S. 781.
1090 *Esteban Velasco*, in: Rojo/Beltrán (Hrsg.), *La responsabilidad de los administradores*, S. 157, 213; *Fernández de la Gándara*, in: Fernández de la Gándara/Sánchez (Hrsg.), *Comentarios*, S. 701, 720; *Espinós*, in: Sagrera/Sala/Ferrer (Hrsg.), *Comentarios III*, Art. 172, S. 1804; *García-Cruces*, in: Rojo (Hrsg.), *La reforma*, S. 247, 314; *ders.*, Aranzadi Civil, Nr. 18/2003, Parte Estudio, Kap. III.; *Muñoz Planas/Muñoz Paredes*, RDM 2003, S. 1341, 1349 f.; im Ergebnis auch *Vicent Chuliá*, in: Homenaje Olivencia II, S. 2389, 2435. Kritisch zum drohenden Eskapismus in die gesellschaftsrechtlichen Haftungsregeln bisher *Rodríguez Ruiz/Huerta*, DN 2002 (139), S. 1, 12; weiterhin *Guerrero/Gómez*, in: Homenaje Olivencia II, S. 1965, 1983.
1091 Z. B. STS v. 10. Dezember 1996, RJ. 1996/8996; v. 20. März 1998, RJ. 1998/1712. *Díaz Echegaray*, La responsabilidad civil de los administradores, S. 500 ff.
1092 Näher *Sánchez Andrés*, in: Uría/Menéndez/Olivencia (Hrsg.), *Comentario Sociedades Mercantiles IV/1*, Art. 47, S. 95.
1093 Vgl. zu den Klagen der Gläubiger statt aller STS v. 20. Juli 2001, RJ. 2001/6863.

Gegenüber Dritten ist das Recht der Kapitalgesellschaft, in Konkurs zu gehen, verfassungsrechtlich verbürgt.[1094] Von diesem Recht wird der freiwillige Konkurs wegen bevorstehender Zahlungsunfähigkeit gedeckt. Im Verhältnis zu Dritten steht es dem Verwaltungsorgan daher frei, jederzeit die Konkurserklärung zu beantragen.[1095]

§ 5 Die Haftung wegen Verletzung der kapitalgesellschaftsrechtlichen Handlungspflichten

I. Die gesellschaftsrechtliche Ausgangslage

Das spanische Kapitalgesellschaftsrecht, ähnlich dem bisherigen italienischen Recht, fordert vom Verwaltungsorgan, die Auflösung der Gesellschaft zu betreiben, sobald ein gesetzlicher Auflösungsgrund vorliegt.[1096] Ob die Organträger ordnungsgemäß bestellt sind oder nicht, ist irrelevant.[1097] Die Gesellschaft ist insbesondere aufzulösen, wenn Verluste eintreten, welche ihr Reinvermögen auf einen Betrag absenken, der unterhalb der Hälfte der Kapitalziffer liegt [Art. 260 Abs. 1 Nr. 4 LSA, Art. 104 Abs. 1 lit. e) LSRL].[1098] Die Hälfte der Kapitalziffer gilt als Mindeststandard, der statutarisch angehoben werden kann.[1099] Die Handlungspflichten werden dann entsprechend früher ausgelöst.

Manifestiert sich die unternehmerische Schieflage der Gesellschaft im bezeichneten Umfang, bilden Sanierungsmaßnahmen die einzige Alternative zur Auflösung. Der ursprüngliche Zweck dieser Regelung bestand darin, der Praxis „kalter" Gesell-

1094 *Rojo*, RDM 1983, S. 309, 334: Art. 38 CE (unternehmerische Freiheit); abw. *Fernández Ballesteros*, RCP 1/2004, S. 73, 74: Art. 24 CE (effektiver Rechtsschutz).
1095 Zu den Sozialkosten *Rojo*, RDM 1983, S. 309, 335. Zu den Nachteilen der frühzeitigen Konkurserklärung für wirtschaftlich vernünftige Gläubiger *Fernández del Pozo*, in: Rojo (Hrsg.), *La reforma*, S. 9, 22; *Garrido*, RDM 1992, S. 799, 807 f.
1096 Vgl. Art. 2449 Abs. 1 Codice Civile italiano von 1942: „Gli amministratori, quando si è verificato un fatto che determina lo scioglimento della società, non possono intraprendere nuove operazioni. Contravenendo a questo divieto, essi assumoro responsabilità illimitata e solidale per gli affari intrapresi." (Die Verwaltungsorganpersonen dürfen keine neuen Geschäfte abschließen, wenn ein gesetzlicher Grund für die Auflösung der Gesellschaft vorliegt. Bei Zuwiderhandlung haften sie unbeschränkt und gesamtschuldnerisch für die aufgenommenen Verbindlichkeiten.) Näher *Rojo*, in: Homenaje Sánchez Calero II, S. 1437, 1443 und 1447. Dieses Verbot der Begründung neuer Verbindlichkeiten wurde 2003 in eine Schadensersatzhaftung klassischen Zuschnitts umgewandelt, vgl. *Vicent Chuliá*, RCP 4/2006, S. 15, 27 f., 43 f.
1097 *Gimeno-Bayón*, CDJ 1997, Derecho de Sociedades II, S. 25, 88.
1098 Art. 17, 2. RiLi 77/91/EWG, ABl. Nr. L 26 v. 31. Januar 1977, S. 1 ff. *Rodríguez Ruiz/ Huerta*, DN 2002 (139), S. 1, 3; *Vicent Chuliá*, DN 2002 (144), S. 1, 3; positiv *Schmidt*, in: García Villaverde u. a. (Hrsg.), *Estudios*, S. 15, 35. Anders das deutsche Recht [§ 92 Abs. 1 AktG], vgl. *Hüffer*, AktG, § 92, Rn. 1; *Habersack*, EuGesR, Rn. 173-177, S. 92 f.
1099 *Rojo*, in: Homenaje Sánchez Calero II, S. 1437, 1458.

schaftsliquidationen ein Ende zu machen.[1100] Die Pflicht, die Gesellschaft mangels Sanierungsmaßnahmen aufzulösen, schützt darüber hinaus potenzielle Gläubiger. Die Kapitalziffer, die nach außen projiziert wird, darf sich nicht völlig von den tatsächlichen Vermögensverhältnissen der Gesellschaft lösen.[1101] Ein Rangverhältnis zwischen Gesellschaftsauflösung und Sanierungsmaßnahmen gibt es nicht. Beide Optionen schützen angemessen davor, dass eine auflösungsreife Gesellschaft weiter agiert.

Um der Handlungspflicht nachzukommen, müssen die Organpersonen erkennen, dass der Auflösungsgrund vorliegt. Die Regelung bezweckt daher nicht zuletzt, das Verwaltungsorgan zur ständigen unternehmerischen Selbstkontrolle der Gesellschaft anzuhalten [vgl. Art. 127 Abs. 2 LSA, 69 Abs. 1 LSRL].[1102] Grundsätzlich ergeben sich die qualifizierten Verluste aus dem Jahresabschluss.[1103] Nach verbreiteter Meinung reichen andere Kalkulationen aus, z. B. Stichtagsbilanzen, die im Laufe des Geschäftsjahres gefertigt werden, um kapitalmarktrechtliche Transparenzanforderungen zu erfüllen.[1104] Die Bedeutung dieser Frage ist groß, da hiervon einerseits abhängt, wann die Handlungsfristen in Gang gesetzt werden. Zum anderen richtet sich nach der neuen Gesetzesfassung auch der objektive Haftungsumfang der Neuverbindlichkeiten daran aus.

Das Verwaltungsorgan muss primär die Haupt- bzw. Gesellschafterversammlung einberufen, damit über die Auflösung beschlossen wird. In der SA kann [Art. 262 Abs. 2 S. 2 LSA, „podrá"], d. h. richtigerweise muss, das Verwaltungsorgan stattdessen den Konkursantrag stellen, wenn die Gesellschaft zahlungsunfähig ist [Art. 5 Abs. 1 LC, „deberá"].[1105] In der SL beschließt die Gesellschafterversammlung über die Auflösung oder über den Konkurs [Art. 105 Abs. 1 S. 2 LSRL]. Jeder Anteilseigner ist berechtigt, von den Geschäftsleitern zu verlangen, dass sie die Haupt- bzw. Gesellschafterversammlung einberufen, wenn seiner Meinung nach ein Auflö-

---

1100 *Rojo*, in: Homenaje Sánchez Calero II, S. 1437, 1438. Jüngst SAP Madrid v. 28. Februar 2005, JUR. 2005/87366.

1101 SAP Alicante v. 16. Februar 2005, JUR. 2005/85179; SAP Cantabria (Santander) v. 10. Mai 2005, JUR. 2005/121667; *Muñoz Martín*, in: Homenaje Duque Domínguez I, S. 511, 512; *Paz-Ares*, ADC 1983, S. 1587, 1596.

1102 SAP Asturias (Oviedo) v. 1. Dezember 1992, *RDM* 1992, S. 471, 474; *Beltrán*, in: CGPJ/CGN (Hrsg.), *La responsabilidad*, S. 131, 148; *Machado*, Pérdida del capital social y responsabilidad, S. 203 f.; *Muñoz Martín*, in: Homenaje Duque Domínguez I, S. 511, 513, für Sonderbilanzen.

1103 So SAP Zaragoza v. 4. Mai 2005, JUR. 2005/113186, m. w. N.; *Marín*, RdS 2002, S. 179, 184; *Rojo*, in: Homenaje Sánchez Calero II, S. 1437, 1462.

1104 *Beltrán*, 4/ADCo 2005, S. 407, 410 f.; *Calbacho*, El ejercicio de las acciones de responsabilidad, S. 455; *Cerdá*, Administradores, insolvencia y disolución por pérdidas, S. 110.

1105 *Beltrán*, in: Rojo/Beltrán (Hrsg.), *Comentario II*, DF 20, Nr. IV.2., S. 3252; *Machado*, in: Fernández Ballesteros (Hrsg.), *Proceso Concursal Práctico*, D. F. 20, Nr. 7, S. 1024. Unklar *Juste*, in: R. Bercovitz (Hrsg.), *Comentarios II*, D. F. 20, Nr. 4, S. 2374. Zum Problem der alternativen Pflichterfüllung („kann") SAP Alicante v. 12. Januar 2005, JUR. 2005/64803; *Cerdá*, Administradores, insolvencia y disolución por pérdidas, S. 82 ff., m. w. N.; *Rojo*, in: Homenaje Sánchez Calero II, S. 1437, 1472–1475. Zur gesetzgeberischen Absicht, dieses Problem zu regeln, *ders.*, in: Rojo/Beltrán (Hrsg.), *Comentario I*, Art. 3, Nr. II.2., S. 204.

sungs- oder ein Konkursgrund vorliegt [Art. 262 Abs. 2 S. 3 LSA, 105 Abs. 1 S. 3 LSRL]. Falls die primäre Pflicht zur Einberufung der Versammlung nicht fruchtet, ist das Verwaltungsorgan verpflichtet, selbst die gerichtliche Auflösung zu beantragen [Art. 262 Abs. 4 S. 1 LSA, 105 Abs. 4 S. 1 LSRL]. Dies muss binnen zwei Monaten ab dem Zeitpunkt geschehen, in dem der primäre Handlungsmechanismus scheitert [Art. 262 Abs. 4 S. 2 LSA; 105 Abs. 4 S. 2 LSRL].[1106] Wird die sekundäre Pflicht nicht erfüllt, darf jeder Interessierte die gerichtliche Auflösung der Gesellschaft betreiben [Art. 262 Abs. 3 LSA, 105 Abs. 3 LSRL].[1107]

Wer gegen die erste oder die zweite Pflicht verstößt, wird zivilrechtlich sanktioniert [Art. 262 Abs. 5 LSA, 105 Abs. 5 LSRL].[1108] Das Verschuldenserfordernis ist heftig umstritten.[1109] Der größte gemeinsame Nenner lautet, dass die objektive Pflichtverletzung die Haftung begründet, das Verhalten an sich jedoch schuldhaft sein muss.[1110] Vorsatz oder Fahrlässigkeit brauchen sich also nur auf die tatsächlichen Umstände des Unterlassens oder ungenügenden Tuns zu beziehen, nicht aber auf wirtschaftliche oder rechtliche Folgen des Verhaltens.

Das Gesetz sah bislang bei Pflichtverstößen eine umfassende Haftung für Alt- und Neuverbindlichkeiten vor.[1111] Damit wäre die neu geschaffene konkursspezifische Haftungsanordnung [Art. 172 Abs. 3 LC] bedeutungslos gewesen. Die Gläubiger hätten weiterhin starke Anreize gehabt, ihre Forderung außerhalb des Konkurses der Gesellschaft bei deren Organpersonen einzutreiben. Seit neuestem wird daher nur für Verbindlichkeiten gehaftet, die nach dem Zeitpunkt entstehen, in dem der gesetzliche Auflösungsgrund eintritt.[1112] Die eingeklagten Gesellschaftsverbindlichkeiten gelten ausdrücklich als nach dem Eintritt des gesetzlichen Auflösungsgrundes entstanden, es sei denn, die Organperson beweist, dass sie früheren Datums sind. Diese Vermutung ist insofern zweideutig formuliert, als nicht klar ist, ob sie dem Kläger den Nachweis des Zeitpunktes der Forderungsentstehung oder des Zeitpunktes, in dem der Auflösungsgrund erstmals gegeben ist, erleichtern soll. In der Praxis bereitet den Außenstehenden insbesondere der Beweis der innergesellschaftlichen Finanzsituation Schwierigkeiten. Von daher spricht viel dafür, den Verwaltungsorganpersonen den Beweis

1106 Zur bisherigen Regelungslücke in Art. 262 LSA *Gimeno-Bayón*, CDJ 1997, Derecho de Sociedades II, S. 25, 129, m. w. N.

1107 Zur Beschlussanfechtung *Rojo*, in: Homenaje Sánchez Calero II, S. 1437, 1469 f.

1108 Neugefasst durch D. F. 2ª Ley 19/2005, de 14 de noviembre, sobre la sociedad anónima europea domiciliada en España, BOE Nr. 273 v. 15. November 2005, S. 37303–37308.

1109 Vgl. *Calbacho*, El ejercicio de las acciones de responsabilidad, S. 390 f.; *Díaz Echegaray*, La responsabilidad civil de los administradores, S. 526; *Quijano*, RdS 2002, S. 73, 75, 81 ff.

1110 Jüngst SAP Cantabria (Santander) v. 15. März 2005, AC. 2005/570; *Beltrán*, in: Rojo/Beltrán (Hrsg.), *La responsabilidad de los administradores*, S. 215, 249 f.

1111 SAP Cantabria (Santander) v. 15. März 2005, AC. 2005/570; *Machado*, Pérdida del capital social y responsabilidad, S. 350; *Uría/Menéndez/Beltrán*, in: Uría/Menéndez/Olivencia (Hrsg.), *Comentario sociedades mercantiles XI*, Art. 262, S. 70 f.

1112 Ursprünglich schon *Rojo*, in: Homenaje Sánchez Calero II, S. 1437, 1448. Für rückwirkende Anwendung STS v. 9. Januar 2006, RJ. 2006/166; zustimmend *Rodríguez Ruiz/Huerta*, RdS 2006, S. 647, 653 f.; ablehnend *Marín*, RdS 2006, S. 455, 467 ff.

aufzuerlegen, dass die Verbindlichkeit vor dem – exakt darzulegenden – Zeitpunkt des Eintritts des Auflösungsgrundes begründet wurde.[1113] Die Haftung ist gesamtschuldnerisch.[1114] Schuldnerin bleibt unverändert die Kapitalgesellschaft.[1115] Die herrschende Meinung nimmt an, dass es sich um eine zivilrechtliche Sanktion handelt.[1116] Auf einen Schaden[1117] oder Forderungsausfall[1118] kommt es nicht an. Die Gläubiger erhalten vielmehr eine zusätzliche gesetzliche Personalsicherheit.[1119] Dem entspricht es, den Begriff der „Verbindlichkeiten" nicht nur (im Sinne eines Kontrahierungsverbotes) auf neu begründete Schulden zu beschränken, sondern allgemein nach dem Eintritt des Auflösungsgrundes entstandene (auch ausservertragliche) Verbindlichkeiten der Gesellschaften zu erfassen.[1120]

II. Die konkursabwendende Wirkung der Handlungspflichten

Insoweit als der Kapitalschutz einer unternehmerischen Krisensituation vorbeugt, erfüllt er eine konkurspräventive Funktion.[1121] Das Verwaltungsorgan ist verpflichtet, den Gang der Geschäfte zu überwachen und die grundlegende Verhältnismäßigkeit zwischen Kapitalziffer und finanzieller Ausstattung der Gesellschaft aufrechtzuerhalten. Ein qualifizierter Vermögensverlust weist die unternehmerische Krise der Kapitalgesellschaft aus. Er bedeutet nicht, dass Unternehmen und Gesellschaftsakti-

---

1113 *Marín*, RdS 2006, S. 455, 466; *Rodríguez Ruiz/Huerta*, RdS 2006, S. 647, 649, Fn. 13, 650; ebenso und kritisch zur Regelung insgesamt *Beltrán*, ADCo 7/2006, S. 249, 254.

1114 *Díaz Echegaray*, La responsabilidad civil de los administradores, S. 523; *Machado*, Pérdida del capital social y responsabilidad, S. 368; *Uría/Menéndez/Beltrán*, in: Uría/ Menéndez/Olivencia (Hrsg.), *Comentario sociedades mercantiles XIV/4*, Art. 105, S. 70 f. Abw. *Cerdá*, Administradores, insolvencia y disolución por pérdidas, S. 134 ff.

1115 STS v. 13. April 2000, RJ. 2000/1829.

1116 Aus der wechselvollen Rspr. STS v. 15. Juli 1997, RJ. 1997/5609; v. 29. September 1999, RJ. 1999/7230; v. 18. September 2003, RJ. 2003/6075; v. 23. Februar 2004, RJ. 2004/1138. Für das Schrifttum *Beltrán*, RDM 1992, S. 471, 478; *ders.*, in: Rojo/Beltrán (Hrsg.), *La responsabilidad de los administradores*, S. 215, 221, 245; *De Eizaguirre*, La disolución de la sociedad de responsabilidad limitada, S. 108; *Díaz Echegaray*, La responsabilidad civil de los administradores, S. 522; *Gimeno-Bayón*, CDJ 1997, Derecho de Sociedades II, S. 25, 40; *Pablo-Romero*, RdS 2006, S. 311, 313; *Uría/Menéndez/ Beltrán*, in: Uría/Menéndez/Olivencia (Hrsg.), *Comentario sociedades mercantiles XIV/4*, Art. 105, S. 66 f. A. A. *Cerdá*, Administradores, insolvencia y disolución por pérdidas, S. 130 und passim; *Vicent Chuliá*, in: Homenaje Olivencia II, S. 2389, 2439 f. Zur Verjährung *Cerdá*, Administradores, insolvencia y disolución por pérdidas, S. 181–187.

1117 Hierzu *Calbacho*, El ejercicio de las acciones de responsabilidad, S. 396 f.

1118 Hierzu *Beltrán*, RDM 1992, S. 471, 478, 484; *García-Cruces*, Aranzadi Civil, Nr. 18/2003, Parte Estudio, Kap. IV.

1119 So schon bisher SAP Guadalajara v. 2. März 2005, JUR. 2005/90642; *Alcover*, RdS 1997, S. 265, 267 f.; *Beltrán*, in: CGPJ/CGN (Hrsg.), *La responsabilidad*, S. 131, 139; *Machado*, Pérdida del capital social y responsabilidad, S. 313 ff.

1120 Vgl. eingehend *Marín*, RdS 2006, S. 455, 463-466.

1121 Einführend zu Art. 213 Abs. 2, 214, 209 Abs. 1 lit. b), 194 Abs. 3, 134 Abs. 5 LSA, Art. 281 LSA a. F., 124 LSRL a. F. *Fernández del Pozo*, in: Rojo (Hrsg.), *La reforma*, S. 9, 37 ff.; *Rojo*, in: Jorio (Hrsg.), *Nuove regole per le crisi d'impresa*, S. 173, 176.

vität nicht mehr fortgesetzt werden können.[1122] Die Gesellschaft weist noch ein Netto-Vermögen aus, muss aber aktiv werden. Sie kann den Auflösungsgrund beseitigen oder sich auflösen. Das geschieht durch die Anteilseigner und nötigenfalls durch das handlungspflichtige Verwaltungsorgan. Um den Auflösungsgrund auszuräumen, kommen Kapitalerhöhung, Kapitalherabsetzung oder Kapitalschnitt in Betracht.[1123] Auch mittelbare rechtliche Maßnahmen (Umwandlung) sowie wirtschaftliche Maßnahmen (Neubewertung der Aktiva, Verlustausgleich im Konzern, Nachschüsse u. a.) beseitigen den Auflösungsgrund.[1124] Die Schlussfolgerung war, dass die Funktion des Regelungskomplexes darin besteht, die Insolvenz der Gesellschaft zu vermeiden.[1125]

Die Lehre von der konkurspräventiven Funktion der kapitalschützenden Sanktion erfuhr großen Widerhall.[1126] Alsbald kamen Zweifel daran auf, dass die Überlegung immer zutrifft. So ist denkbar, dass Aktiva der Kapitalgesellschaft unterbewertet sind. Dies führt u. U. zu Fehlbilanz und qualifizierten Verlusten. Das Verwaltungsorgan muss handeln, obwohl objektiv keine Gefahr besteht, dass ein Konkursgrund eintritt.[1127] Ähnliches gilt, wenn anstatt qualifizierter Verluste ein anderer Auflösungsgrund gegeben ist.[1128] Die Beendigung des Unternehmens oder die Kapitalsenkung unter die gesetzlich vorgeschriebene Mindestkapitalziffer können zwar mit der unternehmerischen Krise der Gesellschaft in Zusammenhang stehen, führen aber nicht automatisch die Insolvenz herbei und treten nicht stets parallel zur unternehmerischen Krise auf.[1129] Manche statutarischen Auflösungsgründe wie z. B. persönliche oder politische Ereignisse haben gar nichts mit dem unternehmerischen Geschehen zu tun.[1130] Insoweit scheidet eine vorkonkursliche Funktion vollends aus. Mit einer auf den ersten Blick präventiven Regelung ist vielmehr eine Zwangsmaßnahme verbunden. Die Sanktion wirkt als Drohgebärde gegenüber den Organpersonen, die zur Gesellschaftsauflösung verpflichtet sind.[1131] Sie hilft dem Missstand, dass eine auflösungsbedürftige Gesell-

---

1122 *Beltrán*, La disolución de la sociedad anónima, S. 107.

1123 SJMer Vizcaya (Bilbao) v. 23. März 2005, AC. 2005/249. Zum Kapitalschnitt *Beltrán*, RDM 1991, S. 75 ff.

1124 *Rojo*, in: Homenaje Sánchez Calero II, S. 1437, 1480 f. Auf S. 1457 zur Kapitalherabsetzungspflicht aus Art. 163 Abs. 1 S. 2 LSA.

1125 *Beltrán*, RDM 1992, S. 471, 485; *Uría/Menéndez/Beltrán*, in: Uría/Menéndez/Olivencia (Hrsg.), *Comentario sociedades mercantiles XI*, Art. 260, S. 40 f. und *Comentario sociedades mercantiles XIV/4*, Art. 104, S. 38 f.

1126 Vgl. z. B. *Alonso*, in: García Villaverde u. a. (Hrsg.), *Derecho Concursal*, S. 507, 568; *Calbacho*, El ejercicio de las acciones de responsabilidad, S. 401; *Díaz Echegaray*, La responsabilidad civil de los administradores, S. 519; *Rodríguez Ruiz/Huerta*, DN 2002 (139), S. 1, 2; *Uría/Menéndez/García de Enterría*, in: Uría/Menéndez (Hrsg.), *Curso de Derecho Mercantil I*, S. 1013; *Vicent Chuliá*, DN 2002 (144), S. 1, 2.

1127 *Rojo*, in: Homenaje Sánchez Calero II, S. 1437, 1454, Fn. 28; ähnlich aber auch *Beltrán*, RDM 1992, S. 471, 484. Wie *Rojo* zuletzt *García-Cruces*, in: Rojo (Hrsg.), *La reforma*, S. 247, 315; *Guerrero/Gómez*, in: Homenaje Olivencia II, S. 1965, 1983; *Vicent Chuliá*, DN 2002 (144), S. 1, 2.

1128 *García-Cruces*, Aranzadi Civil, Nr. 18/2003, Parte Estudio, Kap. IV; *Quijano*, RdS 2002, S. 73, 76.

1129 *Quijano*, RdS 2002, S. 73, 75; *Vicent Chuliá*, DN 2002 (144), S. 1, 2; aber SAP Castellón v. 7. April 2005, JUR. 2005/130222.

1130 *Vicent Chuliá*, DN 2002 (144), S. 1, 3; *ders.*, in: Homenaje Olivencia II, S. 2389, 2439.

1131 *García-Cruces*, in: Rojo (Hrsg.), *La reforma*, S. 247, 315.

schaft am Rechtsverkehr teilnimmt, aber nicht ab.[1132] Gerade weil Gesellschaften unter qualifizierten Verlusten weiter operieren, wird geklagt.

Die vorkonkursliche Funktion der kapitalschützenden Sanktion beruht auf der Prämisse, dass zwischen gravierenden Verlusten, der Herbeiführung einer Fehlbilanz und dem Eintritt der Insolvenz eine chronologische und regelmäßig kausale Abfolge existiert.[1133] Diese Annahme trifft zu, wenn Insolvenz bedeutet, dass die Passiva die Aktiva übersteigen. Der Konkursgrund ist heute jedoch die Unfähigkeit des Schuldners, seine Verbindlichkeiten zu erfüllen [Art. 2 Abs. 2 LC]. Weder das Verhältnis von Passiva zu Aktiva noch die bilanzielle Situation sind ausschlaggebend.[1134] Ob das Unternehmen qualifizierte Verluste erzeugt, spielt keine Rolle.[1135] Die vorkonkursliche Funktion der Sanktion bleibt in solchen Fällen intakt, in denen qualifizierte Verluste und Überschuldung tatsächlich den Hintergrund der Zahlungsunfähigkeit bilden. In den übrigen Konstellationen fehlt der erforderliche Zusammenhang. Als ein solcher Fall ist es sogar anzusehen, wenn zwar eine Fehlbilanz oder gar Überschuldung vorliegen, aber erst ein anderer Umstand kausal die Zahlungsunfähigkeit herbeiführt.[1136]

III. Die Wirkungen der Konkurserklärung

Ist die Pflichtwidrigkeit vor der Eröffnung des Gesellschaftskonkurses verwirklicht, bestehen Haftungsansprüche nach der Konkurserklärung fort.[1137] Umgekehrt hängt die Haftung der Geschäftsleiter nicht davon ab, dass der Konkurs der Gesellschaft erklärt wird. Die Gläubiger können anhängige Klagen fortführen oder die Haftung neu einklagen.[1138] Weder hinsichtlich der Aktiv- noch in Bezug auf die Passivlegitimation ergeben sich Veränderungen [vgl. Art. 48 Abs. 2 LC]. Die Verjährung wird indes bei wortlautgetreuer Auslegung unterbrochen, solange das Konkursverfahren dauert [Art. 60 Abs. 2 LC].[1139] Diese Regelung ist allerdings nur für Ansprüche der Konkursschuldnerin zu rechtfertigen und findet daher auf die kapitalschützende Sanktion keine Anwendung.[1140]

Bisher war es für Gesellschaftsgläubiger einfacher, sich über die kapitalschützende Sanktion bei den Organpersonen schadlos zu halten, anstatt am langwierigen Gesellschaftskonkurs teilzunehmen. Hierdurch wird faktisch die Rangfolge unter den

---

1132 *Rojo*, in: Homenaje Sánchez Calero II, S. 1437, 1451, Fn. 23.

1133 *Machado*, Pérdida del capital social y responsabilidad, S. 219 f.

1134 *Fernández Ballesteros*, in: Fernández Ballesteros (Hrsg.), *Proceso Concursal Práctico*, Art. 5, Nr. 9, S. 41.

1135 *Vicent Chuliá*, in: Homenaje Olivencia II, S. 2389, 2438.

1136 *Alonso*, in: García Villaverde u. a. (Hrsg.), *Derecho Concursal*, S. 507, 568 f., jedoch auf S. 570 mit abw. Gesamtergebnis.

1137 AJMer Málaga v. 15. Juli 2005, RCP 4/2006, S. 328.

1138 Vgl. schon Art. 57 Abs. 5 Entwurfsvorschlag 1995. Wie hier jetzt auch *Pablo-Romero*, RdS 2006, S. 311, 321; a. A. *Guerrero/Gómez*, in: Homenaje Olivencia II, S. 1965, 1986.

1139 *Domínguez*, in: Sánchez Calero Guilarte/Guilarte (Hrsg.), *Comentarios I*, Art. 60, S. 1124 f.

1140 Wie hier *Vila*, in: Sagrera/Sala/Ferrer (Hrsg.), *Comentarios I*, Art. 60, S. 641.

Konkursgläubigern unterlaufen. Der Konkursrichter verhindert daher mit der Sicherungsbeschlagnahme [Art. 48 Abs. 3 LC], dass die Vermögen der Geschäftsleiter aufgezehrt werden.[1141] Die Haftung beschränkt sich nunmehr auf Neuverbindlichkeiten. Auf diesem Weg können Altgläubiger die Teilnahme am Gesellschaftskonkurs daher nicht mehr umgehen. Außerdem haben die Vermögen der Organpersonen ihre Grenzen. Wenn sich mehrere Gläubiger daraus befriedigen wollen, ergibt sich eine konkursähnliche Situation.[1142] Geht der Organträger in Konkurs, sind Zahlungen an einzelne Gläubiger mit der Wiedereinbringungsklage anfechtbar. Des Weiteren wird erwogen, das Konkursverfahren über das Vermögen der Organperson mit dem Gesellschaftskonkurs nachträglich zu verbinden [Art. 25 Abs. 2 LC analog].[1143] Sofern die Organperson eine andere Gesellschaft desselben Konzerns ist, lässt sich die Verfahrensverbindung unmittelbar auf Art. 25 Abs. 1 LC stützen. Maßgebendes Verfahren ist dann allerdings der Konkurs der herrschenden Gesellschaft, die faktische Organperson ist.

Erfüllt die Organperson den Zahlungsanspruch, erlischt die betreffende Konkursforderung [vgl. Art. 1145 Abs. 1 CC]. Die Organperson kann grundsätzlich bei der Gesellschaft Regress nehmen [Art. 1212 CC][1144] und als Gläubiger im Konkursverfahren den Rang beanspruchen, den die erfüllte Forderung hatte. Dieses Ergebnis überzeugt nicht, weil die Organperson eine gesellschaftsrechtlich nahe stehende Person ist. Korrigierend sind Art. 92 Nr. 5, 93 Abs. 2 Nr. 2 LC anzuwenden, so dass die Regressforderung nachrangig ist.[1145] Das folgt ebenfalls aus dem Rechtsgedanken von Art. 87 Abs. 6 S. 2 LC. Effektiver ist noch, im Qualifikationsurteil den Forderungsverlust der Organperson anzuordnen [vgl. Art. 172 Abs. 2 Nr. 3 LC].[1146]

Die gesamtschuldnerische Haftung ist auch beim Konkursvergleich zu berücksichtigen. Soweit einzelne Gläubiger dem Vergleich nicht zustimmen, darf ihnen sein Inhalt im Verhältnis zu Gesamtschuldnern, Bürgen und Garanten des Konkursschuldners nicht entgegengehalten werden [Art. 135 Abs. 1 LC]. Wer aus Art. 262 Abs. 5 LSA, 105 Abs. 5 LSRL verurteilt wird, steht insoweit den Gesamtschuldnern gleich.[1147] Nicht zustimmende Gläubiger dürfen die kapitalschützende Sanktion daher ohne Rücksicht darauf, ob die Verbindlichkeit der Gesellschaft erlassen oder gestundet ist, bei der Organperson liquidieren. Hierin liegt ein Anreiz zu vergleichsfeindlichem Ver-

---

1141 *García-Cruces*, Aranzadi Civil, Nr. 18/2003, Parte Estudio, Kap. IV.; *Muñoz Planas/Muñoz Paredes*, RDM 2003, S. 1341, 1351.

1142 Bisher *Gimeno-Bayón*, CDJ 1997, Derecho de Sociedades II, S. 25, 138; ähnlich nun auch *Vicent Chuliá*, RCP 4/2006, S. 15, 27.

1143 *Beltrán*, in: Rojo/Beltrán (Hrsg.), *La responsabilidad de los administradores*, S. 215, 260; *García-Cruces*, Aranzadi Civil, Nr. 18/2003, Parte Estudio, Kap. IV.

1144 *Muñoz Planas/Muñoz Paredes*, RDM 2003, S. 1341, 1354.

1145 *Beltrán*, in: Rojo/Beltrán (Hrsg.), *La responsabilidad de los administradores*, S. 215, 259.

1146 *Espinós*, in: Sagrera/Sala/Ferrer (Hrsg.), *Comentarios I*, Art. 48, S. 511.

1147 Zum Gesetzentwurf 2001 *Rodríguez Ruiz/Huerta*, DN 2002 (139), S. 1, 14. Ferner *Beltrán*, in: Rojo/Beltrán (Hrsg.), *La responsabilidad de los administradores*, S. 215, 260 f.; *Espinós*, in: Sagrera/Sala/Ferrer (Hrsg.), *Comentarios III*, Art. 172, S. 1806; rechtshistorisch und -vergleichend *Muñoz Planas/Muñoz Paredes*, RDM 2003, S. 1341, 1361 ff., 1382.

halten, der jedoch an Kraft verloren hat, seit die Sanktion auf Neuverbindlichkeiten beschränkt ist.

IV. Das Verhältnis zur konkursspezifischen Haftungsanordnung

Das konkursrechtliche Haftungsregime verdrängt nicht die Haftung wegen Verletzung der kapitalgesellschaftsrechtlichen Handlungspflichten, sondern konkurriert mit ihr.[1148] Die spätere Zahlungsunfähigkeit lässt die Haftung wegen unterlassener oder verspäteter Auflösung nicht entfallen.[1149] Die Sanktionen knüpfen an größtenteils unterschiedliche Tatbestandsmerkmale an.[1150] Sie verfolgen als Zielsetzungen einerseits, dass die Gesellschaft aufgelöst wird, und andererseits, dass verschiedene andere Rechtspflichten durchgesetzt werden, die das Gesetz unter der Herbeiführung oder Verschlimmerung der Zahlungsunfähigkeit zusammenfasst.[1151] Zu Letzteren gehört namentlich die Konkursantragspflicht. Bereits bei der Untersuchung der Rechtsfolgen einer Verletzung dieser Antragspflicht haben sich aber Argumente dafür finden lassen, dass die Art. 262 LSA, 105 LSRL nicht stets als Sanktionsmechanismus neben jenen der Konkursqualifikation Anwendung finden, und gleichzeitig keine zwingenden Argumente dafür, dass die kapitalschützende Sanktion überhaupt einschlägig ist.[1152]

Überdies ist das praktische Ergebnis nicht identisch.[1153] Ein Gläubiger kann aus der kapitalschützenden Sanktion individuell auf eines oder mehrere Vermögen zurückgreifen, die von der Konkursaktivmasse verschieden sind.[1154] Demgegenüber wird die konkursspezifische Haftung vom Konkursrichter von Amts wegen angeordnet. Die dadurch begründete Leistungspflicht wird in die Aktivmasse erbracht. Auskehrungen erfolgen über die Verfahrensorgane des Konkurses.

1148 *Espinós*, in: Sagrera/Sala/Ferrer (Hrsg.), *Comentarios III*, Art. 172, S. 1806. Zum bisherigen Recht *Mairata*, in: Homenaje Sánchez Calero II, S. 1383, 1403.

1149 Zutreffend AJMer Málaga v. 15. Juli 2005, RCP 4/2006, S. 328.

1150 Kongress der Handelsrichter v. 1./2. Dezember 2005 in Valencia, ADCo 8/2006, S. 249, 306 f.; *García-Cruces*, Aranzadi Civil, Nr. 18/2003, Parte Estudio, Kap. IV.

1151 *García-Cruces*, in: Rojo (Hrsg.), *La reforma*, S. 247, 317; *Mambrilla*, in: Sánchez Calero Guilarte/Guilarte (Hrsg.), *Comentarios III*, Art. 172, S. 2860.

1152 Vgl. oben 3. Kapitel § 3 III 3.

1153 Kongress der Handelsrichter v. 1./2. Dezember 2005 in Valencia, ADCo 8/2006, S. 249, 307.

1154 *Beltrán*, in: Rojo/Beltrán (Hrsg.), *La responsabilidad de los administradores*, S. 215, 249 und 258 f.

7. Kapitel
Die unternehmerische Verbindung („grupo") im Konkurs

§ 1 Die Verbindung einer Mehrzahl von juristischen Personen im Verhältnis zum Konkursschuldnerbegriff

I. Die Charakterisierung des Typus der unternehmerischen Verbindung

Unternehmen verbinden sich für Zwecke der Kooperation, Koordination, Reorganisation oder bloßen Rationalisierung miteinander oder stimmen ihre Tätigkeit ab („grupo" im weiten Sinn).[1155] Wenngleich empirische Erhebungen über Bedeutung und Ausprägungen unternehmerischer Verbindungen in Spanien fehlen, werden diese Verbindungen rechtstatsächlich immer relevanter.[1156] Kapitalgesellschaften gehören zu den integrationsfähigsten Rechtsformen.[1157] Sie organisieren sich in hierarchischen oder Über-Unter-Ordnungsstrukturen, seltener in horizontalen oder Gleichordnungsstrukturen.[1158] Die Über-Unter-Ordnungsstrukturen sind in der Mehrheit dezentralisiert, so dass die beherrschten Gesellschaften bestimmte Kompetenzen eigenständig wahrnehmen können.[1159] Vertraglich fixierte Verbindungen spielen eine weniger wichtige Rolle als die so genannten faktischen Verbindungen. Gängige Form der faktischen unternehmerischen Verbindung ist die (unter Umständen wechselseitige) kapitalmäßige Beteiligung.[1160] Vor diesem Hintergrund spricht man im spanischen Recht regelmäßig von der organschaftlichen Verbindung unter Gesellschaften.[1161]

1155 *De la Cámara*, Estudios de Derecho Mercantil II, S. 269; *Paz-Ares*, RJUAM 1/1999, S. 223 ff.

1156 Allgemein *Forum Europaeum*, ZGR 1998, S. 672, 675 f. Vgl. auch *Sánchez Calero Guilarte*, ADCo 5/2005, S. 7, 9 f.

1157 Vgl. nur *Embid*, RdS 2000, S. 57, 66; *Girgado*, La empresa de grupo y el derecho de sociedades, S. 317.

1158 *De Arriba*, Derecho de grupos de sociedades, S. 107; *Fernández de Araoz*, in: Homenaje Sánchez Calero V, S. 5357, 5365 f., m. w. N.; *Girgado*, La empresa de grupo y el derecho de sociedades, S. 317; *Paz-Ares*, RJUAM 1/1999, S. 223, 235; *Rojo*, RDM 1996, S. 457, 477.

1159 *Embid*, AAMN XXXIX (1999), S. 184, 194.

1160 *De Arriba*, Derecho de grupos de sociedades, S. 342 f.; *Duque*, in: Homenaje Sánchez Calero V, S. 5303, 5306; *Ferré*, in: Homenaje Olivencia II, S. 1931, 1942 f.; *Paz-Ares*, RJUAM 1/1999, S. 223, 234; *Rojo*, RDM 1996, S. 457, 477 f., m. w. N.

1161 *Duque*, in: Homenaje Sánchez Calero V, S. 5303, 5308, m. w. N.; ausführlich *Forum Europaeum Konzernrecht*, ZGR 1998, S. 672, 681; *Sánchez Calero*, RDBB 2000, S. 7, 45 f. Vgl. auch *Vicent Chuliá*, Compendio Crítico I-2, S. 965 f.

Die spanische Rechtsordnung enthält keine allgemeinverbindliche Definition des „gru-po". Das bisherige Konkursrecht brachte der unternehmerischen Verbindung lediglich Indifferenz entgegen.[1162] Das Konkursgesetz setzt einen Tatbestand voraus, ohne dass durch die bloße Gesetzeslektüre feststellbar ist, um welchen es sich handelt.[1163] Zahlreiche Regelungen in anderen Spezialgesetzen nehmen auf den „grupo" Bezug oder regeln einzelne Charakteristika. Hierauf detailliert einzugehen, ist vorliegend nicht möglich.[1164] Nur ein greifbares Typenverständnis dient aber sowohl der Rechtssicherheit als auch den Interessen der Konkursgläubiger wie der externen Gesellschafter.[1165] Drei wesentliche Merkmale sind hervorzuheben. Auf Basis der verschiedenen Regelungen ist für den Typus „grupo" als objektives Element prägend, dass die Mitglieder einheitlich getroffene Entscheidungen befolgen („unidad de decisión"). Ohne eine übergeordnete Rechtspersönlichkeit zu bilden, gruppieren sich selbständige natürliche oder juristische Personen zu einem gemeinsamen wirtschaftlichen Vorgehen. Dieses subjektive Element umfasst in jedem Fall Kapitalgesellschaften. Die unternehmerische Verbindung stützt sich zuletzt auf verschiedene instrumentelle oder strukturelle Elemente. Diese sind vertraglicher wie realer Natur.

Die spanische Fachwelt hofft seit Jahren auf eine übergreifende Regelung im Gesellschaftsrecht.[1166] Damit die Konzernregeln in Art. 590–602 des Entwurfs für ein Gesetzbuch über die Handelsgesellschaften anwendbar sind, setzt Art. 590 Abs. 1 als Typus „grupo empresarial" voraus, dass eine Gesellschaft Leitungsmacht über eine andere ausübt, eine natürliche oder juristische Person Leitungsmacht über mehrere Gesellschaften ausübt bzw. mehrere Personen, die systematisch zusammenwirken, Leitungsmacht über mehrere andere Gesellschaften ausüben.[1167]

II. Keine Konkursverfahrensfähigkeit

Wenn die Unternehmensträger gemeinsam eine neue juristische Person errichten, um ihre Aktivität in zentralisierter Weise zu verwirklichen, existiert mit der als Ver-

---

1162 *Paz-Ares/Virgós/Bermejo*, in: McBryde/Flessner/Kortmann (Hrsg.), *Principles of European Insolvency Law*, S. 575, 581.

1163 Vgl. Art. 3 Abs. 5, 6 Abs. 2 Nr. 2, 6 Abs. 3 Nr. 4, 10 Abs. 4, 25 Abs. 1, 28 Abs. 2 und 3, 93 Abs. 2 Nr. 3 LC. Art. 92 Abs. 2 Nr. 1 Gesetzentwurf 2002 mit Art. 42 Abs. 1 CCom. Aber *Embid*, in: Homenaje Olivencia II, S. 1885, 1891 f. Zutreffend AJPI Córdoba v. 16. Juni 2005, ADCo 7/2006, S. 342, 343 f.; *López Molina*, in: Palomar (Hrsg.), *Comentarios*, Art. 93, Nr. 2, S. 865.

1164 Näher *Duque*, in: Homenaje Sánchez Calero V, S. 5303 ff.; *Embid*, in: Esteban Velasco (Hrsg.), *El gobierno de las sociedades cotizadas*, S. 595, 601 f.; *ders.*, ZGR 1991, S. 289, 291–298; *ders.*, AAMN XXXIX (1999), S. 184, 205 f.; *ders.* RDM 2003, S. 933, 957; *ders.*, RCP 4/2006, S. 65, 67 ff.; *Girgado*, La empresa de grupo y el derecho de sociedades, passim; *Rojo*, RDM 1996, S. 457 ff.; *Sánchez Álvarez*, in: Homenaje Olivencia II, S. 2313 ff.; *Sánchez Calero*, RDBB 2000, S. 7, 25 ff.; *A. J. Tapia*, in: Homenaje Broseta III, S. 3697 ff. Vgl. auch AJMer Madrid v. 29. November 2004, ADCo 3/2004, S. 395, 399 ff.

1165 *Larenz*, Methodenlehre, S. 194 ff. und 200. *De la Cámara*, Estudios de Derecho Mercantil II, S. 268 f.; *Forum Europaeum Konzernrecht*, ZGR 1998, S. 672, 678.

1166 Vgl. *Rojo*, RDM 1996, S. 457, 463 f.

1167 Vgl. *Entrena*, in: Delgado/Fernández-Tresguerres (Hrsg.), *Instituciones VI-1*, S. 383.

bindungsform gewählten Rechtspersönlichkeit ein Subjekt, das nach den allgemeinen Regeln konkursverfahrensfähig ist.[1168] Die Konkursverfahrensfähigkeit der natürlichen und juristischen Personen, die an der juristischen Person beteiligt sind, wird davon nicht berührt. Anders liegt es, wenn keine neue Rechtspersönlichkeit gebildet wird („grupo" im engeren Sinne).[1169] Die Mitglieder der Verbindung sind konkursverfahrensfähig. Die bloße unternehmerische Krise lässt die Kontinuität ihrer Rechtspersönlichkeiten unberührt. Die übergeordnete Organisationsform ist dagegen nicht als Konkursverfahrenssubjekt individualisierbar.[1170]

Dessen ungeachtet kann die unternehmerische Verbindung aber gefährden, erschweren oder verhindern, dass der Konkursverfahrenszweck erreicht wird. Probleme bestehen bereits vor der Konkurserklärung, wenn es zu Vermögensschädigungen im weitesten Sinn kommt.[1171] Das ist insbesondere der Fall, wenn die herrschende Gesellschaft die beherrschte Gesellschaft unzureichend mit Vermögen ausstattet (Unterkapitalisierung),[1172] ihr unmittelbar Vermögenswerte entzieht oder durch unternehmerische Entscheidungen mittelbar schädigt. Je deutlicher den Geschäftsleitern der beherrschten Gesellschaft die unternehmerische Krise vor Augen steht, umso größer ist die Gefahr, dass sie inadäquat darauf reagieren. Anstatt Maßnahmen effektiver Unternehmenssanierung einzuleiten, erlassen Konzerngesellschaften einander oftmals Forderungen, um die definitive Zahlungsunfähigkeit zu vermeiden.[1173]

Im eröffneten Konkursverfahren treten gleichfalls Probleme zu Tage, etwa wenn Forderungen innerhalb der unternehmerischen Verbindung hin- und hergeschoben werden. Die herrschende Gesellschaft dominiert alsbald die Entscheidungsabläufe in der Gläubigerselbstverwaltung. Die bisherige Praxis zeigte dies nur allzu deutlich. Der Einfluss der Obergesellschaft wirkte sich namentlich bei der Bestellung der Konkurssyndizi und der Abstimmung der Gläubigerversammlung über den Vergleich aus.[1174] Die Nähe der Syndizi zu den tonangebenden Gläubigern erleichterte es, zu Lasten der außenstehenden Gläubiger kollusiv zusammenzuwirken. Des Weiteren fehlte es an Koordinationsmöglichkeiten, um Vergleichsvorhaben und ihr Inkrafttreten in verschiedenen Verfahren übergreifend abzustimmen.[1175]

III. Keine Ausweitung des Konkurses

Wenn eine Gesellschaft der unternehmerischen Verbindung zahlungsunfähig ist, besteht die gravierendste Folge darin, die Wirkungen des Konkurses auf weitere Mitglie-

---

1168 *Fernández de Araoz*, in: Homenaje Sánchez Calero V, S. 5357, 5382 f., m. w. N.
1169 Zur Unterscheidung *Entrena*, in: Delgado/Fernández-Tresguerres (Hrsg.), *Instituciones VI-1*, S. 387, und passim.
1170 *Fernández Ballesteros*, in: Fernández Ballesteros (Hrsg.), *Proceso Concursal Práctico*, Art. 1, Nr. 8, S. 26; *Duque*, in: García Villaverde u. a. (Hrsg.), *Derecho Concursal*, S. 137, 139; *Vicent Chuliá*, in: Homenaje Olivencia II, S. 2389, 2402.
1171 *Embid*, in: Homenaje Olivencia II, S. 1885, 1886.
1172 *Pavone*, DFall 1987, S. 501, 505.
1173 *Rojo*, RDM 1996, S. 457, 483, auch zur Bedeutung im bisherigen Recht.
1174 *Rojo*, RDM 1996, S. 457, 482; *Sánchez Calero Guilarte*, ADCo 5/2005, S. 7, 51.
1175 *Rojo*, RDM 1996, S. 457, 484.

der auszuweiten, selbst wenn diese isoliert betrachtet nicht insolvent sind.[1176] Mehrere Konkursverfahren werden dann als eines mit einheitlichen Aktiv- und Passivmassen geleitet und verwaltet. Die Verfahrensschritte und materiellen Entscheidungen wirken unmittelbar gegenüber sämtlichen Beteiligten. Der „grupo" ist im spanischen Recht jedoch grundsätzlich zulässig, eine generelle strukturbedingte Haftungsausdehnung unter rechtlich selbständigen Verbindungsgliedern mithin systemwidrig.[1177] Aus demselben Grund wurde bisher die Erstreckung der Verfahrenswirkungen von „Quiebra" und „Suspensión de pagos" auf mehrere Gesellschaften abgelehnt.[1178] Seit Art. 9 Entwurfsvorschlag 1995 ist etabliert, dass konkursverfahrensfähige Rechtssubjekte selbständig sind und der Eröffnungstatbestand in Bezug auf jedes einzelne erfüllt sein muss.[1179] Konkursgrund ist heute die Zahlungsunfähigkeit des Konkursschuldners, d. h. jedes Konkursschuldners.

IV. Kein konkursrechtlicher Durchgriff

Der Schutz von Minderheitsgesellschaftern und außenstehenden Gesellschaftsgläubigern kann es erfordern, die Rechtssubjektivität der Gesellschaft zu überwinden („levantamiento del velo").[1180] Das gilt namentlich für die Haftungserstreckung auf

---

1176 Umfassend bisher *Gozalo*, La quiebra por extensión, passim. *Pavone*, DFall 1987, S. 501, 502 f. Vgl. im italienischen Recht bisher Art. 147 Abs. 1 Legge Fallimentare 1942: „La sentenza che dichiara il fallimento della società con soci a responsabilità illimitata produce anche il fallimento dei soci illimitatamente responsabili." (Die Konkurserklärung der Gesellschaft mit unbeschränkt haftenden Gesellschaftern führt den Konkurs der unbeschränkt haftenden Gesellschafter herbei.) Nicht aber umgekehrt: Art. 149. De lege ferenda ablehnend *Eidenmüller*, ADCo 9/2006, S. 7, 11; befürwortend *Vicent Chuliá*, RJC 1978, S. 919, 961 f.; heute *Calvo/Carrascosa*, Derecho Concursal Internacional, S. 211 f. Vgl. Vorentwurf 1983 zur Ausdehnung „von unten nach oben" im Konzern [Art. 150], von der Gesellschaft zum unbeschränkt haftenden Gesellschafter [Art. 151] und von der Ein-Mann-Gesellschaft zum Alleingesellschafter [Art. 152].

1177 *Duque*, in: García Villaverde u. a. (Hrsg.), *Derecho Concursal*, S. 137, 153; *Embid*, RDM 2003, S. 933, 965; *ders.*, in: Esteban Velasco (Hrsg.), *El gobierno de las sociedades cotizadas*, S. 595, 602 ff.; *Girgado*, La empresa de grupo y el derecho de sociedades, S. 396; *ders.*, La responsabilidad de la sociedad matriz, S. 29-31. Auch *De Arriba*, Derecho de grupos de sociedades, S. 102-105.

1178 Zur bisherigen Rechtslage STS v. 18. Februar 1972, RJ. 1972/715. *Obiter* STS v. 20. Juli 1996, RJ. 1996/5678. De lege ferenda *Vicent Chuliá*, RJC 1978, S. 919, 959 f. Wie im Haupttext: *Cerdá/Sancho*, Curso de Derecho Concursal, S. 248; *Rojo*, RDM 1996, S. 457, 482; *Sánchez Calero*, RDBB 2000, S. 7, 60. Aus Sicht des Buchprüferwesens auch *Gómez Martin*, Los auditores y la suspensión de pagos, S. 20 f.

1179 *Embid*, in: Homenaje Olivencia II, S. 1885, 1904. Anders Art. 153 Vorentwurf 1983. Zum bewussten Richtungswechsel *Rojo*, RDM 1996, S. 457, 480, Fn. 49. Zu Art. 2 i. V. m. 1 LC *Sánchez Calero Guilarte*, in: Sánchez Calero Guilarte/Guilarte (Hrsg.), *Comentarios I*, Art. 3, S. 168. Abw. für Art. 3 Abs. 5 LC *Ferrándiz*, in: Fernández Ballesteros (Hrsg.), *Proceso Concursal Práctico*, Art. 3, Nr. 3, S. 33.

1180 STS v. 28. Mai 1984, RJ. 1984/2800; SAP Vizcaya (Bilbao) v. 3. September 2002, JUR. 2002/279980, Grund Nr. 2, m. w. N.; *Rojo*, RDM 1996, S. 457, 464 ff., und zum vereinzelten konkursrechtlichen Durchgriff, S. 482.

beherrschende Anteilseigner, die nur beschränkt auf ihre Kapitalbeteiligung haften.[1181] Um persönlichen und wirtschaftlichen Überschneidungen zwischen Gesellschaft und Gesellschaftern Rechnung zu tragen und die Aktivmasse aufzufüllen, liegt ein konkursrechtlicher Durchgriff auf die herrschende Gesellschaft nahe („levantamiento del velo concursal").[1182] Der Durchgriff bezweckt indessen, im Einzelfall materielle Gerechtigkeit herzustellen. Wegen dieses Ausnahmecharakters und der damit einhergehenden Rechtsunsicherheit ist er als generelles Instrument im Konkursverfahren untauglich.[1183] Im Konkurs ist aber nicht jeder haftungsrechtliche Durchgriff ausgeschlossen.[1184] Zu berücksichtigen ist, dass verschiedene Mittel der Masseerhaltung und -anreicherung kodifiziert worden sind, etwa indem Forderungen gesellschaftsrechtlich nahe stehender Personen im Rang zurückgestuft oder Rechtshandlungen mit der Wiedereinbringungsklage angefochten werden. Beim Durchgriff handelt es sich daher um ein streng subsidiäres Mittel.[1185]

V. Die Verfahrenskoordinierung durch einheitliche Zuständigkeit

Der Gesetzgeber hat Koordinationsmechanismen für mehrere Verfahren den Vorzug vor Ausweitung und Durchgriff gegeben.[1186] Wenn das Gesetz von gemeinsamer Konkurserklärung und nachträglicher Konkursverbindung spricht, meint es „einheitliche Zuständigkeit" [vgl. Art. 72 LEC, „acumulación"] und nicht gemeinsame Verhandlung. Die einheitliche Zuständigkeit bedeutet, dass ein und derselbe Konkursrichter für mehrere Verfahren zuständig ist. Die Personenidentität in der Verfahrensführung erleichtert es, die Verfahrensverläufe formal zu koordinieren und die Ergebnisse inhaltlich abzustimmen. Hierdurch lassen sich Kosten reduzieren und die erforderlichen wirtschaftlichen Entscheidungen optimieren.[1187] Die Aktiv- und Passivmassen bleiben voneinander getrennt. Die Verfahren können unterschiedlich ausgestaltet werden (z. B. in Bezug auf die vermögensrechtliche Stellung der Konkursschuldner) und einen unterschiedlichen Ausgang nehmen.[1188] Darüber hinaus scheint sich die Überlegung,

---

1181 Zum Alleinkapitalgesellschafter *De Eizaguirre*, Derecho de Sociedades, S. 87 ff.
1182 So in Bezug auf Art. 3 Abs. 5 LC *Embid*, in: Homenaje Olivencia II, S. 1885, 1901.
1183 *Girgado*, La empresa de grupo y el derecho de sociedades, S. 287; *ders.*, La responsabilidad de la sociedad matriz, S. 77–81.
1184 Vgl. hierzu *Girgado*, La empresa de grupo y el derecho de sociedades, S. 287–295.
1185 *González Carrasco*, in: R. Bercovitz (Hrsg.), *Comentarios I*, Art. 3, Nr. 8.3, S. 74 f., m. w. N., S. 76; vgl. auch *Sánchez Calero*, RDBB 2000, S. 7, 58 ff.; *Sánchez Calero Guilarte*, ADCo 5/2005, S. 7, 56-59.
1186 *De lege ferenda Makua Goienetxe*, Diario de Sesiones del Congreso de Diputados (Comisiones – Justicia e Interior) Nr. 613 v. 30. Oktober 2002, S. 20149, S. 20162. Wie hier *Beltrán*, in: Rojo/Beltrán (Hrsg.), Comentario I, Nr. III.3.1.1., S. 985; *Ferré*, in: Homenaje Olivencia II, S. 1931, 1946; *Morillas*, El concurso de las sociedades, S. 122.
1187 Näher *Eidenmüller*, ADCo 9/2006, S. 7, 12 f. m. w. N.; dort auch eingehend zur Situation im deutschen Recht, S. 16 ff.
1188 AAP Valencia v. 21. Dezember 2005, ADCo 9/2006, S. 298, 300; *Embid*, RCP 4/2006, S. 65, 70 f. m. w. N.; *Tirado*, Los administradores concursales, S. 520 f.

dass die Verwalteraufgaben allein bei der Konkursverwaltung im „Hauptkonkurs" zu bündeln seien, in der Praxis nicht widerspruchslos durchzusetzen.[1189]

§ 2 Die gemeinsame Konkurserklärung

I. Der Tatbestand der intensivierten unternehmerischen Verbindung

Der Gläubiger, der den Fremdantrag stellt, kann zugleich beantragen, dass der Konkurs für mehrere seiner Schuldner gemeinsam erklärt wird [Art. 3 Abs. 5 LC]. Mehrere Gläubiger können den Antrag auf gemeinsame Konkurserklärung gegenüber einer Mehrzahl von Schuldnern nur stellen, sofern jeder Gläubiger Inhaber von Ansprüchen gegen jeden der Schuldner ist. Nach dem Gesetzeswortlaut können nur zwingende Konkurse gemeinsam erklärt werden. Für freiwillige Konkurse ist Art. 3 Abs. 5 LC analogiefähig.[1190] Dafür sprechen vor allem Gründe der Prozessökonomie. Ein Missbrauch durch Konzerngesellschaften ist nicht zu befürchten.[1191] Der Konkursrichter prüft vielmehr alle Tatbestandsmerkmale im Hinblick auf jeden Konkursschuldner. Die gemeinsame Verfahrenseröffnung liegt überdies im Interesse der Gläubigergesamtheit, selbst wenn mehrere Konkursschuldner sie beantragen. Die Vorteile werden insbesondere im nachfolgend fünften und siebten Unterkapitel über die Besonderheiten der übergreifenden Konkursverwaltung und der Vergleichskoordinierung verdeutlicht.

Die erste Tatbestandsvariante setzt für die gemeinsame Konkurserklärung objektiv voraus, dass die Vermögen der Konkursschuldner vermischt sind. Dadurch, dass allgemein vom Schuldner die Rede ist, wird auf Art. 1 Abs. 1 LC verwiesen, der sowohl natürliche als auch juristische Personen umfasst.[1192] Eine Vermischung liegt vor, wenn die eindeutige Zuordnung eines Vermögensgegenstandes zu dem nach Art. 1911 CC haftenden Vermögen eines bestimmten Eigentümers oder Inhabers unter den zahlungsunfähigen Schuldnern unmöglich ist.[1193] Ein typischer Fall ist das konzerneinheitliche Kassenwesen. Darin erfolgen Zahlungen über die Gesellschaft, bei der es nach den Maßstäben von Rentabilität und Kostenminderung gerade am günstigsten

---

1189 Ablehnend immerhin der Kongress der Handelsrichter v. 9./10. Dezember 2004 in Valencia, ADCo 7/2006, S. 229, 230.

1190 AJMer Las Palmas v. 15. Oktober 2004, ADCo 3/2004, S. 391 f.; AJMer Madrid v. 29. November 2004, ADCo 3/2004, S. 395, 397 f.; AJMer Valencia v. 25. Januar 2005, ADCo 5/2005, S. 330; *Morillas*, El concurso de las sociedades, S. 127; *Rojo*, in: Rojo/Beltrán (Hrsg.), *Comentario I*, Art. 3, Nr. VII.1.1., S. 220; zustimmend Embid, RCP 4/2006, S. 65, 73 f. A. A. *Bonet*, in: R. Bercovitz (Hrsg.), *Comentarios I*, Art. 25, Nr. 1, S. 236, Fn. 1. Offengelassen vom Kongress der Handelsrichter v. 9./10. Dezember 2004 in Valencia, ADCo 7/2006, S. 229 f. mit Argumenten für und wider.

1191 So aber *González Carrasco*, in: R. Bercovitz (Hrsg.), *Comentarios I*, Art. 3, Nr. 8.1, S. 72.

1192 Nw. bisheriger Rspr. bei *Gómez Martín*, Los auditores y la suspensión de pagos, S. 20 f.

1193 AJMer Vizcaya (Bilbao) v. 11. Mai AC. 2005/940; *Sánchez Calero Guilarte*, in: Sánchez Calero Guilarte/Guilarte (Hrsg.), *Comentarios I*, Art. 3, S. 166. Abw. *Morillas*, El concurso de las sociedades, S. 92 ff.

ist, selbst wenn sie nicht Berechtigte bzw. Schuldnerin ist.[1194] Vermögensgegenstände, die in einem Register auf einen bestimmten Eigentümer oder Inhaber eingetragen sind, können auf Grund des Registerinhalts eindeutig zugeordnet werden, selbst wenn die tatsächlichen Umstände verwirrend sind.[1195] In welchem relativen oder absoluten Maße die Vermögen vermischt sein müssen, legt die Regelung nicht fest. Die Abgrenzung lässt sich nicht generell formulieren, sondern hängt von funktionellen Kriterien ab, namentlich inwieweit die Vermischung eine Vereinheitlichung des unternehmerischen Vorgehens mit sich bringt.[1196] Es bleibt mithin dem Konkursrichter überlassen, die Vermischung unter Berücksichtigung aller Umstände des Einzelfalls festzustellen. Für sich genommen reicht nicht aus, dass zwischen den Konkursschuldnern ein Gesamtschuldnerverhältnis besteht.[1197]

Die zweite Variante erfordert, dass der Fremdantragsteller Gläubiger von juristischen Personen ist, die zu einem „grupo" gehören. In subjektiver Hinsicht ist zu beachten, dass es sich bei den Mitgliedern der unternehmerischen Verbindung um juristische Personen handeln muss. Die Konkurse von natürlichen Personen und Sondervermögen werden insoweit nicht einbezogen. Bei juristischen Personen ist die gemeinsame Konkurserklärung somit nicht nur bei Vermögensvermischung statthaft, sondern auch, wenn der Gläubiger z. B. gegen die beherrschte Gesellschaft vertragliche Ansprüche hat und die herrschende Gesellschaft aus einer harten Patronatserklärung in Anspruch nehmen kann.[1198]

Die Regelung ist insofern defizitär, als sie einen in der Praxis nicht seltenen Fall ausklammert, nämlich die von einer natürlichen Person gelenkte unternehmerische Verbindung.[1199] So steht an der Spitze der am 11. Januar 2007 in Konkurs gegangenen „Air Madrid"-Gruppe mit José Luis Carrillo Benítez eine Einzelperson, deren Immobilienunternehmen „Optursa Management" Alleingesellschafter des zahlungsunfähigen Billigflugunternehmens ist.[1200]

Zwei kumulative Voraussetzungen verengen zusätzlich das zu Anfang des siebten Teils der Arbeit umrissene, weit gefasste Typenverständnis. Die verbundenen juristischen Personen müssen im Wesentlichen identisch sein und ihre Entscheidungen einheitlich treffen. Die zweite Einschränkung erscheint als überflüssig, weil sie als objektives Merkmal im allgemeinen Typenverständnis enthalten ist (Entscheidungseinheit). Die Wiederholung betont indessen, dass die Unternehmensverbindung eine hierarchische Struktur aufweisen muss. Die gemeinsame Konkurserklärung ist gerechtfertigt, wenn die unternehmerische Verbindung hinreichend zentralisiert ist.[1201]

1194 Hierzu *Sánchez Calero Guilarte*, ADCo 5/2005, S. 7, 16, 39.

1195 *Rojo*, in: Rojo/Beltrán (Hrsg.), *Comentario I*, Art. 3, Nr. VII.1.2.1., S. 221.

1196 Ähnlich *Espiniella*, ADCo 9/2006, S. 149, 165: einheitlicher Mittelpunkt der hauptsächlichen Interessen.

1197 AJMer Vizcaya (Bilbao) v. 11. Mai 2005, AC. 2005/940.

1198 *Duque*, in: García Villaverde u. a. (Hrsg.), *Derecho Concursal*, S. 137, 150.

1199 Vgl. *Embid*, RCP 4/2006, S. 65, 75.

1200 http://www.cadenaser.com/articulo/cadena/ser/Perfil/Jose/Luis/Carrillo/Benitez/presidente/Air/Madrid/empresario/antigua/usanza/csrcsrpor/20061215csrcsr_1/Tes/; http://es.biz.yahoo.com/19022007/4/air-madrid-afectados-plazo-manana-presentar-creditos-administracion-concursal.html, jeweils zuletzt abgerufen am 1. März 2007.

1201 Ebenso *Embid*, RCP 4/2006, S. 65, 72.

Im Gleichordnungskonzern oder bei mehreren beherrschten Gesellschaften ist es nicht minder vorteilhaft, die Verfahren zu koordinieren.[1202] Art 10 Abs. 4 S. 1, 2. Var. LC zieht für die Ermittlung der örtlichen Zuständigkeit aber den Interessenmittelpunkt der herrschenden Gesellschaft heran.[1203] Die Regelung ist daher auf Gleichordnungsstrukturen nicht anwendbar. Der Begriff der herrschenden Gesellschaft („sociedad dominante") ist immerhin extensiv auszulegen. Selbst in verschachtelten unternehmerischen Verbindungen, in denen die einheitliche Entscheidung u. U. lediglich mittelbar ausgeübt wird, können die Konkurse gemeinsam erklärt werden.

Die Verbindungsglieder müssen wesentlich identisch sein. Ob die Identität als persönliche oder wirtschaftliche Übereinstimmung zu gelten hat, ist nicht geregelt. Der Tatbestand der Vermögensvermischung deckt den Fall der wirtschaftlichen Identität weitgehend ab. Daher liegt es nahe, den Schwerpunkt darauf zu legen, dass die bestimmenden oder handelnden Personen identisch sind. Die tatsächlichen Umstände widersprechen insoweit der rechtlichen Unabhängigkeit der verschiedenen juristischen Personen, etwa wenn Anteilseigner bzw. Organpersonen[1204], Firma oder Sitz dieselben sind.[1205]

II. Die Rechtsfolgen

Wesentliche Rechtsfolge der gemeinsamen Konkurserklärung ist, dass alle Verfahren von einem Konkursgericht geleitet werden. Soweit die Vermögen der Schuldner miteinander vermischt sind, ist der Richter am Interessenmittelpunkt desjenigen Schuldners örtlich zuständig, dessen Vermögensbilanz die größten Passiva ausweist [Art. 10 Abs. 4 S. 1, 1. Var. LC]. Hier ist nicht auf den Grad der Überschuldung abzustellen (relativer Maßstab). Nach dem Gesetzeswortlaut ist die numerisch höchste Schuldensumme maßgeblich (absoluter Maßstab). Im Hinblick auf die Zuständigkeitsfestlegung kann das Konkursgericht die Passiva nur schätzungsweise prüfen. Außenstehende Gläubiger haben z. B. bei undurchsichtigen Vermögensverflechtungen ohnehin Schwierigkeiten, das örtlich zuständige Gericht zu erkennen. Ein vorläufiger Schuldenstatus wird im Eröffnungsverfahren nur anlässlich des mündlichen Termins aktenkundig [Art. 15 LC], sonst zu Beginn des Konkursverfahrens [Art. 21 Abs. 1 Nr. 3 LC]. Erst der Bericht der Konkursverwaltung schafft Klarheit [vgl. Art. 85 ff. LC]. Um den Fortgang des Verfahrens schon im Anfangsstadium zu gewährleisten, sind Defizite bei der Exaktheit der gerichtlichen Erstprüfung in Kauf zu nehmen. Das rechtsstaatliche Interesse an einem richtigen Ergebnis wird allein mit Haftungsregeln verfolgt. Der Konkursschuldner oder sonstige Beteiligte dürfen keine falschen Angaben machen. Pflichtwidrigkeiten führen zur konkursspezifischen Haftungsanordnung [vgl. Art. 164 Abs. 2 Nr. 2 LC]. Sofern keine konkreten Feststellungen zu den ent-

1202 *Embid*, RCP 4/2006, S. 65, 76 f.; *Sánchez Calero Guilarte*, in: Sánchez Calero Guilarte/ Guilarte (Hrsg.), *Comentarios I*, Art. 3, S. 169.
1203 AJMer Vizcaya (Bilbao) v. 15. November 2004, AC. 2004/1918. Dies übersieht *Embid*, RCP 4/2006, S. 65, 77.
1204 *González Carrasco*, in: R. Bercovitz (Hrsg.), *Comentarios I*, Art. 3, Nr. 8.2, S. 73 f.
1205 *Ferré*, in: Homenaje Olivencia II, S. 1931, 1940 f. Weitere problematische Beispiele bei *Rojo*, in: Rojo/Beltrán (Hrsg.), *Comentario I*, Art. 3, Nr. VII.1.2.2., S. 223.

scheidungserheblichen Tatsachen möglich sind, kommt Art. 53 Abs. 2 LEC zur Anwendung;[1206] d. h., unter mehreren in Betracht kommenden Gerichten ist das zuerst angerufene zuständig.

Wird die gemeinsame Konkurserklärung von juristischen Personen beantragt, welche eine Entscheidungseinheit bilden und die besondere Voraussetzung der wesentlichen Identität erfüllen, ist der Handelsrichter am Interessenmittelpunkt der herrschenden Gesellschaft örtlich zuständig [Art. 10 Abs. 4 S. 1, 2. Var. LC].[1207] Art. 53 Abs. 2 LEC kann bedarfsweise auch hier angewendet werden. Die Entscheidung erfolgt im Beschluss über die Konkurserklärung i. S. d. Art. 21 LC.

Mehrere materiell unabhängige Verfahren beginnen unter einheitlicher Zuständigkeit. Zuzugeben ist, dass die Formulierung „gemeinsame Konkurserklärung" [Art. 3 Abs. 5 LC, „declaración judicial conjunta de concurso"] eine stärkere Verknüpfung der Verfahren anzeigt als die „Akkumulation" [Art. 25 LC, „acumulación"].[1208] Gewiss ist die unternehmerische Verbindung i. S. d. Art. 3 Abs. 5 LC besonders intensiv und mag die Unterscheidung implizieren (Vermögensvermischung bzw. wesentliche Identität der Mitglieder).[1209] Die begriffliche Abweichung folgt aber daraus, dass es im Zeitpunkt der Konkurserklärung gegenüber mehreren Schuldnern noch nichts zu verbinden gibt. Bei mehreren bereits eröffneten Verfahren kann ein gemeinsamer Konkurs nicht mehr erklärt werden. Andernfalls wären anfängliche, materiell gemeinsame Verhandlung und nachträgliche, bloß prozessuale Verfahrensverbindung anhand des mehr oder weniger zufälligen Zeitpunktes der Verfahrenseröffnung zu unterscheiden. Diese Überlegung überzeugt nicht. Die Informationslage im Zeitpunkt der Konkurserklärung erlaubt es demgegenüber nicht, die objektiven Voraussetzungen für die gemeinsame Konkurserklärung allzu differenziert zu prüfen. Erst sobald die in Art. 6 Abs. 2 Nr. 2, Abs. 3 Nr. 4 LC genannten Unterlagen vorliegen, kann präziser abgegrenzt werden. Der Konkursrichter muss aber schon zu Beginn des Konkurses die einheitliche Zuständigkeit annehmen können. Die Tatbestandsmerkmale von Art. 3 Abs. 5 LC sind folglich von besonderer Eindeutigkeit und ermöglichen es auf diese Weise festzustellen, dass es sich um eine unternehmerische Verbindung handelt.

§ 3 Die nachträgliche Konkursverbindung

I. Der Tatbestand der hierarchischen unternehmerischen Verbindung

Sofern die gemeinsame Konkurserklärung unterbleibt, besteht nach Art. 25 Abs. 1 LC die Möglichkeit, getrennt eröffnete Konkursverfahren nachträglich miteinander

---

1206 *Herrero Perezagua*, in: R. Bercovitz (Hrsg.), Comentarios I, Art. 10, Nr. 3.1., S. 140.
1207 Ausführlich AJMer Vizcaya (Bilbao) v. 15. November 2004, ADCo 3/2004, S. 402–407; ferner AJMer Barcelona v. 15. November 2004, AC. 2004/1896.
1208 Vgl. *Ferré*, in: Homenaje Olivencia II, S. 1931, 1945.
1209 *Ferrándiz*, in: Fernández Ballesteros (Hrsg.), *Proceso Concursal Práctico*, Art. 3, Nr. 3, S. 33; zutreffend hingegen *Sánchez Calero Guilarte*, ADCo 5/2005, S. 7, 44 f.

zu verbinden. Allgemein gilt der Prioritätsgrundsatz [Art. 79 Abs. 1, 92 und 95 LEC], so dass die Zuständigkeit beim zuerst angerufenen Gericht begründet ist. Nach dem Konkursgesetz sind der Konkurs der juristischen Person, für deren Verbindlichkeiten die andere Person gesamtschuldnerisch haftet, bzw. der Konkurs der herrschenden Gesellschaft maßgebend. Die Konkursverwaltung im maßgebenden Verfahren ist antragsberechtigt. Zum Teil werden unter Hinweis auf die entsprechende Antragsbefugnis zu Verfahrensbeginn [Art. 3 Abs. 5 LC] auch Gläubiger für berechtigt gehalten, entgegen der Auffassung der Konkursverwaltung die Verbindung zu beantragen.[1210] Mehrere Konkursverfahren sind gerade im Interesse sämtlicher Gläubiger zu koordinieren, also tendenziell häufig miteinander zu verbinden.[1211]

Die Antragstellung ist zu jedem Zeitpunkt während des maßgebenden Verfahrens zulässig.[1212] Die gesamtschuldnerisch haftende Person bzw. die beherrschte Gesellschaft muss sich gleichfalls in Konkurs befinden. Der Antrag ist in Schriftform und mit hinreichender Begründung bei dem Konkursrichter anzubringen, der das maßgebende Verfahren leitet [Art. 25 Abs. 1 LC].

Der Tatbestand umfasst in seiner ersten Variante juristische Personen jeder Art. Wer für die Verbindlichkeiten der juristischen Person gesamtschuldnerisch haftet, ist mit der Beschränkung auf Gesellschafter, Mitglieder oder Teilhaber geregelt. Auf den ersten Blick hat diese Variante für Kapitalgesellschaften wenig Bedeutung, weil deren Anteilseigner nur beschränkt haften. Erwähnenswert sind jedoch die Ausnahmen in Ein-Mann-Kapitalgesellschaften [vgl. Art. 311 LSA, 129 S. 1 LSRL] und der unregelmäßigen Gesellschaft [Art. 120 CCom, Art. 16 Abs. 2 LSA, 11 Abs. 3 LSRL]. Erkennt man die kapitalschützende Sanktion [Art. 262 LSA, 105 LSRL] als gesamtschuldnerische Haftung für Gesellschaftsverbindlichkeiten an, ist es gleichfalls statthaft, den Konkurs der Organperson nachträglich mit dem Gesellschaftskonkurs zu verbinden.[1213] Der haftende Geschäftsleiter muss allerdings Anteilseigner der Konkursschuldnerin sein.

Die zweite Variante der nachträglichen Verbindung findet in der unternehmerischen Verbindung statt. Die Verfahrensverbindung setzt zunächst einen „grupo de sociedades" voraus. In subjektiver Hinsicht muss es sich mithin um Gesellschaften handeln, nicht dagegen natürliche Personen oder juristische Personen, die anders als Gesellschaften verfasst sind. Des Weiteren beschränkt sich der Tatbestand auf unternehmerische Verbindungen, die hierarchisch strukturiert sind. Die Verfahrensverbindung in mehrgliedrigen, verschachtelten Strukturen ist wiederum zulässig.[1214] Sie erfolgt dann zur jeweils nächsthöheren herrschenden Gesellschaft, selbst wenn diese von einer dritten Gesellschaft beherrscht wird.

1210 AJMer Vizcaya (Bilbao) v. 30. Dezember 2004, ADCo 5/2005, S. 338 ff.
1211 *Sánchez Calero Guilarte*, ADCo 5/2005, S. 7, 46.
1212 *Bellido*, in: Rojo/Beltrán (Hrsg.), *Comentario I*, Art. 25, Nr. III.1.1.3., S. 560.
1213 *Beltrán*, in: Rojo/Beltrán (Hrsg.), *Comentario I*, Art. 48, Nr. I.3.2., S. 973; *García-Cruces*, Aranzadi Civil, Nr. 18/2003, Parte Estudio, Kap. IV.
1214 *Bonet*, in: R. Bercovitz (Hrsg.), *Comentarios I*, Art. 25, Nr. 4, S. 239.

II. Die Rechtsfolgen

Im Gegensatz zur Verfahrensverbindung im Zivilprozess muss der inhaltliche Zusammenhang zwischen den Verfahren im Konkurs nicht eigens festgestellt werden. Dieser Zusammenhang wird vermutet, sobald zwischen mehreren Konkursschuldnern die tatbestandlich aufgeführten Verbindungen nachvollzogen werden.[1215] Entspricht die Konstellation nicht ganz diesen gesetzlich normierten Fällen, ist die Verbindung zum Konkurs der Gesellschaft mit den größten Passiva zu erwägen [Art. 10 Abs. 4 LC analog].[1216] Der Konkursrichter kann auf den zu begründenden Antrag hin die Verfahrensverbindung beschließen („podrá"). Sein Beschluss ergeht in pflichtgemäßem Ermessen, da es zu Lasten der Gläubiger ginge, wenn die Verfahrensverbindung fehlerhaft unterbleibt. Das Konkursgesetz äußert sich nicht zum Beschlussverfahren, so dass subsidiär die Regeln für das allgemeine Verbindungsverfahren [Art. 74 ff. LEC] anwendbar sind.[1217]

Werden die Konkurse ursprünglich von Gerichten mit unterschiedlichen örtlichen Zuständigkeitsbereichen verhandelt, steht dies der Verbindung nicht entgegen [Art. 25 Abs. 4 LC]. Im Zivilprozess wird das fortgeschrittenere Verfahren ausgesetzt, um verbinden zu können [Art. 84, 92 LEC]. Im Konkurs führt der Verbindungsbeschluss automatisch dazu, dass die Verhandlung vor ein und demselben Gericht stattfindet. Der Ablauf der jeweiligen Konkursverfahren bleibt unberührt. Die jeweiligen Aktiv- und Passivmassen bleiben abgegrenzt, die Verfahrensorgane und Abläufe von der Verbindung grundsätzlich unberührt.[1218] Es hängt von der Situation im einzelnen Verfahren ab, ob und wie es beendet wird. Die Bandbreite möglicher Alternativen verringert sich, je stärker die vermögensmäßigen Überschneidungen zwischen den Gesellschaften sind.

§ 4 Die grenzüberschreitende einheitliche Zuständigkeit

I. Die Untergesellschaft als „Niederlassung" im Sinne der EuInsVO

Im zweiten Kapitel des einführenden Teils dieser Arbeit wurde der grenzüberschreitende Konzern im deutsch-spanischen Rechtsverkehr erörtert. Eine der untersuchten Fallgruppen betraf die spanische Obergesellschaft im grenzüberschreitenden Konzern. Zu klären bleibt, ob das Europäische Internationale Insolvenzrecht eine grenz-

---

1215 *Bellido*, in: Rojo/Beltrán (Hrsg.), *Comentario I*, Art. 25, Nr. I.3., S. 552.
1216 Kongress der Handelsrichter v. 9./10. Dezember 2004 in Valencia, ADCo 7/2006, S. 229, 230.
1217 So auch der Kongress der Handelsrichter v. 9./10. Dezember 2004 in Valencia, ADCo 7/2006, S. 229, 230.
1218 *Bellido*, in: Rojo/Beltrán (Hrsg.), *Comentario I*, Art. 25, Nr. IV.2., S. 562; *Bonet*, in: R. Bercovitz (Hrsg.), *Comentarios I*, Art. 25, Nr. 1, S. 237; *Embid*, in: Homenaje Olivencia II, S. 1885, 1902 f.; *Rodríguez Menardo*, in: Sánchez Calero Guilarte/Guilarte (Hrsg.), *Comentarios I*, Art. 25, S. 557; a. A. *Rifá*, in: Fernández Ballesteros (Hrsg.), *Proceso Concursal Práctico*, Art. 25, Nr. 1, S. 153: sachliche Vereinheitlichung.

überschreitende einheitliche Zuständigkeit nach den Regeln zulässt, die im vorliegenden siebten Teil thematisiert worden sind.[1219] Der unbestimmte Schuldnerbegriff in Art. 3 Abs. 1 EuInsVO[1220] erlaubt es *prima facie*, Einheiten mit selbständiger wirtschaftlicher Bedeutung einzubeziehen, selbst wenn sie formal nicht natürliche oder juristische Personen sind. Die Häufigkeit grenzüberschreitender unternehmerischer Verbindungen spricht dafür, die EuInsVO auf sie anzuwenden.[1221]

Art. 2, lit. h) EuInsVO klärt nicht eindeutig, ob die beherrschte Gesellschaft unter den Begriff „Niederlassung" in Art. 3 Abs. 2 S. 1 EuInsVO zu fassen ist.[1222] Die Geschäftstätigkeit einer Untergesellschaft stellt eine dauerhafte wirtschaftliche Betätigung dar, die auf den Einsatz von personellen, finanziellen oder auch Sachmitteln angewiesen ist. Diese Betätigung kann als Aktivität der herrschenden Gesellschaft aufgefasst werden, weil kapitalmäßige Verflechtungen vorliegen. Selbst der EuGH legt „Niederlassung" im Sinne von Art. 5 Abs. 5 EuGVÜ [heute Art. 5 Abs. 5 EuGVO] extensiv aus.[1223] Dritte dürfen dem Anschein vertrauen, es handele sich um eine Niederlassung, wenn sie mit einer Gesellschaft in Verhandlung treten, die als verlängerter Arm einer anderen Gesellschaft auftritt. Die Niederlassung wird durch bzw. in Form einer beherrschten Kapitalgesellschaft betrieben. Bereits eröffnete Verfahren über die Vermögen von Ober- und Untergesellschaft stehen zueinander wie Hauptverfahren und Partikular- bzw. Sekundärverfahren i. S. v. Art. 3 Abs. 3, 4 EuInsVO. Wo Widersprüche zwischen parallelen Verfahren drohen, werden die Insolvenzverfahren grenzüberschreitend miteinander abgestimmt.[1224] Der Verwalter im Hauptverfahren kann Einfluss auf den Verlauf des Sekundärverfahrens nehmen [vgl. Art. 27 ff. EuInsVO].

Das mit dem Hauptverfahren befasste Gericht ist jedoch nicht im Stande, ein im Ausland eröffnetes Sekundärverfahren auf Antrag eines der Beteiligten vollständig an sich zu ziehen. Es kann nur über Sekundärverfahren hinweggehen, die nicht anzuerkennen sind. Die Nichtanerkennung ließe sich allenfalls auf eine Verletzung des *ordre public* stützen [vgl. Art. 26 EuInsVO]. Die grenzüberschreitende Durchsetzung von Art. 25, 10 Abs. 4 S. 2 LC ist aber weder für den Bestand der öffentlichen Ordnung in Spanien[1225] erforderlich, noch dafür, die verfassungsmäßig garantierten Rechte des Einzel-

---

1219 Zum Hoheitstransfer im Europäischen Internationalen Zuständigkeitsrecht *Becker*, in: FS Juristische Fakultät Augsburg, S. 25, 30 ff.

1220 Hierzu auch Erwägungsgrund (9) EuInsVO.

1221 *De Cesari*, Riv. dir. int. priv. proc. 2003, S. 55, 62. Weitere Nw. bei *Calvo/Carrascosa*, Derecho Concursal Internacional, S. 69.

1222 Zum Problem, ob in Deutschland belegenes Vermögen einer Gesellschaft mit deutschem Satzungssitz eine Niederlassung darstellt, wenn der Interessenmittelpunkt in einem anderen Mitgliedstaat liegt, *Vallender/Fuchs*, ZIP 2004, S. 829, 833 f., m. w. N.

1223 EuGH, Urt. v. 9. Dezember 1987, Rs. C-218/86 (Slg. 1987, S. 4905-4922) – *Schotte GmbH ./. Parfums Rothschild* (Entscheidungsgrund Nr. 15).

1224 Art. 16 ff. EuInsVO; *De Santis*, DFall 2004, S. 91, 110; eingehend *Eidenmüller*, ADCo 9/2006, S. 7, 40 ff.

1225 Näher *Duursma-Kepplinger*, in: Duursma-Kepplinger u. a. (Hrsg.), *Europäische Insolvenzverordnung*, Art. 16, Rn. 31, und Art. 26, Rn. 11.

nen zu gewährleisten.[1226] Selbst wenn man die Untergesellschaft als „Niederlassung" ansieht, liegt es daher nahe, Art. 25 LC auf Fälle zu beschränken, in denen nur in Spanien eröffnete Konkurse über Vermögen von beherrschten Gesellschaften mit dem maßgebenden Verfahren akkumuliert werden sollen.[1227] Herrschende und beherrschte Gesellschaft sind rechtlich nicht identisch. Die für eine Niederlassung erforderliche unternehmerische Aktivität der Untergesellschaft ist nicht die Betätigung der Obergesellschaft, also „des Schuldners". Die Obergesellschaft erscheint aus diesem Blickwinkel als bloßer Beteiligungsinhaber, nicht als operativer Lenker der Untergesellschaft. Die Beteiligung ist bloß ein Vermögensbestandteil, die Marktteilnahme der Untergesellschaft keine abgeleitete Aktivität. Dieser Einwand mutet sehr formalistisch an, entspricht jedoch dem Willen der Verfasser der Verordnung.[1228] Diese gehen über das in der EuGH-Rechtsprechung zu Art. 5 Abs. 5 EuGVÜ angelegte weite Verständnis der Niederlassung. Man kann diese Entscheidung der Verfasser kritisieren, nicht aber ignorieren.[1229] Die Gleichsetzung von Niederlassung und beherrschter Gesellschaft ist mithin abzulehnen.[1230]

Vertreter der Meinung, dass die EuInsVO grundsätzlich auf verbundene Kapitalgesellschaften Anwendung findet, müssen folgerichtig unmittelbar Art. 3 Abs. 1 EuInsVO heranziehen. Die zu verbindenden Konkursverfahren sind danach sämtlich Hauptverfahren und werden automatisch anerkannt.

II. Die Verweisung in die lex fori concursus

Ausgangspunkt dafür, dass die EuInsVO überhaupt auf Insolvenzen von unternehmerischen Verbindungen anwendbar ist, war der weite Schuldnerbegriff in der Verordnung. Gewichtige Erwägungen wie der Schutz von Minderheitsanteilseignern oder außenstehenden Gläubigern sprechen dafür, die unternehmerische Verbindung auch im internationalen Insolvenzrecht als solche zu behandeln. Dies lässt sich jedoch nicht der Verordnung selbst entnehmen. Der dortige Schuldnerbegriff umfasst verbundene Gesellschaften offenbar vielmehr dann, wenn die *lex fori concursus* dies vorsieht.[1231] Es bleibt dem mitgliedstaatlichen Sachrecht überlassen, die Vor- und Nachteile abzuwägen, welche aus der einheitlichen Behandlung der unternehmerischen Verbindung erwachsen.[1232]

1226 Näher *Verdú*, Procedimientos concursales comunitarios, S. 63. Restriktiv auch *Prütting*, in: Breitenbücher/Ehricke (Hrsg.), *Insolvenzrecht 2003*, S. 59, 64.
1227 Zur modifizierten Universalität *Garcimartín*, CDJ 2001 IV, S. 229, 329 f.
1228 *Kolmann*, Kooperationsmodelle, § 6 VIII 2, S. 329 ff.; im Ergebnis ebenso *Eidenmüller*, ADCo 9/2006, S. 7, 42.
1229 Kritisch bereits *Lüke*, ZZP 111 (1998), S. 275, 299, m. w. N.
1230 *Balz*, ZIP 1996, S. 948, 949; *Bureau*, Rev. crit. dr. internat. privé 91 (2002), S. 613, 678; *Duursma-Kepplinger*, in: Duursma-Kepplinger u. a. (Hrsg.), *Europäische Insolvenzverordnung*, Art. 1, Rn. 49 f.; *Eidenmüller*, IPRax 2001, S. 2, 4; *Gottwald*, in: Gottwald (Hrsg.), *Insolvenzrechtshandbuch*, § 131, Rn. 9; *Prütting*, in: Breitenbücher/Ehricke (Hrsg.), *Insolvenzrecht 2003*, S. 59, 80, m. w. N.; *Smid*, in: FS Geimer, S. 1215, 1218.
1231 Vgl. Nw. bei *Calvo/Carrascosa*, Derecho Concursal Internacional, S. 70.
1232 *Garcimartín*, CDJ 2001 IV, S. 229, 255.

Der Rechtssicherheit leistet keinen guten Dienst, wer auf die mitgliedstaatlichen Rechtsordnungen verweist. Diese regeln die Konzerninsolvenz nicht immer ausdrücklich, schlüssig und dauerhaft.[1233] Rechtsfragen, die im mitgliedstaatlichen Sachrecht ungeklärt sind, würden ohne Not in das europäische internationale Insolvenzrecht proliferiert. Weiterhin sind die mitgliedsstaatlichen Sachrechte als potenzielle Konkursstatute nicht harmonisiert. Die Obergesellschaft könnte eine Rechtsordnung aufsuchen, welche den Konzern nicht als „einen Schuldner" im Sinne der EuInsVO behandelt. Damit erschwert oder vermeidet die herrschende Gesellschaft, dass eben jene materielle Gerechtigkeit herbeigeführt wird, welche zu rechtfertigen schien, die unternehmerische Verbindung in den subjektiven Anwendungsbereich der EuInsVO einzubeziehen.

III. Die Nichtanwendung der EuInsVO auf die unternehmerische Verbindung

Art. 3 Abs. 1 S. 2 EuInsVO spricht von der Gesellschaft oder juristischen Person als Insolvenzschuldner. Dabei handelt es sich um rechtstechnische, nicht um wirtschaftliche Begriffe.[1234] Die Verordnung enthält, wie dargestellt, keine Ansätze, welche diese strenge Auslegung relativieren. Ihre Verfasser hätten, gerade weil das Problem seit langem diskutiert wurde, eine andere Konzeption ausdrücklich geregelt.[1235] In arbeitsrechtlichem Zusammenhang hielt der EuGH fest, dass es nicht gerechtfertigt ist, das einheitliche Marktverhalten von Ober- und Untergesellschaft stärker als den Umstand zu gewichten, dass die Gesellschaften formal verschiedene Rechtspersönlichkeiten sind.[1236] Ohne diese Sichtweise in der Sache zu übertragen, wird schon deutlich, dass die sekundärrechtliche Neubeurteilung der Verbindung mehrerer rechtlich selbständiger Gesellschaften als konkursverfahrensfähiges Subjekt ausdrücklich hätte geregelt und begründet werden müssen.[1237]

Das Schweigen der Verordnung ist demzufolge so zu werten, dass die unternehmerische Verbindung aus dem subjektiven Anwendungsbereich ausgegrenzt ist.[1238] Das in einem anderen Mitgliedstaat eröffnete Verfahren über das Vermögen der beherrsch-

---

1233 Zu den deutschen Plänen, eine konzerneinheitliche Insolvenz zu regeln, *Schmidt*, RCP monografía 1/2004, S. 67, 79 f.

1234 *Virgós/Garcimartín*, Comentario al reglamento europeo de insolvencia, S. 53 f.

1235 *Calvo/Carrascosa*, Derecho Concursal Internacional, S. 68, m. w. N.

1236 EuGH, Urt. v. 2. Dezember 1999, Rs. C-234/98, (Slg. 1999, S. 8643 ff.) – *Allan u. a. ./. Amalgamated Construction Co. Ltd.* (Entscheidungsgrund Nr. 20).

1237 *De lege ferenda* instruktiv *Duursma-Kepplinger*, in: Duursma-Kepplinger u. a. (Hrsg.), Europäische Insolvenzverordnung, Art. 3, Rn. 120.

1238 *Balz*, ZIP 1996, S. 948, 949; *Bureau*, Rev. crit. dr. internat. privé 91 (2002), S. 613, 678; *Duursma-Kepplinger*, in: Duursma-Kepplinger u. a. (Hrsg.), *Europäische Insolvenzverordnung*, Art. 3, Rn. 120; *Eidenmüller*, IPRax 2001, S. 2, 4f; *ders.*, ADCo 9/2006, S. 7, 41; *Espiniella*, ADCo 9/2006, S. 149, 151; *Gottwald*, in: Gottwald (Hrsg.), *Insolvenzrechtshandbuch*, § 131, Rn. 9; *Kolmann*, Kooperationsmodelle, § 6 III 2., S. 271, m. w. N.; *Omar*, European insolvency law, S. 115; *Paulus*, ZIP 2002, S. 729, 730, m. w. N.; *Schmidt*, RCP monografía 1/2004, S. 68, 82; *Smid*, in: FS Geimer, S. 1215, 1218.

ten Gesellschaft wird in Spanien automatisch als Hauptverfahren anerkannt. Der in Spanien im Verfahren über das Vermögen der Obergesellschaft ergehende Verbindungsbeschluss kann keine grenzüberschreitende Anerkennung nach Art. 25 Abs. 1 EuInsVO beanspruchen. Die Verfahrensverbindung erfordert somit, dass die Mittelpunkte der hauptsächlichen Interessen aller beteiligten Gesellschaften vollständig in Spanien belegen sind (reiner Inlandssachverhalt[1239]). Sie ist alternativ statthaft, wenn beide Verfahren ordnungsgemäß nach der EuInsVO eröffnet wurden und die *lex fori concursus* im Verfahren über das Vermögen der Untergesellschaft eine vergleichbare Koordinierungsregel enthält (inhaltliche Harmonie der anwendbaren Sachrechte[1240]).

Fehlt eine dieser Voraussetzungen, lässt sich eine zentralisierte Zuständigkeit nur dadurch erreichen, dass die Koordinationsregeln der EuInsVO analog angewendet werden.[1241] Dabei handelt es sich um einen typischen Fall, der den mitgliedstaatlichen Gerichten abverlangt, den Geist der EuInsVO über nationale Interessen zu stellen, um ein optimales Ergebnis zu erreichen, wo die Verordnung selbst es nicht herbeiführt.[1242]

§ 5 Die Besonderheiten der Konkursverwaltung in verbundenen Verfahren

Der Konkursrichter ernennt die Konkursverwaltung [Art. 21 Abs. 1 Nr. 2, 26 LC].[1243] Diese besteht im Regelverfahren aus drei Mitgliedern [Art. 27 Abs. 1 S. 1 LC].[1244] Das Gericht bestellt dieselben Konkursverwalter nicht beliebig oft. Juristische und wirtschaftliche Fachleute dürfen innerhalb von zwei Jahren in nicht mehr als drei Verfahren bestellt werden. Wenn die Liste von Fachleuten nicht ausreichend andere Personen ausweist, die für das Konkursverwalteramt bereitstehen, sind häufigere Bestellungen unvermeidbar, aber auch zulässig [vgl. Art. 28 Abs. 2 S. 1 LC]. Wird der Verwalter in Konkursverfahren von Gesellschaften ernannt, die zu derselben unternehmerischen Verbindung gehören, zählen mehrere Bestellungen als eine einzige [Art. 28 Abs. 2 S. 2 LC]. Dank dieser Öffnungsklausel kann der Verwalter im Konkurs von Konzerngesellschaften flexibel eingesetzt werden.

Der Verfahrensaufwand verringert sich nicht nur, wenn die Verfahrensleitung auf ein Organ (Konkursrichter) konzentriert wird, sondern auch, wenn das Hilfsorgan einheitlich verwaltet. Die Konkursverwalter müssen sich dann nicht über Verfahrensgrenzen

---

1239 *Calvo/Carrascosa*, Derecho Concursal Internacional, S. 212; *Virgós/Garcimartín*, in: Rojo/Beltrán (Hrsg.), Comentario *I*, Art. 10, I.3.5., S. 330; instruktiv ferner *Espiniella*, ADCo 9/2006, S. 149, 163 m. w. N.

1240 *Garcimartín*, CDJ 2001 IV, S. 229, 256; *Virgós/Garcimartín*, Comentario al reglamento europeo de insolvencia, S. 34.

1241 *Virgós/Garcimartín*, Comentario al reglamento europeo de insolvencia, S. 55, 222.

1242 *Omar*, European insolvency law, S. 195.

1243 Vgl. im einzelnen *Tirado*, Los administradores concursales, S. 397 ff.

1244 Zum Bestreben, Professionalität und Gläubigermitwirkung miteinander zu verbinden, BOE Nr. 164 v. 10. Juli 2003, S. 26905, 26909; auch *CGPJ*, Gutachten vom 6. Oktober 2001, S. 26.

hinweg informieren oder abstimmen. Infolgedessen erlangen sie ein vertieftes Verständnis der Unternehmenskrise sowie der möglichen Auswege.[1245] Werden mehrere Unternehmen in einer Hand fortgeführt, kann man zu günstigeren Kosten reorganisieren und z. B. Synergien abrufen.[1246] Erlauben die wirtschaftlichen Gegebenheiten keine Fortführung, verspricht eine zentralisierte Liquidation nicht nur kostengünstiger zu sein, sondern auch höhere Erträge zu erzielen. Das Angebot an die potenziellen Erwerber kann aus sämtlichen Elementen der unternehmerischen Verbindung bedürfnisgerecht zusammengestellt werden. Weiterhin können sich die Interessenten zur Klärung ihrer Fragen direkt an einen zentralen Ansprechpartner wenden. Art. 28 Abs. 2 S. 1 LC ist nicht auf sukzessiv stattfindende Verfahren beschränkt. Die Regelung lässt sich ebenso auf simultane Verfahrensabwicklungen anwenden. Gemeinsame Konkurserklärung und nachträgliche Verbindung lassen daher die Bestellung derselben Konkursverwalter für mehrere oder alle verbundenen Konkursverfahren zu.[1247]

In Bezug auf den einzelnen Verwalter, der aus dem Kreise der Gläubiger kommt, tritt eine weitere Voraussetzung hinzu. Er muss in allen verbundenen Konkursen, für die er bestellt wird, Gläubiger des jeweiligen Konkursschuldners sein.[1248] Widrigenfalls ist zu differenzieren. Die Berufsgruppenvertreter werden zentralisiert für mehrere oder alle Verfahren bestellt, während unterschiedliche Gläubiger in die dritte Verwalterstellung einrücken. Die bereits bestellten Verwalter müssen u. U. ihre Positionen räumen. Für ihre Abberufung bedarf es eines wichtigen Grundes [Art. 37 Abs. 1 LC]. Der Grund, dass mit der Bestellung einer einheitlichen Organisation verbundener Verfahren die Gläubigerbefriedigung gefördert wird, ist wichtig.[1249] Der Konkursrichter legt seine Gründe im Beschluss dar [Art. 37 Abs. 3 LC]. Die Begründung bietet eine gewisse Gewähr dafür, dass bei nachträglicher Verfahrensverbindung nicht aufs Geratewohl abberufen wird. Das ist unverzichtbar, da Rechtsmittel gegen die Entlassung ausgeschlossen sind [vgl. Art. 39 LC].

Dieser Ansicht steht Art. 85 Abs. 5 S. 1 LC nicht entgegen.[1250] Dort heißt es zwar, dass Forderungen in den gleichzeitigen Konkursen von Gesamtschuldnern bei der Konkursverwaltung in jedem einzelnen Verfahren anzumelden sind. Dadurch wird aber nicht für jedes Verfahren eine eigene Konkursverwaltung vorgeschrieben. Vielmehr sind die Forderungen auch mehrfach anzumelden, sofern eine einheitliche Verwaltung eingerichtet ist. Andernfalls wird der Gläubiger nicht in jedem Verfahren als Konkursgläubiger des betreffenden Gesamtschuldners anerkannt. Die einmalige Forderungsanmeldung wirkt nicht automatisch in sämtlichen Verfahren, für welche die Konkurs-

---

1245 *Tirado*, Los administradores concursales, S. 414.
1246 *Pavone*, DFall 1987, S. 501, 503. Zum deutschen Recht *Förster*, in: FS Kirchhof, S. 85, 101 f.
1247 AJMer Barcelona v. 15. November 2004, ADCo 3/2004, S. 392, 394 f.; AJMer Madrid v. 29. November 2004, ADCo 3/2004, S. 395, 400 f.; *Bellido*, in: Rojo/Beltrán (Hrsg.), *Comentario I*, Art. 25, Nr. IV.2., S. 562; *González Carrasco*, in: R. Bercovitz (Hrsg.), *Comentarios I*, Art. 3, Nr. 8.3., S. 74-76; *Rojo*, in: Rojo/Beltrán (Hrsg.), *Comentario I*, Art. 3, Nr. VII.2., S. 224. Ablehnend der Kongress der Handelsrichter v. 9./10. Dezember 2004 in Valencia, ADCo 7/2006, S. 229, 230.
1248 *Tirado*, Los administradores concursales, S. 415 f.
1249 *Tirado*, Los administradores concursales, S. 415.
1250 So aber *Morillas*, El concurso de las sociedades, S. 126.

verwaltung bestellt ist. Dafür ist nicht nur die rechtliche Trennung der Passivmassen verantwortlich, sondern auch der Umstand, dass die Konkursverwaltung eine Forderung nur für das jeweilige Verfahren prüfen, aufnehmen oder ablehnen kann. Bei der gemeinsamen Konkurserklärung auf den Eigenantrag mehrerer Gesellschaften hin [Art. 3 Abs. 5 LC analog] ist es in der Praxis selten erlässlich, eine einheitliche Konkursverwaltung einzurichten. Dieses Vorgehen ist im Rahmen von nachträglichen Verbindungen nach Art. 25 LC indes offenkundig nicht zwingend.[1251] Die wirtschaftlichen Interessen von Ober- und Untergesellschaft[1252] können ebenso wie die Befriedigungsinteressen der Gläubiger in den unterschiedlichen Verfahren[1253] derart auseinander gehen, dass die Bestellung ein und derselben Konkursverwaltung nicht sinnvoll ist. Von der Größe, Verschachtelung und örtlichen Aufteilung der unternehmerischen Verbindung, der Rechtsposition der Verwalter, die u. U. abzuberufen wären, und ähnlichen Faktoren hängt folglich ab, ob dieselben Verwalter mehrere Verfahren zentralisiert verwalten. Droht die Arbeitslast die Verwalter zu überfordern, ist die Aufgabenverteilung gleichfalls bestehen zu lassen oder wiederherzustellen.

§ 6 Die Wirkungen der Konkurserklärung auf die Innenverhältnisse der unternehmerischen Verbindung

I.   Das Schicksal der vertraglichen unternehmerischen Verbindung

Die Privatautonomie [Art. 1255 CC, 50 CCom] ermöglicht im spanischen Recht Verträge als strukturbildende Elemente des „grupo". Die Praxisrelevanz der Konsensualverbindung ist begrenzt, zumal eine gesetzliche Typenregelung fehlt. Zugleich liegt in der Rechtsunsicherheit der beste Grund dafür, die unternehmerische Verbindung vertraglich festzuschreiben.[1254] Unabhängig von der *lex causae*, die auf den Vertrag anwendbar ist, richtet sich nach der *lex fori concursus*, wie die Konkurserklärung Vertragswirksamkeit beeinflusst [Art. 4 Abs. 2, lit. e) EuInsVO].

1.   Die seltene Anwendbarkeit der Regeln für laufende Verträge

Für gegenseitige Verträge, die von einer der Parteien oder beiden ganz oder teilweise noch nicht erfüllt sind, gilt der Grundsatz der Vertragskontinuität [vgl. Art. 61 LC]. Soweit es um den Verkauf einer betrieblichen Einrichtung oder des Unternehmens als solchem geht, stellt der Kaufvertrag ein gegenseitiges Vertragsverhältnis dar. Entsprechendes gilt für den Fall der Unternehmensvermietung[1255] oder des Franchising.[1256]

1251   Unter Hinweis auf die konkret zu ermittelnden Verfahrensinteressen *Tirado*, Los administradores concursales, S. 414.

1252   *Braun/Uhlenbruck*, Unternehmensinsolvenz, S. 522.

1253   *Tirado*, Los administradores concursales, S. 337.

1254   *Embid*, in: Homenaje Sánchez Calero V, S. 5323, 5326 und 5342.

1255   *Moralejo*, El arrendamiento de empresa, S. 78.

1256   *Moralejo*, El arrendamiento de empresa, S. 132-135, m. w. N.

Diese Unternehmensverträge bezwecken die Kooperation, Koordination, Reorganisation oder Rationalisierung im Wege der zeitweisen oder endgültigen Übertragung des Unternehmens, seiner Teile oder seiner Aktivität. Sie lassen sich mit dem allgemeinen Instrumentarium adäquat behandeln[1257] und bestehen unbeschadet der Konkurserklärung fort, können aber nach Art. 61 Abs. 2 Unterabs. 2, 62 LC aufgelöst werden. Es handelt sich allerdings nur um einen geringen Teil der möglichen Gestaltungen von unternehmerischen Verbindungen.

Mehrheitlich geht es um (Beherrschungs-)Verträge, welche die Organisation der unternehmerischen Tätigkeit rechtlich selbständiger Mitglieder unter einheitlicher Lenkung bezwecken[1258] und Herrschaft legitimieren.[1259] Anstatt die Parteien nach Art des Synallagmas gegenseitig zu verpflichten, wird dem einen Vertragsteil die Berechtigung eingeräumt, dem anderen Vertragsteil Weisungen zu erteilen. Ein Vertragsteil verpflichtet sich, Gewinne an den anderen abzuführen oder das Unternehmen für dessen Rechnung zu führen. Unterschiedliche Ebenen der Gesellschaftsorganisation von der Organzusammensetzung und -zuständigkeit, über die Bilanzhoheit bis zur Gewinnverteilung werden nach solchen Verträgen gestaltet.[1260] Der zur Weisungsbefolgung, zur Gewinnabführung oder Satzungsänderung verpflichtete Vertragsteil schließt einen derartigen Vertrag nicht, um wirtschaftliche Vorteile dadurch zu erlangen, dass der Vertragspartner eine Gegenleistung erbringt.[1261] Es geht stattdessen z. B. um Synergieeffekte, die aus der organisatorischen Funktion des Vertrags folgen. Der (später) verpflichtete Vertragsteil kann vom (vorexistenten) anderen Vertragsteil eigens hierfür errichtet oder ausgegliedert worden sein. Die Vereinbarung muss sich überdies nicht auf zwei Parteien beschränken, sondern kann ein mehrseitiges Verhältnis begründen.[1262] Die Mehrseitigkeit ist insoweit dynamisch, als Zahl und Identität der Teilnehmer sich im Lauf der Zeit ändern. Deshalb lassen sich diese Vertragsverhältnisse nicht unter Art. 61 ff. LC subsumieren.[1263]

2. Die Rechtsfolgen der Konkurserklärung für die übrigen Unternehmensverträge

Drei mögliche Lösungswege kommen in Betracht. Die erste Lösung bereinigt die Situation umgehend, indem die vertraglichen Grundlagen der unternehmerischen Verbindung mit der Konkurserklärung aufgelöst werden. Die einheitliche Entscheidung über das unternehmerische Vorgehen weicht der Selbständigkeit der verbundenen Rechtspersönlichkeiten. Sinn und Zweck ist, die Gläubigerbefriedigung im Kon-

---

1257 Vgl. *Ruiz Peris*, in: Homenaje Olivencia II, S. 2289, 2298 ff.
1258 *Embid*, AAMN XXXIX (1999), S. 184, 223. Zu Vertragsinhalten *De Arriba*, Derecho de grupos de sociedades, S. 234–295 (vertikale Verbindung), S. 332–339 (horizontale Verbindung); *Fernández de Araoz*, in: Homenaje Sánchez Calero V, S. 5357, 5376 ff., m. w. N.
1259 *Embid*, RdS 2000, S. 57, 61 f.
1260 *De Arriba*, Derecho de grupos de sociedades, S. 225; *Embid*, RdS 2000, S. 57, 66.
1261 *Embid*, AAMN XXXIX (1999), S. 184, 224; *ders.*, RdS 2000, S. 57, 69.
1262 Z. B. Art. 78 LCoop. Näher *Embid*, in: Homenaje Sánchez Calero V, S. 5323, 5335.
1263 *Duque*, in: García Villaverde u. a. (Hrsg.), Derecho Concursal, S. 137, 158, auch zu Art. 65 LC analog.

kurs der beherrschten Gesellschaft auch insoweit zu gewährleisten, als das Interesse der unternehmerischen Verbindung nicht den Interessen der Konkursschuldnerin entspricht. Das ist beispielsweise der Fall, wenn die beherrschte Gesellschaft Lizenzen auf ihr geistiges Eigentum nicht an bestimmte Interessenten vergeben darf, um eine Konzernschwester wettbewerblich zu unterstützen. Umgekehrt obstruiert eine etwaige Verlustausgleichspflicht der herrschenden Gesellschaft die Befriedigung ihrer Gläubiger.

Die Interessen der unternehmerischen Verbindung stehen jedoch nicht immer und automatisch im Widerspruch zum Konkursverfahrenszweck. Die Konkurserklärung rechtfertigt deshalb nicht, jeden Unternehmensvertrag automatisch und ohne Rücksicht darauf zu beenden, ob der Schutz erforderlich ist oder sich als verfahrenszweckwidrig gar in sein Gegenteil verkehrt.[1264] Die Unternehmensverträge bleiben danach von der Konkurserklärung und den Wirkungen des eröffneten Konkursverfahrens unberührt. Die Auflösung hängt unter diesem Blickwinkel davon ab, dass das Gesetz oder der Vertrag selbst die Möglichkeit hierzu vorsehen. Möglicherweise greifen auflösende Vertragsbedingungen oder einseitige vertragliche Kündigungsrechte ein, welche freilich nicht einfach an die Konkurserklärung anknüpfen dürfen [Art. 61 Abs. 3 LC]. Die eingangs für den Auflösungsansatz herangezogenen Beispielsfälle, in denen der Unternehmensvertrag die Gläubigerbefriedigung konterkariert, legen jedoch die Nachteile der zweiten Variante offen. Die Unternehmensverträge können im eröffneten Konkursverfahren gerade nicht stets unverändert fortgesetzt werden.

Die vorzugswürdige Lösung liegt folglich darin, die Vorteile der beiden einseitigen Ansätze zu vereinen und die jeweiligen Nachteile mit einiger Gewähr auszuschließen. Legt man den Grundsatz *pacta sunt servanda* zu Grunde, gelten Unternehmensverträge mangels gegenteiliger Rechtsgrundlage im Konkurs fort.[1265] Bis zum Beginn der Liquidationsphase wird die in Konkurs gefallene, an der unternehmerischen Verbindung beteiligte Gesellschaft grundsätzlich nicht aufgelöst. Die Fortsetzung der Unternehmensverträge folgt aus der Systematik des Konkursgesetzes, das mit einer Vielzahl von Vorschriften absichert, dass das konkursschuldnerische Unternehmen fortgeführt wird.[1266] Im Konkurs der herrschenden Gesellschaft sind die vertraglichen Verpflichtungen der weisungsgebundenen beherrschten Gesellschaft(en) aufrechtzuerhalten, um das Unternehmen fortzuführen, z. B. unter Ausnutzung günstiger Steuer- oder Abrechnungstarife.[1267] Im Konkurs der Untergesellschaft bleibt diese beherrscht und verpflichtet. Ihre Organe sind für die Weisungserfüllung zuständig. Das Verwaltungsorgan der beherrschten Gesellschaft wird jedoch in der Ausübung der vermögensrechtlichen Befugnisse beschränkt oder ersetzt [Art. 40, 43 und 44 LC], um die Aktivmasse vor einer Vorteilnahme der herrschenden Gesellschaft zu schützen. Es kann

---

1264 Zur Beendigung von Unternehmensverträgen mit Auflösung einer der beteiligten Gesellschaft *Emmerich/Sonnenschein/Habersack*, Konzernrecht, § 19.VIII.1, S. 275, m. w. N., auch zur Gegenmeinung.

1265 Im Ergebnis ebenso *Duque*, in: García Villaverde u. a. (Hrsg.), *Derecho Concursal*, S. 137, 158 f.

1266 Vgl. Art. 32 Abs. 1, 43 Abs. 3, 44 Abs. 2 und 3, 45, 46, 55 Abs. 1 Unterabs. 2, 56, 61 ff., 68 und 69, 84 Abs. 2 Nr. 5, 98 ff., 148 Abs. 1, 149 LC.

1267 Anders im deutschen Recht wegen § 327 Abs. 1 Nr. 4 AktG. Vgl. hierzu *Emmerich/ Sonnenschein/Habersack*, Konzernrecht, § 19.VIII.1, S. 275.

den Unternehmensvertrag nicht oder nicht allein durchführen. Die Konkursverwaltung wird in dem auf die Befriedigung der Gläubiger gerichteten Verfahren tätig. Auf Grund dessen ist sie nicht an Weisungen der herrschenden Gesellschaft gebunden.[1268] Die Wirkungen der Konkurserklärung setzen somit diejenigen Verpflichtungen automatisch außer Kraft, die in den Kompetenzbereich der Konkursverwaltung fallen. Gleichwohl ist nicht erforderlich, die vertragliche Verbindung komplett zu beenden, wenn nur einzelne der Verpflichtungen der Ausübung von Aufgaben, Pflichten und Rechten der Konkursverwaltung entgegenstehen.[1269]

3. Die Vertragsauflösung im eröffneten Konkursverfahren

Drohende oder tatsächlich auftretende Probleme sind mit einem flexiblen Instrument zu beheben. Außerhalb des Konkursverfahrens wird befürwortet, etwa die Regeln über die Gesellschaftsauflösung, insbesondere die Auflösungsgründe aus Art. 1700 CC, 221 f. CCom, 260 LSA und 104 LSRL analog anzuwenden.[1270] Im Konkurs kommt es entscheidend darauf an, ob der Unternehmensvertrag objektiv dem Verfahrenszweck zuwiderläuft oder nicht.

Zunächst reicht es aus, diejenigen Vertragsinhalte, welche dem Konkursverfahrenszweck widersprechen, zu suspendieren. In der Liquidation wird der Unternehmensvertrag dagegen hinfällig. Die Gesellschaft wird im Konkurs mit Eröffnung der Liquidationsphase aufgelöst. Um die Rechtslage eindeutig zu klären, führt die Konkursliquidation zwingend zur Beendigung des Unternehmensvertrages im Verhältnis zur konkursschuldnerischen Gesellschaft. Im Beschluss zur Liquidationseröffnung [Art. 142 ff. LC] muss nicht einmal ausdrücklich erwähnt werden, dass der Unternehmensvertrag aufgelöst ist.

Außerhalb der Liquidationphase hängt es vom Vertragsinhalt ab, wie zu verfahren ist. Der Konkursrichter sollte aus Gründen der Prozessökonomie nicht von Amts wegen Unternehmensverträge prüfen müssen. Es handelt sich um eine Aufgabe, die typischerweise in den Zuständigkeitsbereich der Konkursverwaltung gehört, die das Unternehmen fortführt. Gerade der wirtschaftlich ausgebildete und erfahrene Verwalter hat gegenüber dem Konkursrichter regelmäßig einen Wissensvorsprung. Anders als in der Fremdverwaltung ist in den unterschiedlichen Formen der Eigenverwaltung neben der Konkursverwaltung ebenfalls der Konkursschuldner dazu legitimiert, die Auflösung des Unternehmensvertrags zu veranlassen.

Die Konkursgläubiger können in das obligatorische Verhältnis mit organisatorischer Funktion nicht ohne Weiteres eingreifen. Der oder die anderen Vertragsteile können sich vorrangig mit vertraglichen Mechanismen absichern, etwa durch auflösende Bedingungen oder ein Kündigungsrecht.[1271] Fehlt die Kautelarsicherung, ist im Wege der Auslegung nach Anzeichen zu suchen, ob die Parteien den Unternehmensvertrag

---

1268 *Häsemeyer*, Insolvenzrecht, Nr. 32.09, S. 856 f.; *Rojo*, RDM 1996, S. 475, 481.
1269 Ähnlich *Braun/Uhlenbruck*, Unternehmensinsolvenz, S. 383; *Emmerich/Sonnenschein/ Habersack*, Konzernrecht, § 19.VIII.2, S. 276.
1270 *De Arriba*, Derecho de grupos de sociedades, S. 317-327.
1271 *Embid*, AAMN XXXIX (1999), S. 184, 228; *ders.*, RdS 2000, S. 57, 77 f.

so verstehen wollten, dass er endet, wenn eine von ihnen in Konkurs geht. Der andere Vertragsteil kann sich nicht auf die Konkursverfahrenszweckwidrigkeit berufen, um sich vom Vertrag zu lösen. Es ist jedoch weder praktikabel noch zumutbar, den anderen Teil an einem Vertrag festzuhalten, von dessen Inhalten einer oder mehrere nicht durchführbar sind.[1272] Die vormals wirtschaftlich sinnvolle Verbindung gerät bei konkursbedingter Suspendierung einzelner Klauseln in Schieflage. Vertragsinhalte, welche die Position des anderen Vertragsteils gerade infolge der Konkurserklärung und der Einsetzung der Konkursverwaltung gefährden, sind daher ebenso wenig durchsetzbar.

Nach dem Konkursgesetz ist eine einseitige Kündigung nicht möglich. Die Auflösung des Unternehmensvertrags erfolgt in einem Verfahren, in dem beide Vertragsteile aktiv werden. Wendet man Art. 61 ff. LC entsprechend an,[1273] können entweder die Konkursverwaltung oder bei Eigenverwaltung der Konkursschuldner die Vertragsauflösung beantragen [Art. 61 Abs. 2 Unterabs. 2 LC]. Der Konkursrichter beraumt einen Verhandlungstermin an. Die Auflösung erfolgt im Fall der Einigung durch richterlichen Beschluss. Andernfalls kommt es zum konkursrechtlichen Zwischenstreit.

Lehnt man diese mehr aus Not denn aus guten Gründen zu erwägende Analogie ab, ist ohnehin auf den konkursrechtlichen Zwischenstreit zu verweisen [vgl. Art. 192 Abs. 1 S. 1 LC]. Welche Wirkungen die Konkurserklärung auf den Unternehmensvertrag entfaltet, ist eine Inzidenzfrage. Der Rückgriff auf den Zwischenstreit überzeugt nicht nur wegen der Schnelligkeit des Verfahrens, sondern auch, weil Entsprechendes für die Vertragsauflösung im Fall von Leistungsstörungen nach der Konkurserklärung gilt [vgl. Art. 62 Abs. 2 LC]. Erfüllt die Konkursverwaltung die in Wirklichkeit suspendierten Verpflichtungen nicht, klagt der andere Vertragsteil auf Erfüllung. Wenn dagegen der andere Vertragsteil seinerseits nicht erfüllt, verlangt die Konkursverwaltung (gegebenenfalls der Konkursschuldner) im Zwischenstreit, den Vertrag durchzuführen [Art. 50 Abs. 1, 192 Abs. 1 S. 2 LC]. Der Konkursrichter entscheidet jeweils durch Urteil über die suspendierende Wirkung der Konkurserklärung und über die Auflösung des Unternehmensvertrages.

Die inhaltliche Reichweite der Auflösung orientiert sich an den Erfordernissen der Gläubigerbefriedigung und beschränkt sich somit auf das Verhältnis zwischen der Konkursschuldnerin und dem anderen Vertragsteil. Wenn eine oder beide Vertragsparteien ihre gesellschaftsrechtliche Organisation modifizierten, weil es der Unternehmensvertrag erforderte, werden diese statutarischen Änderungen nicht beseitigt.

Der Unternehmensvertrag wird *ex nunc* aufgelöst. Das Ergebnis ist einschneidender als die Rechtsfolgen der Suspendierung von verfahrenszweckwidrigen Vertragsinhalten. Sobald das Konkursverfahren durch Vergleich abgeschlossen ist, werden suspendierte Vertragsinhalte automatisch wieder wirksam. Ist der Vertrag demgegenüber beendet, kann seine Durchführung nicht wieder aufgenommen werden, zumal wenn das Verfahren nach der Liquidation abgeschlossen wird. Es müssen weitere Voraussetzungen erfüllt sein, damit die (vormalige) Konkursschuldnerin überhaupt erneut Teil einer unternehmerischen Verbindung sein kann. Die Löschung darf nicht erfolgt sein

1272 *Emmerich/Sonnenschein/Habersack*, Konzernrecht, § 19.VIII.2, S. 276.
1273 Ähnlich *Duque*, in: García Villaverde u. a. (Hrsg.), *Derecho Concursal*, S. 137, 159.

oder immerhin nicht zur Vollabwicklung geführt haben. Die Anteilseigner müssen die Gesellschaft reaktivieren. Ein neuer Unternehmensvertrag ist abzuschließen.

Selbst die Vertragsauflösung ist nicht immer gleichbedeutend mit der Auflösung des „grupo".[1274] Ohne den Unternehmensvertrag entfällt die unternehmerische Verbindung nur, wenn keine anderen strukturellen Verbindungselemente vorliegen. Hat der Vertrag die bereits bestehende einheitliche Entscheidung lediglich formalisiert, enthüllt seine Auflösung als tieferliegende Problematik, ob und wie die auf faktische Strukturen gestützte Leitungsmacht im Konkurs ausgeübt wird.

II. Die Leitungsmacht in der faktischen unternehmerischen Verbindung

1. Die Ausübung im Konkurs der beherrschten Gesellschaft

Im Konkurs allein der beherrschten Gesellschaft ändert sich durch die Konkurserklärung weder etwas an der Zugehörigkeit der Konkursschuldnerin zur unternehmerischen Verbindung noch an deren hierarchischer Struktur.[1275] Kommt das Verfahren zum Abschluss, ohne dass die beherrschte Gesellschaft in der Liquidation aufgelöst, abgewickelt und gelöscht wird, wirkt die Über-Unter-Ordnung in vollem Umfang fort. Für die Ausübung der Leitungsmacht ist zwischen Eigenverwaltung [Art. 40 Abs. 1 LC] und Fremdverwaltung [Art. 40 Abs. 2 LC] zu unterscheiden.[1276] In den Formen der Eigenverwaltung ist der vom Zustimmungserfordernis umfasste vermögensrechtliche Bereich von denjenigen Befugnissen zu trennen, welche ohne Mitwirkung der Konkursverwaltung ausgeübt werden dürfen.

Soweit das Zustimmungserfordernis reicht, ist es dem Verwaltungsorgan der Konkursschuldnerin verboten, Weisungen der herrschenden Gesellschaft selbständig zu befolgen. Ob die Handlungen zulässig sind, hängt von der Zustimmung der Konkursverwaltung ab. Das Verfahrensorgan ist dazu verpflichtet, die Gläubigerbefriedigung herbeizuführen, nicht Interessen der unternehmerischen Verbindung zu verwirklichen. Es stimmt zu, sofern Verfahrenszweck und Gruppeninteresse deckungsgleich sind.

Jenseits dieser Intervention darf das Verwaltungsorgan der beherrschten Gesellschaft die Weisungen der herrschenden Gesellschaft befolgen. Die Weisungen sind verbindlich, soweit es von der Generalermächtigung [Art. 44 Abs. 2 Unterabs. 1 LC] bzw. während der Vakanz der Konkursverwaltung von der Notzuständigkeit [Art. 44 Abs. 2 Unterabs. 2 LC] gedeckt ist, sie zu befolgen. Die zulässigen Handlungen reduzieren sich damit auf Geschäfte, die für die im Zeitpunkt der Konkurserklärung ausgeübte Unternehmenstätigkeit üblicherweise auszuführen sind und sich innerhalb der Grenzen halten, welche die Konkursverwaltung nach Art und Größenordnung fest-

---

1274 *Embid*, in: Homenaje Sánchez Calero V, S. 5323, 5354.

1275 Zur Beständigkeit realer Strukturelemente *Rojo*, RDM 1996, S. 475, 481. Mit abw. Ergebnis *Sánchez Calero Guilarte*, ADCo 5/2005, S. 7, 27.

1276 Zur bisherigen Rechtslage *Rojo*, RDM 1996, S. 475, 480 f.

gelegt hat. Andererseits geht es um Handlungen, die nicht von der hergebrachten, üblichen Unternehmenstätigkeit abweichen und für deren Fortsetzung unverzichtbar sind. Insofern ist zudem erforderlich, dass die Rechtshandlung normalen Marktbedingungen entspricht. Vermögensverschiebungen, simulierte Geschäfte und sonstige gläubigerschädigende Maßnahmen sind daher unzulässig.

In der Fremdverwaltung werden dagegen die gesamten Befugnisse der Konkursschuldnerin aufgehoben, ihr Vermögen zu verwalten und darüber zu verfügen. Die Konkursverwaltung ergreift die zur Unternehmensfortführung erforderlichen Maßnahmen [Art. 44 Abs. 3 LC]. Ihre Befugnisse leiten sich nicht vom Verwaltungsorgan der konkursschuldnerischen Gesellschaft ab. Die Konkursverwaltung wird mithin nicht von Interessen der unternehmerischen Verbindung berührt, sondern ist auf den Konkursverfahrenszweck verpflichtet. Die Obergesellschaft kann ihr keine Weisungen erteilen. Es ist nicht ausgeschlossen, dass die Konkursverwaltung Weisungen freiwillig als Anregungen berücksichtigt. Die Grenze für die freiwillige Umsetzung zieht Art. 43 Abs. 1 LC. Daneben sind die Organe der beherrschten Gesellschaft weiterhin Weisungsempfänger, wenngleich sich der einzig verbleibende nicht masserelevante Handlungsbereich äußerst klein ausnimmt.

2. Die Ausübung im Konkurs der herrschenden Gesellschaft

Wird der Konkurs der herrschenden Gesellschaft erklärt, findet auf die Konkursschuldnerin der Grundsatz der Gesellschaftskontinuität Anwendung. Außerhalb der Liquidationsphase ist nicht minder von der Kontinuität der unternehmerischen Verbindung auszugehen. Die vermögensrechtlichen Veränderungen sind aber nicht zu übersehen. In den Formen der Eigenverwaltung hängt die Ausübung der Leitungsmacht, soweit es sich um unternehmerische, masserelevante Handlungen handelt, davon ab, dass die Konkursverwaltung ihrer Vornahme zustimmt oder sie genehmigt. Ob für die Ausübung der Leitungsmacht eine Generalermächtigung i. S. d. Art. 44 Abs. 2 Unterabs. 1 LC erteilt werden kann, geht aus dem Gesetz nicht hervor. Es ist aber zu bejahen, sofern die Tatbestandsvoraussetzungen erfüllt sind. Ob die Rechtshandlungen für die Unternehmenstätigkeit üblich sind, wird anhand der Eigenschaften der Obergesellschaft bestimmt. Handelt es sich z. B. um eine aktiv unternehmensverwaltende Holding in einem durchdiversifizierten Gruppenunternehmen, gehört die einheitliche Entscheidung zur hergebrachten Tätigkeit. Besitzen die faktischen Strukturelemente lediglich modalen Charakter oder werden sie nur gelegentlich genutzt, fehlt die Üblichkeit. Diese Maßgaben gelten für die Notzuständigkeit nach Art. 44 Abs. 2 Unterabs. 2 LC in entsprechender Weise. Besondere Beachtung verdient in diesem Rahmen, dass die Leitungsmacht durch Rechtshandlungen auszuüben ist, welche normalen Marktumständen entsprechen.

Wird die herrschende Gesellschaft im Konkurs in der Ausübung ihrer vermögensrechtlichen Befugnisse ersetzt, tritt die Konkursverwaltung insofern und als Unternehmensführer an ihre Stelle. Die Konkursverwalter üben demzufolge die Leitungsmacht aus.[1277] Das gesetzliche Mandat zur Unternehmensfortsetzung in der Fremdverwaltung

---

1277 So auch *Sánchez Calero Guilarte*, ADCo 5/2005, S. 7, 27.

[Art. 44 Abs. 3 LC] ist eindeutig. Als Maßstab dafür, welche Handlungen die Fortführung erfordert, kann nicht einfach der Prototyp eines isolierten Unternehmens zu Grunde gelegt werden. Der Maßstab richtet sich vielmehr an der Rolle der konkreten Obergesellschaft aus. Überdies weist die Konkursverwaltung im Regelverfahren Züge auf, die sie zur Konzernspitze prädestinieren. Ein dreiköpfiges Organ, in dem Juristen und Ökonomen mitarbeiten, wird durch die Last dieser Aufgabe nicht von vornherein überfordert.[1278] Überdies kann Konkursverwalter auch eine juristische Person sein [vgl. Art. 30 LC],[1279] die über eine größere unternehmerische Infrastruktur oder umfassender organisierte Kenntnisse verfügt.[1280] Das Gesetz geht ohnehin davon aus, dass die Verwalter sich sowohl des eigenen Personals als auch der Mitarbeiter und Angestellten der Konkursschuldnerin bedienen.[1281] Für wirtschaftlich und rechtlich komplizierte Bewertungen oder Prognosen, die bei der Erstellung ihres Berichts anfallen, kann die Konkursverwaltung den Rat unabhängiger Experten einholen [Art. 83 LC]. Sofern es die Komplexität des Verfahrens erfordert, erlaubt der Konkursrichter nach Art. 32 Abs. 1 LC, dass konkret zu bezeichnende Aufgaben auf Hilfspersonen im engeren Sinn übertragen werden. Abgesehen von den Aufgaben als Verfahrensorgan, können alle konkurszweckdienlichen Funktionen delegiert werden, darunter auch die Fortführung des Unternehmens.[1282]

§ 7 Die Besonderheiten in Bezug auf den Vergleich

I. Die Kontrollmechanismen beim Zustandekommen des Vergleichs

Wenn Gesellschaften derselben unternehmerischen Verbindung untereinander zugleich Gläubiger und Schuldner sind, kollidieren übergeordnete Interessen ihrer Verbindung mit dem Verfahrenszweck der Gläubigerbefriedigung. Die bisherige Praxis wies zahlreiche Fälle auf, in denen Konzerngesellschaften als zumeist vorrangige Gläubiger die Gläubigerversammlung dominierten.[1283] Die herrschende Gesellschaft diktierte den Gläubigern im konkursrechtlichen Verfahren über das Vermögen einer beherrschten Gesellschaft den Vergleich.[1284] Das Problem wird im neuen Recht bereits durch die inhaltlichen Mindestanforderungen an den Vergleichsvorschlag abgemildert

1278 Im Ansatz bereits AJMer Madrid v. 13. Juni 2005, AC. 2005/1130.
1279 Bisher *Tirado*, in: Rojo (Hrsg.), *La reforma*, S. 150, 186-192; weiterhin *Espina*, Diario de Sesiones del Congreso de Diputados (Comisiones – Justicia e Interior) Nr. 603 v. 28. Oktober 2002 S. 19695, 19696.
1280 *Tirado*, Los administradores concursales, S. 157.
1281 *Tirado*, in: Rojo/Beltrán (Hrsg.), *Comentario I*, Art. 32, Nr. II.1., S. 649 und 667.
1282 *Tirado*, in: Rojo/Beltrán (Hrsg.), *Comentario I*, Art. 32, Nr. IV., S. 659-667; *ders.*, Los administradores concursales, S. 176 f. Zur Verwalterhaftung für das Verhalten des Hilfspersonals *Illescas*, in: Fernández Ballesteros (Hrsg.), *Proceso Concursal Práctico*, Art. 36, Rn. 15, S. 230 f.
1283 *Sánchez Calero*, AAMN XXXIV (1995), S. 141, 160.
1284 *Rojo*, Diario de Sesiones del Congreso de Diputados (Comisiones – Justicia e Interior) Nr. 604 v. 29. Oktober 2002, S. 19715, 19725; ähnlich *Ladron*, RGD 664-665 (2000), S. 629, 666 f., Fn. 48.

[vgl. Art. 100-102 LC]. Mit einem rechtsgeschäftlichen Rangrücktritt der verbundenen Gesellschaften [vgl. Art. 92 Nr. 2 LC][1285] verzichten diese Gesellschaften darauf, das Abstimmungsergebnis der Gläubigerversammlung zu beeinflussen. Realistischerweise darf man nicht nur auf den guten Willen der Beteiligten vertrauen. Ein solches Vertrauen ist nur gerechtfertigt, wenn anderweitige wirtschaftliche Anreize den Interessen der unternehmerischen Verbindung dienen. Der Interessenkonflikt entfällt dann in Wirklichkeit vorab und nicht erst durch die Rangrücktrittsvereinbarung. „Konzernverwandte" sind darum heute mit ihren Ansprüchen stets nachrangig, weil sie der Konkursschuldnerin gesellschaftsrechtlich nahe stehen [Art. 92 Nr. 5, 93 Abs. 2 Nr. 3 LC].

Die nachrangigen Gläubiger sind zwar berechtigt, einen regelmäßigen Vergleichsvorschlag einzubringen [Art. 113 Abs. 1 S. 2 LC]. Die Nachrangigkeit führt aber dazu, dass ihnen das Stimmrecht in der Gläubigerversammlung entzogen ist [Art. 122 Abs. 1 Nr. 1 LC].[1286] Sie dürfen ebenso wenig einem vorzeitigen Vergleichsvorschlag schriftlich zustimmen [Art. 103 Abs. 1 LC].[1287] Das entzogene Stimmgewicht wird bei der Berechnung der erforderlichen Mehrheiten nicht berücksichtigt [Art. 124 LC]. Der Interessenkonflikt löst sich dahingehend, dass die Dominanz der verbundenen Gesellschaften in der Gläubigerversammlung beseitigt wird. Inhaltliche Beiträge gesellschaftsrechtlich nahe stehender Personen sind zwar zulässig. Ihre Vorschläge haben aber nur insoweit Erfolg, als sich die Gläubigergesamtheit mit der erforderlichen Mehrheit dazu versteht. Für diesen Fall ist kein Widerstreit der Interessen zu besorgen. Für die weiteren Rechtsfolgen der Nachrangigkeit in der Vergleichsphase wird auf das oben stehende 4. Kapitel § 6 II verwiesen.

II. Die Koordinierung des Zustandekommens mehrerer Vergleiche

Im bisherigen Recht der „Suspensión de pagos" existierte keine Rechtsgrundlage, die es erlaubte, Vergleichsverhandlungen in parallelen Verfahren effektiv zu koordinieren. Das Zustandekommen und die Inhalte einer Mehrzahl sachlich zusammenhängender Vergleiche war nicht abgestimmt.[1288] Die Koordinierung konnte prozessual erfolgen oder materiell, etwa indem die Vergleiche über Bedingungen miteinander verknüpft wurden. Im Hinblick auf die „Quiebra" bestanden hingegen grundsätzliche Zweifel, ob z. B. aufschiebende Bedingungen zulässig waren.[1289] Die forensische Praxis zeigte sich in Bezug auf bedingte Vergleichsvorschläge aufgeschlossen, ohne die permissive Haltung näher zu begründen.[1290]

1285 Hierzu *Alemany*, Diario La Ley Nr. 6004, XXV, 16. April 2004, D-95, Kap. IV.
1286 *De lege ferenda* schon *Sánchez Calero*, AAMN XXXIV (1995), S. 141, 165.
1287 *Gozalo*, in: Rojo/Beltrán (Hrsg.), *Comentario II*, Art. 122, Nr. I.1. und 2., S. 2098 f.
1288 *Rojo*, in: Homenaje Broseta III, S. 3248, 3286 ff.
1289 *Rojo*, RDM 1996, S. 457, 484; weiterhin *Embid*, in: Homenaje Olivencia II, S. 1885, 1889.
1290 Beispiele bei *Rojo*, RDM 1996, S. 457, 484, Fn. 55; *ders.*, in: Homenaje Broseta III, S. 3248, 3288, Fn. 59.

Der Grundsatz der Bedingungsfeindlichkeit von Konkursvergleichen ist heute mitsamt einer Ausnahme für unternehmerische Verbindungen kodifiziert [vgl. Art. 101 Abs. 1 und 2 LC].[1291] Der prozessuale Anwendungsbereich der Ausnahme ist in solchen Konkursverfahren eröffnet, die entweder gemeinsam erklärt oder nachträglich verbunden sind. Keines der Verfahren darf in die Liquidationsphase eingetreten sein.

Inhaltlich beschränkt sich die Ausnahme von der Bedingungsfeindlichkeit darauf, an die konkursrichterliche Genehmigung anderer Vergleichsvorschläge anzuknüpfen [vgl. allgemein Art. 1115 S. 2 CC]. Auf den Inhalt, den Zeitpunkt der Einbringung, andere Eigenschaften der Vergleichsvorschläge oder prozessuale Umstände darf die Bedingung dagegen keinen Bezug nehmen.[1292] Die Regelung ist ihrer Natur als Ausnahme zur Regel entsprechend restriktiv auszulegen.[1293] Dies allein kann indes nicht abschließend begründen, weshalb die Praxis bislang noch nicht auf diese Form der Koordinierung mehrerer Vergleiche zurückgegriffen hat. Hinzu kommt aber zum jetzigen Zeitpunkt, dass die nach neuem Recht durchgeführten Großverfahren betreffend unternehmerische Verbindungen in ihrer Mehrzahl noch nicht so weit genug vorangeschritten sind, als dass ein Einsatz der Bedingung möglich gewesen wäre.

Die Abstimmung der Vergleichsvorschläge ist durch einseitige und durch reziproke Bedingtheit möglich. Die Bedingung kann sich ausdrücklich auf den Eintritt der Rechtskraft der Genehmigung beziehen. Unterbleibt eine zeitliche Festlegung, ist die Bedingung bereits als in dem Zeitpunkt eingetreten zu betrachten, in dem die Entscheidung über die Genehmigung verkündet wird, ohne dass es auf die Rechtskraft ankommt.[1294] Der Vergleich ist bereits mit dem Datum des Genehmigungsurteils rechtswirksam [vgl. Art. 133 Abs. 1 LC]. Sofern gegen das Genehmigungsurteil Rechtsmittel eingelegt werden, kann der Konkursrichter die aufschiebende Wirkung des Rekurses anordnen [Art. 197 Abs. 5 LC]. Dadurch wird zwar der Automatismus der sofortigen Wirkung des Vergleichs durchbrochen. Der Eintritt der Bedingung bleibt hingegen unberührt. Der Rechtsmittelführer ist durch die Anordnung selbst hinreichend geschützt. Hängt die Wirksamkeit eines Vergleichsvorschlags von der richterlichen Genehmigung eines oder mehrerer anderer Vergleichsvorhaben ab, ist die Bedingung erst mit der Genehmigung sämtlicher der bezeichneten Vergleichsvorschläge erfüllt.[1295]

1291 Vgl. z. B. AJMer Granada v. 23. Januar 2006, JUR. 2006/82879.

1292 *Illescas*, in: Fernández Ballesteros (Hrsg.), *Proceso Concursal Práctico*, Art. 101 Nr. 2, S. 509, und Nr.7 f., S. 511 f.; *Rojo*, in: Rojo/Beltrán (Hrsg.), *Comentario II*, Art. 101, Nr. II.1., S. 1902.

1293 Zur restriktiven Auslegung der Ausnahmevorschrift *Embid*, in: Homenaje Olivencia II, S. 1885, 1907.

1294 *Rojo*, in: Rojo/Beltrán (Hrsg.), *Comentario II*, Art. 101, Nr. II.4., S. 1905.

1295 *Rojo*, in: Rojo/Beltrán (Hrsg.), *Comentario II*, Art. 101, Nr. II.3., S. 1904 f.

8. Kapitel

Die Schlussfolgerungen

§ 1 Die praktische Bedeutung des spanischen Konkurssachrechts aus deutscher Sicht

Die Berührungspunkte mit dem spanischen Konkurssachrecht lassen sich in der grenzüberschreitenden Insolvenz auf drei wesentliche Faktoren zurückführen, die in der EuInsVO angelegt sind. Einerseits strebt die Verordnung im Ausgangspunkt universelle Verfahrenswirkungen an. Deshalb wirkt sich ein (Haupt-)Verfahren, das in Spanien eröffnet wird, in Deutschland aus. Anderseits können im Hinblick auf deutsche Kapitalgesellschaften, die eine oder mehrere Niederlassungen in Spanien unterhalten, territorial beschränkte Sekundärverfahren nach spanischem Sachrecht stattfinden. Drittens sind deutsche Insolvenzverwalter veranlasst, verschiedene Bereiche des spanischen Rechts zu überblicken. Daneben lassen sich Belange feststellen, die nicht erst in der grenzüberschreitenden Insolvenz auftreten, sondern es nahe legen, von vornherein Chancen und Risiken nach dem spanischen Konkursrecht zu beachten. Dies gilt vor allem für Handelspartner von spanischen Unternehmen, für Direktinvestoren und für Konzernobergesellschaften. Je bedeutender ihre wirtschaftlichen Interessen sind, umso eher wird die Anregung zur Notwendigkeit, zutreffend für oder gegen grenzüberschreitende Vertragsabschlüsse, Investitionen, Weisungen oder Finanzierungen zu entscheiden.

§ 2 Das Konkursrecht als Gesellschaftskonkursrecht

Das Konkursverfahren ist vorrangig auf Gesellschaften ausgerichtet. Zahlreiche Normen regeln Besonderheiten des Gesellschaftskonkurses oder lassen immerhin den gesetzgeberischen Gedanken an Gesellschaften erkennen. Konkursverfahrensfähig sind die Vor-Kapitalgesellschaft, die unregelmäßige, fehlerhafte, nichtige, aufgelöste sowie, falls noch Gesellschaftsvermögen vorhanden ist, die gelöschte Kapitalgesellschaft. Fehlende Voreintragungen erfolgen von Amts wegen [Art. 24 Abs. 2 LC]. Eine gelöschte Gesellschaft ist nicht mehr einzutragen, wenn der Vorkonkurs wieder eröffnet wird. Eine Gesellschaft, die nach ausländischem Recht gegründet ist, gilt vor dem spanischen Forum als konkursverfahrensfähig, wenn sie es nach ihrem Heimatrecht wäre.

Der objektive Konkursgrund ist die Zahlungsunfähigkeit [Art. 2 LC]. Bei der Solvenzprüfung sind die Gesellschafter-Gläubiger-Forderungen einschließlich des Eigenkapitalersatzes zu berücksichtigen. Die Überschuldung gibt lediglich einen möglichen Hintergrund für die Zahlungsunfähigkeit ab. Für den Eigenantrag reicht es aus, dass die Konkursschuldnerin voraussieht, künftig zahlungsunfähig zu sein. Die Überschuldung findet hier Berücksichtigung, wenn der Solvenzprognose sämtliche Verbindlichkeiten zu Grunde gelegt werden.

Das Verwaltungs- bzw. Liquidationsorgan stellt den Eigenantrag [Art. 3 Abs. 1 S. 2 LC]. Gibt es keine ordnungsgemäß bestellten Organträger, ist antragsberechtigt, wer in faktischer Organstellung handelt. Einzelne Organmitglieder sind weder befugt, den Antrag zu stellen, noch dürfen sie ihn zurücknehmen. Eine Delegierung der Antragszuständigkeit vom mehrköpfigen Organ auf einen individuellen Organträger ist jedoch zulässig. Das Verwaltungs- oder Liquidationsorgan kann den Beschluss der Anteilseigner über den Antrag herbeiführen. Die Gesellschafterversammlung der SL ist konkurrierend zuständig, wenn qualifizierte Verluste auftreten und die Gesellschaft zahlungsunfähig ist oder sein wird [Art. 105 Abs. 1 LSRL]. Die Zuständigkeit der Hauptversammlung der SA ist in Art. 262 LSA nur zurückhaltend angedeutet.

Die allgemeine Antragspflicht nach Art. 5 Abs. 1 LC bezweckt, dass insolvente Schuldner ihre Marktteilnahme beenden. Die Frist für die pflichtgerechte Antragstellung beträgt zwei Monate. Sie wird in Gang gesetzt, wenn objektiv erkennbar ist und erkannt wird bzw. schuldhaft nicht erkannt wird, dass die Gesellschaft gegenwärtig zahlungsunfähig ist. Von schuldhafter Nichtkenntnis ist auszugehen, wenn ein sorgfältiger Geschäftsleiter im Rahmen der unternehmerischen Selbstkontrolle die Zahlungsunfähigkeit erkannt hätte. In besonders deutlichen Fällen wird die positive Kenntnis widerlegbar vermutet. Das Vorsatzverschulden wirkt sich in der Konkursqualifikation auf Rechtsfolgenseite aus. Demgegenüber überzeugt es nicht, Verstöße gegen die Konkursantragspflicht gemäß Art. 262 Abs. 5 LSA, 105 Abs. 5 LSRL zu sanktionieren.

Das Gesetz prämiert den ersten Gläubiger-Antragsteller mit dem einfachen Vorrang eines Viertels seiner Forderung [Art. 91 Nr. 6 LC]. Um Missbräuchen vorzubeugen, sind Gläubiger nicht antragsberechtigt, die ihre Forderung innerhalb der letzten sechs Monate vor der Antragstellung durch Rechtsgeschäft unter Lebenden erworben haben [Art. 3 Abs. 2 LC]. Ein Forderungserwerb im Vorfeld des Konkurses ist unschädlich, wenn kein Schutzbedürfnis besteht. Beispiele sind die Universalsukzession infolge von Umwandlungsmaßnahmen oder der Globalerwerb im Wege von Unternehmenskauf und echtem Factoring-Vertrag. Anteilseigner, die für Gesellschaftsverbindlichkeiten persönlich haften, sind fremdantragsberechtigt [Art. 3 Abs. 3 LC]. Die Hauptanwendungsfälle liegen in der Ein-Mann-Gesellschaft sowie der unregelmäßigen Gesellschaft, nicht aber bei der Durchgriffshaftung („levantamiento del velo") oder rechtsgeschäftlichen Haftungstatbeständen. Ein Gesellschafter-Geschäftsführer ist antragsberechtigt, wenn er gemäß Art. 262 LSA, 105 LSRL haftet.

Die konkursspezifischen Mitwirkungs- und Informationspflichten treffen mit den Geschäftsleitern, Liquidatoren sowie rechtsgeschäftlich umfassend Bevollmächtigten die unternehmerisch maßgeblichen Individuen. Die Verfahrensorgane können in gleicher Weise auf faktische Organträger sowie Personen zurückgreifen, die innerhalb der letzten zwei Jahre vor der Konkurserklärung aus einer der vorgenannten Positionen ausgeschieden sind [Art. 42 Abs. 1 S. 2 LC]. Ein ausdifferenziertes System vermögensrechtlicher Wirkungen der Konkurserklärung ermöglicht es dem Konkursrichter, die Stellung der Gesellschaft und die Befugnisse der Konkursverwaltung an die jeweiligen Erfordernisse anzupassen [vgl. Art. 40, 43, 44 LC]. Im freiwilligen Konkurs sind masserelevante Handlungen normalerweise nur mit Genehmigung der Konkursverwaltung zulässig. Im Rahmen einer zeitlich wie sachlich begrenzten Notzuständigkeit ist reine Eigenverwaltung gegeben. Die Konkursverwaltung kann außerdem unternehmenstypische Geschäfte näher bestimmen, zu denen die Konkursschuldnerin generell ermächtigt sein soll. Wenn der Konkurs auf einen Fremdantrag hin erklärt wird, ist die Fremdverwaltung die Regel. Verbotswidrige Handlungen entfalten unvollkommene Rechtswirkungen und können im Klagewege *ex tunc* beseitigt werden.

Durch eine konkursrechtliche *actio Pauliana* können Vermögensgegenstände wieder in die Aktivmasse eingebracht werden. Die Konkursverwaltung liquidiert bei den Anteilseignern Einlageverbindlichkeiten und Nebenleistungen. Sie nimmt Organpersonen auf Ersatz in Anspruch, wenn diese das Gesellschaftsvermögen geschädigt haben. Des Weiteren wird das Unternehmen der Gesellschaft im Konkurs fortgeführt, soweit es wirtschaftlich machbar ist [vgl. Art. 44 LC]. Die unternehmerische Vermögensmaximierung ist grundsätzlich zulässig. Die unternehmerische Aktivität, die im Zeitpunkt der Konkurserklärung verwirklicht wird, darf nicht ersetzt oder verändert werden, kann aber in flexibler Weise beschränkt oder eingestellt werden.

Gegenseitige Vertragsverhältnisse werden in den Konkurs einbezogen. Die Konkursverwaltung ist berechtigt, Kredit-, Ratenzahlungs- und Mietverträge zu reaktivieren, wenn diese bereits an Leistungsstörungen gescheitert sind [vgl. Art. 68–70 LC]. Leitende Angestellte können nach Art. 65 LC konkursbedingt entlassen und mit ihren Abfindungsansprüchen in eine praktisch nahezu nachrangige Position relegiert werden. Zahlungen an Organpersonen lassen sich gleichfalls vermeiden, obwohl ausdrückliche Regelungen fehlen. Die Konkursverwaltung kann sich auf die außerkonkursliche Unzulässigkeit des Organanstellungsvertrages berufen oder diesen in Verfolgung des Konkursverfahrenszwecks beenden. Das Gericht entscheidet im konkursrechtlichen Zwischenstreit abschließend über die Kündigung. Wenn der Abfindungsanspruch nicht schon teilweise als nachrangig zu qualifizieren ist, kann er im Rahmen der Konkursqualifikation aus dem Verfahren ausgeschlossen werden.

Die gesellschaftsrechtlich nahe stehenden Personen sind in Art. 93 Abs. 2 LC mit Wirkung für das gesamte Konkursgesetz bestimmt. „Insider" werden als Gläubiger mit nachrangigen Konkursforderungen, als frühere Erwerber gegenüber der Wiedereinbringungsklage sowie bei Zustandekommen und Umsetzung des Vergleiches schlechter gestellt.

Das Unternehmen wird über den Vergleich in der Hand der Gesellschaft saniert [vgl. Art. 98 ff. LC]. Die Veräußerung an Gläubiger ist im Rahmen des Vergleiches unzulässig. Es ist weitgehend unattraktiv, das Unternehmen an übernahmeinteressierte Dritte zu veräußern, da die Aktiva des Unternehmens nicht von den Passiva getrennt werden dürfen. Erlass und Stundung sind die generell vorgegebenen Vergleichsinhalte. Die einfachen Konkursgläubiger dürfen Forderungen höchstens zur Hälfte erlassen sowie auf fünf Jahre stunden. Diese Grenzen sind unter der Voraussetzung durchlässig, dass ein Unternehmen von besonderer Bedeutung für die Wirtschaft erhalten werden soll. Die richterliche Genehmigung kann versagt werden, wobei regelmäßig nur kontrolliert wird, ob der Vergleich gesetzeskonform ist. Das Gericht darf den Vergleich nicht inhaltlich verändern oder neu vorgeben.

Die übertragende Sanierung ist Gegenstand der Liquidationsphase [vgl. Art. 142 ff. LC]. Die Beteiligten, namentlich die Konkursschuldnerin, können sowohl die Eröffnung der Liquidation als auch den Eintritt in die Vergleichsphase beeinflussen. Der vorzeitige, weil frühestens mit dem Eigenantrag oder der Eröffnung des zwingenden Konkurses eingebrachte Vergleichsvorschlag ist nur eine mögliche Erscheinungsform des „prepackaged plan". Ebenso ist denkbar, dass die Konkursschuldnerin sofort die Liquidation beantragt, damit die Interessenten das Unternehmen aus der Versteigerung erwerben und hierbei ein mit den Gläubigern abgestimmtes Mindestgebot nicht unterschreiten.

Die Liquidationsphase führt über die Amtslöschung [Art. 178 Abs. 3 LC] zur Beseitigung des Unternehmensträgers. Das Unternehmen wird nicht zwingend zerschlagen. Die Vermögensabwicklung findet zwar zum Zweck der Gläubigerbefriedigung statt, aber unter der Maßgabe, funktionsfähige unternehmerische Einheiten möglichst zusammenhängend zu veräußern. Die Freigabe ist grundsätzlich unter den Voraussetzungen zulässig, die für Veräußerung bzw. Belastung gelten. Außerkonkursliches Vermögen darf jedoch die Gesellschaftsabwicklung nicht behindern. Diese Voraussetzung ist erfüllt, wenn die Liquidation des Unternehmensträgers mit Sicherheit ausgeschlossen werden kann oder die Konkursgläubiger die Liquidationskosten selber tragen.

§ 3 Die gesellschaftsrechtliche Neutralität des Konkursgesetzes

Der Grundsatz der Gesellschaftskontinuität besagt, dass die Konkurserklärung weder den Bestand noch die Organisation der Gesellschaft berührt [vgl. Art. 48 Abs. 1 LC]. Die Konkursverwaltung hat das Recht, an den Versammlungen mehrköpfiger Gesellschaftsorgane teilzunehmen und Organbeschlüsse anzufechten. Außerhalb der Liquidationsphase steht die Kontinuität allein unter dem Vorbehalt, dass die vermögensrechtlichen Wirkungen der Konkurserklärung die Stellung der Gesellschaftsorgane verändern. Die Konkursverwalter verdrängen die Gesellschaftsorgane durch Fremdverwaltung und Intervention kompetenzrechtlich. Die gesetzliche Zwangsorganschaft tritt nur, dafür jedoch zwingend, in der Liquidationsphase ein [vgl. Art. 145 Abs. 3 LC].

Die gesellschaftsrechtliche Neutralität des Konkursgesetzes manifestiert sich im Konkursvergleich. Soweit im Gesellschaftsinneren Voraussetzungen für den Vergleich zu schaffen sind, ist die Mitwirkung der Anteilseigner erforderlich. Die Verfahrensorgane können die Anteilseigner weder zur Beschlussfassung noch zu einem bestimmten Beschlussinhalt zwingen. Sieht der Vergleich vor, dass Konkursforderungen in Kapitalbeteiligungen umgewandelt werden, verwässert sich das Stimmgewicht der bisherigen Anteilseigner u. U. erheblich, und der Weg für strukturelle Eingriffe der (ehemaligen) Konkursgläubiger wird frei. Fehlen hinreichende Garantien für die Mitwirkung der Anteilseigner an der inneren Reorganisation, können und werden schon die Gesellschaftsgläubiger den Vergleichsvorschlag ablehnen und die Liquidation herbeiführen.

§ 4 Der Schutz des Rechtsverkehrs vor den verantwortlichen natürlichen Personen

Die Beseitigung der Gesellschaft steht hinter dem Ziel zurück, pflichtwidrig handelnde Individuen auszuschalten. Der Konkurs wird als „schuldhaft" qualifiziert, wenn die Zahlungsunfähigkeit der Gesellschaft grob fahrlässig oder vorsätzlich herbeigeführt oder verschlimmert wurde [Art. 164 Abs. 1 LC]. Die konkreten Untertatbestände bilden nach herrschender Meinung zwingende Vermutungen. Sie lassen sich auch in Fiktionen [Art. 164 Abs. 2 Nr. 1–3 LC] sowie Vermutungen [Art. 164 Abs. 2 Nr. 4-6 LC] der Kausalität unterteilen. Letztere gestatten die Exkulpation, wenn der Eintritt oder die Verschlimmerung der Zahlungsunfähigkeit nicht objektiv zurechenbar ist oder der Normzweckzusammenhang fehlt. Für das Verschulden ist nach hier vertretener Ansicht die Beweislast umgekehrt und der Verschuldensmaßstab auf einfache Fahrlässigkeit abgesenkt. Rechtsfolgen der Schuldhaftigkeit sind der zeitweise Ausschluss aus dem Rechtsverkehr (Inhabilitation) und aus dem Kreis der Konkurs- bzw. Massegläubiger (Forderungsverlust).

Darüber hinaus haften die Organträger für ungedeckte Forderungen [Art. 172 Abs. 3 LC], so dass sich die quotalen Aussichten der einfachen Konkursgläubiger verbessern. Bereits im Zeitpunkt der Konkurserklärung kann Vermögen von Personen beschlagnahmt werden, die möglicherweise der konkursspezifischen Haftungsanordnung unterliegen [vgl. Art. 48 Abs. 5 S. 2 LC]. Die außerkonkurslichen Regeln, nach denen Organpersonen haften, gelten während des Konkurses der Gesellschaft weiter. Die Individualklage [Art. 135 LSA, 69 Abs. 1 LSRL] bleibt vollkommen, entgegen Art. 60 Abs. 2 LC auch hinsichtlich der Verjährung unberührt. Die kapitalschützende Sanktion [Art. 262 Abs. 5 LSA, 105 Abs. 5 LSRL] ist unzureichend auf den Konkurs abgestimmt. Die Sozialklage kann immerhin zusätzlich von der Konkursverwaltung erhoben werden [Art. 48 Abs. 2 LC]. Während die Haftungsrisiken aus übereilter Antragstellung gering bleiben werden, gewinnen Individual- und Sozialklage an Bedeutung, wenn Organträger gegen die Antragspflicht verstoßen.

§ 5 Die prozessuale Einbindung der unternehmerischen Verbindung

Es gibt keinen eigenständigen Konkurs der unternehmerischen Verbindung, sondern die gemeinsame Eröffnung [Art. 3 Abs. 5 LC] oder nachträgliche Verbindung [Art. 25 LC] mehrerer Konkursverfahren. In diesem Rahmen werden inhaltlich zusammenhängende Verfahren prozessual koordiniert. Zu diesem Zweck kann selbst die Konkursverwaltung zentralisiert werden. Die Verfahrensverbindung findet über innereuropäische Grenzen hinweg statt, wenn sich die jeweiligen Zuständigkeiten auf die EuInsVO stützen und in den Rechtsordnungen der beteiligten Foren jeweils eine Rechtsgrundlage für die einheitliche Zuständigkeit besteht.

Die Konkurserklärung berührt die unternehmerische Verbindung grundsätzlich nicht. Unternehmensverträge im Verhältnis zur Konkursschuldnerin werden im konkursrechtlichen Zwischenstreit, spätestens mit Eröffnung der Liquidationsphase aufgelöst. Im Konkurs der Obergesellschaft übt die Konkursverwaltung die Leitungsmacht selbst aus oder interveniert darin. Im Konkurs der Untergesellschaft vermag die herrschende Gesellschaft die einheitliche Entscheidung nicht mehr durchzusetzen, soweit die dafür erforderlichen Handlungen masserelevant sind. In verbundenen Verfahren ist als Vergleichsbedingung zulässig, dass einer, mehrere oder sämtliche übrigen Vergleichsvorschläge genehmigt werden.

§ 6 Die spanische Rechtsmodernisierung im Rahmen der europäischen Rechtsharmonisierung

Die Defizite des bisherigen spanischen Konkursrechtes schlugen sich in einer wechselhaften konkurssoziologischen Entwicklung nieder, an deren Ende kaum noch verfahrensmäßige Unternehmensabwicklungen stattfanden. Von daher sind die ältere Lehre und Rechtsprechung nur zurückhaltend heranzuziehen, um das neue Gesetz auszulegen. Auch wenn einige der bisherigen Probleme fortbestehen und sich völlig neue Fragen ergeben, ist festzuhalten, dass größere Rechtssicherheit und viele der allein in diesem Schlussteil erwähnten Lösungen das Konkursgesetz als Fortschritt erscheinen lassen. Die Handelsgerichte, die sich spezialisiert mit Gesellschafts- und Konkursrecht befassen, verdeutlichen die Wendung hin zu einem Gesellschaftskonkursrecht. Erste Entscheidungen zeigen, dass diese Gerichte die theoretische Modernisierung in die Tat umsetzen.

Die Reform entfaltet innere rechtsharmonisierende Wirkung. Einige Regelungen finden ihre Parallelen nicht zuletzt im deutschen Recht. Hierfür kann trotz aller Unterschiede im Detail auf das einheitliche Verfahren mit unterschiedlichen Verlaufs- und Abschlussmöglichkeiten, den universalen Massebegriff, die nachrangigen Forderungen, die Erwägungen hinter der Unternehmensfortführung und dem Fortführungsvergleich sowie auf das praktische Ergebnis der vermögensrechtlichen Wirkungen verwiesen werden. Der Konkursgrund der bevorstehenden Zahlungsunfähigkeit und die Antragspflicht sind gleichfalls eingeführt worden. Die Haftungsanordnung im Rahmen der Konkursqualifikation hat ihr Vorbild im französischen Recht. Das bisherige italienische Recht findet etwa im Insolvenzbegriff oder der Masseauffüllung durch Einlagen und Nebenleistungen Berücksichtigung. Die kapitalschützende Sanktion ist dem italienischen Modell sogar noch stärker angeglichen worden. Im autonomen internationalen Konkursrecht wurden weithin international vereinheitlichte Regelungen übernommen.[1296] Das spanische Konkursgesetz selbst hat sich bereits in der portugiesischen Neukodifikation niedergeschlagen.[1297]

Manche Lösungen haben dagegen kaum Entsprechungen in benachbarten Rechtsordnungen. Das gilt etwa für die generelle Nachrangigkeit von Forderungen gesellschaftsrechtlich nahe stehender Personen oder die ausdrücklich geregelte Zentralisierung der Verfahrensdurchführung in Konkursen von Gesellschaften derselben unternehmerischen Verbindung. Das Konkursgesetz bildet im Ergebnis weder eine plagiative Sammlung ausländischer Rechtsinstrumentarien noch einen dogmatisch isolierten Monolithen autonomer Rechtssetzung. Es ändert daher nichts Grundlegendes an der Vielfalt der mitgliedstaatlichen Insolvenzsachrechte, greift aber die Idee der Harmonisierung auf und steht der Letzteren auf europäischer Ebene nicht im Wege.

1296 *Virgós/Garcimartín*, in: Rojo/Beltrán (Hrsg.), *Comentario II*, Art. 199, Nr. IV, S. 2870 f.
1297 Vgl. Gesetzesbegründung zu CIRE, DL n. 53/2004, v. 18. März 2004, insbesondere Absätze 25 und 40.

Anhang

Konkursgesetz 22/2003 vom 9. Juli[1]

(...)

Artikel 1.
Subjektiver Eröffnungstatbestand

1. Die Konkurserklärung ist hinsichtlich jedes Schuldners statthaft, sei es eine natürliche Person, sei es eine juristische Person. (...)

3. Der Konkurs kann nicht erklärt werden über die Gebietskörperschaften, aus denen die staatliche Organisation besteht, über öffentliche Behörden und sonstige Körperschaften des öffentlichen Rechts.

Artikel 2.
Objektiver Eröffnungstatbestand

1. Konkursgrund ist die Insolvenz des Gemeinschuldners.

2. Der Schuldner befindet sich im Zustand der Insolvenz, wenn er seine fälligen Verbindlichkeiten nicht regelgemäß erfüllen kann.

3. Wenn der Schuldner selbst die Konkurserklärung beantragt, muss er neben seiner Verschuldung auch seine Insolvenz beweisen, die gegenwärtig sein oder erst bevorstehen kann. Die Insolvenz des Schuldners steht bevor, wenn er voraussieht, dass er seine Verbindlichkeiten nicht regelgemäß und pünktlich erfüllen kann.

---

1 BOE Nr. 164 v. 10. Juli 2003, S. 26905–26965. Die als Lektürehilfe nachfolgend abgedruckten Gesetzesauszüge in deutscher Fassung sind eine nicht offizielle Übersetzung des Verfassers.

4. Wenn ein Gläubiger die Konkurserklärung beantragt, muss er sich entweder auf einen Titel stützen, aus dem vollstreckt oder gepfändet wurde, ohne dass aus der Beschlagnahme genügend freie Gegenstände hervorgingen, oder auf eine der folgenden Tatsachen:

Nr. 1: Die allgemeine Einstellung der laufenden Zahlung von Verbindlichkeiten des Schuldners.

Nr. 2: Beschlagnahmen in laufenden Zwangsvollstreckungsmaßnahmen, die in allgemeiner Weise das Vermögen des Schuldners betreffen.

Nr. 3: Die Vermögensflucht des Schuldners oder die übereilte oder ruinöse Veräußerung seiner Güter.

Nr. 4: Die allgemeine Nichterfüllung von Schulden einer der folgenden Arten:

– Steuerschulden, soweit sie während der letzten drei Monate vor der Konkurseröffnung fällig werden;

– Sozialversicherungsbeiträge und sonstige Verbindlichkeiten aus allgemeinen Abgaben, soweit sie während desselben Zeitraums zu entrichten sind;

– Löhne, Entschädigungen und andere Verbindlichkeiten aus Arbeitsverhältnissen, soweit sie für die letzten drei Lohnmonate vor der Konkurserklärung entstehen.

Artikel 3.
Antragsberechtigung

1. Der Schuldner und jeder seiner Gläubiger sind berechtigt, die Konkurserklärung zu beantragen. Ist der Schuldner eine juristische Person, ist das Verwaltungs- oder Liquidationsorgan für die Entscheidung zuständig.

2. In Ausnahme zum vorstehenden Absatz sind Gläubiger nicht antragsberechtigt, die ihre Forderung während der letzten sechs Monate vor der Antragstellung durch ein Rechtsgeschäft unter Lebenden auf Grund eines Einzeltitels erworben haben, als die Forderung bereits fällig war.

3. Den Konkurs einer juristischen Person können auch Gesellschafter, Mitglieder oder Beteiligte beantragen, die nach geltender Gesetzeslage persönlich für die Verbindlichkeiten der Gesellschaft haften. (...)

5. Der Gläubiger kann beantragen, dass der Konkurs gegen mehrere seiner Schuldner gemeinsam erklärt wird, wenn zwischen diesen eine Vermögensvermischung oder im Fall von juristischen Personen eine unternehmerische Verbindung mit wesentlicher Identität der Mitglieder und einheitlicher Fällung der Entscheidungen besteht.

Artikel 5.
Konkursantragspflicht

1. Der Schuldner ist verpflichtet, die Konkurserklärung binnen zwei Monaten nach dem Tag zu beantragen, an dem er von seiner Insolvenz Kenntnis hatte oder hätte haben müssen.

2. Solange nicht das Gegenteil bewiesen ist, wird vermutet, dass der Schuldner von der Insolvenz weiß, wenn eine der Tatsachen eintritt, die Eröffnungsgründe für den zwingenden Konkurs gemäß Art. 2 Abs. 4 sind; im Fall der dortigen Nr. 4 nur, wenn die jeweiligen Fristen verstrichen sind.

Artikel 25.
Verbindung von Konkursverfahren

1. Im Konkurs einer beherrschenden juristischen Person oder Gesellschaft kann die Konkursverwaltung schriftlich beantragen, dass mit diesem Verfahren die bereits eröffneten Konkurse von solchen Gesellschaftern, Mitgliedern oder Zugehörigen verbunden werden, die persönlich für die Schulden der juristischen Person haften, oder von beherrschten Gesellschaften, die zu derselben unternehmerischen Verbindung gehören; der Antrag ist zu begründen. (...)

4. Die in diesem Artikel geregelte Verbindung ist auch zulässig, wenn verschiedene Gerichte die Konkurse erklärt haben, unbeschadet der gegenseitigen Abstimmung von Vergleichen gemäß Art. 101.

Artikel 40.
Vermögensrechtliche Befugnisse des Schuldners

1. Im freiwilligen Konkurs behält der Schuldner die Befugnis, sein Vermögen zu verwalten und darüber zu verfügen, bedarf zu ihrer Ausübung aber des Einverständnisses oder der Genehmigung der Konkursverwalter.

2. Im zwingenden Konkurs wird die Befugnis des Schuldners aufgehoben, sein Vermögen zu verwalten und darüber zu verfügen; er wird darin von den Konkursverwaltern ersetzt.

3. Ungeachtet der Vorschriften in den vorstehenden Absätzen, kann der Richter im freiwilligen Konkurs auch die Aufhebung der Befugnisse oder im zwingenden Konkurs das bloße Zustimmungserfordernis anordnen. In beiden Fällen ist die Entscheidung unter Angabe der Risiken, die vermieden werden sollen, und der Vorteile, die angestrebt werden, zu bezeichnen.

4. Auf Antrag der Konkursverwaltung und nach Anhörung des Konkursschuldners kann der Richter durch Be-

schluss den Wechsel zwischen Zustimmungserfordernis und Fremdverwaltung anordnen. Der Wechsel und die daraus folgende Veränderung der Befugnisse der Konkursverwaltung werden in der gleichen Weise bekannt gemacht wie nach Art. 23 und 24 die Konkurserklärung. (...)

7. Handlungen des Schuldners, die in Widerspruch zu den in diesem Artikel bezeichneten Beschränkungen stehen, können nur auf Antrag der Konkursverwaltung angefochten werden, sofern diese die Handlung weder genehmigt noch bestätigt hat. Jeder Gläubiger und jeder Teil eines Vertragsverhältnisses, das von dem Verstoß betroffen ist, kann die Konkursverwaltung zur Erklärung darüber auffordern, ob sie die entsprechende Klage erhebt oder die Handlung genehmigt oder bestätigt. Die Anfechtungsklage wird als konkursrechtlicher Zwischenstreit verhandelt und kann nur bis zum Ablauf eines Monats ab dem Tag der Aufforderung erhoben werden. Andernfalls kann sie nur erhoben werden, solange der Schuldner den Vergleich noch nicht erfüllt hat oder im Falle der Liquidation bis zu deren Abschluss. Die betreffenden Handlungen des Schuldners dürfen in öffentliche Register nicht eingetragen werden, solange sie nicht genehmigt oder bestätigt werden oder nachgewiesen wird, dass die Anfechtungsklage nicht mehr erhoben werden kann oder rechtskräftig abgelehnt wurde.

Artikel 41.
Wirkungen auf die Kommunikation, den Wohnsitz und Freizügigkeit des Schuldners

Die Wirkungen der Konkurserklärung auf die Grundrechte und -freiheiten des Schuldners betreffend das Brief- und Postgeheimnis, die freie Wahl des Aufenthalts sowie die Fortbewegungsfreiheit regelt das Grundlagengesetz zur Reform des Konkursrechtes.

Artikel 42.
Mitwirkung und Auskunft des Schuldners

1. Der Schuldner ist verpflichtet, persönlich vor dem Handelsgericht und der Konkursverwaltung zu erscheinen, so oft er hierzu aufgefordert wird, und in jeder für die Zwecke des Konkursverfahrens erforderlichen oder sinnvollen Weise mitzuwirken und Auskunft zu geben. Handelt es sich bei dem Schuldner um eine juristische Person, treffen diese Pflichten deren Geschäftsleiter oder Liquidatoren sowie diejenigen Personen, die diese Ämter innerhalb der letzten zwei Jahre vor der Konkurserklärung ausgeübt haben.

2. Die in Abs. 1 genannten Pflichten treffen gleichfalls die Bevollmächtigten des Schuldners und solche Personen, die es während der genannten Frist waren.

Artikel 43.
Erhaltung und Verwaltung der Aktivmasse

1. Die Befugnisse der Verwaltung und Verfügung über die Aktivmasse werden so ausgeübt, dass die Masse in der für die Interessen des Konkursverfahrens dienlichsten Weise erhalten wird. Zu diesem Zweck können die Konkursverwalter vom Gericht jede Unterstützung verlangen, die sie für erforderlich halten.

2. Bis zur gerichtlichen Genehmigung des Vergleichs oder bis zum Beginn der Liquidation dürfen Sachen und Rechte, die zur Aktivmasse gehören, nur mit Genehmigung des Richters veräußert oder belastet werden.

3. Von der Vorschrift im vorstehenden Absatz sind Verfügungen ausgenommen, die Bestandteil einer beruflichen oder unternehmerischen Tätigkeit des Schuldners sind, welche gemäß dem nachfolgenden Artikel fortgeführt wird.

Artikel 44.
Fortführung der beruflichen oder unternehmerischen Tätigkeit

1. Die Konkurserklärung unterbricht nicht die Fortführung der beruflichen oder unternehmerischen Tätigkeit, die der Schuldner zu diesem Zeitpunkt ausübt.

2. Im Fall des Zustimmungserfordernisses kann die Konkursverwaltung solche Handlungen und Operationen festlegen, die im geschäftlichen Rahmen dieser Tätigkeit ausgeübt werden und nach Art oder Umfang als genehmigt gelten, um die Fortführung der beruflichen oder unternehmerischen Tätigkeit zu erleichtern. Dessen ungeachtet und unbeschadet etwaiger Sicherungsmaßnahmen, die der Richter bei der Konkurserklärung anordnet, kann der Schuldner vor der Annahme des Amtes durch die Konkursverwalter Handlungen vornehmen, die im Rahmen der von ihm ausgeübten Geschäfte liegen, für die Fortführung dieser Tätigkeit unverzichtbar sind und unter normalen Marktbedingungen stattfinden.

3. Im Fall der Fremdverwaltung obliegt es der Konkursverwaltung, die Maßnahmen zu ergreifen, die zur Fortführung der beruflichen oder unternehmerischen Tätigkeit notwendig sind.

4. Ausnahmsweise kann der Richter auf Antrag der Konkursverwaltung und nach Anhörung des Schuldners sowie der Arbeitnehmervertreter im schuldnerischen Unternehmen durch Beschluss anordnen, dass Geschäftsräume, Niederlassungen oder Betriebsstätten des Schuldners vollständig oder teilweise geschlossen werden sowie die unternehmerische Tätigkeit vollständig oder teilweise beendet oder unterbrochen wird, sofern der Schuldner eine solche ausübt.

Erfordern diese Maßnahmen eine kollektive Aufhebung, Unterbrechung oder Veränderung von Arbeitsverträgen, verfährt der Richter entsprechend Art. 64 und 8 Abs. 2.

Artikel 45.
Bücher und Unterlagen des Schuldners

1. Der Schuldner stellt der Konkursverwaltung die Bücher, deren Führung vorgeschrieben ist, und alle anderen Bücher, Dokumente und Unterlagen zur Verfügung, die in Bezug zu Vermögensangelegenheiten seiner beruflichen oder unternehmerischen Tätigkeit stehen.

2. Der Richter ordnet auf Antrag der Konkursverwaltung diejenigen Maßnahmen an, die er für notwendig hält, um die vorgenannte Verpflichtung durchzusetzen.

Artikel 46.
Jahresabschluss des Schuldners

1. Die Verpflichtung, den Jahresabschluss zu erstellen und zu prüfen, besteht im Konkurs fort. Allerdings ist der konkursschuldnerischen Gesellschaft die Prüfung des ersten Jahresabschlusses erlassen, der während der Amtsausübung der Konkursverwaltung erstellt wird, es sei denn, die Wertpapiere der Gesellschaft sind börsennotiert, oder die Gesellschaft untersteht der öffentlichen

Überwachung durch die Bank von Spanien, die Generaldirektion für Versicherungen und Rentenfonds oder die Nationale Kommission für den Wertpapiermarkt.

2. Für die Dauer des Konkursverfahrens obliegt die Rechnungslegung im Fall des Zustimmungserfordernisses dem Schuldner unter Aufsicht der Konkursverwalter und im Fall der Fremdverwaltung allein den Letzteren.

Artikel 48.
Wirkungen auf die schuldnerische juristische Person

1. Die Organe der schuldnerischen juristischen Person bestehen für die Dauer des Konkursverfahrens weiter, unbeschadet der Wirkungen auf ihre Funktionsweise, die aus Zustimmungserfordernis oder Fremdverwaltung folgen, es sei denn, dass die Liquidationsphase eröffnet wird und die Geschäftsleiter oder Liquidatoren infolgedessen abberufen werden. Die Konkursverwalter haben das Recht, an den Sitzungen mehrköpfiger Gesellschaftsorgane teilzunehmen und zu sprechen.

2. Unbeschadet der Geltendmachung von Haftungsansprüchen, welche der schuldnerischen juristischen Person nach anderen Gesetzen gegen ihre Geschäftsleiter, Buchprüfer oder Liquidatoren zustehen, sind auch die Konkursverwalter legitimiert, diese Ansprüche geltend zu machen, ohne dass es eines vorherigen Beschlusses der Gesellschafterversammlung bedarf.

Der Konkursrichter erkennt über die in dem vorstehenden Absatz genannten Ansprüche.

Der Eintritt in die Verfahrensphase der Konkursqualifikation lässt bereits erhobene Schadensersatzklagen unberührt.

3. Ab dem Zeitpunkt der Konkurserklärung kann der Konkursrichter von Amts wegen oder auf einen begründeten Antrag der Konkursverwaltung hin anordnen, dass Sachen und Rechte sicherheitshalber beschlagnahmt werden, die den rechtmäßigen oder faktischen Geschäftsleitern bzw. Liquidatoren oder Personen gehören, die diese Stellung innerhalb der letzten zwei Jahre vor dem Tag der Konkurserklärung innehatten, wenn sich aus den Umständen die begründete Voraussicht ergibt, dass der Konkurs als schuldhaft qualifiziert und die Aktivmasse nicht ausreichen wird, um alle Verbindlichkeiten zu erfüllen. Die Beschlagnahme wird in der Höhe angeordnet, die der Richter für ausreichend hält, und kann auf Antrag des Betroffenen durch die Garantie eines Kreditinstituts ersetzt werden.

4. Ausschließlich die Konkursverwaltung ist legitimiert, Ansprüche geltend zu machen, die auf Erbringung offener Gesellschaftereinlagen gerichtet sind; sie kann Leistung zu der Zeit und in dem Umfang fordern, die ihr angebracht erscheinen, unabhängig davon, welche Frist in der Vertragsurkunde oder der Satzung vorgesehen ist. Dasselbe gilt für noch nicht erfüllte zusätzliche Gesellschafterleistungen.

5. Die Konkursverwaltung macht während des Konkursverfahrens über das Vermögen der Gesellschaft gleichfalls die Ansprüche gegen die Gesellschafter geltend, welche persönlich für die Gesellschaftsschulden haften; subsidiär sind die Gläubiger gemäß Art. 54 Abs. 4 aktivlegitimiert, wenn entweder der Vergleich genehmigt oder die Liquidation des Gesellschaftsvermögens angeordnet wird. Ergibt sich aus dem bisherigen Verfahren die begründete Voraussicht, dass die Aktivmasse nicht für die Befriedigung aller

Verbindlichkeiten ausreicht, kann der Richter von Amts wegen oder auf Antrag der Konkursverwaltung anordnen, dass Sachen und Rechte sicherheitshalber beschlagnahmt werden, die den betreffenden Gesellschaftern gehören, und zwar in dem Umfang, der dem Richter notwendig erscheint, wobei die Beschlagnahme auf Antrag des Betroffenen durch die Garantie eines Kreditinstituts ersetzt werden kann.

Artikel 60.
Verjährungsunterbrechung

1. Die Verjährung der Ansprüche, die sich gegen den Schuldner richten und vor der Konkurserklärung entstanden sind, wird von der Konkurserklärung bis zum Verfahrensende unterbrochen.

2. Die Verjährung der gegen die Gesellschafter, Geschäftsleiter, Liquidatoren und Buchprüfer der schuldnerischen juristischen Person gerichteten Ansprüche wird von der Konkurserklärung bis zum Verfahrensende unterbrochen.

3. In den vorgenannten Fällen beginnt die Verjährungsfrist ab dem Zeitpunkt des Verfahrensabschlusses neu.

Artikel 61.
Geltung der gegenseitigen Vertragsverhältnisse

1. In Vertragsverhältnissen des Schuldners, in denen im Zeitpunkt der Konkurserklärung eine der Parteien bereits vollständig geleistet hat und die vollständige oder teilweise Gegenleistung der anderen noch aussteht, fällt der Anspruch oder die Verbindlichkeit des Schuldners in die Aktivmasse bzw. Passivmasse.

2. Die Konkurserklärung als solche lässt gegenseitige Verträge in ihrer Geltung unberührt, wenn sowohl der Konkursschuldner als auch der andere Vertragsteil noch leisten müssen. Die Leistungen, zu denen der Konkursschuldner verpflichtet ist, werden aus der Aktivmasse erbracht.

Ungeachtet der Vorschrift des vorstehenden Unterabsatzes können im Fall der Fremdverwaltung die Konkursverwaltung und im Fall des Zustimmungserfordernisses der Konkursschuldner beantragen, dass der Vertrag aufgelöst wird, wenn sie dies als dem Zweck des Konkursverfahrens förderlich ansehen. Der Richter lädt dann den Konkursschuldner, die Konkursverwaltung und den anderen Vertragsteil vor und erklärt durch Beschluss den Vertrag, wenn Einigkeit über die Vertragsauflösung besteht, in der vereinbarten Weise für aufgelöst. Andernfalls werden die Meinungsunterschiede im konkursrechtlichen Zwischenstreit verhandelt, und der Richter entscheidet über die Vertragsauflösung sowie gegebenenfalls angemessene Wiederherstellung und Schadensersatz, welche aus der Masse zu leisten sind.

3. Vertragsklauseln, die ein Recht zur Vertragsauflösung oder die Unwirksamkeit des Vertrages begründen, allein weil der Konkurs einer der Parteien erklärt wird, sind unbeachtlich.

Artikel 62.
Auflösung wegen Nichterfüllung

1. Die Konkurserklärung lässt das Recht unberührt, wegen nachträglicher Nichterfüllung einer der Parteien den Vertrag gemäß Art. 61 Abs. 2 aufzulösen. Bei Bezugsverträgen kann das Recht zur Vertragsauflösung auch ausgeübt werden, wenn die Nichterfüllung vor der Konkurserklärung erfolgt ist.

2. Die Auflösungsklage wird vor dem Konkursrichter erhoben und im konkursrechtlichen Zwischenstreit verhandelt.

3. Ungeachtet eines Auflösungsgrundes kann der Konkursrichter für den Zweck des Konkursverfahrens anordnen, dass der Vertrag durchgeführt wird; die geschuldeten oder vom Schuldner zu erbringenden Leistungen gehen zu Lasten der Masse.

4. Noch nicht fällige Verbindlichkeiten erlöschen, wenn die Vertragsauflösung angeordnet wird. Hinsichtlich der fälligen Verbindlichkeiten wird der Anspruch des Gläubigers, der erfüllt hat, ins Konkursverfahren einbezogen, wenn die Nichterfüllung des Konkursschuldners vor der Konkurserklärung erfolgt ist; sofern später nicht erfüllt wurde, ist der Anspruch des leistenden Teils aus der Masse zu befriedigen. In jedem Fall umfasst der Anspruch auch den angemessenen Ersatz der Schäden und Nachteile.

Artikel 64.
Arbeitsverträge

1. Sobald der Konkursantrag gestellt ist, finden Verfahren mit dem Ziel, Arbeitsbedingungen wesentlich zu ändern, Arbeitsverhältnisse kollektiv zu unterbrechen oder aufzuheben, vor dem Konkursrichter und nach Maßgabe dieses Artikels statt.

2. Die Konkursverwaltung, der Schuldner oder die Arbeitnehmer des in Konkurs gefallenen Unternehmens, Letztere über ihre gesetzlichen Vertreter, können beim Konkursrichter die wesentliche Veränderung der Arbeitsbedingungen und die kollektive Aufhebung oder Unterbrechung von Arbeitsverhältnissen beantragen, in denen der Konkursschuldner Arbeitgeber ist.

3. Die im vorstehenden Absatz geregelten Maßnahmen können beim Konkursrichter erst beantragt werden, wenn die Konkursverwaltung ihren Bericht gemäß Kapitel I Titel IV dieses Gesetzes erstattet hat, es sei denn, dass eine Verzögerung der beabsichtigten kollektiven Maßnahmen die künftige Funktionsfähigkeit des Unternehmens wesentlich in Frage stellt; der Antrag kann beim Richter unter Nachweis dieses Umstands zu jedem Verfahrenszeitpunkt gestellt werden, sobald der Konkursantrag gestellt ist.

4. Im Antrag ist darzulegen und gegebenenfalls glaubhaft machen, welche Ursachen den Anstoß für die beabsichtigten kollektiven Maßnahmen geben und welche Ziele angestrebt werden, um die künftige Funktionsfähigkeit des Unternehmens und den Erhalt der Arbeitsplätze zu sichern; zur Glaubhaftmachung erforderliche Dokumente sind beizufügen.

5. Der Richter lädt nach Eingang des Antrags die Arbeitnehmervertreter und die Konkursverwaltung zu einer Beratungsperiode, deren Dauer dreißig Tage nicht übersteigen darf, fünfzehn Tage im Falle von Unternehmen mit weniger als fünfzig Arbeitnehmern. Betrifft die Maßnahme Unternehmen mit mehr als fünfzig Arbeitnehmern, ist dem Antrag ein Plan beizufügen, der vorsieht, welche Auswirkungen die vorgeschlagenen Beschäftigungsmaßnahmen auf die künftige Durchführbarkeit von Unternehmen und Beschäftigung haben.

Stellen der Unternehmer oder die Konkursverwaltung den Antrag, ist der Mitteilung an die gesetzlichen Arbeitnehmervertreter über den Beginn der Beratungsperiode eine Kopie des Antrags nach Absatz 4 dieses Artikels sowie der jeweils dazugehörigen Dokumente beizufügen.

6. Während der Beratungsperiode haben die Arbeitnehmervertreter und die Konkursverwaltung nach Treu und Glauben im Streben nach einer Einigung zu verhandeln. Die Einigung bedarf der Zustimmung einer Mehrheit der Mitglieder des oder der Betriebsräte, Personalvertreter oder aber Gewerkschaftsvertretungen, falls diese eine Mehrheit der Vorgenannten repräsentieren.

Läuft die bezeichnete Frist ab oder wird eine Einigung erzielt, teilen die Konkursverwaltung und die Arbeitnehmervertreter dem Richter das Ergebnis der Beratungsperiode mit. Nach Zugang der Mitteilung holt der Richter einen Bericht der Arbeitsbehörde über die vorgeschlagenen Maßnahmen oder die erzielte Einigung ein; die Arbeitsbehörde kann hierzu die Konkursverwaltung und die Arbeitnehmervertreter vor Berichterstattung anhören. Sobald der Bericht bei Gericht eingeht oder die hierfür gesetzte Frist abläuft, wird das Verfahren fortgesetzt. Erfolgt die Berichterstattung erst nach Fristende, kann der Richter ihn bei der betreffenden Entscheidung dennoch berücksichtigen.

7. Nach Erledigung der in den vorangegangenen Absätzen geregelten Schritte entscheidet der Richter binnen höchstens fünf Tagen durch Beschluss über die vorgeschlagenen Maßnahmen; er genehmigt eine etwa erzielte Einigung, es sei denn, er stellt fest, dass sie durch Arglist, Täuschung, Drohung oder Rechtsmissbrauch zustande gekommen ist. In diesen Fällen, und wenn eine Einigung nicht vorliegt, entscheidet der Richter nach den arbeitsrechtlichen Vorschriften. Der Beschluss entfaltet, wenn die Arbeitsverhältnisse kollektiv ausgesetzt oder aufgehoben werden, die gleiche

Wirkung hinsichtlich des Übertritts der Arbeitnehmer in die gesetzliche Stellung von Arbeitslosen wie die Verwaltungsentscheidung der Arbeitsbehörde in einem Verfahren der Beschäftigungsregelung.

8. Gegen den im vorstehenden Absatz geregelten Beschluss ist die arbeitsrechtliche Beschwerde statthaft, ferner die übrigen Rechtsbehelfe, die im Arbeitsgerichtsgesetz geregelt sind, von den Sozialgerichten verhandelt und entschieden werden; in keinem Fall entfalten sie aufschiebende Wirkung auf den Konkurs oder konkursrechtliche Zwischenstreitigkeiten. Soweit sich die Rechtsdurchsetzung der Arbeitnehmer gegen den Beschluss ausschließlich auf das individuelle Rechtsverhältnis bezieht, wird darüber im konkursrechtlichen Zwischenstreit verhandelt. Das hierauf ergehende Urteil ist mit der Beschwerde anfechtbar.

9. Wird eine wesentliche kollektive Veränderung i. S. d. Art. 41 des Arbeitnehmerstatuts angeordnet, kann das Recht auf Vertragsauflösung und Schadensersatz, das von der genannten Norm für diesen Fall gewährt wird, während des Konkursverfahrens und bis zur Dauer von höchstens einem Jahr nicht ausgeübt werden, nachdem die richterliche Entscheidung ergeht, welche die Änderung genehmigt.

Das vorstehend geregelte Durchsetzungshindernis gilt auch, wenn eine kollektive Verlegung von Arbeitsstätten angeordnet wird, die örtliche Mobilität erfordert, sofern neuer und ursprünglicher Mittelpunkt der Beschäftigung in der gleichen Provinz und weniger als sechzig Kilometer voneinander entfernt liegen, es sei denn, dass die Mindestzeit für den Arbeitsweg, An- und Abfahrt zusammen, fünfundzwanzig Prozent der Dauer eines Arbeitstages übersteigt.

In einem solchen Fall, wie auch bei anderen wesentlichen Änderungen der Arbeitsbedingungen, währt die Unzulässigkeit der Auflösungsklage infolge der kollektiven Änderung der Arbeitsbedingungen nicht länger als zwölf Monate ab dem Tag der Gerichtsentscheidung, welche die Änderung genehmigt.

10. Nach Art. 50 Abs. 1 lit. b) des Arbeitnehmerstatuts erhobene Einzelklagen werden wie die kollektive Auflösung entsprechend der Regelung in diesem Artikel vor dem Konkursrichter verhandelt, wenn die Auflösung seit der Konkurserklärung mehr als die nachfolgend aufgeführten Arbeitnehmerzahlen betrifft:

In Unternehmen mit mehr als einhundert Beschäftigten: zehn Beschäftigte. Erheben sämtliche Beschäftigte die Auflösungsklage, liegt in jedem Fall ein kollektives Verfahren vor.

In Unternehmen mit mehr als einhundert und weniger als dreihundert Beschäftigten: zehn Prozent der Beschäftigten.

In Unternehmen mit mehr als dreihundert Beschäftigten: fünfundzwanzig Prozent der Beschäftigten.

11. Soweit dieser Artikel keine Regelung enthält, sind die arbeitsrechtlichen Vorschriften maßgebend; insbesondere verlieren die Arbeitnehmervertreter nicht die ihnen darin verliehenen Rechte.

Artikel 65.
Verträge der leitenden Angestellten

1. Die Konkursverwaltung kann während des Konkursverfahrens auf eigene Initiative oder auf Antrag des Schuldners dessen Verträge mit leitenden Angestellten auflösen oder unterbrechen.

2. Wird das Vertragsverhältnis unterbrochen, ist der leitende Angestellte zur Kündigung berechtigt, wenn er die Kündigung einen Monat vorher anzeigt; sein Anspruch auf Abfindung richtet sich nach der Regelung im folgenden Absatz.

3. Endet der Arbeitsvertrag, kann der Konkursrichter die Abfindung des leitenden Angestellten bis zur Grenze der arbeitsrechtlich bestimmten Abfindung für kollektive Entlassungen vermindern mit der Folge, dass die ursprüngliche Vereinbarung über die Abfindung wirkungslos ist.

Artikel 71.
Wiedereinbringungsklagen

1. Nach der Konkurserklärung können Handlungen angefochten werden, die vom Schuldner innerhalb der letzten zwei Jahre vor dem Tag der Konkurserklärung vorgenommen wurden und die Aktivmasse schädigten, auch wenn dabei keine Schädigungsabsicht bestand.

2. Der Vermögensschaden wird unwiderlegbar vermutet bei unentgeltlichen Verfügungen, mit Ausnahme von Gebrauchsgestattungen, Zahlungen oder sonstigen Handlungen, die zum Erlöschen von Verbindlichkeiten führen, die erst nach der Konkurserklärung fällig geworden wären.

3. Der Vermögensschaden wird in folgenden Fällen vermutet, bis das Gegenteil bewiesen ist:

Nr. 1: Entgeltliche Verfügungen zu Gunsten von Personen, die mit dem Konkursschuldner besonders verbunden sind.

Nr. 2: Dingliche Sicherheiten für Verbindlichkeiten, die zuvor begründet wurden oder neu vereinbart werden, um zuvor begründete zu ersetzen.

4. Bei Handlungen, die nicht von den im vorhergehenden Absatz geregelten Tatbeständen erfasst werden, obliegt der Beweis des Vermögensschadens demjenigen, der die Anfechtungsklage erhebt.

5. In keinem Fall sind Handlungen anfechtbar, die im Rahmen der beruflichen oder unternehmerischen Tätigkeit des Konkursschuldners gewöhnlich und unter normalen Umständen vorgenommen sind; ebenso wenig Handlungen, die in den Anwendungsbereich der Spezialgesetze über Zahlungssysteme und die Liquidation von Wertpapieren und derivativen Instrumenten fallen.

6. Die Ausübung der Anfechtungsklage steht der Anfechtung von Handlungen des Konkursschuldners aus anderen Rechtsgründen nicht entgegen; Letztere ist vor dem Konkursrichter gemäß den im nachfolgenden Artikel enthaltenen Vorschriften über Legitimation und Verfahren geltend zu machen.

Artikel 76.
Universalitätsprinzip

1. Die Sachen und Rechte, die im Zeitpunkt der Konkurserklärung zum Vermögen des Konkursschuldners gehören und die später für dieses Vermögen wiedererlangt oder neu erworben werden, bilden die Konkursaktivmasse.

2. Von der Regel des vorigen Absatzes sind Sachen und Rechte ausgenommen, die unbeschadet ihres Vermögenscharakters gesetzlich unpfändbar sind.

3. Inhaber von Ansprüchen, die durch Rechte an Schiffen und Flugzeugen gesichert sind, können diese Gegenstände im Wege spezialgesetzlich geregelter Klagen in dem jeweils dafür vorgesehenen Verfahren aus der Konkursaktivmasse aussondern. Ein Überschuss, der in der Vollstreckung zu Gunsten des Konkurs-schuldners erzielt wird, fällt in die Aktivmasse.

Artikel 87.
Besondere Formen der Forderungs-anerkennung

(...)

6. Forderungen, für die sich ein Dritter dem Gläubiger verbürgt hat, werden unbeschränkt in ihrer Höhe anerkannt, unbeschadet des Wechsels des Forderungsinhabers, falls der Bürge leistet. Bei der Rangeinstufung dieser Forderungen ist in jedem Fall derjenige Rang zu wählen, der unter den dem Gläubiger und dem Bürgen zustehenden Rängen den Konkurs weniger belastet.

Artikel 92.
Nachrangige Forderungen

Nachrangige Forderungen sind:

Nr. 1: Forderungen, die von der Konkursverwaltung nach verspäteter Anzeige oder vom Richter bei der Entscheidung über die Anfechtung der Gläubigerliste in diese aufgenommen werden, es sei denn, es handelt sich um Forderungen, deren Existenz aus den Unterlagen des Konkursschuldners hervorgeht, anderweitig im Konkurs oder einem anderen Gerichtsverfahren bekannt wird oder für deren Feststellung eine behördliche Überprüfung erforderlich ist; in den letztgenannten Fällen haben die Forderungen den ihrer jeweiligen Rechtsnatur entsprechenden Rang.

Nr. 2: Forderungen, für die vertraglich vereinbart ist, dass sie gegenüber allen anderen Forderungen gegen den Konkursschuldner nachrangig sind.

Nr. 3: Forderungen, die sich auf Zinsen jeder Art beziehen, einschließlich Verzugszinsen, mit Ausnahme solcher Zinsen, die auf dinglich gesicherte Ansprüche entfallen, bis zur Deckungshöhe der dinglichen Sicherheit.

Nr. 4: Forderungen aus Buß- und Ordnungsgeldern sowie sonstigen Geldstrafen.

Nr. 5: Forderungen einer mit dem Konkursschuldner besonders verbundenen Person im Sinne des folgenden Artikels; jedoch nicht die in Art. 91 Nr. 1 genannten Personen, sofern der Konkursschuldner eine natürliche Person ist.

Nr. 6: Forderungen, die als Folge der Wiedereinbringungsklage entstehen, soweit das Urteil feststellt, dass der Gläubiger an der angefochtenen Handlung bösgläubig beteiligt war.

Artikel 93.
Personen, die mit dem Konkurs-schuldner besonders verbunden sind

(...)

2. Als gesellschaftsrechtlich besonders nahestehend gelten:

Nr. 1: Gesellschafter, die von Gesetzes wegen persönlich und unbeschränkt für die Gesellschaftsschulden haften, sowie jene, die mit mindestens fünf Prozent am Gesellschaftskapital beteiligt sind, wenn die Wertpapiere der in Konkurs gefallenen Gesellschaft börsennotiert sind, oder mit mindestens zehn Prozent, wenn dies nicht der Fall ist.

Nr. 2: Rechtmäßig bestellte oder tatsächliche Geschäftsleiter, Liquidatoren und mit Generalvollmachten ausgestattete Bevollmächtigte der konkursschuldnerischen juristischen Person sowie diejenigen, die diese Ämter innerhalb der letzten zwei Jahre vor der Konkurserklärung innehatten.

Nr. 3: Gesellschaften, die zum Konzern der in Konkurs gefallenen Gesellschaft

gehören, und die Anteilseigner dieser Gesellschaften.

3. Solange nicht das Gegenteil bewiesen ist, gelten als mit dem Konkursschuldner besonders verbunden auch die Abtretungsempfänger oder Erwerber einer Forderung, die einer in den vorstehenden Absätzen genannten Person zustand, sofern der Erwerb in den letzten zwei Jahren vor der Konkurserklärung erfolgt ist.

Artikel 100.
Inhalt des Vergleichsvorschlags

1. Der Vergleichsvorschlag hat Pläne für Erlasse oder Stundungen zu enthalten, die auch miteinander verbunden werden können. Der geplante Erlass darf einfache Konkursforderungen jeweils nicht mehr als bis zur Hälfte betreffen; die geplante Stundung darf die Dauer von fünf Jahren nicht überschreiten, gerechnet ab dem Zeitpunkt, in dem die den Vergleich genehmigende Gerichtsentscheidung rechtskräftig wird.

Ausnahmsweise kann der Richter auf Antrag eines Beteiligten eine begründete Erlaubnis dafür gewähren, dass diese Grenzen überschritten werden, wenn es sich um den Konkurs eines Unternehmens handelt, dessen Aktivität besondere Bedeutung für die Wirtschaft haben kann; der vorgelegte Durchführungsplan muss diese Umstände behandeln und mit einem diesbezüglichen Bericht der zuständigen Wirtschaftsverwaltungsbehörde versehen sein.

2. Der Vergleichsvorschlag kann außerdem alternative Pläne für alle Gläubiger oder diejenigen eines oder mehrerer Ränge enthalten; das schließt Angebote ein, die Forderung in Aktien, Geschäftsbeteiligungen, Gesellschaftsanteile oder in beteiligungsverschaffende Ansprüche umzuwandeln.

Gleichfalls kann der Vergleichsvorschlag vorsehen, dass entweder sämtliche der beruflichen oder unternehmerischen Tätigkeit des Konkursschuldners dienenden Sachen und Rechte, oder bestimmte Produktionseinheiten an eine bestimmte natürliche oder juristische Person veräußert werden. Solche Vorschläge müssen für den Erwerber zwingend beinhalten, dass er die Berufs- oder Unternehmenstätigkeit fortführt, welche den betreffenden Produktionseinheiten eigen ist, sowie die Zahlung der Verbindlichkeiten an die Gläubiger in der Weise übernimmt, die im Vergleichsvorschlag geregelt ist. In diesen Fällen sind die gesetzlichen Arbeitnehmervertreter anzuhören.

3. Der Vergleichsvorschlag darf in keinem Fall darin bestehen, dass Sachen oder Rechte zahlungshalber oder statt der Zahlung an die Gläubiger veräußert werden, um ihre Forderungen zu erfüllen, noch in irgendeiner Art von vollständiger Liquidation des konkursschuldnerischen Vermögens, um die Schulden zu tilgen, ebenso wenig in der Veränderung der gesetzlich festgelegten Forderungsrangfolge oder der im Verfahren festgestellten Forderungshöhe; unberührt bleiben etwa vereinbarte Erlasse und die Möglichkeit, die konkursschuldnerische juristische Person zu verschmelzen oder zu spalten, sowie die Vorschriften in Absatz 5 Unterabsatz 2 dieses Artikels.

4. Ein Zahlungsplan ist dem Vorschlag beizufügen und muss detaillierte Angaben enthalten zu den Mitteln, die für seine Erfüllung vorgesehen sind, einschließlich solcher, die aus der Veräußerung von bestimmten konkursschuldnerischen Sachen und Rechten stammen.

5. Wenn Mittel eingeplant werden, die aus der teilweise oder vollständig fortgeführten beruflichen oder unternehmerischen Tätigkeit erzeugt werden, um die Erfüllung des Vergleichs zu gewährleisten, ist dem Vergleichsvorschlag zudem ein Geschäftsplan beizufügen; der Geschäftsplan hat über die erforderlichen Mittel zu informieren, über die Wege und Voraussetzungen, wie sie erlangt werden, sowie gegebenenfalls über die Verpflichtung Dritter, die Mittel zu leisten.

Kredite, welche dem Konkursschuldner zur Finanzierung des Geschäftsplans gewährt werden, sind entsprechend der Regelungen im Vergleich zu tilgen.

Artikel 101.
Vorschläge mit Bedingungen

1. Ein Vorschlag, der die Wirksamkeit des Vergleichs von irgendeiner Bedingung abhängig macht, gilt als nicht eingebracht.

2. Dessen ungeachtet kann ein Konkursschuldner in Verfahren, die gemeinsam eröffnet oder nachträglich miteinander verbunden sind, einen Vorschlag mit der Bedingung einbringen, dass der Vergleich in einem oder mehreren der übrigen Konkurse gerichtlich genehmigt wird.

Artikel 102.
Vorschläge mit alternativen Inhalten

1. Wenn der Vergleichsvorschlag allen Gläubigern oder denjenigen eines bestimmten Rangs das Recht einräumt, zwischen verschiedenen Alternativen zu wählen, muss festgelegt sein, welche Alternative in dem Fall gilt, dass das Wahlrecht nicht ausgeübt wird.

2. Das Wahlrecht übt jeder Gläubiger in der Gläubigerversammlung, die den Vergleich annimmt, oder in der vom Vergleich vorgesehenen Frist aus; die Frist

darf nicht mehr als zehn Tage ab dem Eintritt der Rechtskraft der richterlichen Entscheidung betragen, die den Vergleich genehmigt.

Artikel 104.
Frist zur Vorlage[2]

1. Der Schuldner kann ab dem Zeitpunkt, in dem er den Eigenantrag stellt, oder ab dem Zeitpunkt, in dem der zwingende Konkurs erklärt wird, und in beiden Fällen bis zum Ablauf der Frist für die Forderungsanmeldung einen vorzeitigen Vergleichsvorschlag beim Richter anbringen, wenn er nicht zuvor die Liquidation beantragt hat und keiner der Beschränkungen unterliegt, die im nachfolgenden Artikel geregelt sind.

2. Im Fall des Art. 100 Nr. 5 kann der Richter auf Antrag des Schuldners auch beim vorzeitigen Vergleichsvorschlag eine begründete Erlaubnis dafür erteilen, dass diese Grenzen überschritten werden, wenn der Geschäftsplan ausdrücklich Erlass oder Stundung jenseits der in Art. 100 Absatz 1 bestimmten Grenzen vorsieht.

Artikel 105.
Verbote

1. Der Konkursschuldner kann einen vorzeitigen Vergleichsvorschlag nicht vorlegen, wenn einer der folgenden Fälle in seiner Person verwirklicht ist:

Nr. 1: Rechtskräftige Verurteilung wegen eines Delikts, das sich gegen das Vermögen, gegen die sozialwirtschaftliche Ordnung, gegen das Steuerwesen, das Sozialversicherungswesen oder gegen die Rechte der Arbeitnehmer richtet, oder wegen Urkundenfälschung. Handelt es sich beim Konkursschuldner um eine juristische Person, greift dieser Tatbestand ein, wenn irgendeiner ihrer Geschäftsleiter, Liquidatoren oder derjenigen, die ein solches Amt innerhalb der letzten drei Jahre innehatten, bevor der Vergleichsvorschlag vorgelegt wird, wegen eines der genannten Delikte verurteilt wurde.

Nr. 2: Nichterfüllung der Pflicht, den Jahresabschluss vorzulegen, in einem der drei letzten Geschäftsjahre.

Nr. 3: Nichteintragung im Handelsregister, sofern es sich um eine eintragungspflichtige Person oder Körperschaft handelt.

Nr. 4: Schuldnerstellung in einem früheren Konkursverfahren, sofern weniger als drei Jahre zwischen der Beendigung des früheren Konkurses und dem Tag liegen, an dem der Konkursantrag für das laufende Verfahren gestellt wurde.

Nr. 5: Vornahme einer der folgenden Handlungen innerhalb der letzten drei Jahre vor dem Tag, an dem der Konkursantrag gestellt wurde:

a) Unentgeltliche Verfügung über Sachen und Rechte, soweit sie den Rahmen gewöhnlicher Schenkungen überschreitet.

b) Entgeltliche Verfügung über Sachen und Rechte zu Gunsten eines Dritten oder einer besonders verbundenen Person i. S. v. Art. 93, wenn die Verfügung unter Bedingungen erfolgte, die zum Zeitpunkt ihrer Vornahme normalen Marktbedingungen nicht entsprachen.

c) Zahlung noch nicht fälliger Verbindlichkeiten.

d) Bestellung oder Erweiterung von dinglichen Sicherheiten für bereits bestehende Verbindlichkeiten.

---

2 Betrifft die Vorlage vorzeitiger Vergleichsvorschläge.

e) Andere Handlungen, die durch ein Urteil, rechtskräftig oder nicht, als Gläubigerschädigung erkannt wurden.

Nr. 6: Verletzung der Konkursantragspflicht oder Verletzung der von diesem Gesetz für die Dauer des Verfahrens auferlegten Aufgaben und Pflichten.

2. Der Richter erklärt den Vorschlag von Amts wegen, auf Antrag der Konkursverwaltung oder eines interessierten Beteiligten für wirkungslos und beendet seine Behandlung, wenn sich erst nach der Zulassung des vorzeitigen Vergleichsvorschlags zum weiteren Verfahren herausstellt, dass der Konkursschuldner einen der Verbotsgründe erfüllt oder nachweislich früher erfüllt hat; der Konkursschuldner ist zwingend zuvor zu hören.

Artikel 122.
Gläubiger ohne Stimmrecht

1. In der Gläubigerversammlung sind nicht stimmberechtigt:

Nr. 1: Die Inhaber nachrangiger Forderungen.

Nr. 2: Die Gläubiger, die ihre Forderung durch Rechtsgeschäft unter Lebenden nach der Konkurserklärung erworben haben, es sei denn, der Erwerb hat aufgrund eines Universaltitels oder infolge einer Zwangsvollstreckung stattgefunden.

2. Die vom vorstehenden Absatz betroffenen Gläubiger können das Stimmrecht ausüben, das ihnen auf Grund anderer Forderungen zusteht.

Artikel 124.
Zur Annahme von Vergleichsvorschlägen erforderliche Mehrheiten

Ein Vergleichsvorschlag gilt als von der Versammlung angenommen, wenn

ihm Inhaber von mindestens der Hälfte der einfachen Konkursforderungen zustimmen. (...)

Artikel 125.
Sonderregeln

1. Ein Vergleichsvorschlag, der bestimmten Gläubigern oder Gläubigergruppen, die sich durch gemeinsame Eigenschaften auszeichnen, eine besondere Behandlung zuteil werden lässt, gilt als angenommen, wenn zusätzlich zu der im vorstehenden Artikel allgemein geforderten Mehrheit eine ebenso hohe Zustimmung von Seiten der Gläubiger besteht, die nicht der besonderen Behandlung unterliegen. Als besondere Behandlung gilt es nicht, wenn der Vergleichsvorschlag zu Gunsten der privilegierten Gläubiger, die ihm zustimmen, lediglich Vorteile aufrecht erhält, welche sich aus deren Rang ergeben, und diese Gläubiger in gleicher Wiese wie einfache Gläubiger der Stundung, dem Erlass oder beiden unterworfen sind.

2. Ein Vergleichsvorschlag, wonach neue Verpflichtungen zu Lasten eines oder mehrerer Gläubiger begründet werden, kann nicht ohne deren vorheriges Einverständnis zur Abstimmung gestellt werden, selbst wenn der Vorschlag Alternativen oder besondere Behandlungen für die Übernehmer der neuen Verpflichtungen enthält.

Artikel 133.
Beginn und Umfang der Vergleichswirkung

1. Der Vergleich entfaltet ab dem Tag volle Wirkung, an dem er durch Urteil genehmigt wird, außer wenn dieses angefochten ist und der Richter die aufschiebende Wirkung gemäß Art. 197 Abs. 5 anordnet.

2. Mit Eintritt der Vergleichswirkung entfallen die Wirkungen der Konkurserklärung, an deren Stelle die Regelungen des Vergleichs treten, mit Ausnahme der allgemeinen Pflichten des Konkursschuldners aus Art. 42.

Gleichfalls scheiden die Konkursverwalter aus ihrem Amt, unbeschadet der Funktionen, die der Vergleich einigen von ihnen oder allen bis zur vollständigen Vergleichserfüllung überträgt, sowie der Vorschriften in Titel VI, Kapitel II. Die Konkursverwalter sind dem Konkursrichter gegenüber verpflichtet, nach ihrem Amtsende innerhalb einer von diesem bestimmten Frist Rechenschaft abzulegen.

3. Der Richter kann Teile des Vergleichs gemäß Art. 129 Abs. 4 vorläufig in Kraft setzen, jedoch findet der vorstehende Absatz in diesem Fall keine Anwendung.

Artikel 134.
Subjektive Reichweite

1. Der Vergleichsinhalt ist für den Konkursschuldner sowie einfache und nachrangige Konkursgläubiger verbindlich in Bezug auf vor der Konkurserklärung entstandene Forderungen, selbst wenn diese, aus welchem Grund auch immer, nicht anerkannt wurden.

Die nachrangigen Gläubiger unterliegen denselben Regelungen von Erlass und Stundung, die der Vergleich für einfache Gläubiger vorsieht, jedoch beginnen die Stundungsfristen für sie erst, wenn der Vergleich in Bezug auf die einfachen Forderungen vollständig erfüllt ist. Davon bleibt das Recht der nachrangigen Gläubiger unberührt, gemäß Art. 102 alternative Vorschläge zur Umwandlung ihrer Forderungen in Aktien, Beteiligungen, Gesellschaftsanteile oder in anteilsverschaffende Ansprüche anzunehmen.

2. Die vorrangigen Gläubiger werden von den Wirkungen des Vergleichsinhalts nur erfasst, wenn sie dem Vorschlag zustimmen oder ihre Unterschrift oder ihr Beitritt als Zustimmung gewertet wurden. Außerdem können sie sich einem Vergleich unterwerfen, der von den Gläubigern angenommen oder vom Richter genehmigt ist, wenn sie ihm formgerecht beitreten, solange der Konkursrichter noch nicht die Erfüllung des Vergleichs erklärt hat.

Artikel 142.
Eröffnung der Liquidation auf Antrag des Schuldners oder eines Gläubigers

1. Der Konkursschuldner kann die Liquidation beantragen:

Nr. 1: Mit dem Antrag auf freiwilligen Konkurs.

Nr. 2: Ab der Konkurserklärung und, wenn nicht angefochten wird, bis die Frist für die Anfechtung des Vermögensverzeichnisses und der Gläubigerliste abläuft oder, wenn angefochten wird, bis zum Tag, an dem die endgültige Fassung der genannten Unterlagen auf der Geschäftsstelle des Gerichts bekannt gegeben wird, es sei denn, dass der Konkursschuldner einen Vergleichsvorschlag eingereicht hat oder ein vorzeitiger Vorschlag zur weiteren Verhandlung zugelassen ist.

Nr. 3: Wenn er den vorzeitigen Vergleichsvorschlag gemäß Art. 110 nicht aufrecht erhält.

Nr. 4: Innerhalb von fünf Tagen, nachdem Gläubiger einen Vergleichsvorschlag gemäß Art. 113 Abs. 1 einbringen, es sei denn, der Konkursschuldner hat einen eigenen Vorschlag vorgelegt.

2. Der Richter beendet die allgemeine Phase des Konkurses und eröffnet die Liquidationsphase auf Antrag des Konkursschuldners nach dem vorstehenden Absatz durch Beschluss innerhalb von fünfzehn Tagen, wenn nicht angefochten wird, nach dem Ablauf der Frist für die Anfechtung des Vermögensverzeichnisses und der Gläubigerliste oder, wenn angefochten wird, bis zum Tag, an dem die endgültige Fassung der genannten Unterlagen auf der Geschäftsstelle des Gerichts bekannt gegeben wird.

3. Der Konkursschuldner ist verpflichtet, die Liquidation zu beantragen, sobald er während der Gültigkeit des Vergleichs davon Kenntnis erlangt, dass die festgelegten Zahlungen sowie die nach der Vergleichsgenehmigung eingegangenen Verbindlichkeiten nicht erfüllt werden können. Auf den Antrag hin eröffnet der Richter die Liquidationsphase durch Beschluss.

4. Beantragt der Konkursschuldner während der Gültigkeit des Vergleichs nicht die Liquidation, ist jeder Gläubiger hierzu berechtigt, der einen Tatbestand nachweist, wie er in Art. 4 Abs. 2 für die Konkurserklärung vorausgesetzt wird. Der Richter verfährt mit dem Antrag nach Art. 15, 19 und entscheidet durch Beschluss, ob die Liquidation eröffnet wird oder nicht.

Artikel 143.
Eröffnung der Liquidation von Amts wegen

1. Die Phase der Liquidation wird von Amts wegen eröffnet:

Nr. 1: Wenn innerhalb der gesetzlichen Frist Vergleichsvorschläge i. S. v. Art. 113 nicht gemacht oder nicht zum Verfahren zugelassen werden.

Nr. 2: Wenn auf der Gläubigerversammlung kein Vergleichsvorschlag angenommen wird.

Nr. 3: Wenn eine rechtskräftige richterliche Entscheidung den von der Gläubigerversammlung angenommenen Vergleich verwirft und die Versammlung nicht erneut einberufen werden kann.

Nr. 4: Wenn eine rechtskräftige richterliche Entscheidung den vom Richter genehmigten Vergleich für nichtig erklärt.

Nr. 5: Wenn durch rechtskräftige richterliche Entscheidung die Nichterfüllung des Vergleichs erklärt wird.

2. In den Fällen der Nummern 1 und 2 des vorstehenden Absatzes eröffnet der Richter die Liquidationsphase ohne weiteres im angebrachten Zeitpunkt durch einen Beschluss, der dem Konkursschuldner, der Konkursverwaltung und allen im Verfahren erschienenen Parteien zugestellt wird. In allen übrigen Fällen wird die Eröffnung der Liquidationsphase in der ihr zu Grunde liegenden Entscheidung angeordnet.

Artikel 145.
Wirkungen der Liquidation auf den Konkursschuldner

1. Während der Liquidation sind die Befugnisse des Konkursschuldners zur Verwaltung und Verfügung über sein Vermögen aufgehoben, wobei sich sämtliche Wirkungen nach Titel III richten. Sind die Konkursverwalter nach Art. 133 Abs. 2 infolge eines Vergleichs ausgeschieden, setzt der Richter die Konkursverwalter wieder ein oder ernennt andere, sobald die Liquidationseröffnung angeordnet ist. (...)

3. Wenn der Konkursschuldner eine juristische Person ist, wird sie mit der richterlichen Entscheidung zur Liqui-

dationseröffnung aufgelöst, sofern die Auflösung noch nicht beschlossen war, und in jedem Fall die Geschäftsleiter oder Liquidatoren abberufen, die von der Konkursverwaltung ersetzt werden, um nach den Vorschriften dieses Gesetzes weiterzuverfahren.

Artikel 149.
Ergänzende Liquidationsregeln

1. Wird kein Liquidationsplan genehmigt oder enthält der genehmigte Liquidationsplan keine Regelung, richten sich die Liquidationsmaßnahmen nach den folgenden Regeln:

Nr. 1: Die Gesamtheit der im Eigentum des Konkursschuldners stehenden Niederlassungen, Betriebe und aller sonstigen Produktionseinheiten für Sachen und Dienstleistungen wird als Einheit veräußert, es sei denn, dass der Richter es nach Berichterstattung durch die Konkursverwaltung als zweckdienlicher für die Interessen des Konkurses erachtet, eine Teilung vorzunehmen und alle oder einige der Teilelemente separat zu veräußern. Die Veräußerung der Gesamtheit oder jeder einzelnen Produktionseinheit erfolgt im Wege der Versteigerung; falls in dieser kein Zuschlag erteilt wird, kann der Richter die unmittelbare Veräußerung anordnen.

In diesen Fällen ergehen die Entscheidungen des Richters nach der Anhörung der Arbeitnehmer gemäß Art. 148 Abs. 3, welche innerhalb von fünfzehn Tagen durchzuführen ist. Die Entscheidungen ergehen als Beschlüsse, gegen die kein Rechtsmittel gegeben ist.

Nr. 2: Falls der Liquidationsplan eine Verfahrensweise vorsieht, welche die Aufhebung oder Unterbrechung von Arbeitsverträgen oder die Veränderungen von Arbeitsbedingungen erfordert, ist

vor der Genehmigung des Plans entsprechend Art. 64 vorzugehen.

Nr. 3: Die von Regel Nr. 1 erfassten und alle sonstigen Sachen und Rechte des Konkursschuldners sind ihrer jeweiligen Natur entsprechend nach den Vorschriften des Zivilprozessgesetzes über die Zwangsversteigerung zu veräußern. Hinsichtlich der Sachen und Rechte, die von Forderungen mit besonderem Vorrang betroffen sind, gilt Art. 155 Abs. 4.

Falls ein gesamtes Unternehmen oder bestimmte Produktionseinheiten veräußert werden, ist eine Frist für die Abgabe von Angeboten zum Unternehmenskauf festzusetzen. Vorrangig sind diejenigen Angebote zu prüfen, welche gewährleisten, dass das Unternehmen oder die Produktionseinheit fortgeführt, die Arbeitsplätze erhalten sowie die Gläubigerforderungen bestmöglich befriedigt werden. In jedem Fall hört der Richter die Arbeitnehmervertreter.

2. Bleibt eine wirtschaftliche Einheit in ihrer Eigenart – verstanden als planvolle Verbindung von Mitteln zur Durchführung einer wesentlichen oder akzessorischen wirtschaftlichen Betätigung – infolge einer Veräußerung im Sinne der Regel Nr. 1 des vorigen Absatzes bestehen, gilt dies als Betriebsfortführung im Sinne des Arbeitsrechts. In diesem Fall kann der Richter anordnen, dass der Erwerber Lohn- und Entschädigungsforderungen, die vor der Veräußerung entstanden und nicht erfüllt sind, in der Höhe nicht übernimmt, in welcher der Sicherungsfonds für Löhne gemäß Art. 33 des Arbeiterstatuts eintritt. Außerdem können der Erwerber und die Arbeitnehmervertreter Abreden treffen, die von den kollektiven Arbeitsvereinbarungen abweichen, um die künftige Durchführbarkeit der Betätigung und den Erhalt der Arbeitsplätze zu sichern.

Artikel 163.
Konkursqualifikation und Eintritt in den sechsten Abschnitt

1. Das Verfahren tritt in die Konkursqualifikation ein,

Nr. 1: wenn ein Vergleich richterlich genehmigt wird, in dem zu Lasten aller Gläubiger oder der Gläubiger einer oder mehrerer Klassen ein Erlass von mehr als einem Drittel des Forderungsbetrages oder eine Stundung über mehr als drei Jahre vorgesehen ist, oder

Nr. 2: jedenfalls wenn die Liquidationsphase eröffnet wird.

2. Der Konkurs wird als zufällig oder als schuldhaft qualifiziert. Die Qualifikation ist für die Richter und Gerichte der Strafgerichtsbarkeit, die über möglicherweise strafbare Handlungen des Konkursschuldners erkennen, nicht bindend.

Artikel 164.
Schuldhafter Konkurs

1. Der Konkurs ist als schuldhaft zu qualifizieren, wenn der Konkursschuldner oder, falls vorhanden, seine gesetzlichen Vertreter und im Fall der juristischen Person deren rechtmäßige oder tatsächliche Geschäftsleiter oder Liquidatoren bei der Verursachung oder Verschlimmerung des Zustands der Insolvenz vorsätzlich oder grob fahrlässig handelten.

2. Der Konkurs wird in jedem Fall als schuldhaft qualifiziert, wenn einer der folgenden Tatbestände vorliegt:

Nr. 1: Der Konkursschuldner, der gesetzlich zur Buchführung verpflichtet ist, hat diese Verpflichtung in wesentlicher Weise nicht erfüllt, doppelte Bücher geführt oder in den geführten Büchern eine Unregelmäßigkeit begangen, die für die Er-

fassung seiner Vermögens- oder Finanzsituation von Bedeutung ist.

Nr. 2: Der Konkursschuldner hat schwerwiegende falsche Angaben in den Unterlagen gemacht, die dem Konkurseigenantrag beigefügt oder im Verlauf des Verfahrens vorgelegt werden, oder gefälschte Dokumente beigefügt oder vorgelegt.

Nr. 3: Die Liquidation ist von Amts wegen infolge einer vom Konkursschuldner zu vertretenden Nichterfüllung des Vergleichs eröffnet worden.

Nr. 4: Der Konkursschuldner hat sich mit der Gesamtheit oder Teilen seiner Güter zum Nachteil der Gläubiger entzogen oder Handlungen begangen, welche die Wirkung einer Beschlagnahme in jedweder Art von begonnener oder vorhersehbarer Vollstreckung verzögert, erschwert oder verhindert hat.

Nr. 5: In den zwei letzten Jahren vor dem Tag der Konkurserklärung sind Sachen oder Rechte in betrügerischer Weise aus dem konkursschuldnerischen Vermögen abgegangen.

Nr. 6: Der Konkursschuldner hat vor dem Tag der Konkurserklärung irgendeine Rechtshandlung vorgenommen, um eine erfundene Vermögenssituation vorzutäuschen.

3. Der Inhalt des Urteils, das den Konkurs als schuldhaft qualifiziert, wird dem in Art. 198 genannten öffentlichen Register mitgeteilt.

Artikel 165.
Vermutungen von Vorsatz oder grober Fahrlässigkeit

Vorsatz oder grobe Fahrlässigkeit werden vermutet, sofern nicht das Gegenteil bewiesen wird, wenn der Konkursschuldner oder seine gesetzlichen Vertreter, Geschäftsleiter oder Liquidatoren:

Nr. 1: die Konkursantragspflicht nicht erfüllt haben;

Nr. 2: die Pflicht zur Zusammenarbeit mit Konkursrichter und Konkursverwaltung nicht erfüllt, ihnen nicht die für die Zwecke des Konkursverfahrens erforderlichen oder zweckmäßigen Informationen zugänglich gemacht oder an der Gläubigerversammlung weder selbst noch durch Bevollmächtigte teilgenommen haben;

Nr. 3: der gesetzlich zur Buchführung verpflichtete Konkursschuldner in einem der drei letzten Geschäftsjahre vor der Konkurserklärung den Jahresabschluss nicht erstellt hat, ihn pflichtwidrig nicht hat prüfen lassen oder nach der Prüfung nicht beim Handelsregister hinterlegt hat.

Artikel 166.
Komplizen

Als Komplize gilt, wer mit dem Konkursschuldner oder, falls vorhanden, mit dessen gesetzlichen Vertretern und im Fall der juristischen Person mit deren gesetzmäßigen oder tatsächlichen Geschäftsleitern oder Liquidatoren oder mit den umfassend rechtsgeschäftlich Bevollmächtigten vorsätzlich oder grob fahrlässig bei der Ausführung einer Handlung zusammenwirkt, auf die sich die Qualifikation des Konkurses als schuldhaft stützt.

Artikel 172.
Qualifikationsurteil

1. Das Urteil erklärt den Konkurs für zufällig oder für schuldhaft. In der Qualifikation als schuldhaft sind der oder die Gründe für die Qualifikation zu bezeichnen.

2. Das Urteil, das den Konkurs für schuldhaft erklärt, hat außerdem folgende Angaben zu enthalten:

Nr. 1: Die Bezeichnung solcher Personen, die von der Qualifikation erfasst sind und die gegebenenfalls als Komplizen gelten. Wenn eine der erfassten Personen wegen ihrer Stellung als tatsächlicher Geschäftsleiter oder Liquidator der konkursschuldnerischen juristischen Person erfasst wird, muss die Zuweisung dieser Eigenschaft im Urteil begründet werden.

Nr. 2: Die Inhabilitation der Personen, die von der Konkursqualifikation erfasst sind, für die Verwaltung fremder Güter während einer Zeit von zwei bis zu fünfzehn Jahren sowie für die Vertretung und Verwaltung jedweder Rechtsperson während der gleichen Zeit, wobei jeweils die Schwere des Einzelfalls und das Ausmaß des Schadens zu berücksichtigen sind.

Nr. 3: Dass die von der Konkursqualifikation erfassten oder zu Komplizen erklärten Personen jedes Recht verlieren, das ihnen als Konkurs- oder Massegläubiger zusteht, und ihre Verurteilung zur Rückgewähr von Sachen und Rechten, die sie ungerechtfertigt aus dem Vermögen des Schuldners oder aus der Aktivmasse erlangt haben, sowie zum Ersatz der verursachten Schäden und Nachteile.

3. Wird die Qualifikation als Folge des Beginns der Liquidationsphase eröffnet oder wiedereröffnet, kann das Urteil auch die gesetzlichen oder tatsächlichen Geschäftsleiter oder Liquidatoren der juristischen Person, deren Konkurs für schuldhaft erklärt wird, sowie diejenigen, die diese Stellung innerhalb der letzten zwei Jahre vor der Konkurserklärung innehatten, zur vollständigen oder teilweisen Zahlung des Betrags verpflichten, mit dem die Gläu-

biger in der Liquidation der Aktivmasse ausfallen.

4. Gegen das Urteil ist die Berufung durch die am Qualifikationsabschnitt Beteiligten statthaft.

Artikel 173.
Ersetzung inhabilitierter Personen

Werden Geschäftsleiter und Liquidatoren der konkursschuldnerischen juristischen Person inhabilitiert, scheiden sie aus dieser Stellung aus. Funktioniert das Geschäftsführungs- oder Liquidationsorgan wegen der Abberufung nicht mehr ordnungsgemäß, beruft die Konkursverwaltung die Haupt- bzw. Gesellschafterversammlung ein, damit sie diese erforderlichen Bestellungen vornimmt.

Artikel 176.
Gründe für den Abschluss des Konkurses

1. In den folgenden Fällen ist der Abschluss des Konkursverfahrens und die Ablage der Akten statthaft:

Nr. 1: wenn der Berufungsbeschluss rechtskräftig wird, mit dem die „Audiencia Provincial" die Konkurserklärung widerruft;

Nr. 2: wenn der Beschluss rechtskräftig wird, der die Erfüllung und gegebenenfalls die Verfristung oder Ablehnung von Klagen feststellt, mit denen die Erklärung der Nichterfüllung begehrt wird;

Nr. 3: unabhängig vom jeweiligen Verfahrensstadium, wenn Zahlung oder Hinterlegung in Gesamthöhe der anerkannten Forderungen oder eine vollständige Befriedigung der Gläubiger auf anderem Wege erfolgen oder nachgewiesen werden;

Nr. 4: unabhängig vom jeweiligen Verfahrensstadium, wenn festgestellt ist, dass keine Sachen und Rechte des Konkursschuldners sowie haftender Dritter zur Befriedigung der Konkursgläubiger existieren;

Nr. 5: unabhängig vom jeweiligen Verfahrensstadium, wenn eine Entscheidung nach Beendigung der allgemeinen Phase des Konkursverfahrens rechtskräftig wird, die den Verzicht oder die Forderungsrücknahme sämtlicher anerkannter Gläubiger annimmt.

2. In den drei letztgenannten Fällen des vorigen Absatzes wird der Verfahrensabschluss durch Beschluss angeordnet, nachdem die Konkursverwaltung einen Bericht erstattet, den die beteiligten Parteien während fünfzehn Tagen einsehen können.

3. Wegen des Fehlens von Sachen und Rechten ergeht eine Abschlussentscheidung erst, wenn die Qualifikation beendet und Klagen auf Wiederherstellung der Aktivmasse oder auf Inanspruchnahme Dritter nicht mehr verhandelt werden, es sei denn, dass die eingeklagten Rechte abgetreten wurden.

4. Befürwortet die Konkursverwaltung in ihrem Bericht den Verfahrensabschluss wegen des Fehlens von Sachen und Rechten, so muss der Bericht darlegen und zwingend begründen, dass taugliche rechtliche Möglichkeiten, um die Aktivmasse wiederherzustellen oder Dritte in Anspruch zu nehmen, nicht mehr bestehen. Auf eine diesbezügliche Stellungnahme der übrigen Beteiligten im Rahmen der Anhörung kann nicht verzichtet werden; der Richter erlässt auf der Grundlage von alldem die angebrachte Entscheidung.

5. Wird während der Anhörungsfrist Widerspruch gegen den Konkursabschluss eingelegt, verhandelt der Richter

hierüber im konkursrechtlichen Zwischenstreit.

Artikel 178.
Wirkungen des Verfahrensabschlusses

1. In allen Fällen des Konkursabschlusses werden noch bestehende Beschränkungen der Verwaltungs- und Verfügungsbefugnisse des Schuldners aufgehoben, mit Ausnahme derjenigen, die das rechtskräftige Qualifikationsurteil bestimmt.

2. Erfolgt der Konkursabschluss wegen des Fehlens von Sachen und Rechten, schuldet der Konkursschuldner weiterhin die Erfüllung der verbliebenen Forderungen. Die Gläubiger können Einzelvollstreckungen durchführen, solange der Konkurs nicht wiedereröffnet oder ein neuer Konkurs erklärt wird.

3. Wird der Konkurs einer juristischen Person wegen des Fehlens von Sachen

und Rechten abgeschlossen, ordnet der Richter die Löschung und die Sperre des Eintragungsblattes in den entsprechenden öffentlichen Registern an; zu diesem Zweck ergeht eine Verfügung, die Zeugnis der rechtskräftigen Entscheidung erbringt.

Artikel 179.
Wiedereröffnung des Konkurses

(...)

2. Die Wiedereröffnung eines Konkursverfahrens über das Vermögen einer juristischen Person, das abgeschlossen wurde, weil Sachen und Rechte nicht mehr vorhanden sind, erfolgt durch das zuvor befasste Gericht. Hierzu wird im gleichen Verfahren weiterverhandelt, und der Konkurs beschränkt sich auf die Liquidation der nachträglich aufgetretenen Sachen und Rechte. Die Wiedereröffnung wird gemäß Art. 23 und 24 bekannt gemacht. (...)

Gesetz über die Aktiengesellschaften von 1989[3]

(...)

Artikel 127.
Verpflichtung zur sorgfältigen Geschäftsführung

1. Die Verwaltungsorganpersonen müssen ihr Amt mit der Sorgfalt eines ordentlichen Unternehmers und eines treuen Vertreters versehen.

2. Jede einzelne Verwaltungsorganperson hat sich sorgfältig über den Gang der Gesellschaft zu informieren.

Artikel 133.
Haftung

1. Die Verwaltungsorganpersonen haften der Gesellschaft, den Aktionären sowie den Gesellschaftsgläubigern für Schäden, die sie durch Handlungen oder Unterlassungen verursachen, welche gegen das Gesetz oder die Satzung verstoßen oder unter Verletzung der Pflichten erfolgen, welche der Amtsausführung innewohnen.

2. Wer in einer faktischen Organstellung handelt, haftet persönlich der Gesellschaft, den Aktionären sowie den Gläubigern für Schäden, die er durch Handlungen verursacht, die gegen das Gesetz oder die Satzung verstoßen oder

---

3 RDL 1564/1989, BOE Nr. 310 v. 27. Dezember 1989, S. 40012 ff. Neugefasst durch D. F. 20ª LC. Gemäß Disp. ad. 3ª LC geändert durch D. F. 1ª, Abs. 8 Ley 19/2005, de 14 de noviembre, sobre la sociedad anónima europea domiciliada en España, BOE Nr. 273 v. 15. November 2005, S. 37303–37308. Die Kursiva heben die Veränderungen hervor und sind im Original nicht enthalten.

unter Verletzung der Pflichten erfolgen, welche dieses Gesetz denjenigen auferlegt, die formal gesetzmäßig die Organstellung innehaben.

3. Die Mitglieder des Verwaltungsorgans, das die schädigende Handlung vorgenommen oder den schädigenden Beschluss gefasst hat, haften gesamtschuldnerisch, mit Ausnahme derer, die nachweisen, dass sie an der Beschlussfassung oder Ausführung nicht teilgenommen oder hiervon keine Kenntnis hatten bzw. nach Kenntniserlangung alles Erforderliche taten, um den Schadenseintritt zu vermeiden, oder sich zumindest ausdrücklich dagegen wandten.

4. Selbst wenn die Hauptversammlung die Handlung oder den Beschluss getroffen, bewilligt oder genehmigt hat, entfällt unter keinen Umständen die Haftung.

Artikel 134.
Sozialklage

1. Die Erhebung der Sozialklage gegen die Verwaltungsorganpersonen erfolgt durch die Gesellschaft auf einen Beschluss der Hauptversammlung hin, der auch ohne Angabe in der Tagesordnung gefasst werden kann.

Eine Abweichung in der Satzung von der in Art. 93 vorgeschriebenen Mehrheit zur Fassung dieses Beschlusses ist unzulässig.

2. Die Hauptversammlung kann jederzeit hinsichtlich des Haftungsanspruchs einen Vergleich treffen oder verzichten, sofern nicht Aktionäre widersprechen, die fünf Prozent des Grundkapitals vertreten.

Der Beschluss zur Klageerhebung oder für einen Vergleich führt die Abberufung der betroffenen Verwaltungsorganpersonen herbei.

Artikel 135.
Individualklage

Unbeschadet der Vorschriften in den vorhergehenden Artikeln bleiben die Schadensersatzansprüche unberührt, die den Aktionären oder Dritten wegen sie unmittelbar in ihren Interessen verletzenden Handlungen der Verwaltungsorganpersonen zustehen.

Artikel 260.
Auflösungsgründe

1. Die Aktiengesellschaft wird aufgelöst, (...)

Nr. 4: wenn Verluste eintreten, die ihr Vermögen auf einen Betrag von weniger als die Hälfte des Grundkapitals verringern, sofern das Kapital nicht im erforderlichen Umfang erhöht oder herabgesetzt wird, *und nicht nach den Vorschriften des Konkursgesetzes statthaft ist, die Konkurserklärung zu beantragen.* (...)

2. Die Konkurserklärung allein ist kein Auflösungsgrund, wird aber im Verfahren die Liquidationsphase eröffnet, gilt die Gesellschaft automatisch als aufgelöst. (...)

Artikel 262.
Aktionärsbeschluss über die Auflösung

1. Sobald einer der Auflösungsgründe eintritt, die in Art. 260 Abs. 1 Nr. 3, 4, 5 und 7 LSA geregelt sind, ist für die Auflösung der Gesellschaft der Beschluss der Hauptversammlung erforderlich, die gemäß Art. 102 zusammentritt.

2. Das Verwaltungsorgan ist verpflichtet, binnen zwei Monaten die Hauptversammlung einzuberufen, damit diese den Auflösungsbeschluss fasst.

Es kann ebenfalls die Konkurserklärung beantragen auf Grund von Verlusten, die das Vermögen auf weniger als die Hälfte des Grundkapitals vermindern, wenn die besagte Verminderung zur Insolvenz führt, wie sie in Art. 2 LC geregelt ist, es sei denn, dass das Grundkapital im erforderlichen Umfang erhöht oder verringert wird.

Jeder Aktionär kann vom Verwaltungsorgan verlangen, dass die Hauptversammlung einberufen wird, wenn nach Meinung des Aktionärs ein berechtigter Grund für die Auflösung *oder für den Konkurs* vorliegt.

3. Wird die Hauptversammlung nicht entsprechend dem Verlangen einberufen oder kommt kein Beschluss zustande oder wird die Auflösung in der Versammlung abgelehnt, kann jeder Interessierte die gerichtliche Auflösung der Gesellschaft beantragen.

4. Das Verwaltungsorgan ist verpflichtet, die gerichtliche Auflösung der Gesellschaft zu beantragen, wenn die Auflösung in der Versammlung abgelehnt wird oder kein Beschluss zustande kommt. Der Antrag ist binnen zwei Monaten zu stellen. *Die Frist beginnt ab dem Tag zu laufen, an dem die Hauptversammlung hätte stattfinden sollen, wenn diese nicht zusammengetreten ist, oder von dem Tag der Hauptversammlung an, wenn die Auflösung abgelehnt wurde oder ein Beschluss nicht zustande kam.*

5. Die Verwaltungsorganpersonen haften gesamtschuldnerisch für die Gesellschaftsverbindlichkeiten, *die nach dem Zeitpunkt entstehen, in dem der gesetzliche Auflösungsgrund eingetreten ist,* wenn sie der Verpflichtung nicht nachkommen, entweder die Hauptversammlung binnen zwei Monaten einzuberufen, damit sie gegebenenfalls die Auflösung beschließt, oder innerhalb von zwei Monaten die gerichtliche Auflösung oder, *sofern angebracht, den*

Konkurs zu beantragen, gerechnet ab dem Tag der geplanten Hauptversammlung, wenn diese nicht zusammengetreten ist, oder ab dem Tag der Hauptversammlung, wenn diese weder die Auflösung *noch den Konkurs* beschließt.

Für diese Fälle wird vermutet, dass die eingeklagten Gesellschaftsverbindlichkeiten nach dem Eintritt des gesetzlichen Auflösungsgrundes begründet wurden, es sei denn, dass die Verwaltungsorganpersonen ein früheres Entstehungsdatum beweisen.

Gesetz über die Gesellschaften mit beschränkter Haftung von 1995[4]

(...)

Artikel 69.
Haftung der Verwaltungsorganpersonen

1. Die Haftung der Verwaltungsorganpersonen der Gesellschaft mit beschränkter Haftung richtet sich nach den Vorschriften für die Verwaltungsorganpersonen der Aktiengesellschaft. (...)

Artikel 104.
Auflösungsgründe

1. Die Gesellschaft mit beschränkter Haftung wird aufgelöst, (...)

e): wenn Verluste eintreten, die ihr Bilanzvermögen auf weniger als die Hälfte des Stammkapitals verringern, sofern das Kapital nicht im erforderlichen Umfang erhöht oder herabgesetzt wird *und es nicht nach den Vorschriften des Konkursgesetzes statthaft ist, die Konkurserklärung zu beantragen.* (...)

2. Die Konkurserklärung allein ist kein Auflösungsgrund, wird aber im Verfahren die Liquidationsphase eröffnet, gilt die Gesellschaft automatisch als aufgelöst. (...)

Artikel 105.
Auflösungsbeschluss

1. In den Fällen, die vorstehend in Art. 104 Abs. 1 lit. c) bis g) geregelt sind, erfordert die Auflösung der Gesellschaft *oder der Konkursantrag* den Beschluss der Gesellschafterversammlung, welcher der Zustimmung einer Mehrheit im Sinne von Art. 53 Abs. 1 bedarf. Das Verwaltungsorgan ist verpflichtet, binnen zwei Monaten die Hauptversammlung einzuberufen, damit sie den Auflösungsbeschluss fasst *oder den Konkurs beantragt.* Jeder Gesellschafter kann vom Verwaltungsorgan die Einberufung verlangen, wenn nach Meinung des Gesellschafters einer der genannten Gründe für die Auflösung vorliegt *oder die Insolvenz der Gesellschaft gegeben ist, wie sie in Art. 2 LC geregelt ist.*

2. Die Gesellschafterversammlung kann den Auflösungsbeschluss fassen bzw. den- oder diejenigen Beschlüsse, die erforderlich sind, um den Auflösungsgrund zu beseitigen.

3. Wird die Versammlung nicht einberufen, findet sie nicht statt oder wird keiner der im vorstehenden Absatz genannten Beschlüsse gefasst, kann jeder Interessierte beim Amtsgericht am Sitz der Gesellschaft die gerichtliche Auflösung der Gesellschaft beantragen. Der Antrag auf gerichtliche Auflösung ist gegen die Gesellschaft zu richten.

4. Das Verwaltungsorgan ist verpflichtet, die gerichtliche Auflösung der Gesellschaft zu beantragen, wenn die Auflösung abgelehnt wird oder kein Beschluss zustande kommt. Der Antrag ist innerhalb von zwei Monaten ab dem Tag zu stellen, an dem die Gesellschafterversammlung hätte stattfinden sollen, wenn diese nicht zusammengetreten ist, oder ab dem Tag der Gesellschafterversammlung, wenn die Auflösung abgelehnt

---

4 Ley 2/1995, BOE Nr. 71 v. 24. März 1995, S. 9181 ff. Neugefasst durch D. F. 21ª LC. Gemäß Disp. ad. 3ª LC geändert durch D. F. 2ª Ley 19/2005, de 14 de noviembre, sobre la sociedad anónima europea domiciliada en España, BOE Nr. 273 v. 15. November 2005, S. 37303–37308. Die Kursiva heben die Veränderungen hervor und sind im Original nicht enthalten.

worden oder ein Beschluss nicht zustande gekommen ist.

5. Die Verwaltungsorganpersonen haften gesamtschuldnerisch für die Gesellschaftsverbindlichkeiten, *die nach dem Zeitpunkt entstehen, in dem der gesetzliche Auflösungsgrund eingetreten ist,* wenn sie der Verpflichtung nicht nachkommen, entweder die Gesellschafterversammlung binnen zwei Monaten einzuberufen, damit sie gegebenenfalls die Auflösung beschließt, oder innerhalb von zwei Monaten die gerichtliche Auflösung oder, *sofern statthaft, den Konkurs zu beantragen,* gerechnet ab dem Tag der geplanten Gesellschafterversammlung, wenn diese nicht zusammengetreten ist, oder ab dem Tag der Gesellschafterversammlung, wenn diese weder die Auflösung *noch den Konkurs* beschlossen hat.

Für diese Fälle wird vermutet, dass die eingeklagten Gesellschaftsverbindlichkeiten nach dem Eintritt des gesetzlichen Auflösungsgrundes begründet wurden, es sei denn, dass die Verwaltungsorganpersonen ein früheres Entstehungsdatum beweisen.

Literaturverzeichnis

A. Juristisches Schrifttum

Albaladejo, Manuel	Derecho Civil, Band I, Vol. 2, 10. Auflage, Libreria Bosch, Barcelona, 1989.
Alcover Garau, Guillermo	„La retribución de los administradores de las sociedades de capital (coordinación de su régimen jurídico mercantil, laboral, tributario y contable)", RdS 5/1995, S. 131–126.
ders.	„Consideraciones generales sobre una alternativa a la reforma propuesta del Derecho Concursal español", RdS 6/1996, S. 475–488.
ders.	„La responsabilidad de los administradores de la sociedad anónima por las deudas sociales ex articulo 262.5 y los procedimientos concursales", RdS 8/1997, S. 265–271.
ders.	„Préstamo de socio a sociedad: la infracapitalización de las sociedades de capital y el negocio en fraude a la Ley", RdS 9/1997, S. 294–296.
ders.	„Quiebra versus suspensión de pagos", in: „Estudios de Derecho Mercantil, Homenaje al profesor Justino F. Duque Domínguez", Band II, Universidad de Valladolid, Valladolid, 1998, S. 1569–1582 [zitiert: *Alcover*, in: Homenaje Duque Domínguez II].
ders.	„Sociedad acéfala y deberes de los administradores", RdS 16/2001, S. 285–295.
ders.	„Aproximación al régimen jurídico de la reintegración concursal", in: García Villaverde, Rafael/Alonso Ureba, Alberto/Pulgar Ezquerra, Juana (Hrsg.), Derecho Concursal, Estudio Sistemático de la Ley 22/2003 y de la Ley 8/2003, para la Reforma Concursal, Editorial Dilex, Madrid, 2003, S. 325–356 [zitiert: *Alcover*, „Reintegración", in: García Villaverde u. a. (Hrsg.), *Derecho Concursal*].
ders.	„Introducción al régimen jurídico de la calificación concursal", in: García Villaverde, Rafael/Alonso Ureba, Alberto/Pulgar Ezquerra, Juana (Hrsg.), Derecho Concursal, Estudio Sistemático de la Ley 22/2003 y de la Ley 8/2003, para la Reforma Concursal, Editorial Dilex, Madrid, 2003, S. 487–504 [zitiert: *Alcover*, „Calificación", in: García Villaverde u. a. (Hrsg.), *Derecho Concursal*].
ders.	„La doble reforma de la responsabilidad de los administradores de las sociedades de capital", RCP 4/2006, S. 81–90.
Alemany Eguidazu, Jesús	„Subordinación contractual y subordinación concursal", Diario La Ley Nr. 6004, Jahr XXV, vom 26. April 2004, Ref. D-95.

Alfaro Águila-Real, Jesús	„La llamada acción individual de responsabilidad contra los administradores sociales", RdS 18/2002, S. 45–76.
Alonso Ledesma, Carmen	„Algunas consideraciones sobre el tratamiento de los acreedores en la reforma del Derecho concursal español", in: „Estudios de Derecho Mercantil, Homenaje al profesor Justino F. Duque Domínguez", Band II, Universidad de Valladolid, Valladolid, 1998, S. 1583–1598 [zitiert: *Alonso Ledesma*, in: Homenaje Duque Domínguez II].
dies.	„Delimitación de la masa pasiva: las clases de créditos y su graduación" in: García Villaverde, Rafael/Alonso Ureba, Alberto/Pulgar Ezquerra, Juana (Hrsg.), Derecho Concursal, Estudio Sistemático de la Ley 22/2003 y de la Ley 8/2003, para l a Reforma Concursal, Editorial Dilex, Madrid, 2003, S. 357–408 [zitiert: *Alonso Ledesma*, in: García Villaverde u. a. (Hrsg.), *Derecho Concursal*].
Alonso Ureba, Alberto	„La responsabilidad concursal de los administradores de una sociedad de capital en situación concursal", in: García Villaverde, Rafael/Alonso Ureba, Alberto/Pulgar Ezquerra, Juana (Hrsg.), Derecho Concursal, Estudio Sistemático de la Ley 22/2003 y de la Ley 8/2003, para la Reforma Concursal, Editorial Dilex, Madrid, 2003, S. 505–575 [zitiert: *Alonso*, in: García Villaverde u. a. (Hrsg.), *Derecho Concursal*].
Álvarez San José, María	„El primer concurso oposición de los Jueces de lo Mercantil", ADCo 1/2004, S. 348–355.
dies.	El Poder de Decisión de los Acreedores en el Concurso, 1. Auflage, Civitas, Madrid, 2005.
Añoveros Trías de Bes, Xabier	„Salgado de Somoza, un precursor de la moderna doctrina del derecho concursal", in: Iglesias Prada, Juan Luis (Hrsg.), Estudios jurídicos en homenaje al profesor Aurelio Menéndez, Band III, Civitas, Madrid, 1996, S. 3463–3477 [zitiert: *Añoveros*, in: Homenaje Menéndez III].
Aparicio González, María Luisa/ Veiga Copo, Abel B.	„Financiación externa e insolvencia de la sociedad emisora", in: Unicaja/Cajasur (Hrsg.), Estudios sobre la Ley concursal, Libro homenaje a Manuel Olivencia, Band IV, Marcial Pons, Madrid, 2005, S. 1647–1677 [zitiert: *Aparicio/Veiga*, in: Homenaje Olivencia IV].
Arato, Marco	„Fallimento: Le nuove norme introdotte con la l. 80/2005", DFall 2006, S. 157–188.
Arroyo Martínez, Ignacio	„La disciplina de los procesos concursales. Criterios de reforma", in: „Derecho Mercantil de la Comunidad Económica Europea – Estudios en homenaje a José Girón Tena", Civitas, Madrid, 1991, S. 119–132 [zitiert: *Arroyo*, in: Homenaje Girón].

Arroyo Martínez, Ignacio/Embid Irujo, José Miguel (Hrsg.)	Comentarios a la Ley de Sociedades de Responsabilidad Limitada, Editorial Tecnos, Madrid, 1997 [zitiert: *Bearbeiter*, in: Arroyo/Embid (Hrsg.), *Comentarios LSRL*].
dies.	Comentarios a la Ley de Sociedades Anónimas, Band III, Editorial Tecnos, Madrid, 2001 [zitiert: *Bearbeiter*, in: Arroyo/Embid (Hrsg.), *Comentarios LSA III*].
Ávila de la Torre, Alfredo/Curto Polo, Mercedes	„La subordinación del crédito de las personas especialmente relacionadas con el concursado", in: Unicaja/Cajasur (Hrsg.), Estudios sobre la Ley concursal, Libro homenaje a Manuel Olivencia, Band IV, Marcial Pons, Madrid, 2005, S. 3537–3567 [zitiert: *Ávila/Curto*, in: Homenaje Olivencia IV].
Bacigalupo Zapater, Enrique	„Los delitos societarios en el nuevo Código Penal", AAMN XXXVII (1998), S. 9–29.
Baird, Douglas G.	Loss distribution, forum shopping, and bankruptcy: A reply to Warren", in: Bhandari, Joseph S./Weiss, Lawrence A. (Hrsg.), Corporate bankruptcy: economic and legal perspectives, 1. Auflage, Cambridge University Press, 1996, Cambridge (Mass), S. 95–108 [zitiert: *Baird*, in: Bhandari/Weiss (Hrsg.), *Corporate bankruptcy*].
Balz, Manfred	„Die Ziele des Reformentwurfs", in: Kübler, Bruno M. (Hrsg.), Neuordnung des Insolvenzrechts, RWS-Verlag, Köln, 1989, S. 1–20.
ders.	„Das neue Europäische Insolvenzübereinkommen", ZIP 1996, S. 948–955.
Becker, Christoph	„Insolvenz in der Europäischen Union – Zur Verordnung des Rates über Insolvenzverfahren", ZEuP 2002, S. 287–315.
ders.	„Europäisierung des Zivilverfahrensrechts", in: Bottke, Wilfried/Möllers, Thomas M.-J./Schmidt, Reiner (Hrsg.): Recht in Europa – Festgabe zum 30-jährigen Bestehen der Juristischen Fakultät Augsburg, 1. Auflage, Nomos Verlag, Baden-Baden, 2003, S. 25–42 [zitiert: *Becker*, in: FS Juristische Fakultät Augsburg].
Bello Martín-Crespo, María Pilar	„Responsabilidad civil de administradores de sociedades de capital y Ley Concursal", in: Unicaja/Cajasur (Hrsg.), Estudios sobre la Ley concursal, Libro homenaje a Manuel Olivencia, Band II, Marcial Pons, Madrid, 2005, S. 1679–1735 [zitiert: *Bello*, in: Homenaje Olivencia II].
Beltrán Sanchez, Emilio	Las deudas de la masa, Bologna, 1986 (Doct.).
ders.	Los dividendos pasivos, 1. Auflage, Civitas, Madrid, 1988.

271

Beltrán Sanchez, Emilio	La disolución de la sociedad anónima, 1. Auflage, Civitas, Madrid, 1991.
ders.	„En torno a los requisitos de la `Operación Acordeón'", RDM 1991, S. 75–89.
ders.	„Pérdidas y responsabilidad de los administradores", RDM 1992, S. 471–486.
ders.	„Efectos de la quiebra de la sociedad anónima sobre la obligación de aportar", RGD 596 (1994), S. 5627–5650 [auch in: „Estudios de Derecho Mercantil en homenaje al profesor Manuel Broseta Pont", Band I, Tirant lo Blanch, Valencia, 1995, S. 341–371].
ders.	„Hipoteca, ejecución separada y reintegración de la masa", in: Iglesias Prada, Juan Luis (Hrsg.), Estudios jurídicos en homenaje al profesor Aurelio Menéndez, Band III, Civitas, Madrid, 1996, S. 3479–3511 [zitiert: *Beltrán*, in: Homenaje Menéndez III].
ders.	„El convenio en la propuesta de Anteproyecto de Ley Concursal del Profesor Rojo", CDC Monográfico 1997, S. 89–123.
ders.	„La extinción de la sociedad limitada y sus consecuencias", AAMN XXXVI (1997), S. 423–455.
ders.	„Solicitudes concurrentes de quiebra y suspensión de pagos", Aranzadi Civil 1999, 2. Teil, S. 1897–1916.
ders.	„La responsabilidad por las deudas sociales de administradores de sociedades anónimas y limitadas incursas en causa de disolución", in: Consejo General del Poder Judicial/Consejo General del notariado (Hrsg.), La responsabilidad de los administradores de sociedades de capital, Madrid, 2000, S. 131–160 [zitiert: *Beltrán*, in: CGPJ/CGN (Hrsg.), *La responsabilidad*].
ders.	„El problema del coste del concurso de acreedores: coste de tiempo y coste económico", in: Rojo Fernández-Río, Ángel (Hrsg.), La reforma de la legislación concursal, Marcial Pons, Madrid, 2003, S. 323–337 [zitiert: *Beltrán*, in: Rojo (Hrsg.), *La reforma*].
ders.	„Las pérdidas y la responsabilidad de los administradores por las deudas sociales (Comentario a la Sentencia del Tribunal Supremo)", ADCo 4/2005, S. 407–423.
ders.	„La modificación legal del ámbito objetivo de la responsabilidad de los administradores por las obligaciones sociales", ADCo 7/2006, S. 249–254.
Bercovitz Rodríguez-Cano, Alberto	Apuntes de Derecho Mercantil, 4. Auflage, Thomson-Aranzadi, Cizur Menor, 2003.

Bercovitz Rodríguez- *Cano*, Alberto	„Aspectos mercantiles de la Ley concursal", in: Unicaja/Cajasur (Hrsg.), Estudios sobre la Ley concursal, Libro homenaje a Manuel Olivencia, Band I, Marcial Pons, Madrid, 2005, S. 79–96 [zitiert: *A. Bercovitz*, in: Homenaje Olivencia I].
ders.	„Los incumplimientos del legislador y el proyecto de ley concursal", Aranzadi Civil Nr. 6/2002 (Tribuna).
ders. (Hrsg.)	Comentarios a la Ley Concursal, Band I, Artículos 1 a 115, 1. Auflage, Tecnos, Madrid, 2004; Band II, Artículos 116 a Disposición final 35, 1. Auflage, Tecnos, Madrid, 2004 [zitiert: *Bearbeiter*, in: R. Bercovitz (Hrsg.), *Comentarios*].
Bermejo Gutierrez, Nuria	Créditos y quiebra, 1. Auflage, Civitas, Madrid, 2002.
Bermejo Gutierrez, Nuria/Rodríguez Pineau, Elena	„Normas de protección de acreedores: entre el derecho de sociedades y el derecho concursal", InDret (387) 4/2006 (Oktober), www.indret.com, S. 1–41.
Bisbal i Méndez, Joaquim	„Los fines del sistema concursal", RJC 1984, S. 559–602.
ders.	„La insoportable levedad del Derecho Concursal", RDM 1994 (241), S. 843–872.
Blanco Buitrago, Ramón	„Consecuencias del incumplimiento del deber de solicitar la declaración del concurso: la calificación culpable del concurso", in: Unicaja/Cajasur (Hrsg.), Estudios sobre la Ley concursal, Libro homenaje a Manuel Olivencia, Band V, Marcial Pons, Madrid, 2005, S. 4895–4911 [zitiert: *Blanco Buitrago*, in: Homenaje Olivencia V].
Blanquer Uberos, Roberto	„La disolución, la liquidación y la extinción de la sociedad", AAMN XXX (1991), S. 411–520.
ders.	„La retribución de los administradores, su constancia estatutaria y la atribución de facultades de concreción a la Junta General", in: „Estudios de Derecho Mercantil en homenaje al profesor Manuel Broseta Pont", Band I, Tirant lo Blanch, Valencia, 1995, S. 397–452 [zitiert: *Blanquer*, in: Homenaje Broseta I].
Blasco Gascó, Francisco de P.	Prelación y Pago a los Acreedores Concursales, Thomson Civitas, Madrid, 2004 [zitiert: *Blasco*, Prelación].
Boldó Roda, Carmen	„Aplicación de la doctrina del levantamiento del velo por la sala 1ª del Tribunal Supremo", in: Vítolo, Daniel R./Embid, José Miguel (Hrsg.), Las sociedades comerciales y su actuación en el mercado, Comares, Granada, 2003, S. 275–296 [zitiert: *Boldó*, in: Vítolo/Embid (Hrsg.), *Las sociedades comerciales*].
dies.	„Veinte años de aplicación de la doctrina del levantamiento del velo por la sala 1ª del Tribunal Supremo", in: „Derecho de Sociedades – Libro homenaje al profesor Fernando Sánchez

	Calero", Band I, McGrawHill, Madrid, 2002, S. 25–52 [zitiert: *Boldó*, in: Homenaje Sánchez Calero I].
Bonelli, Gustavo	Del Fallimento (Commento al Codice di Commercio), Band I, 2. Auflage, Casa Editrice Dott. Francesco Vallardi, Mailand, 1923.
Bonet Correa, José	Las deudas de dinero, Editorial Civitas, Madrid, 1981.
Bonfatti, Sido	„Los procedimientos concursales en Italia – entre las perspectivas de reforma y las disposiciones urgentes", RCP monografía 1/2004, S. 101–115.
Bonsignori, Angelo	Il Fallimento, in: Galgano, Francesco (Gesamthrsg.), Tratatto di diritto commerciale e di diritto pubblico dell'economia, Band IX, Cedam, Padua, 1986 [zitiert: *Bonsignori*, Il Fallimento].
Boquera Matarredona, Josefina	„El concurso de la sociedad unipersonal y del socio único", in: Unicaja/Cajasur (Hrsg.), Estudios sobre la Ley concursal, Libro homenaje a Manuel Olivencia, Band II, Marcial Pons, Madrid, 2005, S. 1805–1831 [zitiert: *Boquera*, in: Homenaje Olivencia II].
Botana Agra, Manuel	„Liquidación del activo y del pasivo sobrevenidos de la sociedad de responsabilidad limitada", in: „Derecho de Sociedades – Libro homenaje al profesor Fernando Sánchez Calero", Band V, McGrawHill, Madrid, 2002, S. 5123–5146 [zitiert: *Botana*, in: Homenaje Sánchez Calero V].
Braun, Eberhard (Hrsg.)	Insolvenzordnung Kommentar, 2. Auflage, Verlag C. H. Beck, München, 2004 [zitiert: *Bearbeiter*, in: Braun (Hrsg.), *InsO*].
Braun, Eberhard/ Uhlenbruck, Wilhelm	Unternehmensinsolvenz: Grundlagen, Gestaltungsmöglichkeiten, Sanierung mit der Insolvenzordnung, IDW-Verlag, Düsseldorf, 1997.
Broseta Pont, Manuel	„La transmisión de la empresa: compraventa y arrendamiento", RDM 1968, S. 59–106.
Bureau, Dominique	„La fin d'un îlot de résistance: Le Règlement du Conseil relatif aux procédures d'insolvabilité", Rev. crit. dr. internat. privé, 91 (2002), S. 613–679.
Cabanas Trejo, Ricardo/Machado Plazas, José	Aumento de capital y desembolso anticipado, 1. Auflage, Civitas, Madrid, 1995.
Calbacho Losada, Fernando	El ejercicio de las acciones de responsabilidad contra los administradores de la sociedad anónima, Tirant lo Blanch, Valencia, 1999 (Doct.) [zitiert: *Calbacho*, El ejercicio de las acciones de responsabilidad].
Calvo Caravaca, Alfonso-Luis/ Carrascosa González, Javier	Derecho Internacional Privado, Band II, 3. Auflage, Editorial Comares, Granada, 2002 [zitiert: *Calvo/Carrascosa*, Derecho Internacional Privado].

274

Calvo Caravaca, Alfonso-Luis/ Carrascosa González, Javier	Derecho Concursal Internacional, Editorial Colex, Madrid, 2004 [zitiert: *Calvo/Carrascosa*, Derecho Concursal Internacional].
dies.	„Reglamento (CE) Núm. 1346/2000, sobre procedimientos de insolvencia y cuestiones de ley aplicable", in: Unicaja/ Cajasur (Hrsg.), Estudios sobre la Ley concursal, Libro homenaje a Manuel Olivencia, Band I, Marcial Pons, Madrid, 2005, S. 647–680 [zitiert: *Calvo/Carrascosa*, in: Homenaje Olivencia I].
Campuzano Laguillo, Ana Belén	„Declaración de quiebra: acumulación de las ejecuciones pendientes y efectos en el período de retroacción – Comentario a la RDGRN de 7 enero 1999 (RJ 1999, 42)", RDPatr 3/1999, S. 335–342.
dies.	„Alcance de la nulidad e ineficacia de los actos y contratos celebrados por el suspenso sin el concurso o acuerdo de los interventores (Comentario a la sentencia del Tribunal Supremo de 14 de febrero de 2002)", Actualidad Civil 2002, Ref. LXIV.
dies.	„A propósito de la responsabilidad de los administradores de sociedades anónimas (SSTS de 18 de julio [RJ 2002, 6256], de 23 de septiembre [RJ 2002, 7837], 24 de octubre [RJ 2002, 9307] y 14 de noviembre 2002 [RJ 2002, 9762]", RDPatr 2003, S. 151–155.
Candelario Macías, Isabel	„Impresiones sobre los efectos de la declaración del concurso a la vista de la futura ley concursal", RDP 2004, S. 522–542.
Carrasco Perera, Ángel	Los derechos de garantía en la Ley Concursal, 1. Auflage, Thomson Civitas, Madrid, 2004 [zitiert: *Carrasco*, Los derechos de garantía].
Carrasco Perera, Ángel/Moratiel Pellitero, Esther	„Dos paradojas del convenio concursal: eficacia liquidativa y eficacia novatoria", Actualidad Jurídica Aranzadi, Nr. 614/2004, Parte Comentario.
Cerdá Albero, Fernando/Sancho Gargallo, Ignacio	Administradores; insolvencia y disolución por pérdidas, Tirant lo Blanch, Valencia, 2000.
dies.	Curso de Derecho Concursal, Colex, Madrid, 2000.
dies.	Quiebras y suspensiones de pagos: claves para la reforma concursal, Colegio de Estudios Económicos, La Caixa, Barcelona, 2001.
Ceres Montés, José Francisco	„El reconocimiento y graduación de créditos en el procedimiento de quiebra", La Ley 3/2001, S. 2091–2107.
Cohnen, Sebastian	„El contrato leasing. Aspectos de su calificación jurídica", RJUAM 3/2000, S. 109–135.

Cohnen, Sebastian	„Spanisches Internationales Gesellschaftsrecht: Stand 2004", IPRax 2005, S. 467–471.
Comisión de Derecho Privado	Conclusiones de la reunión de la Comisión de Derecho Privado celebrada el 22 de septiembre de 2001 sobre el Anteproyecto de Ley Concursal y el Anteproyecto de Ley de reforma de la LOPJ (borrador) [zitiert: *Comisión de Derecho Privado*, Gutachten vom 22. September 2001].
Consejo del Estado	Dictamen de 21 de marzo de 2002, abgedruckt in: Rojo Fernández-Río, Ángel (Hrsg.), La reforma de la legislación concursal, S. 419–491; Rojo/Beltrán (Hrsg.), Comentario de la Ley Concursal, Band II, S. 3780–3824 [zitiert: *CEst*, Gutachten vom 21. März 2002].
Consejo Económico y Social	El Anteproyecto de Ley Concursal y el Anteproyecto de Ley Orgánica para la reforma concursal, Sesión extraordinaria del Pleno de 7 de noviembre de 2001, CES Departamento de Publicaciones, Colección Dictámenes, Nr. 4/2001, Madrid, 2001 [zitiert: *CES*, Gutachten vom 7. November 2001].
Consejo General del Poder Judicial	Informe al Anteproyecto de Ley Orgánica para la reforma concursal, por la que se modifican la Ley Orgánica 6/1985, de 1 de julio, del Poder Judicial, y la Ley Orgánica 10/1995, de 23 de noviembre, del Código Penal y al Anteproyecto de Ley Concursal, aprobado en la reunión de 6 de noviembre de 2001; abrufbar unter: http://www.unirioja.es/dptos/dd/procesal/concursal/cgpj00.html, zuletzt abgerufen am 1. November 2005 [zitiert: *CGPJ*, Gutachten vom 6. November 2001].
Cordón Moreno, Faustino	Suspensión de Pagos y Quiebra – Una visión jurisprudencial, Aranzadi, Pamplona, 1995.
ders. (Hrsg.)	Comentarios a la Ley Concursal, Thomson Aranzadi, Cizur Menor, 2004.
Cordopatri, Francesco	„Legge fallimentare e recenti tentativi di riforma", DFall 2004, S. 172–260.
Corno, Giorgio	„La disciplina comunitaria dell'insolvenza", DFall 2002, (I) S. 272–283.
Coronas González, Santos M.	„La evolución de la jurisdicción consular en la corona de Castilla durante el Antiguo Régimen", in: Iglesias Prada, Juan Luis (Hrsg.), Estudios jurídicos en homenaje al profesor Aurelio Menéndez, Band I, Civitas, Madrid, 1996, S. 3–20 [zitiert: *Coronas*, in: Homenaje Menéndez I].

Cortés Domínguez, Luis Javier/ Pérez Troya, Adoración	„Algunas notas sobre la fusión de sociedades de capitales en liquidación societaria o concursal", in: Unicaja/Cajasur (Hrsg.), Estudios sobre la Ley concursal, Libro homenaje a Manuel Olivencia, Band V, Marcial Pons, Madrid, 2005, S. 4805–4825 [zitiert: *Cortés/Pérez*, in: Homenaje Olivencia V].
Cortés Domínguez, Valentín/Gimeno Sendra, Vicente/ Moreno Catena, Víctor	Derecho Procesal Civil, Parte General, 4. Auflage, Colex, Madrid, 2001 [zitiert: *Cortés* u. a., Derecho Procesal Civil General]; Parte Especial, 2. Auflage, Colex, Madrid, 2000 [zitiert: *Cortés* u. a., Derecho Procesal Civil Especial].
Couret, A./Larrieu, J./Macorig-Venier, F./Mascala, C./ Monsérié, M. H./ Saint-Alary-Houin, C.	La réforme du droit des entreprises en difficulté, Montchrestien, Paris 1995 [zitiert: *Couret* u. a., La réforme du droit des entre prises en difficulté].
Cristóbal Montes, Ángel	La vía pauliana, Tecnos, Madrid, 1997.
Curiel Lorente, Fernando	„Aspectos registrales de la nueva Ley Concursal", RCDI Nr. 679, 2003, S. 2699–2740.
Dammann, Reinhard/ Undritz, Sven-Holger	„Die Reform des französischen Insolvenzrechts im Vergleich zur InsO", NZI 2005, S, 198–205.
Daniele, Luigi	„Legge applicabile e diritto uniforme nel regolamento comuntario relativo alle procedere di insolvenza", Riv. dir. intern. priv. proc. 2002, S. 33–50.
De Arriba Fernández, María Luisa	„La personalidad jurídica de la sociedad en formación, comentario a la RDGRN de 22 abril 2000 (RJ 2000, 5835)", RdS 16/2001, S. 333–353.
dies.	Derecho de grupos de sociedades, Thomson Civitas, Madrid, 2004 (Doct.).
De Carvalho Fernándes, Alberto	„El Código de la insolvencia y de la recuperación de empresas en la evolución del régimen de la quiebra en el Derecho portugués", RCP Monografía 1/2004, S. 147–190.
De Cesari, Patrizia	„Giurisdizione, riconoscimento ed esecuzione delle decisioni nel regolamento comunitario relativo alle procedure di insolvenza", Riv. dir. intern. priv. proc. 2003, S. 55–84.
De Eizaguirre Bermejo, José María	La disolución de la sociedad de responsabilidad limitada, 1. Auflage, Civitas, Madrid, 2000.
ders.	Derecho de Sociedades, 1. Auflage, Civitas, Madrid, 2001.
ders.	Derecho Mercantil, 3. Auflage (2. Auflage in Civitas), Civitas, Madrid, 2001.

De Eizaguirre Bermejo, José María	„La subjetivación de las sociedades de personas", RdS 14/2000, S. 85–107 [auch in: „Derecho de Sociedades – Libro homenaje al profesor Fernando Sánchez Calero", Band I, McGrawHill, Madrid, 2002, S. 121–149].
De la Cámara Álvarez, Manuel	Estudios de Derecho Mercantil, Band I, Edersa, Jaén, 1977; Band II, Edersa, Jaén, 1978.
ders.	„Analogías y diferencias fundamentales entre la sociedad anónima y la sociedad de responsabilidad limitada", AAMN XXXVI (1997), S. 457–530.
De la Cuesta Rute, José María	„A propósito de la función del convenio en el concurso", ADCo 4/2005, S. 7–63.
ders.	„El convenio concursal y la conservación de la empresa", in: Unicaja/Cajasur (Hrsg.), Estudios sobre la Ley concursal, Libro homenaje a Manuel Olivencia, Band IV, Marcial Pons, Madrid, 2005, S. 4483–4507 [zitiert: *De la Cuesta*, in: Homenaje Olivencia IV].
De Santis, Francesco	„La normativa comunitaria relativa alle procedure di insolvenza transfrontaliere e il diritto processuale interno: dialoghi tra i formanti", DFall 2004, S. 91–119.
De Sola Cañizares, Felipe	Iniciación al derecho Comparado, Instituto de Derecho Comparado (Consejo Superior de Investigación Científica), Barcelona, 1954.
Del Rey Guanter, Salvador/Luque Parra, Manuel	„Proyecto de Ley Concursal y Relación Laboral", Relaciones Laborales 2002, S. 15–56.
Delgado de Miguel, Juan Francisco (Gesamthrsg.)/ Fernández-Tresguerres García, Ana (Hrsg.)	Instituciones de Derecho Privado, Band VI, Mercantil, 1. Band, Derecho de Sociedades, Parte General, 1. Auflage, Thomson Civitas, Madrid, 2003; 2. Band, Derecho de Sociedades, Parte Especial (I), 1. Auflage, Thomson Civitas, Madrid, 2004; [zitiert: *Bearbeiter*, in: Delgado/Fernández-Tresguerres (Hrsg.), *Instituciones VI*].
Desdentado Bonete, Aurelio/Desdentado Daroca, Elena	Administradores sociales, altos directivos y socios trabajadores: calificación y concurrencia de relaciones profesionales, responsabilidad laboral y encuadramiento en la seguridad social, Editorial Lex Nova, Valladolid, 2000.
dies.	„Administradores sociales: últimas noticias contradictorias", Diario La Ley Nr. 5891, Jahr XXIV, vom 12. November 2003, Ref. D-252.
Díaz Echegaray, José Luis	La responsabilidad civil de los administradores de la sociedad anónima, Editorial Montecorvo, Madrid, 1995 (Doct.).

Díez-Picazo, Ignacio	„Los Juzgados de lo Mercantil", in: Rojo Fernández-Río, Ángel (Hrsg.), La reforma de la legislación concursal, Marcial Pons, Madrid, 2003, S. 131–149 [zitiert: *Díez-Picazo*, in: Rojo (Hrsg.), *La reforma*].
Díez-Picazo y Ponce de León, Luis	Fundamentos del Derecho Civil Patrimonial, Band I (Introducción, Teoría del contrato), 5. Auflage (2. Auflage bei Civitas), Civitas, Madrid, 1996; Band II (Las relaciones obligatorias), 5. Auflage (2. Auflage bei Civitas), Civitas, Madrid, 1996; Band III (Las relaciones jurídico-reales, el registro de la propiedad, la posesión), 4. Auflage (1. Auflage bei Civitas), Civitas, Madrid, 1995; [zitiert: *Díez-Picazo*, Fundamentos].
ders.	Derecho de daños, 1. Auflage, Civitas, Madrid, 1999.
ders.	„Algunas acotaciones civilistas al proyecto de Ley Concursal", in: Unicaja/Cajasur (Hrsg.), Estudios sobre la Ley concursal, Libro homenaje a Manuel Olivencia, Band I, Marcial Pons, Madrid, 2005, S. 155–171 [zitiert: *Díez-Picazo*, in: Homenaje Olivencia I].
Díez-Picazo y Ponce de León, Luis/ Gullón, Antonio	Sistema de Derecho Civil, Band I, 9. Auflage, Editorial Tecnos, Madrid, 1998; Band II, 7. Auflage, Editorial Tecnos, Madrid, 1995; Band III, 6. Auflage, Editorial Tecnos, Madrid, 1997; [zitiert: *Díez-Picazo/Gullón*, Sistema de Derecho Civil].
Domínguez Calatayud, Vicente	„Aspectos generales y registrales de la Ley Concursal 22/2003, de 9 de julio", RCDI Nr. 682, 2004, S. 817–869.
Duque Domínguez, Justino F.	„El concepto de grupo de sociedades y su desarrollo en el Derecho español", in: „Derecho de Sociedades – Libro homenaje al profesor Fernando Sánchez Calero", Band V, McGrawHill, Madrid, 2002, S. 5303–5322 [zitiert: *Duque,* in: Homenaje Sánchez Calero V].
ders.	„El concurso del grupo de empresas en la Ley Concursal", in: García Villaverde, Rafael/Alonso Ureba, Alberto/Pulgar Ezquerra, Juana (Hrsg.), Derecho Concursal, Estudio Sistemático de la Ley 22/2003 y de la Ley 8/2003, para la Reforma Concursal, Editorial Dilex, Madrid, 2003, S. 137–160 [zitiert: *Duque*, in: García Villaverde u. a. (Hrsg.), *Derecho Concursal*].
ders.	„Aspectos de la declaración de concurso en caso de pérdidas cualificadas de sociedades de capital (SA y SRL)", RCP monografía 1/2004, S. 82–100.

Duursma-Kepplinger, Henriette-Christine/ Duursma, Dieter/ Chalupsky, Ernst (Hrsg.)	Europäische Insolvenzverordnung Kommentar, Springer-Verlag, Wien, New York, 2002 [zitiert: *Bearbeiter*, in: Duursma-Kepplinger u. a. (Hrsg.), *Europäische Insolvenzverordnung*].
Easterbrook, Frank H./ Fischel, Daniel R.	The Economic Structure of Corporate Law, 3. Abdruck der 1. Auflage, Harvard University Press, Cambridge, 1996 [zitiert: *Easterbrook/Fischel*, The Economic Structure].
Ehricke, Ulrich	„Verfahrenskoordination bei grenzüberschreitenden Unternehmensinsolvenzen", in: Basedow, Jürgen u. a. (Hrsg.), Aufbruch nach Europa: 75 Jahre Max-Planck-Institut für Privatrecht, Mohr Siebeck Verlag, Tübingen, 2001, S. 337-361 [zitiert: *Ehricke*, in: FS Max-Planck-Institut].
Eickmann, Dieter/ Flessner, Axel/ Irschlinger, Friedrich/ Kirchhof, Hans-Peter/ Kreft, Gerhart/ Landfermann, Hans-Georg/ Marotzke, Wolfgang/ Stephan, Guido	Heidelberger Kommentar zur Insolvenzordnung, 3. Auflage, C. F. Müller Verlag, Heidelberg, 2003 [zitiert: *Bearbeiter*, in: Eickmann u. a., *HK-InsO*].
Eidenmüller, Horst	„Europäische Verordnung über Insolvenzverfahren und zukünftiges deutsches internationales Insolvenzrecht", IPRax 2001, S. 2–15.
ders.	„Coordinación de procedimientos en los concursos de los grupos de empresas", ADCo 9/2006, S. 7–49 (auf deutsch erschienen in: ZHR 169 (2005), S. 528–569).
Eidenmüller, Horst/ Rehm, Gebhard M.	„Niederlassungsfreiheit versus Schutz des inländischen Rechtsverkehrs: Konturen des Europäischen Internationalen Gesellschaftsrechts, zugleich eine Besprechung der Entscheidung *Inspire Art* EuGH NJW 2003, 3331", ZGR 2004, S. 159–188.
Embid Irujo, José Miguel	„Die Rechtslage der Konzerne im spanischen Recht", ZGR 1991, S. 289–305.
ders.	„Revocación de consejero y delegado en una sociedad anónima", Diario La Ley, 1993, Band 3, S. 397–401.
ders.	„Grupos y gobierno corporativo", in: Esteban Velasco, Gaudencio (Hrsg.), El gobierno de las sociedades cotizadas, Marcial Pons, Madrid, 1999, S. 595–614.
ders.	„Los grupos de sociedades como problema jurídico", AAMN XXXIX (1999), S. 183–230.

Embid Irujo, José Miguel	„El contrato de constitución del grupo en el derecho español", RdS 15/2000, S. 57–78.
ders.	„El contrato de constitución del grupo en el derecho español", in: „Derecho de Sociedades – Libro homenaje al profesor Fernando Sánchez Calero", Band V, McGrawHill, Madrid, 2002, S. 5323–5355 [zitiert: *Embid*, in: Homenaje Sánchez Calero V].
ders.	„El buen gobierno corporativo y los grupos de sociedades", RDM 2003, S. 933–978.
ders.	„Grupos de sociedades y Derecho concursal", in: Unicaja/Cajasur (Hrsg.), Estudios sobre la Ley concursal, Libro homenaje a Manuel Olivencia, Band II, Marcial Pons, Madrid, 2005, S. 1885–1908 [zitiert: *Embid*, in: Homenaje Olivencia II].
ders.	„Sobre el concepto y significado del grupo de sociedades en la Ley Concursal", RCP 4/2006, S. 65–79.
Emmerich, Volker/ Sonnenschein, Jürgen/ Habersack, Mathias	Konzernrecht, 7. Auflage, C. H. Beck, München, 2001.
Epifânio, María do Rosário	„El Nuevo Derecho Concursal Portugués", RCP 2/2005, S. 385–394.
Espín Gutiérrez, Cristóbal	„La reintegración del capital", in: „Derecho de Sociedades – Libro homenaje al profesor Fernando Sánchez Calero", Band III, McGrawHill, Madrid, 2002, S. 2279–2316 [zitiert: *Espín Gutiérrez*, in: Homenaje Sánchez Calero III].
Espiniella Menéndez, Ángel	„Competencia concursal en caso de pluralidad de deudores", ADCo 9/2006, S. 149–179.
Esplugues Mota, Carlos A.	„La crisis del Banco de Crédito y Comercio Internacional como elemento de reflexión en torno a la regulación de la quiebras internacionales", in: „Estudios de Derecho Mercantil en homenaje al profesor Manuel Broseta Pont", Band I, Tirant lo Blanch, Valencia, 1995, S. 1056–1080 [zitiert: *Esplugues*, in: Homenaje Broseta I].
ders.	„Die Neuregelung des internationalen Konkursrechts in Spanien", ZZPInt 2001, S. 65–90.
ders.	„Hacia la elaboración de un standard legislativo internacional en materia concursal: La propuesta de guía legislativa sobre el régimen de la insolvencia de la Comisión de Naciones Unidas para el derecho mercantil internacional", DN 2002 (146), S. 19–40.
Estasén, Pedro	Tratado de las Suspensiones de Pagos y de las Quiebras, 2. Auflage, Reus Editores, Madrid, 1908 [zitiert: *Estasén*, Tratado].

Esteban Ramos, Luisa María	„Sobre la necesidad en el derecho español de una adecuada regulación de las operaciones de reestructuración empresarial en aras de una adecuada protección de los acreedores sociales, Comentario a la STS de 5 marzo 2001 (RJ 2001, 2726)", RdS 18/2002, S. 289–298.
Esteban Velasco, Gaudencio	„Algunas reflexiones sobre la responsabilidad de los administradores frente a los socios y terceros: acción individual y acción por no promoción o remoción de la disolución", RdS 5/1995, S. 47–78.
ders.	„La acción social y la acción individual de responsabilidad contra los administradores de las sociedades de capital", in: Consejo General del Poder Judicial/Consejo General del notariado (Hrsg.), „La responsabilidad de los administradores de sociedades de capital", Madrid, 2000, S. 57–130 [zitiert: *Esteban Velasco*, in: CGPJ/DGN (Hrsg.), *La responsabilidad*].
ders.	„Acuerdos de la junta general de socios de la sociedad limitada en asuntos de gestión y la responsabilidad de los administradores", RdS 18/2002, S. 217–230.
Fairen Guillén, Víctor	„La solicitud de concurso por el deudor en la nueva Ley Concursal", RDM 2004, S. 225–244.
Falcone, Giovanni	„Presupposti ed effetti della prosecuzione dell'esercizio dell' impresa nei progetti di nuova legge fallimentare", in: Bonfatti, Sido/Falcone, Giovanni (Hrsg.): Le procedure concorsuali tra „nuove frontiere" e prospettive di riforma, Quaderni di Giurisprudenza Commerciale 240, Dott. A Giuffrè Editore, Mailand, 2002, S. 75–88 [zitiert: *Falcone*, in: Bonfatti/Falcone (Hrsg.), *Le procedure concorsuali*].
Farias Battle, Mercedes	La irregularidad de la sociedad de capital – aspectos societarios y registrales, Comares, Granada, 2001.
dies.	„La calificación del concurso: presupuestos objetivos, sanciones y presunciones legales", RDM 2004, S. 67–136.
Farran Farriol, J.	„La retroacción de la quiebra en la jurisprudencia. Estado actual", RJC 2/2000, S. 455–478.
Fernández Ballesteros, Miguel Ángel (Hrsg.)	Derecho Concursal Práctico (Comentarios a la nueva Ley Concursal), Editorial Iurgium, Madrid, 2004 [zitiert: *Bearbeiter*, in: Fernández Ballesteros (Hrsg.), *Derecho Concursal Práctico*].
ders.	„Algunas cuestiones sobre la petición de concurso voluntario", RCP 1/2004, S. 73–89.

Fernández de Araoz Gómez-Acebo, Alejandro	„Grupos de empresas de base contractual y derecho de la competencia", in: „Derecho de Sociedades – Libro homenaje al profesor Fernando Sánchez Calero", Band V, McGrawHill, Madrid, 2002, S. 5357–5424 [zitiert: *Fernández de Araoz*, in: Homenaje Sánchez Calero V].
Fernández de la Gándara, Luis/ García-Pita Pemán, Daniel/Fernández Rodríguez, Antonio	„Responsabilidad de los administradores de sociedades de capital en la esfera jurídico-societaria", in: Garrigues Abogados (Hrsg.), Responsabilidad de consejeros y altos cargos de sociedades de capital, McGraw-Hill, Madrid, 1996, S. 1–55 [zitiert: *Fernández de la Gándara* u. a., in: Garrigues Abogados (Hrsg.), *Responsabilidad*].
Fernández de la Gándara, Luis/ Sánchez Álvarez, Manuel María (Hrsg.)	Comentarios a la Ley Concursal, Marcial Pons, Madrid, 2004 [zitiert: *Bearbeiter*, in: Fernández de la Gándara; Sánchez (Hrsg.), *Comentarios*].
Fernández del Pozo, Luis	„Sobre la preconcursalidad y la prevención de la insolvencia – el mecanismo de alerta preconcursal", in: Rojo Fernández-Río, Ángel (Hrsg.), La reforma de la legislación concursal, Marcial Pons, Madrid, 2003, S. 9–86 [zitiert: *Fernández del Pozo*, in: Rojo (Hrsg.), *La reforma*].
ders.	„La contabilidad en el concurso de acreedores", ADCo 8/2006, S. 49–96.
Fernández Ruiz, José Luis	„La propuesta anticipada de convenio en la Ley Concursal", RDM 2004, S. 199–223.
ders.	„La importancia de los créditos salariales y de las cuestiones laborales en general, en la Ley Concursal", RCDI Nr. 682, 2004, S. 871–911.
Ferrara, Francisco	Teoría de las personas jurídicas, spanische Übersetzung von Ovejero y Maury, Eduardo, der 2. aktualisierten italienischen Auflage, Editorial Reus, Madrid, 1929.
Ferrara jr., Francesco/ Borgioli, Alessandro	Il Fallimento, 5. Auflage, Dott. A. Giuffrè Editore, Mailand, 1995.
Ferré Falcón, Juan	„El grupo de sociedades y la declaración de concurso en la nueva normativa concursal", in: Unicaja/Cajasur (Hrsg.), Estudios sobre la Ley concursal, Libro homenaje a Manuel Olivencia, Band II, Marcial Pons, Madrid, 2005, S. 1931–1963 [zitiert: *Ferré*, in: Homenaje Olivencia II].
Ferrer Barriendos, Agustín	„Repercusiones concursales del nuevo Código Penal", CDJ 1996, Derecho Concursal II, S. 542–561.
Finch, Vanessa	Corporate Insolvency Law: Perspectives and Principles, 1. Auflage, University Press, Cambridge, 2002.

Font Marquina, Marta/Roqueta Rodríguez, Angels	„Insolvencia y crisis económica: Su reflejo en el derecho concursal", RGD 642 (1998), S. 2541–2549.
Forum Europaeum Konzernrecht	„Konzernrecht für Europa", ZGR 4/1998, S. 672–772.
Förster, Karsten	„Effizienzthese, politischer Faktor und Gläubigerautonomie", in: Gerhardt, Walter/Haarmeyer, Hans/Kreft, Gerhart (Hrsg.), Insolvenzrecht im Wandel der Zeit, Festschrift für Hans-Peter Kirchhof zum 65. Geburtstag, ZAP-Verlag, 2003, S. 85–104 [zitiert: *Förster*, in: FS Kirchhof].
Frascaroli Santi, Elena	„Prime riflessioni sugli effetti della riforma societaria sulle procedure concorsuali", DFall 2004, S. 53–71.
Freed, Roy N.	„A task for Comparative Law teachers in the age of globalization: to harmonize laws through international cross fertilization", in: Chuo University (Hrsg.), Toward Comparative Law in the 21st Century, The 50th anniversary of The Institute of Comparative Law in Japan, Chuo University Press, 1998 [zitiert: *Freed*, in: FS Institute of Comparative Law in Japan].
Frege, Michael C./ Keller, Ulrich/ Riedel, Ernst	Insolvenzrecht, Handbuch der Rechtspraxis, Band 3, 6. Auflage, Verlag C. H. Beck, München, 2002 [zitiert: *Frege/Keller/Riedel*, InsR].
Gallego Sánchez, Esperanza (Hrsg.)	Ley Concursal, comentarios, jurisprudencia y formularios, Artículos 1 a 97, La Ley, Madrid, 2005.
Gambino, Agostino	„Nuova disciplina societaria e procedure concorsuali tra diritto vigente e prospettive di riforma (in controtendenza)", DFall 2004, S. 6–17.
García-Cruces González, José Antonio	„Notas sobre el instituto concursal de la retroacción", in: Iglesias Prada, Juan Luis (Hrsg.), Estudios jurídicos en homenaje al profesor Aurelio Menéndez, Band III, Civitas, Madrid, 1996, S. 3553–3573 [zitiert: García-Cruces, in: Homenaje Menéndez III].
ders.	„El problema de la represión de la conducta del deudor común", in: Rojo Fernández-Río, Ángel (Hrsg.), La reforma de la legislación concursal, Marcial Pons, Madrid, 2003, S. 248–321 [zitiert: *García-Cruces*, in: Rojo (Hrsg.), *La reforma*].
ders.	„Acumulación y coordinación de acciones de responsabilidad de los administradores de una persona jurídica en concurso: Sobre la inserción de la llamada responsabilidad concursal en el régimen general de responsabilidad de administradores", Aranzadi Civil 18/2003 (BIB. 2003/1508), parte Estudio, S. 31.

García-Cruces González, José Antonio	„Concursado, cómplices y personas afectadas por la calificación (en torno al ámbito subjetivo del concurso culpable", in: Unicaja/Cajasur (Hrsg.), Estudios sobre la Ley concursal, Libro homenaje a Manuel Olivencia, Band V, Marcial Pons, Madrid, 2005, S. 4913–4946 [zitiert: *García-Cruces*, in: Homenaje Olivencia V].
García de Enterría, Javier	„Los pactos de indemnización del administrador cesado", RDM 1995, S. 473–516.
García Vidal, Ángel	„La legitimación para solicitar la declaración de concurso de las sociedades mercantiles", in: Unicaja/Cajasur (Hrsg.), Estudios sobre la Ley concursal, Libro homenaje a Manuel Olivencia, Band I, Marcial Pons, Madrid, 2005, S. 1017–1039 [zitiert: *García Vidal*, in: Homenaje Olivencia I].
García Villaverde, Rafael	„Los presupuestos objetivos de la declaración de la quiebra", in: „Estudios de Derecho Mercantil en homenaje al profesor Manuel Broseta Pont", Band II, Tirant lo Blanch, Valencia, 1995, S. 1535–1567 [zitiert: *García Villaverde*, in: Homenaje Broseta II].
ders.	„Sobre la llamada 'inhabilitación' del quebrado", in: „Estudios de Derecho Mercantil, Homenaje al profesor Justino F. Duque Domínguez", Band I, Universidad de Valladolid, Valladolid, 1998, S. 1629–1642 [zitiert: *García Villaverde*, in: Homenaje Duque Domínguez I].
ders.	„Efectos de la declaración de la quiebra sobre el deudor de caracter patrimonial", AAMN XXXVII (1998), S. 163–186.
ders.	„El Anteproyecto de Ley Concursal español del 2000: las bases de una reforma esperada", Actualidad Jurídica Aranzadi Nr. 491, vom 21. Juni 2001, Parte Comentario, S. 1–6.
ders.	„El presupuesto subjetivo de la apertura del concurso", in: García Villaverde, Rafael/Alonso Ureba, Alberto/Pulgar Ezquerra, Juana, Estudios sobre el Anteproyecto de Ley Concursal de 2001, Editorial Dilex, Madrid, 2002, S. 41–66 [zitiert: *García Villaverde*, in: García Villaverde u. a. (Hrsg.), *Estudios*]; auch in: García Villaverde, Rafael/Alonso Ureba, Alberto/Pulgar Ezquerra, Juana, Derecho Concursal, Estudio Sistemático de la Ley 22/2003 y de la Ley 8/2003, para la Reforma Concursal, Editorial Dilex, Madrid, 2003, S. 27–54 [zitiert: *García Villaverde*, in: García Villaverde u. a. (Hrsg.), *Derecho Concursal*].
Garcimartín Alférez, Francisco J.	„El Reglamento de Insolvencia: una aproximación general", CDJ 2001, IV Cooperación jurídica internacional en materia civil, S. 229–351.

Garrido, José María	„El privilegio del acreedor instante de la quiebra", RDM 1992, S. 799–816.
ders.	„La reforma del Derecho concursal español. Reflexiones en torno a la propuesta del profesor Ángel Rojo", RDBB 64 (1996), S. 889–943.
ders.	„La graduación de los créditos", in: Rojo Fernández-Río, Ángel (Hrsg.), La reforma de la legislación concursal, Marcial Pons, Madrid, 2003, S. 225–245 [zitiert: *Garrido*, in: Rojo (Hrsg.), *La reforma*].
Garrigues, Joaquín	Instituciones de Derecho Mercantil, S. Aquirre Imp., Madrid, 1943.
ders.	„Derecho de las quiebras y de suspensión de pagos", RDP 1940, S. 130–138; 184–190.
Gimeno-Bayón Cobos, Rafael	„Algunos aspectos conflictivos de la responsabilidad de los administradores por no promover la disolución de las sociedades anónimas concurriendo causa", Cuadernos de Derecho Judicial 1997, Derecho de Sociedades II, S. 27–142.
Girgado Perandones, Pablo	La empresa de grupo y el derecho de sociedades, Editorial Comares, Granada, 2001 (Doct.).
ders.	La responsabilidad de la sociedad matriz y de los administradores en una empresa de grupo, Marcial Pons, Madrid, 2002 [zitiert: *Girgado*, La responsabilidad de la sociedad matriz].
ders.	„La responsabilidad de la matriz de una empresa de grupo por las deudas de sus filiales en derecho español. Situación legislativa y actuación de los tribunales", RDM 2003, S. 75–139.
Girón Tena, José	„Introducción (Temario para una encuesta)", RFDUCM 1985, S. 7–28.
Gómez Martín, Fernando	Los auditores y la suspensión de pagos, 2. Auflage, ICAC, Madrid, 1999.
González Bilbao, Emilio	„Identificación de los ʿintereses concurrentesʾ y del ʿinterés del concursoʾ en la nueva Ley Concursal", RDBB 2004, S. 167–191.
González Fernández, María Belén	„La subordinación concursal de los créditos del socio único contra la sociedad unipersonal", in: Unicaja/Cajasur (Hrsg.), Estudios sobre la Ley concursal, Libro homenaje a Manuel Olivencia, Band IV, Marcial Pons, Madrid, 2005, S. 3691–3705 [zitiert: *González Fernández*, in: Homenaje Olivencia IV].
González-Meneses Robles, Manuel	„La Ley Concursal de 9 de Julio de 2003 y el Registro de la Propiedad", BCRE (94) 2003, S. 1871–1891.

González Pascual, Julián	„La información contable y los informes de la Administración Judicial en el Anteproyecto de Ley Concursal", RT 2002, Nr. 20, S. 32–45.
Gottwald, Peter (Hrsg.)	Insolvenzrechtshandbuch, 2. Auflage, Verlag C. H. Beck, München, 2000 [zitiert: *Bearbeiter*, in: Gottwald (Hrsg.), *Insolvenzrechtshandbuch*].
Gozalo López, Vicente	„La nueva Ley concursal portuguesa", RDM 1993, S. 615–626.
ders.	La quiebra por extensión, Colegios Notariales de España, Madrid, 2001 (Doct.).
Graf-Schlicker, Marie Luise/ Remmert, Andreas	„Das Unternehmensinsolvenzrecht unter der Lupe: Änderungen und Zukunftsperspektiven", NZI 2001, S. 569–576.
Guasch Martorell, Rafael	„El modelo estadounidense de tratamiento de los préstamos de socios: la doctrina de la `equitable subordination´", in: „Derecho de Sociedades – Libro homenaje al profesor Fernando Sánchez Calero", Band III, McGrawHill, Madrid, 2002, S. 3253–3273 [zitiert: *Guasch*, in: Homenaje Sánchez Calero III].
ders.	„El concepto de persona especialmente relacionada con el deudor en la Ley Concursal", RDM 2004, S. 1417–1453.
ders.	„El régimen concursal de los préstamos de socios", in: Unicaja/ Cajasur (Hrsg.), Estudios sobre la Ley concursal, Libro homenaje a Manuel Olivencia, Band IV, Marcial Pons, Madrid, 2005, S. 3707–3729 [zitiert: *Guasch*, in: Homenaje Olivencia IV].
Guerrero Lebrón, María Jesús/ Gómez Porrúa, Juan Manuel	„La responsabilidad de los administradores de las sociedades de capital en situación concursal", in: Unicaja/Cajasur (Hrsg.), Estudios sobre la Ley concursal, Libro homenaje a Manuel Olivencia, Band II, Marcial Pons, Madrid, 2005, S. 1965–1988 [zitiert: *Guerrero/Gómez*, in: Homenaje Olivencia II].
Guglielmucci, Lino	Lezioni di Diritto Fallimentare, 2. Auflage, G. Giappichelli Editore, Turin, 2003.
Habersack, Mathias	Europäisches Gesellschaftsrecht, C. H. Beck, München, 1999 [zitiert: *Habersack*, EuGesR].
Habersack, Mathias/ Verse, Dirk A.	„Wrongful Trading – Grundlage einer europäischen Insolvenzverschleppungshaftung?", ZHR 168 (2004), S. 174–215.
Häsemeyer, Ludwig	Insolvenzrecht, 3. Auflage, Carl Heymanns Verlag, Köln, 2003.
Haubold, Jens	„Mitgliedstaatenbezug, Zuständigkeitserschleichung und Vermögensgerichtsstand im Internationalen Insolvenzrecht", IPRax 2003, S. 34–41.

Herbosa Martínez, Inmaculada	„Los efectos del concurso sobre los acreedores, los contratos pendientes y los actos perjudiciales para la masa en el Proyecto de Ley Concursal de julio de 2002", RCDI Nr. 675, 2003, S. 143–200.
dies.	„Los efectos del concurso sobre la persona del deudor en el Proyecto de Ley Concursal de julio de 2002", RCDI Nr. 678, 2003, S. 2007–2034.
dies.	„Los efectos del concurso en la Ley Concursal", Diario La Ley, Nr. 5992, Jahr XXV, 2004, Ref. D-82.
Hernández Martí, Juan (Hrsg.)	Suspensión de Pagos, Quiebra e Insolvencias punibles (Doctrina, Jurisprudencia y Formularios), Band I, 1. Auflage, Tirant lo Blanch, Valencia, 2001; Band II, 1. Auflage, Tirant lo Blanch, Valencia, 2001; [zitiert: *Bearbeiter*, in: Hernández (Hrsg.), Suspensión de pagos, quiebra].
Huber, Peter	„Internationales Insolvenzrecht in Europa", ZZP 114 (2001), S. 133–166.
Hüffer, Uwe	Aktiengesetz, 5. Auflage, C. H. Beck, München, 2002.
Iglesias Prada, Juan Luis/ Vaquerizo Alonso, Alberto	„Sobre la subordinación legal en el concurso de los créditos pertenecientes a las personas especialmente relacionadas con el deudor", in: Unicaja/Cajasur (Hrsg.), Estudios sobre la Ley concursal, Libro homenaje a Manuel Olivencia, Band IV, Marcial Pons, Madrid, 2005, S. 3731–3757 [zitiert: *Iglesias/ Vaquerizo*, in: Homenaje Olivencia IV].
Jackson, Thomas H.	The Logic and Limits of Bankruptcy Law, Harvard University Press, Cambridge, 1986 [zitiert: *Jackson*, The Logic and Limits].
Jaeger, Ernst	Lehrbuch des Deutschen Konkursrechts, 8. Auflage, Walter de Gruyter Verlag, Berlin und Leipzig, 1932 [zitiert: *Jaeger*, Lehrbuch].
ders.	Kommentar zur Konkursordnung, 2. Band, 3.-4. Auflage, J. Guttentag Verlagsbuchhandlung, Berlin, 1913.
Jauernig, Othmar	Zwangsvollstreckungs- und Insolvenzrecht: ein Studienbuch, 21. Auflage, C. H. Beck Verlag, München, 1999 [zitiert: *Jauernig*, InsR].
Jerez Delgado, Carmen	Los actos objetivamente fraudulentos (la acción de rescisión por fraude de acreedores), Centro de Estudios Registrales, Madrid, 1999 (Doct.).

Jiménez Sánchez, Guillermo Jesús	„Reformas y proyectos de reforma del Derecho concursal español. Ante un nuevo impulso de los trabajos de actualización de ese sector de nuestro Ordenamiento jurídico", in: „Estudios de Derecho Mercantil, Homenaje al profesor Justino F. Duque Domínguez", Band II, Universidad de Valladolid, Valladolid, 1998, S. 1643–1653 [zitiert: *Jiménez*, in: Homenaje Duque Domínguez II].
ders. (Hrsg.)	Derecho Mercantil, 1. Band, 8. Auflage, Editorial Ariel, Barcelona, 2003; 2. Band, 8. Auflage, Editorial Ariel, Barcelona, 2003; [zitiert: *Bearbeiter*, in: *Jiménez* (Hrsg.), Derecho Mercantil].
ders. (Hrsg.)	Lecciones de Derecho Mercantil, 8. Auflage, Editorial Tecnos, Madrid, 2003.
Jiménez Sánchez, Guillermo Jesús/ Viguera Rubio, José María/ Díaz Moreno, Alberto	„Constitución de la sociedad", in: Uría, Rodrigo/Menéndez, Aurelio/Olivencia, Manuel (Hrsg.), Comentario al régimen legal de las sociedades mercantiles, Band XIV, Teil 1, Régimen jurídico de la sociedad de responsabilidad limitada (Art. 1–25 LSRL), 1. Auflage, Civitas, Madrid, 1999 [zitiert: *Jiménez/ Viguera/Díaz*, in: Uría/Menéndez/Olivencia (Hrsg.), *Comentario Sociedades Mercantiles XIV/1*].
Kemper, Jutta	„Die Verordnung (EG) Nr. 1346/2000 über Insolvenzverfahren – Ein Schritt zu einem europäischen Insolvenzrecht", ZIP 2001, S. 1609–1621.
Kieninger, Eva-Maria	„Der Eigentumsvorbehalt im Wirtschaftsverkehr mit Spanien nach der Novellierung des spanischen Abzahlungsgesetzes", RIW 1994, S. 287–292.
dies.	„Niederlassungsfreiheit als Rechtswahlfreiheit - Die Entscheidung des EuGH in der Sache Centros Ltd.", ZGR 1999, S. 724–749.
dies.	Wettbewerb der Privatrechtsordnungen im Europäischen Binnenmarkt, Studien zur Privatrechtskoordinierung in der Europäischen Union auf den Gebieten des Gesellschafts- und Vertragsrechts, Mohr Siebeck Verlag, Tübingen, 2002 (Habil.).
dies.	„Internationales Gesellschaftsrecht nach ‚Centros', ‚Überseering' und ‚Inspire Art': Antworten, Zweifel und offene Fragen", ZEuP 2004, S. 685–704.
Kohler, Josef	Leitfaden des Konkursrechts, 2. Auflage, Ferdinand Enke Verlag, Stuttgart, 1903.
Kolmann, Stephan	Kooperationsmodelle im internationalen Insolvenzrecht: empfiehlt sich für das deutsche internationale Insolvenzrecht eine Neuorientierung?, Gieseking Verlag, Bielefeld, 2001 (Diss.).
Kölner Kommentar	zum Aktiengesetz, 2. Auflage, Carl Heymanns Verlag, Köln, 1996.

Koral, Richard L./ Sordino, Marie-Christine	„The new bankruptcy reorganization law in France: Ten years later", 70 Am. Bankr. L. J. (1996), S. 437–458.
Kötz, Hein	„Rechtsvergleichung und gemeineuropäisches Privatrecht", in: Müller-Graff, Peter-Christian (Hrsg.), Gemeinsames Privatrecht in der europäischen Gemeinschaft, 1. Auflage, Nomos-Verlag, Baden Baden, 1993, S. 95–108.
Kropholler, Jan	Internationales Privatrecht, 5. Auflage, Mohr Siebeck Verlag, Tübingen, 2004.
Kroppenberg, Inge	Die Insolvenz im klassischen römischen Recht, Böhlau Verlag, Köln, Weimar, Wien, 2001 (Diss.).
Kübler, Bruno M. (Hrsg.)	Neuordnung des Insolvenzrechts, RWS-Verlag, Köln, 1989.
Kübler, Bruno M./ Prütting, Hanns (Hrsg.)	Das neue Insolvenzrecht – InsO/EGInsO Dokumentation, 2. Auflage, RWS Verlag, Köln, 2000 [zitiert: *Kübler/Prütting, InsO*].
Kübler, Friedrich	„Die politische Ökonomie der Insolvenz, Amerikanische Konkursrechtsgeschichte im Spiegel neuer Monographien", ZHR 168 (2004), S. 216–224.
Kuntz, Thilo	„Die Insolvenz der Limited mit deutschem Verwaltungssitz – EU-Kapitalgesellschaften in Deutschland nach ‚Inspire Art'", NZI 2005, S. 424–432.
Lacruz Berdejo, José Luis (Hrsg.)	Elementos de Derecho Civil, Derecho de obligaciones II, Neuauflage, Dykinson, Madrid, 1999 [zitiert: *Lacruz, Derecho de obligaciones II*].
Ladron Roda, Teodoro	„Obligaciones contables y derecho concursal", RGD 664-665 (2000), S. 629–673.
Larenz, Karl	Methodenlehre der Rechtswissenschaft, 3. Auflage, Springer-Verlag, Berlin, 1975.
Largo Gil, Rita	„La insolvencia de las empresas de servicios de inversión", RDBB 93/2004, S. 7–84.
Latorre Chiner, Nuria	„El administrador de hecho en las sociedades de capital", in: Vítolo, Daniel R./Embid, José Miguel (Hrsg.), Las sociedades comerciales y su actuación en el mercado, Comares, Granada, 2003, S. 971–985 [zitiert: *Latorre*, in: Vítolo/Embid (Hrsg.), *Las sociedades comerciales*].
Le Cannu, Paul/ Lucheux, Jean-Michel/ Pitron, Michel/ Sénéchal, Jean-Pierre	Entreprises en difficulté – prévention, redressement et liquidation judiciaires, GLN JOLY éditions, Paris, 1994 [zitiert: *Le Cannu* u. a., Entreprises en difficulté].
Lehr, Wolfgang	„Die neue EU-Verordnung über Insolvenzverfahren und deren Auswirkungen für die Unternehmenspraxis", KTS 4/2000, S. 577–585.

Leible, Stefan/ Staudinger, Ansgar   „Die europäische Verordnung über Insolvenzverfahren", KTS 4/2000, S. 533–575.

Leipold, Dieter (Hrsg.)   Insolvenzrecht im Umbruch – Analysen und Alternativen, KTS-Schriften, Band 1, Carl Heymanns Verlag, Köln, 1991.

León, Francisco J./ Recalde, Andrés: „Concurso y Factoring", ADCo 4/2005, S. 65–115.

Leonard, E. Bruce/ Besant, Christopher W. (Hrsg.)   Current Issues in Cross-Border Insolvency and Reorganisations, International Bar Association, Graham & Trotman Ltd., London, 1994 [zitiert: *Bearbeiter*, in: Leonard/Besant (Hrsg.), *Cross-Border Insolvency*].

Liersch, Oliver   „Deutsches Internationales Insolvenzrecht", NZI 2003, S. 302–311.

Limón Luque, Miguel Ángel   Administradores y directivos de las sociedades mercantiles capitalistas: su configuración como relación laboral y su encuadramiento en la Seguridad Social, Thomson Aranzadi, Madrid, 2004 [zitiert: *Limón*, Administradores].

Llagaria Vidal, Eduardo   „Las prestaciones accesorias en la sociedad anónima", AAMN XXXI (1992), S. 9–62.

Llebot Majó, José Oriol   Los deberes de los administradores de la sociedad anónima, 1. Auflage, Civitas, Madrid, 1996.

ders.   „El sistema de la responsabilidad de los administradores – doctrina y jurisprudencia", RdS 7/1996, S. 49–70.

ders.   „La responsabilidad concursal de los administradores", RGD 657 (1999), S. 7559–7566.

ders.   „La geometría del capital social", RDM 1999, S. 37–89.

Lojendio Osborne, Ignacio   „La supresión del derecho de preferencia en el aumento de capital de la sociedad limitada", in: „Derecho de Sociedades – Libro homenaje al profesor Fernando Sánchez Calero", Band IV, McGrawHill, Madrid, 2002, S. 3661–3702 [zitiert: *Lojendio*, in: Homenaje Sánchez Calero IV].

López Combarros, José Luis   „Las obligaciones contables y de auditoría del suspenso", in: Unicaja/Cajasur (Hrsg.), Estudios sobre la Ley concursal, Libro homenaje a Manuel Olivencia, Band I, Marcial Pons, Madrid, 2005, S. 1083–1098 [zitiert: *López Combarros*, in: Homenaje Olivencia I].

López Curbelo, Jorge   „El convenio en la Ley Concursal. Especial referencia a su contenido", in: Unicaja/Cajasur (Hrsg.), Estudios sobre la Ley concursal, Libro homenaje a Manuel Olivencia, Band IV, Marcial Pons, Madrid, 2005, S. 4601–4630 [zitiert: *López Curbelo*, in: Homenaje Olivencia IV].

López García, Óscar   „Remuneración de prestaciones accesorias financieras y quiebra de sociedades de capital", in: Unicaja/Cajasur (Hrsg.), Estudios sobre la Ley concursal, Libro homenaje a Manuel Olivencia, Band IV, Marcial Pons, Madrid, 2005, S. 3771–3796 [zitiert: *López García*, in: Homenaje Olivencia IV].

López de Medrano, Félix   „En torno a la retribución del administrador de la sociedad anónima", RGD 577–578 (1992), S. 10129–10176.

López Ortega, Raquel   Los dividendos pasivos, Marcial Pons, Madrid, 1998.

López Santana, Nieves   „Observaciones en torno a la posibilidad de concurso de la sociedad irregular", in: Unicaja/Cajasur (Hrsg.), Estudios sobre la Ley concursal, Libro homenaje a Manuel Olivencia, Band I, Marcial Pons, Madrid, 2005, S. 1099–1141 [zitiert: *López Santana*, in: Homenaje Olivencia I].

Loredo Colunga, Marcos   „Las tasas judiciales: una controvertida alternativa de financiación de la Justicia", InDret (270) 1/2005 (Februar), www.indret.com, S. 1–37.

Lüke, Wolfgang   „Das europäische internationale Insolvenzrecht", ZZP 111 (1998), S. 275–314.

Lutter, Marcus   „Zahlungseinstellung und Überschuldung unter der neuen Insolvenzordnung", ZIP 1999, S. 641–647.

Macía Morillo, Andrea   „La extinción del mandato por concurso o insolvencia del mandante o mandatario", ADCo 4/2005, S. 169–223.

Machado Plazas, José   Pérdida del capital social y responsabilidad de los administradores por las deudas sociales, 1. Auflage, Civitas, Madrid, 1997.

Maffei Alberti, Alberto   „National Report for Italy", in: McBryde, W. W./Flessner, A./Kortmann, S. C. J. J. (Hrsg.), Principles of European Insolvency Law, Kluwer Legal Publishers, Amsterdam, 2003, S. 373–437.

Magro Servet, Vicente   „El procedimiento abreviado en la reforma concursal tras la aprobación de las enmiendas en el Congreso de los Diputados", Diario La Ley, Nr. 5764, Jahr XXIV, vom 21. April 2003, Ref. D-93.

Mairata Laviña, Jaime   „La especialidad del convenio en la quiebra de las sociedades mercantiles", RdS 11/1999, S. 260–281.

ders.   „Panorámica del Anteproyecto de Ley concursal de 2001; convenio y acciones de reintegración", La Ley 1/2002, S. 1861–1867.

Mairata Laviña, Jaime	„Responsabilidad de los administradores y situaciones concursales", in: „Derecho de Sociedades – Libro homenaje al profesor Fernando Sánchez Calero", Band II, McGrawHill, Madrid, 2002, S. 1383–1410 [zitiert: *Mairata*, in: Homenaje Sánchez Calero II].
Maldonado Ramos, Jaime	„Panorama de la Ley concursal", RDProc 2003, S. 409–450.
Manente, Diego	„Il Decreto Parmalat: appunti per una prima lectura", DFall 2004, S. 35–52.
Mann, Bruce H.	„Failure in the land of the free", 77 Am. Bankr. L. J. Winter 2003, S. 1–7.
Manzanares Secades, Alberto/Villoria Rivera, Íñigo	„Algunos apuntes sobre los créditos subordinados en la nueva Ley Concursal", Diario La Ley, Nr. 5997, Jahr XXV, vom 15. April 2004, Ref. D-86.
Marco Arcalá, Luis Alberto	„La rehabilitación de créditos y de contratos en la nueva Ley Concursal", in: Unicaja/Cajasur (Hrsg.), Estudios sobre la Ley concursal, Libro homenaje a Manuel Olivencia, Band III, Marcial Pons, Madrid, 2005, S. 2871–2918 [zitiert: *Marco*, in: Homenaje Olivencia III].
Marín de la Bárcena Garcimartín, Fernando	„La acción individual de responsabilidad de los administradores de sociedad anónima frente a socios y terceros (Art. 135 LSA) (STS de 6 noviembre de 1997, RJ 1997, 7888)", RdS 13/1999, S. 304–321.
ders.	„Responsabilidad civil de los administradores de sociedad anónima por incumplimiento de sus deberes en caso de pérdidas. Comentario a la SAP Madrid (Sección 11ª) de 28 de enero de 2002", RdS 19/2002, S. 179–198.
ders.	„Responsabilidad de los administradores de la sociedad de capital por no promoción de la disolución o el concurso (sobre la retroactividad de la reforma de los arts. 262.5 LSA y 105.5 LSRL), STS 1ª, 9 de enero de 2006 (RJ 2006, 199)", RdS 26/2006, S. 455–473.
Martí Sánchez, J. Nicolás	„El papel del juez en la nueva Ley Concursal. La especialización mercantil", Diario La Ley, Nr. 5741, Jahr XXIV, vom 18. März 2003, D-64.
ders.	„Sociedad y contrato en una prevista futura regulación de las sociedades mercantiles en el derecho español", Diario La Ley, Nr. 5772, Jahr XXIV, vom 2. Mai 2003, D-104.
Martín Reyes, María de los Angeles	„La impugnación de los actos perjudiciales para la masa activa. Breves apuntes sobre una reforma esperada", RCDI Nr. 682, 2004, S. 914–932.

Martínez Flórez, Aurora	Las interdicciones legales del quebrado, 1. Auflage, Civitas, Madrid, 1993.
dies.	Las cláusulas resolutorias por incumplimiento y la quiebra, 1. Auflage, Civitas, Madrid, 1999.
dies.	„Los deberes de comparecencia, colaboración e información del concursado", ADCo 1/2004, S. 191–213.
Martínez Moreno, Carolina	„Sobre la compatibilidad entre la relación laboral y el cargo orgánico – Comentario a la SJS de Pamplona/Iruña, de 29 de julio de 2004", Aranzadi Social Nr. 18/2004 (Parte Presentación).
Martínez Rosado, Javier	„Los efectos de la declaración de concurso sobre los contratos con obligaciones recíprocas (arts. 61 a 63 de la Ley 22/2003, de 9 de julio, Concursal)", in: Unicaja/Cajasur (Hrsg.), Estudios sobre la Ley concursal, Libro homenaje a Manuel Olivencia, Band III, Marcial Pons, Madrid, 2005, S. 2849–2974 [zitiert: *Martínez Rosado*, in: Homenaje Olivencia III].
McCoid II, John C.	„Discharge: The most important development in bankruptcy history", 70 Am. Bankr. L. J. (1996), S. 163–193.
Mejías Gómez, Javier	„La formación de la masa en la propuesta de Anteproyecto de Ley Concursal de 1995", CDC Monográfico 1997, S. 45–87.
Menéndez Menéndez, Aurelio	„La unidad del nuevo Derecho Concursal", ARAJL N° 33 (2003), S. 164–176.
ders. (Hrsg.)	Lecciones de Derecho Mercantil, 1. Auflage, Thomson Civitas, Madrid, 2003 [zitiert: *Bearbeiter*, in: Menéndez (Hrsg.), *Lecciones de Derecho Mercantil*].
Mezquita García-Granero, María Dolores	„Las causas de preferencia crediticia tras la Ley Concursal", RCDI Nr. 681, 2004, S. 187–218.
Michavila, José María	„La nueva Ley Concursal evitará que el cierre sea la única alternativa a una crisis empresarial", in: Ministerio de Justicia (Hrsg.), El Gobierno Informa, 2003, S. 1–4.
Miquel, Jorge	„La determinación del ámbito temporal relevante de pertenencia de una sociedad al mismo grupo que la concursada a efectos de considerar el crédito como subordinado", ADCo 7/2006, S. 557–562.
Monserrat, Antonio	Derecho Inmobiliario Registral, 1. Auflage, Civitas, Madrid, 2000.
Montés, Vicente	„El régimen de los créditos subordinados en la Ley Concursal", ADCo 1/2004, S. 49–85.

Montés Reig, Luis	„¿Cómo debe acreditar el deudor que solicita la declaración de concurso la concurrencia del presupuesto objetivo necesario a tal efecto?", RDPatr 2004, S. 153–167.
Moralejo Imbernón, Nieves	El arrendamiento de empresa, Thomson Aranzadi, Madrid, 2004.
Morillas Jarillo, María José	„La reforma del Derecho Concursal español: el Proyecto de Ley Concursal de 5 de julio de 2002", DN 2003 (149), S. 1–40.
dies.	El concurso de las sociedades, Iustel, 1. Auflage, Madrid, 2004.
Müller, Hans-Friedrich	Der Verband in der Insolvenz, Carl Heymanns Verlag, Köln, 2002 (Habil.).
Muñoz González, Luis	„El concurso abreviado", ADCo 9/2006, S. 101–146.
Muñoz Martín, Noemi	„Pérdidas y disolución de la Sociedad de Responsabilidad limitada", in: „Estudios de Derecho Mercantil, Homenaje al profesor Justino F. Duque Domínguez", Band I, Universidad de Valladolid, Valladolid, 1998, S. 511–520 [zitiert: *Muñoz Martín*, in: Homenaje Duque Domínguez I].
dies.	„La obligación de pago de los dividendos pasivos", in: „Derecho de Sociedades – Libro homenaje al profesor Fernando Sánchez Calero", Band I, McGrawHill, Madrid, 2002, S. 681–700 [zitiert: *Muñoz Martín*, in: Homenaje Sánchez Calero I].
Muñoz Planas, José María/Muñoz Paredes, José María	„Repercusiones del concurso de la sociedad sobre la responsabilidad de los administradores", RDM 2003, S. 1341–1383.
Niggemann, Friedrich/ Blenske, Holger	„Die Auswirkungen der Verordnung (EG) Nr. 1346/2000 auf den deutsch-französischen Rechtsverkehr", NZI 2003, S. 471–480.
Nigro, Alessandro	Le società per azioni nelle procedure concorsuali, in: Colombo, G. E.; Portale, G. B., Trattato delle società per azioni, Band 9, UTET, Turin, 1993 (Neudruck 1995), S. 209–480 [zitiert: *Nigro*, in: Colombo/Portale (Hrsg.), *Trattato*].
ders.	L´amministrazione straordinaria delle grandi imprese insolventi – Appunti di diritto fallimentare, Casa Editrice Melissa, Rom, 2000.
ders.	„Los problemas fundamentales del derecho concursal desde la perspectiva de reforma del ordenamiento italiano", in: Rojo Fernández-Río, Ángel (Hrsg.), La reforma de la legislación concursal, Marcial Pons, Madrid, 2003, S. 339–358 [zitiert: *Nigro*, in: Rojo (Hrsg.), *La reforma*].

Nigro, Alessandro	„La riforma `organica´ delle procedure concorsuali e le società", DFall 2006, S. 781–793.
Olivencia Ruiz, Manuel	„Planteamiento de la reforma concursal en el Derecho español y en el Derecho comparado", RFDUCM 1985, (Nr. 8), S. 29–45.
ders.	„Ley y disposiciones legales modelos como instrumentos de armonización y unificación internacional del derecho de la insolvencia", in: „Estudios de Derecho Mercantil, Homenaje al profesor Justino F. Duque Domínguez", Band II, Universidad de Valladolid, Valladolid, 1998, S. 1655–1663 [zitiert: *Olivencia*, in: Homenaje Duque Domínguez II].
ders.	„El gobierno de las sociedades", in: „Derecho de Sociedades – Libro homenaje al profesor Fernando Sánchez Calero", Band II, McGrawHill, Madrid, 2002, S. 1771–1803 [zitiert: *Olivencia*, in: Homenaje Sánchez Calero II].
ders.	„Los principios de unidad de disciplina, subsistencia de la persona jurídica concursada, continuación de la actividad y conservación de la empresa en la Ley 22/2003", RCP monografía 1/2004, S. 11–27.
Omar, Paul J.	European Insolvency Law, Ashgate Publishing Ltd., Aldershot (Hants), 2004.
Oria Fernandez de Muniain, Roman	„La quiebra internacional", RDP 82 (1998), S. 142–151.
Ortells Ramos, Manuel	„Der neue spanische Zivilprozeß", ZZPInt 2000, S. 95–129.
Pablo-Romero Gil-Delgado, María Concepción	„La responsabilidad de los administradores de sociedades por no haber instado el concurso ¿un supuesto asegurable?", RdS 26/2006, S. 311–332.
Pacheco Cañete, Matilde	„Naturaleza jurídica del *leasing* financiero. Reflexiones a la luz de la Ley Concursal", RDM 2005, S. 83–110.
Palomar Olmeda, Alberto (Hrsg.)	Comentarios a la Legislación Concursal, Dykinson, Madrid, 2003 [zitiert: *Bearbeiter*, in: Palomar (Hrsg.), *Comentarios*].
Pannen, Klaus/ Kühnle, Tina/ Riedemann, Susanne	„Die Stellung des deutschen Insolvenzverwalters in einem Insolvenzverfahren mit europäischem Auslandsbezug", NZI 2003, S. 72–78.
Pape, Gerhard/ Uhlenbruck, Wilhelm	Insolvenzrecht, C. H. Beck Verlag, München, 2002 [zitiert: *Pape/Uhlenbruck*, InsR].
Paulus, Christoph G.	„Protokolle – ein anderer Zugang zur Abwicklung grenzüberschreitender Insolvenzen", ZIP 1998, S. 977–982.
ders.	„Entwicklungslinien des Insolvenzrechts", KTS 2/2000, S. 239–249.

Paulus, Christoph G.	„Verbindungslinien des modernen Insolvenzrechts", ZIP 2000, S. 2189–2195.
ders.	„Änderungen des deutschen Insolvenzrechts durch die europäische Insolvenzverordnung", ZIP 2002, S. 729–737.
ders.	„Rechtsvergleichung im nationalen wie internationalen Insolvenzrecht: Eine Erfolgsgeschichte", in: Schütze, Rolf A. (Hrsg.), „Einheit und Vielfalt des Rechts, Festschrift für Reinhold Geimer zum 65. Geburtstag", C. H. Beck Verlag, München, 2002, S. 795–809 [zitiert: *Paulus*, in: FS Geimer].
ders.	„Die Insolvenz als Sanierungschance – ein Plädoyer", ZGR 2005, S. 309–326.
Pavone La Rosa, Antonio	„L'insolvenza nelle aggregazioni societarie", DFall 1987, S. 501–522.
Paz-Ares, Cándido	„Sobre la infracapitalización de las sociedades", ADC 1983, S. 1587–1639.
ders.	„La infracapitalización. Una aproximación contractual", in: Fernando Rodríguez Artigas u. a. (Hrsg.): *Derecho de sociedades de responsabilidad limitada*, Band I, McGraw-Hill, Madrid, 1996, S. 66–87; auch in: RdS 1994 (Sondernummer), S. 253–269 [*Paz-Ares*, in: Rodríguez Artigas u. a. (Hrsg.), *Derecho I*].
ders.	„Uniones de empresas y grupos de sociedades", RJUAM 1/1999, S. 223–252.
Paz-Ares, Cándido	„La responsabilidad de los administradores como instrumento de gobierno corporativo", RdS 2003, S. 67–109.
ders.	„El gobierno corporativo como estrategia de creación de valor", RDM 2004, S. 7–65.
Paz-Ares, Cándido/ Virgós, Miguel/ Bermejo, Nuria	„National Report for Spain", in: McBryde, W. W./Flessner, A./ Kortmann, S. C. J. J. (Hrsg.), „Principles of European Insolvency Law", Kluwer Legal Publishers, Amsterdam, 2003, S. 573–621.
Pellegrino, Giuseppe	„La riforma de la legge fallimentare", DFall 2006, S. 335–358.
Pennington, Robert R.	Corporate Insolvency Law, Butterworths, London, 1991.
Peñas Moyano, María Jesús	„Incumplimiento de las prestaciones accesorias y sanciones aplicables (STS 16 marzo 1995/RJ 1995, 2660)", RdS 6/1996, S. 255–267.
Perdices Huetos, Antonio	„Significado actual de los 'administradores de hecho': los que administran de hecho y los que de hecho administran, a propósito de la STS de 24 septiembre 2001 (RJ 2001/7489)", RdS 18/2002, S. 277–287.

Perdices Huetos, Antonio	„La clasificación de los créditos personalmente garantizados", ADCo 3/2004, S. 115–135.
ders.	„La responsabilidad de los administradores por deudas sociales a la luz de la ley concursal", InDret (295) 3/2005 (Juli), www. indret.com, S. 1–11.
Pérez de la Cruz Blanco, Antonio	„Luces y sombras en la legislación española sobre suspensión de pagos", in: Iglesias Prada, Juan Luis (Hrsg.), „Estudios jurídicos en homenaje al profesor Aurelio Menéndez", Band III, Civitas, Madrid, 1996, S. 3607–3627 [zitiert: *Pérez de la Cruz, in: Homenaje Menéndez III*].
ders.	„Reflexiones sobre la calificación del concurso y sus consecuencias en la nueva Ley Concursal", in: Unicaja/Cajasur (Hrsg.), Estudios sobre la Ley concursal, Libro homenaje a Manuel Olivencia, Band V, Marcial Pons, Madrid, 2005, S. 4999–5012 [zitiert: *Pérez de la Cruz, in: Homenaje Olivencia V*].
Pérez de Vargas Muñoz, José	„El concurso de la herencia", RCP 1/2004, S. 53–72.
Pino Abad, Manuel	„La conversión tipológica de la sociedad irregular", in: Vítolo, Daniel R./Embid, José Miguel (Hrsg.), Las sociedades comerciales y su actuación en el mercado, Comares, Granada, 2003, S. 527–544 [zitiert: *Pino, in: Vítolo; Embid* (Hrsg.), *Las sociedades comerciales*].
Polo, Eduardo	„Los administradores y el consejo de administración de la sociedad anónima", in: Uría, Rodrigo/Menéndez, Aurelio/ Olivencia, Manuel (Hrsg.), Comentario al régimen legal de las sociedades mercantiles, Band VI (Art. 123–143 LSA), 1. Auflage, Civitas, Madrid, 1992 [zitiert: *Polo, in: Uría/ Menéndez/Olivencia* (Hrsg.), *Comentario Sociedades Mercantiles VI*].
Posner, Richard A.	Economic Analysis of Law, 5. Auflage, Aspen Publishers (frühere Auflagen bei Little, Brown & Co.), New York, 1998.
Potthast, Klaus-Peter	Probleme eines Europäischen Konkurs-Übereinkommens, Peter Lang Verlag, Frankfurt am Main, 1995 (Diss.).
Prütting, Hanns	„Praktische Fälle nach der EuInsVO", in: Breitenbücher, Bettina E./Ehricke, Ulrich (Hrsg.), Insolvenzrecht 2003, Tagungsband zum RWS-Forum am 27. und 28. März 2003 in Berlin, RWS-Verlag, Köln, 2003, S. 59–93 [zitiert: *Prütting, in: Breiten-bücher/Ehricke* (Hrsg.), *Insolvenzrecht 2003*].
Pulgar Ezquerra, Juana	La reforma del Derecho Concursal comparado y español (Los nuevos institutos concursales y reorganizativos), 1. Auflage, Civitas, Madrid, 1994.

Pulgar Ezquerra, Juana	„La reforma del Derecho Concursal Portugués en materia de sociedades", RdS 3/1994, S. 444–450.
dies.	„La propuesta de reforma del Derecho Concursal español de 12 de diciembre de 1995", RdS 6/1996, S. 461–474.
dies.	„El presupuesto objetivo de apertura del concurso de acreedores", in: García Villaverde, Rafael/Alonso Ureba, Alberto/Pulgar Ezquerra, Juana, Derecho Concursal, Estudio Sistemático de la Ley 22/2003 y de la Ley 8/2003, para la Reforma Concursal, Editorial Dilex, Madrid, 2003, S. 55–136 [zitiert: *Pulgar*, in: García Villaverde u. a. (Hrsg.), *Derecho Concursal*].
Quijano González, Jesús	„La responsabilidad de los administradores por la no disolución de la sociedad y las causas de exoneración", RdS 19/2002, S. 73–87.
ders.	„La responsabilidad de los consejeros", in: Esteban Velasco, Gaudencio (Hrsg.), El gobierno de las sociedades cotizadas, Marcial Pons, Madrid, 1999, S. 537–594.
Ramírez, José A.	La Quiebra (Derecho concursal español), Band II, 2. Auflage, aktualisiert von José María Caminals und F. Clavé, Bosch, Barcelona, 1998.
Reglero Campos, Fernando (Hrsg.)	Tratado de Responsabilidad Civil, 1. Auflage, Aranzadi Thomson, Cizur Menor, 2002.
Riedemann, Susanne	„Das Auseinanderfallen von Gesellschafts- und Insolvenzstatut, ‚Inspire Art' und die Insolvenz über das Vermögen einer englischen ‚limited' in Deutschland", GmbHR 2004, S. 345–349.
Riesco Milla, Jesús	„Los Juzgados de lo Mercantil en la futura Ley Concursal", DN 2002 (141), S. 1–15.
Rocco di Torrepadula, Nicola	„Le prospettive di riforma della legge fallimentare ed i profili generali del progetto di legge-delega", DFall 2004, S. 120–131.
Rodríguez Ruiz de Villa, Daniel	„Inhabilitación y arresto de la sociedad de capital quebrada administrada por otra sociedad", RDM 2001, S. 1969–1988.
Rodríguez Ruiz de Villa, Daniel/ Huerta Viesca, María Isabel	„¿Más responsabilidad de los administradores en el Anteproyecto de Ley concursal de 2001?", DN 2002 (139), S. 1–17.
dies.	La responsabilidad de los administradores por las deudas de las sociedades de capital (en las Leyes de Sociedades Anónimas, de Sociedades de Responsabilidad Limitada, de Sociedad Limitada Nueva Empresa, Concursal y General Tributaria), Thomson Aranzadi, Cizur Menor, 2004.

Rodríguez Ruiz   „Junta General celebrada sin conocimiento ni asistencia de los
de Villa, Daniel/   Administradores Concursales", ADCo 5/2005, S. 459–464.
Huerta Viesca,
María Isabel

dies.   „Artículos 262.5 LSA y 105.5 LSRL `versión 2005´", RdS
                      26/2006, S. 647–654.

Röhricht, Volker   „Insolvenzrechtliche Aspekte im Gesellschaftsrecht", ZIP 2005,
                      S. 505–516.

Roig Amat, Barto   Orígenes de la Barcelona Traction, EUNSA, Pamplona, 1970.

Rojo Fernández-Río,   „Notas para la reforma de la legislación concursal", RDM 1975,
Ángel   S. 509–532.

ders.   „Génesis y evolución de las prestaciones accesorias", RDM
                      1977, S. 271–307.

ders.   „Introducción al sistema de reintegración de la masa de la
                      quiebra", RDM 1979, S. 37–100.

ders.   „Crisis de la empresa y procedimientos concursales", AAMN
                      XXIV (1981), S. 251–279.

ders.   „Actividad económica pública y actividad económica privada
                      en la Constitución española", RDM 1983, S. 309–341.

ders.   „Las opciones del anteproyecto de ley concursal de 1983",
                      RFDUCM, 1985, Nr. 8, S. 89–131.

ders.   „Aspectos civiles y mercantiles de las crisis bancarias", RDBB
                      1988, S. 113–162.

ders.   „La codificación mercantil española", in: Instituto de Investi-
                      gaciones Jurídicas (Hrsg.), Centenario del Código de Comercio,
                      1. Auflage, México Districto Federal, 1991, S. 475–515.

ders.   „La declaración judicial de la suspensión de pagos", in:
                      „Estudios de Derecho Bancario y Bursátil, Homenaje a Evelio
                      Verdera y Tuells", Band III, La Ley, Madrid, 1994, S. 2293–
                      2332 [zitiert: *Rojo*, in: Homenaje Verdera y Tuells III].

ders.   „La tramitación escrita en la quiebra y en la suspensión de
                      pagos", in: „Estudios de Derecho Mercantil en homenaje al
                      profesor Manuel Broseta Pont", Band III, Tirant lo Blanch,
                      Valencia, 1995, S. 3247–3313 [zitiert: *Rojo*, in: Homenaje
                      Broseta III].

ders.   „Los grupos de sociedades en el Derecho español", RDM 1996,
                      S. 457–484.

ders.   „Tendenze in tema di riforma della legge fallimentare", in: Atti
                      del 6. Convegno di studi, „Prassi fallimentare e prospettive di
                      riforma", Brescia, 1996, S. 83–85 [zitiert: *Rojo*, in: Atti del
                      Convegno di studi].

Rojo Fernández-Río, „Crisi d´impresa e nuove regole: le exigenze dell´economia",
Ángel   in: A. Jorio (Hrsg.), Nuove regole per le crisi d´impresa, Giuffrè,
                     Mailand, 2001, S. 173–188.

ders.   „Los deberes legales de los administradores en orden a la
                     disolución de la sociedad de capital como consecuencia
                     de pérdidas", in: „Derecho de Sociedades – Libro homenaje al
                     profesor Fernando Sánchez Calero", Band II, McGrawHill,
                     Madrid, 2002, S. 1437–1484 [zitiert: Rojo, in: Homenaje
                     Sánchez Calero II).

ders.   „La reforma del Derecho concursal español", in: Rojo
                     Fernández-Río, Ángel (Hrsg.), La reforma de la legislación
                     concursal, Marcial Pons, Madrid, 2003, S. 88–130 [zitiert: Rojo,
                     in: Rojo (Hrsg.), La reforma].

ders.   El convenio anticipado, 1. Auflage, Thomson Civitas, Madrid,
                     2004.

ders.   „La legitimación para presentar propuesta de convenio", RJC
                     2004, S. 205–228.

ders.   „El concurso necesario", La Venia (Revista del Colegio de
                     Abogados de Oviedo), Juni 2004, S. 8–14.

ders.   „El contenido del convenio", RDPJ 2004, Sonderheft XVIII,
                     S. 357–408.

ders.   „El contenido esencial del convenio", Anales V-2002/03, Centro
                     para la Investigación y Desarollo del Derecho Registral,
                     Inmobiliario y Mercantil, Barcelona (Grupo Difusión), 2004,
                     S. 215–231.

ders.   „La adhesión de los acreedores", in: Unicaja/Cajasur (Hrsg.),
                     Estudios sobre la Ley concursal, Libro homenaje a Manuel
                     Olivencia, Band IV, Marcial Pons, Madrid, 2005, S. 4671–4704
                     [zitiert: Rojo, in: Homenaje Olivencia IV]; auch in: ADCo
                     1/2004, S. 11–47.

ders.   „La calificación de los créditos concursales con garantía
                     personal", BICAM 32 (2005), S. 10–39.

Rojo Fernández-Río Comentario de la Ley Concursal, Band 1, 1. Auflage, Thomson
Ángel/Beltrán   Civitas, Madrid, 2004;
Sánchez, Emilio   Band 2, 1. Auflage, Thomson Civitas, Madrid 2004;
(Hrsg.)   [zitiert: Bearbeiter, in: Rojo/Beltrán (Hrsg.), Comentario].

Romero Sanz de   Derecho Concursal, 1. Auflage, Thomson Civitas, Madrid,
Madrid, Carlos   2005.

Rubio Vicente,   „La enajenación de la empresa en la nueva Ley Concursal",
Pedro J.   RdS 2004, S. 115–155.

Ruiz Peris, Juan Ignacio	„Concurso y empresas económicamente vinculadas", in: Unicaja/Cajasur (Hrsg.), Estudios sobre la Ley concursal, Libro homenaje a Manuel Olivencia, Band II, Marcial Pons, Madrid, 2005, S. 2289–2312 [zitiert: *Ruiz Peris*, in: Homenaje Olivencia II].
Sáez Lacave, María Isabel	La sociedad mercantil en formación, 1. Auflage, Civitas, Madrid, 2001 (Doct.).
Sagrera Tizón, José María/ Sala Reixachs, Alberto/Ferrer Barriendos, Agustín (Hrsg.)	Comentarios de la Ley Concursal con concordancias, jurisprudencia y formularios, Band 1, Arts. 1-70, Bosch, Barcelona, 2004; Band 2, Arts. 71-162, Bosch, Barcelona, 2004; Band 3, Arts. 163-35. disp. final, Bosch, Barcelona, 2004; [zitiert: *Bearbeiter*, in: Sagrera/Sala/Ferrer (Hrsg.), *Comentarios*].
Saint-Alary Houin, Corinne	„La prevención de las crisis económicas en el Derecho francés", RCP Monografía 1/2004, S. 191–221.
Sala Reixachs, Alberto	„Algunas críticas a la futura Normativa Concursal, Especial referencia al Convenio", RT, 2002, Nr. 20, S. 54–67.
ders.	La terminación de la quiebra y el convenio concursal, 1. Auflage, Bosch, Barcelona, 2000.
Salinas Adelantado, Carlos	„Las especialidades concursales recogidas en la Ley 37/1998, de 16 de noviembre, de reforma de la Ley 24/1988, del Mercado de Valores: una primera aproximación", RDPatr Nr. 2, 1999, S. 581–602.
Sánchez Álvarez, Manuel María	„La sociedad en formación y el registro de la propiedad – Comentario a la RDGRN 22.4.2000", RdS 15/2001, S. 295–306.
ders.	„El concepto de grupo en la Ley concursal", in: Unicaja/Cajasur (Hrsg.), Estudios sobre la Ley concursal, Libro homenaje a Manuel Olivencia, Band II, S. 2313–2327 [zitiert: *Sánchez Álvarez*, in: Homenaje Olivencia II].
Sánchez Andrés, Aníbal	„La acción y los derechos del accionista", in: Uría, Rodrigo/ Menéndez, Aurelio/Olivencia, Manuel (Hrsg.), Comentario al régimen legal de las sociedades mercantiles, Band IV, Las acciones, 1. Teil (Art. 47-50 LSA), 1. Auflage, Civitas, Madrid, 1994 [zitiert: *Sánchez Andrés*, in: Uría/Menéndez/Olivencia (Hrsg.), *Comentario Sociedades Mercantiles IV/1*].
ders.	Sociedad Anónima ,Modelo 1998'. Reforma (parcial) y crítica (total) de un texto legislativo reciente, McGrawHill, Madrid, 1999.
Sánchez Calero, Fernando	„La nacionalidad de la sociedad anónima", RdS 2/1993, S. 45–60.

Sánchez Calero, Fernando (Hrsg.)	Comentarios a la Ley de Sociedades Anónimas, Band IV, Administradores, Art. 123-143, Edersa, Madrid, 1994 [zitiert: *Sánchez Calero, in:* Sánchez Calero (Hrsg.), *Comentarios IV*].
ders.	„Insuficiencia del capital social y postergación legal de los créditos", AAMN XXXIV (1995), S. 141–168.
ders.	„Efectos del nombramiento y aceptación de los administradores en la Ley de Sociedades Anónimas", in: „Estudios de Derecho Mercantil en homenaje al profesor Manuel Broseta Pont", Band III, Tirant lo Blanch, Valencia, 1995, S. 3395–3414 [zitiert: *Sánchez Calero, in:* Homenaje Broseta III].
ders.	Instituciones de Derecho Mercantil, Band I, 21. Auflage, McGrawHill, Madrid, 1998; Band II, 21. Auflage, McGrawHill, Madrid, 1998.
ders.	„De nuevo sobre la regulación de los grupos de sociedades", RDBB 77/2000, S. 7–63.
ders.	Principios de Derecho Mercantil, 7. Auflage, McGrawHill, Madrid, 2003.
ders.	„La subordinación legal de créditos en caso de concurso de una sociedad", in: Unicaja/Cajasur (Hrsg.), Estudios sobre la Ley concursal, Libro homenaje a Manuel Olivencia, Band IV, Marcial Pons, Madrid, 2005, S. 3893–3911 [zitiert: *Sánchez Calero, in:* Homenaje Olivencia IV].
Sánchez Calero Guilarte, Juan	„El presupuesto subjetivo en la Ley Concursal", in: Unicaja/Cajasur (Hrsg.), Estudios sobre la Ley concursal, Libro homenaje a Manuel Olivencia, Band I, Marcial Pons, Madrid, 2005, S. 1195–1217 [zitiert: *Sánchez Calero Guilarte, in:* Homenaje Olivencia I].
ders.	„Algunas cuestiones concursales relativas a los grupos de sociedades", ADCo 5/2005, S. 7–60.
Sánchez Calero Guilarte, Juan/ Guilarte Gutiérrez, Vicente (Hrsg.)	Comentarios a la legislación concursal, Band I, Art. 1-60, 1. Auflage, Lex Nova, Valladolid, 2004; Band II, Art. 61-97, 1. Auflage, Lex Nova, Valladolid, 2004; Band III, Art. 98-198, 1. Auflage, Lex Nova, Valladolid, 2004; Band IV, Art. 199-35. disp. final, 1. Auflage, Lex Nova, Valladolid, 2004; [zitiert: *Bearbeiter, in:* Sánchez Calero Guilarte/Guilarte (Hrsg.), *Comentarios*].
Sánchez Gimeno, Sergio	„La retribución de los administradores de sociedades de capital y las relaciones de prestación de servicios distintos al desempeño del cargo en caso de concurso de acreedores", ADCo 8/2006, S. 97–186.

Sanjuán y Muñoz, Enrique	„Mantenimiento y ejercicio de nuevas acciones en la tramitación del concurso de acreedores de conformidad a la nueva Ley 22/2003, de de julio", Diario La Ley Nr. 5863, Jahr XXIV, vom 3. Oktober 2003, Ref. D-216.
ders.	„El consorcio de compensación de seguros en la administración del concurso de entidades aseguradoras", RCP 2/2005, S. 147–170.
Santarelli, Umberto	Per la storia del fallimento nelle legislazione italiane dell´età intermedia, Dott. Antonio Milani, Padua, 1964.
Santella, Paolo	„Bankruptcy and corporate governance", in: Unicaja/Cajasur (Hrsg.), Estudios sobre la Ley concursal, Libro homenaje a Manuel Olivencia, Band I, Marcial Pons, Madrid, 2005, S. 863–868 [zitiert: *Santella*, in: Homenaje Olivencia I].
Sarazá Jimena, Rafael	„El convenio del concurso, una visión judicial", RCP 2/2005, S. 67–96.
Sastre Papiol, Sebastián	„Los créditos subordinados", in: Unicaja/Cajasur (Hrsg.), Estudios sobre la Ley concursal, Libro homenaje a Manuel Olivencia, Band IV, Marcial Pons, Madrid, 2005, S. 3913–3933 [zitiert: *Sastre*, in: Homenaje Olivencia IV].
Schlosser, Peter	„Die Eröffnung des Insolvenzverfahrens", in: Leipold, Dieter (Hrsg.), Insolvenzrecht im Umbruch, Carl Heymanns, Köln, 1991, S. 9–20.
Schmidt, Karsten	„Der Konkursverwalter als Gesellschaftsorgan und als Repräsentant des Gemeinschuldners – Versuch einer Konkursverwaltertheorie für heute und morgen", KTS 1984, S. 345–400.
ders.	Wege zum Insolvenzrecht der Unternehmen – Befunde, Kritik, Perspektiven, RWS-Verlag, Köln, 1990.
ders.	„El derecho de insolvencia alemán entre la crítica y la reforma", RdS 1996, S. 489–494.
ders.	„Insolvenzordnung und Gesellschaftsrecht", ZGR 1998, S. 633–671.
ders.	„Haftungsrealisierung in der Gesellschaftsinsolvenz – Funktion und Aufgaben des Verwalters nach Gesellschafts- und Insolvenzrecht", KTS 3/2001, S. 373–394.
ders.	„Fundamentos del nuevo derecho concursal alemán: La Ley alemana de Insolvencia de 1994 (InsO)", in: García Villaverde, Rafael/Alonso Ureba, Alberto/Pulgar Ezquerra, Juana, Estudios sobre el Anteproyecto de Ley concursal de 2001, Editorial Dilex, Madrid, 2002, S. 15–29 [zitiert: *Schmidt*, in: García Villaverde u. a. (Hrsg.), *Estudios*].

Schmidt, Karsten	„Entwicklungen im Recht der Unternehmensinsolvenz", in: Breitenbücher, Bettina E./Ehricke, Ulrich (Hrsg.), Insolvenzrecht 2003, Tagungsband zum RWS-Forum am 27. und 28. März 2003 in Berlin, RWS-Verlag, Köln, 2003, S. 19–36 [zitiert: *Schmidt*, in: Breitenbücher; Ehricke (Hrsg.), *Insolvenzrecht 2003*].
ders.	„Sociedades, grupos de sociedades y Derecho concursal en Alemania", RCP monografía 1/2004, S. 67–82.
ders.	„Derecho de Sociedades y Derecho Concursal en Alemania – problemas de organización en sociedades anónimas insolventes", RCP 5/2006, S. 339–347.
Schmidt, Karsten/ Schulz, Wolf	Konkursfreies Vermögen insolventer Handelsgesellschafter?, ZIP 1982, S. 1015–1022.
Schmidt, Karsten/ Uhlenbruck, Wilhelm (Hrsg.)	Die GmbH in Krise, Sanierung und Insolvenz, 3. Auflage, O. Schmidt Verlag, Köln, 2003 [zitiert: *Bearbeiter*, in: Schmidt/ Uhlenbruck (Hrsg.), *Die GmbH in Krise, Sanierung und Insolvenz*].
Scholz, Franz	„Fortsetzung der aufgelösten GmbH", JZ 1952, S. 199–205.
Schrödermeier, Marie-Danielle/ Pérochon, Françoise	„National Report for France", in: McBryde, W. W./Flessner, A./ Kortmann, S. C. J. J. (Hrsg.), „Principles of European Insolvency Law", Kluwer Legal Publishers, Amsterdam, 2003, S. 231–306.
Schwarz, Günter Christian	Europäisches Gesellschaftsrecht – Ein Handbuch für Wissenschaft und Praxis, 1. Auflage, Nomos-Verlag, Baden-Baden, 2000.
ders.	„Zum Statut der Europäischen Aktiengesellschaft", ZIP 2001, S. 1847–1861.
Sequeira Martín, Adolfo	„La reactivación de una sociedad anónima en liquidación a la luz del nuevo Reglamento del Registro Mercantil", in: „Derecho de Sociedades – Libro homenaje al profesor Fernando Sánchez Calero", Band V, McGrawHill, Madrid, 2002, S. 5209–5226 [zitiert: *Sequeira Martín*, in: Homenaje Sánchez Calero V].
Smid, Stefan (Hrsg.)	Insolvenzordnung (InsO) Kommentar, 2. Auflage, W. Kohlhammer Verlag, Stuttgart, Berlin, Köln, 2001 [zitiert: Smid-*Bearbeiter*, InsO].
ders.	„Grenzüberschreitende Insolvenzverwaltung in Europa", in: Schütze, Rolf A. (Hrsg.), Einheit und Vielfalt des Rechts, Festschrift für Reinhold Geimer zum 65. Geburtstag, C.H. Beck Verlag, München, 2002, S. 1215–1240 [zitiert: *Smid*, in: FS Geimer].
Sohm, Rudolph	Institutionen – Geschichte und System des Römischen Privatrechts, 16. Auflage, Verlag Duncker & Humblot, München, Leipzig, 1919 [zitiert: *Sohm*, Institutionen].

Soto Vázquez, Rodolfo	Aspectos concursales del patrimonio del insolvente – Quiebras y concurso de acreedores, Comares, Granada, 1995.
Spahlinger, Andreas	Sekundäre Insolvenverfahren bei grenzüberschreitenden Insolvenzen – Eine vergleichende Untersuchung zum deutschen, US-amerikanischen, schweizerischen und europäischen Recht, Mohr Siebeck Verlag, Tübingen, 1998 (Diss.).
Stürner, Michael	„Gerichtsstandsvereinbarungen und Europäisches Insolvenzrecht", IPRax 2005, S. 416–422.
Stürner, Rolf	„Einfachheit und Funktionsfähigkeit des einheitlichen Insolvenzverfahrens", in: Kübler, Bruno M. (Hrsg.), Neuordnung des Insolvenzrechts, RWS-Verlag, Köln, 1989, S. 41–60.
Tapia Hermida, Alberto Javier	„Los grupos de entidades financieras en el Derecho Español", in: „Estudios de Derecho Mercantil en homenaje al profesor Manuel Broseta Pont", Band III, Tirant lo Blanch, Valencia, 1995, S. 3697–3722 [zitiert: *A. J. Tapia*, in: Homenaje Broseta III].
Tapia Hermida, Antonio	„La alta dirección empresarial (Administradores y Altos cargos)", in: „Estudios de Derecho Mercantil en homenaje al profesor Manuel Broseta Pont", Band III, Tirant lo Blanch, Valencia, 1995, S. 3723–3766 [zitiert: *A. Tapia*, in: Homenaje Broseta III].
ders.	„El administrador social que trabaja para una sociedad anónima, en cuanto órgano de la misma, es un trabajador por cuenta ajena, con independencia del régimen de su relación de servicios", in: „Derecho de Sociedades – Libro homenaje al profesor Fernando Sánchez Calero", Band II, McGrawHill, Madrid, 2002, S. 1541–1602 [zitiert: *A. Tapia*, in: Homenaje Sánchez Calero II].
ders.	„La gestión de la masa activa del concurso", in: Unicaja/Cajasur (Hrsg.), Estudios sobre la Ley concursal, Libro homenaje a Manuel Olivencia, Band IV, Marcial Pons, Madrid, 2005, S. 4405–4470 [zitiert: *A. Tapia*, in: Homenaje Olivencia IV].
Tasies Beleta, Ricard	„Sobre la naturaleza jurídica del instituto de la retroacción en el proceso de quiebra", Diario La Ley, Nr. 5578, Jahr XXIII, Band 5, vom 2. Juli 2002, Ref. D-176.
Taupitz, Jochen	„Das (zukünftige) europäische Internationale Insolvenzrecht – insbesondere aus internationalprivatrechtlicher Sicht –", ZZP 111 (1998), S. 315–350.
Tirado Martí, José Ignacio	„Síndicos y administradores", RDM 2000, Madrid, S. 509–543.
ders.	„La liquidación concursal de sociedades en el derecho inglés", RdS 17/2001, S. 199–245.

Tirado Martí, José Ignacio   La sindicatura de la quiebra: el problema de la „posición jurídica" de la sindicatura concursal, Universidad Autónoma de Madrid, Madrid, 2003 (Doct.).

ders.   „La sindicatura concursal", in: Rojo Fernández-Río, Ángel (Hrsg.), „La reforma de la legislación concursal: Jornadas sobre la reforma de la legislación concursal, Madrid 6 a 10 de mayo de 2002", Marcial Pons, Madrid, 2003, S. 151–224 [zitiert: *Tirado*, in: Rojo (Hrsg.), *La reforma*].

ders.   Los administradores concursales, 1. Auflage, Thomson Civitas, Madrid, 2005.

Tirado Martí, José Ignacio/Beltrán Sánchez, Emilio   „La prohibición de autocontratación de los administradores concursales", ADCo 1/2004, S. 87–126.

Torres de Cruells, Joaquín; unter Mitarbeit von Mas y Calvet, Román/ Sánchez Socias, Luis   La suspensión de pagos, 2. Auflage, Bosch, Barcelona, 1995.

Trigo Sierra, Eduardo/ Cambronero Ginés, Ariadna   „Aspectos procesales e internacionales de la Ley Concursal", Diario La Ley, Nr. 5996, Jahr XXV, vom 14. April 2004, D-85.

Tusquets Trias de Bes, Francisco   La remuneración de los administradores de las sociedades mercantiles de capital, 1. Auflage, Civitas, Madrid, 1998 [zitiert: *Tusquets*, La remuneración de los administradores].

Uhlenbruck, Wilhelm   „Auskunfts- und Mitwirkungspflichten des Schuldners und seiner organschaftlichen Vertreter nach der Konkursordnung, Vergleichsordnung, Gesamtvollstreckungsordnung sowie Insolvenzordnung", KTS 3/1997, S. 371–391.

ders.   „Das Bild des Insolvenzverwalters – Der Versuch einer Orientierung im Widerstreit vielfältiger Interessen", KTS 1/1998, S. 1–29.

ders.   „Zur Kollision von Gesellschafts- und Insolvenzrecht in der Unternehmensinsolvenz", in: Gerhardt, Walter/Haarmeyer, Hans/ Kreft, Gerhart (Hrsg.), Insolvenzrecht im Wandel der Zeit, Festschrift für Hans-Peter Kirchhof zum 65. Geburtstag, ZAP-Verlag, 2003, S. 479–506 [zitiert: *Uhlenbruck*, in: FS Kirchhof].

ders.   „Die Freigabe von Massegegenständen durch den Insolvenzverwalter als Problem der Gläubigergleichbehandlung", KTS 2/2004, S. 275–290.

ders. (Hrsg.)   Insolvenzordnung Kommentar, 12. Auflage, Vahlen Verlag, München, 2003 [zitiert: *Bearbeiter*, in: Uhlenbruck (Hrsg.), *InsO*].

Uría, Rodrigo   „Problemas y cuestiones sobre quiebra de las sociedades",
                         RDM 1946, S. 7–60.

ders.   Derecho Mercantil, 28. Auflage (überarbeitet von *Aparicio
                         González*, María Luisa), Marcial Pons, Madrid, 2002.

Uría, Rodrigo/   „Disolución y liquidación de la sociedad anónima", in: Uría,
Menéndez, Aurelio/   Rodrigo/Menéndez, Aurelio/Olivencia, Manuel (Hrsg.),
Beltrán, Emilio: Comentario al régimen legal de las sociedades mercantiles,
                         Band XI (Art. 260-281 LSA), 1. Auflage, Civitas, Madrid, 1992
                         [zitiert: *Uría/Menéndez/Beltrán*, in: Uría/Menéndez/Olivencia
                         (Hrsg.), *Comentario sociedades mercantiles XI*].

dies.   „Disolución y liquidación de la sociedad de responsabilidad
                         limitada", in: Uría, Rodrigo/Menéndez, Aurelio/Olivencia,
                         Manuel (Hrsg.), Comentario al régimen legal de las sociedades
                         mercantiles, Band XIV, 4. Teil (Art. 104-124 LSRL),
                         1. Auflage, Civitas, Madrid, 1998 [zitiert: *Uría/Menéndez/
                         Beltrán*, in: Uría/Menéndez/Olivencia (Hrsg.), *Comentario
                         sociedades mercantiles XIV/4*].

Uría, Rodrigo/   Curso de Derecho Mercantil, Band I, 1. Auflage, Civitas,
Menéndez, Aurelio   Madrid, 1999;
                         Band II, 1. Auflage, Civitas, Madrid, 2001;
                         [zitiert: *Bearbeiter*, in: Uría/Menéndez (Hrsg.), *Curso de
                         Derecho Mercantil*].

Vacas Medina, Luis   „La reforma del Derecho concursal español", RFDUCM 1983
                         (Nr. 8), S. 47–88.

Valignani, Marcello   „Crisi dell'impresa debitrice e scelte del creditore", in: Bon-
                         fatti, Sido/Falcone, Giovanni (Hrsg.): Le procedure concorsuali
                         tra „nuove frontiere" e prospettive di riforma, Quaderni di
                         Giurisprudenza Commerciale 240, Dott. A Giuffrè Editore,
                         Mailand, 2002, S. 145–152 [zitiert: *Valignani*, in: Bonfatti/
                         Falcone (Hrsg.), *Le procedure concorsuali*].

Vallender, Heinz/   „Die Antragspflicht organschaftlicher Vertreter einer GmbH vor
Fuchs, Karlhans   dem Hintergrund der Europäischen Insolvenzverordnung", ZIP
                         2004, S. 829–836.

Valpuesta   „Aspectos concursales en la sociedad irregular", in:
Gastaminza,   Iglesias Prada, Juan Luis (Hrsg.), „Estudios jurídicos en
Eduardo María   homenaje al profesor Aurelio Menéndez", Band III, Civitas,
                         Madrid, 1996, S. 3643–3667 [zitiert: *Valpuesta*, in: Homenaje
                         Menéndez III].

Van Hemmen   „La economía de la reforma y los costes del sistema concursal",
Almazor, Esteban   RJC 2004, S. 1011–1037.

ders.   „Los efectos de la legislación concursal sobre el sistema
                         financiero y el crecimiento económico", ADCo 1/2004, S. 275–
                         308.

Van Hemmen Almazor, Esteban	„Análisis estadístico del sistema concursal desde la perspectiva del arancel de derechos de los administradores concursales", REFOR Documento Nr. 8, Dezember 2006, S. 47–64.
Vázquez Cueto, José Carlos	„La legitimación activa de los administradores concursales para el ejercicio de acciones de responsabilidad contra los administradores de las sociedades de capital", Diario La Ley, Nr. 5995, Jahr XXV, vom 13. April 2004, D-84; auch in: Unicaja/Cajasur (Hrsg.), Estudios sobre la Ley concursal, Libro homenaje a Manuel Olivencia, Band II, Marcial Pons, Madrid, 2005, S. 2359–2387 [zitiert: *Vázquez Cueto*, in: Homenaje Olivencia II].
Vázquez Iruzubieta, Carlos	Comentarios a la Ley Concursal, Ley 22/2003, de 9 de julio, 1. Neudruck der 1. Auflage, Editorial DIJUSA, Madrid, 2003.
Vázquez Sotelo, José Luis	„La situación caótica y `laberintica´ de la legislación concursal española. Necesidad y aciertos de la Ley Concursal", Diario La Ley, Nr. 5856, Jahr XXIV, vom 24. September 2003, D-209.
Vega Pérez, Félix	„Protección de los acreedores en las sociedades de capital frente a los administradores", in: „Derecho de Sociedades – Libro homenaje al profesor Fernando Sánchez Calero", Band II, McGrawHill, Madrid, 2002, S. 1643–1673 [zitiert: *Vega*, in: Homenaje Sánchez Calero II].
Velasco Fabra, Guillermo José	„La pequeña reforma de la legislación concursal italiana", ADCo 5/2005, S. 317–319.
ders.	„La reforma francesa del Derecho de las empresas en dificultades", ADCo 9/2006, S. 261–265.
Velasco Nuñez, Eloy	„La figura del Juez de lo mercantil tras la reforma concursal", Boletín del Colegio de Registradores de España 95 (2003), S. 2685–2696; auch in: Diario La Ley, Nr. 5944, Jahr XXIV, vom 8. September 2003, Ref. D-195.
Verdú Cañete, María José	Procedimientos concursales comunitarios, Tirant lo Blanch, Valencia, 2004.
Verdugo García, Juan/ Alemany Blázquez, Jesús	„La nueva ,tasa judicial' o tasa por el ejercicio de la potestad jurisdiccional en los órdenes civil y contencioso-administrativo", Actualidad Jurídica Aranzadi Nr. 577, vom 15. Mai 2003, Parte Comentario.
Vicent Chuliá, Francisco	„En vísperas de la reforma del Derecho concursal español", RJC 1978, S. 919–990.
ders.	„El contenido de nuestras instituciones concursales y las actuales perspectivas", RJC 1979, S. 669–724.
ders.	Compendio Crítico de Derecho Mercantil, Band I-1, 3. Auflage, Bosch, Barcelona, 1991; Band I-2, 3. Auflage, Bosch, Barcelona, 1991; [zitiert: *Vicent Chuliá*, Compendio Crítico].

Vicent Chuliá, Francisco	„Responsabilidad de los contratos celebrados en nombre de la sociedad en formación y de la sociedad irregular", CDJ 1997, Derecho de Sociedades II, S. 751–799.
ders.	„Variaciones mercantiles sobre responsabilidad de los administradores y auditores, en vísperas de la unificación concursal", DN 2002 (144), S. 1–23; auch in: „Estudios jurídicos en homenaje al profesor Díez-Picazo", Band IV, Derecho Civil/ Otras Materias, 1. Auflage, Civitas, Madrid, 2003, S. 6137–6174.
ders.	„El concurso de la persona jurídica", in: Unicaja/Cajasur (Hrsg.), Estudios sobre la Ley concursal, Libro homenaje a Manuel Olivencia, Band II, Marcial Pons, Madrid, 2005, S. 2389–2452 [zitiert: *Vicent Chuliá*, in: Homenaje Olivencia II].
Viguera Rubio, José María	„Efectos de la declaración de concurso sobre los contratos del personal de alta dirección", Relaciones Laborales, 14/2004, S. 1–24, auch in: Unicaja/Cajasur (Hrsg.), Estudios sobre la Ley concursal, Libro homenaje a Manuel Olivencia, Band III, Marcial Pons, Madrid, 2005, S. 3355–3388 [zitiert: *Viguera*, in: Homenaje Olivencia III].
Vilarrubias Guillamet, Felio	„La Comisión Liquidadora de acreedores en el ámbito concursal", CDJ 1996, Derecho Concursal II, S. 281–355.
Viñuelas, Margarita	„El problema de la condena a la cobertura del déficit", ADCo 4/2005, S. 265–291.
Virgós Soriano, Miguel/Garcimartin Alférez, Francisco J.	„El Derecho concursal europeo: un ensayo sobre su racionalidad interna", REDE 1/2002, S. 67–100.
dies.	Comentario al Reglamento Europeo de Insolvencia, 1. Auflage, Civitas, Madrid, 2003.
von Hoffmann, Bernd	Internationales Privatrecht, 6. Auflage, C. H. Beck Verlag, München, 2000.
Weber, Friedrich	„Die Funktionsteilung zwischen Konkursverwalter und Gesellschaftsorgan im Konkurs der Kapitalgesellschaft", KTS 2/1970, S. 73–89.
Weinbörner, Udo	Das neue Insolvenzrecht mit EU-Übereinkommen, Rudolf Haufe Verlag, Freiburg i. Br., 1997.
Weller, Marc-Philippe	„Scheinauslandsgesellschaften nach Centros, Überseering und Inspire Art: Ein neues Anwendungsfeld für die Existenzvernichtungshaftung", IPRax 2003, S. 207–210.
Wienberg, Rüdiger/ Sommer, Nicola	„Anwendbarkeit von deutschem Eigenkapitalersatzrecht auf EU-Kapitalgesellschaften am Beispiel eines Partikularverfahrens im engeren Sinn nach Art. 3 II, IV EuInsVO", NZI 2005, S. 353–357.

Wimmer, Klaus (Hrsg.)	Frankfurter Kommentar zur Insolvenzordnung, 3. Auflage, Luchterhand, Neuwied, 2002 [zitiert: *Bearbeiter*, in: Wimmer (Hrsg.), *FK-InsO*].

B. Volkswirtschaftliches und journalistisches Quellenmaterial

Auswärtiges Amt der Bundesrepublik Deutschland	Online-Länderinformationen „Spanien", http://www. auswaertiges-amt.de/diplo/de/Laenderinformation en/Spanien/ Bilateral.html#t2; zuletzt abgerufen am 31. Dezember 2006.
Cadena Ser,	http://www.cadenaser.com/articulo/cadena/ser/Perfil/Jose/Luis/ Carrillo/Benitez/presidente/Air/Madrid/empresario/antigua/ usanza/csrcsrpor/20061215csrcsr_1/Tes/; zuletzt abgerufen am 1. März 2007.
Economist (Intelligence Unit)	Country Profile Spain 2003, London, 21. März 2003.
Europäische Kommission	„European Union foreign direct investment yearbook 2001", Ausgabe 2002.
Instituto Nacional de Estadística	öffentlich zugängliche Online-Datenbank, abrufbar über http:// www.ine.es/inebase/cgi/um?L=0; zuletzt abgerufen am 31. Dezember 2006.
NZZ	v. 15. Januar 2004: „Rosige Aussichten Spaniens im Wahljahr", S. 13.
NZZ	v. 24. Januar 2005: „Zunehmender Reformdruck in Spanien", S. 9.
NZZ	v. 24. Mai 2005: Rubrik „Konjunktur", S. 15.
OECD (Directorate for financial, fiscal and enterprise affairs)	„Trends and recent developments in foreign direct investment", Juni 2003.
Statistisches Bundesamt	Statistisches Jahrbuch für die Bundesrepublik Deutschland 2003, Wiesbaden, September 2003.
UNCTAD	World Investment Report 2002, UN-Veröffentlichung Nr. E.02.II.D.4., 2003.
World Bank Group	Doing Business 2004: Understanding Regulation, abrufbar unter www.doingbusiness.org/Main/DoingBusiness2004.aspx, zuletzt abgerufen am 1. November 2005.
Yahoo Finanzas España	http://es.biz.yahoo.com/19022007/4/air-madrid-afectados. plazo-manana-presentar-creditos-administracion-concursal. html; zuletzt abgerufen am 1. März 2007.

Sachverzeichnis